怖いほど運が向いてくる！

四柱推命

JN284068

水晶玉子

青春新書
PLAYBOOKS

◆はじめに

私が長年、「四柱推命」を学んできて痛切に感じるのは、どんな人にも運気には波があるということ。1年ごとの流年運や10年ごとに変わる大運を知り、それをどう受け止めて人生に活かすかが大切ということです。運命をどう切り開いていくか、激変していく時代の中で、そのヒントをくれる占いではないかと思います。

そうして出版した、本書の元となる『四柱推命　運を呼ぶ年・逃げる年』（小社刊）は、「実生活で役立ってこそ占い」ということに重きを置き、四柱推命の本としては基礎より先に応用法を、難しい専門的な言葉ではなく、日常に照らし合わせてわかりやすく説明した書です。おかげさまで、そのコンセプトが好評を博し、版を重ねることができました。

今回リニューアルするにあたって、新たに見やすくわかりやすくデザインし直し、加えて、2024年までの年表も掲載いたしました。これまで、「生まれた子どもの運勢を占いたいけれど、干支の早見表が載っていない」といったご指摘を多く受けてきましたので、そうした声にもお応えいたしました。

本書を、あなたの人生をより素晴らしい道へ導く「道具」としていただければ、これほどの喜びはございません。

『怖いほど運が向いてくる！　四柱推命』目次

3章

あなたの〝運を呼ぶ年〟〝逃げる年〟が怖いほどわかる！ 149

4章

恋愛・仕事・人づきあい…その関係はうまくいくか、いかないか 197

◆編集協力　バブーン（矢作美和）◆図版・DTP　ハッシィ

本書は『四柱推命　運を呼ぶ年・逃げる年』として1998年に小社より刊行されたものに最新の情報を加えてリニューアルしたものです。

プロローグ

性格・運命・相性…「四柱推命」はなぜ、こんなに当たるのか!

生年月日には、あなたの運命が隠されています。
まずは四柱推命の基本を知っておきましょう。

四柱推命は、その人間の生まれた生年月日時を、10個の「干(かん)」と12個の「支(し)」という空間と時間を表す文字に置き換え、それにより、その人の性格や運命を導き出す占いです。その誕生日の年・月・日・時を「干」と「支」に置き換えたものを、それぞれ**「年柱(ねんちゅう)」「月柱(げっちゅう)」「日柱(にっちゅう)」「時柱(じちゅう)」**と呼びます。「四柱推命」とは、文字どおり、その4つの「柱」によって、その人の「命」の流れを推し量る占いです。

四柱ですから「時柱」まで出してみるのが本来の方法ですが、生まれた正確な時間がわからない人も多いと思います。その場合、三柱でみても、的中率はほとんど変わりません。

◆時間を表す「十二支」

「干」と「支」のうち、「支」のほうは、十二支として、広く、人々に知られています。

おなじみの、

「子・丑・寅・卯・辰・巳・午・未・申・酉・戌・亥」

です。２０１４年は午年、２０１５年は未年……と、毎年年賀状を書くたびに多くの方が意識するでしょう。十二支は、中国における時間を表す文字です。

午年、未年、申年……と年を表すように、月、日、時も十二支で表されます。月を十二支で表してみますと、

1月＝丑、2月＝寅、3月＝卯、4月＝辰、5月＝巳、6月＝午、7月＝未、8月＝申、9月＝酉、10月＝戌、11月＝亥、12月＝子

ということになります。ただし、十二支で表した場合の月の変わり目は、旧暦でみますので、たとえば丑月（1月）の期間は1月5日～2月3日、などというように太陽暦と少しズレています。

あなたが何月生まれかを正確に知りたい場合は、巻末の表の「月干」の欄の数字が切り替わる所＝月の節分をみます。そこが旧暦の月の変わり目です。それより前ならば前月の生まれになります。また2月の「月干」の切り替わる所が年の節分になり、それより前は四柱推命では、前年の生まれになります。

同じように、日も「丑の日」「寅の日」……と十二支で表せますし、時間ももちろん「丑の刻」が午前1時、「寅の刻」が午前3時というように十二支に置き換えられます。

◆空間を表す「十干」

一方、「干」は、少しなじみが薄いかもしれません。

「干」は、東洋の思想の中核ある「陰陽五行」が示される5つの「気」を表す文字です。「干」は、空間の気を表すものです。「干」は、以下の10個で、五行の陰陽を表しています。

２０１４年は午年ですが、ただの午年ではなく「甲午」の年です。２０１５年は「乙未」年、２０１６年は「丙申」年というように、「干」と「支」はセ

五行	陽	陰
木（もく）	甲（コウ・きのえ）	乙（オツ・きのと）
火（か）	丙（ヘイ・ひのえ）	丁（テイ・ひのと）
土（ど）	戊（ボ・つちのえ）	己（キ・つちのと）
金（こん）	庚（コウ・かのえ）	辛（シン・かのと）
水（すい）	壬（ジン・みずのえ）	癸（キ・みずのと）

ットで毎年巡ってきます。空間つまり天の気である十干と、時間つまり地の気である十二支で、この世界を表すのです。

10個の「干」と12個の「支」を順番に組み合わせていくと、60で一巡りします。すなわち「干」と「支」のセット「干支」は60あり、年、月、日、時はこの60のサイクルで巡っていきます（222ページの「60干支表」参照）。

60歳になると還暦というお祝いがありますが、生まれてから60年ですべての「干支」の年を生きて、生まれ年と同じ「干支」に戻ってきたことを祝う儀式です。一巡りして、再び赤子に戻るという意味で、赤いチャンチャンコを着るのです。

「干支」で表された年柱、月柱、日柱、時柱は、それぞれ「干」と「支」の組み合わせで、その人が生まれたときのこの世界の「気」の状態を表します。その「気」は、その人の肉体と心に宿り、一生を支配していきます。

人間の人生は、おそらく、この世に生まれ落ちたときに得た「気」、すなわちエネルギーを燃焼していく旅路のようなものなのではないでしょうか。

◆自分の命式を作り、運命を知る

いろいろな解釈がありますが、四柱はそれぞれ、

生まれた年	年柱	祖先と幼年運（仕事）
生まれた月	月柱	両親と青年運（プライベート）
生まれた日	日柱	自分&配偶者と壮年運
生まれた時	時柱	子どもと晩年運

を表すというのが、解釈の基本ラインです。

まず、自分自身を表す日柱の天干（てんかん）（「日干（にっかん）」）であなたの性格を探りましょう。その性格は、「甲・乙・丙・丁・戊・己・庚・辛・壬・癸」をそれぞれ自然界の姿になぞらう形の「気」のタイプで分類されます。

では、木村拓哉さんを例に、具体的に生年月日を「干」と「支」に置き換えたものをご紹介しましょう。木村さんは、１９７２年11月13日生まれ。１９７２年は「壬子」の年。その年の11月は「辛亥」の月、その13日は「戊申」の日です。

このように「干」と「支」で表した生年月日を「命式（めいしき）」と呼びます。

	生年月日	天干	地支	蔵干	通変星		十二運
年柱	1972	49壬（壬子）	子	癸	偏財	正財	胎
月柱	11	48辛（辛亥）	亥	甲	傷官	偏官	絶
日柱	13	45戊（戊申）	申	戊		比肩	病

木村拓哉さんの場合は日柱上段（日干）の「戊」が、彼自身を表します。

32ページからの、日干別の性格判断の解説をみると、「戊」の人は、「山」のイメージを持つ人。山のようなどっしりとした安定感のある性格で、自分からは動かずに自分のペースに相手を巻き込むタイプ。その意味で、日干「戊」の人は、自分なりのスタイルと信念で人を引きつける、スター性のある人が多いのです。SMAPでは、稲垣吾郎さんも、香取慎吾さんも日干「戊」の人です。

ただし、木村さんは「戊申」で、稲垣さんは「戊寅」、香取さんは「戊子」。同じ「戊」の人でも、下につく十二支で、似ている性格の中にもいろいろな違いが出てきます。

また、日干と月支から導かれた「干」（蔵干）を組み合わせた場合の通変星である中心星でも性格をみることができます。「通変星」とは、「干」と「干」を組み合わせたときに生まれる、「気」（エネルギー）の働きを象徴的に表したもので、

「**比肩**」「**劫財**」「**食神**」「**傷官**」「**偏財**」「**正財**」「**偏官**」「**正官**」「**偏印**」「**印綬**」

の10種類があります。中心星を出すにはいろいろな手続きが必要ですが、本書では巻末の年表でひとめでわかるようになっています。

ちなみに木村さんは、中心星が「偏官」で、強い闘争心と行動力を持つ人。決断力があり、時には敵を作っても、物おじせずにどんどん前進していきます。日干支「戊申」と中心星「偏官」を合わせてみていくと、強い信念を持ってエネルギッシュに何かに挑戦する

ことで人を引きつけていく、木村さんの性格と人生の基本ラインが浮き上がってきます。

また、稲垣さんは中心星が「正財」、香取さんは中心星が「劫財」ですから、同じ日干「戊」の「気」でも性格の表れ方は違ってきます。

また「通変星」の下に書かれている「胎」「絶」「病」という文字は「干」と「十二支」を組み合わせて、そのエネルギーの質や強さを示すもので「十二運」といいます。

「胎（たい）」「養（よう）」「長生（ちょうせい）」「沐浴（もくよく）」「冠帯（かんたい）」「建禄（けんろく）」「帝旺（ていおう）」「衰（すい）」「病（びょう）」「死（し）」「墓（ぼ）」「絶（ぜつ）」と全部で12個あり、「命式」のそれぞれの柱の強さや働き方を表します。

ただし、本書では、その人の性格の判断というよりも、巡ってくる運をどう受け止めるかにポイントを置いています。そこで「通変星」も「十二運」も、その「運」が巡ってきたときに、どんな働きをするかに重点を置いて、後の章で説明をします。

◆あなたに巡る流年運、大運を読む

「流年運」は、1年ごとに巡ってくる運気です。これも自分の「日干」とその年の「干支」との組み合わせから、生まれる通変星でみていきます。

２０１３年は「癸巳」の年です。日干「戊」の木村さんにとっては、「戊」と「癸」の組み合わせで通変星は「流年正財」、「戊」と「巳」の組み合わせで十二運は「建禄」の年でした。「正財」は、基本的には、現実的になり、地に足の着いた選択をし、冒険を望まない年です。

しかも十二運は「建禄」で、これも一歩一歩堅実に、強い責任感を持ってリアルに生きる運気なので、「流年正財」と相まって、まさに少し地味めでも、周囲をしっかりとまとめ、支え、身近な人々から改めて信頼を得るときです。

ただ、もうひとつ彼にとって2013年は、3章で説明する「干合（かんごう）」と「支合（しごう）」という作用を同時にもたらす、60年に1度の運気も巡っていました。

「干合」は、まるで何かと化学反応を起こしたかのように、いつもと違う自分になるような状態、そして「支合」も誰かや何かと強く結びつく作用をもたらして、これまでとは違う自分へと変容させる運気のときです。

2013年の木村さんは、ドラマ『安堂ロイド～A.I. Knows LOVE? ～』というドラマで、愛する人を守ろうとする天才科学者とアンドロイドの二役を演じました。現代と近未来とがつながるSF風のドラマの内容は、超リアリストになる「正財・建禄」の運気とは、かなりミスマッチ。それなのに、そんな、これまでにない仕事が回ってきたのは、いつもとは違う自分になって変容を促す「干合」と「支合」の運気の作用だったのかもしれません。『安堂ロイド』の視聴率は、テレビ界全体の問題もあったとしても、これまで出るドラマすべてで高視聴率を誇った木村さんにとっては、かなり物足りない結果に終わりましたが、この今までないシチュエーションの作品で、彼の俳優としての幅がおおいに広がったという評価もありました。また、ある意味、これをきっかけに、彼は〝高視聴率男〟の呪縛から解放されて、今後は、もっと自由にいろいろな役を選んでいけるようになるはずです。こんな風に、いつもとは少し違うことをやって、新しい世界を広げることが「干合」「支合」の運気なのです。

ちなみに、SMAPは、稲垣吾郎さんも日干「戊」(15戊寅)、香取慎吾さんも日干「戊」(25戊子)です。かつて稲垣さんが車の道路交通法違反の不祥事を起こした2001年は「辛巳」の年で、木村さん、稲垣さん、香取さんにも、同じ「傷官 - 建禄」の年でした。「傷官」は、感情的になって、周囲とぶつかりやすくなる運気ですが、3人とも同じ運気のはずなのに、なぜ、稲垣さんに大きなトラブルが起きたのかは、3章で説明する十二支の組み合わせがもたらす運気の作用の結果です。2001年の干支の「巳」と稲垣さんの日干の十二支「寅」の組み合わせが、「害」という相性になり、その影響を強く受けたと考えられるのです。もちろん２０１３年の「癸巳」年も、稲垣さんには、「正財」で「害」の年なので、「正財」が象徴する女性運・家庭運・金運などで嫌なことはあったかもしれませんが、堅実で慎重な「建禄」の運気で、それを乗り切ったのかもしれません。

このように毎年の運気の基本ラインは、あなたの「日干支」とその年の「干支」の組み合わせで出す「流年運」と「十二運」で出ますが、命式の中の十二支と、その年の十二支の組み合わせなどで出てくる作用などもさまざまに影響してきます。

また運気には、10個の通変星がひとつずつ巡る10年をワンセットとした大運という、大きな運の流れがあります。10年間という長い期間のため、本人は今どんな大運が巡っているのか、あまり自覚しないことが多いようです。でも、その大運が終わり、違う大運の時代がはじまった後に、振り返って「あのころはああだった」「自分はずいぶん変わった」などと思ったりするのです。

たとえば、木村さんの場合は、８歳運といって、８歳から、18歳、28歳、38歳……というように、10年ごとに大運が変わります。18歳から27歳まで「正財・養」という大運が巡っていました。「正財」は、スケールは人により違いますが、人の中心になる引力を発揮する時期。さらに「養」は人が放っておけない、かわいい赤ちゃんを示す十二運ですから、まさしくアイドルの時代です。18歳は、彼にとってSMAPとしてレコードデビューした年となります。

28歳から大運は「偏官・長生」と変わり、偏官は、みずから動いてさまざまなことに挑戦していくエネルギッシュな星。ワイルドで男っぽい魅力を発散する時代になりました。また十二運は、素直に人に自分を預けられる「長生」で、プロデューサーやディレクターなどに自分を預けることによって、新たな魅力を開発していく時代に突入、時代の先端を走る男性の象徴としてアクティブに数々の仕事を成功させました。

また、木村さんは、28歳で大運が変わった直後に、工藤静香さんと結婚しています。そして38歳で大運は次の「正官・沐浴」に変りました。そこからは、「正官」という組織の中で高いポジションを得て王道をいく運気と「沐浴」という若々しく未知のものを求める生き方ができる10年です。男っぽいアウトロー的な役柄より、堅めのキチンとした職業の役柄などが似合う運気であり、今後はそんな役柄で新境地を開くことになるでしょう。

ところで、SMAPの弟分のようなジャニーズ事務所のアイドルグループKAT-TUNに所属していた田中聖さんは、1985年11月5日生まれで、日干は木村さんと同じ「45戊申」です。彼は2013年に、突然、事務所の規則を違反したことを理由に解雇されました。

田中さんの大運は9歳運。9歳、19歳、29歳、39歳……と運気が変わっていきます。

ＫＡＴ‐ＴＵＮ結成のとき、田中さんは15歳で、大運は「正官‐死」でした。「正官」は、組織やグループの中で人と力を合わせて高い地位を獲得するとき。また「死」は静かに自然な流れを受け入れる運気です。まだ少年でも、仲間ともうまく調和し、たくさんのスター候補生の中で注目を集め、グループのメンバーに選ばれたわけです。でもグループがメジャーデビューした２００６年3月は20歳で、大運はその前年に「偏官‐病」と変わっていました。「偏官」は一匹オオカミ的なアウトローの運気。また元々、中心星が「比肩」で、個人プレー向きな田中さんには、グループ活動はきつかったかも。２０１３年「干合」「支合」の作用が彼を別の世界へと押し出した形です。

でも、２０１４年、29歳になれば、「正財‐衰」と大運が変わるので、またガラリと雰囲気が変わって、新たな仕事をすることもあるかもしれません。

木村拓哉さんが大運「偏官」を過ごした28～37歳のときと、全然、違う結果を生きているようにみえますが、そこには、個人の意識の考え方の違いもあり、そのとき、木村さんは、結婚という形で個人の世界を築いていたことやＳＭＡＰの活動形態の違い、メンバーとの相性が運気的にもともと濃いものであることも関連しているようです。

大運の流れを出すのは、けっして簡単ではありませんが、本書では、そこに工夫をして、誰にでもすぐに自分の大運、また流年運を出せるようにしました。いつ運気が切り替わり、いつ過去が途切れ、いつ決断すべきときがくるのか。自分の一生の運気の流れを、ここでぜひ調べてみておいてください。

また4章では、日干を使った相性占いも紹介しています。身近な人、気になる人との相性を占って、人間関係をうまくこなしていくために、役に立ててください。

1章

気になる〝本性〟のすべてが明らかに

性格を読み解く

自分自身の性格、そして気になる人の性格を知りたい——。
そのヒントは、日柱の天干である「日干」と、月柱の下に隠れている「中心星」にあります。

四柱の中でもっとも重要なのは自分自身を表す日柱であり、中でも日柱の一番上の文字である「天干」（日干）です。

その「日干」を、他の「干」（蔵干は十二支に含まれている「干」）を組み合わせた5つの「通変星」（時柱を使う場合は7つの通変星）と、「日干」とそれぞれの十二支を組み合わせた3つの「十二運」（時柱を使う場合は4つの十二運）を出し、それを総合してその人の持って生まれたエネルギーの質と強さとバランスを読んでいくのが、四柱推命の王道です。ただ、最初からすべてを読み解いていくのは、初心者には無理なことです。わかりやすいところから、あなたの性格と運勢を読み解いていきましょう。

◆日干の割り出し方

まず、日干から性格をみることにします。

日干はプロローグでも述べましたが「甲・乙・丙・丁・戊・己・庚・辛・壬・癸」の10種類があります。この10種の干支別に性格をみていきましょう（24～43ページ）。

あなたの日干は、巻末の年表で自分の誕生日をみるとすぐにわかります。また、60ある日干一つひとつがもたらす意味についてもふれてあります。

◆中心星の割り出し方

もうひとつ、その人の性格のベース的なものをみるのは、月柱の下に表れている「通変星」が重要です。これを「中心星」と呼びます。「通変星」には「比肩・劫財・食神・傷官・偏財・正財・偏官・正官・偏印・印綬」の10種類があり、この通変星が持つ意味から性格を導き出すことができます（44～63ページ）。

「中心星」は、日干と月支から導かれた「干」（蔵干）を組み合わせた場合の通変星です。これを導き出すには、いくつかの作業が必要ですが、本書では、一目でわかるようにそれを巻末の年表にまとめました。あなたの誕生日の欄をみて、「中心星」を出してください。

日干

甲

真っすぐに伸びようとする樹木。頑固で融通の効かない一面も。

「甲」（きのえ＝木の兄）は、陽の「木」の気です。自然界になぞらえると「樹木」のイメージの人です。「甲」の文字の由来は「押さえる」で、冬の間、固い殻の中に押さえ込まれていた木の芽が、春、大地を突き破って真っすぐ空に向かって伸びる姿を表しています。日干が「甲」の人は、そんな樹木の、どこまでも上を目指して、真っすぐに伸びていく性質を持っています。向上心が強く、誰にいわれなくても自分の力でスクスクと成長できる力を秘めているのです。曲がったことが嫌いで、道徳的。いい加減なことはせずに、まっとうな道を歩こうとします。樹木が年輪を重ねて大木になるように、堅実にじっくり、少しずつ成長していきます。責任感も強く、面子を重んじ、どんなときにも落ち着いています。人の中心になる器で、面倒見がよく包容力もあります。

こんな〝大器〟の風格を持つ「甲」の人ですが、その泣きどころは、臨機応変な行動力の乏しさ。真っすぐな性格ゆえに、自分のやり方や生き方に不器用なまでにこだわります。挫折に弱く、一度何かでポキリと折れると、立ち直るのに時間がかかります。ですから、若いうちに何でもいいので一度挫折体験をしておいたほうが、本当の意味でたくましい、

甲

頼りがいのある〝樹木〟になれるでしょう。また挫折した後の〝樹木〟は材木となって、いろいろな人の役に立ちます。一度、挫折を知った「甲」の人のほうが、他人に尽くすことができ、社会のためになる人が多いのです。

干支①甲子の「甲」の人＝理知的なロマンチスト。独立心が強く頑固（がんこ）だが、お人好しで出しゃばらず、求道的な生き方をしがち。雪の原に立つ1本の木。

干支⑪甲戌の「甲」の人＝合理的な生き方で目的を達成できる人。女性でも仕事のできる人が多い。男性は家庭に波乱運が。葉を落とした木。

干支㉑甲申の「甲」の人＝気ぜわしいまでに行動的。理想が高く多才だが、人の役に立つことを考えないと器用貧乏で終わる。使われるのを待つ材木。

干支㉛甲午の「甲」の人＝純粋（ピュア）で行動的。カジュアルで親しみやすい性格で、人のために奉仕する生き方を選ぶことが多い。木陰（こかげ）を作る真夏の木。

干支㊶甲辰の「甲」の人＝穏やかそうにみえて負けず嫌い。激しい気性を内に秘めて、いざとなると厳しい。味方も多いが、敵も多い。風神（ふうじん）を呼ぶ木。

干支(51)甲寅の「甲」の人＝明るく公平なので、周囲に人が集まる。地味にみえるがマイペースで目的に向かう。真面目（まじめ）だが恋愛運に波乱も。曲直（きょくちょく）の巨木。

乙

柔軟でしぶとい草花。人と協調することで花を咲かす。

「乙」（きのと＝木の弟）は、陰の「木」の気です。自然界になぞらえると「草花」のイメージの人です。「乙」の文字の由来は、「軋」（すれあう）。芽が、種の皮とその身をすれ合うようにして、発芽していく姿を表しています。

同じように芽を出すのですが、真っすぐ伸びる樹木の「甲」とは違い、草花はその身を屈曲（くっきょく）させて大地に出てきます。その柔軟性が「乙」の人の持ち味です。外見は、ひ弱そうだったり、頼りなくみえても、精神力は強く、踏まれても、踏まれても、根は枯れずにまた芽を出す雑草のようなしぶとさや我慢強さを持っています。現実をよくわきまえて、嵐の中でも、しなって耐える葦（あし）のようなしたたかさも持っています。

ただし、草花は1本だけでは、あまり存在感がありません。仲間を作ったり、人と協調したほうが、自分の個性を活かせることを本能的に知っており、周囲と穏やかに和合（わごう）して生きていきます。時には妥協したり、縁の下の力持ち的な立場に甘んじたりすることも厭（いと）いません。草花は、曲がりくねって、自分が一番うまく花を咲かせられる場所を探すのです。その結果、多くの人をまとめるリーダー的な立場を得ることも多いでしょう。

ただ大木にからまる蔦のように、“寄らば大樹の陰”的な依頼心も強いほうです。利に聡く、結果的に人を利用するだけになったり、集団の中に埋没して終わってしまう可能性も強いでしょう。

干支②乙丑の「乙」の人＝現実的な生き方ができ、平凡だが穏やかな生活を手に入れられる。若いときは苦労しても晩年運はよい。荒れ地に生える草。

干支⑫乙亥の「乙」の人＝一芸に秀でる人だが、特に女性は人生に波乱が多い。不器用そうにみえるが、度胸があり、処世術にはたけている。水辺の葦。

干支㉒乙酉の「乙」の人＝率直で、行動力があり、周囲の人に影響を与えるが、自分は影響を受けず、自分自身は孤独を好む。刈り取られた牧草。

干支㉜乙未の「乙」の人＝素直で礼節をわきまえた人。目立つことも少ないかわりに、人生に波乱も少なく、穏やかな生活ができる。田園の夏草。

干支㊷乙巳の「乙」の人＝フェロモン体質で人気運あり。異性問題も起こしやすいが芸能の才能に恵まれる。海外など広い環境で活躍。女神が咲かす花。

干支52乙卯の「乙」の人＝スロースターターだが着実な人生を送る。おっとりしているようで自分を曲げない。恋愛はかなり強引。うららかな春の草原。

乙

丙

太陽のように明るく、華のある人。押しつけがましい熱さが難点。

「丙」(ひのえ=火の兄)は、陽の「火」の気です。自然界になぞらえると「太陽」のイメージの人です。「丙」の文字の由来は「炳」(あきらか)で、火が燃えて、熱が四方に広がる状態を表しています。

明るさと暖かさの象徴である太陽のように、日干が「丙」の人も、明朗快活で楽観的です。やや単純でアバウトですが、サッパリしていて、クヨクヨと思い悩みません。隠し事はできず、あけっぴろげで、心の中がすぐに表情に出るような、わかりやすいタイプです。感情的になりやすい傾向もありますが、太陽が無償で光と熱を与えるように、基本的には、寛大で親切。華があって、いるだけでその場を明るくします。自然に人の輪の中心になることも多いでしょう。

ただし、太陽の光は一方的。それだけに時にはその言動が、押しつけがましく、自分勝手な印象も与えがち。それでも太陽はより熱く燃えて、周囲に人を集めようとします。「丙」の人は、寂しがりやで、常に誰かと一緒にいたいのです。感覚が鋭く、瞬時に物事を判断できるので何事にも積極的で活動的ですが、反面、飽きるのも早く継続力が乏しいのがつらいところです。あれこれ衝動的に手を出して、やりっぱなしにしてしまったり、収拾がつかなくなったりします。人間関係もにぎやかなわりに、離散集合（りさんしゅうごう）が激しく、安定しません。少し距離を置いてつきあうぐらいのほうが、長くよい人間関係をキープできます。

干支③丙寅の「丙」の人＝バランス感覚がいいので、何でも器用にこなし、のびやかで人間関係も巧み。故郷を離れるとチャンスが。のどかな春の太陽。

干支⑬丙子の「丙」の人＝ハッキリしていて、厳しい一面があるけれど、不思議に人に頼られる。ただ不安定で心配性な傾向も。真冬に輝く太陽。

干支㉓丙戌の「丙」の人＝庶民的で人に合わせることがうまい。言葉が巧みで商才あり。社交的なわりには、孤独を好む一面も。山に沈みかかる夕陽。

干支㉝丙申の「丙」の人＝直感力が鋭く、夢を実現するパワーがある。執着心が強く、一度手にしたものをなかなか放さない。昼下がりの日差し。

干支㊸丙午の「丙」の人＝強烈なパワーの持ち主。ややはた迷惑だが怖いもの知らず。働き者で、周囲を巻き込みながら伸びる。異国まで照らす太陽。

干支(53)丙辰の「丙」の人＝運気は強いが、自分をよく知り、マイペースなので運が開けるのは遅い。いつまでも若々しいが、意外に孤独。孤高の太陽。

日干

丁

ある日突然、燃え上がる激しさ。
二面性を秘めた灯火。

「丁」（ひのと＝火の弟）は、陰の「火」の気です。自然界になぞらえると「灯火」のイメージの人です。「丁」の文字の由来は「停（とまる）」。万物（ばんぶつ）が成長しきって、あるところで停まる状態を表しています。「頂」にも通じ、頂点に達した姿を示してもいます。太陽とは違い、動かない「火」という意味もあります。

灯火は、暗いところでないと目立ちません。そのため日干「丁」の人は、表面的には穏やかで、控えめ。目立たない存在でいることも多いのです。ところが灯火で照らすことによって、普通の人には見えないものまで見えるように、その洞察力（どうさつりょく）の鋭（するど）さは抜群。あまり人が目をつけないような分野に取り組むと、成功しやすくなります。

また、ロウソクなどが我が身を燃やして周囲を明るくするように、心の温かい、ほのぼのとした人情家です。自分を犠牲にしたり損をしたりしても、何かをすることが少なくありません。ただし、そんな穏やかさの中に驚くような激しさを秘めているのも「丁」の人の特徴。小さな灯火も、何かのきっかけですべてを焼き尽くす火事にもなります。思慮深いほうですが、ある日突然過激な行動に出たり、ヒステリックな言動をみせます。その豹変ぶりが穏やかな印象との落差もあって周囲を仰天させます。それゆえ複雑な二面性のある性格ともみられがちです。我慢強さが裏目に出ることもあるので、ふだんから、本音をみせられる人を確保しておくほうが楽になります。

干支④丁卯の「丁」の人＝神経質で夢見がち。いざとなると大きなエネルギーを発揮するが、パワーは一瞬。不思議に異性を引きつける。春の野火。

干支⑭丁丑の「丁」の人＝興味を持ったことにはどこまでも追求するが、のんびりしているので運が開けるのは遅い。芸能に秀でる人も。真夜中の街灯。

干支㉔丁亥の「丁」の人＝感覚が鋭すぎて、気持ちが不安定になりやすい。一匹狼的に動いたほうが楽。奉仕的な行動で運気が安定する。湖上の鬼火。

干支㉞丁酉の「丁」の人＝面倒見がいい反面、厳しく怖い一面も。神経は細やかだが、大胆なこともする複雑な人。芸術的な才能を秘める。薄暮の街灯。

干支㊹丁未の「丁」の人＝穏やかな性質だが、何でもストレートに口にするハッキリした一面も。底力があり、しぶとく野心を追求する。異国への狼煙。

干支54丁巳の「丁」の人＝人当たりがよく図太いようで、神経質。アイデア豊富でひとつのことに専念しゆっくり伸びる。恋愛運注意。祭壇を飾る松明。

丁

日干

戊

ゆったり構えて、周囲を自分のペースに巻き込む大きな山。

「戊」（つちのえ＝土の兄）は、陽の「土」の気。自然界になぞらえると「山」のイメージの人です。「戊」の文字の由来は「茂」（しげる）で、万物の枝葉が繁茂する姿を表しています。また「戊」は、五竜（５つの気）がまつわる姿を象（かたど）っているともいわれ、その意味で、「戊」は万物の中心である陽の土、つまり大地のパワーが集まっている山の姿に通じるのです。

日干「戊」の人は山のように、ゆったりとした落ちついた雰囲気を持っています。飾り気がなく、基本的に真面目です。「なぜ山に登るのか？」と考えながら、多くの人が登山に魅せられるように、なんとなく人を引きつける魅力を秘めています。それはおおらかかつ、どことなく楽天的で、どんな相手でも拒まない包容力を持つからかもしれません。

一方、山が自分からけっして動かないように「戊」の人は状況に合わせて、器用に自分を変えたりすることはしません。根拠はないが自信家で、どこでも自分のスタイルを貫き、それに周囲を巻き込んでいきます。自分のほうから人に働きかけるというより、去る者は追わず、来るものは拒まずという姿勢です。一度、決めたこと、信じたことはめったに変えない信念の人で、それが周囲に安心感を与えるのですが、頑固者でもあります。動き出したら豪放で、周囲に左右されない大胆さをみせますが、実は神経は細やか。そのため考えすぎて、結局、行動できない優柔不断な生き方になりがちなところは注意点です。

干支⑤戊辰の「戊」の人＝粘り強く、しぶとく困難に立ち向かう。人を頼らず、独立独歩で、あまり人がやらない分野を開拓して成功。開かれた山頂。

干支⑮戊寅の「戊」の人＝大器晩成型。人情に厚いが現実的。リーダーの風格を持つタイプ。一代にして大きな成功を収めることも。残雪の残る春の山。

干支㉕戊子の「戊」の人＝穏やかに見えて激しい感情の持ち主。逆境を跳ね返すたくましさを持つ。一代で財を築くことも多い。霧のかかった山。

干支㉟戊戌の「戊」の人＝聡明でこだわりが強く、人生の波風を押さえ込むほど強烈な意志を持つ。家族思いで商才あり。恋愛運波乱。宝を秘めた山。

干支㊺戊申の「戊」の人＝状況を高いところから客観視し、何事もじっくりやって結果を出す。後処理がうまく、何かを守る役割を担う。後詰めの武将。

干支55戊午の「戊」の人＝知的で冷静。物静かにみえるが決断力があり、新分野を切り開く。組織を率いるのもうまいが一代運。神を祭る山。

戊

日干

己

マイペースで多くのものを吸収していく、養分を秘めた田畑。

「己」（つちのと＝土の弟）は、陰の「土」の気。自然界になぞらえると「田畑」のイメージの人です。「己」の文字は「起」に通じ、万物が自らの形を曲げて立ち上がる姿を表しています。すべての物がそこから立ち上がる土、つまり「田畑」になぞらえています。

日干「己」の人は多芸多才で、いろいろなことをこなせる器用さを持っている人が多いのですが、それは田畑がいろいろな養分を含んでいて、さまざまな物を育てるのに似ています。穏やかかつ善良で公平に人に接するのも、大地はどんなものも受け入れるからです。

ただし、「戊」の人に比べると、注意深い分、やや度量が小さくなります。基本的にはマイペースで、さまざまな知識や情報、経験を吸収しながら、自分の信念を作るのです。

それだけに内面は複雑な面があり、見かけほどお人好しではありません。また、庶民性があり、常識人なので、広く一般大衆を対象にした仕事やサービス業などで成功しやすいでしょう。トラブルや人と人との調整役などにも最適です。ただし、あれもこれもと手を出しすぎて、結局、何かひとつに集中しきれず、何もモノにできなかったり、迷いやすいという欠点も出てきます。

田畑は、よく耕されるかどうかで、作物の出来に違いが出てきます。そのため本質的に勉強家で、自己の充実をはかることに熱心です。そうした努力をするか、しないかで人生が大きく左右されるタイプでもあります。

干支⑥己巳の「己」の人＝知的で物腰は柔らかいけれど、かなりの頑固者。生家を出たほうが運が伸びる。人の世話を焼く立場になりがち。初夏の田畑。

干支⑯己卯の「己」の人＝普段は穏やかにみえて、何かトラブルや事が起きると中心になる運命。未知のことに取り組む開拓者運も。種がまかれた畑。

干支㉖己丑の「己」の人＝コツコツと自分の道をいく人。人生に波乱が少なく、中年になってからのほうが充実し、出番が多い。雪に埋もれた田畑。

干支㊱己亥の「己」の人＝浮き沈みの激しい人生になりやすい。アイデア豊かで度胸があり、安定しないところのほうが自分を伸ばせる。浜辺の田畑。

干支㊻己酉の「己」の人＝庶民的で地味だが、努力家で荒れた土地を開拓する。家の事業を建て直すことも。無欲だが、晩年には報われる。開墾地（かいこんち）。

干支(56)己未の「己」の人＝人生の間に波乱があるが、必ず立ち直る。人を教え導くのがうまい。見かけによらず激しい恋をする。異国の砂漠。

己

日干

庚

鋼の強さで、スッパリと決断していく行動の人。

「庚」（かのえ＝金の兄）は、陽の「金」の気。自然界になぞらえると「鉱物」「金属」のイメージの人です。「庚」の文字の由来は、「更（かわる）」で、万物が成長しきって、その姿を改める姿を表しています。また「庚」は収穫のときに杵（きね）を使って、脱穀する姿が象られているといわれています。

このようなことから「庚」の人は、固い金属、鋼（はがね）や剣（つるぎ）などのように、剛直（ごうちょく）で、負けず嫌いです。自分の意見は人に押しつけても、自分は人の意見を受け入れることはほとんどありません。迷ったり、考えたりする前に行動に出る性急さを持っているのが特徴で、攻撃的で、前向き。安定よりは変化を求めていきます。剣がスッパリとした切り口をみせるように、決断力にあふれ、時には衝動的ですらあります。そのため、機転がきき神経質なわりに、結果としてラフな行動になりがちです。

〝剣〟は武器ですから、人と戦うことも厭いません。反面、自分の気持ちを隠したりできない、裏のない正直者でもあります。人に厳しい分、一度、認めた相手や忠誠を誓った相手などには誠実で、自分に与えられた使命にも忠実です。逆境に強く、何かを立ち上げたり、変革を必要とする状況では、ダイナミックな行動力を発揮して活躍します。しかし、穏やかで平和な環境では、トラブルメーカーになりやすい傾向があります。自分の気に入らないものには容赦ない制裁を加えるため、必要以上に敵を作りやすいのは難点です。

干支⑦庚午の「庚」の人＝単純明快で男性的。周囲を明るくする才能があるが、根は寂しがりや。故郷を離れたほうが運が伸びる。溶かされる金。

干支⑰庚辰の「庚」の人＝大ざっぱで我慢は苦手。親分肌で頼られると張り切るがムード作りは下手。大舞台のほうがいきいきする。土中にある金。

干支㉗庚寅の「庚」の人＝大きな夢を追いかける人。一見、ソフト。人のエネルギーを自分のものにして伸びていくタイプ。置き去りにされた金。

干支㊲庚子の「庚」の人＝神経質、考えすぎて心が不安定になりがち。個性が埋もれがちだが、思い切って冒険をしたほうが人生が開ける。海の底の玉。

干支㊼庚戌の「庚」の人＝穏やかにみえても大きなエネルギーを秘めた大器。平凡な環境では生きにくい。働き者だが女性は気性が激しい。大軍の将。

干支57庚申の「庚」の人＝知的で穏やか。理性に従って断固とした行動をとる。ガードが固く、守るための攻撃も多い。堅物にみえ異性運は複雑。軍人。

庚

日干

辛

独特の美意識で磨かれる、繊細で宝石のように徳のある人。

「辛」（かのと＝金の弟）は、陰の「金」の気。自然界になぞらえると「宝石」など貴金属のイメージの人です。「辛」の文字は「新」に通じ、万物が成長して形を改めた後の新しい物の姿を表します。つまり、鉱物が加工され、できたばかりの金銀珠玉があなたなのです。「宝石」は、貴重な物として扱われます。ですから、あなたは生まれながらにして人に大切にしてもらえる徳があります。同時に自分自身でも自分は人とは違う、と常に思っています。何事も自分は別格という特別意識は、繊細な感受性と独特の美的な感覚からくるものでしょう。世間一般の常識というより、自分にとって〝カッコ悪いこと〟を何よりも嫌うのです。その意味では、見栄っ張りで体裁を気にします。

自尊心が強く、好き嫌いも激しく、譲らないところは絶対に譲らず、見かけほど柔軟ではありませんが、きめ細やかに物事をみて対応するので、人と合わせるのは巧みです。新しい物が好きで前進力がありますが、どこか線が細く、なりふりかまわない強引さはありません。神経が細やかな分、大義名分がないと大胆な行動に出られない小心さ、意志の弱さも秘めています。

また、宝石は、磨くことによって光り輝きます。そのため苦労知らずの日干「辛」の人は、プライドだけが高い、自分勝手な人間にもなります。でも、逆にいえば苦労したことをプラスに転化する才能に誰よりも恵まれているのも「辛」の人なのです。

干支⑧辛未の「辛」の人＝引っ込み思案で奥ゆかしいが、頑固に粘り強く人生を切り開く。人の世話をみる立場になることが多い。埋められた宝。

干支⑱辛巳の「辛」の人＝デリケートで上品だが線は細い。本物志向のため、どんな状況、どんな相手にもニュートラルに接する。光を受ける宝石。

干支㉘辛卯の「辛」の人＝愛情豊かで品のいい善人。人の面倒をよくみるが、利用されやすい一面も。恋愛では苦労する。箱に入れられた宝石。

干支㊳辛丑の「辛」の人＝利発でマイペース。ピュアで堅実だが、やや暗い。バランス感覚に優れ、極端に偏らない道を歩む。湖沼の精霊。

干支㊽辛亥の「辛」の人＝ナンバー2、補佐役などで、一番力を発揮する参謀タイプ。霊感があるくらい感覚が鋭く、ロマンチスト。北の海の龍神。

干支㊿辛酉の「辛」の人＝地味で器用ではないが、やることは確か。おとなしそうだが動じない人。芸術家、学者、研究者向き。改革の女神。

辛

日干

壬

フレキシブルな知恵を持って
奔放に流れていく河。

「壬」（みずのえ＝水の兄）は、陽の「水」の気。自然界では「海」「大河」のイメージの人です。「壬」の語源は「任」（はらむ）で、冬になって陰の気が陽の気をその中にはらみ、万物を閉じ込め、収める状態を表しています。母体の胎内の羊水にも通じ、生命を転生させる働きが示されています。

このように「水」は、万物の源泉ですが、水は、常に流動し、どんな器に入れてもその形に姿を変えます。そのため日干「壬」の人は、柔軟で、アイデア豊富。常にフレキシブルな発想ができ、知恵もあり、才能豊かなタイプです。水はどこに流れてもいろいろなものを巻き込むので、社交的で世話好きです。人とよくなじみ、自然にその先頭に立つことも多いでしょう。深謀遠慮（しんぼうえんりょ）に長け、智略に優れた活動家です。

一方、人となじみやすい分、不安定で、人の意見に左右されやすい傾向があります。自分のペースを作りにくく、先走って失敗したり、逆に依頼心が強く、人任せ、成り行き任せの、ルーズな生き方になったりする場合もあります。海や川は氾濫を起こすと恐ろしいように、一度感情が〝決壊〟すると手がつけられなくなります。ところが、相手が温かく接すれば、自分もそれに応えるなど、人によって全然違う顔を見せる複雑な人です。
また、水はひとつの場所に溜まると、濁って腐ってしまいます。澄んだ〝水〟でいるためにも、束縛されない、自由な環境を求めるといいでしょう。

干支⑨壬申の「壬」の人＝知的で決断力や統率力もあるが、素直すぎて、自分の力を自覚しないことも。困難にぶつかって本領を発揮。滔々とした大河。

干支⑲壬午の「壬」の人＝感情の起伏が激しく、人生も変化が多い。思ったことはすぐに実行するが持続力はいまひとつ。霊感が強い。太陽の下の海。

干支㉙壬辰の「壬」の人＝親分肌で文武両道の才があり、強い上昇運の持ち主。昇っているときはいいが、安定後が難しくなる。大河の河口。

干支㊴壬寅の「壬」の人＝とっつきにくくみえるが、実はエネルギッシュで行動的で急進的な人。直感力が鋭く、芸術の才に恵まれる。雪どけの奔流。

干支㊾壬子の「壬」の人＝実利的、庶民感覚に通じる知恵の持ち主。意地っ張りな一面があり、独立独歩でやや放浪癖がある。女性は強運。嵐の大海。

干支59壬戌の「壬」の人＝博学で、人の心を理解するので、どんな分野でも頭角を表す。リーダーの器。波乱を起こし、それを背負っていく。山中の湖。

日干

癸

物静かでピュアな雨。
一滴、一滴を積み重ねて流れを作る。

「癸」(みずのと=水の弟)は、陰の「水」の氣。自然界になぞらえると「雨」「露」のイメージの人であり、「癸」の文字の字源は、雨露が凝固して結晶した姿を象徴するといわれています。

霧がかかっている風景のように、幻想的、空想的なことを好み、どちらかというと内向的で物静かなタイプです。地上を潤(うるお)した雨露は少しずつ集まって、やがてひとつの流れを作り出すように、日干「癸」の人は、興味の幅が広く、勤勉でコツコツと努力します。慎重で、その場のノリや雰囲気、ヒラメキに従って判断することも少ないでしょう。が、本質は意外に短気で、何かで嫌気がさすと、突然、積み重ねてきたものを自分で壊したりもします。一度はじめたことはやめずに、何でも時間をかけて蓄積していくことが「癸」の人の成功の秘訣でもあります。ただそれだけに、細かいことにこだわりすぎて、大局を見失わないように気をつけましょう。

一見、神経質で繊細な性質のようですが、雨露がどんな隙間にも浸透していくように、意外にしたたかで、忍耐強く、たくましい一面も持っています。雨も集まれば洪水になるように、闘争心も秘めていて、相手によっては断固とした厳しい態度をとることもあります。ピュアで誰にでも公平に損得抜きで接し親切にする、周囲にとって〝恵みの雨〟的存在のような人もいますが、なかには濁った流れのように打算的になる人もいます。

干支⑩癸酉の「癸」の人＝シャープな頭脳の持ち主。困難に会ってもすぐに別の道をみつける。クヨクヨしやすいが処世術には長けている。秋の長雨。

干支⑳癸未の「癸」の人＝お人好しで表面的にはソフトだが、内面は負けず嫌いの頑張り屋。手に職をつければ名人になれる才能が。土用（どよう）の雨。

干支㉚癸巳の「癸」の人＝交友関係に恵まれ、自然の流れの中で生きているうちに自分の地位を確保する。センスのいい人が多い。初夏のにわか雨。

干支㊵癸卯の「癸」の人＝寂しがりやで仲間や家庭を大切にする。清く正しく生きていくことで年をとるに従い人生は安定する。子煩悩（ぼんのう）。柔らかな春雨。

干支㊿癸丑の「癸」の人＝人当たりはいいが、人に合わせることはできない。子どものような純粋さを持ち続ける。毒舌家。冬の嵐の発生元。

干支(60)癸亥の「癸」の人＝忍耐強い努力家。正統派ではなく、サブカルチャー的な世界で成功しやすい。目立たない所での実力者。濁流（だくりゅう）の大河。

中心星

比肩

頑固一徹。不器用なまでに、
あくまで自分のペースを守ろうとする頑張り屋。

「比肩」とは、自分の「日干」と同じものが中心星の位置にあることを示しています。自分自身が強められているのですから、自我が強く、一本気。自分で本当に納得しなければ、絶対に人のいうことを受け入れない、それこそテコでも動かない頑固者です。理屈ではわかっていても、心がそれについていかないのです。

そのかわり、自分で一度決めたことは、トコトン貫く意志の強さがあります。自分が気に入ったり、好きになったことは、人に頼まれなくてもひたむきに取り組みます。

また、何事にもマイペースで、自分のペースを乱されることを何よりも嫌います。その意味では不器用で、時にはわがままな存在になって、周囲に手を焼かせることも。基本的には個人主義で、協調性は乏しく、束縛を嫌い、人に指図されても、素直に聞けないことも多いようです。早めに独立して、しっかりと自分の世界を持てる生活をしたほうが自分も周囲も楽になります。

大変な負けず嫌いですが、実は人と競争をして勝とうとはあまり思いません。問題はあくまで自分が納得できるか、どうかなのです。自分さえ納得していれば、人の評価などは気にしないのは特徴的な一面です。

特に「日干」が陽干（甲・丙・戊・庚・壬）の人は、わかりやすい頑固者で、自分をハッキリ主張して、人と衝突して、ケンカをすることも多い激しさをみせるタイプ。一方、陰干（乙・丁・己・辛・癸）は、一見、ソフトな性格にみえます。でも好き嫌いは激しく、妥協をしないので、それをストレートに出さない分偏屈な人にみられがちです。ただし、陽干でも、陰干でも、自分のペースとテリトリーが守られれば、むやみに人とぶつかることはしません。

何より自分の満足が大事なので、自分でやりたいことに関して、損得勘定には無頓着です。また、相手に合わせたり、「機をみるに敏」で動くことは苦手で、一度、決めたらそう簡単に方向転換できず、チャンスを逃すこともあります。そのため、金銭面で苦労する傾向もあります。兄弟で財産を争ったり、女性でも、自分が一家の柱となって働くという宿命を秘めているといわれています。何しろ頑張り屋という面では、ナンバー1。自分で打ち込むものをみつけたら、これほど強い星はありません。

中心星

劫財

横並びの人間関係に生きるため、時にはお人好し、時には傍若無人に。

「劫財」は、自分の「日干」と同質だけれど、陰・陽が違うものが中心星の位置にあることを示しています。陰と陽は磁石の＋と－のように引き合うもの。そのため「劫財」には「比肩」にはない、社交性や協調性が出てきます。一見、人当たりがよく、誰でも受け入れるような、親しみやすい人にみえます。

といっても、自我の星であることには変わりなく、本質的には頑固で自己主張の強い人です。ただし、「比肩」の人は、ひとりで自分の世界を守ろうとしますが、「劫財」の人は集団や仲間を作ることで、強固な自分たちの生活を作り、守ろうとします。ですから人脈のネットワークは意外に広く、組織力もあります。

また、「劫財」の激しさと我の強さは、あまり自分自身を上下のある人間関係の中に組み込まないところにあります。一見、礼儀を守っているようにみえても、「劫財」の人の意識の中では、どんなに偉い目上や上司、先輩も自分と同等なのです。そのため、怖いもの知らずの傍若無人なタイプにもみえます。その一方で、同じ年代や年下なども自分と同等に接するため、下の人間にとっては、自分を尊重してくれる穏やかな人ととらえられます。身内意識は強く、面倒見もいいのです。

「劫財」が中心星の人は、裏表がある性格で裏切りや強奪をもたらすと伝統的に伝えられるのは、「劫財」の自我の表し方が「比肩」ほどハッキリとわかりやすくないのと、「劫財」の持つ、横並びの意識や誰に対してもプレーンな接し方が、従来の上下関係の強い人間関係を壊しやすいからです。また人の力を借りて自分の意志や願望を実現しようとするため、結果的に人を利用することが多くなるのもその一因です。

また、自分の「日干」が陽干（甲・丙・戊・庚・壬）の人の場合は、この通変星のことを「劫財」ではなく「敗財」と呼ぶことがあります。「敗財」になる人は、とにかくお人好し。頼まれたらイヤとはいえず、人に利用されやすく、自分の財産をどんどん奪われてしまいがちです。これも、自分と他人を横並びで同等に考え、人の輪の中で自分を活かそうとする一面が、弱さとなって、不運をもたらすこともある「劫財」のひとつの傾向を語っていると思ってください。いずれにしても、人間関係の中に幸運も不運もあるタイプなので、よき仲間を持ち、その中で誠意を尽くすことが大切です。

中心星

食神

楽観的でストレート。
自分を隠すことができない、あけっぴろげさが人に好かれる。

「食神」は、財を生む吉星であると同時に、衣食住、寿命、健康のシンボル。そのせいか「食神」を中心星に持つ人は、ゆったりとしてコセコセせず、どこか福々しい感じがします。体型もポッチャリしている人が多いようです。

「比肩」「劫財」が生まれたての赤ん坊のような無垢な星なら、「食神」と「傷官」は、少年・少女時代を表す星。成人して財を成し（財星＝正財・偏財）、社会的な立場である官を得て（官星＝正官・偏官）、老境に至って知恵と名誉を得る（印星＝印綬・偏印）という形で、宿命星も循環します。

「食神」は、子どもの星ですから、いろいろな可能性を信じる楽観性を持っているのが特徴です。のんびりしていて、どんなときにもあわてず、騒がず、抜けているのか、大物なのか、どちらともつかない雰囲気を漂わせる人も多いのです。それは基本的に子どもの星で、恐れを知らないから。人を疑わずに受け入れていく、包容力があるのです。ただ、いくつになっても幼さが抜けず、依頼心が強かったり、飽きっぽかったりして、周囲を振り回すタイプでもあります。そんな困った一面があっても、明るく無邪気で、あけっぴろげなので、人には憎まれず、助けてもらえる得な人です。

また、自分の興味のないことにはまったく見向きもしませんが、ひとたび好きなことに巡り会うと、周囲のことは目に入らないくらいの集中力を発揮します。ただ基本的には、遊ぶことが大好きで、なまけやすい体質です。それだけに何事も、どこか遊びの要素がないと続きません。たとえ、それが仕事でも、本人は遊びのように楽しみます。人と競争して成り上がったり、忍耐・苦労をして何かをなし遂げたりというタイプではありません。

本質的にストレートで、自分を表現することに素直なので、それが芸術的な才能となって現れることも多いでしょう。職業にならなくても、遊び心が旺盛なので、多芸・多趣味です。本能に忠実なので、異性との交遊も多いほうです。

ただ他の星との組み合わせが悪いと、自分に正直なのはいいけれど、それが行きすぎて、単なる自分勝手でわがままな人になったり、自分で自分をコントロールできないだだっ子になったり困った人になる傾向が強くなります。人に助けてもらえる恵まれた星なだけに周囲の人を大事にすることは大切です。

中心星

傷官

反骨精神旺盛な一匹狼。
高い表現能力を持つので型破りでもオリジナルな生き方を。

「傷官」は、「食神」と同様、子どものイメージの星。でも「食神」が素直であけっぴろげな幼児のイメージなのに対して、反抗期のハイティーンのような、屈折した激しさを持つ星です。繊細で、感受性が人一倍強く、頭脳明晰(ずのうめいせき)ですが、プライドが高く、人を見下すような傾向があります。自分で感じたことを吐き出さずにはいられませんが、それも「食神」のように、あっけらかんとした表現にはならず、どこかトゲがあります。

とにかく周囲のことなどおかまいなしに感じたことをしゃべりまくったり、いいにくいことをズバリといったり、逆に秘密主義のように普段はあまりその鋭い感覚を表に出さず、あるときにビックリするようなことをいったりするるので、人間関係のバランスはよくありません。作らなくてもいい敵も作りやすいでしょう。

でも、屈折することでエネルギーをためるがゆえに、その表現力は大胆かつ緻密(ちみつ)。文章や音楽、演技など、クリエイティブな才能の持ち主が多く、そこにエネルギーを注ぐことで、自分を発散することができ、人との摩擦も少なくなります。「傷官」を持っている人は、どんな形でも自分を吐き出し、表現することを心がけたほうがいいのです。

典型的なアーチストタイプなので、一匹狼的な生き方が似合います。組織の中で生きるには、型破りなので、独立独歩でやるほうが楽だし、成功もしやすいでしょう。高い潜在能力を持っているので、何かツボにはまれば、華やかな上昇気流に乗ることもできます。「傷官」もまた、財を生む星でもあり、一度、成功して得る財の大きさは「食神」をはるかに上回ります。ただ「傷官」の才能は諸刃の剣でもあります。勢いが余ったり、抑制をなくすと、人を傷つけるだけでなく、自分自身をも追い詰め、傷つけてしまいます。特に女性は、夫の星である「正官」を傷つける星なので、結婚運が難しくなるといわれています。でも「傷官」の激しさを受け止めてくれる「食神」や、抜き取ってくれる「偏財」、コントロールしてくれる「印綬」などが中心星の人を選べばいいのです。

また「官を傷つける」という文字のとおり、社会的な価値観やステイタスなどとは相いれず、そこに反抗する生き方をしがちです。でも、せっかく創造的な才能に恵まれているのですから、人生を大きなステージと思って、思い切り自分を表現し吐き出す生き方を選ぶのもひとつの生きる道です。

中心星 偏財

柔軟でダイナミックに財を生む人。
世話好きで親切だけど、意外にしたたかな性格。

「財星」（偏財・正財）とは、自分自身である「日干」から「剋（こく）される」側の星。つまり自分でコントロールできるものが「財」なのです。

「偏財」は、「財」の中でも流動する財のこと。中心星「偏財」の人はコツコツとためて財を成すのではなく、ダイナミックに稼いで、ドンと使う人が多いようです。活動的で、あなたの周囲では人もお金もどんどん動いていきます。

そして、あなた自身は、そうやって動いてくるものを自分の中に取り入れていきます。性格的に柔軟で、〝雑食〟的にいろいろなものを受け入れる懐の深さがあるのです。誰に対しても親切に接し、サービス精神旺盛で、世話好きな性格は、奉仕的ですらあります。時には愛情の押し売りになるぐらい人に尽くすことも多いでしょう。それも特定の誰かに向けてそうなのではなく、周囲の人みんなに平等に〝愛〟と〝奉仕〟を捧げるような傾向があります。というのも、なるべく多くの人とうまくやりたい、人に嫌われたくない、という思いが強いからです。

そんな風なので、周囲の人は、「偏財」の人をつい甘くみがちですが、その本質は意外なほどしたたかです。「財」の星ですから、基本的に現実主義(リアリスト)で、自分に利益になる方向を本能的にかぎつけることができます。お人好しにみえて、自分が損をしそうなことは、あまりしないでしょう。また、機をみるに敏で人づきあいも巧み。人の望むことをして自分も得をしようとするので、交渉事もうまく、商売人としてその素質は十分です。時には、八方美人的な、調子のいい風見鶏(かざみどり)的な動きをすることもありますが、行動的で、ビジネスで成功する可能性はかなり高いタイプです。

人に親切で面倒見がいいのも、実は、単なるやさしさというより、無意識のうちにそうすることで自分をアピールしたい、人を引きつけておきたいという自己顕示欲からきていたりします。みんなと歩調を合わせているようにみえて、実は一番考えているのは自分のことだけです。独立独歩タイプなので、フリーランスや自営業のほうが自分を活かせます。

お金や経済的なことにうるさいわりには、「偏財」は流動する財なので、大きく儲けてバンバン使い、生活は派手になりがち。お金の儲け方も、使い方もスケールが大きいので、一度バランスが崩れると出費が収入に追いつかなくなる危険もあります。

偏財

中心星 正財

堅実で地道に自分のテリトリーを守る努力家。意外なカリスマ性も秘めている。

「正財」とは、「偏財」の流動的な財に対して、固定した動かない財を表します。「正財」を中心星に持つ人は、保守的で、地味なタイプが多く、自分のテリトリーから動かず、何事もコツコツとため込んで、少しずつ財を成していきます。親からの相続や人の財産を譲り受けたり、伝統など文化的な遺産を受け継いだりという立場にもなりやすい人です。

基本的に用心深く、保守的なので、実現できるかできないかわからないような大きな夢やロマンはみません。「偏財」のような一か八かな勝負はせず、堅実に真面目に、自分に与えられた範囲で努力します。けっして面白みがあるキャラクターとはいえませんが、急がず、あわてずにしっかりした足取りで生きていく姿は、自然に周囲の信頼を得ていくことになります。

中心星「正財」の人は、倹約家で蓄財の才能を発揮します。でも実は「正財」の人がお金や物をキチンとため込むのは、柔軟さに欠けるため。変化を恐れ、何かあったときに備えて自分をプロテクトする意味あいが強いのです。同じ意味で、自然に周囲に人を集めていくことも多いようです。地味で、目立たない星のようですが、一途さがあるだけに、ひとつの世界に徹すると、意外に多くの人に対して求心力を持つ人気者や、カリスマ性を発揮するグループのリーダーになることも少なくありません。

「正財」は妻の星といわれ、女性ならしっかり者で、良妻賢母になれる資質の持ち主です。妻は家庭という場所では中心であり、スケールは小さいながらも、カリスマであるということなのです。その意味では、孤独には弱く、自分と同じ考えの仲間やグループ、組織に所属することを求める傾向があります。またそういう中にいたほうが個性を活かせます。あなたの場合は、積極的に動いて夢を追いかけるよりも、誰かに尽くしたり、求められたりすることが、自分の生きがいや存在証明になるのです。

リアリストで現実に強いという意味では、「偏財」よりも「正財」の人のほうがシビアです。ただし、本来気が小さいので、冒険はできず、正直すぎて損をしたりもします。ただ、小さな世界を守ろうとしたときは、その外にいる相手を疑ったり、強く排除したりして、厳しさをみせることも多いでしょう。やさしいのですが、融通（ゆうずう）がきかず、世界を狭くしやすい点は気をつけたい欠点です。

中心星

偏官

実行力は抜群。
激しいエネルギーをいかに使いこなすかが、明暗の別れ道。

「偏官」は、激しい闘争心と行動力をもたらす宿命星です。考えるよりも先に体のほうが動くので、思慮深さには欠ける傾向はありますが、実行力という点では他のどの星にも負けません。どんな場面でも物おじせず、たとえ自分ひとりで周囲を敵に回しても、自分の決めたことをそのまま実行する、思い切りのよさと度胸が持ち味です。ただ短気ですし、その場の雰囲気に負けてしまう傾向もあります。とにかく〝心の中に虎を飼っている〟ともいわれるような、激しさと危うさが中心星「偏官」の人の特徴なのです。

その〝虎〟をうまくコントロールできれば、行動力を活かし、強いリーダーシップを発揮して、スケールの大きな成功を収めることもできます。でも、その〝虎〟をうまく制御できないと、やたらに反逆的で、人と衝突するばかりの荒っぽく、乱暴な人生を送ることになります。また、自分に厳しく、自分を何かひとつの枠に押し込めようとして、そうならないと自分で自分を責め、クヨクヨしているようなタイプにもなります。

エネルギッシュで、よく働きますが、何でも先へ先へと急ぐ、せっかちな人です。決断は早く、何事にも白黒をつけないと気がすみません。よくいえば、潔く、サッパリとした男っぽい性格ですが、反面、諦めがよすぎて、粘りが足りないことも。そのスピーディな判断と行動力に、周囲はただ驚いてみつめるばかりということもあります。特に女性で中心星が「偏官」だと、見かけは可憐だったりしてモテても、心の中で男を男とも思わない強い一面を持っています。ただ「偏官」の人は、思ったことがすぐ表情や行動に出ますから、裏表はなく正直で、とてもわかりやすい人でもあります。

また「偏官」は別名「七殺」。それは、自分の「日干」から7番目にあって、自分自身を攻撃する星だからです。そのせいか「偏官」を中心星に持つ人は、なぜか人の犠牲的な立場になることを好んだり、他の人が誰もやらないような危ないことを進んでやるような傾向があります。あえて自分が損をしたり、割りに合わないような道を選んだり。ヤセ我慢の美学を持ちやすい人です。困っている人をみると、世話を焼かずにはいられない親分肌ですが、行動は基本的に個人主義です。

ひとつの枠には収まらない、大きなパワーを秘めた星だけに、その活かし方によって、幸運と不運がクッキリと別れてしまう星でもあります。

偏官

中心星

正官

品性と権威を重じんて、エリートコースを求める星。
プライドの高さが世界を狭くする。

「正官」は、名誉と信用を重んじる星。その文字からもわかるように、社会的な正しい権威を求め、それを手に入れることが多い星です。品性と権威を重んじて、エリートコースや社会の王道をいくことができる吉星です。

性格は真面目で几帳面、しかも誠実で落ち着きがあり責任感が強いのですから、当然職業運がよく、地位や社会的なポジションに恵まれます。人の尊敬を得ることも多いでしょう。同じ「官星」でも、「偏官」が社会の枠組みからはみ出していく激しさを持っているのとは正反対に、常識と規範をしっかりと守る、穏やかなバランス感覚があります。

ただし、自分が名誉と権威を重んじるだけに、ブランド志向が強く、社会的に価値があるとされるものには弱いようです。プライドの高さも玉にキズ。人に頭を下げられなかったり、規範や節度を守ろうとするあまり、融通がきかないことも。みんながラフなスタイルでくつろごうとしているときに、ひとりキッチリとしたスーツ姿でしかいられないようなユーモアに欠ける柔軟性のなさが、周囲に堅苦しさを与えがちです。

また、責任感は人一倍強く、与えられた仕事やノルマはキッチリとやり遂げます。でも、逆にいうと、責任が持てそうもないことには、絶対に手を出しません。自分でダメだと思ったら、サッサと手を引いて無理をしないので、逃げ上手ともいえます。その出処進退を心得ているところが、自分なりの責任のとり方なのです。こんな風に、ひとつの枠を守っていくことができる性格なので、官僚や警察などの公務員、銀行員、教師など堅い仕事についたほうが自分を活かせます。常に体制側にいたほうが落ち着く人です。

またプライドを満足させるためには、競争する集団や組織が必要です。ですから集団行動を好み、その中でなるべく上のポジションになって、リーダーシップをとることを一番好みます。単独行動は苦手で、みんなが作った枠組みがないと安心せず、その中だけで攻撃的に生きる、それが「正官」を中心星に持つ人の特徴です。

一言でいえば、優等生的な「正官」は、親や年長者からの受けはとてもよく、引き立てられて伸びていきます。でも〝いい子〟的な限界や面白みのなさは、どうしてもついて回ります。ある意味では小心であり、狭い世界に生きるタイプです。偉そうなだけで、虚栄心の強い人間にならないためにも、常に視野を広く持っておくことです。

正官

中心星

偏印

破壊と創造を繰り返す、才能あふれるアウトローの星。
生まれ育った環境と違う場で開花。

「印星」(偏印・印綬)は、知性の星です。「偏印」は、〝偏〟の文字のごとく、偏った才能や知恵を持つことを表します。学業が優秀で、学歴がよいという王道の賢さを表すのは「印綬」のほうで、「偏印」は、そういう次元とは違う頭のよさを表します。たとえ学校での勉強はそれほどでもなくても、アイデアや企画力、音楽、ビジュアル面での才能などに恵まれているので、何かのテクニックを持って働く、フリーランスの人には「偏印」の人がとても多いのです。逆にいえば、個性が強すぎて、そういう立場を求めないと成功がおぼつかず、組織の中では、その才能は活かしきれないタイプなのです。

また、ひとつの枠や組織に収まりきらないのは、あなたの感覚が鋭く、次々といろいろなことを思いつくため、同じことを長く続けることが苦手だからです。ルーティンワークは「偏印」にはもっとも向かない職業です。とにかく飽きっぽく、刺激の少ない環境にいては、自分の個性を発揮できません。そのため「偏印」は〝放浪の星〟とも呼ばれます。

でも考え方を変えれば、「偏印」の人は、それだけ環境の変化に強いということなのです。どんな環境にも、見ず知らずの人の中でも、飛び込んでなじんでいけます。たとえ海外に行ったとしても、何の心配もありません。むしろ自分が生まれ育ったのとは違う環境でこそ、花を咲かせることが多いようです。変化の激しい環境では、別人のような粘り強さを発揮します。誰とでもうまくやれる「偏印」の人は、飾り気のない人当たりのいい雰囲気を持っています。ところが、古いものを壊して、新しいものを作る宿命を持っているので、破壊的な行動をとることも多いのです。飽きっぽいかと思えば粘り強く、穏やかにみえて激しさを秘めているので、複雑な性格にみられがちです。しかし、基本にあるのは、進取の精神だと思ってください。

「偏印」は、衣食住や寿命を司（つかさど）る星「食神」を強く攻撃するので「倒食」といわれ、伝統的には凶星（きょうせい）とされてきました。自由奔放で、ひとつのことにとらわれることを嫌う「偏印」の発想力ととらえどころのなさは、ひと昔前の社会では、持て余される困った才能だったかもしれません。でも、大きく揺れ動き、常に新しいものが求められる現代の社会では、「偏印」の持って生まれた才能や個性は受け入れられやすく、活かす道がたくさんあります。この時代は「偏印」にとっては、かなり生きやすいときだといえるでしょう。

中心星

印綬

安定した環境でこそ最大限に知恵を発揮。
クールで理知的な反面、母のようなやさしさも。

「印綬」とは、勲章を飾る組紐のこと。名誉や高い身分のシンボルです。「印綬」は知恵と学問の星ですから、この星を中心星に持つ人は、小さいときから賢くて、さまざまな才能に恵まれています。しかも、真面目に学ぶので学業も優秀です。性格も穏やかで、どんなときも冷静沈着。計画性があって、何でもキチンキチンとこなしていく、しっかり者です。いわゆるインテリジェンスが人柄ににじみ出ているタイプで、特に時間をかけてひとつのことを継続してじっくり研究、勉強すれば、その道のエキスパートとして名をはせることができるでしょう。

ところが、キチンとしてお行儀がいいだけに、ダイナミックに現実を切り開いていく度胸、行動力や決断力には欠けます。何事にも理論が先で、理屈は立派だけれど、行動がついていきません。経験を活かして、新しいものを生み出していくようなことは、どちらかというと苦手で、そのかわりに既成の概念を深めたり、利用していくことには巧みです。

何事も理屈で割り切るので、時にはひんやりと冷たい印象も人に与えます。「印綬」の人は、本質的には、自分の生まれ育った環境にうまく適応し、その中で自分の知恵を活かしていくタイプです。逆にいえば、環境の変化には弱く、激しい競争も実は苦手です。また、与えられた環境に反発したり、戦ったりするようなことはなく、無理のない生き方をします。こんな性質の「印綬」の人が、その力を一番発揮できるのは、評価の定まっている安定した環境です。伝統的なことを受け継ぐ宿命もあります。アカデミックな学問の世界や大きな企業や公務員的な職業で、その持ち味は最大に活かせるはずです。

「印綬」は、自分自身の「日干」を生み出す立場の「母親」の星でもあります。そのため表面的には理知的でクールに見えても、本質的には情愛が深く、やさしさを秘めています。母性的な一面があって、ついつい人の面倒をみてしまいます。後輩や年下を教え、育てることがうまく熱心です。ただ、そのやさしさと熱意が向けられる相手は、自分の肉親や身内など狭い範囲に限られます。そういう相手には、つい過保護になったり、世話を焼きすぎたり、干渉しすぎてしまいがち。プライドも高いため、自分を批判する相手を認めず、視野が狭くなりやすい点は注意が必要です。母親との縁が深く、マザコン的な大人になったり、自分がなかなか子離れができないことも多いようです。

陰陽五行 ①

ここでは、四柱推命などの考え方の根幹にある、東洋の世界観の中心「陰陽五行」のことを少しお話しします。

「甲・乙・丙・丁・戊・己・庚・辛・壬・癸」が「木・火・土・金・水」の五行の陰陽を表すことは、先に述べました。この五行は、ただこの世界に遍在するだけでなく、循環しています。

下の図の→の関係を「相生」といい、それぞれを生じる関係です。

「木は火の材料になり、火は灰を作って土を生み、土からは鉱物など金が生まれ、金は滴って水を生じ、水は木をはぐくみ育てる」

下の図の⋯→の関係は「相剋」といって、それぞれを「剋（こく）する」（痛めつける）関係です。

「木は土の養分を奪い、土は水を濁してせき止め、水は火を消し、火は金を溶かし、金は木を切る」

ちなみに、自分と同じ「気」との関係は「比和」といいます。

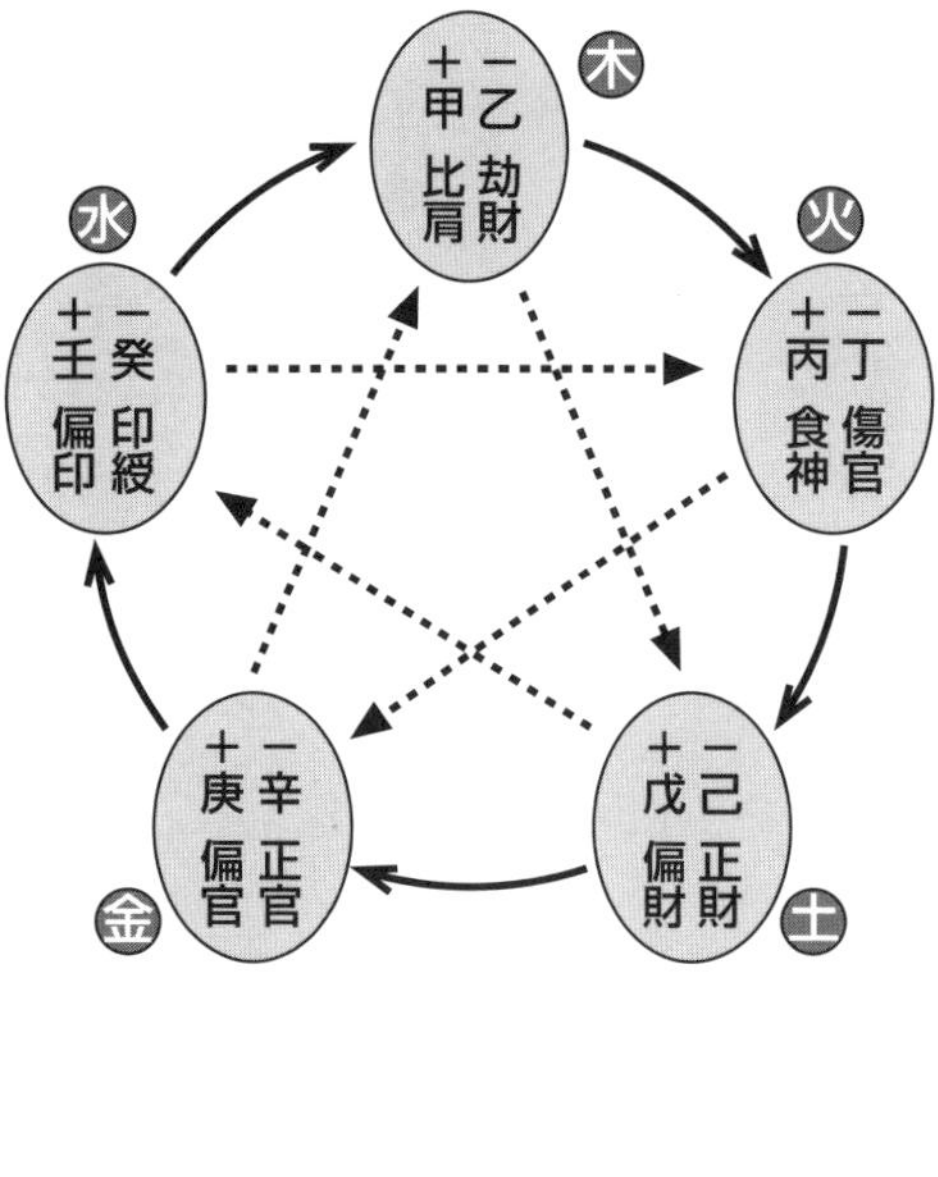

２章

結婚・転職・引っ越し…
幸運の〝瞬間〟はこうしてつかむ

《流年運》1年ごとの運の流れを読み解く

人間の運命のプログラムはおおまかに決まっています。
毎年やってくる通変星の特徴を知ることで、
どんな道を選べば幸せな人生を送ることができるかわかるのです。

人間には持って生まれた〝星〟もありますが、それだけで一生の運命が決まるわけではありません。四柱推命では、人間の運命はあるサイクルで循環すると考えられています。その人の性格を表す中心星の話を1章でしました。この中心星は一生変わりませんが、それに対して1年ごとに巡ってくる通変星があります。「比肩」「劫財」「食神」「傷官」「偏財」「正財」「偏官」「正官」「偏印」「印綬」のどの人にも10種類の通変星が10年間で順番に巡っていくのです。この1年ごとに与えられた通変星によって、その年1年の運命の流れが決まり、それを流年運と呼びます。人生にはさまざまな出来事が起こりますが、どの「通変星」がどんな運と出来事をもたらしやすいかはだいたい決まっています。

たとえば、結婚。この10種類の通変星の中で「偏財」「正財」「偏官」「正官」の4つの通変星が巡る時期は、一般に出会いが多く、結婚しやすい運気です。いわば、その星が巡る、10年のうちのその4年間があなたの「寿ゾーン」です。

この4年間は人との関わりが深くなり、影響をし合う運気が巡るので、この4年間に出会った異性とは恋愛が生まれやすく、それによって生活を変えるという意味で結婚しやすいのです。もちろん、それぞれの相性もありますが、男女共が「寿ゾーン」のときに出会ったカップルは、あっという間に、どちらか片方が「寿ゾーン」であれば、少し時間がかかっても結婚に至ることは多いようです。

と、このように、人生にはそれぞれ運気の流れがあります。結婚と同じように、「会社をやめて独立開業にいい時期」もあれば「ケガをしやすい時期」もあります。あまり独立開業などをしないほうがいい時期に、事業をはじめれば成功率は低くなります。逆にいい時期にはじめれば、さまざまなことがスムーズに運ぶでしょう。

流年運のサイクルは、日干が陽干（甲・丙・戊・庚・壬）の人は、「比肩」「劫財」「食神」「傷官」「偏財」「正財」「偏官」「正官」「偏印」「印綬」となり、「傷官」のときに、厳しいケジメや決断をすることで「偏財」から「正官」の4年間の「寿ゾーン」の安定を得ます。そして「偏印」の年に突然、今までのやり方が通用しない苦悩がはじまります。運気のサイクルはかなり上下動が激しくなります。そしてひとつのサイクルのピークは「正官」の年と思って計画を立てるといいでしょう。

日干が陰干（乙・丁・己・辛・癸）の人の流年のサイクルは、「劫財」「比肩」「傷官」「食神」「正財」「偏財」「正官」「偏官」「印綬」「偏印」となります。「寿ゾーン」の前の「食神」のときからすでに、安定した運気になり、「偏官」のときには、なんとなく自分を変えなければと思いながら、穏やかに今後を展望する「印綬」に流れ、ゆっくりと「偏印」から「傷官」までの4年間の闘争期に入ります。運気の浮き沈みは、なだらかです。サイクルのピークは「印綬」と考えるとよい流れを作れます。

人生のタイミングはとても大切です。おおまかな運命のプログラムは決まっていますが、どんな運命をいつ、選択するかで、運命は変わります。その運命を吉とするか凶とするかはあなた次第なのです。

◆流年運の割り出し方

では、ここで流年運の割り出し方を紹介しましょう。

①223ページからの表で自分の生年月日の日干を調べます。

②次ページで自分の日干の干支の項を見ます。たとえば、自分の日干が52乙なら、乙の項を見ます。そこに書かれているのが、2035年までの流年運です。

なお、本書では流年運での比肩を「流年比肩」、劫財を「流年劫財」と呼んで、1章の中心星と区別しています。なお、1年ごとの流年運が切り替わるのは、旧暦で年が改まる2月の立春（年によって違いますが、2月の4～5日前後です）。それ以前は運勢的には前の年の運気となるのは覚えておいてください。

流年運の解説では、仕事、恋愛、健康の他に、「空亡（天中殺）」（152ページ～参照）と呼ばれる停滞期にどう過ごせばいいかもまとめています。

◆十二運の割り出し方

132ページからくわしく説明してありますが、流年運の他に、人生には十二運と呼ばれる運気のパワーを決める運勢もあります。これも、自分の生年月日の日干の干支から導き出されます。十二運がわかると、流年運でわかる運命の流れがより具体的にイメージできます。ここでは、流年運と十二運を並べて掲載しています。136ページから十二運の意味を紹介しているので、流年運とあわせて参考にしてください。

流年早見表

己		庚		辛		壬		癸	
流年	十二運	流年	十二運	流年	十二運	流年	十二運	流年	十二運
食神	病	劫財	胎	比肩	絶	印綬	死	偏印	長生
正財	衰	食神	養	傷官	墓	比肩	墓	劫財	養
偏財	帝旺	傷官	長生	食神	死	劫財	絶	比肩	胎
正官	建禄	偏財	沐浴	正財	病	食神	胎	傷官	絶
偏官	冠帯	正財	冠帯	偏財	衰	傷官	養	食神	墓
印綬	沐浴	偏官	建禄	正官	帝旺	偏財	長生	正財	死
偏印	長生	正官	帝旺	偏官	建禄	正財	沐浴	偏財	病
劫財	養	偏印	衰	印綬	冠帯	偏官	冠帯	正官	衰
比肩	胎	印綬	病	偏印	沐浴	正官	建禄	偏官	帝旺
傷官	絶	比肩	死	劫財	長生	偏印	帝旺	印綬	建禄
食神	墓	劫財	墓	比肩	養	印綬	衰	偏印	冠帯
正財	死	食神	絶	傷官	胎	比肩	病	劫財	沐浴
偏財	病	傷官	胎	食神	絶	劫財	死	比肩	長生
正官	衰	偏財	養	正財	墓	食神	墓	傷官	養
偏官	帝旺	正財	長生	偏財	死	傷官	絶	食神	胎
印綬	建禄	偏官	沐浴	正官	病	偏財	胎	正財	絶
偏印	冠帯	正官	冠帯	偏官	衰	正財	養	偏財	墓
劫財	沐浴	偏印	建禄	印綬	帝旺	偏官	長生	正官	死
比肩	長生	印綬	帝旺	偏印	建禄	正官	沐浴	偏官	病
傷官	養	比肩	衰	劫財	冠帯	偏印	冠帯	印綬	衰
食神	胎	劫財	病	比肩	沐浴	印綬	建禄	偏印	帝旺
正財	絶	食神	死	傷官	長生	比肩	帝旺	劫財	建禄
偏財	墓	傷官	墓	食神	養	劫財	衰	比肩	冠帯
正官	死	偏財	絶	正財	胎	食神	病	傷官	沐浴
偏官	病	正財	胎	偏財	絶	傷官	死	食神	長生

天干 年	甲		乙		丙		丁		戊	
	流年	十二運	流年	十二運	流年	十二運	流年	十二運	流年	十二運
2011	正官	帝旺	偏官	建禄	正財	沐浴	偏財	病	傷官	沐浴
2012	偏印	衰	印綬	冠帯	偏官	冠帯	正官	衰	偏財	冠帯
2013	印綬	病	偏印	沐浴	正官	建禄	偏官	帝旺	正財	建禄
2014	比肩	死	劫財	長生	偏印	帝旺	印綬	建禄	偏官	帝旺
2015	劫財	墓	比肩	養	印綬	衰	偏印	冠帯	正官	衰
2016	食神	絶	傷官	胎	比肩	病	劫財	沐浴	偏印	病
2017	傷官	胎	食神	絶	劫財	死	比肩	長生	印綬	死
2018	偏財	養	正財	墓	食神	墓	傷官	養	比肩	墓
2019	正財	長生	偏財	死	傷官	絶	食神	胎	劫財	絶
2020	偏官	沐浴	正官	病	偏財	胎	正財	絶	食神	胎
2021	正官	冠帯	偏官	衰	正財	養	偏財	墓	傷官	養
2022	偏印	建禄	印綬	帝旺	偏官	長生	正官	死	偏財	長生
2023	印綬	帝旺	偏印	建禄	正官	沐浴	偏官	病	正財	沐浴
2024	比肩	衰	劫財	冠帯	偏印	冠帯	印綬	衰	偏官	冠帯
2025	劫財	病	比肩	沐浴	印綬	建禄	偏印	帝旺	正官	建禄
2026	食神	死	傷官	長生	比肩	帝旺	劫財	建禄	偏印	帝旺
2027	傷官	墓	食神	養	劫財	衰	比肩	冠帯	印綬	衰
2028	偏財	絶	正財	胎	食神	病	傷官	沐浴	比肩	病
2029	正財	胎	偏財	絶	傷官	死	食神	長生	劫財	死
2030	偏官	養	正官	墓	偏財	墓	正財	養	食神	墓
2031	正官	長生	偏官	死	正財	絶	偏財	胎	傷官	絶
2032	偏印	沐浴	印綬	病	偏官	胎	正官	絶	偏財	胎
2033	印綬	冠帯	偏印	衰	正官	養	偏官	墓	正財	養
2034	比肩	建禄	劫財	帝旺	偏印	長生	印綬	死	偏官	長生
2035	劫財	帝旺	比肩	建禄	印綬	沐浴	偏印	病	正官	沐浴

流年比肩

強気に行動し、意思表示がはっきりする年。
自分中心に物事を考え、独立心旺盛なとき。

「流年比肩」は、自分の「日干」と同じ「干支」が巡る年です。つまり、自分自身が強められるので、当然、強気になります。いつもあまりはっきり意思表示をしないタイプの人も、言葉や行動でそれを表すことが多くなります。

でもむやみに人と衝突したり、攻撃するようなことはありません。というのも、強気に主張するのは、あくまで自分の主義や生活を守ろうとする目的があるから。もし「流年比肩」の年に、自分の生き方ややりたいことが実現できない環境にいた場合は、断固として行動を起こすでしょう。ただそれは周囲と闘うのではなく、今までの環境に別れを告げるという形で。逆にそのときに自分が満足できる環境にいれば、穏やかな1年を過ごし、それを脅(おびや)かすものを排除しようとします。

とにかく妥協ができない年で、独立心が強くなります。親元からの自立、転職、引っ越しなど対立、分離が起きやすくなります。

ただし、ある意味では自分の欲望に素直なときなので、大きな変化も自分の望む方向に進むために必要なものであることが多いでしょう。また、兄弟や義理の兄弟の影響も受けやすい年です。「流年比肩」の年は、独立、自立、自主性、守り、頑固などと縁があります。

●仕事

協調性がなくなり、自分中心に物事を考えるので、組織の中では動きづらくなります。上司や得意先の命令でも、従いたくないものは受け付けなくなります。シブシブやらなければならないことに関しては、大変なストレスを感じることに。上司や同僚との争いや分裂なども起こしがち。

そのため離職して独立したり、転職したりすることが多くなります。金銭面は多少大変ですが、フリーランスや自営業に転身するにはよいタイミングです。腐れ縁や悪い縁も切れていきます。転職は、よほど自分にピッタリこないと、新しい環境になじむのに時間がかかりますし、思う所に就職できない場合には就職浪人になることもあるでしょう。

「流年比肩」の年は、自分がやりたいことのためには頑張るので、企画を提案したり、営業などの成績もあがったりします。ただ、頼れるのは自分の力だけと思いがちで、間違った方向に進んでいても、アドバイスを受け付けず、やってくるものを自分ひとりで受けて立つ状況になりやすいでしょう。

●恋愛

自分に忠実なあまり、相手に合わせることができなくなるので、恋人同士には試練のときです。あなたの思うように相手が動いてくれないと不満がたまり、また相手の気持ちをくみ取れないことも多く、よほど気をつけないと、ギクシャクしやすくなります。交際のイニシアチブが完璧にあなたにある場合は、快適な1年ですが、相手に相当なプレッシャーをかけているかもしれません。

また、本当の意味でかみ合っていなかった愛情関係は、ピリオドを打つことになりがち。それこそ恋人やパートナーの元から〝独立〟するのです。単身赴任など他動的な要因で、相手との間に距離ができることもあります。

一方、新しい出会いは、本当に自分に合う相手を求めるので、なかなか難しくなります。逆にひとりでいることを妙に清々しく感じたりすることも。でも「流年比肩」の年に、ひとりの時間を大切にし、じっくり自分をみつめることは、長いスパンで人生を考えたときには、悪いことではありません。

ところが、電撃結婚は「流年比肩」でも起きやすく、特に見合い結婚が急にまとまったりします。見合いは、自分のことだけを考えて、条件優先の出会いだからです。

つまり、「流年比肩」での結婚は、あくまで自分のペースや好みを崩さないですむ相手を選ぼうとします。「流年比肩」での結婚は離婚率が高いといわれるのは、本来が、個人主義で自分優先の年だからです。この年に出会った相手とは、結論を急がないほうがいいでしょう。

●健康

健康な人は、自分の「気」が強められますので、体がよく動いて、もてあますほどです。ただ今までの生活のスタイルを崩せないので、健康状態が悪い方向に傾いていると、それがどんどん進んでしまうことがあります。持病のある人は、悪化させないように。病院に行くことを怖がって、早期発見を遅らせるパターンにも気をつけてください。

●「流年比肩」が空亡の年になった場合

焦りやすい年です。独立や変化を急いで、無駄な動きをしがちです。前向きな変化というより、変わりかけている周囲の状況や相手の気持ちをなんとかつなぎとめようとする執着心からの大胆な行動が多いでしょう。適齢期を意識して、あわてて結婚し、〝成田離婚〟〝式場離婚〟なども。お金のことは二の次という考え方になるので、金銭的な損失も大きくなります。大きな投資や勝負は避けるべき。少しの散財はむしろ厄払いです。

中心星別の「流年比肩」年の現象の表れ方（☆は吉運、★は凶運）

★比肩　別離の起きやすいとき。あなたの頑（かたく）なさに周囲が手を焼き、人が離れていくことがあります。特に愛情面で相手の負担になりがち。強力なライバルが出現し脅威を感じます。

★劫財　自分のために親しい人や仲間を結果的に利用するようなことが起こりがち。派閥争いや仲間外れなどの状況にも陥りやすく、身内や友人との間の金銭トラブルに要注意。

☆食神　いつになくヤル気が出て、自分がやりたいと思っていたことを実行に移すきっかけをつかめます。自己主張したことが周囲に受け入れられ、物質運も強まります。

★傷官　反抗心が強まり、周囲とぶつかりやすくなります。衝動的に大事なことを決めてしまいがちで、孤立無援（こりつむえん）になることも。孤独に何かの作業に打ち込めば成果はあがります。

★偏財　イライラしやすく、ストレスから散財しがち。大金を無駄に使う恐れあり。異性関係でも相手に多くを望んでも、思いどおりにいきません。父親との関係に要注意。

☆正財　はっきり自分を主張することで、物事をよい方向に進めやすく、自分のペースを作りやすいとき。金銭運もガッチリで、周囲があきれるくらいしっかり者ぶりを発揮。

★偏官　「流年比肩」のもたらす変化と独立のエネルギーをかなり無理をして押さえ込むことに。兄弟や身近な同僚に面倒が起きるかも。健康が乱れやすいので気をつけて。

☆正官　比肩のもたらす変化と独立のエネルギーをうまくコントロールして、自分の望む方向に躍進することができるチャンスの年。理想的な異性との出会いがありそう。

☆偏印　不慣れなことや、突然ひらめいたことに準備不足で手を出して失敗しやすいが、〝ガス抜き〟的な効果もあります。ひとりよがりになりがちだが、実利的な損失は小さい。

☆印綬　自己主張し、独立、別離したことによってステイタスアップのきっかけをつかみやすいとき。周囲に惑わされず、自分の勉強や研究に没頭するといいでしょう。

流年劫財

人間関係が広がり、結果散財しがちな年。頑張りすぎて体調を崩すことも。

「流年劫財」は、自分の日干と陰陽の違う干支の星が巡る年です。つまり日干・己（つちのと）の人には戊（つちのえ）が、日干・戊の人には己の年が「流年劫財」の年です。

「流年劫財」は、よく、財を失ったり、奪われたりする年といわれますが、それは結果的なこと。起きてくる現象としては、友人関係が横に広がり、グループやチームで動くことが多くなります。ただ、そうして広がった人間関係が同志的なつながりはあっても、すぐには利益を生んだりする相手ではなく、むしろお金がかかる相手だったりするのです。

「流年比肩」と同様に、自立や独立の気持ちも強くなりますが、「流年劫財」のそれは、誰かと一緒に独立するとか、人と行動を共にするとか、複数での行動になりやすく、状況が複雑になるのが特徴です。

また「流年比肩」のときほど、自己主張をストレートに言葉や行動にしない傾向もあります。そのため、結果的に人をだますようなことになったり、だまされたり。そこに金銭がからんで、人間関係がなんとなくギクシャクし、トラブルも多くなります。

実は「流年劫財」のときは、基本的にお金にこだわりが薄くなるのです。それよりも人間関係を大切にしようとして、結果的に散財を招きます。人間関係を壊さないようにと、お金を貸して、損したりします。分離、損失、仲間、拡張、ライバルなどと縁があります。

●仕事

自分の働きやすい環境を整える年になります。人と人との上下関係を壊してしまう年なので、上司や先輩、親のいうことを素直には聞けません。また、広がった人間関係から、独立、転職などの気持ちが強くなります。もっと他動的に、強力なライバルが現れて、今までのテリトリーを奪われたり、それに対抗する意味で、新たな新天地を探さねばならないこともあるでしょう。そうして動くときに儲けは度外視です。

「流年比肩」のときと違い、友人や知人の協力があり、仕事面でも横のネットワークを築いていけます。ただし、金銭面だけはクリアにしておかないと、お金が元で人間関係が壊れがち。慣れた間柄や仕事でも金銭面はルーズにしないようにしましょう。

日干が、陽干（甲・丙・戊・庚・壬）の人は、前の「流年比肩」の年に独立独歩ではじめたことに同志的な仲間や同僚を得そうです。一方の陰干（乙・丁・己・辛・癸）の人は、次に「流年比肩」がくるので、この年に得た仲間はあまり当てにならないかもしれません。どちらにしても「流年劫財」では、経済的には苦しくなります。でも、その出費を必要経費と考えて利益につなげるかどうかはあなたの頑張りにかかっています。

今の仕事に比較的、満足していれば組合活動やアフター5のつきあいに熱心になるような場合もありますが、交際費などで、やはり金銭的には苦しい年になるでしょう。

●恋愛

愛情面は意外に発展的です。でもこの年に知り合うのは、あくまで自分と対等なつきあいができる友人、同志的なつながりの相手で、すぐには恋愛に発展しにくいでしょう。グループ交際が楽しいときで、そこから1対1のつきあいに持っていこうとすると友情を壊したり、恋人同士になったとたん、なんとなく盛り下がってしまったりもします。

これが、すでに恋人や配偶者がいる人の場合は、かなり複雑な愛情関係、つまり浮気、不倫関係に陥りやすいのです。ふたりは〝共犯〟意識で対等に結ばれ、しかも「劫財」は妻の星である「正財」を痛めつけるので、離婚や略奪婚などが成立する年になることが少なくありません。当然、そうなればお金が出ていくわけです。そうでなくても、この年にはじまる恋愛は、相手の気を引こうとしてお金がかかったりします。

環境が変わりやすい年なので、女性は「流年劫財」で結婚することも少なくありません。でもこの年の結婚は、それまで続けていた仕事をやめざるを得ないなど、経済的な自立を危うくするものであることが多いでしょう。

●健康

健康運は要注意。その原因は、ほとんど頑張りすぎ、過労です。本来は元気の元になる星でもあるので、自分の体調に対して無頓着になるからです。新事業のために、借金をして、その返済のために体力の限界まで働いて体を壊すようなことが起こりがち。

また強力なライバルが出現して、休むに休めないなど、健康は二の次になり大きな病気を呼び込むこともあります。特に気をつけたいのは肝臓系の病気です。

●「流年劫財」が空亡の年になった場合

他人の保証人になるなど、金銭の貸借はタブー。この年に貸したり、何かに投資したお金は、最初から戻ってこないものという覚悟をしてください。
ここで知り合った友人などは空亡の年が終わると自然につきあいが切れたりします。何かの紛失、失恋、離婚などは、すでに自分にとって役割を終えたものが自然に離れていくのだと思ってください。

中心星別の「流年劫財」年の現象の表れ方（☆は吉運、★は凶運）

★比肩　友人関係は広がるのに、結局は衝突したりして協調しきれません。自分の利益のために強引な行動に出ることも。恋愛でも自分勝手に二股、三股の交際をしがちです。
★劫財　金銭面をあまりに軽視しすぎて、甘い見通しや人を頼みに動いて失敗し、周囲に損失を与えることがあります。特に男性は恋人や妻を傷つけることをしでかしがち。
☆食神　困っていることに手を差しのべてくれる人や仲間が現れます。あなたのことをみんなが守ってくれるときです。恋愛面はガードが甘くなりすぎ。悪い噂を立てられるかも。
★傷官　ストレートに現状を変えていくことに。特に年下との関わりができやすく、創造的なことをすると意外に成果が。ただし恋愛方面は大荒れ。ケガや病気には特に注意。

★偏財　友人、知人は増えるが、互いに利用し合う関係だったり、なんとなくしっくりいかない相手ばかり。お金はいつのまにか使ってしまい、いくら稼いでも身につきません。

★正財　災いを受けやすいとき。経済的な損失があるので、大きくお金を使うことは避けたほうが賢明です。いつになく人を簡単に信用して失敗しやすくなります。

☆偏官　人間関係の広がりを建設的な方向にコントロールできます。お人好しになりすぎるところや金銭面での損失もカバーできます。恋愛面は急速に進むことがあります。

★正官　目上からのプレッシャーが大きく、目をつけられてしまうことがあります。多くの人と知り合う機会が多いのに、プライドが邪魔して思うほどのびのびと過ごせないことが多いでしょう。

★偏印　夢や希望のために、お金を度外視して動いてしまいます。切り詰めた生活をしないとどんどん経済的に苦しくなります。お人好しになり、人のために散財しがち。

☆印綬　よい仲間やネットワークを作れます。あなたの行動に周囲は理解を示し、味方に。でも金銭面はやはり苦しく、人の世話事や将来のための経費で出ていく一方です。

流年食神

生活が安定し、自然体で生きられる年。
仕事よりも、充実した私生活を望むとき。

「食神」は衣食住を司る星です。「流年食神」がくると、生活が安定し、ホッとして心が落ち着き、余裕が出てきます。肩の力が抜けて、無理をしなくなるのです。流れに逆らわず、等身大の自分を認めて、自然体で生きようとします。それだけに積極的に新しいことにチャレンジする意欲はわかなくなります。物質的にも満たされて、あまりそんな気が起きにくくなるのです。人気運もあがり、引き立てもあり、子どものように、周囲に甘えられるときでもあります。自分を開放できるので、表現意欲が増し、アイデアも浮かび、趣味や遊びも充実。歓談やグルメなどにも縁があります。

特に、陰干（乙・丁・己・辛・癸）の人にとっては「流年食神」は、「流年偏印」「流年劫財」「流年比肩」「流年傷官」と4年続いた激動期が、一応終息し、運気もようやく穏やかなサイクルに入ってきたことを示します。ここまでの頑張りに応じて、その結果を味わえるはずです。逆に「流年食神」になってもっともっとと積極的に動いても、スキだらけで結局、うまくいきません。一方、陽干（甲・丙・戊・庚・壬）の人は、翌年にケジメをつけたり、つけられたりする「流年傷官」を控えています。翌年になると、周囲の風向きが急に変わって、人間関係で「まさか」の出来事に見舞われることもあり、この1年は一息入れられますが、あまり気を緩（ゆる）めすぎないほうがいいでしょう。

●仕事

人間関係のよさがプラスに働き、予想どおりの利益をあげられることが多いでしょう。人から面白い仕事が持ち込まれたりもします。発想が豊かになり、それをストレートに表現できるので、企画力も出てきます。特にクリエイティブな仕事をしている人にとってはチャンスです。ただ、日々の楽しみを追う時期なので、基本的には仕事は二の次になりがち。趣味やプライベートを重視し、生活の糧としてとりあえず仕事を片づけるというスタンスにもなりやすいのです。就職も、収入面や環境などは合格点でも、内容的に満足しきれないかもしれません。それでも、あまり不満もなく、楽しく過ごせるのが「流年食神」です。趣味や遊びから仕事のきっかけをつかむこともあります。

難点は、すみずみまで神経が行き届かないこともあって、よほど気をつけないと仕事のミスが多くなること。「流年食神」のうちは、周囲が何かとフォローしてくれますが、年が変わるとそうもいかなくなるので、甘えすぎないように。詰めが甘くなるので、人と組んで仕事をするほうがいいかもしれません。ただ、今まで、人に任せられなかった仕事を後輩などに任せてみるのにはよいタイミングです。

●恋愛

自分が開放される「流年食神」は、誰もがいつもよりフェロモンを発散します。年齢を重ねていても、その年なりの魅力が出てきます。あなた自身も異性への関心が強まるので、異性との関わりができやすく、ロマンスの生まれる年です。

でも「流年食神」は本能に忠実になる年なので、好きになるのはひとりの異性だけに止まらないことも。浮気や不倫、セックスを楽しむだけの、遊びの恋なども多くなります。そう、「流年食神」の恋愛にはルールはありません。ただアバウトになるので、浮気をうまく隠し通せず、バレて大騒ぎが多いのもこの年です。

他の何より恋愛を優先してしまう年ですが、交際に関しては、受け身。来る恋は拒まずで、相手から押し切られてはじまる恋愛も多いでしょう。遊びや趣味の場で自然に親しくなることも多いのですが、交際がはじまると急激に進みます。特に陰干（乙・丁・己・辛・癸）の人は「流年傷官」で失恋した後、ここで無理なくつきあえる〝なごみ系〟の異性と出会い、あっさり結婚することも。相手に甘え、それが受け入れてもらえる、精神的に楽な年なのです。

気持ちがゆったりするので女性は妊娠しやすいときで、子どもを望む人にはチャンス。妊娠がきっかけで結婚というケースも多い年です。

●健康

「流年食神」は、心が開放され、無理せず自然体で生きようとするので、ストレスが消え、健康面が改善されることも多いのです。でも「食神」は、自分の「気」を外に漏らす星でもあるので、無理は禁物。特にエネルギーを補給するためによく食べると、代謝が悪くなって、太りやすくなります。

心臓系の病気には注意を。自分の欲望に素直になりすぎたり、神経過敏になって、精神面が不安定になりやすい傾向も。

●「流年食神」が空亡の年になった場合

油断から思わぬミスを起こしやすくなります。欲望に素直になりすぎ、無防備なほど奔放に行動して、社会的な規範を無視することも。ズルズルとケジメのない生活に陥りやすく、物欲が強くなり、バブリーな生活を求めます。しかし、結局手元に残らず、物やお金との関わり方を考え直すことになります。流産や子どもに関するトラブルも起こりやすいときです。子離れ、親離れの時期でもあります。

中心星別の「流年食神」年の現象の表れ方（☆は吉運、★は凶運）

☆比肩　あなたの頑張りが、オブラートに包むような形で周囲の人に伝わり、余計な争いを避け、目的を達成することができます。異性運も急速に発展します。

☆劫財　対人関係が豊かになり、そこから恩恵を受けられる年。他の人に比べて流されることが少ないのですが、人の不幸やアクシデントが、あなたの利益に転化されることも。

☆食神　あなたの魅力が倍増し、人間的な魅力で目的を達成することができます。異性からの注目が集まりすぎて、相手を絞りきれず、恋愛関係が複雑になりすぎる傾向も。

☆傷官　新しいことは難しいが、周囲の人と力を合わせることで成功を収められるとき。

感受性鋭く、豊かなアイデア、発想がもたらされます。大きな物質運もあります。
☆**偏財**　物質運というより、もっと大きな財運が発揮されます。積極的に進めば、周囲に人が集まり、楽しい時間が持てます。異性運も盛んで、つきあう相手に不足しません。
☆**正財**　やることすべてがうまくいき、人に認められます。思いつきがうまく仕事に結びついたりして結果が出ます。結婚運も上々。何事もうまくいくのでやりすぎる傾向も。
★**偏官**　勢いがつきすぎて、かえって苦労や困難を背負い込んでしまう恐れが。のんびりはできず、遊びや趣味に全力投球しすぎかも。健康面には要注意。
☆**正官**　のびのびと振る舞うことで、人に認められ、仕事にもよい影響が。女性は恋愛運に恵まれ、理想の相手に出会えます。ただ自信を持ちすぎてつまずくことも。
★**偏印**　アクシデントに遭う注意年。気の緩みが凶運を呼び込みます。変化を求めるのは×。心が不安定になり、健康も乱れ、恋愛でつらい思いも。子どものトラブルに注意。
☆**印綬**　ルーズな傾向が押さえられ、人に愛される「流年食神」のよい面が出て、人の助けが得られます。恋も安定。ただ「流年食神」の伸びやかな発想やアイデアは制限されます。

流年食神

流年傷官

感受性が強すぎてトラブルが起こりがち。
芸術、創造などに縁のあるとき。

「流年傷官」になると、感受性が鋭くなります。とても積極的になるのですが、「流年食神」のときのように、ストレートに、わかりやすく自分を表現しません。

好き嫌いが激しくなり、イヤなものは徹底的に反抗するという形で自己表現することでしょう。言葉が鋭くなり、ケンカや対立も多くなります。感情の起伏も激しく、周囲のお荷物やトラブルメーカーになることも。ただ「この人は……」と思う人には、相手の思惑なども考えずに、とことん心を開くこともあります。「流年傷官」では、広く浅くではなく、狭く、深いつきあいを望みます。それがかなえられないときは、妥協をしないので、孤立してしまい、自分自身の空想の世界に閉じこもってしまうことも。とにかく人間関係のバランスを欠きやすいのです。

とはいえ「流年傷官」のときは、頭脳の働きがシャープで、それまで秘めていた能力を全開にできます。何かの勉強や研究、創作などに打ち込めば、大きな成果をあげることも。

またそうやって何でもいいから自分なりの〝表現〟をし、テクニックなどを駆使していくことで、心のバランスをとり、またチャンスにもつなげられます。「流年傷官」は、物質的には意外に恵まれ、余裕のある年でもあるのですから。

また、「流年傷官」は、反骨精神が強くなり、アウトロー的に自分だけの個性を発揮しようとする年なので、芸術、創造、発表、誤解、ケジメなどに縁があります。

●仕事

個人プレーを望み、仕事で自分をしっかり主張したいと思うようになります。それができるような職種の場合は、才能をおおいに発揮することになります。それがすぐに認められるということはなくても、この年に磨いたテクニック、身につけた知識、閃(ひらめ)いたことなどは、この後、あなたの武器になるのでおおいに研鑽(けんさん)すべきです。「流年傷官」のときは、仕事の上では、名よりも実をとるべきでしょう。

ただ「流年傷官」は、言葉が厳しくなり、トゲを持ちやすいときです。自尊心も強くなり、負けず嫌いにもなるので、ついよけいな一言をいってしまったり、秘密をポロッともらしてしまったりします。それが、仕事に決定的なダメージを与えることもあるので、この年は、とにかく言葉に気をつけてください。特に組織に所属している人には、その立場を失うことにもなりかねません。職場の輪を壊したり、人間関係に悩むことも少なくありません。断固とした態度をとるので、敵も作りやすく、足を引っ張られがちです。

上司とも対立しやすいでしょう。感情的なもつれから、離職、休職に追い込まれたりします。就職も妥協できずになかなか決まらなかったりします。

●恋愛

失恋や別離が起きやすい年です。愛情関係も厳しく突き詰めて考えるようになる年です。そのため恋人やパートナーに対しても、妥協せず、望むことが多くなります。価値観の相違があれば、それがハッキリしてきます。

基本的に強気なときなので「イヤなものはイヤ」と、自分からキッパリ別れを告げる場合もあります。恋人やパートナーなど、あなたを好きになった人を結果的に傷つけてしまうことも多いでしょう。相手から「ついていけない」と別れを告げられる場合もあります。ケンカは多くなりますが、この年を越えてつきあうことができれば、絆の深いカップルになれるでしょう。曖昧(あいまい)だった関係がハッキリする時期でもあります。女性は妊娠しやすい傾向もあります。

また、異性を見る目が厳しくなり、自分の世界にこもるので、出会いは少なくなります。

●**健康**

見かけよりも基礎的な生命力の消耗が激しく、疲れが抜けません。食事の内容が偏りがちで、生活が不規則になりやすく、体の不調が吹き出します。神経が研(と)ぎ澄まされるので、情緒不安定になり、ノイローゼ状態になる可能性も。

まさかの事故やケガも多くなります。人のいうことに耳を貸さず、自己満足的な対処法で体調の悪さを増幅させてしまうこともあります。ホルモンの乱れ、女性は婦人科系にも注意が必要です。

●「流年傷官」が空亡の年になった場合

非現実的なことに夢中になり、現実レベルではチグハグな行動を起こしやすい年です。反抗的になり、寛容さがなくなるので、人とギクシャクし、衝突しがちです。信用を失うこともあり、誹謗(ひぼう)・中傷も受けやすくなります。人を傷つけてしまうことも多いでしょう。

流年傷官

自分のこと以外でも人間関係のゴタゴタに巻き込まれ、交際する相手がガラリと変わりがちです。執着していた人や家族との対立、別離も。事故やケガ、手術する病気、望まない妊娠なども起こりやすくなります。

中心星別の「流年傷官」年の現象の表れ方（☆は吉運、★は凶運）

★比肩　誰がなんといっても自分のペースと世界を守ろうとします。ただいつもより少しは自分のことを話したり、他人を気にしたりするようになり、周囲にとってはわかりやすくなる一面もあります。

★劫財　人の力を利用したり、頼んで何かをしようとしたとき、自分の都合のいい相手とばかり群れ、視野を狭くすると失敗。人間関係の悪さが経済にまで影響を及ぼします。

★食神　子どものようにわがままな側面が強調され、身勝手な振る舞いでトラブルを呼び込みます。身近な人に油断をつかれることが。男性は子ども運を傷つけがち。

★傷官　もともとの気難しさが強調されて、孤立しやすく、個性が強すぎて、社会や人々に受け入れてもらえないことが。特に女性は失恋、別離の暗示が強いので気をつけて。

☆偏財　自分自身はあまり充足感を持ちませんが、傷官の表現力や創造力をうまくコントロールして、財運につなげることもできます。恋愛でも自分の理解者を求めることに。

☆正財「流年傷官」の持つ厳しさがプラスに働き、シビアな仕事ぶりで発展することができます。失敗をプラスに転化させることも可能。恋愛はひとりの人に入れ込むときです。

☆偏官　互いの星の激しさを打ち消し合うので、意外に平穏な年になります。行動力も表現力もいまいちで、淡々と過ごす1年になります。ただ人や物との別れの暗示は消えはしません。

★正官「流年傷官」の悪い面が、もっとも吹き出すことに。仕事面では下手に動いて、望んでいたポジションを取り逃がしたり、失墜したりします。恋愛面でも別離の影が。

★偏印「流年傷官」がもたらす芸術性や個性がもっとも増幅して発揮されます。でも本業以外のことに手を出すのはタブー。恋愛は理想ばかりを追って現実をみつめられません。

★印綬　物事が思うようにいかずヒステリックになりがち。行きあたりバッタリの行動で失敗しやすい。頭脳とテクニックをフル回転して慎重に過ごしましょう。ただし無駄は整理し、身軽になるべきときです。

流年偏財

人を引きつける魅力を発揮するとき。
異性からのアプローチも多い恋の季節。

「流年偏財」が巡ってくると、誰にでも好かれたい、嫌われたくないという気持ちが強くなります。そのため一生懸命、人に尽くし、人を受け入れていきます。それで不思議に人を引き付ける魅力を発揮し出すのです。

行動範囲もグンと広がり、人間関係もどんどん拡大。それが財運につながります。でももともと「偏財」の財は、別名〝動財〟。自分が動くことによって手にできる財であり、一定の形で止まらないものでもあります。お金は入ってくれるけれど、出ていくほうも大きく、そのスケールの大きさでいえば「流年正財」の年の上をいきます。

「流年偏財」が巡ってくると、人はやさしくなりますが、そのやさしさは少し打算的。それによって、その人に自分をアピールしたい、自分を目立たせたいという気持ちがあります。そのため節操のない、八方美人になることも多いでしょう。でもとにかく友人や知人はたくさんできます。ただ意外に表面的な交際に終始しがちです。

この年はとにかく忙しく過ごすことになります。そして金銭、売買、奉仕、社交、ギャンブルなどに縁が深くなります。

●仕事

ダイナミックに動いて、大きな財を得るときです。もともと「偏財」は商売の星であり、「流年偏財」ではさかんに経済活動をすることになります。一見、お人好しのようにみえて、実は現実的でガッチリしています。いろいろな人と巧みに交渉をして、自分の利益を得ようとするので、商売は繁盛し、経済的に潤う年です。

お金や現実をうまく回すためならば、自分のポリシーをある程度変えることも「流年偏財」の年にはたやすくできます。組織の中の人間関係も巧みにさばきます。相手の望んでいるものを繰り出すことができるので、取引先もどんどん増え、資金も集まります。ここまで苦しかった人もホッとできる年になるでしょう。誰にでも公平に、自分をアピールするのでサービス業、ボランティア的な方面で能力を発揮でき、その方面への仕事へのきっかけが開けることもあります。

難点は必要経費や交際費などがかなりかさむこと。調子よく、人に合わせてしまい、仕

流年偏財

事での本当の自己実現は、この年には難しいかもしれません。

●恋愛

人間関係の拡大によって、異性との関わりが急に多くなります。当然、恋人もできやすい年です。ある意味では、愛を注ぐ対象、尽くす相手がいないとつらくてたまらず、ある程度、妥協をしても交際をはじめるようなこともあるでしょう。

あまり恋愛に縁のなかった人には恋の季節への大きなチャンスになります。もちろん、魅力が高まり、相手に対するアピール力が強まりますから、その気になれば意中の相手を落とすこともできます。

意外な異性からのアプローチを受けることもあるでしょう。ただ、その愛情を注ぐ相手が、ひとりに集中せず、拡散していくのが問題です。ひとりいいなと思う異性が出現すると、同時にもうひとり気になる異性が出現したりします。決め手には欠けますが、デートを重ね、交際そのものを楽しむにはよい年です。調子よく泳ぎ回って、結局、本命に逃げられることも多いのですが、またすぐに恋の相手はみつかるでしょう。

「流年偏財」のときに友人として知り合い、「流年正官」「流年偏官」の年にゴールインするというのは結婚には理想的なパターンです。

問題は既婚の場合。やはりパートナー以外の異性に目が行くことも多く、つきあうチャンスも多いときです。結婚していても異性になんとなくチヤホヤされモテます。そうなると交際にお金を注ぎ込むことも多く、外ではいつでも機嫌がよく、みんなを盛り上げ、自分も楽しんでいるのに、家では案外仏頂面（ぶっちょうづら）になったりします。

●健康

表面的には華やかで楽しそうにみえても、現状を維持するために不安や悩みが多いときです。それを表面に出せない分、体調を壊すこともあります。気持ちが明るいため、自分でも自分の体の不調に気づきにくい傾向も。注意が必要です。

交際が忙しく、つきあいでの飲酒、美食などが多いため、消化器系統に弱さが出ることもあります。

●「流年偏財」が空亡の年になった場合

人に対しての警戒心が薄くなりすぎ、あまりよくない人との関わりを作ってしまうことがあります。八方美人になって、結局は誰とも本当の信頼関係を結べないことも。この年にはじまった交友は長続きしない、利害関係だけのものになりがちです。

人の口車に乗せられたりして、無謀な投資やお金の使い方をして、大きく散財する恐れもあります。この年にローンを組むと後で苦しみます。父親との関係に変化が生じることも多いでしょう。

中心星別の「流年偏財」年の現象の表れ方（☆は吉運、★は凶運）

★**比肩**　周囲がとても騒がしく、いろいろなことと関わらなくてはならなくて、自分のペースが守れず、ストレスもたまりがち。金運は巡ってきますが、自分のものにできません。

★**劫財**　収拾がつかなくなるほど、人間関係が急速に広がってしまいそう。自分でコントロールできないことが多く、お金のトラブルも起きやすい時期。健康面も要注意。

☆**食神**　周囲の援護射撃を受けて、経済面が安定し、異性運にも恵まれます。何もしなくてもタナボタ的な幸運が転がり込みます。調子にのりすぎると、異性面でつまずきます。

☆**傷官**　いつもの言葉の鋭さや気持ちの不安定さ、行動の強引さが消えて、人間関係がスムーズに運びます。自分の才能やセンスをお金に結びつけられるときです。人の損があなたの得になる時期です。

☆**偏財**　多忙なとき。金銭面はとても潤いますが、過ぎたるは及ばざるがごとしで、結局、手元にはほとんど残りません。周囲に奉仕しすぎてしまう傾向も。恋愛面はモテすぎて悩むこともあるでしょう。

☆**正財**　もたらされる金運や人脈のスケールは少し小さめ。サイドビジネスに手を出したくなるが、本業を疎かにしないで。団体、グループでの行動が多くなりがち。

☆**偏官**　いろいろ変化の多いときですが、その波にのって積極的に動いたほうが、自分の力や個性をアピールして堂々と世に出るチャンスが得られます。恋愛運も活発。

☆**正官**　人間関係が広がり、金銭面も好調。ステップアップのチャンスもつかめます。異性運も好転します。ただ、恵まれすぎて、周囲から反感や嫉妬を受けるかも。

☆**偏印**　いろいろなことに手を出したくなり、揺れますが、結果は悪くありません。クリエイティブな力を発揮でき、それを具体化する年に。ただし、他人に迷惑をかけられる恐れも。

☆**印綬**　今までの殻を破っていける発展的な運気。仕事も経済も順調で、生活が安定。人に認められることも多くなります。友好的になり恋愛のチャンスも増えます。

流年偏財

流年正財

気持ちが落ち着き、堅実になる年。
地に足がついて、地道に頑張れるとき。

「流年正財」がやってくると、誰でも急に堅実になります。「流年正財」には、物事を安定させる働きがあるのです。気持ちが落ち着き、規則正しい、真面目な生活を送るようになります。

「流年偏財」のときのように、物事を一気に拡大、増大をしていくエネルギーはありませんが、誠実に確実に目の前のことをこなすことで、着実に利益を得て、自分の生活の基盤をしっかりと築いていきます。同じ財を表す星でも、「偏財」が、止まらない〝動財〟なのに対して、「正財」は固定している〝不動財〟。コツコツとためて、貯蓄は増え、家や不動産などを得ることが多い年です。

地に足のついた、現実をしっかり見据えた選択ができるようになりますが、言い換えれば、保守的になって、冒険を望まなくなります。今まで積み重ねてきたものがある人はそれが認められたり、利益を出すようになるでしょう。ただ、何かを新たにはじめたりするには、少し慎重になりすぎる傾向があります。

人間関係は良好で、信頼を集め、あなたの周囲に自然に人が集まります。「流年正財」では、外で遊ぶより、家に人が遊びにくることが多くなります。特に陽干（甲・丙・戊・庚・壬）の人は、前年が「流年偏財」なので、とにかく人間関係を広げるだけ広げてしまっています。その中から、自然に真面目につきあう相手、友人がセレクトされるでしょう。ただし、急につきあいが悪くなったといわれるかも。

一方、陰干（乙・丁・己・辛・癸）の人は、「流年正財」ではじまった交際がきっかけで、この「流年偏財」で爆発的に人間関係が広がることになります。

●仕事

仕事は順調です。真面目に頑張れるときですし、それが堅実な利益にもなり、キチンと評価もされます。ポジションや名誉には恵まれなかったり、縁の下の力持ち的な立場に甘んじることもありますが、その実績がこの後の評価や発展につながります。

職場でも頼りにされ、あなたを中心によいチームワークを作ることができ、人と一緒にする仕事は好調です。ただ何でも仕切りたがる傾向があり、うるさがられることも。

流年正財

また常識に縛られ、リスキーな挑戦には腰が引けてしまいます。新しいことをやって失敗するよりは、面白くなくても、手慣れていることを続けるほうを選びます。今まで経験のないことに成功する率は低くなるので、この年の転職・独立はあまり進められません。変化していくものへの適応力はかなり落ちるときなのです。

金銭への執着心が強くなり、得をするより、損はしたくないと考えます。やりくりはうまくなりますが、小さな経費を控えて、大きな利益は逃してしまうかもしれません。

●恋愛

「流年正財」では、あなたが家庭の中心になります。男性はマイホーム亭主、女性は堅実な主婦的な生き方を望みます。独身の人は結婚願望が強くなり、フワフワとした恋愛よりも、しっかりと現実を見据えて相手を選び、決断を下していきます。ずっと浮気していても、この年には家庭に戻る人が多く、ここで戻らないと、それは、浮気ではなく、本気ということになるでしょう。愛を理性的に考えるようになるのです。

ベースキャンプとしての〝巣作り〟をしようとするのは「正財」が自分を中心にしたがる通変星だからです。そのため、恋愛でも背伸びをして気を使う理想の相手よりは、自分がコントロールできる、安心できる相手を選びます。お見合いなどが成功しやすく、長年の友人が急に恋人に変わって結婚というのも、この「流年正財」の年が多いでしょう。

また、愛情や奉仕の気持ちが特定の相手に集中します。そのため、愛する相手のことがいつも気になって仕方がなく、嫉妬（しっと）も強くなり束縛しようとします。既婚の女性は、良妻賢母として生きるときですが、視野が狭くなりがちで、オバサン化しやすいかも。

●健康

健康管理もしっかり目配りするので、比較的、体調の乱れは少ないときです。また早めに病院に出かけるので、大病をすることは少ないでしょう。自分に厳しくできるので、食事療法やダイエット、エクササイズなども継続できます。しかし、自分で感じているより自分を抑圧していることが多く、それほど劇的な効果を望めないのがつらいところです。自己流の生兵法（なまびょうほう）で病気をこじらせることもあり、消化器系統の病気には注意を。

●「流年正財」が空亡の年になった場合

今までの自分のやり方やテリトリーにこだわって失敗しがち。前に成功したことを無理に繰り返したり、継続しようとするのは避けるべきです。特に自分の思うように人をコントロールしようとして、うまくいかず、ストレスを抱えやすくなります。悪いことで人の注目を浴びることもあります。金銭面のトラブルに遭いやすいので、大きな買い物、ローン、取引は避けたほうがいいでしょう。

男性は妻とのトラブル、離婚なども起こりやすく、この年の強引な結婚は、あまりいい結果を生みません。

中心星別の「流年正財」年の現象の表れ方（☆は吉運、★は凶運）

☆**比肩**　いろいろあっても、マイペースでいける年。今までの生活のスタイル、自分のテリトリーを守れるので心穏やかに過ごせます。思いがけない収入を得られるかも。

★**劫財**　せっかくの財運も、あまり期待できません。人間関係も複雑になり、身動きがとれなくなることも。リーダー的な存在になると苦労します。男性は女難の傾向あり。

☆**食神**　「流年正財」の堅苦しさがカバーされ、財運や人脈に豊かな広がりが出ます。自己中心的な一面は助長されるが、思いどおりの異性をゲットできます。家庭も円満。

☆**傷官**　傷官の持つ鋭さ、感受性、クリエイティブな才能がうまく周囲に受け入れられる年。ギャンブルには強く、人のマイナスがあなたのプラスになることが多いときです。

☆**偏財**　あなたの周囲にたくさんの人が集まります。なかには親密になる人もいて、愛情関係はにぎやか。仕事は好調だが、お金に関しては欲張りすぎて損をすることも。

☆**正財**　真面目に頑張るが、失敗を恐れるあまり、保身に走る傾向が。有利な立場にばかり立とうとして、本当の信頼を失う恐れも。ガッチリ倹約し、財運はいいでしょう。

☆**偏官**　エネルギッシュな行動力が建設的なことに活かされます。積極的に動けば、動くほど自分の可能性を伸ばし、目標に近づけます。人に尽くすことで幸せを得られます。

☆**正官**　平穏だが、幸せなとき。望んでいた地位や愛する対象などを現実に自分のものにすることができます。絶大な信頼と信用を得て、目上に引き立てられます。相続の暗示も。

☆**偏印**　落ち着いた、平凡な日常を過ごす傾向。壁にぶつかったとしても現実的に対処できます。金運は小さいが安定。ただ自由な発想力や未知のものへの好奇心は影を潜めます。

★**印綬**　期待されたことに応えるだけで精一杯なとき。保守的な一面が強調され、名より実をとるべきか、実より名をとるべきか、悩むことも。嫁姑問題も起こりがち。

流年正財

流年偏官

何事もスピーディに進み、とても活動的に。
まっしぐらに行動して、人とぶつかることも。

「流年偏官」の年がくると、とても活動的になります。自分から積極的に行動する場合だけでなく、他動的に動くことを求められることも多いでしょう。とにかく「流年偏官」には、何事もスピーディに進みます。あなた自身もじっとしていられません。

そのため少し思慮不足になる傾向は否めません。普段なら渡らないような〝危ない橋〟を、案外簡単に渡ってしまうことも。とにかく動いてしまった後に理由や言い訳を考えるようなことが多々あります。懸案の計画はどんどん実行に移していきます。

まっしぐらに行動をするので、当然、人と衝突をしたり、競ったりもします。「流年偏官」には、闘争本能が高まっているので、競争や争いには逃げずにぶつかっていきますし、そうやって競うことで、また実力をつけ、新天地を開くのです。人に遅れを取るまいとして、流行にも敏感になります。

でも、そうやって行動せずにはいられないのは、ここまでやってきたこと、継続中のことに行き詰まり感、先細り感を無意識のうちに感じるせい。やりたいことがある場合は、ここで方向転換や、思い切った挑戦をするのもいいでしょう。「流年偏官」で、動くことの衝動を押さえてしまうのは、かえってストレスをためるだけです。「流年偏官」には経験主義でいくべきです。たとえ失敗をしても、すぐに立ち直れるときなので、今後のためにもやるだけはやってみること。一か八かの勝負にもなかなか強いときです。

●仕事

よく働く年になります。ただ、いろいろやるべきことが目白押しで、落ち着いてじっくりという仕事の仕方はできません。会社勤めをしていれば、転勤、異動に遭いやすく、何かの理由で引っ越しなど住居が変わったりします。もし時間的に余裕があれば、自分から求めて、忙しい部署を望んだり、サイドビジネスを持つこともあります。

「流年偏官」になると、安穏(あんのん)としていることを嫌い、自ら困難な仕事を求めたり、あえて高いハードルやノルマを自分に課したりするのです。根性が出てくるので、思い切った転職、新しい企画などに取り組むといいでしょう。横並びで無難に仕事をこなすよりも、人があまりやらないことに挑戦してみると、仕事の幅がグンと広がり、評価もされます。

流年偏官

当然、スタンドプレーも多くなり、人の和や組織も乱しがち。ライバルや競争相手とは徹底的に闘うことになります。でもこの年はチームワークを大切にするよりは、個人で動いたほうが結果を出せます。また、人と一緒に動こうとしても、うまく足並みを揃えることができなかったり、機構的にひとりで勝負しなければならない状況にもなります。

もうひとつ「流年偏官」の年のあなたは嘘をつけません。単刀直入、直情径行の人になります。根回しや腹芸を必要とする場面では、ミスをしやすくなるので気をつけて。

●恋愛

「流年偏官」では、恋もスピーディ。一目惚れをしたり、出会ってすぐに深い交際になったり。いつになく積極的になり、ストレートなアプローチができます。結論を出すのが早く、数回のデートでプロポーズなどという電撃婚約、結婚の可能性もあります。もちろん、出会ったとたんに燃え上がり、情熱的な愛の日々を過ごして、アッという前に燃え尽きるドラマチックな恋もあります。

継続中の恋は、環境に変化があるなどして、会うことに今までよりパワーを必要とするようになります。遠距離恋愛になったり、仕事が多忙すぎて、ゆっくり会う時間が減ったり。あなたのほうが「自分さえ我慢すれば……」という自己犠牲的な気持ちになりやすい傾向があります。また、環境の変化で急に結婚話が浮上することも。また、ここを乗り切れないと、悲恋（ひれん）に終わる恐れがあり、忙しくても密に連絡をとることがこの年には必要です。

●健康

体力の消耗の激しいとき。食事や睡眠などが二の次になるので、体調は乱れがちです。それなのにギリギリまで我慢をして頑張って、突然、バッタリと倒れたりします。注意力散漫になり、ケガや事故も多い年です。車の運転やスポーツでの事故には警戒を。

また、呼吸器系の病気には注意を。体の抵抗力が衰えるので、風邪なども軽くみないようにしてください。免疫力も低下するので、忙しくても健康診断は必ず必要な年です。

●「流年偏官」が空亡の年になった場合

じっとしていることに耐えられなくて、動き回ります。でもそのほとんどが的外れな行動で、骨折り損のくたびれもうけに。たとえ、すべり出しが好調でも、あと一歩のところ

流年偏官

でダメになったり、本当にはうまくいきません。

気短になるので、本当は必要な人や大事な物まで捨てたり、手放してしまうこともあります。むやみにケンカをして信用をなくしたり、無謀な勝負、挑戦をして、何もかもなくしてしまう恐れもあります。

この時期はやってくる運命に受け身になること。自然に自分から離れていくものは追わないほうがいいでしょう。

中心星別の「流年偏官」年の現象の表れ方（☆は吉運、★は凶運）

★**比肩**　変化や変革を余儀なくされ、今までの自分をブレイクすることに。でも適応できなくて、気苦労や焦りが。集中的に恋愛の相手や縁談などがきます。健康面は要注意。
☆**劫財**　弱きを助け、強きをくじく、義理と人情の人になります。人の世話事が多く、そのために散財します。変化、変革の波には受け身で乗っていくと、いい方向に進めます。
★**食神**　あせってジタバタ動きやすいとき。周囲にしたがって動けばそれなりに前進もできます。恋愛運もあるが、なりゆきに流されやすい。子ども運に波乱。
☆**傷官**　積極的に行動することが図に当たり、大きく飛躍するとき。過去をスッパリ捨てたり、切れたりすることが。人の責任を押しつけられないよう注意。また健康面も用心を。

☆**偏財**　積極的な行動がステップアップのチャンスに結びつきます。再起、再開、再会など前にあった出来事の繰り返しも。ダイナミックな財運で、一攫千金も夢ではないかも。

★**正財**　変化の波が押しよせるとき。決断をせまられることが多く、心労も。こだわりを捨てて大胆になることでうまく方向転換できます。環境の変化が恋や結婚の呼び水に。

★**偏官**　「流年偏官」の凶暴性が発揮されやすく、見切り発車ではじめたこと、変化したことで失敗しやすい時期。人とぶつかりやすく、中傷などもあり、気まずくなる相手も。

★**正官**　一見、順調のようで、内実は苦労。急激な変化についていけず、焦り、落ち着けません。どんなときも優等生的なあなたの欠点が表面化しやすい。恋愛にも難しい問題が。

★**偏印**　ここでガラリと発想を変えたほうがうまくいきます。人の面倒を過剰にみすぎる傾向がありますが、結局報われません。上司との関係にヒビが入りやすく注意。

☆**印綬**　暴れん坊の「流年偏官」のエネルギーをうまくコントロールできます。忙しいが、周囲に引き立てられて利益を得られます。自分の進むべき方向がキチンとみえてくるとき。

流年正官

社会性を大切にし、責任ある行動に。
名誉や地位に対する欲望が強くなるとき。

「流年正官」は、社会的にポジションを得る年です。この年は、自分ひとりではなく、人と協調し、力を合わせながら行動し、複数で何かに立ち向かっていきます。それだけに、体制や組織に反発したり、そこから外れる行動はとりません。集団の中で認められるときなのです。ステップアップして、自分自身が権威や地位を得ます。一言でいえば〝社会性〟がつき、社会の一員としての生活を優先する年です。責任のある行動をとり、品性を重んじ、常識外れな行動は起こしませんし、起こすようなきっかけもありません。

ですから一般的には「流年正官」は、成功をつかめるいい年になります。堅実に努力し、責任をまっとうしようとしますから、実力はグンとアップし、入試や資格試験があれば、まず合格するでしょう。人間関係もうまくいき、信頼と信用を集めます。

しかし、見方を変えれば、「流年正官」は社会的な立場で生きようとするあまり、多少、自分を殺してそれに合わせていく年にもなります。自分が人にどう見られているか、社会的な評価や地位や名誉や世間体を意識し、それを優先した行動を取ります。行きすぎると迎合とみられることも。プライドが高くなり、それが傷つくことを何よりも恐れて、小さくまとまってしまう傾向もあります。

また、ひとりで行動をすることを恐れ、群れたがり、その中で目立ちたがります。〝小心ないばりたがり〟になってしまう恐れもあります。地位、名誉、発展、理想、プライドに縁のある年です。

●仕事

慎重に、かつ堂々と自分の実力をアピールするときです。認められて、上からの引き立てを受け、躍進を果たすチャンスも訪れます。就職は成功し、栄転、昇進、抜擢（ばってき）も多く、管理職になったり、何かのリーダー的な立場になったりします。今までより、ひとつ上のランクの仕事が与えられるでしょう。プレッシャーはありますが、それをエネルギーにして真面目によく働き、下をまとめて成功を果たすことが多いのです。

あるポジションを与えられることによって、それにふさわしい成長をする、そんなときです。特に公務員や銀行マンなど固い仕事をしている人や、大きな組織に所属している人はチャンスです。自由業の人でも、広く才能が認められたり、業績を伸ばして、世に出る年になりますが、そのためには、人と協調し、人の力を借りたり、力を合わせることが大事。この年は、多くの人と関わることになりますし、ひとりで周囲に背を向けて頑張っても大きな成果はあげられません。

難点は、名誉や地位に対する欲望が強くなるので、人に乗せられやすいこと。必要以上に自分の立場を守ろうとして、権威や権力を振り回したり、人に厳格になりすぎる恐れもあります。そうなると人が離れ、せっかくのチャンスをフイにします。

●恋愛

「正官」はもともと女性にとっては「夫」の星であり、女性は結婚する年になったり、結婚相手と巡り会いやすくなります。この年にはじまった恋は結婚という形で成就することが多いでしょう。というのも、結婚はある意味で一人前の大人として、社会的なユニットとしてのポジションを得ることだからです。もちろん男性にとっても、結婚やそれに結びつく出会いを得る年になる可能性が高くなります。

「流年正官」で起こる結婚や恋愛は、周囲に認められ、祝福されるものが多く、ゴールインまでがスムーズです。見合いや目上からの紹介も多く舞い込みます。

恋愛していれば、結婚を意識します。相手が同意すれば、すんなりとまとまるでしょう。でも理想が高くなり「恋愛と結婚とは別」とばかり、自分が欲しい何かを持っている相手にいきなり走るようなことも。愛情を置き去りにして、条件最優先で異性を見る傾向も強くなります。また働いている女性や既婚の女性には「流年正官」が仕事運として働き、社会進出のチャンスばかりで、愛情面はサッパリということもあるようです。

●健康

几帳面に、真面目な生活ができるときなので、その気になれば健康管理はうまくいき、快調に過ごすことができます。ただ何かとプレッシャーがかかる年なので、気づかないうちに体に負担をかけてはいるのです。外では気が張っているだけに、家ではグッタリ過ごしてしまうことも。

あまり疲れをためてしまうと、翌年ガックリきて、体調を崩す恐れがあるので、調子がよくても、動きすぎは禁物。特に呼吸器系は注意を。

●「流年正官」が空亡の年になった場合

自分の社会での立場やポジションについて考え直すきっかけを与えられるときになります。配置転換やリストラなどで今までとは違う立場や仕事の環境になることが多いでしょう。上司や上下関係でのトラブルには十分気をつけて。女性は家庭の事情で仕事をやめたり、セーブしたりすることにも。夫婦の関係にも変化があり、意識の切り替えが必要なことも多く、仕事に夢中になっていると相手と溝を作る傾向も強くなります。

中心星別の「流年正官」年の現象の表れ方（☆は吉運、★は凶運）

☆比肩　本来の頑固さが影を潜め、人となじみやすい年に。人望と信用を得ることも多く、発展します。自分のやりたいことを思い切りする年にするといいかも。

★劫財　社会の上下関係を意識します。ポジションを得て、表面的には好調ですがどう振る舞っていいのか内心悩むことも。人の世話事ばかりで、自分のことに集中できません。

☆食神　いつになくテキパキと動けるので周囲から信頼され、ステップアップできます。ひたすら安定を求め、保身にやっきになることとも。恋愛運はあるが人間関係は複雑に。

★傷官　思いどおりに動けずストレスがたまります。周囲とぶつかりやすく、目上や上司に悩まされ、社会の大きな壁を感じます。才能も押さえられがち。事故やケガにも注意。

☆**偏財**　努力してきたことや才能が認められ、それが財運につながります。人間関係が爆発的に広がり、有力な人脈や人気運を得ることも。恋愛面ではモテモテになりそう。

☆**正財**　堅実なステップアップが約束された年。周囲の助力が得られ、望んでいた社会的な成功を手に入れることができます。家庭内に変動があり、結婚には最適。

★**偏官**　ステップアップのチャンスがくるものの、それによって自由な動きがとりにくくなりそう。人の世話事も多くなり、自己コントロールできない忙しさに体調を崩しがち。

★**正官**　社会的な成功を得るチャンスがきますが、高望みしがち。プライドが高くなりすぎて実力以上の地位やポジションを望み、表面を取りつくろおうとします。縁談あり。

☆**偏印**　自分の感性を活かす場を得て、思い切り活動し、飛躍できます。かなり思い切った提案や冒険的な行動も受け入れてもらえます。経済的にも安定し、心配はありません。

☆**印綬**　自分の才能と実力をフルに発揮できる大きなチャンスが到来。社会的な成功を収める最高のとき。金運も順調。愛情面も理想の相手をゲットできます。

流年偏印

今までとは違う興味や関心がわく。
運気が手詰りでスランプのとき。

「流年偏印」が巡ってくると、運気の流れがそれまでと変わって、伸びがなくなり、手詰まりになります。いわゆるスランプ期で、あなた自身の興味や関心が今までとは違う方向に向かい、これまでの環境に閉塞感や違和感を覚えるようになります。「偏印」は束縛を嫌う自由の星なので、安定しているものは壊したくなり、変身願望がめばえやすい年です。ところが、ここまでの数年かなりの勢いで走ってきていたり、安定感にどっぷりつかっていたりすることが多いので、自分で変わりたいと思っても、そう簡単にはいかないのが「流年偏印」の年のつらいところ。

また、「流年偏印」では興味は拡散しやすく、どんなものにも自分を同化して考えてしまいます。そのためひとつのことに集中できず、迷いやすく、判断力が低下します。でも、それだけに「流年偏印」は、それまでの自分の価値観や考え方をブレイクできる年でもあります。新しい自分の可能性や今までとは違う環境を知るきっかけになる出来事にも出会うでしょう。社会に背を向けやすく、気持ちも立場も不安定になりがちですが、自分の家や殻に閉じこもらずにどんどん外に出ていって、行動のフィールドを広げたほうが、楽に過ごせるだけでなく、人生の幅を豊かに広げることも可能になります。

旅行、留学には最適の年です。「流年偏印」は開拓、破壊、冒険、不安、停滞、思索、アイデアなどに縁があります。

●仕事

ひとつのサイクルが終わり、新たな展開を必要とするときです。周囲の風向きが変わり、今までと同じように仕事をしているつもりなのに、急に仕事がうまく回らなくなったり、売れ行きが伸び悩んだり。あなた自身も新しい経験を求め、自由な活動がしたくなって、ルーティンワークに満足できなくなります。今までの仕事や職場に疑問を感じたり、居心地が悪くなったり、刺激を求めて転職願望も高まります。

ただし、独創性や企画力などアイデアを求められている仕事の場合は、何か新しい方向性や目的を打ち出せば、あまり行き詰まり感や心労はないかもしれません。

仕事が順調なほど、現状を維持しようとしがちですが、「流年偏印」がきたら、もう従

流年偏印

来の仕事のやり方にこだわらないほうがいいでしょう。今が順調でも新たな分野への進出、新製品の開発などを少しずつはじめておくべきです。資格を目指して、勉強や研究に取り組むのもいいでしょう。

でも、思いつきだけで衝動的な行動に出て、失敗や損失を招くのもこの年の落ちやすい落とし穴。単調な毎日に我慢できず、とりあえず会社を辞めたとしても、結局フリーターになることも。でも、「流年偏印」には、結果をすぐには求めず、準備や勉強、調査、研究、開発に時間を使うほうが長いレンジで見れば仕事にはプラスになります。

●恋愛

愛情面もいろいろな意味で曲がり角を迎えます。あなた自身の気持ちや相手の気持ち、周囲の状況に変化が現れ、同じように接していても、何か物足りなかったり、別の異性に魅力を感じたり、また周囲から反対の意見が出たりします。継続中の恋愛は、できれば前年までに、結婚、婚約など、何か結論を出しておかないと、微妙に互いの心がすれ違い、こじれがちです。ゴールインは確実と思われたカップルが〝長すぎた春〟で終わるのもこの年の特徴です。前年までにケジメをつけておけば、「流年偏印」は、環境の変化に強いので、結婚という新たな生活環境にも、すんなりなじめるでしょう。

「流年偏印」には、難しい恋にもはまりがち。自分が何を求めているか、自分に合うのはどんな相手かが自分でも混乱してわからなくなります。おかげで、不倫や片思いなど苦しい恋、危ない恋にはまりがち。ふたりの間はうまくいっても、周囲から反対されたり、互いの家庭や親のことがネックになることも多いときです。旅先などで恋に陥りがちですが、結ばれるまでには相当な頑張りとパワーが必要でしょう。

●健康

ストレスの発散を心掛けましょう。煮詰まりやすく、抑圧された気分になりがちで、神経過敏になり、ふさぎ込んでいたかと思うと、急に大騒ぎをするような躁鬱（そううつ）っぽい状態になることも。規則正しい生活ができにくいので、適度なスポーツやエクササイズ、趣味で気分転換を図ることが必要です。注意力散漫になり、事故やケガなどもしやすくなります。旅に出たり、変化に富んだ生活をしているほうが調子いいでしょう。

ホルモンのバランスを崩しがちで自律神経失調症の危険もあり、腎臓や泌尿器系、婦人科系に注意を。

流年偏印

●「流年偏印」が空亡の年になった場合

自由に飛びすぎて、周囲から浮きがちで、イジメにあったり、孤立したりします。放浪するようにジタバタと動き、自分に不似合いのものに手を出すことも。この時期は、旅行、留学などいつもと違う過ごし方をしたほうが有意義な時間になります。

周辺で物が壊れたり、紛失することも多いでしょう。両親、特に父親との関係に変化が起こりがちです。

中心星別の「流年偏印」年の現象の表れ方（☆は吉運、★は凶運）

★**比肩**　いろいろやりたいことが出てきますが、自分勝手な振る舞いが目立ち、理解してくれる人や助けてくれる人に恵まれません。旅行、引っ越しなど生活環境が変わることも。

★**劫財**　動きたくても身動きのとれない状況。人に足を引っ張られたり、逆に裏切ったりすることも。親しい人との関係がこじれやすく、財運も打撃があり、苦しい年に。

★**食神**　「偏印倒食」といわれる、最高の凶年。周囲が変動が多く、思うようにいかないことばかりで、消えてなくなりたいくらいつらい状況も。無理せずに健康一番で過ごして。

☆傷官　自由にのびのびと動ける場を得て、斬新なアイデアと画期的な行動で、ほとばしるように才能を発揮することができます。「流年偏印」の持つ迷いやすさも出ません。

★偏財　今までの立場が保てなくなったり、危機感を持ちます。むやみに攻勢に出るのはよくありませんが、着想力やアイデアを活かせば、現状維持は可能。

★正財　いつもの粘りや我慢強さが影を潜めるが、大きなことを企てなければ、まずは無難に過ごせます。人の力で金運を得ることも。ただ少し人間嫌いになるときです。

★偏官　何をやっても満足が得られず、動き回って、周囲をかき回します。何でも中途半端なので、信用を落としがち。人のことに過剰なまでにかかわってトラブルに。

☆正官　珍しく新しい分野に挑戦する気になり、冒険ができます。長いスパンで物を考えていればいい年になります。誘惑が多く、人の甘い言葉に惑わされやすい傾向も。

★偏印　理想と現実のギャップに傷つき、理屈ばかりで現実に適応できません。旅行、留学などで家を開けることも。精神世界や宗教などに興味を持てば、相当入れ込むことに。

★印綬　神経が過敏になり、考えすぎて失敗します。周囲の状況が変化しやすく、それについていけずに混乱し、焦ります。一度、決めたことを撤回して信用をなくすことも。

流年偏印

流年印綬

今までの結果として名誉を得られる年。10年がひと巡りする、リセットのとき。

「流年印綬」は、名誉が得られる年です。名誉とは、これまでやってきたことの結果として与えられるもの。ですから「流年印綬」は、過去を振り返るときであり、過去に縛られるときでもあります。人に認められたり、ほめられたり、積み重ねてきた努力の結果が出たことで、ここ数年を総括し反省する年になります。「流年印綬」で得られる名誉は、華々しいものではなく、地味で堅実なものなのです。

また、頭の働きはシャープになり、前年の「流年偏印」でいろいろ混乱し、迷った人も、霧が晴れるように心がクリアになり、未来への展望を持てるでしょう。

一方、前年が「流年偏官」だった人は、スピードをつけて走ってきたことが一段落、今までみえていなかったこともみえてきて、ふと立ち止まって考えるときです。一言でいえば、リフレッシュ&リセットのときです。また、行動よりは思考のときなので、頭で考えたことをすぐに行動に結びつけることはありません。「流年印綬」は、自分を客観視するときなので、無理はせず、自然体で過ごそうとするからです。

人間関係は上下のコミュニケーションが盛んになり、何かを受け継ごうとする気持ちが強くなります。学び、習得するにもピッタリで、試験や学問には最高に強く、読書などは「流年印綬」の星をもっとも活かします。ただ伝統や格式を重んじるだけに、ブランド志向は強烈。内容よりも形式にこだわることも。また理屈っぽくなり、社交性は薄れます。「流年印綬」の年は、知性、教育、伝統、慈愛、反省、余裕がもたらされます。

●仕事

頭が冴え、知識の吸収力は抜群によく、研究職、学問、技術、伝統に関わる仕事をしている人には躍進のときです。それ以外の職種の人でも、今までの努力が実を結び昇進したり、引き立てを受けます。

職場の上下関係がうまくコントロールできるので、世渡り上手になって平穏無事に過ごすでしょう。よき師や指導者にも恵まれます。逆に後輩を指導したり、育てる役回りになることも多いのですが、そのときはかなり厳しい、干渉過多型になりますが、結果的にはうまくやります。

「流年印綬」の年には、新たな人脈の広がりは望めません。新しいシェアや取引先の獲得などはあまり期待しないほうがいいでしょう。財政的には停滞し、見かけより苦しいときです。実より名をとり、ランクが上がったために下手な仕事ができなくなったりします。

ただ、統計やデータの分析には優れ、物事をシビアにみられるので、経営者や自営業ならここで内部の充実を図りましょう。必要ならば、リストラを断行するなど、事業内容をスリムにしておきます。また独立を目指すなら、翌年か翌々年の「流年比肩」のときを目標に、調査、研究、勉強などをはじめましょう。

●恋愛

基本的には非恋愛モードの1年。むしろ恋の熱にうかされていた時期が終わり、相手を冷静にみるようになります。そのため、急速に盛り下がる関係も多いのです。でも情熱は消えても、理性的な理解と静かないたわりが生まれ、ある意味で愛情の質が変わるときでもあります。それができないとかなり悩みますが、変化を望まないときなので「流年印綬」で別離に踏み切ることは少ないでしょう。

「印綬」は母親の星なので、女性は妊娠、出産の暗示もあります。結婚していれば、パートナーのことより子どもに夢中に。また自分の家族、特に母親との縁が深くなり、実家の干渉で夫婦の関係が乱れがち。男性は、妻というより母親的なものを女性に求めるので年上の女性と縁ができやすく、一方、女性は、自分が母親のように面倒をみられる、年下の男性を求めがちです。

見合いは良縁がきますが、あなた自身も将来を計算します。自分をステップアップさせてくれる何かを持っている異性、または保護者的な相手、逆に自分が保護できそうな相手でないとなかなかまとまりません。

●健康

無理をしないので、比較的、体調は落ち着いています。精神的も安定し、治療などの効果が出て、心身を癒せる時期です。メンタルな方向からの治療がよく効くこともあります。ただ運動不足になりやすいため、体内の血流が滞(とどこお)るようなことが起こりやすく、心臓や腎臓、泌尿器系の病気に注意が必要です。

●「流年印綬」が空亡の年になった場合

名誉や称賛に固執するあまり、逆に名誉を傷つけられたり、信用を失ったりします。旺盛になった批判精神が人を傷つけ、不和をもたらすこともあります。特にむやみな上司批判は気をつけたい点。身近な人と〝共依存〟関係にある場合、そのマイナス面が強く出て、甘え、甘えられる関係からの脱却を迫られることになります。家族からの干渉や依存と対決するようなことも多く、特に母親との関係が変化します。親離れ、子離れの時期にもなります。宗教、信仰に関してのトラブルにも注意を。

中心星別の「流年印綬」年の現象の表れ方（☆は吉運、★は凶運）

☆**比肩**　腰を据えた活動で着実な前進力を発揮。目上との関わりが幸運を運びます。精神的な強さが増し、身内や自分の周辺に力がみなぎるがやや自己中心的。財運面は少し弱い。

☆**劫財**　人を保護したり、面倒をみることが多いが、それによって満足感を得られます。みえない部分を充実させるときにします。謙虚になれば、いい運気を呼び込めます。

★**食神**　上司や先輩、親などからのプレッシャー、干渉が厳しく、ストレス過剰なとき。

イヤなことを無理矢理やることになったり、やることなすことがチグハグで失敗しがち。

★傷官　本来の感性のよさが活きるが楽観は禁物です。ひとまわり大人になれば、うまく自己表現ができるようになるので、周囲に理解者も増えます。親との関係も良好に。

★偏財　低調運。自分のペースとは合わない環境、人々の中に放り込まれたりして自分の能力や個性を十分、発揮できません。あまり役に立たないことに入れ込むことも。

★正財　理想は高くなるのに、現実は動かせません。現状維持を心がけて過ごせば、無難に過ごせますが、努力は空振りに。結婚に関しては嫁姑の問題が勃発（ほっぱつ）しやすいかも。

☆偏官　ダイナミックな行動力に知性が加わり、鬼に金棒で、大きくステップアップ。自分のパワーをよくコントロールすれば世の中に認められます。恋愛も理想の相手をゲット。

☆正官　何を計画しても知力を最大限に発揮して、大きな成功を収めます。人から尊敬を集め、称賛を受けることも。人間関係も円満で、愛情面も恵まれます。

★偏印　心が混乱し、迷走しがち。自分で自分がわからなくなり、チグハグな言動をとりがち。変化を求めるが、結果は惨敗。金銭面も夢に投資して浪費に終わります。

★印綬　よく学ぶが、人望は得られないとき。ブランド志向、一流志向に凝り固まり、人を見下すような傾向が。自分を過信しやすく、自己中心的に。身勝手な恋愛をしがち。

流年印綬

《十二運》その年の運気のパワーを読み解く

十二運とは「干」（十干）と「支」（十二支）の関係でみる、その運のエネルギーの強さのシンボルです。

十二運は、「胎・養・長生・沐浴・冠帯・建禄・帝旺・衰・病・死・墓・絶」という文字で表されます。「死」「絶」など、ちょっと怖い文字もありますが、あくまでイメージ的シンボルなので現実と結び付けて怖がる必要はありません。

人間が〝胎〟児として母体に宿り、この世に生まれて母に〝養〟われ、〝長生〟きを望まれて幼少期を過ごします。裸になって〝沐浴〟をすることは多感な思春期を表し、成人の儀式として〝冠を帯び〟、〝建禄〟つまり結婚して一家を構えます。仕事に励んで人生の頂点〝帝旺〟を迎えた後、体は〝衰〟え、〝病〟いになって、やがて〝死〟を迎え、〝墓〟に入ります。〝絶〟は霊魂となった状態を表しています。

◆流年・大運の運勢を表す

　十二運は「干」と「支」を組み合わせて導き出します。「日干」と年柱、月柱、日柱、時柱十二支を合わせて四柱のそれぞれの強さを出し、その人の性格や運勢の強弱を調べられます。また、日干と巡ってくる年の十二支から導き出される十二運は流年、大運など、訪れる運命の傾向を教えてくれます。

　下段の表をみてください。たとえば2014年は、「甲午」の年。自分の「日干」が「甲」の場合、十二運は「甲」と「午」の組み合わせで「死」の年です。ちなみに2014

十二運早見表

十二運＼日干	甲	乙	丙	丁	戊	己	庚	辛	壬	癸
胎	酉	申	子	亥	子	亥	卯	寅	午	巳
養	戌	未	丑	戌	丑	戌	辰	丑	未	辰
長生	亥	午	寅	酉	寅	酉	巳	子	申	卯
沐浴	子	巳	卯	申	卯	申	午	亥	酉	寅
冠帯	丑	辰	辰	未	辰	未	未	戌	戌	丑
建禄	寅	卯	巳	午	巳	午	申	酉	亥	子
帝旺	卯	寅	午	巳	午	巳	酉	申	子	亥
衰	辰	丑	未	辰	未	辰	戌	未	丑	戌
病	巳	子	申	卯	申	卯	亥	午	寅	酉
死	午	亥	酉	寅	酉	寅	子	巳	卯	申
墓	未	戌	戌	丑	戌	丑	丑	辰	辰	未
絶	申	酉	亥	子	亥	子	寅	卯	巳	午

年のこの人の流年運は、「甲」と「甲」の組み合わせで、70～71ページの表からわかるとおり「流年比肩」です。

つまり日干・甲の人の2014年は「流年比肩 - 死」の年となるわけです。

また、人生には1年ごとに変わり、10年でひとまわりする流年運の他に、10年間をひと区切りにひとつの運が巡る大運があります。大運については、172ページよりくわしく述べますが、大運に与えられた通変星にも十二運はつきます。おなじ「大運比肩」でも、その人の持つ日干によりその大運につく十二運も変わってきて、運勢も左右されます。

十二運は一緒にある通変星の作用がどのように、現実にどのくらいの強さで表るかを示すものです。通変星が絵の具なら、十二運はその筆づかいです。今回本書では、十二運が表す性格というよりも、巡ってくる流年運や大運に付いてくる十二運のとらえ方を中心に説明しましょう。

◆運気は強弱で表れ方も変わる

十二運は、その運気の強・弱で以下の2つのグループに分けられます。

強いグループ	帝旺・建禄・冠帯・衰・長生・沐浴・養
弱いグループ	病・死・墓・絶・胎

十二運は、どんな通変星とコンビを組むかで、その現象の表れ方が微妙に違います。一応、基本的には凶星（比肩・劫財・傷官・偏官・偏印）には強いグループの十二運がつくとその凶作用を助長するので、弱いグループの十二運がつくほうがいいとされます。逆に、吉星（食神・偏財・正財・正官・印綬）には、強い十二運がつくほうがよく、弱い十二運では吉作用も小さくなります。

でも、人生の中では、いいことも悪いことも一面だけでは語れないもの。そのときに巡ってきた十二運の性質をよく知って、その特性をもって通変星のいい作用のほうを活かすことが、やってくる運気をよりよく利用して生きるコツになります。これこそが運命を味方に付ける術(すべ)なのです。

ではこの後、十二運が表す運勢を一つひとつみていきましょう。

胎

まだこの世に生まれていない胎児の運気ですから、ピュアな感覚を持つときです。何ものにもとらわれずに物事を考えることができるので、発想力が豊かになり、臨機応変な柔軟性を発揮できます。でも逆にいえば、忍耐力は不足気味。少しでもイヤなこと、興味がないことからは、上手にスルリと逃げてしまいます。たくましく現実を変えていこうという気力にはいまいち欠けるところもあります。自分にとって、今いる環境があまり面白くないときは、そちらは適当にして、趣味などの自分だけの世界に浸ってしまいます。ひとりでいることもあまり苦になりません。

純粋さゆえに、物事の本質を見抜き、つい人には耳の痛いことをポロッといってしまうような傾向もあり、人と歩調を合わせたり、まとめたりはできません。人は人、自分は自分なのです。マンネリを嫌い、刺激を求めるので単調な生活、保守的な生活パターンの中ではいきいきできないことも。

流年や大運で「胎」運が巡ったときは、自分を今までの枠から解き放して自由な発想で生きること。他の人がやっていないユニークなことに縁があります。ただ放っておくとどんどん変化して、結局何事もなく時間を過ごしてしまうことも多く、できれば何かひとつは意志を持って続けると、それは必ず次の運気へつながっていくでしょう。

養

生まれたての赤ん坊のように、無邪気で無防備に過ごすときです。

「養」運が巡ると、どの人も、おっとりして、せかせかせず、ほんわかしたムードを発揮し、極端な行動をあまりとらなくなります。といって従順に人に合わせて過ごすのかというとそうではなく、あくまで自分中心。周囲をなごませ、自分のペースに巻き込む、それこそ〝赤ちゃん〟に通じる、不思議なオーラを発揮。ムードメーカーになったり、周囲の人からもり立てられたりする運気のときです。また不思議に母親、あるいは母親的な存在との縁が深くなるか、その影響を強く受けます。そうでなければ、自分が安心して甘えられる環境や人を求めることになるでしょう。〝寄らば大樹の陰〟的な生き方をするようになるでしょう。

なるべく穏やかに生きようとするので、無理はしません。「養」運が巡っていれば、誰かと争うことはめったになく、そういう状況は極力、避けて通ります。人からみると、なんとなく緊張感なく生きているようにもみられがちで、自分の実力を知っていて、それ以上は望まないときなのです。プレッシャーにはひどく弱くなる一方で、自然体でリラックスして生きられるときでもあります。そのせいか五感は鋭くなり、美的センスもアップ。料理や音楽などの芸能、芸術関係などもたっぷり楽しめるでしょう。

長生

小さな子どものように、素直に淡々と生きる時期になります。

自分なりのスタイルを持ち、それを守って何事も自分のペースで進めようとします。その意味では、スキがなく、頑固な完璧主義者にみえますが、実は、不器用なだけ。そうしないと安心できないのです。小さな子どもがいろいろなやり方を要求されてもパニックしてしまうように、「長生」運のときは、2つ以上のことを同時に考えたり、したりするような複雑なことはできません。素直に、生真面目に、自分の世界だけを守ろうとし、後は物足りないくらいあっさりとしています。

こんな風なので、強く自分を押し出したりすることはなく、泥にまみれても何かをなし遂げようとする気力や障害物をたくましく乗り越えていく気力には欠けます。トップに立つよりは、ナンバー2の立場や補佐的、裏方的なポジションにいるのが落ち着きますし、楽に自分の個性を出すことができます。プライベートも、それこそ親の期待を裏切らずに、常識や人の目を気にして過ごしますので、穏やかなときです。

信頼できるブレーン的な人を何人か持って、そこに丸ごと自分を預けてしまうのは「長生」運のときには賢い生き方。自分のペースでしっかり進めるときなので「長生」運で何かをはじめるとしっかり続けて、それをモノにできることも多いでしょう。

沐浴

思春期の少年少女のように少し不安定ですが、新しいことを求めていきいきするときです。年をとっていても、「沐浴」運のときは、気が若くなり、印象も若返ります。感受性が鋭くなり、未知の物にも興味がわき、何事にも敏感に対応。ノリの軽さも出てきて、わからないもの、自分とは違うもの、流行の先端をいくものなどに憧れ、それに向かい果敢に飛び込んでいく度胸と思い切りのいい行動力が出ます。反抗的なハイティーンのように、人の忠告は聞きません。常識や上下関係などに自分を組み入れていくことが苦手になり、自由を求めるようになります。

その反面、熱しやすく、冷めやすく、フラフラと迷って、人生は二転、三転しがちです。人との交際は広くなりますが、深まりません。場当たり的に新しい物に引かれるので、物事をじっくりまとめることは難しいかも。でも「沐浴」運が来たら、その若々しく蘇る好奇心と行動力を活かして世界を広げるべきです。旅行などはとてもよい運です。

思春期は心だけでなく、体も大人になるとき。それだけに「沐浴」運のときは、フェロモンを発散し、異性とのふれあいが多くなります。異性は、もっとも身近な未知の存在であり、フロンティア精神をかき立てられる存在だからです。でもなにしろ成熟しきらない少年少女の運気なので、安定感はなく、恋愛のトラブルもつきものです。

冠帯

成人したばかりの若者の勢いを感じさせる運気です。

明るく、とにかくポジティブ。自分を認めてもらおうとする勢いとガッツが出てきます。行動力は「沐浴」運を上回り、現実を自ら動かしていく力をもっと発揮することになるでしょう。この「冠帯」運が巡ったときは、人生の中でも大きな前進期。自分を信じて、どんどん進んでいきます。家にじっとはしていられず外に出たくなります。逆境に強いので、落ち込んでいる状況でも、この「冠帯」運が巡ってくれれば、大丈夫です。「冠帯」運のときは不思議に先見性も出てきます。

ただ前進力が強すぎて、猪突猛進(ちょとつもうしん)になりがちなのが玉にキズ。集中力がある分、同時にいろいろなことはこなせません。好き嫌いが激しく、負けず嫌いになるので、人を傷つけてまで自分を押し通そうとする傾向も出てきます。しかも自負心が強く、自分に対する反省は足りません。そのため敵も多く作りがち。若者っぽい正義感で、後輩や困っている人に対しては親切なのですが、特に目上とは衝突することが多くなります。

ストレートでわかりやすく、人を元気にするような熱さを発揮するときですが、それだけに人には弱みをみせられず、強がったり、見栄を張ったりしがち。直球しか投げられないような運気なので、上手な気分転換が実は一番必要なときでもあります。

建禄

一人前になって家を建てるくらい、しっかりした大人の運気です。実際の年齢が若いときでも、この「建禄」運が巡ってくると、急に大人びた落ち着きを漂わせるはず。「建禄」運のエネルギーは、物事を安定させ、持続させる方向に働きます。

それまでどんなにチャラチャラとしていても、堅実さや責任感に目覚めます。運気はとても強いのですが、無理はせず、何事も一歩一歩確実に積み重ねていく努力をしようとします。手堅く、優等生的に生きようとするのです。また、リアリストになり、現実離れした夢や理想は持ちません。周囲を冷静にしっかり観察して、ハメを外さずに最良の道を選ぼうとします。そして一度決めたことには、誰にも負けない粘り腰で取り組みます。面白みには欠けますが、頼りがいのある雰囲気を発散し、人間関係の中核となるときです。

抜群の継続力と安定感をもたらす「建禄」運ですが、それだけに一度、何かを定めてしまうと軌道修正が難しく、変化の多い場面にはうまく対応しきれないのが泣きどころ。執着心も強くなります。また自分から人に合わせることはできず、何でも自分ひとりで背負い込むようになるので、内面では意外に気苦労が多いときでもあります。上手なストレス発散を心がけるようにしましょう。

帝旺

人生の頂点に立ったときのような、最強の運気。それだけに根拠はなくても自信にあふれ、誰のいうこともきかず、独立独歩。自己中心的な発想と行動が「帝旺」運の特徴です。普段はおとなしく、控えめなタイプでも「帝旺」運では、そのパワーで何かと注目も集め、人の先頭に立って、みんなを引っ張っていきます。でも、とにかくワンマン。人の指図は受けず、人に頭を下げることもできません。すべてを自分の思いどおりにしないと気がすまないのです。

「帝旺」運が巡ってくると、そのエネルギーの完全燃焼を目指すので、どんなことでも自己実現できる目標があったり、そういう環境にいれば、最高の実力を発揮できます。でも、逆に家庭の主婦などで、自己実現の場がないとその強大なエネルギーを持て余してしまいます。イライラして、周囲に干渉し、当たり散らすことも。支配欲、征服欲も強くなり、周囲から持ち上げられることを好んだり、ハリボテのような形だけの権威やトップの座を求めたりもします。またエネルギーがあり余って、つい何事もやりすぎるのが難点。「帝旺」運は、十二運のサイクルのピークです。もっともっとと、上昇志向を持っても、それ以上はありません。究めれば衰えるのは万物の法則。「帝旺」運のときは、物事にこだわりすぎないよう、限度を考えながら進むようにしましょう。

衰

人生のピークを過ぎ、老境を迎えていくときのような、落ち着きと深い洞察力をもたらす運気です。若いときでも「衰」運が巡ると、人生を見切ったような老成した考え方をするようになり、行動も慎重に控えめになります。

端からみると、なんとなく覇気（はき）に欠け、物足りなくみえる選択をすることもあるかもしれません。物事を深いところまで考えるようになり、冷静に物事を判断して先を読んでしまうので、妙にあきらめがよくなってしまうのです。「衰」運のときは、縁の下の力持ち的な役回りも回ってきますが、それを受け入れ、一歩下がっているようにしたほうが運を活かすことができ、物事はうまく運びます。

一見、地味な運気ですが、「衰」運は、本物志向のとき。「帝旺」運のように、派手だけれど形だけの〝虚〟の一流や権威に惑わされることはなく、ちゃんとした〝実〟のあるものを得ようとするので、意外なセンスのよさを発揮することも多くなります。若くても「衰」運が巡ると、積極性は潜み、自分のほうから人と積極的に交わろうとはせず、来た者を受け入れていく感じになります。少し理屈っぽくなるので同年代よりも年上、年配の人と話が合ったり、縁ができ、可愛がられるでしょう。新しいものよりは、すでにある程度できあがっているもの、伝統のあるものなどに心引かれるときです。

帝旺／衰

病

病気で寝ていて夢うつつの状態なのにやたらと直感だけは鋭くなる、そんな運気です。ただ、現実に病気になるというわけではありません。

とても勘が鋭くなり、ちょっとしたことからその場の空気や相手の気持ちを察して対応できるようになります。いつになく人をなごませるオーラを発散するので、「病」運が巡ると、周囲の人にやさしくしてもらえ、可愛がられます。それは病人がみんなに親切にされ、いたわられるのに似ています。多少、わがままでも周囲に受け入れてもらえるので、逆に人の力を借りて何か事を成すにはいいときです。

「病」運が巡ると、空想力が豊かになり、少なからずロマンチストになります。非現実的な夢のようなことに夢中になったり、その世界に浸ってしまうこともあります。ヒラメキを活かせる仕事などにはいい運ですが、よけいなことまで気がついたり、空想がどんどん拡散して、自分で自分がわからなくなり、迷いやすく混乱するので決断はできません。空想と現実を混同して、ときどき、大胆で突飛な行動に出たりします。また細かいことを気にしすぎて、神経がまいってしまったり、ヒステリックに爆発するようなことも。それだけに「病」運では、心と体をゆったりと開放する時間が大切です。異性とのロマンスも生まれやすいのですが、いまひとつ安定した関係にはなりにくいでしょう。

死

死は、すべてが停止した静寂の世界。「死」運は、もちろん現実の死を運ぶわけではありませんから安心してください。すべてにそんな制御と静けさがもたらされるときだということです。

「死」運が巡ると、慎重すぎるぐらい慎重になります。ほとんど取り越し苦労といってもいいくらいひとつのことを考えるので、新しいアクションを起こすことはまずありません。そのためせっかくのチャンスを逃してしまいがち。でも「死」運のときは、自然の流れに逆らわず、状況や人を受け入れ、与えられた運の中で自分の世界をコツコツと作りあげるにはいい時期です。積極的に打って出るより、足元をみつめ、しっかりと内部を固めるときだと思ってください。

確かにひとつの物事のサイクルが終わりになったり、ひとつのものがふたつに別れたりすることも起こりがちですが、それでも自分から追いかけたり、なんとかしようとジタバタしたり動かないほうがいいのです。そのほうがあなたのまわりに自然に人や物が集まってくるでしょう。「死」運は、結局は、くるものを定位置で受け止める運なので、お人好しになります。人の気持ちを先回りして考えた行動がエスカレートして、かえって八方美人になり人間関係をこじらせる傾向は気をつけたほうがいいでしょう。

病／死

墓

生命が墓に入ってじっとしている状態のように、パワーがあるひとつのところに集中する運気のときです。「墓」運のときのエネルギーは、それほど低くはないのですが、それが発揮できるのは、とても狭い範囲に絞られます。自由には動けません。

「墓」運が巡ると、何かひとつのことに対して、強いこだわりを抱くようになります。好きなこと、やらなければならないことにはトコトンのめり込み、一度、決めたことはいちずに守ろうとします。その正確さ、緻密さは、他のどの運にもありません。合理的に割り切り、ひとりでもしっかり計画を実行できるので、「墓」運のときは、ひとつのことを徹底的に深め、究められます。物の収集欲もわいてきて、何かのコレクションをしたくなります。その気になれば、他のどのときより金銭もガッチリためることができます。

ただし、そのしぶとさ、執着心は、あくまで自分のこだわりの中で発揮されるので、内向的になり、表現力は不足気味に。それで人間関係では、誤解されたり、人と離れたりすることも起こりがちです。でも自分のこだわりや主張を人に押しつけることはなく、それをしようとしても、なかなかうまくいきません。周囲には、いつになく地味な存在になるときですが、あなた自身は、それなりに充実感を持って過ごせるでしょう。

絶

「絶」運は、生命が霊魂となり、宇宙空間を自由に飛び回っているような運気です。エネルギーは最小になり、現実に対してはある意味無力で、あの手この手で頑張っても自分の思うように動かせるときではありません。

では「絶」運は、ツキに見放された、恐ろしいときかというとそうではありません。ただし、「絶」運では、興味が非現実的でないところに向かいやすく、気持ちも意志もコロコロと変わり〝志〟が持ちにくいのです。そのため続けていたことがとぎれてしまうことも。何かをやろうとしても瞬発力だけで持続力がないので、計画的に進めることは難しいでしょう。逆に「絶」運は、過去や常識などにこだわらず、自分を枠にはめないで、自由な発想とヒラメキを活かしてスピード感を持って駆け抜けるといいでしょう。

変幻自在のときなので、現実の生活は不安定になります。人との関わりは多くても、浅くいい加減な感じになりトラブルに巻き込まれたり、巻き起こしたり。ひとつのところに落ち着けず、仕事や住居、異性の間を放浪することも。地に足がついていないときなので病気やケガをすることもあります。でも「絶」運は、物事が、行きつくところまでいって無に帰したときですから、言い換えれば、それは新たな転生、次の新しい運気のめばえを待つときでもあるのです。

陰陽五行②

「気」と「気」の組み合わせにつけたシンボル的な名前である「通変星」も、五行の相関図に当てはめることができます。「通変星」とは、通じて変じる星という意味なのです。

●「比肩」は、「日干」と同性で同じ五行の「干」
●「劫財」は、「日干」と陰陽が逆（異性）で同じ五行の「干」
このふたつの星は、「日干」と同じ五行の「気」ですから「自星」（比劫）といいます。

●「食神」は、「日干」から生じられる同性の「干」
●「傷官」は、「日干」から生じられる異性の「干」
この「日干」から生じられる（洩らす）ふたつの星を「洩星」（食傷）といいます。

●「偏財」は、「日干」から剋される同性の「干」●「正財」は、「日干」から剋される異性の「干」
この「日干」に剋されるふたつの星を「財星」といいます。

●「偏官」は、「日干」を剋す同性の「干」●「正官」は、「日干」を剋す異性の「干」
この「日干」を剋すふたつの星を、「官星」（官殺）といいます。

●「偏印」は、「日干」を生じる同性の「干」●「印綬」は、「日干」を生じる異性の「干」
この「日干」を生じるふたつの星を「印星」といいます。

それぞれの「通変星」の生剋関係は、どの星がどの星を助け、どの星がどの星を痛めつけるのか、そうした星同士の相性関係を判断するときはもちろん、流年運、大運などの解釈で大切なものです。

3章

あなたの〝運を呼ぶ年〟〝逃げる年〟が怖いほどわかる！

"転機"の過ごし方次第で運は開ける

人生のターニングポイントはある日突然やってきます。運の転換期を知り、その変化に備えられる人こそ、強運になれるのです。

同じように続いていくようにみえて、ある日、突然、その風景を変える、それが人生です。何年かに一度は誰の人生も必ず変化します。でも、人生のターニングポイントは、突発的に訪れることが多く、それがいつで、何がきっかけだったのかは、過ぎた後にはじめてわかったりすることが多いもの。

しかし、占いの帝王と呼ばれる「四柱推命」のテクニックを使えば、その人の一生のうち、何歳のときにどんな転換期がくるのかを、その人の誕生日から割り出すことができます。あなたの場合は、いつ、どんなターニングポイントがくるのでしょうか。

人生の切り替えどきは、いくつかの運命のサイクルが重なり合い、波状的にやってきます。変化をもたらすサイクルはひとつではありません。一つひとつのサイクルは長いのですが、それぞれが繰り返しやってくることで、変化の波は、あるときに集中して訪れたり、しばらくこない期間が続いたり、定期的なようで不定期な変化を繰り返します。その変化の転機で何を選択するかで人生が決まってくるのです。

では人生のターニングポイントにはどのようなものがあるのでしょうか。それは大きく分けて以下の5点です。

①12年に一度やってくる「空亡（天中殺）」
②10年に一度訪れる「大運」の切り替わるとき
③12年に一度の「冲」または「害」の年
④60年に二度やってくる「天戦（剋）地冲」
⑤「絶」の年や「羊刃」の年、「律年」、「干合」

この5つのターニングポイントについては、割り出し方を含めて次ページよりくわしく説明しますが、ここで人生が切り替わるときについて簡単に述べましょう。

運命が切り替わるときというのは、今まで歩いてきた人生の〝道〟が、ある日突然カーブしたり、別れ道があったりするということです。過去が変化するという意味で、現状維持が一番という人にとっては一見悪いことのようですが、人生が切り替わって成功するということも往々にしてあります。人間は年をとります。年が変われば、違う道を生きるのはむしろ当然です。

運命をよい方向に導いていけるがどうかはその人次第。人生が切り替わるときはたしかに不安定で危ないときですが、それは新しい人生を切り開くチャンスでもあるのです。

人生のターニングポイント①

「空亡」（天中殺）

「空亡（くうぼう）」とは「天中殺（てんちゅうさつ）」のこと。「天中殺」は、四柱推命と源を同じくする算命術でいう「空亡」の中国名です。「空亡」あるいは「天中殺」は、すべてがうまくいかない、ツキのない時期と恐れられており、その音の響きからもあまりいい年というイメージはありません。でも、それは「空亡」の作用の一面だけしかみていないともいえます。

四柱推命など東洋の占いの多くは「空間」を表す10個の「天干」（甲・乙・丙・丁・庚・辛・壬・癸）と「時間」を表す12個の「地支」（子・丑・寅・卯・辰・巳・午・未・申・酉・戌・亥）を組み合わせて世界を表しています。

10個と12個を合わせていくと2個の「地支」が余るときが、12年に2年、1年に2カ月、12日に2日は巡ります。そのときが「空亡」なのです。つまり「空亡」は、時間はあっても空間がない期間。それだけに人間は不安定になるのです。

もともと「空亡」は、12や10でひと巡りするサイクルの端境期で、次のサイクルをどう過ごすかを考える休息期。時間はあっても空間はないのですから、そこで現実的な行動を起こすのは、宙に浮いた場所に家を建てるのに似ています。たしかに不安定ですから焦りやすいのですが、それを忘れて、何か新しい行動をはじめたり、自分から積極的に動いたりすれば凶作用を招きます。つまり、空亡の期間は休養し、ある意味、転職、結婚、引っ越しなど現実を動かす行動を避けた人生を送っていけば問題はないともいえます。空亡は過去を振り返り、自分の心の中を整理し、未来を模索する思考のときです。

年の空亡は2年もありますから、動くなといわれても、生活していかねばならず、さまざまな出来事もあるでしょう。そのとき、注意して「空亡」は普段の自分とは違うイレギュラーな時間であると自覚をするようにしましょう。「空亡」が終わり、通常の"空間"に戻れば、必ず「空亡」期間の出来事はそれまでと違ってみえてくるのです。

◆「空亡」の年の出し方

①223ページからの「四柱推命年表」で自分の生まれた日の日干を調べます。

②空亡年は、その日干の前にある数字で変わります。

自分が「空亡」になる十二支別に合計6種類の「空亡」のタイプがあり、それが次ページのように戌亥、申酉など各2つずつの十二支に対応しているのです。

①1〜10は「戌亥」の年や月、日が空亡

②11〜20は「申酉」の年や月、日が空亡

③21〜30は「午未」の年や月、日が空亡

④31〜40は「辰巳」の年や月、日が空亡

⑤41〜50は「寅卯」の年や月、日が空亡

⑥51〜60は「子丑」の年や月、日が空亡

たとえば、大ブームを呼んだ2013（癸巳）年の朝の連続テレビ小説『あまちゃん』のヒロイン・能年玲奈さんは1993年7月13日生まれで日干は32乙の辰巳「空亡」の生まれ。『あまちゃん』の仕事は空亡年の期間の出来事でした。

このように「空亡」は、けっして悪いことばかりが起きるわけではありません。ただ、

自力で物事を動かそうと、あれこれ企んでも、鳴かず飛ばずだったりすることが多いようです。逆に、能年さんが架空の世界のヒロインを演じることにすべてをゆだねたように、そのときの流れと状況に身を任せるようにして過ごすと、驚くほどの大当たりということも少なくありません。空亡の期間にも、チャンスは巡ってきますし、受け身で、それに乗っていくのが「空亡」の上手な生き方です。

ただ、「空亡」のときはイレギュラーな時期なので、普段は出会わないこと、よいことも、そして悪いことにも出会うので、ただ受け身で全部受け入れてはいけないものもあります。また「空亡」が終われば、そのときの運気は続きません。また、「空亡」前の状態にも戻りません。「空亡」の年の後は、その期間に起きた出来事にとらわれず、自主的な決断と行動で新しく未来を切り開いていってください。

では、これから「空亡」のタイプ別に、空亡のときにどう過ごせばいいのかを説明していきましょう。なお、ここでの年の表示は、その年の2月立春から翌年の節分までです。

●戌亥空亡タイプ　〈次の「空亡」年…2018年、2019年〉

戌年と亥年が「空亡」になるあなたは、自分ひとりの心の世界を大切にしながら生きる、精神性の強い人といえます。別に社交性がないというわけではなく、その個性に引かれる人も多いでしょう。でも、どんなににぎやかに生活をしていても、誰にも踏み込ませない時間と空間を持つ、孤独に強いタイプなのです。

そんなあなたにとって「空亡」のときは、現実的なことよりも精神的な面で嵐が起きるときです。自分はこのままでいいのか、本当は何をしたいのか、などを独特の感性の中でグルグルと考え込みます。もちろん現実的なトラブルなどがきっかけでそんな風に心が揺れはじめることも多いのですが、あなたの場合は、どんなに現実面が動いても自分なりに精神的な部分での折り合いが付かなければ、上手な人生の切り替えとはいえないでしょう。

でもあなたはおおいに悩んだほうがいいのです。そのほうが「空亡」があけたとき、心が安定し前向きな意欲が持てるようになるでしょう。

●申酉空亡タイプ〈次の「空亡」年…2016年、2017年〉

申年と酉年が「空亡」になるあなたは、休むことを知らない行動力のある人。疲れを感じさせないパワフルな前進力でマメに動き、現実の世界をたくさましくどんどん切り開いていきます。そしてどんなに自分ひとりの世界を作っているようにみえても、実は常に人との関係性を意識し、その中で生きています。そのため、見かけよりハートは熱く、情も深いタイプです。

でも、自分を取り囲む人間関係を大切に思うあなただからこそ、そうした現実が切り替わっていく「空亡」の時期は、とてもハードな期間になりがちです。また、もともと休めない、行動的なあなたは、「空亡」だからといってジッとしていることができず、ジタバタ動いて凶作用を大きくしてしまうことも。というのも、「空亡」のときは、何事も根づきませんし、無駄に動いても損をしやすいので、現実的なことは動かさないほうがいいのです。

ですから、「空亡」を迎えたら、いくら休むのが苦手なあなたでも休むことが一番の対処法。そうすることで次の12年サイクルでいいスタートが切れるのです。

●午未空亡タイプ　〈次の「空亡」年…2014年、2015年〉

午年と未年が「空亡」になるあなたは、きめ細かく生きる人。気持ちが繊細で、ゆったりと行動するタイプで、思い立ってすぐに行動をするような、荒っぽさや危なっかしさはありません。そんな緻密な午未空亡の人は、日々の出来事をそれなりに観察し、考えながら生きているので、人生が切り替わりそうなサイン、自分の気持ちの変化などは敏感に感じ取っているからです。

そのためか他の人に比べると、「空亡」の時期に凶作用の影響を突然、受けることは少ないようです。というのも、午未空亡タイプの人の人生の変化は現実よりも、精神のほうに先にきます。それでなんとなく予感し、準備を進めていくようです。

もちろん「空亡」のときは、迷いや落ち込みも多くなりますが、それは次の人生のステージがはじまる準備になると思えばいいのです。

●辰巳空亡タイプ〈次の「空亡」年…2024年、2025年〉

辰年と巳年が「空亡」になるあなたは、発想が一風変わっていたり、人と合わせることが苦手なために、一見夢見がちの人にも見えます。ところが、実は大変なリアリストで、それが自分にとって、得か損かにとても敏感です。だからといって損になることは絶対にしないわけではありません。ただし、損を覚悟の行動を取る際、辰巳空亡タイプの人は、リスクをしっかり自覚した上で納得してから動くのです。

あなたはそのユニークさゆえ、煮詰まったときに物事をブレイクする役割を担うことが多いのですが、それだけに人には理解されにくい一面があります。そのため運命の切り替えどきである「空亡」を迎えると、心の不安定さは増幅され、その個性的な言動がエスカレートしてしまい、どんどん周囲から逸脱してしまうのです。

ですから「空亡」を迎えたら、ふだんより言動を抑えてみてはいかがでしょうか。一番いけないのは衝動的な行動。コースアウトしない空亡を過ごしましょう。

●寅卯空亡タイプ〈次の「空亡」年…2022年、2023年〉

寅年と卯年が「空亡」となるあなたは、エネルギッシュでダイナミックな生き方をする、やるとなったらブルドーザーのようにガンガンと動くタイプ。それがあるとき、突然パッと止まり、また激しく動くという行動パターンを繰り返します。その勢いのある行動力は他の人にはないものですが、それだけに大ざっぱになりがちです。

そうした行動力のあるあなたは「空亡」を迎えても、じっとしているどころか、逆に今まで以上に動きがち。というのも「空亡」を迎えると、しがらみが消えたり、無視しても平気になったりするからです。そしていつも以上に寂しがりやにもなります。

本当は「空亡」のときは今までと同じようなつもりで動いてはいけません。「やめられをみつめ直しましょう。

ない」「止まらない」状態でもあえて行動は控えめに。なるべく細やかな神経を使い自分

●子丑空亡タイプ〈次の「空亡」年…2020年、2021年〉

子年と丑年が「空亡」になる人は、自分から新しい運気の流れを作り出す人。〝寄らば大樹の陰〟的な生き方よりは、独立独歩の生き方をしたほうが運は伸びます。重い荷を背負っても、それに耐えられるぐらい、一歩一歩着実に歩いていきます。それだけの力量とガッツをもともと持って生まれてきているのです。

ところが空亡の時期に突入すると、自分の思うようにならず、運命をコントロールできないことが次々と起きてイライラします。何事も自力で克服したいと考えるあなたには、マイペースを保てないつらい時期です。

でも、ここは、それに耐えてください。そうすれば、次第に自分が次に何をしたいのか、どんな世界を切り開いていきたいのかが、よくみえてくるはずです。でもあわてて動いてはいけません。というのも、子丑空亡の人は、「空亡」が終わった直後に大きな独立運がやってきます。新しいことをはじめるには「空亡」あけが大チャンスなのです。

人生のターニングポイント②

「大運」の切り替わるとき

人生には毎年違う通変星が巡ってくる流年運があるという話は2章で述べました。この流年運には、比肩、劫財、正財……の10種類がありそれを1セットで「大運」と呼びます。そして、その大運自体にも流年運と同じように比肩、劫財、正財……という通変星が与えられています。この大運がいつ切り替わるのかやその出し方については172ページからくわしく説明してありますが、ここではその大運の通変星が切り替わるときが人生の曲がり角になるという話をしましょう。大運が切り替わる年の誕生日の前後1年くらいの間にかならず大きな変化が起こります。

転職したり、会社をやめて独立したり、商売をはじめたり。結婚もあれば離婚もあるでしょう。このとき大切なのは、過去に固執しないことです。人生の流れに身を任かせたほうが新しい道が開けてきます。人生は変わっていくものです。昔の自分は振り返らず、人生の新しい季節に真正面から立ち向かいましょう。

人生のターニングポイント③

「冲」または「害」の年

自分の日柱の十二支と、毎年巡ってくる十二支の組み合わせには相性があります。次ページの表組を見てもらえばわかると思いますが、その相性の中に「冲」や「害」という相性の悪い組み合わせがあります。この「冲」や「害」の組み合わせが起きる年も、今までの人生と不協和音が起きたり、過去との決別をはからねばならないターニングポイントなのです。また、十二支の相性には「支合」や「三合」というよい組み合わせもあります。これが起きる年には、うれしいこと、幸せなことで人生が変わることがあります。

そのほかに、「刑」や「破」という相性もありますが、「冲」や「害」に比べると大きな影響はないので気にしないでもいいでしょう。

●「冲」の年

「冲」は十二支の子を時計の12時の位置に置き、丑を1時にというように並べたときに、対角線上にあるものです。つまり12時の位置の子には6時の位置の午が「冲」の相性となります。

他に丑と未、寅と申、卯と酉、辰と戌、巳と亥があります。自分の日干支などの「地支（十二支）」に対して、この組み合わせの十二支が巡ったときが「冲」年です。たとえば、２０１４年は午年なので、日干支などに「子」のある人が「冲」年になります。

「冲」の年は、曖昧を許しません。物事がシビアに突き詰めら

地支相性表

亥	戌	酉	申	未	午	巳	辰	卯	寅	丑	子	日干／年
		破	三合	害	冲		三合	刑		支合		子
	刑	三合		冲 刑	害	三合	破				支合	丑
支合 破	三合		冲 刑		三合	刑 害						寅
三合	支合	冲		三合	破		害				刑	卯
	冲	支合	三合				刑	害		破	三合	辰
冲		三合	支合 破・刑						刑 害	三合		巳
	三合			支合	刑			破	三合	害	冲	午
三合	刑 破				支合			三合		冲 刑	害	未
害						支合 破・刑	三合		冲 刑		三合	申
	害	刑				三合	支合	冲		三合	破	酉
		害		刑 破	三合		冲	支合	三合	刑		戌
刑			害	三合		冲		三合	支合 破			亥

れる形で破壊され、過去との訣別が起きます。今まで目を背けてきた、みたくないこともみなければなりませんし、考えたくないことも考えなければならないでしょう。つまり自分に厳しくなければならない試練のときです。しかも十二支同士がぶつかる年でもあるので、エネルギーの消耗も起き、体調がすぐれない場合もあるでしょう。なかでも天干が同じで十二支が冲の関係は「納音」といって物事を終了させる力が強く働きます。

でも、そこでさまざまなものと向き合って〝清算〟することで、結果として先の安定や幸福がもたらされます。ただし、丑と未、辰と戌は同じ土の気の十二支なので、この日干支の人は、「冲」の年のその影響は比較的小さいようです。

●「害」の年

時計の1時と6時、2時と5時、3時と4時、7時と12時、8時と11時、9時と10時を結んでみてください。すべてが平行線上になり重なり合いません。これを十二支に移した午と丑、寅と巳、卯と辰、未と子、申と亥、酉と戌の相性を「害」といいます。平行線上ということからもわかるとおり、「害」はいろいろなことが噛み合わず、チグハグになる不調和な相性です。

自分の日干支などの十二支に対して、害の相性になる干支の年が巡るのが「害」の年。午年の2014年は、日干支などに丑がある人が「害」の年になります。

12年に1度「害」の年が巡ると、そのチグハグ感がストレスになって病気やケガ、心のすれ違いが身内の争いや不和を引き起こしがち。恋愛、愛情面にも暗い影を落とします。

「害」の年は、人間関係も積極的に出ないほうが無難です。健康にも細心の注意が必要です。また、病気はいきなりくるものではなく、それまでの体の負担が積み重なって起きるもの。「害」年の数年前からの自己管理が大切です。

人生のターニングポイント④
「天戦（剋）地冲」

「天戦（剋）地冲」は、誰にでも60年に2度くる、人生の大きな分岐点です。

さきほど、「冲」の年が運命のターニングポイントだという説明をしました。この「冲」の年で、さらに流年運の通変星が「流年偏官」または「流年偏財」が巡る年を「天戦（剋）地冲」といいます。

「偏官」と「偏財」は基本的には自分を〝剋す〟〝剋される〟星です（148ページ参照）。つまり地支が冲であることと同時に、天干に剋（＝戦争）が起きるのです。そのため「天戦（剋）地冲」は、一般的には、大凶年とされます。天干（空間）も地支（時間）も壊されてしまうのです。いいことも悪いこともすべては消えてなくなり、ここで人生が一度リセットされるようなときなのです。過去から続いてきた道が、そこでぷっつり途切れるようなことが起きるのですから、確かに危うい時期ではあります。どんな人でも、これからどちらに進むかを迷うような状況に出会います。

2012（壬辰）年に石原慎太郎氏の辞職で、現職の副知事から大量の得票を獲得して、東京都知事になった猪瀬直樹氏でしたが、彼は1946年11月20日生まれで日干35戊。2012年は天戦（剋）地冲の年。また年干も23丙で、こちらも天戦（剋）地冲の年でした。都知事選に討って出るにしても、大きく生き方を変えねばならない運気の年だったのに、その後追い詰められてしまったのは、変え方を間違えたということなのでしょう。

そんな風に、まったく新たな人生に転生するような変化が起こる、それが「天戦（剋）地冲」のときなのです。でも、必要以上に恐がることはありません。それがいつなのかを知り、変化を迎え撃てば大きな転身のチャンスにすることも可能なのです。

人生のターニングポイント⑤

「絶」の年、「羊刃」、「律年」、「干合」

●「絶」の年

運気の強さを表す十二運である「胎・養・長生・沐浴・冠帯・建禄・帝旺・衰・病・死・墓・絶」のうち、人生の〝地雷〟的なものとして、チェックが必要なのは「絶」の年でしょう。

「絶」は、死に絶えた生命が霊として宇宙空間に存在している状態を表しています。パワーが最小になり、すべてが無に帰す運気です。そのため「絶」運が巡ったときは、フワフワと現実離れしたことに心を奪われ、行動に安定感が失われます。また、多忙で消耗が激しく病気やケガをすることも。「絶」年のときは、何をやってもパワーが続かず、放り出すことも多いようです。むしろ、鋭くなる直感を活かし、短期決戦で動いたほうが吉。そして、過去にとらわれず、発想を自由にすべきです。

●羊刃

十二運で最強になる、「帝旺」のとき、または勢いのある「冠帯」のときに「羊刃（ようじん）」という特殊星が同時に巡る（171ページ参照）と注意が必要です。何事にも度を越した強さを発揮し、ケンカやトラブル、アクシデントを呼び込みやすくなります。

●律年

あなたの日干や月干の干支と同じ十二支が（日干・壬申の人なら申年）流年などでまわってきたとき（これを律年（りつねん）といいます）も注意が必要です。自分自身のことを深く突き詰めて考えねばならない出来事が起こります。

●干合

あなたの日柱の天干と「干合（かんごう）」となる相性の「干」が巡るときです。

干合はある決められたふたつの干が出会うと、強く引き合い、一体化して化学変化を起こしたように別の質の「気」に変化することです。

干合の組み合わせになるのは、次の5種です。

①甲＋己→土（戊、己）と化す
②乙＋庚→金（辛、庚）と化す
③丙＋辛→水（壬、癸）と化す
④丁＋壬→木（乙、甲）と化す
⑤戊＋癸→火（丙、丁）と化す

自分の日干などと干合になる干が、流年で巡れば、何かと結びつく形で人生が変わります。恋愛や結婚も起こりやすく、人との出会いが、新たな出会いやターニングポイントを運んでくる年です。ただやはり本来の自分ではないような状態になるので、うれしいことも多いのですが、運気そのものはやや不安定になります。

●ではいい年はいつ？

もちろん人生の分岐点には、危ういものばかりでなく、幸せな出来事で人生が変わる年もあります。

たとえば、巡る年の十二支とあなたの日干支などの十二支が調和する年がそうです。十二支のよい組み合わせには「支合（しごう）」（子-丑、亥-寅、戌-卯、辰-酉、巳-申、午-未）

と、「三合」（子‐辰‐申、丑‐巳‐酉、寅‐午‐戌、卯‐未‐亥）があります。

午年の２０１４年は、日干支に「未」のある人が「支合」、「寅」「戌」のある人が「三合」に当たります。

「支合」「三合」の年にはエネルギーや気持ちがスムーズに発散できます。人間関係もうまくいき、意欲的に新しいことにアクセスできる年になるでしょう。

さらにオールマイティの幸運の星「天徳貴人（てんとくきじん）」と「天徳合（てんとくごう）」という特殊星があります。「天徳貴人」と「天徳合」は作用としては同じような星ですが、もたらす幸運は「天徳貴人」のほうがかなり大きくなります。これが巡る年は、すべての凶暗示が消え、大きな幸せがもたらされます。

「天徳貴人」と「天徳合」は生まれ月別に、いつ巡るかが決まっています。たとえば２０１４年は、未月（７月７日～８月７日、ただし年によって節目が違う場合あり）生まれの人が「天徳貴人」で凶運から救われ、幸せに満たされます。

また、今まで述べてきた人生のターニングポイントについて２０１４年から２０２６年の早見表を次ページにまとめました。参考にしてください。

●人生の地雷の時期一覧

年	天戦地冲	納音	冲	害	絶年	羊刃	空亡
2014	25 37	1	13 49	2 14 26 38 50	癸	丙 戊	21〜30
2015	26 38	2	14 50	1 13 25 37 49		丁 己	21〜30
2016	27 39	3	15 51	12 24 36 48 60	甲		11〜20
2017	28 40	4	16 52	11 23 35 47 59	乙	庚	11〜20
2018	29 41	5	17 53	10 22 34 46 58		辛	1〜10
2019	30 42	6	18 54	9 21 33 45 57	丙 戊		1〜10
2020	31 43	7	19 55	8 20 32 44 56	丁 己	壬	51〜60
2021	32 44	8	20 56	7 19 31 43 55		癸	51〜60
2022	33 45	9	21 57	6 18 30 42 54	庚		41〜50
2023	34 46	10	22 58	5 17 29 41 53	辛	甲	41〜50
2024	35 47	11	23 59	4 16 28 40 52		乙	31〜40
2025	36 48	12	24 60	3 15 27 39 51	壬		31〜40
2026	37 49	13	25 1	2 14 26 38 50	癸	丙 戊	21〜30

数字は自分の日干支です。また、絶年、羊刃は日干です。

●よい年「天徳貴人」「天徳合」の一覧

子	亥	戌	酉	申	未	午	巳	辰	卯	寅	丑	生まれ月（月干）
13 25 37 49 1	12 24 36 48 60	11 23 35 47 59	10 22 34 46 58	9 21 33 45 57	8 20 32 44 56	7 19 31 43 55	6 18 30 42 54	5 17 29 41 53	4 16 28 40 52	3 15 27 39 51	2 14 26 38 50	
巳	乙	丙	寅	癸	甲	亥	辛	壬	申	丁	庚	天徳貴人
申	庚	辛	亥	戊	己	寅	丙	丁	巳	壬	乙	天徳合
2025、2016	2015、2020	2016、2021	2022、2019	2023、2018	2014、2019	2019、2022	2021、2016	2022、2017	2016、2025	2017、2022	2020、2015	天徳貴人、天徳合の巡る年

※西暦の年号は２月の立春から翌年の節分までです。生まれ月は旧月なので、巻末の表で月干が切り替わる前は前月の生まれになります。

《大運》10年ごとの運勢を読み解く

「大運」とは、10年でひと巡りする運命の周期。10代、20代、30代と振り返ってみたとき運命が変化しているのは、この大運が変わっているからともいえます。流年運や十二運とあわせ、運命のプログラムを導いてください。

先ほど、人生の「ターニングポイント②」の項で説明した「大運」についてくわしく紹介しましょう。

「大運」は10年で一巡する「流年運」の1セット分。そして、この「大運」自体にも、通変星がひとつ与えられています。その通変星が10年で切り替わるとき、その人の運勢は確実に変わります。

10年というタームは長いので、変わり目のそのときにはあまり気付かないかもしれません。でも、後で振り返ると「自分も変わった」「あの人もずいぶん変わった」という思いを抱くことがあります。でもそれはとても自然なことなのです。10代のあなたと30代のあなたが違うのは当然です。違う通変星が巡り、まったく違う大運を生きているのですから。

では、人生の最初の切り替えどきはいつなのでしょうか。この切り替えどきを「立年」といい、それが4歳ならば「4歳運」、8歳なら「8歳運」となります。つまり、「4歳運」の人は0～3歳、4～13歳、14～23歳、24～33歳……で人生が切り替わるのです。

◆大運の割り出し方

では手順に従って、あなたの一生の大運の流れを出してみましょう。

①223ページからの年表で自分の誕生日の立年の項をみて、大運の巡り方が＋（順回り）か－（逆回り）かをみます。同じ日に生まれても男性と女性ではこの部分は違うので気をつけてください。たとえば、1964年11月2日の立年は男性は2＋、女性が8－となります。つまり、男性が2歳運、女性が8歳運となります。

②同じく、自分の日干を調べます。1964年11月2日なら「52乙」なので「乙」となります。

③176ページからの大運早見表で②で出した日干支の表を見ます。1964年11月2日なら177ページの「乙」の大運表。ここで＋と－がありますが、これは立年の項を参

照します。

④同じく自分の月干を調べます。自分の月干の場所から大運ははじまります。つまり、1964年11月2日なら11をみます。男性は2＋なので、0～1歳の大運は「劫財・墓」となります。そして2～11歳が「比肩・死」となります。一方、女性は8－なので、0～7歳の大運は「劫財・墓」、8～17歳が「偏印・絶」です。

⑤①～④の手順に従い自分の大運表の年令欄に、転機の年齢を上から下へ順番に書き込んでいきます。（つまり自分の日干が戊で、月干が35で6＋なら、戊＋の大運表の35のところから0～5、6～15、16～25、26～35、36～45と書き入れます）

また、＋の人が60、－の人が1の大運になった場合は一番上に戻ります。

これで完成です。あなたの大運の切り替わり年齢と大運で巡る星がわかりました。

「大運」は割り出すのは、けっして簡単な作業ではありません。でも今回は、表などを使って、なるべく簡単に出せるようにしましたので頑張って出してみてください。

◆流年運と大運の関係でも運気は変わる

ところで、四柱推命には、さまざまな手法があり、最初の「立年」から10年ごとに「大運」を区切っていく手法の他に、最初の「立年」が4歳なら、そこから4年サイクルで「大運」を4歳、8歳、12歳、16歳と区切っていく手法もありますが、私は、最初の「立年」から10年ごとに区切っていく手法のほうで占っています。

また、10年間を支配する大運の通変星と、毎年、変わっていく流年の間には、調和する年と不調和な年が生まれます。たとえば、大運で「食神」が巡っている間に、「倒食」との異名をとるほど相性の悪い「偏印」の流年がくれば、その1年は、他の運の大運のときの「偏印」の年よりは、強い凶作用を及ぼすことになります。

そんな大運と流年運の相性は、72ページからの、それぞれの流年運の説明のページで、「中心星別の現象の表れ方」で説明した項を参考にしてください。そこに★がついている中心星とその流年は相性が悪くて凶作用が強く、☆ならば相性がよく吉作用が強く出ます。その関係性を、大運と流年運の関係性にも当てはめて考えるようにしてください。さまざまな要因が複雑にからみ合って人生は流れていきます。大運だけ、流年だけ、十二運だけという見方ではなく、運気を総合的に判断することが、運命を正確に判断するコツです。

◆甲一の人

月干	年齢	通変星	十二運
60		印綬	長生
59		偏印	養
58		正官	胎
57		偏官	絶
56		正財	墓
55		偏財	死
54		傷官	病
53		食神	衰
52		劫財	帝旺
51		比肩	建禄
50		印綬	冠帯
49		偏印	沐浴
48		正官	長生
47		偏官	養
46		正財	胎
45		偏財	絶
44		傷官	墓
43		食神	死
42		劫財	病
41		比肩	衰
40		印綬	帝旺
39		偏印	建禄
38		正官	冠帯
37		偏官	沐浴
36		正財	長生
35		偏財	養
34		傷官	胎
33		食神	絶
32		劫財	墓
31		比肩	死
30		印綬	病
29		偏印	衰
28		正官	帝旺
27		偏官	建禄
26		正財	冠帯
25		偏財	沐浴
24		傷官	長生
23		食神	養
22		劫財	胎
21		比肩	絶
20		印綬	墓
19		偏印	死
18		正官	病
17		偏官	衰
16		正財	帝旺
15		偏財	建禄
14		傷官	冠帯
13		食神	沐浴
12		劫財	長生
11		比肩	養
10		印綬	胎
9		偏印	絶
8		正官	墓
7		偏官	死
6		正財	病
5		偏財	衰
4		傷官	帝旺
3		食神	建禄
2		劫財	冠帯
1		比肩	沐浴

◆甲十の人

月干	年齢	通変星	十二運
1		比肩	沐浴
2		劫財	冠帯
3		食神	建禄
4		傷官	帝旺
5		偏財	衰
6		正財	病
7		偏官	死
8		正官	墓
9		偏印	絶
10		印綬	胎
11		比肩	養
12		劫財	長生
13		食神	沐浴
14		傷官	冠帯
15		偏財	建禄
16		正財	帝旺
17		偏官	衰
18		正官	病
19		偏印	死
20		印綬	墓
21		比肩	絶
22		劫財	胎
23		食神	養
24		傷官	長生
25		偏財	沐浴
26		正財	冠帯
27		偏官	建禄
28		正官	帝旺
29		偏印	衰
30		印綬	病
31		比肩	死
32		劫財	墓
33		食神	絶
34		傷官	胎
35		偏財	養
36		正財	長生
37		偏官	沐浴
38		正官	冠帯
39		偏印	建禄
40		印綬	帝旺
41		比肩	衰
42		劫財	病
43		食神	死
44		傷官	墓
45		偏財	絶
46		正財	胎
47		偏官	養
48		正官	長生
49		偏印	沐浴
50		印綬	冠帯
51		比肩	建禄
52		劫財	帝旺
53		食神	衰
54		傷官	病
55		偏財	死
56		正財	墓
57		偏官	絶
58		正官	胎
59		偏印	養
60		印綬	長生

◆乙一の人

月干	年齢	通変星	十二運
60		偏印	死
59		印綬	墓
58		偏官	絶
57		正官	胎
56		偏財	養
55		正財	長生
54		食神	沐浴
53		傷官	冠帯
52		比肩	建禄
51		劫財	帝旺
50		偏印	衰
49		印綬	病
48		偏官	死
47		正官	墓
46		偏財	絶
45		正財	胎
44		食神	養
43		傷官	長生
42		比肩	沐浴
41		劫財	冠帯
40		偏印	建禄
39		印綬	帝旺
38		偏官	衰
37		正官	病
36		偏財	死
35		正財	墓
34		食神	絶
33		傷官	胎
32		比肩	養
31		劫財	長生
30		偏印	沐浴
29		印綬	冠帯
28		偏官	建禄
27		正官	帝旺
26		偏財	衰
25		正財	病
24		食神	死
23		傷官	墓
22		比肩	絶
21		劫財	胎
20		偏印	養
19		印綬	長生
18		偏官	沐浴
17		正官	冠帯
16		偏財	建禄
15		正財	帝旺
14		食神	衰
13		傷官	病
12		比肩	死
11		劫財	墓
10		偏印	絶
9		印綬	胎
8		偏官	養
7		正官	長生
6		偏財	沐浴
5		正財	冠帯
4		食神	建禄
3		傷官	帝旺
2		比肩	衰
1		劫財	病

◆乙十の人

月干	年齢	通変星	十二運
1		劫財	病
2		比肩	衰
3		傷官	帝旺
4		食神	建禄
5		正財	冠帯
6		偏財	沐浴
7		正官	長生
8		偏官	養
9		印綬	胎
10		偏印	絶
11		劫財	墓
12		比肩	死
13		傷官	病
14		食神	衰
15		正財	帝旺
16		偏財	建禄
17		正官	冠帯
18		偏官	沐浴
19		印綬	長生
20		偏印	養
21		劫財	胎
22		比肩	絶
23		傷官	墓
24		食神	死
25		正財	病
26		偏財	衰
27		正官	帝旺
28		偏官	建禄
29		印綬	冠帯
30		偏印	沐浴
31		劫財	長生
32		比肩	養
33		傷官	胎
34		食神	絶
35		正財	墓
36		偏財	死
37		正官	病
38		偏官	衰
39		印綬	帝旺
40		偏印	建禄
41		劫財	冠帯
42		比肩	沐浴
43		傷官	長生
44		食神	養
45		正財	胎
46		偏財	絶
47		正官	墓
48		偏官	死
49		印綬	病
50		偏印	衰
51		劫財	帝旺
52		比肩	建禄
53		傷官	冠帯
54		食神	沐浴
55		正財	長生
56		偏財	養
57		正官	胎
58		偏官	絶
59		印綬	墓
60		偏印	死

◆丙一の人

月干	年齢	通変星	十二運
60		正官	絶
59		偏官	墓
58		正財	死
57		偏財	病
56		傷官	衰
55		食神	帝旺
54		劫財	建禄
53		比肩	冠帯
52		印綬	沐浴
51		偏印	長生
50		正官	養
49		偏官	胎
48		正財	絶
47		偏財	墓
46		傷官	死
45		食神	病
44		劫財	衰
43		比肩	帝旺
42		印綬	建禄
41		偏印	冠帯
40		正官	沐浴
39		偏官	長生
38		正財	養
37		偏財	胎
36		傷官	絶
35		食神	墓
34		劫財	死
33		比肩	病
32		印綬	衰
31		偏印	帝旺
30		正官	建禄
29		偏官	冠帯
28		正財	沐浴
27		偏財	長生
26		傷官	養
25		食神	胎
24		劫財	絶
23		比肩	墓
22		印綬	死
21		偏印	病
20		正官	衰
19		偏官	帝旺
18		正財	建禄
17		偏財	冠帯
16		傷官	沐浴
15		食神	長生
14		劫財	養
13		比肩	胎
12		印綬	絶
11		偏印	墓
10		正官	死
9		偏官	病
8		正財	衰
7		偏財	帝旺
6		傷官	建禄
5		食神	冠帯
4		劫財	沐浴
3		比肩	長生
2		印綬	養
1		偏印	胎

◆丙十の人

月干	年齢	通変星	十二運
1		偏印	胎
2		印綬	養
3		比肩	長生
4		劫財	沐浴
5		食神	冠帯
6		傷官	建禄
7		偏財	帝旺
8		正財	衰
9		偏官	病
10		正官	死
11		偏印	墓
12		印綬	絶
13		比肩	胎
14		劫財	養
15		食神	長生
16		傷官	沐浴
17		偏財	冠帯
18		正財	建禄
19		偏官	帝旺
20		正官	衰
21		偏印	病
22		印綬	死
23		比肩	墓
24		劫財	絶
25		食神	胎
26		傷官	養
27		偏財	長生
28		正財	沐浴
29		偏官	冠帯
30		正官	建禄
31		偏印	帝旺
32		印綬	衰
33		比肩	病
34		劫財	死
35		食神	墓
36		傷官	絶
37		偏財	胎
38		正財	養
39		偏官	長生
40		正官	沐浴
41		偏印	冠帯
42		印綬	建禄
43		比肩	帝旺
44		劫財	衰
45		食神	病
46		傷官	死
47		偏財	墓
48		正財	絶
49		偏官	胎
50		正官	養
51		偏印	長生
52		印綬	沐浴
53		比肩	冠帯
54		劫財	建禄
55		食神	帝旺
56		傷官	衰
57		偏財	病
58		正財	死
59		偏官	墓
60		正官	絶

◆丁－の人

月干	年齢	通変星	十二運
60		偏官	胎
59		正官	養
58		偏財	長生
57		正財	沐浴
56		食神	冠帯
55		傷官	建禄
54		比肩	帝旺
53		劫財	衰
52		偏印	病
51		印綬	死
50		偏官	墓
49		正官	絶
48		偏財	胎
47		正財	養
46		食神	長生
45		傷官	沐浴
44		比肩	冠帯
43		劫財	建禄
42		偏印	帝旺
41		印綬	衰
40		偏官	病
39		正官	死
38		偏財	墓
37		正財	絶
36		食神	胎
35		傷官	養
34		比肩	長生
33		劫財	沐浴
32		偏印	冠帯
31		印綬	建禄
30		偏官	帝旺
29		正官	衰
28		偏財	病
27		正財	死
26		食神	墓
25		傷官	絶
24		比肩	胎
23		劫財	養
22		偏印	長生
21		印綬	沐浴
20		偏官	冠帯
19		正官	建禄
18		偏財	帝旺
17		正財	衰
16		食神	病
15		傷官	死
14		比肩	墓
13		劫財	絶
12		偏印	胎
11		印綬	養
10		偏官	長生
9		正官	沐浴
8		偏財	冠帯
7		正財	建禄
6		食神	帝旺
5		傷官	衰
4		比肩	病
3		劫財	死
2		偏印	墓
1		印綬	絶

◆丁＋の人

月干	年齢	通変星	十二運
1		印綬	絶
2		偏印	墓
3		劫財	死
4		比肩	病
5		傷官	衰
6		食神	帝旺
7		正財	建禄
8		偏財	冠帯
9		正官	沐浴
10		偏官	長生
11		印綬	養
12		偏印	胎
13		劫財	絶
14		比肩	墓
15		傷官	死
16		食神	病
17		正財	衰
18		偏財	帝旺
19		正官	建禄
20		偏官	冠帯
21		印綬	沐浴
22		偏印	長生
23		劫財	養
24		比肩	胎
25		傷官	絶
26		食神	墓
27		正財	死
28		偏財	病
29		正官	衰
30		偏官	帝旺
31		印綬	建禄
32		偏印	冠帯
33		劫財	沐浴
34		比肩	長生
35		傷官	養
36		食神	胎
37		正財	絶
38		偏財	墓
39		正官	死
40		偏官	病
41		印綬	衰
42		偏印	帝旺
43		劫財	建禄
44		比肩	冠帯
45		傷官	沐浴
46		食神	長生
47		正財	養
48		偏財	胎
49		正官	絶
50		偏官	墓
51		印綬	死
52		偏印	病
53		劫財	衰
54		比肩	帝旺
55		傷官	建禄
56		食神	冠帯
57		正財	沐浴
58		偏財	長生
59		正官	養
60		偏官	胎

◆戊一の人

月干	年齢	通変星	十二運
60		正財	絶
59		偏財	墓
58		傷官	死
57		食神	病
56		劫財	衰
55		比肩	帝旺
54		印綬	建禄
53		偏印	冠帯
52		正官	沐浴
51		偏官	長生
50		正財	養
49		偏財	胎
48		傷官	絶
47		食神	墓
46		劫財	死
45		比肩	病
44		印綬	衰
43		偏印	帝旺
42		正官	建禄
41		偏官	冠帯
40		正財	沐浴
39		偏財	長生
38		傷官	養
37		食神	胎
36		劫財	絶
35		比肩	墓
34		印綬	死
33		偏印	病
32		正官	衰
31		偏官	帝旺
30		正財	建禄
29		偏財	冠帯
28		傷官	沐浴
27		食神	長生
26		劫財	養
25		比肩	胎
24		印綬	絶
23		偏印	墓
22		正官	死
21		偏官	病
20		正財	衰
19		偏財	帝旺
18		傷官	建禄
17		食神	冠帯
16		劫財	沐浴
15		比肩	長生
14		印綬	養
13		偏印	胎
12		正官	絶
11		偏官	墓
10		正財	死
9		偏財	病
8		傷官	衰
7		食神	帝旺
6		劫財	建禄
5		比肩	冠帯
4		印綬	沐浴
3		偏印	長生
2		正官	養
1		偏官	胎

◆戊十の人

月干	年齢	通変星	十二運
1		偏官	胎
2		正官	養
3		偏印	長生
4		印綬	沐浴
5		比肩	冠帯
6		劫財	建禄
7		食神	帝旺
8		傷官	衰
9		偏財	病
10		正財	死
11		偏官	墓
12		正官	絶
13		偏印	胎
14		印綬	養
15		比肩	長生
16		劫財	沐浴
17		食神	冠帯
18		傷官	建禄
19		偏財	帝旺
20		正財	衰
21		偏官	病
22		正官	死
23		偏印	墓
24		印綬	絶
25		比肩	胎
26		劫財	養
27		食神	長生
28		傷官	沐浴
29		偏財	冠帯
30		正財	建禄
31		偏官	帝旺
32		正官	衰
33		偏印	病
34		印綬	死
35		比肩	墓
36		劫財	絶
37		食神	胎
38		傷官	養
39		偏財	長生
40		正財	沐浴
41		偏官	冠帯
42		正官	建禄
43		偏印	帝旺
44		印綬	衰
45		比肩	病
46		劫財	死
47		食神	墓
48		傷官	絶
49		偏財	胎
50		正財	養
51		偏官	長生
52		正官	沐浴
53		偏印	冠帯
54		印綬	建禄
55		比肩	帝旺
56		劫財	衰
57		食神	病
58		傷官	死
59		偏財	墓
60		正財	絶

◆己一の人

月干	年齢	通変星	十二運
60		偏財	胎
59		正財	養
58		食神	長生
57		傷官	沐浴
56		比肩	冠帯
55		劫財	建禄
54		偏印	帝旺
53		印綬	衰
52		偏官	病
51		正官	死
50		偏財	墓
49		正財	絶
48		食神	胎
47		傷官	養
46		比肩	長生
45		劫財	沐浴
44		偏印	冠帯
43		印綬	建禄
42		偏官	帝旺
41		正官	衰
40		偏財	病
39		正財	死
38		食神	墓
37		傷官	絶
36		比肩	胎
35		劫財	養
34		偏印	長生
33		印綬	沐浴
32		偏官	冠帯
31		正官	建禄
30		偏財	帝旺
29		正財	衰
28		食神	病
27		傷官	死
26		比肩	墓
25		劫財	絶
24		偏印	胎
23		印綬	養
22		偏官	長生
21		正官	沐浴
20		偏財	冠帯
19		正財	建禄
18		食神	帝旺
17		傷官	衰
16		比肩	病
15		劫財	死
14		偏印	墓
13		印綬	絶
12		偏官	胎
11		正官	養
10		偏財	長生
9		正財	沐浴
8		食神	冠帯
7		傷官	建禄
6		比肩	帝旺
5		劫財	衰
4		偏印	病
3		印綬	死
2		偏官	墓
1		正官	絶

◆己十の人

月干	年齢	通変星	十二運
1		正官	絶
2		偏官	墓
3		印綬	死
4		偏印	病
5		劫財	衰
6		比肩	帝旺
7		傷官	建禄
8		食神	冠帯
9		正財	沐浴
10		偏財	長生
11		正官	養
12		偏官	胎
13		印綬	絶
14		偏印	墓
15		劫財	死
16		比肩	病
17		傷官	衰
18		食神	帝旺
19		正財	建禄
20		偏財	冠帯
21		正官	沐浴
22		偏官	長生
23		印綬	養
24		偏印	胎
25		劫財	絶
26		比肩	墓
27		傷官	死
28		食神	病
29		正財	衰
30		偏財	帝旺
31		正官	建禄
32		偏官	冠帯
33		印綬	沐浴
34		偏印	長生
35		劫財	養
36		比肩	胎
37		傷官	絶
38		食神	墓
39		正財	死
40		偏財	病
41		正官	衰
42		偏官	帝旺
43		印綬	建禄
44		偏印	冠帯
45		劫財	沐浴
46		比肩	長生
47		傷官	養
48		食神	胎
49		正財	絶
50		偏財	墓
51		正官	死
52		偏官	病
53		印綬	衰
54		偏印	帝旺
55		劫財	建禄
56		比肩	冠帯
57		傷官	沐浴
58		食神	長生
59		正財	養
60		偏財	胎

◆庚一の人

月干	年齢	通変星	十二運
60		傷官	病
59		食神	衰
58		劫財	帝旺
57		比肩	建禄
56		印綬	冠帯
55		偏印	沐浴
54		正官	長生
53		偏官	養
52		正財	胎
51		偏財	絶
50		傷官	墓
49		食神	死
48		劫財	病
47		比肩	衰
46		印綬	帝旺
45		偏印	建禄
44		正官	冠帯
43		偏官	沐浴
42		正財	長生
41		偏財	養
40		傷官	胎
39		食神	絶
38		劫財	墓
37		比肩	死
36		印綬	病
35		偏印	衰
34		正官	帝旺
33		偏官	建禄
32		正財	冠帯
31		偏財	沐浴
30		傷官	長生
29		食神	養
28		劫財	胎
27		比肩	絶
26		印綬	墓
25		偏印	死
24		正官	病
23		偏官	衰
22		正財	帝旺
21		偏財	建禄
20		傷官	冠帯
19		食神	沐浴
18		劫財	長生
17		比肩	養
16		印綬	胎
15		偏印	絶
14		正官	墓
13		偏官	死
12		正財	病
11		偏財	衰
10		傷官	帝旺
9		食神	建禄
8		劫財	冠帯
7		比肩	沐浴
6		印綬	長生
5		偏印	養
4		正官	胎
3		偏官	絶
2		正財	墓
1		偏財	死

◆庚十の人

月干	年齢	通変星	十二運
1		偏財	死
2		正財	墓
3		偏官	絶
4		正官	胎
5		偏印	養
6		印綬	長生
7		比肩	沐浴
8		劫財	冠帯
9		食神	建禄
10		傷官	帝旺
11		偏財	衰
12		正財	病
13		偏官	死
14		正官	墓
15		偏印	絶
16		印綬	胎
17		比肩	養
18		劫財	長生
19		食神	沐浴
20		傷官	冠帯
21		偏財	建禄
22		正財	帝旺
23		偏官	衰
24		正官	病
25		偏印	死
26		印綬	墓
27		比肩	絶
28		劫財	胎
29		食神	養
30		傷官	長生
31		偏財	沐浴
32		正財	冠帯
33		偏官	建禄
34		正官	帝旺
35		偏印	衰
36		印綬	病
37		比肩	死
38		劫財	墓
39		食神	絶
40		傷官	胎
41		偏財	養
42		正財	長生
43		偏官	沐浴
44		正官	冠帯
45		偏印	建禄
46		印綬	帝旺
47		比肩	衰
48		劫財	病
49		食神	死
50		傷官	墓
51		偏財	絶
52		正財	胎
53		偏官	養
54		正官	長生
55		偏印	沐浴
56		印綬	冠帯
57		比肩	建禄
58		劫財	帝旺
59		食神	衰
60		傷官	病

◆辛一の人

月干	年齢	通変星	十二運
60		食神	沐浴
59		傷官	冠帯
58		比肩	建禄
57		劫財	帝旺
56		偏印	衰
55		印綬	病
54		偏官	死
53		正官	墓
52		偏財	絶
51		正財	胎
50		食神	養
49		傷官	長生
48		比肩	沐浴
47		劫財	冠帯
46		偏印	建禄
45		印綬	帝旺
44		偏官	衰
43		正官	病
42		偏財	死
41		正財	墓
40		食神	絶
39		傷官	胎
38		比肩	養
37		劫財	長生
36		偏印	沐浴
35		印綬	冠帯
34		偏官	建禄
33		正官	帝旺
32		偏財	衰
31		正財	病
30		食神	死
29		傷官	墓
28		比肩	絶
27		劫財	胎
26		偏印	養
25		印綬	長生
24		偏官	沐浴
23		正官	冠帯
22		偏財	建禄
21		正財	帝旺
20		食神	衰
19		傷官	病
18		比肩	死
17		劫財	墓
16		偏印	絶
15		印綬	胎
14		偏官	養
13		正官	長生
12		偏財	沐浴
11		正財	冠帯
10		食神	建禄
9		傷官	帝旺
8		比肩	衰
7		劫財	病
6		偏印	死
5		印綬	墓
4		偏官	絶
3		正官	胎
2		偏財	養
1		正財	長生

◆辛十の人

月干	年齢	通変星	十二運
1		正財	長生
2		偏財	養
3		正官	胎
4		偏官	絶
5		印綬	墓
6		偏印	死
7		劫財	病
8		比肩	衰
9		傷官	帝旺
10		食神	建禄
11		正財	冠帯
12		偏財	沐浴
13		正官	長生
14		偏官	養
15		印綬	胎
16		偏印	絶
17		劫財	墓
18		比肩	死
19		傷官	病
20		食神	衰
21		正財	帝旺
22		偏財	建禄
23		正官	冠帯
24		偏官	沐浴
25		印綬	長生
26		偏印	養
27		劫財	胎
28		比肩	絶
29		傷官	墓
30		食神	死
31		正財	病
32		偏財	衰
33		正官	帝旺
34		偏官	建禄
35		印綬	冠帯
36		偏印	沐浴
37		劫財	長生
38		比肩	養
39		傷官	胎
40		食神	絶
41		正財	墓
42		偏財	死
43		正官	病
44		偏官	衰
45		印綬	帝旺
46		偏印	建禄
47		劫財	冠帯
48		比肩	沐浴
49		傷官	長生
50		食神	養
51		正財	胎
52		偏財	絶
53		正官	墓
54		偏官	死
55		印綬	病
56		偏印	衰
57		劫財	帝旺
58		比肩	建禄
59		傷官	冠帯
60		食神	沐浴

◆壬一の人

月干	年齢	通変星	十二運
60		劫財	建禄
59		比肩	冠帯
58		印綬	沐浴
57		偏印	長生
56		正官	養
55		偏官	胎
54		偏財	絶
53		正財	墓
52		傷官	死
51		食神	病
50		劫財	衰
49		比肩	帝旺
48		印綬	建禄
47		偏印	冠帯
46		正官	沐浴
45		偏官	長生
44		偏財	養
43		正財	胎
42		傷官	絶
41		食神	墓
40		劫財	死
39		比肩	病
38		印綬	衰
37		偏印	帝旺
36		正官	建禄
35		偏官	冠帯
34		偏財	沐浴
33		正財	長生
32		傷官	養
31		食神	胎
30		劫財	絶
29		比肩	墓
28		印綬	死
27		偏印	病
26		正官	衰
25		偏官	帝旺
24		偏財	建禄
23		正財	冠帯
22		傷官	沐浴
21		食神	長生
20		劫財	養
19		比肩	胎
18		印綬	絶
17		偏印	墓
16		正官	死
15		偏官	病
14		偏財	衰
13		正財	帝旺
12		傷官	建禄
11		食神	冠帯
10		劫財	沐浴
9		比肩	長生
8		印綬	養
7		偏印	胎
6		正官	絶
5		偏官	墓
4		偏財	死
3		正財	病
2		傷官	衰
1		食神	帝旺

◆壬十の人

月干	年齢	通変星	十二運
1		食神	帝旺
2		傷官	衰
3		偏財	病
4		正財	死
5		偏官	墓
6		正官	絶
7		偏印	胎
8		印綬	養
9		比肩	長生
10		劫財	沐浴
11		食神	冠帯
12		傷官	建禄
13		偏財	帝旺
14		正財	衰
15		偏官	病
16		正官	死
17		偏印	墓
18		印綬	絶
19		比肩	胎
20		劫財	養
21		食神	長生
22		傷官	沐浴
23		偏財	冠帯
24		正財	建禄
25		偏官	帝旺
26		正官	衰
27		偏印	病
28		印綬	死
29		比肩	墓
30		劫財	絶
31		食神	胎
32		傷官	養
33		偏財	長生
34		正財	沐浴
35		偏官	冠帯
36		正官	建禄
37		偏印	帝旺
38		印綬	衰
39		比肩	病
40		劫財	死
41		食神	墓
42		傷官	絶
43		偏財	胎
44		正財	養
45		偏官	長生
46		正官	沐浴
47		偏印	冠帯
48		印綬	建禄
49		比肩	帝旺
50		劫財	衰
51		食神	病
52		傷官	死
53		偏財	墓
54		正財	絶
55		偏官	胎
56		正官	養
57		偏印	長生
58		印綬	沐浴
59		比肩	冠帯
60		劫財	建禄

◆癸一の人

月干	年齢	通変星	十二運
60		比肩	帝旺
59		劫財	衰
58		偏印	病
57		印綬	死
56		偏官	墓
55		正官	絶
54		偏財	胎
53		正財	養
52		食神	長生
51		傷官	沐浴
50		比肩	冠帯
49		劫財	建禄
48		偏印	帝旺
47		印綬	衰
46		偏官	病
45		正官	死
44		偏財	墓
43		正財	絶
42		食神	胎
41		傷官	養
40		比肩	長生
39		劫財	沐浴
38		偏印	冠帯
37		印綬	建禄
36		偏官	帝旺
35		正官	衰
34		偏財	病
33		正財	死
32		食神	墓
31		傷官	絶
30		比肩	胎
29		劫財	養
28		偏印	長生
27		印綬	沐浴
26		偏官	冠帯
25		正官	建禄
24		偏財	帝旺
23		正財	衰
22		食神	病
21		傷官	死
20		比肩	墓
19		劫財	絶
18		偏印	胎
17		印綬	養
16		偏官	長生
15		正官	沐浴
14		偏財	冠帯
13		正財	建禄
12		食神	帝旺
11		傷官	衰
10		比肩	病
9		劫財	死
8		偏印	墓
7		印綬	絶
6		偏官	胎
5		正官	養
4		偏財	長生
3		正財	沐浴
2		食神	冠帯
1		傷官	建禄

◆癸十の人

月干	年齢	通変星	十二運
1		傷官	建禄
2		食神	冠帯
3		正財	沐浴
4		偏財	長生
5		正官	養
6		偏官	胎
7		印綬	絶
8		偏印	墓
9		劫財	死
10		比肩	病
11		傷官	衰
12		食神	帝旺
13		正財	建禄
14		偏財	冠帯
15		正官	沐浴
16		偏官	長生
17		印綬	養
18		偏印	胎
19		劫財	絶
20		比肩	墓
21		傷官	死
22		食神	病
23		正財	衰
24		偏財	帝旺
25		正官	建禄
26		偏官	冠帯
27		印綬	沐浴
28		偏印	長生
29		劫財	養
30		比肩	胎
31		傷官	絶
32		食神	墓
33		正財	死
34		偏財	病
35		正官	衰
36		偏官	帝旺
37		印綬	建禄
38		偏印	冠帯
39		劫財	沐浴
40		比肩	長生
41		傷官	養
42		食神	胎
43		正財	絶
44		偏財	墓
45		正官	死
46		偏官	病
47		印綬	衰
48		偏印	帝旺
49		劫財	建禄
50		比肩	冠帯
51		傷官	沐浴
52		食神	長生
53		正財	養
54		偏財	胎
55		正官	絶
56		偏官	墓
57		印綬	死
58		偏印	病
59		劫財	衰
60		比肩	帝旺

大運比肩

「大運比肩」の10年は、マイペースでマラソンを走るような期間。あくまで自分本位に好き嫌いを押し通し、自分の世界を強い意志で守って生き抜くときです。幼児期に「大運比肩」が巡ると、納得できないことは絶対に受け付けない、頑なな子どもです。気に入らないことがあっても自己主張はせず、黙りこくる、少々わかりにくい子です。でも人のことは気にせず、自分なりの努力をします。

また、10代、20代で「大運比肩」が巡ってきたら、それが親元からの独立のときに。「大運比肩」は自我が強くなり、ひとりで我が道を行く選択をすることになります。ひとりになったほうが自分も楽になり、頑張りもききます。

これが30代、40代になると、会社を辞めてフリーになったり、自分で事業をはじめたりします。本当に自分のやりたいこととズレた環境では過ごすのは耐えられません。会社でも、私生活でもワンマンに動ける場所を確保しないと苦しくなります。また「比肩」は協調性がない星だけに愛情運を押さえます。「大運比肩」の10年は妥協できず、恋愛、結婚の縁を遠ざけます。結婚後に「大運比肩」がくるとパートナーから〝独立〟して別れたり、女性でも一家を支えて働く状況になりがち。

老年の「大運比肩」は、孤独に強いかかわりにとにかく頑固。「大運比肩」がくる前に、自分の過ごしやすい環境を整えておいたほうがいいでしょう。

大運劫財

「劫財」は、集団を作って自分を守ろうとする星です。ですから「大運劫財」がくると、敵を作らず、誰とでもうまくやろうとする気持ちが強くなります。子ども時代に「大運劫財」がくると、すぐに集団になじみ、いつも仲間で遊ぶにぎやかな子になります。大人になってからも「大運劫財」がくると、グループや仲間などに所属することを求め、その中でいきいきと過ごします。

でも認められない相手には頭を下げないので、上下関係の厳しい会社組織などでは、うまくやれるとは限りません。上からの引き立てが、あまり望めないので、若いうちに「大運劫財」がくると苦労しがち。またお人好しでイヤとはいえず、周囲に合わせて無理をすることも多く、金銭運と健康運には注意も必要です。

「大運劫財」で結婚すれば、夫婦でも対等な関係を築ける相手を選びますが、友人とのつきあいが忙しく、家庭的な夫にも、妻にもなりきれません。「劫財」が「外柔内剛」の星といわれるのは友人も家庭も同じレベルで考えるため、それが、身内にはきつく感じられるから。その意味で特に男性は浮気や金銭で妻に苦労をかける時期です。ただ「大運劫財」の場合は、十二運（132ページ〜参照）によって現象にかなり差が出ます。「大運劫財」は弱い十二運のほうが、凶暗示も弱くなり、仲間と和合して穏やかに過ごせます。一方、強い十二運では人間関係が傲慢になりやすく、金銭トラブルに巻き込まれやすくなります。

大運食神

「食神」は、衣食住の星。「大運食神」の間は、不思議と生活にあまり困りません。おかげで気持ちものんびりと過ごせます。「食神」は子どもの星ですから、幼ないときにこの大運が巡ると、少しわがままですが、のびのびしたかわいい子どもになります。でも年齢があがるほど、「大運食神」はお気楽で世話のかかる、なかなか大人になれない人間になってしまいます。

また、成人して「大運食神」を迎えると、子宝に恵まれやすく、家庭中心、子ども中心の生活になるでしょう。〝できちゃった婚〟も多く、女性は専業主婦になる可能性大。周囲の評価など気にせずに、自由気ままに、自分なりの楽しみをみつけながら生きるときなので、あまりハードな仕事には向きません。若いときならフリーターになるなど、流れに逆らわず、無理もしません。自分から新しい道を切り開いていこうとする意欲には欠けます。が、生活のためと割りきってのサラリーマン生活をすることも多いようです。下手に出世欲を出して頑張っても、裏目に出がちで、30代、40代の働き盛りに「大運食神」となると、プライベート重視の生き方に。趣味や遊びに生きることで充実感を味わいます。デザイナーや料理人など衣食住に関わる職種の人なら仕事面でも才能を発揮できます。ただ「食神」は健康面も無理のきかない星。不摂生な生活をしていると「流年偏印」を迎えた年にガックリくることもあるので、ご用心を。

大運傷官

「大運傷官」は、自分の個性を発揮して、行動する期間。イメージでいえば、感受性が鋭く、反抗的なハイティーンのような時代です。子ども時代に「大運傷官」となれば、傷つきやすく気難しい扱いにくい子に。「傷官」は、一匹狼の星であり、妥協を許さない厳しさを持っているからです。

「大運傷官」の10年間のうちに一度は、何かケジメをつけたり、つけられたりすることがあるでしょう。集団から離れて、自分ひとりの世界を作りがちで、人間関係は厳しくなり、パートナーや友好関係にあった人とも距離ができます。大人になって巡ってくれば、組織からの離脱、独立、離婚など人との別離が起きるでしょう。

「大運傷官」は、よくも悪くも積極的に動かずにはいられない、孤独な闘争期です。安定した場所や生活では輝けません。「傷官」は〝官〟を傷つけるのですから、会社などに勤めるのは自分も苦しく、出世もあまり見込めません。ですから世間一般の価値観に縛られず、人間関係を頼らず、自分の世界を大事にして、何かに集中する生き方が合います。技術や才能は最高のキラメキをみせるときなので、それで勝負する生き方を選べば、充実した10年になります。ただ、どうしても自信過剰になりやすいときです。

「傷官」は、ロマンチストで寂しがりやの星なので、恋愛は生まれやすいときです。でも、すぐに問題が起きて、一緒にいても別々の世界を持って生きる生活になるでしょう。

大運偏財

「大運偏財」は、愛情と財運に恵まれる10年間です。不思議に人を引き付ける魅力を発揮するでしょう。子どものときに「大運偏財」が巡れば、周囲の人にとても可愛がられ、愛情に満ちた生活を送ります。

大人になって「大運偏財」がくると、考え方が柔軟になり、周囲とうまく妥協できるようになります。多忙になり、行動範囲も広くなります。それにつれて金運も上向きに。大きな財を得るときですが、流動する財なので、出ていくほうも大きいでしょう。でも、このときに自分でお店や事業をはじめれば、まずは順調。もちろん、それまで苦しかった仕事も、利益があがってきます。人間関係も豊かな広がりをみせ、人脈という、形のない財産も得られる時期です。人気を必要とする人などは、ここが仕掛けどきです。

こんな「大運偏財」の10年間は、人生で一番楽しく、生きやすい時期ともいえます。また「偏財」は、奉仕の星。自分のためだけではなく、誰かのため、人のために動くことが「偏財」運をさらに大きく活かすコツにもなります。

「大運偏財」は異性との関わりが多い、恋愛の季節です。モテすぎて、なかなか結婚に踏み切れないことも。それだけに「大運偏財」のときに結婚したり、結婚していて「大運偏財」がくると浮気心を押さえられない心配があります。それで別れたりもしますが、案外、調子よく立ち回って、ちゃっかり恋を楽しむことも可能な時期でもあります。

大運正財

「正財」は、家庭と動かない財を表す星です。真面目に保守的に生きる星なので、子ども時代が「大運正財」だと、几帳面でしっかりした、親の手のかからない子になります。親のいうことをよく聞き、コツコツと努力する優等生です。

大人になってから「大運正財」がくれば、周囲の期待に応え、堅実で落ち着いた生活をはじめることになるでしょう。「大運正財」の10年は物事を安定させ、現実的で地に足のついた生活をもたらします。夢を目指して頑張っていた人が、ついにそれに見切りをつけるのも「大運正財」に入ったときが多いのです。「正財」は、確実に次へつながる実績を積み重ねられるときですが、あまり若いうちに巡ると人生のスケールを小さくする傾向があります。むしろ40代以降に巡ったほうが星の長所をよく活かして活躍できるでしょう。

恋愛と結婚は違うと考え、多少面白みがなくても、平凡で安定した生活を選択する結婚をします。「大運正財」は大人の選択をするときで、この時期はマイホーム中心です。経済感覚もしっかりするので、ガッチリ貯金をして、家を購入したり、財産を残します。「大運偏財」のときのような派手さや、どんどん拡散していくような人気運はありませんが、地味でも確かな愛情や信頼関係の求心力を持つようになります。その最たるものが家庭です。ただ既婚の男性には「正財」はもうひとりの〝妻の星〟が巡るので、愛情面は複雑になりがちです。

大運偏官

「偏官」は行動力と動乱の星。子ども時代に「大運偏官」が巡ってくれば、落ち着きのない気性の激しい子どもになります。ただ運動神経は抜群によい時期なので、若いときに「大運偏官」がくればスポーツで活躍できそうです。

「大運偏官」が巡ってくると、それまで安定していたものが崩れたり、環境が変動していきます。あなた自身も「このままではいけない」という気持ちを抱き、とにかくジッとしていられず、行動をはじめます。変動を恐れることなく、どんどん動いてしまったほうが「大運偏官」では、チャンスをつかめます。競争にも、逆境にも強く、むしろ自ら困難に飛び込んだり、引き受けたりするような度胸と犠牲的精神が大切です。

「偏官」は仕事の星。男性は猛烈に働くときです。出張や転勤など移動も多いでしょうが、この時期は、じっくりやる仕事より、短期決戦で動いて稼ぐときです。女性でも仕事で自己実現を目指します。結婚しても仕事は辞めません。専業主婦でも「大運偏官」の時期は、外に出て働くようにしないと、そのエネルギーを持て余してしまいます。ただ女性にとって「偏官」は愛人の星。恋愛も多く生まれ、恋と仕事の間で悩み、結局、結婚に至らなかったり、不倫をする恐れもあります。

年をとってから「大運偏官」がくれば、なかなか現役を引退せず、元気一杯に働きます。でも体力の消耗は激しいときなので健康面は楽観できません。

大運正官

「正官」は地位とプライドの星。「大運正官」の10年は常に集団の中の自分のポジションを意識して過ごします。子どものときに「大運正官」がくると品行方正な優等生になり、よい学校、よい就職を目指して自主的によく学び、それを実現します。いわゆる体制的な価値観の中での成功を求め、そこに縁があるからです。

仕事を選ぶ20代のころが「大運正官」であれば、どの業界を目指したとしても大手や一流といわれるところを志望し、自由業にはあまり進みません。

中年で「大運正官」がくれば、管理者、リーダーとしての能力を遺憾（いかん）なく発揮。勤め続けていれば、かなり出世しそうです。「大運正官」は自分の存在を社会に認めてもらえる時期ですから、どんな仕事でも成功のチャンスがあります。ただ世間体を気にしてプライドにこだわって、ブランドを求め、自分で自分を窮屈（きゅうくつ）な世界に閉じ込める生き方をする傾向もあります。

女性にとって「正官」は夫の星ですから結婚は大チャンス。周囲の祝福を受けて結婚ができます。でも理想とプライドにこだわるので、恋愛ではうまくいかないことも。女性も男性も結婚を自分のステップアップの手段と考える時期で、見合いなどのほうが結婚しやくなります。異性とつきあうと、すぐに結婚を意識し、結婚につながらない恋愛には見向きもしません。独身でも既婚でも、不倫とはほとんど縁のないときです。

大運偏印

「偏印」は知恵の星ですが、本質は破壊と創造。その好奇心やエネルギーは、平和で穏やかな生活では満たされず、活かせません。子どものときに「大運偏印」が巡れば、大人にとっては不可解な子どもになります。机上の学問ではなく、体験で学ぶ星なので、広い環境に解き放したほうが能力は伸びます。

大人になっての「大運偏印」は、都会に出たり、留学など未知の環境に飛び込んだほうが大きな成果をあげられます。安定した生活環境の中では、息苦しい閉塞感に悩んだり、順調だったことが急に行き詰まったりもします。

「大運偏印」は人生の変革期で、必要なのは、価値観の転換です。それまでとらわれていた伝統や見識、地位や名誉などとは違う価値を求めたほうが、変化の波をうまく乗りこなせます。ひとつの場所に止まろうとしたり、安定を求めると凶作用が強く出ます。

ですから「大運偏印」は若いときのほうが楽。中年以降では、それまでの生活をガラリと変える必要が出てくるので大変。気持ちの切り替えがうまくできないと病気にもなります。でもふれたことのなかった世界に興味を持つことで、いつまでも若々しくいられることも。おおいに旅行などもしてください。「大運偏印」での恋愛は、自分とは育った環境の違う相手や年齢差のある人に引かれます。男性は年上、女性は年下の男性と縁が。また結婚は、国際結婚などそれにより環境が変わったほうが幸せになります。

大運印綬

「印綬」も知恵の星ですが、古いものを受け継いでいく習得の星。そんな知恵をもっとも身近で与える存在として「大運印綬」では母親との縁が深くなります。子どものころに「大運印綬」なら、母親の愛情をたっぷりと受けて育ち、行儀のいい、勉強のできる子です。お受験にはめっぽう強く、志望校にはまず間違いなく合格します。ところが、これが20代、30代で巡ってくると、母親の影響が強すぎて、マザコン夫や実家離れできない妻になりがちなのです。

「印綬」は、環境を自分からは大きく変えられない星なので、仕事などはなるべく変化の少ないもののほうが楽な時期です。また、この時期はそれまで積み重ねた努力や実績が十分に評価されて、無理なく、自然に安定して過ごせます。仕事面などは派手ではありませんが、充実感を持てそうです。

また、「大運印綬」では身内との縁が強くなるので、恋愛や結婚にも親がどんどん口を出してきます。そして実家を離れるような結婚、環境が大きく変わるような相手には、二の足を踏みます。親との深すぎる縁が結婚を遠ざけることも。どちらかといえば男性は年上、女性は年下の相手のほうが安定します。子どもには熱心な教育パパ＆ママです。中年以降が「大運印綬」になると、親との同居話や親の介護などの問題が起きてきそうです。老年では好きなことを学んだり、人に何かを教えたりする穏やかな生活になるでしょう。

4章

恋愛・仕事・人づきあい…
その関係はうまくいくか、いかないか

相性を読み解く

自分の性質を表す日柱の天干と天干の組み合わせから
恋人や友人などとの関係を探ってみましょう。

相性とは不思議なものです。同じ人なのに、自分にみせる顔と人にみせる顔は全然違うもの。自分自身も相対する人によって、まったく違う顔をみせています。

一度、あなたの周囲の大事な人の日柱や中心星などを四柱推命で出してみてください。意識して選んだわけではないのに、あなたの周囲には、同じような日干や中心星の人が結構何人もいるはず。まんべんなくいろいろな星の人とつきあっているという人はあまりいないと思います。夫や妻などパートナーと同性の親友が同じタイプの人だったり、お気に入りの部下がみんな同じ星の人だったりします。

運命は、ひとりで作っていくものではありません。

同じ日に生まれた人間がどうして同じ運命をたどらないのかという質問のひとつの答えは、周囲にいる人、そして選んでいく人が違うからです。私たちは、周囲の人からいろいろな影響を受けて毎日を生活し、そして運命を選択しているのです。

四柱推命の相性を少し知ると、相性とは、かなりアンバランスなものだと感じるかもしれません。どちらか片方が一方的に尽くしたり、エネルギーを与えたりする関係も多いのです。またどうしても自分が勝てない相手という相性もあります。

もちろん自分に幸運を運んでくれる相手は大事にすべきですが、それだけを優先して、利用するようなつきあい方になるのは、どうでしょうか。本来は、あなたと和合し、幸運を運んでくる人にも度を過ぎて甘えれば破綻しますし、自分が我慢し、忍耐する一方の人にも、それなりの注意を怠らなければ、よい刺激や影響を受けることも可能です。そして出会う人とそれぞれ誠実につきあっていけば、ある人に尽くした見返りは、他の人から受けていたりして、バランスは保たれていると思うのです。

人間の相性は複雑で、ひとつの手法だけで結論づけられるものではありませんが、ここでは日柱の天干で相性を占う方法を紹介しています。

その他に、日柱の十二支でみる相性や、日柱の下の通変星でみる相性、ふたりの四柱を並べるなど、本来はもっといろいろな要素を複合的にみていきますが、今回紹介をする方法で、その相手とはどんな関係が生まれやすく、どう接するべきかということのだいたいの方向は判断できると思います。

◆日柱の天干でみる相性

日柱の天干はもともと自分の性質を表す「気」です。その「気」と相手の「気」である天干の組み合わせから、人と人との相性を計ることができます。

というのも、人と人との関係性というのは、エネルギーがぶつかり合うことによって生まれるものだからです。

干と干との組み合わせでもたらされた通変星も、エネルギーを与えたり、与えられたりする関係から導き出されています。その通変星の持つ意味を知れば、相性もおのずとわかってくるのです。

もちろん、親子関係や友人との関係などもこれで占えます。

また、日柱というのは四柱の中で配偶者や結婚などを表すものです。そういう意味でも、日柱は恋人同士や夫婦間の相性ではとても重要なのです。

占い方はとても簡単です。

223ページからの年表でより自分の日柱の天干（日干）を出します。そして、相性をみたい相手の天干も出し、下の表で相性を導く通変星を出していきます。

ちなみに下の表は、

・1…比肩
・2…劫財
・3…食神
・4…傷官
・5…偏財
・6…正財&正官の中の干合
・7…偏官
・8…正財&正官の中の非干合
・9…偏印
・10…印綬

の相性となります。

日干相性表

自分＼相手	甲	乙	丙	丁	戊	己	庚	辛	壬	癸
甲	1	2	3	4	5	6☆	7	8	9	10
乙	2	1	4	3	8	5	6★	7	10	9
丙	9	10	1	2	3	4	5	6☆	7	8
丁	10	9	2	1	4	3	8	5	6★	7
戊	7	8	9	10	1	2	3	4	5	6☆
己	6★	7	10	9	2	1	4	3	8	5
庚	5	6☆	7	8	9	10	1	2	3	4
辛	8	5	6★	7	10	9	2	1	4	3
壬	3	4	5	6☆	7	8	9	10	1	2
癸	4	3	8	5	6★	7	10	9	2	1

1 相性比肩

まるで自分と一緒にいるような似た者同士のパラレルな関係。

お互いに持っている「気」が一緒な似た者同士のふたりです。相手の考えていることや次の行動がなんとなくわかるし、こちらの考えていることも自然に伝わるので、どちらかが一方的に我慢をしたり、欲求不満ということはないでしょう。

それだけに一緒にいて楽な相手なのですが、ふたりの関係は、並んで同じ方向に座っているようなもの。引き合う力が小さいのです。

一般に男と女の関係では、相手のことがわからないから魅力を感じたり、力関係がアンバランスのほうが安定したりすることが多いものです。ところが「相性比肩」のふたりはバランスがとれすぎていて、隣に居ても気にならないし、居心地はいいけれど、どこまでいってもパラレルな関係。異性同士なのに、まるで同性の友達という雰囲気になってしまうふたりです。

ささいなことで張り合ってしまったり、ふたりきりだと急に暗くなったりもします。また運気のサイクルが一緒なので、元気なときはいいけれど、落ち込む時期が一緒なのも困りもの。異性同士でも、友人同士でも、少し年齢差があったり、育った環境が違うほうが引き合う力が生まれるようです。

結婚すれば、典型的な友達夫婦。ただ自分の同じ「気」を持っているのでフェロモンは感じません。実は、セックスレス率ナンバー1のカップルかも。セックスも互いに譲らないので〝格闘技〟のようになりがち。妙なところで負けず嫌いで、自分から「しようよ」といえなかったり、セックスをしなくても、一体感を感じたりします。愛を育む上で、セックスをもっとも必要としないふたりなのです。

また、友人や上司と部下、先輩と後輩のように上下のある関係の場合、いくら年齢差があっても、なんとなく無視できない相性です。心がよく通じるライバルといったところ。いつも一緒にいるのはなんとなくキツイ感じだけれど、相手のことがよく理解できるので、必要があって一緒に力を合わせれば、よくなじみ、恋愛よりは仕事向きの相手です。縁もあります。ただ、日柱の干支ナンバーまで同じ「相性比肩」の間柄は、仕事ではよくても、まるで自分と一緒にいるようで、恋愛や結婚にはまったく向きません。

2 相性劫財

ライバル心がメラメラ。どこか心を許しあえないふたり。

ちょっと複雑な関係です。同じ「気」だけれど、陰と陽が違うふたりです。相手の考えていることがよくわかり、理解もできるのだけれど、最初はなんとなく素直にそれを認められません。

心の中でライバル心が燃えてしまい、ひそかにイニシアチブや優越感を競ってしまうようなことも。つまらないことでライバル心を抱いたり、気が合うようで、どこか心を許し合えなかったりしがちです。

こんな〝暗闘(あんとう)〟は、結局はほとんど陽干(甲・丙・戊・庚・壬)の人の勝利に終わります。陰干(乙・丁・己・辛・癸)の人は、相手にいつもなんとなくかなわないものを感じて自然に相手を立てたり、控えめになったりするようになります。そうなれば、この相性は、凸と凹が一緒になったような安定感が出てくることが多いのです。

こういう相性なので、恋愛や結婚では、男性が陽干で、女性が陰干のほうが、女性が男性を自然に立てる形で協力もし、よい感じで安定してくるでしょう。もし、これが逆では彼のほうは表面は女性を立てながら、その状況に納得しきれず、何かのときに突然反撃に出てくる可能性があります。

セックスも最初は、互いになんとなく弱みを握られまいとし、無意識に〝最後の切り札〟を隠してしまうような感じで、思い切った開放感を味わえないこともありますが、ふたりの関係が安定してくるにしたがってうまくなじんでいきます。

同性の友人関係でも仕事などでの上下関係でも、やはり陽干の人のほうが年齢が上だったり、立場上強かったり、また強くできるような状況であれば、親しみ合ってうまくいきます。

陽干の人が、陰干の下につかねばならない感じだと裏切りや反逆なども起こりかねません。また、たとえ陽干の人がリードする形にはなっても、意識の上ではなんとなく同等という気持ちが互いに残るので、年齢差があるふたりのほうが注意が必要です。

3 相性食神

自然に相手に尽くす形に。それでふたりとも満足な幸せな関係。

あなたのほうが不思議に相手に一方的に尽してしまう関係です。

普段は、甘えたがりなあなたも、この相性になる相手に対してだけは〝尽くしん坊〟に変身。この相手のために自分の体力や知恵、時間や持てるものを与え続けることになります。それも意識的に奉仕するのではなく、不思議なくらいごく自然に世話を焼いたり、何か手を貸してあげたり、協力するような形になります。そして、そうなったときにとてもいい関係が築ける相性なのです。

なんだかこの人は、あなたのエネルギーを吸うドラキュラのようだけれど、それがあなたには苦痛ではないし、尽くすことで満足感や充足感を得られます。また、そうやってこの相手のために動くことで、あなたも有形、無形の恩恵をこうむることができます。

時には、この人のために無理をすることも結構あるかもしれません。でもこの相手は、あなたの力を必要として、それをもって何かを作り上げたり、成し遂げたりするので、あなたの奉仕を無駄にはしません。あなたが身をけずって尽くして、尽くしがいのある相手です。けっしてお互いにとって悪い相性ではありません。

男女関係では、あなたのほうから働きかけてしまうことが多いでしょう。それなりに相手は応えてくれるはずですが、夢中になりすぎて、勝手に疲れないように気をつけて。

結婚すれば、あなたが女性なら夫は家でくつろぎ、あなたに尽くされて、明日への鋭気を養うことができるでしょう。あなたが男性ならば、マイホームを人並み以上に大切にする夫になります。

セックスでも、あなたが過剰なくらいサービスする側に回ります。そのために自分でもびっくりするぐらい大胆になることがあるかも。相手にとって、あなたの「気」はエネルギーの元になるので、とても喜ばしいセックスですが、あなたは相手からはパワーをもらえないのがつらいところ。むしろブレーキがきかない燃え方で消耗しやすい点はご用心。

友人関係では、あなたがいろいろ遊びを計画をしたり、誘いをかけたりして、相手のために動くことが多い間柄ですが、楽しく過ごせます。仕事関係でも、一緒にコンビを組めば、あなたはこの人のために懸命に働くことになります。あなたの努力で相手は評価をあげ、あなたも利益を得ますし、自分の能力も伸ばすことができるでしょう。

相性食神

❹ 相性傷官

ミステリアスだからこそ、心引かれ気になる存在。

あなたにとって、この相手はミステリアスで無視できない相手です。

何を考えているのかわからない、自分とは違うから心引かれるという存在です。自分勝手にロマンチックなイメージを重ねていることも多いけれど、それが幻想であっても、あなたはこの相手に自分を認めてほしい、役に立ちたいと思って、自分をアピールします。あなたのほうが打算や損得勘定抜きで、相手のためにできることをしようと一生懸命になるのがこの相性。つまり尽くすことが喜びになる相性なのです。

そんな頑張りが、あなた自身にも新しい可能性を開いたり、自分の殻をブレイクするきっかけになったり、自分の活力になったりします。もちろんこの相手を通して、あなたもいろいろな財産や能力、幸せを手に入れます。相手もあなたに尽くされることで運が伸びるので、ある意味ではお互いに必要とし合い、助け合える理想的なカップルでもあります。「相性食神」と似ていますが、互いの「干」が陰と陽なので、「相性食神」以上に、それこそ尽くし、尽くされる関係がスムーズで、無理がなく安定があります。また、あなたのほうの消耗も「食神」ほど激しくないのが、ありがたいところです。

男女の場合は、あなたが相手に一生懸命に尽くすことで幸せになるふたりです。ただあなたは相手のことを優先するあまり、自分を犠牲にしすぎる傾向が。また相手に対して甘くなりすぎて、その成長を妨げたりすることもあります。あなたが女性で結婚すれば、とにかく内助の功を発揮する〝あげまん〟になる可能性が大。あなたが男性ならば、とてもスイートな愛妻家になります。セックスも、あなたが奉仕する形です。セックスで相手を虜(とりこ)にしたい、喜んでほしいという気持ちが強く働き頑張りますが、それを相手はしっかり受け止めてくれるはず。あなたの一生懸命さを引き出す関係なので、いつまでも飽きず、新鮮な関係でいられます。でも相手に気を使うあまり、反応や顔色をうかがいすぎてリラックスできないかも。ひとりだけ盛り上がるセックスになる可能性もあります。

同性の友人なら、相手は刺激的な面白い友人。あなたが面倒をみる側になりますが、どちらも楽しく過ごせます。仕事では、この相性になる上司についていけば、きっと悪いようにはならないでしょう。あなたが相手のためを思って動けば、さまざまな利益と成功を得ることができるでしょう。

相性傷官

5 相性偏財

最初から好意的。あなたが圧倒的に有利な相手。

この相性になる相手は、最初からあなたに好意的です。

あなたのほうは別に何とも思っていないのに一方的に熱を上げて、アプローチしてくることも多いはず。向こうのほうが圧倒的に常に積極的で、あなたに対して一生懸命になってくれます。そのためあなたにとっては楽な相手だけど、あなた自身は、この相手に同じぐらいの関心と一生懸命さを持てるとは限りません。うれしいけれど、やさしくされすぎてちょっと申し訳ない……なんて思うことも多いでしょう。つきあっても、なんとなく物足りない感じがつきまとい、安定感はいまいちです。あなたにとっては征服欲をかきたてられる相手であり、そんな欲求が割と簡単に満足させられる相手です。

恋の勝負では、あなたが圧倒的に有利な相性なので、つい便利に都合のいいときだけいろいろなことを頼んで利用したり、甘えたりして、振り回す傾向があります。

相手があまりにもあなたに寛容だったり、いいなりだったりするので、かえって増長してしまい、ついイジメてしまうような形になることもあります。

セックスも、この相手はあなたに懸命に奉仕してくれるけれど、あなたは、そうされればされるほど、じらしたり、冷たくしたりとちょっとサドっぽい気分をかきたてられるかもしれません。

こんな風にあなたが恋の加害者になりやすいからこそ、あなたのほうが相手を傷つけないよう気をつけないといけない相性であることを忘れずに。さもないと、油断しきっているところで、突然、相手に反旗を翻(ひるがえ)されたりします。結婚するなら、あなたが男性であるほうが、まだよいかもしれません。女性のほうがやはり忍耐力はあるものです。結婚すれば完璧な亭主関白。あなたが女性ならば、典型的なカカア天下ですが、相手が自分のいいなりなのをいいことに、男の沽券(こけん)を傷つけないように。取り返しがつきません。

友人や仕事関係でも、この相手に対しては「負けたくない」という気持ちのわくことが多いでしょう。競争すれば、あなたが勝つ相手ですが、それをいいことに意図的に相手を利用してしまうと、結局はどちらにもプラスになりません。

6 相性干合（相性正財＆相性正官）

はじめて会ったときからまるで磁石のように引きつけ合う。

互いに不思議なくらい強く引き合い、とても親密な関係が生まれやすい相性です。はじめて会ったときからなんとなく懐かしいような気がして、「どこかで会ったことあった？」なんてことをいい出すのは、この相性の相手。一目惚れやほんの偶然の出会いから真剣交際なんてことも起こります。運命的な出会いを感じる相手でしょう。これは四柱推命では「干合」といい、強く引かれ合い合体を目指すスペシャルな相性関係がそこに生まれるから。男性と女性では、まるで磁石のように引き合って、恋が生まれやすい関係です。

最初は☆マークの人のほうが積極的に働きかけることが多く、★の人がごく自然に受け入れる形で、はじまることになるでしょう。そして一度、結ばれれば、他の相性では感じられないほどの強い一体感を感じます。まるで自分が相手の一部になってしまうような感じです。それは、ある特定の異質のもの同士が一緒になることで、どちらもまったく別の性質に変化するという「干合」の働きがあなたと相手の「気」の間で起きるからです。ふたりはふれ合うことで一緒になって、まったく違う「気」に変化する、その一体感なのです。

もちろんセックスでも心と体が一体化する、至福のひとときを味わえるでしょう。

ふたりは、どちらかが負担や重荷になったりすることなく、温かく励ましあっていけるカップルになれます。ケンカをしても憎みきれなかったり、別れても復活したりすることがあるくらい、深く強い絆が生まれます。

ただ、ふたりでひとつになるために、一緒にいることで、本来の自分が失われる傾向はあります。幸せを感じるあまり、すべてが恋愛の中に埋没。本来の自分の道と信じていたものを、相手のためにすべて捨ててしまうようなことも起こりがちなのです。

〝理由もなく〟好きになる相手なので、現実的な問題に直面したときには意外にモロいところもあります。素晴らしい相性ではありますが、居心地のよさにその絆を過信すると、あるときフッとどちらからというのでもなく、離れていく恐れもあります。

同性の友人でも、とてもいい関係が築けます。心をさらけ出して何でも話し合える間柄になれるでしょう。ただふたりで、夢のような世界を作り出して、その中にいるわけですから、現実を動かす力はいまひとつ。仕事関係などでは、とても感じのいい相手で、いい関係は築けても、現実的な利益はなかなか生み出さないかもしれません。

相性千合

7 相性偏官

妙なプレッシャーや束縛を感じる目の上のタンコブ。

あなたのほうが相手になんとなく押さえ込まれてしまう相性です。普段は、神経が相当太めのあなたも、この相手の前ではなぜか緊張して、ぎこちなくなったりしがち。のびのびと普段の自分を出せず、ガードもついつい固くなります。逆に気を引くために無理をすることもあるでしょう。この人の前では、なかなか自信が持てず、自分がしたいことより相手が喜びそうなことをしてしまったり、妙にプレッシャーや束縛感を感じたりします。

相手からいろいろなことを要求されたり、干渉されて、客観的にみれば、なんだか割りの合わないつきあいをしてしまうのです。あなたのほうがいろいろなことを犠牲にしたり、忍耐する役回りになったりすることで成り立つ相性です。それなのに一度好きになったり、関わってしまうとあなたのほうからはなかなか離れられません。

男性と女性の関係では、虐(しいた)げられることが好きというのでなければ、あなたのほうがつらい関係になります。なんとなく相手の勢いに負けてつきあってしまったり、可哀想で放っておけなかったり。自分に対して強気な相手が頼もしくみえて好きになることもあります。でも、尽くしても報われず、我慢をすることが多いでしょう。

セックスも、とにかく相手を喜ばせることばかりが先で、自分はあまり楽しむという感じにはならないかも。相手に屈伏(くっぷく)するマゾッぽい感覚を味わう、なんて経験も。でも相手の「気」は、あなたを基本的には疲れさせるものなので、終わった後はもうグッタリ。それでも好きになってしまったら、徹底的に相手に身を任せ、相手の好みに染まるしかないでしょう。でもその果てに結局恋愛被害者になる恐れもあるので、つきあうならその覚悟を持って、相手につぶされないように根性を据えてかかるしかありません。

同性でも、なんとなくかなわない感じの怖いような相手。ついビクビク接してしまいそうです。そんなあなたに向こうもいらだって、ついキツイ接し方をすることが。一緒にいるときはいつも緊張していて、ずっと一緒はつらい相手です。つきあうならダラダラ一緒にいないか、第三者を交えるようにするといいでしょう。そうやって気をつければ、それなりに刺激をもらえたりもします。ただ、仕事関係では、この相性の人と一緒だと、あなたは自分をのびのびと出せずに苦労しそう。つらく当たられることはあるかもしれませんが、引き立てや協力はあまり期待できません。相手が年下でも油断は禁物です。

8 相性非干合（相性正財&相性正官）

接点が見つけられないふたり。キライではないけれど……。

この相性の人は、はっきりいえばあまり縁がない相手です。

もともと持っている「気」がまったく異質なため、なかなか接点がみつけられません。自分と違うタイプだから気になる、という関係よりももっと遠い距離を感じる相手でしょう。出会ったとしても、お互い、何の関心もわかずにサラリと通りすぎてしまうことが多いでしょう。

それでも男性と女性の間柄では、何かの拍子に、ふと相手に興味を持つこともあるかもしれません。でも残念ながら、追いかけても追いかけても振り向いてもらえる可能性は他の相性に比べると、かなり低いほうです。たとえ、つきあうことになったとしてもお互い相手のことがなかなか理解できそうもありません。「どうしてそうなるの?」という疑問符の連続です。

逆に相手のほうから追いかけられる場合もあるでしょう。でもあなたは、どうもノーサンキューの気分で、逃げ回ることに。嫌いではないけれど、どうも好きという感じにはなりません。純粋な恋というより、条件的なことが合ってはじまることもあるようです。どちらにしても、関われればなんとなく合わせるのに疲れる、いわゆる〝金属疲労〟がたまるような関係です。

セックスも、そこにたどりつくまでが大変。ゲーム感覚で相手を振り向かせるのに頑張ってしまうこともあるけれど、その行為自体は、あっさりとして意外に燃えません。一度セックスしたとたんにどちらかの態度がガラリと変わる、なんていうこともありそうです。むしろ同性の友人のほうが、考え方があまりにも違うので、たまに会ったりすると面白いと思うことが多いかもしれません。ただどちらかが相手に甘えたり、頼ったりしても、なんの効果も期待できない、肩透かしをくうような相性です。

仕事などで関わるのなら、あるルールや境界線があるので、そこにキチンと一線を引くようにすれば、何の問題もなさそう。むしろデジタルに割り切ったつきあいができる分、よけいな感情的なこじれが少なく、やりやすいこともあります。

9 相性偏印

惜しみなく愛情を与えてくれる最高のサポーター。

頼んだわけでもないのに、この相手は、あなたの面倒をみて、尽くしてくれます。そして、結果としてあなたはこの人に助けられ、力を借りて何かをなし遂げたりもできるのですから、なかなかありがたい相性。この人は、あなたにお金や物だけでなく、知恵や力や時間も惜しみなく与えてくれるでしょう。寂しいときには黙ってそばにいてくれたり、恋の相談を何時間でも聞いてくれたり。その尽くし方は結構捨て身です。いわばこの人は、あなたの頼もしい最高のサポーターだと思えばいいでしょう。

相手のほうが一方的にあなたに力を貸してくれるといっても、そうすることで相手も自分の可能性を広げたり、満足感を得たり、有形、無形の得るものがあるのだから、ある意味ではとても幸せな相性なのです。

男女の関係では、もちろん恋人としてもいいけれど、なんだか保護者のような存在になることも多いでしょう。嫌いじゃないし、感謝もしているけれど、恋愛感情じゃないという関係にも陥りがち。一線を越えられず、相手はなんとなくキープ状態でずっと待たされたりすることも。でも、キッパリ切ることもできない、そんな関係に陥りがちです。

でも交際をするようになれば、関係はあなた主導で安定したものになります。

この相手の「気」はあなたを元気にするものなので、ありがたいことにセックスをするたびに、あなたは元気が出たり、気分転換ができたりすることがあります。ただあなたのほうから相手に働きかける力は弱いので、やや消極的なセックスになりがち。セックスもいいけれどマッサージでもいい、なんて時々、ひそかに思ってしまうかもしれません。

結婚すれば、相手はあなたに尽くしますが、あまりにも尽くされてちょっと息苦しくなったり、バチ当たりにもわがままになったりするかも。

同性の友人でも、この相手は知らないうちにあなたの面倒をみてくれます。また仕事関係にこの相性の相手がいれば、黙っていてもいろいろと便宜(べんぎ)をはかってくれたり、引き立ててくれることも多いでしょう。

いずれにしろ相当な無理や甘えを受け入れてくれる相手なので、そんなつもりはなくても利用したような結果にならないように注意を。相手に感謝をし、大事に扱えば幸運はさらに大きくなってあなたのところに帰ってきます。

10 相性印綬

積極的に援助してくれるありがたく幸せな関係。

この相性になる相手は、あなたが望んでも、望まなくても、あなたを積極的に援助してくれるありがたい人になります。尽くし、尽くされることがごく自然にできる幸せな関係なのです。時折、この人からは、教師や親のように教え、導かれるような感じになることもあるかもしれません。でもそれがけっして負担ではなく、むしろそれによって、あなたはたくさんの財産、幸運を得ることができるでしょう。「相性印綬」は相手の才能や運を引き出す能力を持っているのです。

「相性偏印」とよく似ているけれど、こちらのほうが、尽くすほうも尽くされるほうもそれをより意識せずにストレートにやれるようです。しかもその成果もダイレクトに感じることができます。困っているときに、この相手からいわれた一言を実践してみて見事に窮地を乗り切ったり、悩みをスッキリと解決するきっかけをもらえたり。また、たとえ実際に何かしてくれなくても、その人の存在自体があなたにはプラスに働くことが多いのです。

そんな意味で、男女の間でいえば、玉の輿、逆玉の輿に乗せてくれる候補者ナンバー1といってていいかもしれません。相手の「気」はあなたの元気の元。この相手とセックスをすると、しぼんでいた心も復活。疲れているときのほうがセックスがよかったりするぐらいです。失恋の痛手を癒したりするのにはピッタリの相手ですが、きっかけはなんであれ、一度深い関係になると簡単には逃げられなくなります。結婚すれば家庭はお互いに満足してくつろげる場になるはず。あなたが女性ならば彼は頼りになる夫でしょうし、あなたが男性ならば彼女は細やかな愛情で包んでくれる、なくてはならない妻になるでしょう。

同性の友人関係でも、いろいろ力になってくれる最高の友人になります。仕事関係なら、自分の力をフルに活かしてくれる上司だったり、自分のために懸命に働いてくれる部下。またこの相性の人が取引先にいれば、うまくいくことが多いでしょう。ただ相手は、どんな場合も、ほとんど無意識なうちに損得抜きで尽くしてくれるので、くれぐれも感謝の心は忘れないようにしましょう。

また、地支の相性が悪いと、お互いに干渉しすぎたり、別れた後で悪口をいいふらされたりします。まさに、かわいさあまって憎さ百倍。逆に地支の相性がいいと、互いの存在が心の支えになります。この関係の場合、お互い甘え合ったほうがうまくいくでしょう。

【巻末付録】

10秒で運命がわかる！ 四柱推命年表

1930年～2024年まで、すべての日にちの日柱、月柱、年柱の干支ならびに、大運を決定づける立年、中心星を掲載しています。

・表に記載されている「日干」「月干」は、下にある「60干支表」をもとに　割り出してください。

・立年は男女で異なります。「♂」が男性、「♀」が女性です。たとえば、「2＋」「8－」は、立年2歳順行と立年8歳逆行を表しています。

51 きのえ とら 甲 寅	41 きのえ たつ 甲 辰	31 きのえ うま 甲 午	21 きのえ さる 甲 申	11 きのえ いぬ 甲 戌	1 きのえ ね 甲 子	60干支
52 きのと う 乙 卯	42 きのと み 乙 巳	32 きのとひつじ 乙 未	22 きのと とり 乙 酉	12 きのと い 乙 亥	2 きのと うし 乙 丑	
53 ひのえ たつ 丙 辰	43 ひのえ うま 丙 午	33 ひのえ さる 丙 申	23 ひのえ いぬ 丙 戌	13 ひのえ ね 丙 子	3 ひのえ とら 丙 寅	
54 ひのと み 丁 巳	44 ひのとひつじ 丁 未	34 ひのと とり 丁 酉	24 ひのと い 丁 亥	14 ひのと うし 丁 丑	4 ひのと う 丁 卯	
55 つちのえうま 戊 午	45 つちのえさる 戊 申	35 つちのえいぬ 戊 戌	25 つちのえね 戊 子	15 つちのえとら 戊 寅	5 つちのえたつ 戊 辰	
56 つちのとひつじ 己 未	46 つちのととり 己 酉	36 つちのとい 己 亥	26 つちのとうし 己 丑	16 つちのとう 己 卯	6 つちのとみ 己 巳	
57 かのえ さる 庚 申	47 かのえ いぬ 庚 戌	37 かのえ ね 庚 子	27 かのえ とら 庚 寅	17 かのえ たつ 庚 辰	7 かのえ うま 庚 午	
58 かのと とり 辛 酉	48 かのと い 辛 亥	38 かのと うし 辛 丑	28 かのと う 辛 卯	18 かのと み 辛 巳	8 かのとひつじ 辛 未	
59 みずのえいぬ 壬 戌	49 みずのえね 壬 子	39 みずのえとら 壬 寅	29 みずのえたつ 壬 辰	19 みずのえうま 壬 午	9 みずのえさる 壬 申	
60 みずのとい 癸 亥	50 みずのとうし 癸 丑	40 みずのとう 癸 卯	30 みずのとみ 癸 巳	20 みずのとひつじ 癸 未	10 みずのととり 癸 酉	
子丑	寅卯	辰巳	午未	申酉	戌亥	空亡

生年月日をもとにあなたの星を割り出し、書き込んでおきましょう。

日干	月干	立年(大運)	中心星

1930年（昭和5年）生まれ　7庚（2/4～翌2/4）

日	1月	2月	3月	4月	5月	6月	7月	8月	9月	10月	11月	12月
日	日干 月干 立年♂♀ 中心星	日干 月干 立年♂♀ 中心星	日干 月干 立年♂♀ 中心星	日干 月干 立年♂♀ 中心星	日干 月干 立年♂♀ 中心星	日干 月干 立年♂♀ 中心星	日干 月干 立年♂♀ 中心星	日干 月干 立年♂♀ 中心星	日干 月干 立年♂♀ 中心星	日干 月干 立年♂♀ 中心星	日干 月干 立年♂♀ 中心星	日干 月干 立年♂♀ 中心星
1	48辛13丙8−2+食神	19壬14丁9−1+正官	47庚15戊2+8−偏財	18辛16己1+9−偏財	48辛17庚2+9−印綬	19壬18辛2+9−偏財	49壬19壬2+8−正財	20癸20癸2+8−偏官	51甲21甲2+8−偏官	21甲22乙3+8−正官	52乙23丙2+8−正財	22乙24丁2+8−印綬
2	49壬13丙9−1+劫財	20癸14丁9−1+偏官	48辛15戊1+9−正財	19壬16己1+9−傷官	49壬17庚1+9−偏官	20癸18辛1+9−正財	50癸19壬2+9−偏財	21甲20癸2+8−正財	52乙21甲2+8−正官	22乙22乙2+8−偏官	53丙23丙2+8−食神	23丙24丁2+8−偏官
3	50癸13丙9−1+比肩	21甲14丁9−1+正財	49壬15戊1+9−食神	20癸16己1+9−食神	50癸17庚1+9−正官	21甲18辛1+9−食神	51甲19壬2+9−傷官	22乙20癸2+9−偏財	53丙21甲2+9−偏財	23丙22乙2+8−正財	54丁23丙2+8−傷官	24丁24丁2+8−正官
4	51甲13丙9−1+印綬	22乙15戊0+1−正財	50癸15戊1+9−傷官	21甲16己1+0−劫財	51甲17庚1+0−偏財	22乙18辛1+0−傷官	52乙19壬1+9−食神	23丙20癸1+9−傷官	54丁21甲1+9−正財	24丁22乙2+9−偏財	55戊23丙1+9−比肩	25戊24丁1+9−偏財
5	52乙13丙0−1+偏印	23丙15戊0+1−食神	51甲15戊1+0−比肩	22乙17庚0+1−比肩	52乙17庚1+0−正財	23丙18辛1+0−比肩	53丙19壬1+0−劫財	24丁20癸1+9−食神	55戊21甲1+9−食神	25戊22乙1+9−傷官	56己23丙1+9−劫財	26己24丁1+9−正財
6	53丙14丁1−0+正官	24丁15戊9+1−傷官	52乙16己0+1−比肩	23丙17庚0+1−印綬	53丙18辛0+1−食神	24丁19壬0+1−食神	54丁19壬1+0−比肩	25戊20癸1+0−劫財	56己21甲1+0−傷官	26己22乙1+9−食神	57庚23丙1+9−偏印	27庚24丁1+9−食神
7	54丁14丁1−9+偏官	25戊15戊9+1−比肩	53丙16己0+1−印綬	24丁17庚0+1−偏印	54丁18辛0+1−傷官	25戊19壬0+1−劫財	55戊19壬1+0−印綬	26己20癸1+0−比肩	57庚21甲1+0−比肩	27庚22乙1+0−劫財	58辛23丙1+0−印綬	28辛24丁1+0−傷官
8	55戊14丁1−9+正財	26己15戊9+1−劫財	54丁16己9+1−偏印	25戊17庚9+1−正官	55戊18辛0+1−比肩	26己19壬0+1−比肩	56己20癸0+1−偏印	27庚21甲0+1−偏印	58辛22乙0+1−比肩	28辛22乙1+0−比肩	59壬24丁0+1−食神	29壬25戊0+1−劫財
9	56己14丁1−9+偏財	27庚15戊8+2−偏印	55戊16己9+1−正官	26己17庚9+1−偏官	56己18辛9+1−劫財	27庚19壬0+1−印綬	57庚20癸0+1−正官	28辛21甲0+1−印綬	59壬22乙0+1−印綬	29壬23丙0+1−印綬	60癸24丁0+1−傷官	30癸25戊9+1−比肩
10	57庚14丁1−8+傷官	28辛15戊8+2−印綬	56己16己9+1−偏官	27庚17庚9+2−正財	57庚18辛9+1−偏印	28辛19壬9+1−偏印	58辛20癸0+1−偏官	29壬21甲0+1−偏官	60癸22乙0+1−偏印	30癸23丙0+1−偏印	1甲24丁9+1−比肩	31甲25戊9+1−印綬
11	58辛14丁2−8+食神	29壬15戊8+2−偏官	57庚16己8+2−正財	28辛17庚8+2−偏財	58辛18辛9+2−印綬	29壬19壬9+2−正官	59壬20癸9+1−正財	30癸21甲9+1−正官	1甲22乙9+1−正官	31甲23丙9+1−正官	2乙24丁9+1−劫財	32乙25戊9+1−偏印
12	59壬14丁2−8+劫財	30癸15戊7+3−正財	58辛16己8+2−偏財	29壬17庚8+2−傷官	59壬18辛8+2−偏印	30癸19壬9+2−偏官	60癸20癸9+1−偏財	31甲21甲9+1−偏財	2乙22乙9+1−偏官	32乙23丙9+1−偏官	3丙24丁9+1−偏印	33丙25戊8+1−正官
13	60癸14丁2−7+比肩	31甲15戊7+3−食神	59壬16己8+2−傷官	30癸17庚8+3−食神	60癸18辛8+2−印綬	31甲19壬8+2−正財	1甲20癸9+2−傷官	32乙21甲9+2−正財	3丙22乙9+2−正財	33丙23丙9+1−正財	4丁24丁8+2−印綬	34丁25戊8+2−偏官
14	1甲14丁3−7+印綬	32乙15戊7+3−傷官	60癸16己7+3−食神	31甲17庚7+3−劫財	1甲18辛8+3−偏官	32乙19壬8+3−偏財	2乙20癸8+2−食神	33丙21甲8+2−食神	4丁22乙8+2−偏財	34丁23丙8+2−偏財	5戊24丁8+2−偏官	35戊25戊8+2−正財
15	2乙14丁3−7+偏印	33丙15戊6+4−比肩	1甲16己7+3−劫財	32乙17庚7+3−偏印	2乙18辛7+3−正官	33丙19壬8+3−傷官	3丙20癸8+2−劫財	34丁21甲8+2−傷官	5戊22乙8+2−傷官	35戊23丙8+2−傷官	6己24丁8+2−正官	36己25戊7+2−偏財
16	3丙14丁3−6+正財	34丁15戊6+4−劫財	2乙16己7+3−比肩	33丙17庚7+4−正官	3丙18辛7+3−偏財	34丁19壬7+3−食神	4丁20癸8+3−比肩	35戊21甲8+3−比肩	6己22乙8+3−食神	36己23丙8+2−食神	7庚24丁7+3−偏財	37庚25戊7+3−傷官
17	4丁14丁4−6+偏財	35戊15戊6+4−偏印	3丙16己6+4−印綬	34丁17庚6+4−偏官	4丁18辛7+4−正財	35戊19壬7+4−劫財	5戊20癸7+3−印綬	36己21甲7+3−劫財	7庚22乙7+3−劫財	37庚23丙7+3−劫財	8辛24丁7+3−正財	38辛25戊7+3−食神
18	5戊14丁4−6+傷官	36己15戊5+5−印綬	4丁16己6+4−偏印	35戊17庚6+4−比肩	5戊18辛6+4−食神	36己19壬7+4−比肩	6己20癸7+3−偏官	37庚21甲7+3−偏印	8辛22乙7+3−比肩	38辛23丙7+3−比肩	9壬24丁7+3−食神	39壬25戊6+3−劫財
19	6己14丁4−5+比肩	37庚15戊5+5−偏財	5戊16己6+4−正官	36己17庚6+5−劫財	6己18辛6+4−傷官	37庚19壬6+4−印綬	7庚20癸7+4−正財	38辛21甲7+4−傷官	9壬22乙7+4−印綬	39壬23丙7+3−正財	10癸24丁6+4−傷官	40癸25戊6+4−比肩
20	7庚14丁5−5+印綬	38辛15戊5+5−正財	6己16己5+5−偏官	37庚17庚5+5−偏印	7庚18辛6+5−比肩	38辛19壬6+5−偏印	8辛20癸6+4−偏財	39壬21甲6+4−比肩	10癸22乙6+4−偏印	40癸23丙6+4−偏財	11甲24丁6+4−比肩	41甲25戊6+4−印綬
21	8辛14丁5−5+偏印	39壬15戊4+6−食神	7庚16己5+5−正財	38辛17庚5+5−印綬	8辛18辛5+5−正官	39壬19壬6+5−正官	9壬20癸6+4−正官	40癸21甲6+4−劫財	11甲22乙6+4−正官	41甲23丙6+4−傷官	12乙24丁6+4−印綬	42乙25戊5+4−偏印
22	9壬14丁5−4+正官	40癸15戊4+6−傷官	8辛16己5+5−偏財	39壬17庚5+6−偏官	9壬18辛5+5−偏財	40癸19壬5+5−偏官	10癸20癸6+5−偏官	41甲21甲6+5−偏官	12乙22乙6+5−偏官	42乙23丙6+4−正財	13丙24丁5+5−偏官	43丙25戊5+5−正官
23	10癸14丁6−4+偏官	41甲15戊4+6−比肩	9壬16己4+6−傷官	40癸17庚4+6−正官	10癸18辛5+6−正財	41甲19壬5+6−正財	11甲20癸5+5−正財	42乙21甲5+5−正官	13丙22乙5+5−正財	43丙23丙5+5−食神	14丁24丁5+5−正官	44丁25戊5+5−偏官
24	11甲14丁6−4+正財	42乙15戊3+7−劫財	10癸16己4+6−食神	41甲17庚4+6−偏財	11甲18辛4+6−食神	42乙19壬5+6−偏財	12乙20癸5+5−偏財	43丙21甲5+5−偏財	14丁22乙5+5−偏財	44丁23丙5+5−傷官	15戊24丁5+5−偏財	45戊25戊4+5−正財
25	12乙14丁6−3+偏財	43丙15戊3+7−偏印	11甲16己4+6−劫財	42乙17庚4+7−正財	12乙18辛4+6−傷官	43丙19壬4+6−傷官	13丙20癸5+6−傷官	44丁21甲5+6−正財	15戊22乙5+6−傷官	45戊23丙5+5−比肩	16己24丁4+6−正財	46己25戊4+6−偏財
26	13丙14丁7−3+傷官	44丁15戊3+7−印綬	12乙16己3+7−比肩	43丙17庚3+7−食神	13丙18辛4+7−比肩	44丁19壬4+7−比肩	14丁20癸4+6−食神	45戊21甲4+6−食神	16己22乙4+6−食神	46己23丙4+6−劫財	17庚24丁4+6−食神	47庚25戊4+6−傷官
27	14丁14丁7−3+食神	45戊15戊2+8−偏官	13丙16己3+7−印綬	44丁17庚3+7−傷官	14丁18辛3+7−劫財	45戊19壬4+7−劫財	15戊20癸4+6−劫財	46己21甲4+6−傷官	17庚22乙4+6−劫財	47庚23丙4+6−偏印	18辛24丁4+6−傷官	48辛25戊3+6−食神
28	15戊14丁7−2+劫財	46己15戊2+8−正官	14丁16己3+7−偏印	45戊17庚3+8−比肩	15戊18辛3+7−偏印	46己19壬3+7−偏印	16己20癸4+7−比肩	47庚21甲4+7−比肩	18辛22乙4+7−比肩	48辛23丙4+6−印綬	19壬24丁3+7−比肩	49壬25戊3+7−劫財
29	16己14丁8−2+比肩		15戊16己2+8−正官	46己17庚2+8−劫財	16己18辛3+8−印綬	47庚19壬3+8−正官	17庚20癸3+7−印綬	48辛21甲3+7−劫財	19壬22乙3+7−印綬	49壬23丙3+7−偏官	20癸24丁3+7−劫財	50癸25戊3+7−比肩
30	17庚14丁8−2+印綬		16己16己2+8−偏官	47庚17庚2+8−偏印	17庚18辛2+8−偏官	48辛19壬3+8−偏官	18辛20癸3+7−偏印	49壬21甲3+7−偏印	20癸22乙3+7−偏印	50癸23丙3+7−正官	21甲24丁3+7−偏印	51甲25戊2+7−印綬
31	18辛14丁8−1+偏印		17庚16己2+8−正財		18辛18辛2+8−正官		19壬20癸3+8−正官	50癸21甲3+8−印綬		51甲23丙3+7−偏財		52乙25戊2+8−偏印

1931年（昭和6年）生まれ　8辛（2/5〜翌2/4）

日	1月	2月	3月	4月	5月	6月	7月	8月	9月	10月	11月	12月
	日干 月干 立年♂♀ 中心星	日干 月干 立年♂♀ 中心星	日干 月干 立年♂♀ 中心星	日干 月干 立年♂♀ 中心星	日干 月干 立年♂♀ 中心星	日干 月干 立年♂♀ 中心星	日干 月干 立年♂♀ 中心星	日干 月干 立年♂♀ 中心星	日干 月干 立年♂♀ 中心星	日干 月干 立年♂♀ 中心星	日干 月干 立年♂♀ 中心星	日干 月干 立年♂♀ 中心星
1	53丙25戊2+8−正官	24丁26己1+9−食神	52乙27庚8−2+劫財	23丙28辛9−2+印綬	53丙29壬8−2+食神	24丁30癸9−2+劫財	54丁31甲8−2+比肩	25戊32乙8−2+劫財	56己33丙8−3+傷官	26己34丁7−3+食神	57庚35戊8−2+偏印	27庚36己8−2+食神
2	54丁25戊1+8−偏官	25戊26己1+9−劫財	53丙27庚8−1+偏印	24丁28辛9−1+偏印	54丁29壬9−1+傷官	25戊30癸9−2+偏印	55戊31甲8−2+印綬	26己32乙8−2+比肩	57庚33丙8−2+比肩	27庚34丁8−2+劫財	58辛35戊8−2+印綬	28辛36己8−2+傷官
3	55戊25戊1+9−正財	26己26己1+9−比肩	54丁27庚9−1+印綬	25戊28辛9−1+正官	55戊29壬9−1+比肩	26己30癸9−1+印綬	56己31甲9−2+偏印	27庚32乙9−2+印綬	58辛33丙9−2+劫財	28辛34丁8−2+比肩	59壬35戊8−2+偏官	29壬36己8−2+比肩
4	56己25戊1+9−偏財	27庚26己1+0−印綬	55戊27庚9−1+偏官	26己28辛0−1+偏官	56己29壬9−1+劫財	27庚30癸0−1+偏官	57庚31甲9−1+正官	28辛32乙9−1+偏印	59壬33丙9−2+偏印	29壬34丁8−2+印綬	60癸35戊9−1+正官	30癸36己9−1+劫財
5	57庚25戊1+9−傷官	28辛27庚1−0+印綬	56己27庚9−1+正官	27庚28辛0−1+正財	57庚29壬0−1+偏印	28辛30癸0−1+正官	58辛31甲9−1+偏官	29壬32乙9−1+正官	60癸33丙9−1+印綬	30癸34丁9−1+偏印	1甲35戊9−1+偏財	31甲36己9−1+偏印
6	58辛26己0+1−食神	29壬27庚1−9+偏官	57庚28辛1−0+正財	28辛29壬1−0+偏財	58辛30癸1−0+印綬	29壬30癸0−1+偏財	59壬31甲0−1+正財	30癸32乙0−1+偏官	1甲33丙0−1+偏官	31甲34丁9−1+正官	2乙35戊9−1+正財	32乙36己9−1+印綬
7	59壬26己0+1−劫財	30癸27庚1−9+正官	58辛28辛1−0+偏財	29壬29壬1−0+傷官	59壬30癸1−0+偏官	30癸31甲1−0+偏官	60癸31甲0−1+偏財	31甲32乙0−1+正財	2乙33丙0−1+正官	32乙34丁9−1+偏官	3丙35戊0−1+食神	33丙36己0−1+偏官
8	60癸26己9+1−比肩	31甲27庚1−9+偏財	59壬28辛1−0+傷官	30癸29壬1−9+食神	60癸30癸1−0+正官	31甲31甲1−0+正財	1甲32乙1−0+傷官	32乙33丙1−0+正財	3丙33丙0−1+偏財	33丙34丁0−1+正財	4丁36己1−0+印綬	34丁37庚1−0+偏官
9	1甲26己9+1−印綬	32乙27庚1−8+正財	60癸28辛1−9+食神	31甲29壬1−9+劫財	1甲30癸1−0+偏財	32乙31甲1−0+偏財	2乙32乙1−0+食神	33丙33丙1−0+食神	4丁34丁1−0+偏財	34丁35戊1−0+偏財	5戊36己1−0+偏官	35戊37庚1−9+正財
10	2乙26己9+1−偏印	33丙27庚2−8+食神	1甲28辛1−9+劫財	32乙29壬1−9+比肩	2乙30癸1−9+正財	33丙31甲1−9+傷官	3丙32乙1−0+劫財	34丁33丙1−0+傷官	5戊34丁1−0+傷官	35戊35戊1−0+偏官	6己36己1−9+正官	36己37庚1−9+偏財
11	3丙26己8+2−正官	34丁27庚2−8+傷官	2乙28辛2−9+比肩	33丙29壬2−8+印綬	3丙30癸2−9+食神	34丁31甲1−9+食神	4丁32乙1−9+比肩	35戊33丙1−0+比肩	6己34丁1−9+食神	36己35戊1−9+食神	7庚36己1−9+偏財	37庚37庚1−9+傷官
12	4丁26己8+2−偏官	35戊27庚2−7+比肩	3丙28辛2−8+印綬	34丁29壬2−8+偏印	4丁30癸2−9+正財	35戊31甲2−9+劫財	5戊32乙1−9+印綬	36己33丙1−9+劫財	7庚34丁1−9+劫財	37庚35戊1−9+劫財	8辛36己1−9+正財	38辛37庚1−8+食神
13	5戊26己8+2−正財	36己27庚3−7+印綬	4丁28辛2−8+偏印	35戊29壬2−8+正官	5戊30癸2−8+食神	36己31甲2−8+比肩	6己32乙2−9+偏印	37庚33丙2−9+偏印	8辛34丁1−9+比肩	38辛35戊1−9+比肩	9壬36己2−8+食神	39壬37庚2−8+劫財
14	6己26己7+3−偏財	37庚27庚3−7+偏官	5戊28辛3−8+正官	36己29壬3−7+偏官	6己30癸3−8+傷官	37庚31甲2−8+印綬	7庚32乙2−8+正官	38辛33丙2−9+印綬	9壬34丁2−8+印綬	39壬35戊2−8+印綬	10癸36己2−8+傷官	40癸37庚2−8+比肩
15	7庚26己7+3−傷官	38辛27庚3−6+正官	6己28辛3−7+偏官	37庚29壬3−7+正財	7庚30癸3−8+比肩	38辛31甲3−8+偏印	8辛32乙2−8+偏官	39壬33丙2−8+偏官	10癸34丁2−8+偏印	40癸35戊2−8+偏印	11甲36己2−8+比肩	41甲37庚2−7+印綬
16	8辛26己7+3−比肩	39壬27庚4−6+偏財	7庚28辛3−7+正財	38辛29壬3−7+食神	8辛30癸3−7+劫財	39壬31甲3−7+正官	9壬32乙3−8+正財	40癸33丙3−8+正官	11甲34丁2−8+正官	41甲35戊2−8+正官	12乙36己3−7+劫財	42乙37庚3−7+偏印
17	9壬26己6+4−印綬	40癸27庚4−6+正財	8辛28辛4−7+偏財	39壬29壬4−6+劫財	9壬30癸4−7+偏印	40癸31甲3−7+偏官	10癸32乙3−7+偏財	41甲33丙3−8+偏財	12乙34丁3−7+偏官	42乙35戊3−7+偏官	13丙36己3−7+偏印	43丙37庚3−7+正官
18	10癸26己6+4−偏印	41甲27庚4−5+食神	9壬28辛4−6+傷官	40癸29壬4−6+比肩	10癸30癸4−7+印綬	41甲31甲4−7+正財	11甲32乙3−7+劫財	42乙33丙3−7+正財	13丙34丁3−7+正財	43丙35戊3−7+正財	14丁36己3−7+印綬	44丁37庚3−6+偏官
19	11甲26己6+4−正財	42乙27庚5−5+傷官	10癸28辛4−6+食神	41甲29壬4−6+偏財	11甲30癸4−6+偏官	42乙31甲4−6+偏財	12乙32乙4−7+比肩	43丙33丙4−7+偏官	14丁34丁3−7+偏財	44丁35戊3−7+比肩	15戊36己4−6+偏官	45戊37庚4−6+正財
20	12乙26己5+5−偏財	43丙27庚5−5+偏印	11甲28辛5−6+劫財	42乙29壬5−5+正財	12乙30癸5−6+正官	43丙31甲4−6+傷官	13丙32乙4−6+印綬	44丁33丙4−7+正官	15戊34丁4−6+傷官	45戊35戊4−6+印綬	16己36己4−6+正官	46己37庚4−6+偏財
21	13丙26己5+5−傷官	44丁27庚5−4+印綬	12乙28辛5−5+比肩	43丙29壬5−5+食神	13丙30癸5−6+比肩	44丁31甲5−6+食神	14丁32乙4−6+食神	45戊33丙4−6+偏財	16己34丁4−6+食神	46己35戊4−6+偏印	17庚36己4−6+食神	47庚37庚4−5+傷官
22	14丁26己5+5−食神	45戊27庚6−4+偏官	13丙28辛5−5+印綬	44丁29壬5−5+傷官	14丁30癸5−5+劫財	45戊31甲5−5+劫財	15戊32乙5−6+劫財	46己33丙5−6+傷官	17庚34丁4−6+劫財	47庚35戊4−6+偏印	18辛36己5−5+傷官	48辛37庚5−5+食神
23	15戊26己4+6−劫財	46己27庚6−4+正官	14丁28辛6−5+偏印	45戊29壬6−4+比肩	15戊30癸6−5+偏印	46己31甲5−5+比肩	16己32乙5−5+比肩	47庚33丙5−6+比肩	18辛34丁5−5+比肩	48辛35戊5−5+印綬	19壬36己5−5+比肩	49壬37庚5−5+劫財
24	16己26己4+6−比肩	47庚27庚6−3+偏財	15戊28辛6−4+正官	46己29壬6−4+劫財	16己30癸6−5+印綬	47庚31甲6−5+印綬	17庚32乙5−5+印綬	48辛33丙5−5+劫財	19壬34丁5−5+印綬	49壬35戊5−5+偏官	20癸36己5−5+劫財	50癸37庚5−4+比肩
25	17庚26己4+6−印綬	48辛27庚7−3+正財	16己28辛6−4+偏官	47庚29壬6−4+偏印	17庚30癸6−4+偏官	48辛31甲6−4+偏印	18辛32乙6−5+偏印	49壬33丙6−5+偏印	20癸34丁5−5+偏印	50癸35戊5−5+正官	21甲36己6−4+偏印	51甲37庚6−4+印綬
26	18辛26己3+7−偏印	49壬27庚7−3+食神	17庚28辛7−4+正財	48辛29壬7−3+印綬	18辛30癸7−4+正官	49壬31甲6−4+正官	19壬32乙6−4+正官	50癸33丙6−5+印綬	21甲34丁6−4+正官	51甲35戊6−4+偏財	22乙36己6−4+印綬	52乙37庚6−4+偏印
27	19壬26己3+7−正官	50癸27庚7−2+傷官	18辛28辛7−3+偏財	49壬29壬7−3+偏官	19壬30癸7−4+偏財	50癸31甲7−4+偏官	20癸32乙6−4+偏官	51甲33丙6−4+偏官	22乙34丁6−4+偏官	52乙35戊6−4+正財	23丙36己6−4+偏官	53丙37庚6−3+正官
28	20癸26己3+7−偏官	51甲27庚8−2+比肩	19壬28辛7−3+傷官	50癸29壬7−3+正官	20癸30癸7−3+正財	51甲31甲7−3+傷官	21甲32乙7−4+正財	52乙33丙7−4+正官	23丙34丁6−4+正財	53丙35戊6−4+食神	24丁36己7−3+正官	54丁37庚7−3+偏官
29	21甲26己2+8−正財		20癸28辛8−3+食神	51甲29壬8−2+偏財	21甲30癸8−3+食神	52乙31甲7−3+食神	22乙32乙7−3+偏財	53丙33丙7−4+偏財	24丁34丁7−3+偏財	54丁35戊7−3+傷官	25戊36己7−3+偏財	55戊37庚7−3+正財
30	22乙26己2+8−偏財		21甲28辛8−2+劫財	52乙29壬8−2+正財	22乙30癸8−3+傷官	53丙31甲8−3+劫財	23丙32乙7−3+傷官	54丁33丙7−3+正財	25戊34丁7−3+傷官	55戊35戊7−3+比肩	26己36己7−3+正財	56己37庚7−2+偏財
31	23丙26己2+8−傷官		22乙28辛8−2+比肩		23丙30癸8−2+比肩		24丁32乙8−3+食神	55戊33丙8−3+食神		56己35戊7−3+劫財		57庚37庚8−2+傷官

1932年（昭和7年）生まれ

9壬（2/5〜翌 2/3）

日	1月	2月	3月	4月	5月	6月	7月	8月	9月	10月	11月	12月
日	日干 月干 立年♂♀ 中心星	日干 月干 立年♂♀ 中心星	日干 月干 立年♂♀ 中心星	日干 月干 立年♂♀ 中心星	日干 月干 立年♂♀ 中心星	日干 月干 立年♂♀ 中心星	日干 月干 立年♂♀ 中心星	日干 月干 立年♂♀ 中心星	日干 月干 立年♂♀ 中心星	日干 月干 立年♂♀ 中心星	日干 月干 立年♂♀ 中心星	日干 月干 立年♂♀ 中心星
1	58辛37庚8−2+食神	29壬38辛9−1+正官	58辛39壬2+8−正財	29壬40癸1+9−傷官	59壬41甲2+9−偏官	30癸42乙2+9−正財	60癸43丙2+8−偏財	31甲44丁2+8−正財	2乙45戊2+8−正官	32乙46己2+8−偏官	3丙47庚2+8−食神	33丙48辛2+8−偏官
2	59壬37庚8−1+劫財	30癸38辛9−1+偏官	59壬39壬1+9−食神	30癸40癸1+9−食神	60癸41甲1+9−正官	31甲42乙1+9−食神	1甲43丙2+9−傷官	32乙44丁2+9−偏財	3丙45戊2+8−偏財	33丙46己2+8−正財	4丁47庚2+8−傷官	34丁48辛2+8−正官
3	60癸37庚9−1+比肩	31甲38辛9−1+正財	60癸39壬1+9−傷官	31甲40癸1+9−劫財	1甲41甲1+9−偏財	32乙42乙1+9−傷官	2乙43丙1+9−食神	33丙44丁2+9−傷官	4丁45戊2+9−正財	34丁46己2+8−偏財	5戊47庚1+9−比肩	35戊48辛1+9−偏財
4	1甲37庚9−1+印綬	32乙38辛0−1+偏財	1甲39壬1+9−比肩	32乙40癸1+0−比肩	2乙41甲1+0−正財	33丙42乙1+0−比肩	3丙43丙1+9−劫財	34丁44丁1+9−食神	5戊45戊1+9−食神	35戊46己1+9−傷官	6己47庚1+9−劫財	36己48辛1+9−正財
5	2乙37庚9−1+偏印	33丙39壬0+1−食神	2乙39壬1+0−劫財	33丙41甲0+1−印綬	3丙41甲1+0−食神	34丁42乙1+0−劫財	4丁43丙1+0−比肩	35戊44丁1+0−劫財	6己45戊1+9−傷官	36己46己1+9−食神	7庚47庚1+9−偏印	37庚48辛1+9−食神
6	3丙38辛1−0+正官	34丁39壬0+1−傷官	3丙40癸0+1−印綬	34丁41甲0+1−偏印	4丁42乙0+1−傷官	35戊43丙0+1−劫財	5戊43丙1+0−印綬	36己44丁1+0−比肩	7庚45戊1+0−比肩	37庚46己1+9−劫財	8辛47庚1+0−印綬	38辛48辛1+0−傷官
7	4丁38辛1−0+偏官	35戊39壬9+1−比肩	4丁40癸0+1−偏印	35戊41甲0+1−正官	5戊42乙0+1−比肩	36己43丙0+1−比肩	6己44丁0+1−偏印	37庚44丁1+0−印綬	8辛45戊1+0−劫財	38辛46己1+0−比肩	9壬48辛0+1−食神	39壬49壬0+1−劫財
8	5戊38辛1−9+正財	36己39壬9+1−劫財	5戊40癸9+1−正官	36己41甲9+1−偏官	6己42乙0+1−劫財	37庚43丙0+1−印綬	7庚44丁0+1−正官	38辛45戊0+1−印綬	9壬46己0+1−印綬	39壬47庚0+1−印綬	10癸48辛0+1−傷官	40癸49壬0+1−比肩
9	6己38辛1−9+偏財	37庚39壬9+1−偏印	6己40癸9+1−偏官	37庚41甲9+1−正財	7庚42乙9+1−偏印	38辛43丙9+1−偏印	8辛44丁0+1−偏官	39壬45戊0+1−偏官	10癸46己0+1−偏印	40癸47庚0+1−偏印	11甲48辛9+1−比肩	41甲49壬9+1−印綬
10	7庚38辛1−9+傷官	38辛39壬8+2−印綬	7庚40癸9+1−正財	38辛41甲9+2−偏財	8辛42乙9+1−印綬	39壬43丙9+1−正官	9壬44丁0+1−正財	40癸45戊0+1−正官	11甲46己9+1−正官	41甲47庚9+1−正官	12乙48辛9+1−劫財	42乙49壬9+1−偏印
11	8辛38辛2−8+食神	39壬39壬8+2−偏官	8辛40癸8+2−偏財	39壬41甲8+2−傷官	9壬42乙9+2−偏官	40癸43丙9+2−偏官	10癸44丁9+1−偏財	41甲45戊9+1−偏財	12乙46己9+1−偏官	42乙47庚9+1−偏官	13丙48辛9+1−偏印	43丙49壬9+1−正官
12	9壬38辛2−8+劫財	40癸39壬8+2−正官	9壬40癸8+2−傷官	40癸41甲8+2−食神	10癸42乙8+2−印綬	41甲43丙8+2−正財	11甲44丁9+2−傷官	42乙45戊9+1−正財	13丙46己9+1−正財	43丙47庚9+1−正財	14丁48辛8+2−印綬	44丁49壬8+2−偏官
13	10癸38辛2−8+比肩	41甲39壬7+3−食神	10癸40癸8+2−食神	41甲41甲8+3−劫財	11甲42乙8+2−偏官	42乙43丙8+2−偏財	12乙44丁9+2−食神	43丙45戊9+2−食神	14丁46己8+2−偏財	44丁47庚8+2−偏財	15戊48辛8+2−偏官	45戊49壬8+2−正財
14	11甲38辛3−7+印綬	42乙39壬7+3−傷官	11甲40癸7+3−劫財	42乙41甲7+3−比肩	12乙42乙8+3−正官	43丙43丙8+3−傷官	13丙44丁8+2−劫財	44丁45戊8+2−傷官	15戊46己8+2−傷官	45戊47庚8+2−傷官	16己48辛8+2−正官	46己49壬8+2−偏財
15	12乙38辛3−7+偏印	43丙39壬7+3−比肩	12乙40癸7+3−比肩	43丙41甲7+3−正官	13丙42乙7+3−偏財	44丁43丙7+3−食神	14丁44丁8+3−比肩	45戊45戊8+2−比肩	16己46己8+2−食神	46己47庚8+2−食神	17庚48辛7+3−偏財	47庚49壬7+3−傷官
16	13丙38辛3−7+正財	44丁39壬6+4−劫財	13丙40癸7+3−印綬	44丁41甲7+4−偏官	14丁42乙7+3−正財	45戊43丙7+3−劫財	15戊44丁8+3−印綬	46己45戊8+3−劫財	17庚46己7+3−劫財	47庚47庚7+3−劫財	18辛48辛7+3−正財	48辛49壬7+3−食神
17	14丁38辛4−6+偏財	45戊39壬6+4−偏印	14丁40癸6+4−偏印	45戊41甲6+4−正財	15戊42乙7+4−食神	46己43丙7+4−比肩	16己44丁7+3−偏官	47庚45戊7+3−偏印	18辛46己7+3−比肩	48辛47庚7+3−比肩	19壬48辛7+3−食神	49壬49壬7+3−劫財
18	15戊38辛4−6+傷官	46己39壬6+4−印綬	15戊40癸6+4−正官	46己41甲6+4−劫財	16己42乙6+4−傷官	47庚43丙6+4−印綬	17庚44丁7+4−正財	48辛45戊7+3−印綬	19壬46己7+3−印綬	49壬47庚7+3−正財	20癸48辛6+4−傷官	50癸49壬6+4−比肩
19	16己38辛4−6+比肩	47庚39壬5+5−偏官	16己40癸6+4−偏官	47庚41甲6+5−偏印	17庚42乙6+4−比肩	48辛43丙6+4−偏印	18辛44丁7+4−偏財	49壬45戊7+4−比肩	20癸46己6+4−偏印	50癸47庚6+4−偏財	21甲48辛6+4−比肩	51甲49壬6+4−印綬
20	17庚38辛5−5+印綬	48辛39壬5+5−正財	17庚40癸5+5−正財	48辛41甲5+5−印綬	18辛42乙6+5−劫財	49壬43丙6+5−正官	19壬44丁6+4−正官	50癸45戊6+4−劫財	21甲46己6+4−正官	51甲47庚6+4−傷官	22乙48辛6+4−印綬	52乙49壬6+4−偏印
21	18辛38辛5−5+偏印	49壬39壬5+5−食神	18辛40癸5+5−偏財	49壬41甲5+5−偏官	19壬42乙5+5−偏財	50癸43丙5+5−偏官	20癸44丁6+5−偏官	51甲45戊6+4−偏印	22乙46己6+4−偏官	52乙47庚6+4−正財	23丙48辛5+5−偏官	53丙49壬5+5−正官
22	19壬38辛5−5+正官	50癸39壬4+6−傷官	19壬40癸5+5−傷官	50癸41甲5+6−正官	20癸42乙5+5−正財	51甲43丙5+5−正財	21甲44丁6+5−正財	52乙45戊6+5−正官	23丙46己5+5−正財	53丙47庚5+5−食神	24丁48辛5+5−正官	54丁49壬5+5−偏官
23	20癸38辛6−4+偏官	51甲39壬4+6−比肩	20癸40癸4+6−食神	51甲41甲4+6−偏財	21甲42乙5+6−食神	52乙43丙5+6−偏財	22乙44丁5+5−偏財	53丙45戊5+5−偏財	24丁46己5+5−偏財	54丁47庚5+5−傷官	25戊48辛5+5−偏財	55戊49壬5+5−正財
24	21甲38辛6−4+正財	52乙39壬4+6−劫財	21甲40癸4+6−劫財	52乙41甲4+6−正財	22乙42乙4+6−傷官	53丙43丙4+6−傷官	23丙44丁5+6−傷官	54丁45戊5+5−正財	25戊46己5+5−傷官	55戊47庚5+5−比肩	26己48辛4+6−正財	56己49壬4+6−偏財
25	22乙38辛6−4+偏財	53丙39壬3+7−偏印	22乙40癸4+6−比肩	53丙41甲4+7−食神	23丙42乙4+6−比肩	54丁43丙4+6−食神	24丁44丁5+6−食神	55戊45戊5+6−食神	26己46己4+6−食神	56己47庚4+6−劫財	27庚48辛4+6−食神	57庚49壬4+6−傷官
26	23丙38辛7−3+傷官	54丁39壬3+7−印綬	23丙40癸3+7−印綬	54丁41甲3+7−傷官	24丁42乙4+7−劫財	55戊43丙4+7−印綬	25戊44丁4+6−劫財	56己45戊4+6−傷官	27庚46己4+6−劫財	57庚47庚4+6−偏印	28辛48辛4+6−傷官	58辛49壬4+6−食神
27	24丁38辛7−3+食神	55戊39壬3+7−偏官	24丁40癸3+7−偏印	55戊41甲3+7−比肩	25戊42乙3+7−偏印	56己43丙3+7−偏印	26己44丁4+7−比肩	57庚45戊4+6−比肩	28辛46己4+6−比肩	58辛47庚4+6−印綬	29壬48辛3+7−比肩	59壬49壬3+7−劫財
28	25戊38辛7−3+劫財	56己39壬2+8−正官	25戊40癸3+7−正官	56己41甲3+8−劫財	26己42乙3+7−印綬	57庚43丙3+7−正官	27庚44丁4+7−印綬	58辛45戊4+7−劫財	29壬46己3+7−印綬	59壬47庚3+7−偏官	30癸48辛3+7−劫財	60癸49壬3+7−比肩
29	26己38辛8−2+比肩	57庚39壬2+8−偏財	26己40癸2+8−偏官	57庚41甲2+8−偏印	27庚42乙3+8−偏官	58辛43丙3+8−偏官	28辛44丁3+7−偏印	59壬45戊3+7−偏印	30癸46己3+7−偏印	60癸47庚3+7−正官	31甲48辛3+7−偏印	1甲49壬3+7−印綬
30	27庚38辛8−2+印綬		27庚40癸2+8−正財	58辛41甲2+8−印綬	28辛42乙2+8−正官	59壬43丙2+8−正財	29壬44丁3+8−正官	60癸45戊3+7−印綬	31甲46己3+7−正官	1甲47庚3+7−偏財	32乙48辛2+8−印綬	2乙49壬2+8−偏印
31	28辛38辛8−2+偏印		28辛40癸2+8−偏財		29壬42乙2+8−偏財		30癸44丁3+8−偏官	1甲45戊3+8−偏官		2乙47庚2+8−正財		3丙49壬2+8−正官

1933年（昭和8年）生まれ　10 癸（2/4〜翌 2/3）

	1月	2月	3月	4月	5月	6月	7月	8月	9月	10月	11月	12月
日	日干 月干 立年♂♀ 中心星	日干 月干 立年♂♀ 中心星	日干 月干 立年♂♀ 中心星	日干 月干 立年♂♀ 中心星	日干 月干 立年♂♀ 中心星	日干 月干 立年♂♀ 中心星	日干 月干 立年♂♀ 中心星	日干 月干 立年♂♀ 中心星	日干 月干 立年♂♀ 中心星	日干 月干 立年♂♀ 中心星	日干 月干 立年♂♀ 中心星	日干 月干 立年♂♀ 中心星
1	4丁49壬2+8−偏官	35戊50癸1+9−劫財	3丙51甲8−2+偏印	34丁52乙9−1+偏印	4丁53丙9−2+傷官	35戊54丁9−2+偏印	5戊55戊8−2+印綬	36己56己8−2+比肩	7庚57庚8−2+比肩	37庚58辛8−3+劫財	8辛59壬8−2+印綬	38辛60癸8−2+傷官
2	5戊49壬1+9−正財	36己50癸1+9−比肩	4丁51甲9−1+印綬	35戊52乙9−1+正官	5戊53丙9−1+比肩	36己54丁9−1+印綬	6己55戊9−2+偏印	37庚56己9−2+印綬	8辛57庚8−2+劫財	38辛58辛8−2+比肩	9壬59壬8−2+偏官	39壬60癸8−2+比肩
3	6己49壬1+9−偏財	37庚50癸1+9−印綬	5戊51甲9−1+偏官	36己52乙9−1+偏官	6己53丙9−1+劫財	37庚54丁9−1+偏官	7庚55戊9−1+正官	38辛56己9−2+偏印	9壬57庚9−2+偏印	39壬58辛8−2+印綬	10癸59壬8−2+正官	40癸60癸8−1+劫財
4	7庚49壬1+9−傷官	38辛51甲1−0+印綬	6己51甲9−1+正官	37庚52乙0−1+正財	7庚53丙0−1+偏印	38辛54丁0−1+正官	8辛55戊9−1+偏官	39壬56己9−1+正官	10癸57庚9−1+印綬	40癸58辛9−2+偏印	11甲59壬9−1+偏財	41甲60癸9−1+偏印
5	8辛49壬1+0−食神	39壬51甲1−0+偏官	7庚51甲0−1+偏財	38辛53丙1−0+偏財	8辛53丙0−1+印綬	39壬54丁0−1+偏財	9壬55戊0−1+正財	40癸56己0−1+偏官	11甲57庚9−1+偏官	41甲58辛9−1+正官	12乙59壬9−1+正財	42乙60癸9−1+印綬
6	9壬50癸0+1−劫財	40癸51甲1−9+正官	8辛52乙1−0+偏財	39壬53丙1−0+傷官	9壬54丁1−0+偏官	40癸55戊1−0+偏官	10癸55戊0−1+偏財	41甲56己0−1+正財	12乙57庚0−1+正官	42乙58辛9−1+偏官	13丙59壬9−1+食神	43丙60癸9−1+偏官
7	10癸50癸9+1−比肩	41甲51甲1−9+偏財	9壬52乙1−0+傷官	40癸53丙1−0+食神	10癸54丁1−0+正官	41甲55戊1−0+正財	11甲56己1−0+傷官	42乙56己0−1+偏財	13丙57庚0−1+偏財	43丙58辛0−1+正財	14丁59壬0−1+傷官	44丁 1甲1−0+偏官
8	11甲50癸9+1−印綬	42乙51甲1−9+正財	10癸52乙1−9+食神	41甲53丙1−9+劫財	11甲54丁1−0+偏財	42乙55戊1−0+偏財	12乙56己1−0+食神	43丙57庚1−0+食神	14丁58辛1−0+偏財	44丁58辛0−1+偏財	15戊60癸1−0+偏官	45戊 1甲1−0+正財
9	12乙50癸9+1−偏印	43丙51甲2−8+食神	11甲52乙1−9+劫財	42乙53丙1−9+比肩	12乙54丁1−9+正財	43丙55戊1−9+傷官	13丙56己1−0+劫財	44丁57庚1−0+傷官	15戊58辛1−0+傷官	45戊59壬1−0+傷官	16己60癸1−9+正官	46己 1甲1−9+偏財
10	13丙50癸8+1−正官	44丁51甲2−8+傷官	12乙52乙1−9+比肩	43丙53丙2−9+印綬	13丙54丁1−9+食神	44丁55戊1−9+食神	14丁56己1−0+比肩	45戊57庚1−0+比肩	16己58辛1−0+食神	46己59壬1−0+食神	17庚60癸1−9+偏財	47庚 1甲1−9+傷官
11	14丁50癸8+2−偏官	45戊51甲2−8+比肩	13丙52乙2−8+印綬	44丁53丙2−8+偏印	14丁54丁2−9+傷官	45戊55戊2−9+劫財	15戊56己1−9+印綬	46己57庚1−9+劫財	17庚58辛1−9+劫財	47庚59壬1−9+劫財	18辛60癸1−9+正財	48辛 1甲1−9+食神
12	15戊50癸8+2−正財	46己51甲3−7+印綬	14丁52乙2−8+偏印	45戊53丙2−8+正官	15戊54丁2−8+食神	46己55戊2−8+比肩	16己56己2−9+偏印	47庚57庚1−9+偏印	18辛58辛1−9+比肩	48辛59壬1−9+比肩	19壬60癸1−8+食神	49壬 1甲2−8+劫財
13	16己50癸7+2−偏財	47庚51甲3−7+偏官	15戊52乙2−8+正官	46己53丙3−8+偏官	16己54丁2−8+傷官	47庚55戊2−8+印綬	17庚56己2−9+正官	48辛57庚2−9+印綬	19壬58辛2−9+印綬	49壬59壬1−9+印綬	20癸60癸2−8+傷官	50癸 1甲2−8+比肩
14	17庚50癸7+3−傷官	48辛51甲3−7+正官	16己52乙3−7+偏官	47庚53丙3−7+正財	17庚54丁3−8+比肩	48辛55戊3−8+偏印	18辛56己2−8+偏官	49壬57庚2−8+偏官	20癸58辛2−8+偏印	50癸59壬2−8+偏印	21甲60癸2−8+比肩	51甲 1甲2−8+印綬
15	18辛50癸7+3−食神	49壬51甲4−6+偏財	17庚52乙3−7+正財	48辛53丙3−7+食神	18辛54丁3−7+劫財	49壬55戊3−7+正官	19壬56己3−8+正財	50癸57庚2−8+正官	21甲58辛2−8+正官	51甲59壬2−8+正官	22乙60癸2−7+劫財	52乙 1甲3−7+偏印
16	19壬50癸6+3−印綬	50癸51甲4−6+正財	18辛52乙3−7+偏財	49壬53丙4−7+劫財	19壬54丁3−7+偏印	50癸55戊3−7+偏官	20癸56己3−8+偏財	51甲57庚3−8+偏財	22乙58辛3−8+偏官	52乙59壬2−8+偏官	23丙60癸3−7+偏印	53丙 1甲3−7+正官
17	20癸50癸6+4−偏印	51甲51甲4−6+食神	19壬52乙4−6+傷官	50癸53丙4−6+比肩	20癸54丁4−7+印綬	51甲55戊4−7+正財	21甲56己3−7+劫財	52乙57庚3−7+正財	23丙58辛3−7+正財	53丙59壬3−7+正財	24丁60癸3−7+印綬	54丁 1甲3−7+偏官
18	21甲50癸6+4−正官	52乙51甲5−5+傷官	20癸52乙4−6+食神	51甲53丙4−6+偏財	21甲54丁4−6+偏官	52乙55戊4−6+偏財	22乙56己4−7+比肩	53丙57庚3−7+食神	24丁58辛3−7+偏財	54丁59壬3−7+偏財	25戊60癸3−6+偏官	55戊 1甲4−6+正財
19	22乙50癸5+4−偏財	53丙51甲5−5+偏印	21甲52乙4−6+劫財	52乙53丙5−6+正財	22乙54丁4−6+正官	53丙55戊4−6+傷官	23丙56己4−7+印綬	54丁57庚4−7+正官	25戊58辛4−7+傷官	55戊59壬3−7+印綬	26己60癸4−6+正官	56己 1甲4−6+偏財
20	23丙50癸5+5−傷官	54丁51甲5−5+印綬	22乙52乙5−5+比肩	53丙53丙5−5+食神	23丙54丁5−6+偏財	54丁55戊5−6+食神	24丁56己4−6+食神	55戊57庚4−6+偏財	26己58辛4−6+食神	56己59壬4−6+偏印	27庚60癸4−6+偏財	57庚 1甲4−6+傷官
21	24丁50癸5+5−食神	55戊51甲6−4+偏官	23丙52乙5−5+印綬	54丁53丙5−5+傷官	24丁54丁5−5+劫財	55戊55戊5−5+劫財	25戊56己5−6+劫財	56己57庚4−6+正財	27庚58辛4−6+劫財	57庚59壬4−6+正官	28辛60癸4−5+傷官	58辛 1甲5−5+食神
22	25戊50癸4+5−劫財	56己51甲6−4+正官	24丁52乙5−5+偏印	55戊53丙6−5+比肩	25戊54丁5−5+偏印	56己55戊5−5+比肩	26己56己5−6+比肩	57庚57庚5−6+比肩	28辛58辛5−6+比肩	58辛59壬4−6+印綬	29壬60癸5−5+比肩	59壬 1甲5−5+劫財
23	26己50癸4+6−比肩	57庚51甲6−4+偏財	25戊52乙6−4+正官	56己53丙6−4+劫財	26己54丁6−5+印綬	57庚55戊6−5+印綬	27庚56己5−5+印綬	58辛57庚5−5+劫財	29壬58辛5−5+印綬	59壬59壬5−5+偏官	30癸60癸5−5+劫財	60癸 1甲5−5+比肩
24	27庚50癸4+6−印綬	58辛51甲7−3+正財	26己52乙6−4+偏官	57庚53丙6−4+偏印	27庚54丁6−4+偏官	58辛55戊6−4+偏印	28辛56己6−5+偏印	59壬57庚5−5+偏印	30癸58辛5−5+偏印	60癸59壬5−5+正官	31甲60癸5−4+偏印	1甲 1甲6−4+印綬
25	28辛50癸3+6−偏印	59壬51甲7−3+食神	27庚52乙6−4+正財	58辛53丙7−4+印綬	28辛54丁6−4+正官	59壬55戊6−4+正官	29壬56己6−5+正官	60癸57庚6−5+印綬	31甲58辛6−5+正官	1甲59壬5−5+偏財	32乙60癸6−4+印綬	2乙 1甲6−4+偏印
26	29壬50癸3+7−正官	60癸51甲7−3+傷官	28辛52乙7−3+偏財	59壬53丙7−3+偏官	29壬54丁7−4+偏財	60癸55戊7−4+偏財	30癸56己6−4+偏官	1甲57庚6−4+偏官	32乙58辛6−4+偏官	2乙59壬6−4+正財	33丙60癸6−4+偏官	3丙 1甲6−4+正官
27	30癸50癸3+7−偏官	1甲51甲8−2+比肩	29壬52乙7−3+傷官	60癸53丙7−3+正官	30癸54丁7−3+正財	1甲55戊7−3+傷官	31甲56己7−4+正財	2乙57庚6−4+正官	33丙58辛6−4+正財	3丙59壬6−4+食神	34丁60癸6−3+正官	4丁 1甲7−3+偏官
28	31甲50癸2+7−正財	2乙51甲8−2+劫財	30癸52乙7−3+食神	1甲53丙8−3+偏財	31甲54丁7−3+食神	2乙55戊7−3+食神	32乙56己7−4+偏財	3丙57庚7−4+偏財	34丁58辛7−4+偏財	4丁59壬6−4+傷官	35戊60癸7−3+偏財	5戊 1甲7−3+正財
29	32乙50癸2+8−偏財		31甲52乙8−2+劫財	2乙53丙8−2+正財	32乙54丁8−3+傷官	3丙55戊8−3+劫財	33丙56己7−3+傷官	4丁57庚7−3+正財	35戊58辛7−3+傷官	5戊59壬7−3+比肩	36己60癸7−3+正財	6己 1甲7−3+偏財
30	33丙50癸2+8−傷官		32乙52乙8−2+比肩	3丙53丙8−2+食神	33丙54丁8−2+比肩	4丁55戊8−2+比肩	34丁56己8−3+食神	5戊57庚7−3+食神	36己58辛7−3+食神	6己59壬7−3+劫財	37庚60癸7−2+食神	7庚 1甲8−2+傷官
31	34丁50癸1+8−食神		33丙52乙8−2+印綬		34丁54丁8−2+劫財		35戊56己8−3+劫財	6己57庚8−3+傷官		7庚59壬7−3+偏印		8辛 1甲8−2+食神

1934年(昭和9年)生まれ　11 甲(2/4～翌2/4)

日	1月	2月	3月	4月	5月	6月	7月	8月	9月	10月	11月	12月
	日干 月干 立年♂♀ 中心星	日干 月干 立年♂♀ 中心星	日干 月干 立年♂♀ 中心星	日干 月干 立年♂♀ 中心星	日干 月干 立年♂♀ 中心星	日干 月干 立年♂♀ 中心星	日干 月干 立年♂♀ 中心星	日干 月干 立年♂♀ 中心星	日干 月干 立年♂♀ 中心星	日干 月干 立年♂♀ 中心星	日干 月干 立年♂♀ 中心星	日干 月干 立年♂♀ 中心星
1	9壬1甲8−2+劫財	40癸2乙9−1+偏官	8辛3丙2+8−正財	39壬4丁1+9−傷官	9壬5戊2+9−偏官	40癸6己2+9−正財	10癸7庚2+8−偏財	41甲8辛2+8−正財	12乙9壬2+8−正官	42乙10癸3+8−偏官	13丙11甲2+8−食神	43丙12乙2+8−偏官
2	10癸1甲9−1+比肩	41甲2乙9−1+正財	9壬3丙1+9−食神	40癸4丁1+9−食神	10癸5戊1+9−正官	41甲6己1+9−食神	11甲7庚2+9−傷官	42乙8辛2+8−偏財	13丙9壬2+8−偏財	43丙10癸2+8−正財	14丁11甲2+8−傷官	44丁12乙2+8−正官
3	11甲1甲9−1+印綬	42乙2乙9−1+偏財	10癸3丙1+9−傷官	41甲4丁1+9−劫財	11甲5戊1+9−偏財	42乙6己1+9−傷官	12乙7庚2+9−食神	43丙8辛2+9−傷官	14丁9壬2+9−正財	44丁10癸2+8−偏財	15戊11甲2+8−比肩	45戊12乙2+8−偏財
4	12乙1甲9−1+偏印	43丙3丙0+1−食神	11甲3丙1+9−比肩	42乙4丁1+0−比肩	12乙5戊1+0−正財	43丙6己1+0−比肩	13丙7庚1+9−劫財	44丁8辛1+9−食神	15戊9壬1+9−食神	45戊10癸2+9−傷官	16己11甲1+9−劫財	46己12乙1+9−正財
5	13丙1甲0−1+正官	44丁3丙0+1−傷官	12乙3丙1+0−劫財	43丙5戊0+1−印綬	13丙5戊1+0−食神	44丁6己1+0−劫財	14丁7庚1+0−比肩	45戊8辛1+9−劫財	16己9壬1+9−傷官	46己10癸1+9−食神	17庚11甲1+9−偏印	47庚12乙1+9−食神
6	14丁2乙1−0+偏官	45戊3丙9+1−比肩	13丙4丁0+1−印綬	44丁5戊0+1−偏印	14丁6己0+1−傷官	45戊7庚0+1−劫財	15戊7庚1+0−印綬	46己8辛1+0−比肩	17庚9壬1+0−比肩	47庚10癸1+9−劫財	18辛11甲1+9−印綬	48辛12乙1+9−傷官
7	15戊2乙1−9+正財	46己3丙9+1−劫財	14丁4丁0+1−偏印	45戊5戊0+1−正官	15戊6己0+1−比肩	46己7庚0+1−比肩	16己7庚1+0−偏印	47庚8辛1+0−印綬	18辛9壬1+0−劫財	48辛10癸1+0−比肩	19壬11甲1+0−偏官	49壬12乙1+0−比肩
8	16己2乙1−9+偏財	47庚3丙9+1−偏印	15戊4丁9+1−正官	46己5戊9+1−偏官	16己6己0+1−劫財	47庚7庚0+1−印綬	17庚8辛0+1−正官	48辛9壬0+1−印綬	19壬10癸0+1−印綬	49壬10癸1+0−印綬	20癸12乙0+1−傷官	50癸13丙0+1−比肩
9	17庚2乙1−9+傷官	48辛3丙8+2−印綬	16己4丁9+1−偏官	47庚5戊9+1−正財	17庚6己9+1−偏印	48辛7庚0+1−偏印	18辛8辛0+1−偏官	49壬9壬0+1−偏官	20癸10癸0+1−偏印	50癸11甲0+1−偏印	21甲12乙0+1−比肩	51甲13丙9+1−印綬
10	18辛2乙1−8+食神	49壬3丙8+2−偏官	17庚4丁9+1−正財	48辛5戊9+2−偏財	18辛6己9+1−印綬	49壬7庚9+1−正官	19壬8辛0+1−正財	50癸9壬0+1−正官	21甲10癸0+1−正官	51甲11甲0+1−正官	22乙12乙9+1−劫財	52乙13丙9+1−偏印
11	19壬2乙2−8+劫財	50癸3丙8+2−正官	18辛4丁8+2−偏財	49壬5戊8+2−傷官	19壬6己9+2−偏官	50癸7庚9+2−偏官	20癸8辛9+1−偏財	51甲9壬9+1−偏財	22乙10癸9+1−偏官	52乙11甲9+1−偏官	23丙12乙9+1−偏印	53丙13丙9+1−正官
12	20癸2乙2−8+比肩	51甲3丙7+3−食神	19壬4丁8+2−傷官	50癸5戊8+2−食神	20癸6己8+2−印綬	51甲7庚9+2−正財	21甲8辛9+1−傷官	52乙9壬9+1−正財	23丙10癸9+1−正財	53丙11甲9+1−正財	24丁12乙9+1−印綬	54丁13丙8+1−偏官
13	21甲2乙2−7+印綬	52乙3丙7+3−傷官	20癸4丁8+2−食神	51甲5戊8+3−劫財	21甲6己8+2−偏官	52乙7庚8+2−偏財	22乙8辛9+2−食神	53丙9壬9+2−食神	24丁10癸9+2−偏財	54丁11甲9+1−偏財	25戊12乙8+2−偏官	55戊13丙8+2−正財
14	22乙2乙3−7+偏印	53丙3丙7+3−比肩	21甲4丁7+3−劫財	52乙5戊7+3−比肩	22乙6己8+3−正官	53丙7庚8+3−傷官	23丙8辛8+2−劫財	54丁9壬8+2−傷官	25戊10癸8+2−傷官	55戊11甲8+2−傷官	26己12乙8+2−正官	56己13丙8+2−偏財
15	23丙2乙3−7+正官	54丁3丙6+4−劫財	22乙4丁7+3−比肩	53丙5戊7+3−正官	23丙6己7+3−偏財	54丁7庚8+3−食神	24丁8辛8+2−比肩	55戊9壬8+2−比肩	26己10癸8+2−食神	56己11甲8+2−食神	27庚12乙8+2−偏財	57庚13丙7+2−傷官
16	24丁2乙3−6+偏財	55戊3丙6+4−偏印	23丙4丁7+3−印綬	54丁5戊7+4−偏官	24丁6己7+3−正財	55戊7庚7+3−劫財	25戊8辛8+3−印綬	56己9壬8+3−劫財	27庚10癸8+3−劫財	57庚11甲8+2−劫財	28辛12乙7+3−正財	58辛13丙7+3−食神
17	25戊2乙4−6+傷官	56己3丙6+4−印綬	24丁4丁6+4−偏印	55戊5戊6+4−正財	25戊6己7+4−食神	56己7庚7+4−比肩	26己8辛7+3−偏印	57庚9壬7+3−偏印	28辛10癸7+3−比肩	58辛11甲7+3−比肩	29壬12乙7+3−食神	59壬13丙7+3−劫財
18	26己2乙4−6+食神	57庚3丙5+5−偏官	25戊4丁6+4−正官	56己5戊6+4−劫財	26己6己6+4−傷官	57庚7庚7+4−印綬	27庚8辛7+3−正財	58辛9壬7+3−印綬	29壬10癸7+3−印綬	59壬11甲7+3−印綬	30癸12乙7+3−傷官	60癸13丙6+3−比肩
19	27庚2乙4−5+印綬	58辛3丙5+5−正財	26己4丁6+4−偏官	57庚5戊6+5−偏印	27庚6己6+4−比肩	58辛7庚6+4−偏印	28辛8辛7+4−偏財	59壬9壬7+4−比肩	30癸10癸7+4−偏印	60癸11甲7+3−偏財	31甲12乙6+4−比肩	1甲13丙6+4−印綬
20	28辛2乙5−5+偏印	59壬3丙5+5−食神	27庚4丁5+5−正財	58辛5戊5+5−印綬	28辛6己6+5−劫財	59壬7庚6+5−正官	29壬8辛6+4−傷官	60癸9壬6+4−劫財	31甲10癸6+4−正官	1甲11甲6+4−傷官	32乙12乙6+4−劫財	2乙13丙6+4−偏印
21	29壬2乙5−5+正官	60癸3丙4+6−傷官	28辛4丁5+5−偏財	59壬5戊5+5−偏官	29壬6己5+5−偏財	60癸7庚6+5−偏官	30癸8辛6+4−偏官	1甲9壬6+4−偏印	32乙10癸6+4−偏官	2乙11甲6+4−食神	33丙12乙6+4−傷官	3丙13丙5+4−正官
22	30癸2乙5−4+偏官	1甲3丙4+6−比肩	29壬4丁5+5−傷官	60癸5戊5+6−正官	30癸6己5+5−正財	1甲7庚5+5−正財	31甲8辛6+5−正官	2乙9壬6+5−正官	33丙10癸6+5−正財	3丙11甲6+4−食神	34丁12乙5+5−正官	4丁13丙5+5−偏官
23	31甲2乙6−4+正財	2乙3丙4+6−劫財	30癸4丁4+6−食神	1甲5戊4+6−偏財	31甲6己5+6−食神	2乙7庚5+6−偏財	32乙8辛5+5−偏財	3丙9壬5+5−偏財	34丁10癸5+5−偏財	4丁11甲5+5−傷官	35戊12乙5+5−偏財	5戊13丙5+5−正財
24	32乙2乙6−4+偏財	3丙3丙3+7−偏印	31甲4丁4+6−劫財	2乙5戊4+6−正財	32乙6己4+6−傷官	3丙7庚5+6−傷官	33丙8辛5+5−傷官	4丁9壬5+5−正財	35戊10癸5+5−傷官	5戊11甲5+5−比肩	36己12乙5+5−正財	6己13丙4+5−偏財
25	33丙2乙6−3+傷官	4丁3丙3+7−印綬	32乙4丁4+6−比肩	3丙5戊4+7−食神	33丙6己4+6−比肩	4丁7庚4+6−食神	34丁8辛5+6−食神	5戊9壬5+6−食神	36己10癸5+6−食神	6己11甲5+5−劫財	37庚12乙4+6−食神	7庚13丙4+6−傷官
26	34丁2乙7−3+食神	5戊3丙3+7−偏官	33丙4丁3+7−印綬	4丁5戊3+7−傷官	34丁6己4+7−劫財	5戊7庚4+7−印綬	35戊8辛4+6−劫財	6己9壬4+6−傷官	37庚10癸4+6−劫財	7庚11甲4+6−偏印	38辛12乙4+6−傷官	8辛13丙4+6−食神
27	35戊2乙7−3+劫財	6己3丙2+8−正官	34丁4丁3+7−偏印	5戊5戊3+7−比肩	35戊6己3+7−偏印	6己7庚4+7−偏印	36己8辛4+6−比肩	7庚9壬4+6−比肩	38辛10癸4+6−比肩	8辛11甲4+6−印綬	39壬12乙4+6−比肩	9壬13丙3+6−劫財
28	36己2乙7−2+比肩	7庚3丙2+8−偏財	35戊4丁3+7−正官	6己5戊3+8−劫財	36己6己3+7−印綬	7庚7庚3+7−正官	37庚8辛4+7−印綬	8辛9壬4+7−劫財	39壬10癸4+7−印綬	9壬11甲4+6−偏官	40癸12乙3+7−劫財	10癸13丙3+7−比肩
29	37庚2乙8−2+印綬		36己4丁2+8−偏官	7庚5戊2+8−偏印	37庚6己3+8−偏官	8辛7庚3+8−偏官	38辛8辛3+7−偏印	9壬9壬3+7−偏印	40癸10癸3+7−偏印	10癸11甲3+7−正官	41甲12乙3+7−偏印	11甲13丙3+7−印綬
30	38辛2乙8−2+偏印		37庚4丁2+8−正財	8辛5戊2+8−印綬	38辛6己2+8−正官	9壬7庚3+8−正財	39壬8辛3+7−正官	10癸9壬3+7−印綬	41甲10癸3+7−正官	11甲11甲3+7−偏財	42乙12乙3+7−印綬	12乙13丙2+7−偏印
31	39壬2乙8−1+正官		38辛4丁2+8−偏財		39壬6己2+8−偏財		40癸8辛3+8−偏官	11甲9壬3+8−偏官		12乙11甲3+7−正財		13丙13丙2+8−正官

1935年（昭和10年）生まれ　12 乙（2/5～翌 2/4）

	1月	2月	3月	4月	5月	6月	7月	8月	9月	10月	11月	12月
日	日干 月干 立年♂♀ 中心星	日干 月干 立年♂♀ 中心星	日干 月干 立年♂♀ 中心星	日干 月干 立年♂♀ 中心星	日干 月干 立年♂♀ 中心星	日干 月干 立年♂♀ 中心星	日干 月干 立年♂♀ 中心星	日干 月干 立年♂♀ 中心星	日干 月干 立年♂♀ 中心星	日干 月干 立年♂♀ 中心星	日干 月干 立年♂♀ 中心星	日干 月干 立年♂♀ 中心星
1	14丁13丙2+8−偏官	45戊14丁1+9−劫財	13丙15戊8−2+偏印	44丁16己9−2+偏印	14丁17庚8−2+傷官	45戊18辛9−2+偏印	15戊19壬8−2+印綬	46己20癸8−2+比肩	17庚21甲8−2+比肩	47庚22乙8−3+劫財	18辛23丙8−2+印綬	48辛24丁8−2+傷官
2	15戊13丙1+8−正財	46己14丁1+9−比肩	14丁15戊8−1+印綬	45戊16己9−1+正官	15戊17庚9−1+比肩	46己18辛9−2+印綬	16己19壬8−2+偏印	47庚20癸8−2+印綬	18辛21甲8−2+劫財	48辛22乙8−2+比肩	19壬23丙8−2+偏官	49壬24丁8−2+比肩
3	16己13丙1+9−偏財	47庚14丁1+9−印綬	15戊15戊9−1+偏官	46己16己9−1+偏官	16己17庚9−1+劫財	47庚18辛9−1+偏官	17庚19壬9−2+正官	48辛20癸9−2+偏印	19壬21甲9−2+偏印	49壬22乙8−2+印綬	20癸23丙8−2+正官	50癸24丁8−2+劫財
4	17庚13丙1+9−傷官	48辛14丁1+0−偏印	16己15戊9−1+正官	47庚16己0−1+正財	17庚17庚9−1+偏印	48辛18辛0−1+正官	18辛19壬9−1+偏官	49壬20癸9−1+正官	20癸21甲9−1+印綬	50癸22乙9−2+偏印	21甲23丙9−1+偏財	51甲24丁9−1+偏印
5	18辛13丙1+9−食神	49壬15戊1−0+偏官	17庚15戊9−1+偏財	48辛16己0−1+偏財	18辛17庚0−1+印綬	49壬18辛0−1+偏財	19壬19壬9−1+正財	50癸20癸9−1+偏官	21甲21甲9−1+偏官	51甲22乙9−1+正官	22乙23丙9−1+正財	52乙24丁9−1+印綬
6	19壬14丁0+1−劫財	50癸15戊1−9+正官	18辛16己1−0+偏財	49壬17庚1−0+傷官	19壬18辛1−0+偏官	50癸18辛0−1+正財	20癸19壬0−1+偏財	51甲20癸0−1+正財	22乙21甲0−1+正官	52乙22乙9−1+偏官	23丙23丙9−1+食神	53丙24丁9−1+偏官
7	20癸14丁0+1−比肩	51甲15戊1−9+偏財	19壬16己1−0+傷官	50癸17庚1−0+食神	20癸18辛1−0+正官	51甲19壬1−0+正財	21甲19壬0−1+傷官	52乙20癸0−1+偏財	23丙21甲0−1+偏財	53丙22乙0−1+正財	24丁23丙0−1+傷官	54丁24丁0−1+正官
8	21甲14丁9+1−印綬	52乙15戊1−9+正財	20癸16己1−0+食神	51甲17庚1−9+劫財	21甲18辛1−0+偏財	52乙19壬1−0+偏財	22乙20癸1−0+食神	53丙21甲1−0+食神	24丁22乙1−0+偏財	54丁22乙0−1+偏財	25戊24丁1−0+偏官	55戊25戊1−0+正財
9	22乙14丁9+1−偏印	53丙15戊1−8+食神	21甲16己1−9+劫財	52乙17庚1−9+比肩	22乙18辛1−0+正財	53丙19壬1−0+傷官	23丙20癸1−0+劫財	54丁21甲1−0+傷官	25戊22乙1−0+傷官	55戊23丙1−0+傷官	26己24丁1−0+正官	56己25戊1−9+偏財
10	23丙14丁9+1−正官	54丁15戊2−8+傷官	22乙16己1−9+比肩	53丙17庚1−9+印綬	23丙18辛1−9+食神	54丁19壬1−9+食神	24丁20癸1−0+比肩	55戊21甲1−0+比肩	26己22乙1−0+食神	56己23丙1−0+食神	27庚24丁1−9+偏財	57庚25戊1−9+傷官
11	24丁14丁8+2−偏官	55戊15戊2−8+比肩	23丙16己2−9+印綬	54丁17庚2−8+偏印	24丁18辛2−9+傷官	55戊19壬1−9+劫財	25戊20癸1−9+印綬	56己21甲1−9+劫財	27庚22乙1−9+劫財	57庚23丙1−9+劫財	28辛24丁1−9+正財	58辛25戊1−9+食神
12	25戊14丁8+2−正財	56己15戊2−7+劫財	24丁16己2−8+偏印	55戊17庚2−8+正官	25戊18辛2−9+食神	56己19壬2−9+比肩	26己20癸1−9+偏印	57庚21甲1−9+偏印	28辛22乙1−9+比肩	58辛23丙1−9+比肩	29壬24丁1−9+食神	59壬25戊1−8+劫財
13	26己14丁8+2−偏財	57庚15戊3−7+偏官	25戊16己2−8+正官	56己17庚2−8+偏官	26己18辛2−8+傷官	57庚19壬2−8+印綬	27庚20癸2−9+正官	58辛21甲2−9+印綬	29壬22乙2−9+印綬	59壬23丙1−9+印綬	30癸24丁2−8+傷官	60癸25戊2−8+比肩
14	27庚14丁7+3−傷官	58辛15戊3−7+正官	26己16己3−8+偏官	57庚17庚3−7+正財	27庚18辛3−8+比肩	58辛19壬2−8+偏印	28辛20癸2−8+偏官	59壬21甲2−8+偏官	30癸22乙2−8+偏印	60癸23丙2−8+偏印	31甲24丁2−8+比肩	1甲25戊2−8+印綬
15	28辛14丁7+3−食神	59壬15戊3−6+偏財	27庚16己3−7+正財	58辛17庚3−7+偏財	28辛18辛3−8+劫財	59壬19壬3−8+正官	29壬20癸2−8+正財	60癸21甲2−8+正官	31甲22乙2−8+正官	1甲23丙2−8+正官	32乙24丁2−8+劫財	2乙25戊2−7+偏印
16	29壬14丁7+3−印綬	60癸15戊4−6+正財	28辛16己3−7+偏財	59壬17庚3−7+劫財	29壬18辛3−7+偏印	60癸19壬3−7+偏官	30癸20癸3−8+偏財	1甲21甲3−8+偏財	32乙22乙3−8+偏官	2乙23丙2−8+偏財	33丙24丁3−7+偏印	3丙25戊3−7+正官
17	30癸14丁6+4−偏印	1甲15戊4−6+食神	29壬16己4−7+傷官	60癸17庚4−6+比肩	30癸18辛4−7+印綬	1甲19壬3−7+正財	31甲20癸3−7+傷官	2乙21甲3−7+正財	33丙22乙3−7+正財	3丙23丙3−7+正財	34丁24丁3−7+印綬	4丁25戊3−7+偏官
18	31甲14丁6+4−正官	2乙15戊4−5+傷官	30癸16己4−6+食神	1甲17庚4−6+印綬	31甲18辛4−7+偏官	2乙19壬4−7+偏財	32乙20癸3−7+比肩	3丙21甲3−7+食神	34丁22乙3−7+偏財	4丁23丙3−7+偏財	35戊24丁3−7+偏官	5戊25戊3−6+正財
19	32乙14丁6+4−偏財	3丙15戊5−5+比肩	31甲16己4−6+劫財	2乙17庚4−6+正財	32乙18辛4−6+正官	3丙19壬4−6+傷官	33丙20癸4−7+印綬	4丁21甲4−7+正官	35戊22乙4−7+傷官	5戊23丙3−7+印綬	36己24丁4−6+正官	6己25戊4−6+偏財
20	33丙14丁5+5−傷官	4丁15戊5−5+印綬	32乙16己5−6+比肩	3丙17庚5−5+食神	33丙18辛5−6+偏財	4丁19壬4−6+食神	34丁20癸4−6+偏印	5戊21甲4−6+偏財	36己22乙4−6+食神	6己23丙4−6+偏印	37庚24丁4−6+偏財	7庚25戊4−6+傷官
21	34丁14丁5+5−食神	5戊15戊5−4+偏官	33丙16己5−5+印綬	4丁17庚5−5+傷官	34丁18辛5−6+劫財	5戊19壬5−6+劫財	35戊20癸4−6+劫財	6己21甲4−6+正財	37庚22乙4−6+劫財	7庚23丙4−6+正官	38辛24丁4−6+傷官	8辛25戊4−5+食神
22	35戊14丁5+5−劫財	6己15戊6−4+正官	34丁16己5−5+偏印	5戊17庚5−5+比肩	35戊18辛5−5+偏印	6己19壬5−5+比肩	36己20癸5−6+比肩	7庚21甲5−6+比肩	38辛22乙5−6+比肩	8辛23丙4−6+印綬	39壬24丁5−5+比肩	9壬25戊5−5+劫財
23	36己14丁4+6−比肩	7庚15戊6−4+偏財	35戊16己6−5+正官	6己17庚6−4+劫財	36己18辛6−5+印綬	7庚19壬5−5+印綬	37庚20癸5−5+印綬	8辛21甲5−5+劫財	39壬22乙5−5+印綬	9壬23丙5−5+偏官	40癸24丁5−5+劫財	10癸25戊5−5+比肩
24	37庚14丁4+6−印綬	8辛15戊6−3+正財	36己16己6−4+偏官	7庚17庚6−4+偏印	37庚18辛6−5+偏官	8辛19壬6−5+偏印	38辛20癸5−5+偏印	9壬21甲5−5+偏印	40癸22乙5−5+偏印	10癸23丙5−5+正官	41甲24丁5−5+偏印	11甲25戊5−4+印綬
25	38辛14丁4+6−偏印	9壬15戊7−3+食神	37庚16己6−4+正財	8辛17庚6−4+印綬	38辛18辛6−4+正官	9壬19壬6−4+正官	39壬20癸6−5+正官	10癸21甲6−5+印綬	41甲22乙6−5+正官	11甲23丙5−5+偏財	42乙24丁6−4+印綬	12乙25戊6−4+偏印
26	39壬14丁3+7−正官	10癸15戊7−3+傷官	38辛16己7−4+偏財	9壬17庚7−3+偏官	39壬18辛7−4+偏財	10癸19壬6−4+偏官	40癸20癸6−4+偏官	11甲21甲6−4+偏官	42乙22乙6−4+偏官	12乙23丙6−4+正財	43丙24丁6−4+偏官	13丙25戊6−4+正官
27	40癸14丁3+7−偏官	11甲15戊7−2+比肩	39壬16己7−3+傷官	10癸17庚7−3+正官	40癸18辛7−4+正財	11甲19壬7−4+傷官	41甲20癸6−4+正財	12乙21甲6−4+正官	43丙22乙6−4+正財	13丙23丙6−4+食神	44丁24丁6−4+正官	14丁25戊6−3+偏官
28	41甲14丁3+7−正財	12乙15戊8−2+劫財	40癸16己7−3+食神	11甲17庚7−3+偏財	41甲18辛7−3+食神	12乙19壬7−3+食神	42乙20癸7−4+偏財	13丙21甲7−4+偏財	44丁22乙7−4+偏財	14丁23丙6−4+傷官	45戊24丁7−3+偏財	15戊25戊7−3+正財
29	42乙14丁2+8−偏財		41甲16己8−3+劫財	12乙17庚8−2+正財	42乙18辛8−3+傷官	13丙19壬7−3+劫財	43丙20癸7−3+傷官	14丁21甲7−3+正財	45戊22乙7−3+傷官	15戊23丙7−3+比肩	46己24丁7−3+正財	16己25戊7−3+偏財
30	43丙14丁2+8−傷官		42乙16己8−2+比肩	13丙17庚8−2+食神	43丙18辛8−3+比肩	14丁19壬8−3+比肩	44丁20癸7−3+食神	15戊21甲7−3+食神	46己22乙7−3+食神	16己23丙7−3+劫財	47庚24丁7−3+食神	17庚25戊7−2+傷官
31	44丁14丁2+8−食神		43丙16己8−2+印綬		44丁18辛8−2+劫財		45戊20癸8−3+劫財	16己21甲8−3+傷官		17庚23丙7−3+偏印		18辛25戊8−2+食神

1936年(昭和11年)生まれ　13 丙(2/5〜翌 2/3)

日	1月	2月	3月	4月	5月	6月	7月	8月	9月	10月	11月	12月
日	日干 月干 立年♂♀ 中心星	日干 月干 立年♂♀ 中心星	日干 月干 立年♂♀ 中心星	日干 月干 立年♂♀ 中心星	日干 月干 立年♂♀ 中心星	日干 月干 立年♂♀ 中心星	日干 月干 立年♂♀ 中心星	日干 月干 立年♂♀ 中心星	日干 月干 立年♂♀ 中心星	日干 月干 立年♂♀ 中心星	日干 月干 立年♂♀ 中心星	日干 月干 立年♂♀ 中心星
1	19壬25戊8−2+劫財	50癸26己9−1+偏官	19壬27庚2+8−食神	50癸28辛1+9−食神	20癸29壬2+9−正官	51甲30癸2+9−食神	21甲31甲2+8−傷官	52乙32乙2+8−偏財	23丙33丙2+8−偏財	53丙34丁2+8−正財	24丁35戊2+8−傷官	54丁36己2+8−正官
2	20癸25戊8−1+比肩	51甲26己9−1+正財	20癸27庚1+9−傷官	51甲28辛1+9−劫財	21甲29壬1+9−偏財	52乙30癸1+9−傷官	22乙31甲2+9−食神	53丙32乙2+9−傷官	24丁33丙2+8−正財	54丁34丁2+8−偏財	25戊35戊2+8−比肩	55戊36己2+8−偏財
3	21甲25戊9−1+印綬	52乙26己9−1+偏財	21甲27庚1+9−比肩	52乙28辛1+9−比肩	22乙29壬1+9−正財	53丙30癸1+9−比肩	23丙31甲1+9−劫財	54丁32乙2+9−食神	25戊33丙2+9−食神	55戊34丁2+8−傷官	26己35戊1+9−劫財	56己36己1+9−正財
4	22乙25戊9−1+偏印	53丙26己0−1+傷官	22乙27庚1+9−劫財	53丙28辛1+0−印綬	23丙29壬1+0−食神	54丁30癸1+0−劫財	24丁31甲1+9−比肩	55戊32乙1+9−劫財	26己33丙1+9−傷官	56己34丁1+9−食神	27庚35戊1+9−偏印	57庚36己1+9−食神
5	23丙25戊9−1+正官	54丁27庚0+1−傷官	23丙27庚1+0−偏印	54丁29壬0+1−偏印	24丁29壬1+0−傷官	55戊30癸1+0−偏印	25戊31甲1+0−印綬	56己32乙1+0−比肩	27庚33丙1+9−比肩	57庚34丁1+9−劫財	28辛35戊1+9−印綬	58辛36己1+9−傷官
6	24丁26己1−0+偏官	55戊27庚0+1−比肩	24丁28辛0+1−偏印	55戊29壬0+1−正官	25戊30癸0+1−比肩	56己31甲0+1−比肩	26己31甲1+0−偏印	57庚32乙1+0−印綬	28辛33丙1+0−劫財	58辛34丁1+9−比肩	29壬35戊1+0−偏官	59壬36己1+0−比肩
7	25戊26己1−0+正財	56己27庚9+1−劫財	25戊28辛0+1−正官	56己29壬0+1−偏官	26己30癸0+1−劫財	57庚31甲0+1−印綬	27庚32乙0+1−正官	58辛32乙1+0−偏印	29壬33丙1+0−偏印	59壬34丁1+0−印綬	30癸36己0+1−傷官	60癸37庚0+1−比肩
8	26己26己1−9+偏財	57庚27庚9+1−偏印	26己28辛9+1−偏官	57庚29壬9+1−正財	27庚30癸0+1−偏印	58辛31甲0+1−偏印	28辛32乙0+1−偏官	59壬33丙0+1−偏官	30癸34丁0+1−偏印	60癸35戊0+1−偏印	31甲36己0+1−比肩	1甲37庚0+1−印綬
9	27庚26己1−9+傷官	58辛27庚9+1−印綬	27庚28辛9+1−正財	58辛29壬9+1−偏財	28辛30癸9+1−印綬	59壬31甲9+1−正官	29壬32乙0+1−正財	60癸33丙0+1−正官	31甲34丁0+1−正官	1甲35戊0+1−正官	32乙36己9+1−劫財	2乙37庚9+1−偏印
10	28辛26己1−9+食神	59壬27庚8+2−偏官	28辛28辛9+1−偏財	59壬29壬9+2−傷官	29壬30癸9+1−偏官	60癸31甲9+1−偏官	30癸32乙0+1−偏財	1甲33丙0+1−偏財	32乙34丁9+1−偏官	2乙35戊9+1−偏官	33丙36己9+1−偏印	3丙37庚9+1−正官
11	29壬26己2−8+劫財	60癸27庚8+2−正官	29壬28辛8+2−傷官	60癸29壬8+2−食神	30癸30癸9+2−正官	1甲31甲9+2−正財	31甲32乙9+1−傷官	2乙33丙0+1−正財	33丙34丁9+1−正財	3丙35戊9+1−正財	34丁36己9+1−印綬	4丁37庚9+1−偏官
12	30癸26己2−8+比肩	1甲27庚8+2−偏財	30癸28辛8+2−食神	1甲29壬8+2−劫財	31甲30癸8+2−偏官	2乙31甲8+2−偏財	32乙32乙9+2−食神	3丙33丙9+1−食神	34丁34丁9+1−偏財	4丁35戊9+1−偏財	35戊36己8+2−偏官	5戊37庚8+2−正財
13	31甲26己2−8+印綬	2乙27庚7+3−傷官	31甲28辛8+2−劫財	2乙29壬8+3−比肩	32乙30癸8+2−正官	3丙31甲8+2−傷官	33丙32乙9+2−劫財	4丁33丙9+2−傷官	35戊34丁8+2−傷官	5戊35戊8+2−傷官	36己36己8+2−正官	6己37庚8+2−偏財
14	32乙26己3−7+偏印	3丙27庚7+3−比肩	32乙28辛7+3−比肩	3丙29壬7+3−印綬	33丙30癸8+3−偏財	4丁31甲8+3−食神	34丁32乙8+2−比肩	5戊33丙9+2−比肩	36己34丁8+2−食神	6己35戊8+2−食神	37庚36己8+2−偏財	7庚37庚8+2−傷官
15	33丙26己3−7+正官	4丁27庚7+3−劫財	33丙28辛7+3−印綬	4丁29壬7+3−偏官	34丁30癸7+3−正財	5戊31甲7+3−劫財	35戊32乙8+3−印綬	6己33丙8+2−劫財	37庚34丁8+2−劫財	7庚35戊8+2−劫財	38辛36己7+3−正財	8辛37庚7+3−食神
16	34丁26己3−7+偏財	5戊27庚6+4−偏印	34丁28辛7+3−偏印	5戊29壬7+4−正財	35戊30癸7+3−食神	6己31甲7+3−比肩	36己32乙8+3−偏印	7庚33丙8+3−偏印	38辛34丁7+3−比肩	8辛35戊7+3−比肩	39壬36己7+3−食神	9壬37庚7+3−劫財
17	35戊26己4−6+傷官	6己27庚6+4−印綬	35戊28辛6+4−正官	6己29壬6+4−偏財	36己30癸7+4−傷官	7庚31甲7+4−印綬	37庚32乙7+3−正財	8辛33丙8+3−印綬	39壬34丁7+3−印綬	9壬35戊7+3−印綬	40癸36己7+3−傷官	10癸37庚7+3−比肩
18	36己26己4−6+食神	7庚27庚6+4−偏官	36己28辛6+4−偏官	7庚29壬6+4−偏印	37庚30癸6+4−比肩	8辛31甲6+4−偏印	38辛32乙7+4−偏財	9壬33丙7+3−偏官	40癸34丁7+3−偏印	10癸35戊7+3−偏財	41甲36己6+4−比肩	11甲37庚6+4−印綬
19	37庚26己4−6+印綬	8辛27庚5+5−正官	37庚28辛6+4−正財	8辛29壬6+5−印綬	38辛30癸6+4−劫財	9壬31甲6+4−正官	39壬32乙7+4−傷官	10癸33丙7+4−劫財	41甲34丁6+4−正官	11甲35戊6+4−傷官	42乙36己6+4−劫財	12乙37庚6+4−偏印
20	38辛26己5−5+偏印	9壬27庚5+5−食神	38辛28辛5+5−偏財	9壬29壬5+5−偏官	39壬30癸6+5−偏印	10癸31甲6+5−偏官	40癸32乙6+4−偏官	11甲33丙7+4−偏印	42乙34丁6+4−偏官	12乙35戊6+4−食神	43丙36己6+4−偏官	13丙37庚6+4−正官
21	39壬26己5−5+正官	10癸27庚5+5−傷官	39壬28辛5+5−傷官	10癸29壬5+5−正官	40癸30癸5+5−正財	11甲31甲5+5−正財	41甲32乙6+5−正財	12乙33丙6+4−印綬	43丙34丁6+4−正財	13丙35戊6+4−食神	44丁36己5+5−正官	14丁37庚5+5−偏官
22	40癸26己5−5+偏官	11甲27庚4+6−比肩	40癸28辛5+5−食神	11甲29壬5+6−偏財	41甲30癸5+5−食神	12乙31甲5+5−偏財	42乙32乙6+5−偏財	13丙33丙6+5−偏財	44丁34丁5+5−偏財	14丁35戊5+5−傷官	45戊36己5+5−偏財	15戊37庚5+5−正財
23	41甲26己6−4+正財	12乙27庚4+6−劫財	41甲28辛4+6−劫財	12乙29壬4+6−正財	42乙30癸5+6−傷官	13丙31甲5+6−傷官	43丙32乙5+5−傷官	14丁33丙6+5−正財	45戊34丁5+5−傷官	15戊35戊5+5−比肩	46己36己5+5−正財	16己37庚5+5−偏財
24	42乙26己6−4+偏財	13丙27庚4+6−偏印	42乙28辛4+6−比肩	13丙29壬4+6−食神	43丙30癸4+6−比肩	14丁31甲4+6−食神	44丁32乙5+6−食神	15戊33丙5+5−食神	46己34丁5+5−食神	16己35戊5+5−劫財	47庚36己4+6−食神	17庚37庚4+6−傷官
25	43丙26己6−4+傷官	14丁27庚3+7−印綬	43丙28辛4+6−印綬	14丁29壬4+7−傷官	44丁30癸4+6−劫財	15戊31甲4+6−劫財	45戊32乙5+6−劫財	16己33丙5+6−傷官	47庚34丁4+6−劫財	17庚35戊4+6−偏印	48辛36己4+6−傷官	18辛37庚4+6−食神
26	44丁26己7−3+食神	15戊27庚3+7−偏官	44丁28辛3+7−偏印	15戊29壬3+7−比肩	45戊30癸4+7−偏印	16己31甲4+7−偏印	46己32乙4+6−比肩	17庚33丙5+6−比肩	48辛34丁4+6−比肩	18辛35戊4+6−印綬	49壬36己4+6−比肩	19壬37庚4+6−劫財
27	45戊26己7−3+劫財	16己27庚3+7−正官	45戊28辛3+7−正官	16己29壬3+7−劫財	46己30癸3+7−印綬	17庚31甲3+7−正官	47庚32乙4+7−印綬	18辛33丙4+6−劫財	49壬34丁4+6−印綬	19壬35戊4+6−偏官	50癸36己3+7−劫財	20癸37庚3+7−比肩
28	46己26己7−3+比肩	17庚27庚2+8−偏財	46己28辛3+7−偏官	17庚29壬3+8−偏印	47庚30癸3+7−偏官	18辛31甲3+7−偏官	48辛32乙4+7−偏印	19壬33丙4+7−偏印	50癸34丁3+7−偏印	20癸35戊3+7−正官	51甲36己3+7−偏印	21甲37庚3+7−印綬
29	47庚26己8−2+印綬	18辛27庚2+8−正財	47庚28辛2+8−正財	18辛29壬2+8−印綬	48辛30癸3+8−正官	19壬31甲3+8−正財	49壬32乙3+7−正官	20癸33丙4+7−印綬	51甲34丁3+7−正官	21甲35戊3+7−偏財	52乙36己3+7−印綬	22乙37庚3+7−偏印
30	48辛26己8−2+偏印		48辛28辛2+8−偏財	19壬29壬2+8−偏官	49壬30癸2+8−偏財	20癸31甲2+8−偏財	50癸32乙3+8−偏官	21甲33丙3+7−偏官	52乙34丁3+7−偏官	22乙35戊3+7−正財	53丙36己2+8−偏官	23丙37庚2+8−正官
31	49壬26己8−2+正官		49壬28辛2+8−傷官		50癸30癸2+8−正財		51甲32乙3+8−正財	22乙33丙3+8−正官		23丙35戊2+8−食神		24丁37庚2+8−偏官

1937年（昭和12年）生まれ　14 丁（2/4～翌 2/3）

日	1月	2月	3月	4月	5月	6月	7月	8月	9月	10月	11月	12月
	日干 月干 立年♂♀ 中心星	日干 月干 立年♂♀ 中心星	日干 月干 立年♂♀ 中心星	日干 月干 立年♂♀ 中心星	日干 月干 立年♂♀ 中心星	日干 月干 立年♂♀ 中心星	日干 月干 立年♂♀ 中心星	日干 月干 立年♂♀ 中心星	日干 月干 立年♂♀ 中心星	日干 月干 立年♂♀ 中心星	日干 月干 立年♂♀ 中心星	日干 月干 立年♂♀ 中心星
1	25戊37庚2+8−正財	56己38辛1+9−比肩	24丁39壬8−2+印綬	55戊40癸9−1+正官	25戊41甲9−2+比肩	56己42乙9−2+印綬	26己43丙8−2+偏印	57庚44丁8−2+印綬	28辛45戊8−2+劫財	58辛46己8−3+比肩	29壬47庚8−2+傷官	59壬48辛8−2+比肩
2	26己37庚1+9−偏財	57庚38辛1+9−印綬	25戊39壬9−1+偏官	56己40癸9−1+偏官	26己41甲9−1+劫財	57庚42乙9−1+偏官	27庚43丙9−2+正官	58辛44丁9−2+偏印	29壬45戊8−2+偏印	59壬46己8−2+印綬	30癸47庚8−2+正官	60癸48辛8−2+劫財
3	27庚37庚1+9−傷官	58辛38辛1+9−偏印	26己39壬9−1+正官	57庚40癸9−1+正財	27庚41甲9−1+偏印	58辛42乙9−1+正官	28辛43丙9−1+偏官	59壬44丁9−2+正官	30癸45戊9−2+印綬	60癸46己8−2+偏印	31甲47庚8−2+偏財	1甲48辛8−1+偏印
4	28辛37庚1+9−食神	59壬39壬1−0+偏官	27庚39壬9−1+偏財	58辛40癸0−1+偏財	28辛41甲0−1+印綬	59壬42乙0−1+偏財	29壬43丙9−1+正財	60癸44丁9−1+偏官	31甲45戊9−1+偏官	1甲46己9−2+正官	32乙47庚9−1+正財	2乙48辛9−1+印綬
5	29壬37庚1+0−劫財	60癸39壬1−0+正官	28辛39壬0−1+正財	59壬41甲1−0+傷官	29壬41甲0−1+偏官	60癸42乙0−1+正財	30癸43丙0−1+偏財	1甲44丁0−1+正財	32乙45戊9−1+正官	2乙46己9−1+偏官	33丙47庚9−1+食神	3丙48辛9−1+偏官
6	30癸38辛0+1−比肩	1甲39壬1−9+偏財	29壬40癸1−0+傷官	60癸41甲1−0+食神	30癸42乙1−0+正官	1甲43丙1−0+正財	31甲43丙0−1+傷官	2乙44丁0−1+偏財	33丙45戊0−1+偏財	3丙46己9−1+正財	34丁47庚9−1+傷官	4丁48辛9−1+正官
7	31甲38辛9+1−印綬	2乙39壬1−9+正財	30癸40癸1−0+食神	1甲41甲1−0+劫財	31甲42乙1−0+偏財	2乙43丙1−0+偏財	32乙44丁1−0+食神	3丙44丁0−1+傷官	34丁45戊0−1+正財	4丁46己0−1+偏財	35戊47庚0−1+比肩	5戊49壬1−0+正財
8	32乙38辛9+1−偏印	3丙39壬1−9+食神	31甲40癸1−9+劫財	2乙41甲1−9+比肩	32乙42乙1−0+正財	3丙43丙1−0+傷官	33丙44丁1−0+劫財	4丁45戊1−0+傷官	35戊46己1−0+傷官	5戊46己0−1+傷官	36己48辛1−0+正官	6己49壬1−0+偏財
9	33丙38辛9+1−正官	4丁39壬2−8+傷官	32乙40癸1−9+比肩	3丙41甲1−9+印綬	33丙42乙1−9+食神	4丁43丙1−9+食神	34丁44丁1−0+比肩	5戊45戊1−0+比肩	36己46己1−0+食神	6己47庚1−0+食神	37庚48辛1−9+偏財	7庚49壬1−9+傷官
10	34丁38辛8+1−偏官	5戊39壬2−8+比肩	33丙40癸1−9+印綬	4丁41甲2−9+偏印	34丁42乙1−9+傷官	5戊43丙1−9+劫財	35戊44丁1−0+印綬	6己45戊1−0+劫財	37庚46己1−0+劫財	7庚47庚1−0+劫財	38辛48辛1−9+正財	8辛49壬1−9+食神
11	35戊38辛8+2−正財	6己39壬2−8+劫財	34丁40癸2−8+偏印	5戊41甲2−8+正官	35戊42乙2−9+食神	6己43丙2−9+比肩	36己44丁1−9+偏印	7庚45戊1−9+偏印	38辛46己1−9+比肩	8辛47庚1−9+比肩	39壬48辛1−9+食神	9壬49壬1−9+劫財
12	36己38辛8+2−偏財	7庚39壬3−7+偏官	35戊40癸2−8+正官	6己41甲2−8+偏官	36己42乙2−8+傷官	7庚43丙2−8+印綬	37庚44丁2−9+正官	8辛45戊1−9+印綬	39壬46己1−9+印綬	9壬47庚1−9+印綬	40癸48辛1−8+傷官	10癸49壬2−8+比肩
13	37庚38辛7+2−傷官	8辛39壬3−7+正官	36己40癸2−8+偏官	7庚41甲3−8+正財	37庚42乙2−8+比肩	8辛43丙2−8+偏印	38辛44丁2−9+偏官	9壬45戊2−9+偏官	40癸46己2−9+偏印	10癸47庚1−9+偏印	41甲48辛2−8+比肩	11甲49壬2−8+印綬
14	38辛38辛7+3−食神	9壬39壬3−7+偏財	37庚40癸3−7+正財	8辛41甲3−7+偏財	38辛42乙3−8+劫財	9壬43丙3−8+正官	39壬44丁2−8+正財	10癸45戊2−8+正官	41甲46己2−8+正官	11甲47庚2−8+正官	42乙48辛2−8+劫財	12乙49壬2−8+偏印
15	39壬38辛7+3−劫財	10癸39壬4−6+正財	38辛40癸3−7+偏財	9壬41甲3−7+劫財	39壬42乙3−7+偏印	10癸43丙3−7+偏官	40癸44丁3−8+偏財	11甲45戊2−8+偏財	42乙46己2−8+偏官	12乙47庚2−8+偏官	43丙48辛2−7+偏印	13丙49壬3−7+正官
16	40癸38辛6+3−偏印	11甲39壬4−6+食神	39壬40癸3−7+傷官	10癸41甲4−7+比肩	40癸42乙3−7+印綬	11甲43丙3−7+正財	41甲44丁3−8+傷官	12乙45戊3−8+正財	43丙46己3−8+正財	13丙47庚2−8+正財	44丁48辛3−7+印綬	14丁49壬3−7+偏官
17	41甲38辛6+4−正官	12乙39壬4−6+傷官	40癸40癸4−6+食神	11甲41甲4−6+印綬	41甲42乙4−7+偏官	12乙43丙4−7+偏財	42乙44丁3−7+比肩	13丙45戊3−7+食神	44丁46己3−7+偏財	14丁47庚3−7+偏財	45戊48辛3−7+偏官	15戊49壬3−7+正財
18	42乙38辛6+4−偏官	13丙39壬5−5+比肩	41甲40癸4−6+劫財	12乙41甲4−6+正財	42乙42乙4−6+正官	13丙43丙4−6+傷官	43丙44丁4−7+印綬	14丁45戊3−7+傷官	45戊46己3−7+傷官	15戊47庚3−7+傷官	46己48辛3−6+正官	16己49壬4−6+偏財
19	43丙38辛5+4−傷官	14丁39壬5−5+印綬	42乙40癸4−6+比肩	13丙41甲5−6+食神	43丙42乙4−6+偏財	14丁43丙4−6+食神	44丁44丁4−7+偏印	15戊45戊4−7+偏財	46己46己4−7+食神	16己47庚3−7+偏印	47庚48辛4−6+偏財	17庚49壬4−6+傷官
20	44丁38辛5+5−食神	15戊39壬5−5+偏官	43丙40癸5−5+印綬	14丁41甲5−5+傷官	44丁42乙5−6+正財	15戊43丙5−6+劫財	45戊44丁4−6+劫財	16己45戊4−6+正財	47庚46己4−6+劫財	17庚47庚4−6+正官	48辛48辛4−6+正財	18辛49壬4−6+食神
21	45戊38辛5+5−劫財	16己39壬6−4+正官	44丁40癸5−5+偏印	15戊41甲5−5+比肩	45戊42乙5−5+偏印	16己43丙5−5+比肩	46己44丁5−6+比肩	17庚45戊4−6+食神	48辛46己4−6+比肩	18辛47庚4−6+偏官	49壬48辛4−5+比肩	19壬49壬5−5+劫財
22	46己38辛4+5−比肩	17庚39壬6−4+偏財	45戊40癸5−5+正官	16己41甲6−5+劫財	46己42乙5−5+印綬	17庚43丙5−5+印綬	47庚44丁5−6+印綬	18辛45戊5−6+劫財	49壬46己5−6+印綬	19壬47庚4−6+偏官	50癸48辛5−5+劫財	20癸49壬5−5+比肩
23	47庚38辛4+6−印綬	18辛39壬6−4+正財	46己40癸6−4+偏官	17庚41甲6−4+偏印	47庚42乙6−5+偏官	18辛43丙6−5+偏印	48辛44丁5−5+偏印	19壬45戊5−5+偏印	50癸46己5−5+偏印	20癸47庚5−5+正官	51甲48辛5−5+偏印	21甲49壬5−5+印綬
24	48辛38辛4+6−偏印	19壬39壬7−3+食神	47庚40癸6−4+正財	18辛41甲6−4+印綬	48辛42乙6−4+正官	19壬43丙6−4+正官	49壬44丁6−5+正官	20癸45戊5−5+印綬	51甲46己5−5+正官	21甲47庚5−5+偏財	52乙48辛5−4+印綬	22乙49壬6−4+偏印
25	49壬38辛3+6−正官	20癸39壬7−3+傷官	48辛40癸6−4+偏財	19壬41甲7−4+偏官	49壬42乙6−4+偏財	20癸43丙6−4+偏官	50癸44丁6−5+偏官	21甲45戊6−5+偏官	52乙46己6−5+偏官	22乙47庚5−5+正財	53丙48辛6−4+偏官	23丙49壬6−4+正官
26	50癸38辛3+7−偏官	21甲39壬7−3+比肩	49壬40癸7−3+傷官	20癸41甲7−3+正官	50癸42乙7−4+正財	21甲43丙7−4+傷官	51甲44丁6−4+正財	22乙45戊6−4+正官	53丙46己6−4+正財	23丙47庚6−4+食神	54丁48辛6−4+正官	24丁49壬6−4+偏官
27	51甲38辛3+7−正財	22乙39壬8−2+劫財	50癸40癸7−3+食神	21甲41甲7−3+偏財	51甲42乙7−3+食神	22乙43丙7−3+食神	52乙44丁7−4+偏財	23丙45戊6−4+偏財	54丁46己6−4+偏財	24丁47庚6−4+傷官	55戊48辛6−3+偏財	25戊49壬7−3+正財
28	52乙38辛2+7−偏財	23丙39壬8−2+偏印	51甲40癸7−3+劫財	22乙41甲8−3+正財	52乙42乙7−3+傷官	23丙43丙7−3+劫財	53丙44丁7−4+傷官	24丁45戊7−4+正財	55戊46己7−4+傷官	25戊47庚6−4+比肩	56己48辛7−3+正財	26己49壬7−3+偏財
29	53丙38辛2+8−傷官		52乙40癸8−2+比肩	23丙41甲8−2+食神	53丙42乙8−3+比肩	24丁43丙8−3+比肩	54丁44丁7−3+食神	25戊45戊7−3+食神	56己46己7−3+食神	26己47庚7−3+劫財	57庚48辛7−3+食神	27庚49壬7−3+傷官
30	54丁38辛2+8−食神		53丙40癸8−2+印綬	24丁41甲8−2+傷官	54丁42乙8−2+劫財	25戊43丙8−2+印綬	55戊44丁8−3+劫財	26己45戊7−3+傷官	57庚46己7−3+劫財	27庚47庚7−3+偏印	58辛48辛7−2+傷官	28辛49壬8−2+食神
31	55戊38辛1+8−劫財		54丁40癸8−2+偏印		55戊42乙8−2+偏印		56己44丁8−3+比肩	27庚45戊8−3+比肩		28辛47庚7−3+印綬		29壬49壬8−2+劫財

1938年（昭和13年）生まれ　15 戊（2/4〜翌 2/4）

日	1月	2月	3月	4月	5月	6月	7月	8月	9月	10月	11月	12月
日	日干 月干 立年♂♀ 中心星	日干 月干 立年♂♀ 中心星	日干 月干 立年♂♀ 中心星	日干 月干 立年♂♀ 中心星	日干 月干 立年♂♀ 中心星	日干 月干 立年♂♀ 中心星	日干 月干 立年♂♀ 中心星	日干 月干 立年♂♀ 中心星	日干 月干 立年♂♀ 中心星	日干 月干 立年♂♀ 中心星	日干 月干 立年♂♀ 中心星	日干 月干 立年♂♀ 中心星
1	30癸49壬8−2+比肩	1甲50癸9−1+正財	29壬51甲2+8−食神	60癸52乙1+9−食神	30癸53丙2+9−正官	1甲54丁2+9−食神	31甲55戊2+8−傷官	2乙56己2+8−偏財	33丙57庚2+8−偏財	3丙58辛3+8−正財	34丁59壬2+8−傷官	4丁60癸2+8−正官
2	31甲49壬9−1+印綬	2乙50癸9−1+偏財	30癸51甲1+9−傷官	1甲52乙1+9−劫財	31甲53丙1+9−偏財	2乙54丁1+9−傷官	32乙55戊2+9−食神	3丙56己2+8−傷官	34丁57庚2+8−正財	4丁58辛2+8−偏財	35戊59壬2+8−比肩	5戊60癸2+8−偏財
3	32乙49壬9−1+偏印	3丙50癸9−1+傷官	31甲51甲1+9−比肩	2乙52乙1+9−比肩	32乙53丙1+9−正財	3丙54丁1+9−比肩	33丙55戊2+9−劫財	4丁56己2+9−食神	35戊57庚2+9−食神	5戊58辛2+8−傷官	36己59壬2+8−劫財	6己60癸2+8−正財
4	33丙49壬9−1+正官	4丁51甲0+1−傷官	32乙51甲1+9−劫財	3丙52乙1+0−印綬	33丙53丙1+0−食神	4丁54丁1+0−劫財	34丁55戊1+9−比肩	5戊56己1+9−劫財	36己57庚1+9−傷官	6己58辛2+9−食神	37庚59壬1+9−偏印	7庚60癸1+9−食神
5	34丁49壬0−1+偏官	5戊51甲0+1−比肩	33丙51甲1+0−偏印	4丁53丙0+1−偏印	34丁53丙1+0−傷官	5戊54丁1+0−偏印	35戊55戊1+0−印綬	6己56己1+9−比肩	37庚57庚1+9−比肩	7庚58辛1+9−劫財	38辛59壬1+9−印綬	8辛60癸1+9−傷官
6	35戊50癸1−0+正財	6己51甲9+1−劫財	34丁52乙0+1−偏印	5戊53丙0+1−正官	35戊54丁0+1−比肩	6己55戊0+1−比肩	36己55戊1+0−偏印	7庚56己1+0−印綬	38辛57庚1+0−劫財	8辛58辛1+9−比肩	39壬59壬1+9−偏官	9壬60癸1+9−比肩
7	36己50癸1−9+偏財	7庚51甲9+1−偏印	35戊52乙0+1−正官	6己53丙0+1−偏官	36己54丁0+1−劫財	7庚55戊0+1−印綬	37庚55戊1+0−正官	8辛56己1+0−偏印	39壬57庚1+0−偏印	9壬58辛1+0−印綬	40癸59壬1+0−正官	10癸60癸1+0−劫財
8	37庚50癸1−9+傷官	8辛51甲9+1−印綬	36己52乙9+1−偏官	7庚53丙9+1−正財	37庚54丁0+1−偏印	8辛55戊0+1−偏印	38辛56己0+1−偏官	9壬57庚0+1−偏官	40癸58辛0+1−偏印	10癸58辛1+0−偏印	41甲60癸0+1−比肩	11甲 1甲0+1−印綬
9	38辛50癸1−9+食神	9壬51甲8+2−偏官	37庚52乙9+1−正財	8辛53丙9+1−偏財	38辛54丁9+1−印綬	9壬55戊0+1−正官	39壬56己0+1−正財	10癸57庚0+1−正官	41甲58辛0+1−正官	11甲59壬0+1−正官	42乙60癸0+1−劫財	12乙 1甲9+1−偏印
10	39壬50癸1−8+劫財	10癸51甲8+2−正官	38辛52乙9+1−偏財	9壬53丙9+2−傷官	39壬54丁9+1−偏官	10癸55戊9+1−偏官	40癸56己0+1−偏財	11甲57庚0+1−偏財	42乙58辛0+1−偏官	12乙59壬0+1−偏官	43丙60癸9+1−偏印	13丙 1甲9+1−正官
11	40癸50癸2−8+比肩	11甲51甲8+2−偏財	39壬52乙8+2−傷官	10癸53丙8+2−食神	40癸54丁9+2−正官	11甲55戊9+2−正財	41甲56己9+1−傷官	12乙57庚9+1−正財	43丙58辛9+1−正財	13丙59壬9+1−正財	44丁60癸9+1−印綬	14丁 1甲9+1−偏官
12	41甲50癸2−8+印綬	12乙51甲7+3−傷官	40癸52乙8+2−食神	11甲53丙8+2−劫財	41甲54丁8+2−偏官	12乙55戊9+2−偏財	42乙56己9+1−食神	13丙57庚9+1−食神	44丁58辛9+1−偏財	14丁59壬9+1−偏財	45戊60癸9+1−偏官	15戊 1甲8+1−正財
13	42乙50癸2−7+偏印	13丙51甲7+3−比肩	41甲52乙8+2−劫財	12乙53丙8+3−比肩	42乙54丁8+2−正官	13丙55戊8+2−傷官	43丙56己9+2−劫財	14丁57庚9+2−傷官	45戊58辛9+2−傷官	15戊59壬9+1−傷官	46己60癸8+2−正官	16己 1甲8+2−偏財
14	43丙50癸3−7+正官	14丁51甲7+3−劫財	42乙52乙7+3−比肩	13丙53丙7+3−印綬	43丙54丁8+3−偏財	14丁55戊8+3−食神	44丁56己8+2−比肩	15戊57庚8+2−比肩	46己58辛8+2−食神	16己59壬8+2−食神	47庚60癸8+2−偏財	17庚 1甲8+2−傷官
15	44丁50癸3−7+偏官	15戊51甲6+4−偏印	43丙52乙7+3−印綬	14丁53丙7+3−偏官	44丁54丁7+3−正財	15戊55戊8+3−劫財	45戊56己8+2−印綬	16己57庚8+2−劫財	47庚58辛8+2−劫財	17庚59壬8+2−劫財	48辛60癸8+2−正財	18辛 1甲7+2−食神
16	45戊50癸3−6+傷官	16己51甲6+4−印綬	44丁52乙7+3−偏印	15戊53丙7+4−正財	45戊54丁7+3−食神	16己55戊7+3−比肩	46己56己8+3−偏印	17庚57庚8+3−偏印	48辛58辛8+3−比肩	18辛59壬8+2−比肩	49壬60癸7+3−食神	19壬 1甲7+3−劫財
17	46己50癸4−6+食神	17庚51甲6+4−偏官	45戊52乙6+4−正官	16己53丙6+4−偏財	46己54丁7+4−傷官	17庚55戊7+4−印綬	47庚56己7+3−正財	18辛57庚7+3−印綬	49壬58辛7+3−印綬	19壬59壬7+3−印綬	50癸60癸7+3−傷官	20癸 1甲7+3−比肩
18	47庚50癸4−6+劫財	18辛51甲5+5−正官	46己52乙6+4−偏官	17庚53丙6+4−偏印	47庚54丁6+4−比肩	18辛55戊7+4−偏印	48辛56己7+3−偏財	19壬57庚7+3−偏官	50癸58辛7+3−偏印	20癸59壬7+3−偏印	51甲60癸7+3−比肩	21甲 1甲6+3−印綬
19	48辛50癸4−5+偏印	19壬51甲5+5−食神	47庚52乙6+4−正財	18辛53丙6+5−印綬	48辛54丁6+4−劫財	19壬55戊6+4−正官	49壬56己7+4−傷官	20癸57庚7+4−劫財	51甲58辛7+4−正官	21甲59壬7+3−傷官	52乙60癸6+4−劫財	22乙 1甲6+4−偏印
20	49壬50癸5−5+正官	20癸51甲5+5−傷官	48辛52乙5+5−偏財	19壬53丙5+5−偏官	49壬54丁6+5−偏印	20癸55戊6+5−偏官	50癸56己6+4−食神	21甲57庚6+4−偏印	52乙58辛6+4−偏官	22乙59壬6+4−食神	53丙60癸6+4−偏印	23丙 1甲6+4−正官
21	50癸50癸5−5+偏官	21甲51甲4+6−比肩	49壬52乙5+5−傷官	20癸53丙5+5−正官	50癸54丁5+5−正財	21甲55戊6+5−正財	51甲56己6+4−正財	22乙57庚6+4−印綬	53丙58辛6+4−正財	23丙59壬6+4−劫財	54丁60癸6+4−正官	24丁 1甲5+4−偏官
22	51甲50癸5−4+正財	22乙51甲4+6−劫財	50癸52乙5+5−食神	21甲53丙5+6−偏財	51甲54丁5+5−食神	22乙55戊5+5−偏財	52乙56己6+5−偏財	23丙57庚6+5−偏財	54丁58辛6+5−偏財	24丁59壬6+4−傷官	55戊60癸5+5−偏財	25戊 1甲5+5−正財
23	52乙50癸6−4+偏財	23丙51甲4+6−偏印	51甲52乙4+6−劫財	22乙53丙4+6−正財	52乙54丁5+6−傷官	23丙55戊5+6−傷官	53丙56己5+5−傷官	24丁57庚5+5−正財	55戊58辛5+5−傷官	25戊59壬5+5−比肩	56己60癸5+5−正財	26己 1甲5+5−偏財
24	53丙50癸6−4+傷官	24丁51甲3+7−印綬	52乙52乙4+6−比肩	23丙53丙4+6−食神	53丙54丁4+6−比肩	24丁55戊5+6−食神	54丁56己5+5−食神	25戊57庚5+5−食神	56己58辛5+5−食神	26己59壬5+5−劫財	57庚60癸5+5−食神	27庚 1甲4+5−傷官
25	54丁50癸6−3+食神	25戊51甲3+7−偏官	53丙52乙4+6−印綬	24丁53丙4+7−傷官	54丁54丁4+6−劫財	25戊55戊4+6−劫財	55戊56己5+6−劫財	26己57庚5+6−傷官	57庚58辛5+6−劫財	27庚59壬5+5−偏印	58辛60癸4+6−傷官	28辛 1甲4+6−食神
26	55戊50癸7−3+劫財	26己51甲3+7−正官	54丁52乙3+7−偏印	25戊53丙3+7−比肩	55戊54丁4+7−偏印	26己55戊4+7−偏印	56己56己4+6−比肩	27庚57庚4+6−比肩	58辛58辛4+6−比肩	28辛59壬4+6−印綬	59壬60癸4+6−比肩	29壬 1甲4+6−劫財
27	56己50癸7−3+比肩	27庚51甲2+8−偏財	55戊52乙3+7−正官	26己53丙3+7−劫財	56己54丁3+7−印綬	27庚55戊4+7−正官	57庚56己4+6−印綬	28辛57庚4+6−劫財	59壬58辛4+6−印綬	29壬59壬4+6−偏官	60癸60癸4+6−劫財	30癸 1甲3+6−比肩
28	57庚50癸7−2+印綬	28辛51甲2+8−正財	56己52乙3+7−偏官	27庚53丙3+8−偏印	57庚54丁3+7−偏官	28辛55戊3+7−偏官	58辛56己4+7−偏印	29壬57庚4+7−偏印	60癸58辛4+7−偏印	30癸59壬4+6−正官	1甲60癸3+7−偏印	31甲 1甲3+7−印綬
29	58辛50癸8−2+偏印		57庚52乙2+8−正財	28辛53丙2+8−印綬	58辛54丁3+8−正官	29壬55戊3+8−正財	59壬56己3+7−正官	30癸57庚3+7−印綬	1甲58辛3+7−正官	31甲59壬3+7−偏財	2乙60癸3+7−印綬	32乙 1甲3+7−偏印
30	59壬50癸8−2+正官		58辛52乙2+8−偏財	29壬53丙2+8−偏官	59壬54丁2+8−偏財	30癸55戊3+8−偏財	60癸56己3+7−偏官	31甲57庚3+7−偏官	2乙58辛3+7−偏官	32乙59壬3+7−正財	3丙60癸3+7−偏官	33丙 1甲2+7−正官
31	60癸50癸8−1+偏官		59壬52乙2+8−傷官		60癸54丁2+8−正財		1甲56己3+8−正財	32乙57庚3+8−正官		33丙59壬3+7−食神		34丁 1甲2+8−偏官

1939年（昭和14年）生まれ　16 己（2/5〜翌 2/4）

日	1月	2月	3月	4月	5月	6月	7月	8月	9月	10月	11月	12月
	日干 月干 立年♂♀ 中心星	日干 月干 立年♂♀ 中心星	日干 月干 立年♂♀ 中心星	日干 月干 立年♂♀ 中心星	日干 月干 立年♂♀ 中心星	日干 月干 立年♂♀ 中心星	日干 月干 立年♂♀ 中心星	日干 月干 立年♂♀ 中心星	日干 月干 立年♂♀ 中心星	日干 月干 立年♂♀ 中心星	日干 月干 立年♂♀ 中心星	日干 月干 立年♂♀ 中心星
1	35戊 1甲2+8−正財	6己 2乙1+9−比肩	34丁 3丙8−2+印綬	5戊 4丁9−2+正官	35戊 5戊8−2+比肩	6己 6己9−2+印綬	36己 7庚8−2+偏印	7庚 8辛8−2+印綬	38辛 9壬8−2+劫財	8辛10癸8−3+比肩	39壬11甲8−2+偏官	9壬12乙8−2+比肩
2	36己 1甲1+8−偏財	7庚 2乙1+9−印綬	35戊 3丙8−1+偏官	6己 4丁9−1+偏官	36己 5戊9−1+劫財	7庚 6己9−1+偏官	37庚 7庚9−2+正官	8辛 8辛8−2+偏印	39壬 9壬8−2+偏印	9壬10癸8−2+印綬	40癸11甲8−2+正官	10癸12乙8−2+劫財
3	37庚 1甲1+9−傷官	8辛 2乙1+9−偏印	36己 3丙9−1+正官	7庚 4丁9−1+正財	37庚 5戊9−1+偏印	8辛 6己9−1+正官	38辛 7庚9−2+偏官	9壬 8辛9−2+正官	40癸 9壬9−2+印綬	10癸10癸8−2+偏印	41甲11甲8−2+偏財	11甲12乙8−2+偏印
4	38辛 1甲1+9−食神	9壬 2乙1+0−正官	37庚 3丙9−1+偏財	8辛 4丁0−1+偏財	38辛 5戊9−1+印綬	9壬 6己0−1+偏財	39壬 7庚9−1+正財	10癸 8辛9−1+偏官	41甲 9壬9−1+偏官	11甲10癸9−2+正官	42乙11甲9−1+正財	12乙12乙9−1+印綬
5	39壬 1甲1+9−劫財	10癸 3丙1−0+正官	38辛 3丙9−1+正財	9壬 4丁0−1+傷官	39壬 5戊0−1+偏官	10癸 6己0−1+正財	40癸 7庚0−1+偏財	11甲 8辛9−1+正財	42乙 9壬9−1+正官	12乙10癸9−1+偏官	43丙11甲9−1+食神	13丙12乙9−1+偏官
6	40癸 2乙0+1−比肩	11甲 3丙1−9+偏財	39壬 4丁1−0+傷官	10癸 5戊1−0+食神	40癸 6己1−0+正官	11甲 7庚1−0+正財	41甲 7庚0−1+傷官	12乙 8辛0−1+偏財	43丙 9壬0−1+偏財	13丙10癸9−1+正財	44丁11甲9−1+傷官	14丁12乙9−1+正官
7	41甲 2乙0+1−印綬	12乙 3丙1−9+正財	40癸 4丁1−0+食神	11甲 5戊1−0+劫財	41甲 6己1−0+偏財	12乙 7庚1−0+偏財	42乙 7庚0−1+食神	13丙 8辛0−1+傷官	44丁 9壬0−1+正財	14丁10癸0−1+偏財	45戊11甲0−1+比肩	15戊12乙0−1+偏財
8	42乙 2乙9+1−偏印	13丙 3丙1−9+食神	41甲 4丁1−0+劫財	12乙 5戊1−9+比肩	42乙 6己1−0+正財	13丙 7庚1−0+傷官	43丙 8辛1−0+劫財	14丁 9壬1−0+傷官	45戊10癸1−0+傷官	15戊10癸0−1+傷官	46己12乙1−0+正官	16己13丙1−0+偏財
9	43丙 2乙9+1−正官	14丁 3丙1−8+傷官	42乙 4丁1−9+比肩	13丙 5戊1−9+印綬	43丙 6己1−9+食神	14丁 7庚1−0+食神	44丁 8辛1−0+比肩	15戊 9壬1−0+比肩	46己10癸1−0+食神	16己11甲1−0+食神	47庚12乙1−0+偏財	17庚13丙1−9+傷官
10	44丁 2乙9+1−偏官	15戊 3丙2−8+比肩	43丙 4丁1−9+印綬	14丁 5戊1−9+偏印	44丁 6己1−9+傷官	15戊 7庚1−9+劫財	45戊 8辛1−0+印綬	16己 9壬1−0+劫財	47庚10癸1−0+劫財	17庚11甲1−0+劫財	48辛12乙1−9+正財	18辛13丙1−9+食神
11	45戊 2乙8+2−正財	16己 3丙2−8+劫財	44丁 4丁2−9+偏印	15戊 5戊2−8+正官	45戊 6己2−9+比肩	16己 7庚2−9+比肩	46己 8辛1−9+偏印	17庚 9壬1−9+偏印	48辛10癸1−9+比肩	18辛11甲1−9+比肩	49壬12乙1−9+食神	19壬13丙1−9+劫財
12	46己 2乙8+2−偏財	17庚 3丙2−7+偏官	45戊 4丁2−8+正官	16己 5戊2−8+偏官	46己 6己2−8+傷官	17庚 7庚2−9+印綬	47庚 8辛1−9+正官	18辛 9壬1−9+印綬	49壬10癸1−9+印綬	19壬11甲1−9+印綬	50癸12乙1−9+傷官	20癸13丙1−8+比肩
13	47庚 2乙8+2−傷官	18辛 3丙3−7+正官	46己 4丁2−8+偏官	17庚 5戊2−8+正財	47庚 6己2−8+比肩	18辛 7庚2−8+偏印	48辛 8辛2−9+偏官	19壬 9壬2−9+偏官	50癸10癸2−9+偏印	20癸11甲1−9+偏印	51甲12乙2−8+比肩	21甲13丙2−8+印綬
14	48辛 2乙7+3−食神	19壬 3丙3−7+偏財	47庚 4丁3−8+正財	18辛 5戊3−7+偏財	48辛 6己3−8+劫財	19壬 7庚3−8+正官	49壬 8辛2−8+正財	20癸 9壬2−8+正官	51甲10癸2−8+正官	21甲11甲2−8+正官	52乙12乙2−8+劫財	22乙13丙2−8+偏印
15	49壬 2乙7+3−劫財	20癸 3丙3−6+正財	48辛 4丁3−7+偏財	19壬 5戊3−7+傷官	49壬 6己3−7+偏印	20癸 7庚3−8+偏官	50癸 8辛2−8+偏財	21甲 9壬2−8+偏財	52乙10癸2−8+偏官	22乙11甲2−8+偏官	53丙12乙2−8+偏印	23丙13丙2−7+正官
16	50癸 2乙7+3−偏印	21甲 3丙4−6+食神	49壬 4丁3−7+傷官	20癸 5戊3−7+比肩	50癸 6己3−7+印綬	21甲 7庚3−7+正財	51甲 8辛3−8+傷官	22乙 9壬3−8+正財	53丙10癸3−8+正財	23丙11甲2−8+正財	54丁12乙3−7+印綬	24丁13丙3−7+偏官
17	51甲 2乙6+4−正官	22乙 3丙4−6+傷官	50癸 4丁4−7+食神	21甲 5戊4−6+印綬	51甲 6己4−7+偏官	22乙 7庚4−7+偏財	52乙 8辛3−7+食神	23丙 9壬3−7+食神	54丁10癸3−7+偏財	24丁11甲3−7+偏財	55戊12乙3−7+偏官	25戊13丙3−7+正財
18	52乙 2乙6+4−偏官	23丙 3丙4−5+比肩	51甲 4丁4−6+劫財	22乙 5戊4−6+偏印	52乙 6己4−6+正官	23丙 7庚4−7+傷官	53丙 8辛3−7+印綬	24丁 9壬3−7+正官	55戊10癸3−7+傷官	25戊11甲3−7+印綬	56己12乙3−7+正官	26己13丙3−6+偏財
19	53丙 2乙6+4−傷官	24丁 3丙5−5+劫財	52乙 4丁4−6+比肩	23丙 5戊4−6+食神	53丙 6己4−6+偏財	24丁 7庚4−6+食神	54丁 8辛4−7+偏印	25戊 9壬4−7+偏財	56己10癸4−7+食神	26己11甲3−7+偏印	57庚12乙4−6+偏財	27庚13丙4−6+傷官
20	54丁 2乙5+5−食神	25戊 3丙5−5+偏官	53丙 4丁5−6+印綬	24丁 5戊5−5+傷官	54丁 6己5−6+正財	25戊 7庚5−6+劫財	55戊 8辛4−6+正官	26己 9壬4−6+正財	57庚10癸4−6+劫財	27庚11甲4−6+正官	58辛12乙4−6+正財	28辛13丙4−6+食神
21	55戊 2乙5+5−劫財	26己 3丙5−4+正官	54丁 4丁5−5+偏印	25戊 5戊5−5+比肩	55戊 6己5−5+偏印	26己 7庚5−6+比肩	56己 8辛4−6+比肩	27庚 9壬4−6+比肩	58辛10癸4−6+比肩	28辛11甲4−6+偏官	59壬12乙4−6+比肩	29壬13丙4−5+劫財
22	56己 2乙5+5−比肩	27庚 3丙6−4+偏財	55戊 4丁5−5+正官	26己 5戊5−5+劫財	56己 6己5−5+印綬	27庚 7庚5−5+印綬	57庚 8辛5−6+印綬	28辛 9壬5−6+劫財	59壬10癸5−6+印綬	29壬11甲4−6+偏官	60癸12乙5−5+劫財	30癸13丙5−5+比肩
23	57庚 2乙4+6−印綬	28辛 3丙6−4+正財	56己 4丁6−5+偏官	27庚 5戊6−4+偏印	57庚 6己6−5+偏官	28辛 7庚6−5+偏印	58辛 8辛5−5+偏印	29壬 9壬5−5+偏印	60癸10癸5−5+偏印	30癸11甲5−5+正官	1甲12乙5−5+偏印	31甲13丙5−5+印綬
24	58辛 2乙4+6−偏印	29壬 3丙6−3+食神	57庚 4丁6−4+正財	28辛 5戊6−4+印綬	58辛 6己6−4+正官	29壬 7庚6−5+正官	59壬 8辛5−5+正官	30癸 9壬5−5+印綬	1甲10癸5−5+正官	31甲11甲5−5+偏財	2乙12乙5−5+印綬	32乙13丙5−4+偏印
25	59壬 2乙4+6−正官	30癸 3丙7−3+傷官	58辛 4丁6−4+偏財	29壬 5戊6−4+偏官	59壬 6己6−4+偏財	30癸 7庚6−4+偏官	60癸 8辛6−5+偏官	31甲 9壬6−5+偏官	2乙10癸6−5+偏官	32乙11甲5−5+正財	3丙12乙6−4+偏官	33丙13丙6−4+正官
26	60癸 2乙3+7−偏官	31甲 3丙7−3+比肩	59壬 4丁7−4+傷官	30癸 5戊7−3+正官	60癸 6己7−4+正財	31甲 7庚7−4+傷官	1甲 8辛6−4+正財	32乙 9壬6−4+正官	3丙10癸6−4+正財	33丙11甲6−4+食神	4丁12乙6−4+正官	34丁13丙6−4+偏官
27	1甲 2乙3+7−正財	32乙 3丙7−2+劫財	60癸 4丁7−3+食神	31甲 5戊7−3+偏財	1甲 6己7−3+食神	32乙 7庚7−4+食神	2乙 8辛6−4+偏財	33丙 9壬6−4+偏財	4丁10癸6−4+偏財	34丁11甲6−4+傷官	5戊12乙6−4+偏財	35戊13丙6−3+正財
28	2乙 2乙3+7−偏財	33丙 3丙8−2+偏印	1甲 4丁7−3+劫財	32乙 5戊7−3+正財	2乙 6己7−3+傷官	33丙 7庚7−3+劫財	3丙 8辛7−4+傷官	34丁 9壬7−4+正財	5戊10癸7−4+傷官	35戊11甲6−4+比肩	6己12乙7−3+正財	36己13丙7−3+偏財
29	3丙 2乙2+8−傷官		2乙 4丁8−3+比肩	33丙 5戊8−2+食神	3丙 6己8−3+比肩	34丁 7庚8−3+比肩	4丁 8辛7−3+食神	35戊 9壬7−3+食神	6己10癸7−3+食神	36己11甲7−3+劫財	7庚12乙7−3+食神	37庚13丙7−3+傷官
30	4丁 2乙2+8−食神		3丙 4丁8−2+印綬	34丁 5戊8−2+傷官	4丁 6己8−2+劫財	35戊 7庚8−3+印綬	5戊 8辛7−3+劫財	36己 9壬7−3+傷官	7庚10癸7−3+劫財	37庚11甲7−3+偏印	8辛12乙7−3+傷官	38辛13丙7−2+食神
31	5戊 2乙2+8−劫財		4丁 4丁8−2+偏印		5戊 6己8−2+偏印		6己 8辛8−3+比肩	37庚 9壬8−3+比肩		38辛11甲7−3+印綬		39壬13丙8−2+劫財

1940年（昭和15年）生まれ　17 庚（2/5～翌 2/3）

日	1月	2月	3月	4月	5月	6月	7月	8月	9月	10月	11月	12月
	日干 月干 立年♂♀ 中心星	日干 月干 立年♂♀ 中心星	日干 月干 立年♂♀ 中心星	日干 月干 立年♂♀ 中心星	日干 月干 立年♂♀ 中心星	日干 月干 立年♂♀ 中心星	日干 月干 立年♂♀ 中心星	日干 月干 立年♂♀ 中心星	日干 月干 立年♂♀ 中心星	日干 月干 立年♂♀ 中心星	日干 月干 立年♂♀ 中心星	日干 月干 立年♂♀ 中心星
1	40癸13丙8－2+比肩	11甲14丁9－1+正財	40癸15戊2+8－傷官	11甲16己1+9－劫財	41甲17庚2+9－偏財	12乙18辛2+9－傷官	42乙19壬2+8－食神	13丙20癸2+8－傷官	44丁21甲2+8－正財	14丁22乙2+8－偏財	45戊23丙2+8－比肩	15戊24丁2+8－偏財
2	41甲13丙8－1+印綬	12乙14丁9－1+偏財	41甲15戊1+9－比肩	12乙16己1+9－比肩	42乙17庚1+9－正財	13丙18辛1+9－比肩	43丙19壬2+9－劫財	14丁20癸2+9－食神	45戊21甲2+8－食神	15戊22乙2+8－傷官	46己23丙2+8－劫財	16己24丁2+8－正財
3	42乙13丙9－1+偏印	13丙14丁9－1+傷官	42乙15戊1+9－劫財	13丙16己1+9－印綬	43丙17庚1+9－食神	14丁18辛1+9－劫財	44丁19壬1+9－比肩	15戊20癸2+9－劫財	46己21甲2+9－傷官	16己22乙2+8－食神	47庚23丙1+9－偏印	17庚24丁1+9－食神
4	43丙13丙9－1+正官	14丁14丁0－1+食神	43丙15戊1+9－偏印	14丁16己1+0－偏印	44丁17庚1+0－傷官	15戊18辛1+0－偏印	45戊19壬1+9－印綬	16己20癸1+9－比肩	47庚21甲1+9－比肩	17庚22乙1+9－劫財	48辛23丙1+9－印綬	18辛24丁1+9－傷官
5	44丁13丙9－1+偏官	15戊15戊0+1－比肩	44丁15戊1+0－印綬	15戊17庚0+1－正官	45戊17庚1+0－比肩	16己18辛1+0－印綬	46己19壬1+0－偏印	17庚20癸1+0－印綬	48辛21甲1+9－劫財	18辛22乙1+9－比肩	49壬23丙1+9－偏官	19壬24丁1+9－比肩
6	45戊14丁1－0+正財	16己15戊0+1－劫財	45戊16己0+1－正官	16己17庚0+1－偏官	46己18辛0+1－劫財	17庚19壬0+1－印綬	47庚19壬1+0－正官	18辛20癸1+0－偏印	49壬21甲1+0－偏印	19壬22乙1+9－印綬	50癸23丙1+0－正官	20癸24丁1+0－劫財
7	46己14丁1－0+偏財	17庚15戊9+1－偏印	46己16己0+1－偏官	17庚17庚0+1－正財	47庚18辛0+1－偏印	18辛19壬0+1－偏印	48辛20癸0+1－偏官	19壬20癸1+0－正官	50癸21甲1+0－印綬	20癸22乙1+0－偏印	51甲24丁0+1－比肩	21甲25戊0+1－印綬
8	47庚14丁1－9+傷官	18辛15戊9+1－印綬	47庚16己9+1－正財	18辛17庚9+1－偏財	48辛18辛0+1－印綬	19壬19壬0+1－正官	49壬20癸0+1－正財	20癸21甲0+1－正官	51甲22乙0+1－正官	21甲23丙0+1－正官	52乙24丁0+1－劫財	22乙25戊0+1－偏印
9	48辛14丁1－9+食神	19壬15戊9+1－偏官	48辛16己9+1－偏財	19壬17庚9+1－傷官	49壬18辛9+1－偏官	20癸19壬9+1－偏官	50癸20癸0+1－偏財	21甲21甲0+1－偏財	52乙22乙0+1－偏官	22乙23丙0+1－偏官	53丙24丁9+1－偏印	23丙25戊9+1－正官
10	49壬14丁1－9+劫財	20癸15戊8+2－正官	49壬16己9+1－傷官	20癸17庚9+2－食神	50癸18辛9+1－正官	21甲19壬9+1－正財	51甲20癸0+1－傷官	22乙21甲0+1－正財	53丙22乙9+1－正財	23丙23丙9+1－正財	54丁24丁9+1－印綬	24丁25戊9+1－偏官
11	50癸14丁2－8+比肩	21甲15戊8+2－偏財	50癸16己8+2－食神	21甲17庚8+2－劫財	51甲18辛9+2－偏財	22乙19壬9+2－偏財	52乙20癸9+1－食神	23丙21甲9+1－食神	54丁22乙9+1－偏財	24丁23丙9+1－偏財	55戊24丁9+1－偏官	25戊25戊9+1－正財
12	51甲14丁2－8+印綬	22乙15戊8+2－傷官	51甲16己8+2－劫財	22乙17庚8+2－比肩	52乙18辛8+2－正官	23丙19壬8+2－傷官	53丙20癸9+2－劫財	24丁21甲9+1－傷官	55戊22乙9+1－傷官	25戊23丙9+1－傷官	56己24丁8+2－正官	26己25戊8+2－偏財
13	52乙14丁2－8+偏印	23丙15戊7+3－比肩	52乙16己8+2－比肩	23丙17庚8+3－印綬	53丙18辛8+2－偏財	24丁19壬8+2－食神	54丁20癸9+2－比肩	25戊21甲9+2－比肩	56己22乙8+2－食神	26己23丙8+2－食神	57庚24丁8+2－偏財	27庚25戊8+2－傷官
14	53丙14丁3－7+正官	24丁15戊7+3－劫財	53丙16己7+3－印綬	24丁17庚7+3－偏印	54丁18辛8+3－正財	25戊19壬8+3－劫財	55戊20癸8+2－印綬	26己21甲8+2－劫財	57庚22乙8+2－劫財	27庚23丙8+2－劫財	58辛24丁8+2－正財	28辛25戊8+2－食神
15	54丁14丁3－7+偏官	25戊15戊7+3－偏印	54丁16己7+3－偏印	25戊17庚7+3－正財	55戊18辛7+3－食神	26己19壬7+3－比肩	56己20癸8+3－偏印	27庚21甲8+2－偏印	58辛22乙8+2－比肩	28辛23丙8+2－比肩	59壬24丁7+3－食神	29壬25戊7+3－劫財
16	55戊14丁3－7+傷官	26己15戊6+4－印綬	55戊16己7+3－正官	26己17庚7+4－偏財	56己18辛7+3－傷官	27庚19壬7+3－印綬	57庚20癸8+3－正官	28辛21甲8+3－印綬	59壬22乙7+3－印綬	29壬23丙7+3－印綬	60癸24丁7+3－傷官	30癸25戊7+3－比肩
17	56己14丁4－6+食神	27庚15戊6+4－偏官	56己16己6+4－偏官	27庚17庚6+4－傷官	57庚18辛7+4－比肩	28辛19壬7+4－偏印	58辛20癸7+3－偏財	29壬21甲7+3－偏官	60癸22乙7+3－偏印	30癸23丙7+3－偏印	1甲24丁7+3－比肩	31甲25戊7+3－印綬
18	57庚14丁4－6+劫財	28辛15戊6+4－正官	57庚16己6+4－正財	28辛17庚6+4－印綬	58辛18辛6+4－劫財	29壬19壬6+4－正官	59壬20癸7+4－傷官	30癸21甲7+3－正官	1甲22乙7+3－正官	31甲23丙7+3－傷官	2乙24丁6+4－劫財	32乙25戊6+4－偏印
19	58辛14丁4－6+偏印	29壬15戊5+5－偏財	58辛16己6+4－偏財	29壬17庚6+5－偏官	59壬18辛6+4－偏印	30癸19壬6+4－偏官	60癸20癸7+4－食神	31甲21甲7+4－偏印	2乙22乙6+4－偏官	32乙23丙6+4－食神	3丙24丁6+4－偏印	33丙25戊6+4－正官
20	59壬14丁5－5+正官	30癸15戊5+5－傷官	59壬16己5+5－傷官	30癸17庚5+5－正官	60癸18辛6+5－印綬	31甲19壬6+5－正財	1甲20癸6+4－正財	32乙21甲6+4－印綬	3丙22乙6+4－正財	33丙23丙6+4－劫財	4丁24丁6+4－正官	34丁25戊6+4－偏官
21	60癸14丁5－5+偏官	31甲15戊5+5－比肩	60癸16己5+5－食神	31甲17庚5+5－偏財	1甲18辛5+5－食神	32乙19壬5+5－偏財	2乙20癸6+5－偏財	33丙21甲6+4－偏官	4丁22乙6+4－偏財	34丁23丙6+4－傷官	5戊24丁5+5－偏財	35戊25戊5+5－正財
22	1甲14丁5－5+正財	32乙15戊4+6－劫財	1甲16己5+5－劫財	32乙17庚5+6－正財	2乙18辛5+5－傷官	33丙19壬5+5－傷官	3丙20癸6+5－傷官	34丁21甲6+5－正財	5戊22乙5+5－傷官	35戊23丙5+5－比肩	6己24丁5+5－正財	36己25戊5+5－偏財
23	2乙14丁6－4+偏財	33丙15戊4+6－偏印	2乙16己4+6－比肩	33丙17庚4+6－食神	3丙18辛5+6－比肩	34丁19壬5+6－食神	4丁20癸5+5－食神	35戊21甲5+5－食神	6己22乙5+5－食神	36己23丙5+5－劫財	7庚24丁5+5－食神	37庚25戊5+5－傷官
24	3丙14丁6－4+傷官	34丁15戊4+6－印綬	3丙16己4+6－印綬	34丁17庚4+6－傷官	4丁18辛4+6－劫財	35戊19壬4+6－劫財	5戊20癸5+6－劫財	36己21甲5+5－傷官	7庚22乙5+5－劫財	37庚23丙5+5－偏印	8辛24丁4+6－傷官	38辛25戊4+6－食神
25	4丁14丁6－4+食神	35戊15戊3+7－偏官	4丁16己4+6－偏印	35戊17庚4+7－比肩	5戊18辛4+6－偏印	36己19壬4+6－比肩	6己20癸5+6－比肩	37庚21甲5+6－比肩	8辛22乙4+6－比肩	38辛23丙4+6－印綬	9壬24丁4+6－比肩	39壬25戊4+6－劫財
26	5戊14丁7－3+劫財	36己15戊3+7－正官	5戊16己3+7－正官	36己17庚3+7－劫財	6己18辛4+7－印綬	37庚19壬4+7－正官	7庚20癸4+6－印綬	38辛21甲4+6－劫財	9壬22乙4+6－印綬	39壬23丙4+6－偏官	10癸24丁4+6－劫財	40癸25戊4+6－比肩
27	6己14丁7－3+比肩	37庚15戊3+7－偏財	6己16己3+7－偏官	37庚17庚3+7－偏印	7庚18辛3+7－偏官	38辛19壬3+7－偏官	8辛20癸4+7－偏印	39壬21甲4+6－偏印	10癸22乙4+6－偏印	40癸23丙4+6－正官	11甲24丁3+7－偏印	41甲25戊3+7－印綬
28	7庚14丁7－3+印綬	38辛15戊2+8－正財	7庚16己3+7－正財	38辛17庚3+8－印綬	8辛18辛3+7－正官	39壬19壬3+7－正財	9壬20癸4+7－正官	40癸21甲4+7－印綬	11甲22乙3+7－正官	41甲23丙3+7－偏財	12乙24丁3+7－印綬	42乙25戊3+7－偏印
29	8辛14丁8－2+偏印	39壬15戊2+8－食神	8辛16己2+8－偏財	39壬17庚2+8－偏官	9壬18辛3+8－偏財	40癸19壬3+8－偏財	10癸20癸3+7－偏官	41甲21甲3+7－偏官	12乙22乙3+7－偏官	42乙23丙3+7－正財	13丙24丁3+7－偏官	43丙25戊3+7－正官
30	9壬14丁8－2+正官		9壬16己2+8－傷官	40癸17庚2+8－正官	10癸18辛2+8－正財	41甲19壬2+8－傷官	11甲20癸3+8－正財	42乙21甲3+7－正官	13丙22乙3+7－正財	43丙23丙3+7－食神	14丁24丁2+8－正官	44丁25戊2+8－傷官
31	10癸14丁8－2+偏官		10癸16己2+8－食神		11甲18辛2+8－食神		12乙20癸3+8－偏財	43丙21甲3+8－偏財		44丁23丙2+8－傷官		45戊25戊2+8－正財

1941年（昭和16年）生まれ　18 辛（2/4〜翌 2/3）

日	1月	2月	3月	4月	5月	6月	7月	8月	9月	10月	11月	12月
	日干 月干 立年♂♀ 中心星	日干 月干 立年♂♀ 中心星	日干 月干 立年♂♀ 中心星	日干 月干 立年♂♀ 中心星	日干 月干 立年♂♀ 中心星	日干 月干 立年♂♀ 中心星	日干 月干 立年♂♀ 中心星	日干 月干 立年♂♀ 中心星	日干 月干 立年♂♀ 中心星	日干 月干 立年♂♀ 中心星	日干 月干 立年♂♀ 中心星	日干 月干 立年♂♀ 中心星
1	46己25戊2+8−偏財	17庚26己1+9−印綬	45戊27庚8−2+偏官	16己28辛9−1+偏官	46己29壬9−2+劫財	17庚30癸9−2+偏官	47庚31甲8−2+正官	18辛32乙8−2+偏印	49壬33丙8−2+偏印	19壬34丁8−3+印綬	50癸35戊8−2+正官	20癸36己8−2+劫財
2	47庚25戊1+9−傷官	18辛26己1+9−偏印	46己27庚9−1+正官	17庚28辛9−1+正財	47庚29壬9−1+偏印	18辛30癸9−2+正官	48辛31甲8−2+偏官	19壬32乙9−2+正官	50癸33丙8−2+印綬	20癸34丁8−2+偏印	51甲35戊8−2+偏財	21甲36己8−2+偏印
3	48辛25戊1+9−食神	19壬26己1+9−正官	47庚27庚9−1+偏財	18辛28辛9−1+偏財	48辛29壬9−1+印綬	19壬30癸9−1+偏財	49壬31甲9−1+正財	20癸32乙9−2+偏官	51甲33丙9−2+偏官	21甲34丁8−2+正官	52乙35戊8−2+正財	22乙36己8−1+印綬
4	49壬25戊1+9−劫財	20癸27庚1−0+正官	48辛27庚9−1+正財	19壬28辛0−1+傷官	49壬29壬0−1+偏官	20癸30癸0−1+正財	50癸31甲9−1+偏財	21甲32乙9−1+正財	52乙33丙9−1+正官	22乙34丁9−2+偏官	53丙35戊9−1+食神	23丙36己9−1+偏官
5	50癸25戊1+0−比肩	21甲27庚1−0+偏財	49壬27庚0−1+食神	20癸29壬1−0+食神	50癸29壬0−1+正官	21甲30癸0−1+食神	51甲31甲9−1+傷官	22乙32乙0−1+偏財	53丙33丙9−1+偏財	23丙34丁9−1+正財	54丁35戊9−1+傷官	24丁36己9−1+正官
6	51甲26己0+1−印綬	22乙27庚1−9+正財	50癸28辛1−0+食神	21甲29壬1−0+劫財	51甲30癸1−0+偏財	22乙30癸0−1+傷官	52乙31甲0−1+食神	23丙32乙0−1+傷官	54丁33丙0−1+正財	24丁34丁9−1+偏財	55戊35戊9−1+比肩	25戊36己9−1+偏財
7	52乙26己9+1−偏印	23丙27庚1−9+食神	51甲28辛1−0+劫財	22乙29壬1−0+比肩	52乙30癸1−0+正財	23丙31甲1−0+傷官	53丙32乙1−0+劫財	24丁32乙0−1+食神	55戊33丙0−1+食神	25戊34丁0−1+傷官	56己35戊0−1+劫財	26己37庚1−0+偏財
8	53丙26己9+1−正官	24丁27庚1−9+傷官	52乙28辛1−9+比肩	23丙29壬1−9+印綬	53丙30癸1−0+食神	24丁31甲1−0+食神	54丁32乙1−0+比肩	25戊33丙1−0+比肩	56己34丁1−0+食神	26己34丁0−1+食神	57庚36己1−0+偏財	27庚37庚1−0+傷官
9	54丁26己9+1−偏官	25戊27庚2−8+比肩	53丙28辛1−9+印綬	24丁29壬1−9+偏印	54丁30癸1−0+傷官	25戊31甲1−9+劫財	55戊32乙1−0+印綬	26己33丙1−0+劫財	57庚34丁1−0+劫財	27庚35戊1−0+劫財	58辛36己1−9+正財	28辛37庚1−9+食神
10	55戊26己8+1−正財	26己27庚2−8+劫財	54丁28辛1−9+偏印	25戊29壬2−9+正官	55戊30癸1−9+比肩	26己31甲1−9+比肩	56己32乙1−0+偏印	27庚33丙1−0+偏印	58辛34丁1−0+比肩	28辛35戊1−0+比肩	59壬36己1−9+食神	29壬37庚1−9+劫財
11	56己26己8+2−偏財	27庚27庚2−8+偏印	55戊28辛2−8+正官	26己29壬2−8+偏官	56己30癸2−9+劫財	27庚31甲1−9+印綬	57庚32乙1−9+正官	28辛33丙1−9+印綬	59壬34丁1−9+印綬	29壬35戊1−9+印綬	60癸36己1−9+傷官	30癸37庚1−9+比肩
12	57庚26己8+2−傷官	28辛27庚3−7+正官	56己28辛2−8+偏官	27庚29壬2−8+正財	57庚30癸2−9+比肩	28辛31甲2−8+偏印	58辛32乙2−9+偏官	29壬33丙1−9+偏官	60癸34丁1−9+偏印	30癸35戊1−9+偏印	1甲36己1−8+比肩	31甲37庚2−8+印綬
13	58辛26己7+2−食神	29壬27庚3−7+偏財	57庚28辛2−8+正財	28辛29壬3−8+偏財	58辛30癸2−8+劫財	29壬31甲2−8+正官	59壬32乙2−9+正財	30癸33丙2−9+正官	1甲34丁2−9+正官	31甲35戊1−9+正官	2乙36己2−8+劫財	32乙37庚2−8+偏印
14	59壬26己7+3−劫財	30癸27庚3−7+正財	58辛28辛3−7+偏財	29壬29壬3−7+傷官	59壬30癸3−8+偏印	30癸31甲2−8+偏官	60癸32乙2−8+偏財	31甲33丙2−8+偏財	2乙34丁2−8+偏官	32乙35戊2−8+偏官	3丙36己2−8+偏印	33丙37庚2−8+正官
15	60癸26己7+3−比肩	31甲27庚4−6+食神	59壬28辛3−7+傷官	30癸29壬3−7+比肩	60癸30癸3−8+印綬	31甲31甲3−7+正財	1甲32乙3−8+傷官	32乙33丙2−8+正財	3丙34丁2−8+正財	33丙35戊2−8+正財	4丁36己2−7+印綬	34丁37庚3−7+偏官
16	1甲26己6+3−正官	32乙27庚4−6+傷官	60癸28辛3−7+食神	31甲29壬4−7+印綬	1甲30癸3−7+偏官	32乙31甲3−7+偏財	2乙32乙3−8+食神	33丙33丙3−8+食神	4丁34丁3−8+偏財	34丁35戊2−8+偏財	5戊36己3−7+偏官	35戊37庚3−7+正財
17	2乙26己6+4−偏官	33丙27庚4−6+比肩	1甲28辛4−6+劫財	32乙29壬4−6+偏印	2乙30癸4−7+正官	33丙31甲3−7+傷官	3丙32乙3−7+印綬	34丁33丙3−7+傷官	5戊34丁3−7+傷官	35戊35戊3−7+傷官	6己36己3−7+正官	36己37庚3−7+偏財
18	3丙26己6+4−正財	34丁27庚5−5+劫財	2乙28辛4−6+比肩	33丙29壬4−6+食神	3丙30癸4−7+偏財	34丁31甲4−6+食神	4丁32乙4−7+偏印	35戊33丙3−7+比肩	6己34丁3−7+食神	36己35戊3−7+食神	7庚36己3−6+偏財	37庚37庚4−6+傷官
19	4丁26己5+4−食神	35戊27庚5−5+偏官	3丙28辛4−6+印綬	34丁29壬5−6+傷官	4丁30癸4−6+正財	35戊31甲4−6+劫財	5戊32乙4−7+正官	36己33丙4−7+正財	7庚34丁4−7+劫財	37庚35戊3−7+正官	8辛36己4−6+正財	38辛37庚4−6+食神
20	5戊26己5+5−劫財	36己27庚5−5+正官	4丁28辛5−5+偏印	35戊29壬5−5+比肩	5戊30癸5−6+食神	36己31甲4−6+比肩	6己32乙4−6+比肩	37庚33丙4−6+食神	8辛34丁4−6+比肩	38辛35戊4−6+偏官	9壬36己4−6+食神	39壬37庚4−6+劫財
21	6己26己5+5−比肩	37庚27庚6−4+偏財	5戊28辛5−5+正官	36己29壬5−5+劫財	6己30癸5−6+印綬	37庚31甲5−5+印綬	7庚32乙5−6+印綬	38辛33丙4−6+傷官	9壬34丁4−6+印綬	39壬35戊4−6+正財	10癸36己4−5+劫財	40癸37庚5−5+比肩
22	7庚26己4+5−印綬	38辛27庚6−4+正財	6己28辛5−5+偏官	37庚29壬6−5+偏印	7庚30癸5−5+偏官	38辛31甲5−5+偏印	8辛32乙5−6+偏印	39壬33丙5−6+偏印	10癸34丁5−6+偏印	40癸35戊4−6+正官	11甲36己5−5+偏印	41甲37庚5−5+印綬
23	8辛26己4+6−偏印	39壬27庚6−4+食神	7庚28辛6−4+正財	38辛29壬6−4+印綬	8辛30癸6−5+正官	39壬31甲5−5+正官	9壬32乙5−5+正官	40癸33丙5−5+印綬	11甲34丁5−5+正官	41甲35戊5−5+偏財	12乙36己5−5+印綬	42乙37庚5−5+偏印
24	9壬26己4+6−正官	40癸27庚7−3+傷官	8辛28辛6−4+偏財	39壬29壬6−4+偏官	9壬30癸6−5+偏財	40癸31甲6−4+偏官	10癸32乙6−5+偏官	41甲33丙5−5+偏官	12乙34丁5−5+偏官	42乙35戊5−5+正財	13丙36己5−4+偏官	43丙37庚6−4+正官
25	10癸26己3+6−偏官	41甲27庚7−3+比肩	9壬28辛6−4+傷官	40癸29壬7−4+正官	10癸30癸6−4+正財	41甲31甲6−4+正財	11甲32乙6−5+正財	42乙33丙6−5+正官	13丙34丁6−5+正財	43丙35戊5−5+食神	14丁36己6−4+正官	44丁37庚6−4+偏官
26	11甲26己3+7−正財	42乙27庚7−3+劫財	10癸28辛7−3+食神	41甲29壬7−3+偏財	11甲30癸7−4+食神	42乙31甲6−4+偏財	12乙32乙6−4+偏財	43丙33丙6−4+偏財	14丁34丁6−4+偏財	44丁35戊6−4+傷官	15戊36己6−4+偏財	45戊37庚6−4+正財
27	12乙26己3+7−偏財	43丙27庚8−2+偏印	11甲28辛7−3+劫財	42乙29壬7−3+正財	12乙30癸7−4+傷官	43丙31甲7−3+劫財	13丙32乙7−4+傷官	44丁33丙6−4+正財	15戊34丁6−4+傷官	45戊35戊6−4+比肩	16己36己6−3+正財	46己37庚7−3+偏財
28	13丙26己2+7−傷官	44丁27庚8−2+印綬	12乙28辛7−3+比肩	43丙29壬8−3+食神	13丙30癸7−3+比肩	44丁31甲7−3+比肩	14丁32乙7−4+食神	45戊33丙7−4+食神	16己34丁7−4+食神	46己35戊6−4+劫財	17庚36己7−3+食神	47庚37庚7−3+傷官
29	14丁26己2+8−食神		13丙28辛8−2+印綬	44丁29壬8−2+傷官	14丁30癸8−3+劫財	45戊31甲7−3+印綬	15戊32乙7−3+劫財	46己33丙7−3+傷官	17庚34丁7−3+劫財	47庚35戊7−3+偏印	18辛36己7−3+傷官	48辛37庚7−3+食神
30	15戊26己2+8−劫財		14丁28辛8−2+偏印	45戊29壬8−2+比肩	15戊30癸8−3+偏印	46己31甲8−2+偏印	16己32乙8−3+比肩	47庚33丙7−3+比肩	18辛34丁7−3+比肩	48辛35戊7−3+印綬	19壬36己7−2+比肩	49壬37庚8−2+劫財
31	16己26己1+8−比肩		15戊28辛8−2+正官		16己30癸8−2+印綬		17庚32乙8−3+印綬	48辛33丙8−3+劫財		49壬35戊7−3+偏官		50癸37庚8−2+比肩

1942年（昭和17年）生まれ　19 壬（2/4～翌 2/4）

日	1月	2月	3月	4月	5月	6月	7月	8月	9月	10月	11月	12月
	日干 月干 立年♂♀ 中心星	日干 月干 立年♂♀ 中心星	日干 月干 立年♂♀ 中心星	日干 月干 立年♂♀ 中心星	日干 月干 立年♂♀ 中心星	日干 月干 立年♂♀ 中心星	日干 月干 立年♂♀ 中心星	日干 月干 立年♂♀ 中心星	日干 月干 立年♂♀ 中心星	日干 月干 立年♂♀ 中心星	日干 月干 立年♂♀ 中心星	日干 月干 立年♂♀ 中心星
1	51甲37庚8－2+印綬	22乙38辛9－1+偏財	50癸39壬2+8－傷官	21甲40癸1+9－劫財	51甲41甲2+9－偏財	22乙42乙2+9－傷官	52乙43丙2+8－食神	23丙44丁2+8－傷官	54丁45戊2+8－正財	24丁46己3+8－偏財	55戊47庚2+8－比肩	25戊48辛2+8－偏財
2	52乙37庚9－1+偏印	23丙38辛9－1+傷官	51甲39壬1+9－比肩	22乙40癸1+9－比肩	52乙41甲1+9－正財	23丙42乙1+9－比肩	53丙43丙2+9－劫財	24丁44丁2+8－食神	55戊45戊2+8－食神	25戊46己2+8－傷官	56己47庚2+8－劫財	26己48辛2+8－正財
3	53丙37庚9－1+正官	24丁38辛9－1+食神	52乙39壬1+9－劫財	23丙40癸1+9－印綬	53丙41甲1+9－食神	24丁42乙1+9－劫財	54丁43丙2+9－比肩	25戊44丁2+9－劫財	56己45戊2+9－傷官	26己46己2+8－食神	57庚47庚2+8－偏印	27庚48辛2+8－食神
4	54丁37庚9－1+偏官	25戊39壬0+1－比肩	53丙39壬1+9－偏印	24丁40癸1+0－偏印	54丁41甲1+0－傷官	25戊42乙1+0－偏印	55戊43丙1+9－印綬	26己44丁1+9－比肩	57庚45戊1+9－比肩	27庚46己2+9－劫財	58辛47庚1+9－印綬	28辛48辛1+9－傷官
5	55戊37庚0－1+正財	26己39壬0+1－劫財	54丁39壬1+0－印綬	25戊41甲0+1－正官	55戊41甲1+0－比肩	26己42乙1+0－印綬	56己43丙1+0－偏印	27庚44丁1+9－印綬	58辛45戊1+9－劫財	28辛46己1+9－比肩	59壬47庚1+9－偏官	29壬48辛1+9－比肩
6	56己38辛1－0+偏財	27庚39壬9+1－偏印	55戊40癸0+1－正官	26己41甲0+1－偏官	56己42乙0+1－劫財	27庚43丙0+1－印綬	57庚43丙1+0－正官	28辛44丁1+0－偏印	59壬45戊1+0－偏印	29壬46己1+9－印綬	60癸47庚1+9－正官	30癸48辛1+9－劫財
7	57庚38辛1－9+傷官	28辛39壬9+1－印綬	56己40癸0+1－偏官	27庚41甲0+1－正財	57庚42乙0+1－偏印	28辛43丙0+1－偏印	58辛43丙1+0－偏官	29壬44丁1+0－正官	60癸45戊1+0－印綬	30癸46己1+0－偏印	1甲47庚1+0－偏財	31甲48辛1+0－偏印
8	58辛38辛1－9+食神	29壬39壬9+1－偏官	57庚40癸9+1－正財	28辛41甲9+1－偏財	58辛42乙0+1－印綬	29壬43丙0+1－正官	59壬44丁0+1－正財	30癸45戊0+1－正官	1甲46己0+1－正官	31甲46己1+0－正官	2乙48辛0+1－劫財	32乙49壬0+1－偏印
9	59壬38辛1－9+劫財	30癸39壬8+2－正官	58辛40癸9+1－偏財	29壬41甲9+1－傷官	59壬42乙9+1－偏官	30癸43丙0+1－偏官	60癸44丁0+1－偏財	31甲45戊0+1－偏財	2乙46己0+1－偏官	32乙47庚0+1－偏官	3丙48辛0+1－偏印	33丙49壬9+1－正官
10	60癸38辛1－8+比肩	31甲39壬8+2－偏財	59壬40癸9+1－傷官	30癸41甲9+2－食神	60癸42乙9+1－正官	31甲43丙9+1－正財	1甲44丁0+1－傷官	32乙45戊0+1－正財	3丙46己0+1－正財	33丙47庚0+1－正財	4丁48辛9+1－印綬	34丁49壬9+1－偏官
11	1甲38辛2－8+印綬	32乙39壬8+2－正財	60癸40癸8+2－食神	31甲41甲8+2－劫財	1甲42乙9+2－偏財	32乙43丙9+2－偏財	2乙44丁9+1－食神	33丙45戊9+1－食神	4丁46己9+1－偏財	34丁47庚9+1－偏財	5戊48辛9+1－偏官	35戊49壬9+1－正財
12	2乙38辛2－8+偏印	33丙39壬7+3－比肩	1甲40癸8+2－劫財	32乙41甲8+2－比肩	2乙42乙8+2－正官	33丙43丙9+2－傷官	3丙44丁9+1－劫財	34丁45戊9+1－傷官	5戊46己9+1－傷官	35戊47庚9+1－傷官	6己48辛9+1－正官	36己49壬8+1－偏財
13	3丙38辛2－7+正官	34丁39壬7+3－劫財	2乙40癸8+2－比肩	33丙41甲8+3－印綬	3丙42乙8+2－偏財	34丁43丙8+2－食神	4丁44丁9+2－比肩	35戊45戊9+2－比肩	6己46己9+2－食神	36己47庚9+1－食神	7庚48辛8+2－偏財	37庚49壬8+2－傷官
14	4丁38辛3－7+偏官	35戊39壬7+3－偏印	3丙40癸7+3－印綬	34丁41甲7+3－偏印	4丁42乙8+3－正財	35戊43丙8+3－劫財	5戊44丁8+2－印綬	36己45戊8+2－劫財	7庚46己8+2－劫財	37庚47庚8+2－劫財	8辛48辛8+2－正財	38辛49壬8+2－食神
15	5戊38辛3－7+正財	36己39壬6+4－印綬	4丁40癸7+3－偏印	35戊41甲7+3－正財	5戊42乙7+3－食神	36己43丙8+3－比肩	6己44丁8+2－偏印	37庚45戊8+2－偏印	8辛46己8+2－比肩	38辛47庚8+2－比肩	9壬48辛8+2－食神	39壬49壬7+2－劫財
16	6己38辛3－6+食神	37庚39壬6+4－偏官	5戊40癸7+3－正官	36己41甲7+4－偏財	6己42乙7+3－傷官	37庚43丙7+3－印綬	7庚44丁8+3－正官	38辛45戊8+3－印綬	9壬46己8+3－印綬	39壬47庚8+2－印綬	10癸48辛7+3－傷官	40癸49壬7+3－比肩
17	7庚38辛4－6+劫財	38辛39壬6+4－正官	6己40癸6+4－偏官	37庚41甲6+4－傷官	7庚42乙7+4－比肩	38辛43丙7+4－偏印	8辛44丁7+3－偏官	39壬45戊7+3－偏官	10癸46己7+3－偏印	40癸47庚7+3－偏印	11甲48辛7+3－比肩	41甲49壬7+3－印綬
18	8辛38辛4－6+比肩	39壬39壬5+5－偏財	7庚40癸6+4－正財	38辛41甲6+4－印綬	8辛42乙6+4－劫財	39壬43丙7+4－正官	9壬44丁7+3－傷官	40癸45戊7+3－正官	11甲46己7+3－正官	41甲47庚7+3－正官	12乙48辛7+3－劫財	42乙49壬6+3－偏印
19	9壬38辛4－5+正官	40癸39壬5+5－傷官	8辛40癸6+4－偏財	39壬41甲6+5－偏官	9壬42乙6+4－偏印	40癸43丙6+4－偏官	10癸44丁7+4－食神	41甲45戊7+4－偏印	12乙46己7+4－偏官	42乙47庚7+3－食神	13丙48辛6+4－偏印	43丙49壬6+4－正官
20	10癸38辛5－5+偏官	41甲39壬5+5－比肩	9壬40癸5+5－傷官	40癸41甲5+5－正官	10癸42乙6+5－印綬	41甲43丙6+5－正財	11甲44丁6+4－劫財	42乙45戊6+4－印綬	13丙46己6+4－正財	43丙47庚6+4－劫財	14丁48辛6+4－印綬	44丁49壬6+4－偏官
21	11甲38辛5－5+正財	42乙39壬4+6－劫財	10癸40癸5+5－食神	41甲41甲5+5－偏財	11甲42乙5+5－食神	42乙43丙6+5－偏財	12乙44丁6+4－偏財	43丙45戊6+4－偏官	14丁46己6+4－偏財	44丁47庚6+4－比肩	15戊48辛6+4－偏財	45戊49壬5+4－正財
22	12乙38辛5－4+偏財	43丙39壬4+6－偏印	11甲40癸5+5－劫財	42乙41甲5+6－正財	12乙42乙5+5－傷官	43丙43丙5+5－傷官	13丙44丁6+5－傷官	44丁45戊6+5－正財	15戊46己6+5－傷官	45戊47庚6+4－比肩	16己48辛5+5－正財	46己49壬5+5－偏財
23	13丙38辛6－4+傷官	44丁39壬4+6－印綬	12乙40癸4+6－比肩	43丙41甲4+6－食神	13丙42乙5+6－比肩	44丁43丙5+6－食神	14丁44丁5+5－食神	45戊45戊5+5－食神	16己46己5+5－食神	46己47庚5+5－劫財	17庚48辛5+5－食神	47庚49壬5+5－傷官
24	14丁38辛6－4+食神	45戊39壬3+7－偏官	13丙40癸4+6－印綬	44丁41甲4+6－傷官	14丁42乙4+6－劫財	45戊43丙5+6－劫財	15戊44丁5+5－劫財	46己45戊5+5－傷官	17庚46己5+5－劫財	47庚47庚5+5－偏印	18辛48辛5+5－傷官	48辛49壬4+5－食神
25	15戊38辛6－3+劫財	46己39壬3+7－正官	14丁40癸4+6－偏印	45戊41甲4+7－比肩	15戊42乙4+6－偏印	46己43丙4+6－比肩	16己44丁5+6－比肩	47庚45戊5+6－比肩	18辛46己5+6－比肩	48辛47庚5+5－印綬	19壬48辛4+6－比肩	49壬49壬4+6－劫財
26	16己38辛7－3+比肩	47庚39壬3+7－偏財	15戊40癸3+7－正官	46己41甲3+7－劫財	16己42乙4+7－印綬	47庚43丙4+7－正官	17庚44丁4+6－印綬	48辛45戊4+6－劫財	19壬46己4+6－印綬	49壬47庚4+6－偏官	20癸48辛4+6－劫財	50癸49壬4+6－比肩
27	17庚38辛7－3+印綬	48辛39壬2+8－正財	16己40癸3+7－偏官	47庚41甲3+7－偏印	17庚42乙3+7－偏官	48辛43丙4+7－偏官	18辛44丁4+6－偏印	49壬45戊4+6－偏印	20癸46己4+6－偏印	50癸47庚4+6－正官	21甲48辛4+6－偏印	51甲49壬3+6－印綬
28	18辛38辛7－2+偏印	49壬39壬2+8－食神	17庚40癸3+7－正財	48辛41甲3+8－印綬	18辛42乙3+7－正官	49壬43丙3+7－正財	19壬44丁4+7－正官	50癸45戊4+7－印綬	21甲46己4+7－正官	51甲47庚4+6－偏財	22乙48辛3+7－印綬	52乙49壬3+7－偏印
29	19壬38辛8－2+正官		18辛40癸2+8－偏財	49壬41甲2+8－偏官	19壬42乙3+8－偏財	50癸43丙3+8－偏財	20癸44丁3+7－偏官	51甲45戊3+7－偏官	22乙46己3+7－偏官	52乙47庚3+7－正財	23丙48辛3+7－偏官	53丙49壬3+7－正官
30	20癸38辛8－2+偏官		19壬40癸2+8－傷官	50癸41甲2+8－正官	20癸42乙2+8－正財	51甲43丙3+8－傷官	21甲44丁3+7－正財	52乙45戊3+7－正官	23丙46己3+7－正財	53丙47庚3+7－食神	24丁48辛3+7－正官	54丁49壬2+7－偏官
31	21甲38辛8－1+正財		20癸40癸2+8－食神		21甲42乙2+8－食神		22乙44丁3+8－偏財	53丙45戊3+8－偏財		54丁47庚3+7－傷官		55戊49壬2+8－正財

1943年（昭和18年）生まれ　20 癸（2/5〜翌 2/4）

日	1月 日干 月干 立年♂♀ 中心星	2月 日干 月干 立年♂♀ 中心星	3月 日干 月干 立年♂♀ 中心星	4月 日干 月干 立年♂♀ 中心星	5月 日干 月干 立年♂♀ 中心星	6月 日干 月干 立年♂♀ 中心星	7月 日干 月干 立年♂♀ 中心星	8月 日干 月干 立年♂♀ 中心星	9月 日干 月干 立年♂♀ 中心星	10月 日干 月干 立年♂♀ 中心星	11月 日干 月干 立年♂♀ 中心星	12月 日干 月干 立年♂♀ 中心星
1	56己49壬2+8−偏財	27庚50癸1+9−印綬	55戊51甲8−2+偏官	26己52乙9−2+偏官	56己53丙8−2+劫財	27庚54丁9−2+偏官	57庚55戊8−2+正官	28辛56己8−2+偏印	59壬57庚8−2+偏印	29壬58辛8−3+印綬	60癸59壬8−2+正官	30癸60癸8−2+劫財
2	57庚49壬1+8−傷官	28辛50癸1+9−偏印	56己51甲8−1+正官	27庚52乙9−1+正財	57庚53丙9−1+偏印	28辛54丁9−1+正官	58辛55戊9−2+偏官	29壬56己8−2+正官	60癸57庚8−2+印綬	30癸58辛8−2+偏印	1甲59壬8−2+偏財	31甲60癸8−2+偏印
3	58辛49壬1+9−食神	29壬50癸1+9−正官	57庚51甲9−1+偏財	28辛52乙9−1+偏財	58辛53丙9−1+印綬	29壬54丁9−1+偏財	59壬55戊9−2+正財	30癸56己9−2+偏官	1甲57庚9−2+偏官	31甲58辛8−2+正官	2乙59壬8−2+正財	32乙60癸8−2+印綬
4	59壬49壬1+9−劫財	30癸50癸1+0−偏官	58辛51甲9−1+正財	29壬52乙0−1+傷官	59壬53丙9−1+偏官	30癸54丁0−1+正財	60癸55戊9−1+偏財	31甲56己9−1+正財	2乙57庚9−1+正官	32乙58辛9−2+偏官	3丙59壬9−1+食神	33丙60癸9−1+偏官
5	60癸49壬1+9−比肩	31甲51甲1−0+偏財	59壬51甲9−1+食神	30癸52乙0−1+食神	60癸53丙0−1+正官	31甲54丁0−1+食神	1甲55戊0−1+傷官	32乙56己9−1+偏財	3丙57庚9−1+偏財	33丙58辛9−1+正財	4丁59壬9−1+傷官	34丁60癸9−1+正官
6	1甲50癸0+1−印綬	32乙51甲1−9+正財	60癸52乙1−0+食神	31甲53丙1−0+劫財	1甲54丁1−0+偏財	32乙55戊1−0+偏財	2乙55戊0−1+食神	33丙56己0−1+傷官	4丁57庚0−1+正財	34丁58辛9−1+偏財	5戊59壬9−1+比肩	35戊60癸9−1+偏財
7	2乙50癸0+1−偏印	33丙51甲1−9+食神	1甲52乙1−0+劫財	32乙53丙1−0+比肩	2乙54丁1−0+正財	33丙55戊1−0+傷官	3丙55戊0−1+劫財	34丁56己0−1+食神	5戊57庚0−1+食神	35戊58辛0−1+傷官	6己59壬0−1+劫財	36己60癸0−1+正財
8	3丙50癸9+1−正官	34丁51甲1−9+傷官	2乙52乙1−0+比肩	33丙53丙1−9+印綬	3丙54丁1−0+食神	34丁55戊1−0+食神	4丁56己1−0+比肩	35戊57庚1−0+比肩	6己58辛1−0+食神	36己58辛0−1+食神	7庚60癸1−0+偏財	37庚 1甲1−0+傷官
9	4丁50癸9+1−偏官	35戊51甲1−8+比肩	3丙52乙1−9+印綬	34丁53丙1−9+偏印	4丁54丁1−9+傷官	35戊55戊1−0+劫財	5戊56己1−0+印綬	36己57庚1−0+劫財	7庚58辛1−0+劫財	37庚59壬1−0+劫財	8辛60癸1−0+正財	38辛 1甲1−9+食神
10	5戊50癸9+1−正財	36己51甲2−8+劫財	4丁52乙1−9+偏印	35戊53丙1−9+正官	5戊54丁1−9+比肩	36己55戊1−9+比肩	6己56己1−0+偏印	37庚57庚1−0+偏印	8辛58辛1−0+比肩	38辛59壬1−0+比肩	9壬60癸1−9+食神	39壬 1甲1−9+劫財
11	6己50癸8+2−偏財	37庚51甲2−8+偏印	5戊52乙2−9+正官	36己53丙2−8+偏官	6己54丁2−9+劫財	37庚55戊2−9+印綬	7庚56己1−9+正官	38辛57庚1−9+印綬	9壬58辛1−9+印綬	39壬59壬1−9+印綬	10癸60癸1−9+傷官	40癸 1甲1−9+比肩
12	7庚50癸8+2−傷官	38辛51甲2−7+印綬	6己52乙2−8+偏官	37庚53丙2−8+正財	7庚54丁2−8+比肩	38辛55戊2−9+偏印	8辛56己1−9+偏官	39壬57庚1−9+偏官	10癸58辛1−9+偏印	40癸59壬1−9+偏印	11甲60癸1−9+比肩	41甲 1甲1−8+印綬
13	8辛50癸8+2−食神	39壬51甲3−7+偏財	7庚52乙2−8+正財	38辛53丙2−8+偏財	8辛54丁2−8+劫財	39壬55戊2−8+正官	9壬56己2−9+正財	40癸57庚2−9+正官	11甲58辛2−9+正官	41甲59壬1−9+正官	12乙60癸2−8+劫財	42乙 1甲2−8+偏印
14	9壬50癸7+3−劫財	40癸51甲3−7+正財	8辛52乙3−8+偏財	39壬53丙3−7+傷官	9壬54丁3−8+偏印	40癸55戊3−8+偏官	10癸56己2−8+偏財	41甲57庚2−8+偏財	12乙58辛2−8+偏官	42乙59壬2−8+偏官	13丙60癸2−8+偏印	43丙 1甲2−8+正官
15	10癸50癸7+3−比肩	41甲51甲3−6+食神	9壬52乙3−7+傷官	40癸53丙3−7+食神	10癸54丁3−7+印綬	41甲55戊3−8+正財	11甲56己2−8+傷官	42乙57庚2−8+正財	13丙58辛2−8+正財	43丙59壬2−8+正財	14丁60癸2−8+印綬	44丁 1甲2−7+偏官
16	11甲50癸7+3−正官	42乙51甲4−6+傷官	10癸52乙3−7+食神	41甲53丙3−7+印綬	11甲54丁3−7+偏官	42乙55戊3−7+偏財	12乙56己3−8+食神	43丙57庚3−8+食神	14丁58辛3−8+偏財	44丁59壬2−8+偏財	15戊60癸3−7+偏官	45戊 1甲3−7+正財
17	12乙50癸6+4−偏官	43丙51甲4−6+比肩	11甲52乙4−7+劫財	42乙53丙4−6+偏印	12乙54丁4−7+正官	43丙55戊4−7+傷官	13丙56己3−7+劫財	44丁57庚3−7+傷官	15戊58辛3−7+傷官	45戊59壬3−7+傷官	16己60癸3−7+正官	46己 1甲3−7+偏財
18	13丙50癸6+4−正財	44丁51甲4−5+劫財	12乙52乙4−6+比肩	43丙53丙4−6+正官	13丙54丁4−6+偏財	44丁55戊4−7+食神	14丁56己3−7+偏印	45戊57庚3−7+比肩	16己58辛3−7+食神	46己59壬3−7+食神	17庚60癸3−7+偏財	47庚 1甲3−6+傷官
19	14丁50癸6+4−食神	45戊51甲5−5+偏印	13丙52乙4−6+印綬	44丁53丙4−6+傷官	14丁54丁4−6+正財	45戊55戊4−6+劫財	15戊56己4−7+正官	46己57庚4−7+正財	17庚58辛4−7+劫財	47庚59壬3−7+正官	18辛60癸4−6+正財	48辛 1甲4−6+食神
20	15戊50癸5+5−劫財	46己51甲5−5+正官	14丁52乙5−6+偏印	45戊53丙5−5+比肩	15戊54丁5−6+食神	46己55戊5−6+比肩	16己56己4−6+偏官	47庚57庚4−6+食神	18辛58辛4−6+比肩	48辛59壬4−6+偏官	19壬60癸4−6+食神	49壬 1甲4−6+劫財
21	16己50癸5+5−比肩	47庚51甲5−4+偏財	15戊52乙5−5+正官	46己53丙5−5+劫財	16己54丁5−5+印綬	47庚55戊5−6+印綬	17庚56己4−6+印綬	48辛57庚4−6+傷官	19壬58辛4−6+印綬	49壬59壬4−6+正財	20癸60癸4−6+劫財	50癸 1甲4−5+比肩
22	17庚50癸5+5−印綬	48辛51甲6−4+正財	16己52乙5−5+偏官	47庚53丙5−5+偏印	17庚54丁5−5+偏官	48辛55戊5−5+偏印	18辛56己5−6+偏印	49壬57庚5−6+偏印	20癸58辛5−6+偏印	50癸59壬4−6+正官	21甲60癸5−5+偏印	51甲 1甲5−5+印綬
23	18辛50癸4+6−偏印	49壬51甲6−4+食神	17庚52乙6−5+正財	48辛53丙6−4+印綬	18辛54丁6−5+正官	49壬55戊6−5+正官	19壬56己5−5+正官	50癸57庚5−5+印綬	21甲58辛5−5+正官	51甲59壬5−5+偏財	22乙60癸5−5+印綬	52乙 1甲5−5+偏印
24	19壬50癸4+6−正官	50癸51甲6−3+傷官	18辛52乙6−4+偏財	49壬53丙6−4+偏官	19壬54丁6−4+偏財	50癸55戊6−5+偏官	20癸56己5−5+偏官	51甲57庚5−5+偏官	22乙58辛5−5+偏官	52乙59壬5−5+正財	23丙60癸5−5+偏官	53丙 1甲5−4+正官
25	20癸50癸4+6−偏官	51甲51甲7−3+比肩	19壬52乙6−4+傷官	50癸53丙6−4+正官	20癸54丁6−4+正財	51甲55戊6−4+正財	21甲56己6−5+正財	52乙57庚6−5+正官	23丙58辛6−5+正財	53丙59壬5−5+食神	24丁60癸6−4+正官	54丁 1甲6−4+偏官
26	21甲50癸3+7−正財	52乙51甲7−3+劫財	20癸52乙7−4+食神	51甲53丙7−3+偏財	21甲54丁7−4+食神	52乙55戊7−4+食神	22乙56己6−4+偏財	53丙57庚6−4+偏財	24丁58辛6−4+偏財	54丁59壬6−4+傷官	25戊60癸6−4+偏財	55戊 1甲6−4+正財
27	22乙50癸3+7−偏財	53丙51甲7−2+偏印	21甲52乙7−3+劫財	52乙53丙7−3+正財	22乙54丁7−3+傷官	53丙55戊7−4+劫財	23丙56己6−4+傷官	54丁57庚6−4+正財	25戊58辛6−4+傷官	55戊59壬6−4+比肩	26己60癸6−4+正財	56己 1甲6−3+偏財
28	23丙50癸3+7−傷官	54丁51甲8−2+印綬	22乙52乙7−3+比肩	53丙53丙7−3+食神	23丙54丁7−3+比肩	54丁55戊7−3+比肩	24丁56己7−4+食神	55戊57庚7−4+食神	26己58辛7−4+食神	56己59壬6−4+劫財	27庚60癸7−3+食神	57庚 1甲7−3+傷官
29	24丁50癸2+8−食神		23丙52乙8−3+印綬	54丁53丙8−2+傷官	24丁54丁8−3+劫財	55戊55戊8−3+印綬	25戊56己7−3+劫財	56己57庚7−3+傷官	27庚58辛7−3+劫財	57庚59壬7−3+偏印	28辛60癸7−3+傷官	58辛 1甲7−3+食神
30	25戊50癸2+8−劫財		24丁52乙8−2+偏印	55戊53丙8−2+比肩	25戊54丁8−2+偏印	56己55戊8−3+偏印	26己56己7−3+比肩	57庚57庚7−3+比肩	28辛58辛7−3+比肩	58辛59壬7−3+印綬	29壬60癸7−3+比肩	59壬 1甲7−2+劫財
31	26己50癸2+8−比肩		25戊52乙8−2+正官		26己54丁8−2+印綬		27庚56己8−3+印綬	58辛57庚8−3+劫財		59壬59壬7−3+偏官		60癸 1甲8−2+比肩

1944年（昭和19年）生まれ　21甲（2/5～翌2/3）

日	1月	2月	3月	4月	5月	6月
	日干 月干 立年♂♀ 中心星	日干 月干 立年♂♀ 中心星	日干 月干 立年♂♀ 中心星	日干 月干 立年♂♀ 中心星	日干 月干 立年♂♀ 中心星	日干 月干 立年♂♀ 中心星
1	1甲 1甲8−2+印綬	32乙 2乙9−1+偏財	1甲 3丙2+8−比肩	32乙 4丁1+9−比肩	2乙 5戊2+9−正財	33丙 6己2+9−比肩
2	2乙 1甲8−1+偏印	33丙 2乙9−1+傷官	2乙 3丙1+9−劫財	33丙 4丁1+9−印綬	3丙 5戊1+9−食神	34丁 6己1+9−劫財
3	3丙 1甲9−1+正官	34丁 2乙9−1+食神	3丙 3丙1+9−偏印	34丁 4丁1+9−偏印	4丁 5戊1+9−傷官	35戊 6己1+9−偏印
4	4丁 1甲9−1+偏官	35戊 2乙0−1+劫財	4丁 3丙1+9−印綬	35戊 4丁1+0−正官	5戊 5戊1+0−比肩	36己 6己1+0−印綬
5	5戊 1甲9−1+正財	36己 3丙0+1−劫財	5戊 3丙1+0−偏官	36己 5戊0+1−偏官	6己 5戊1+0−劫財	37庚 6己1+0−偏官
6	6己 2乙1−0+偏財	37庚 3丙0+1−偏印	6己 4丁0+1−偏官	37庚 5戊0+1−正財	7庚 6己0+1−偏印	38辛 7庚0+1−偏印
7	7庚 2乙1−0+傷官	38辛 3丙9+1−印綬	7庚 4丁0+1−正財	38辛 5戊0+1−偏財	8辛 6己0+1−印綬	39壬 7庚0+1−正官
8	8辛 2乙1−9+食神	39壬 3丙9+1−偏官	8辛 4丁9+1−偏財	39壬 5戊9+1−傷官	9壬 6己0+1−偏官	40癸 7庚0+1−偏官
9	9壬 2乙1−9+劫財	40癸 3丙9+1−正官	9壬 4丁9+1−傷官	40癸 5戊9+1−食神	10癸 6己9+1−正官	41甲 7庚9+1−正財
10	10癸 2乙1−9+比肩	41甲 3丙8+2−偏財	10癸 4丁9+1−食神	41甲 5戊9+2−劫財	11甲 6己9+1−偏財	42乙 7庚9+1−偏財
11	11甲 2乙2−8+印綬	42乙 3丙8+2−正財	11甲 4丁8+2−劫財	42乙 5戊8+2−比肩	12乙 6己9+2−正財	43丙 7庚9+2−傷官
12	12乙 2乙2−8+偏印	43丙 3丙8+2−食神	12乙 4丁8+2−比肩	43丙 5戊8+2−印綬	13丙 6己8+2−偏財	44丁 7庚8+2−食神
13	13丙 2乙2−8+正官	44丁 3丙7+3−劫財	13丙 4丁8+2−印綬	44丁 5戊8+3−偏印	14丁 6己8+2−正財	45戊 7庚8+2−劫財
14	14丁 2乙3−7+偏官	45戊 3丙7+3−偏印	14丁 4丁7+3−偏印	45戊 5戊7+3−正官	15戊 6己8+3−食神	46己 7庚8+3−比肩
15	15戊 2乙3−7+正財	46己 3丙7+3−印綬	15戊 4丁7+3−正官	46己 5戊7+3−偏財	16己 6己7+3−傷官	47庚 7庚7+3−印綬
16	16己 2乙3−7+食神	47庚 3丙6+4−偏官	16己 4丁7+3−偏官	47庚 5戊7+4−傷官	17庚 6己7+3−比肩	48辛 7庚7+3−偏印
17	17庚 2乙4−6+劫財	48辛 3丙6+4−正官	17庚 4丁6+4−正財	48辛 5戊6+4−食神	18辛 6己7+4−劫財	49壬 7庚7+4−正官
18	18辛 2乙4−6+比肩	49壬 3丙6+4−偏財	18辛 4丁6+4−偏財	49壬 5戊6+4−偏官	19壬 6己6+4−偏印	50癸 7庚6+4−偏官
19	19壬 2乙4−6+正官	50癸 3丙5+5−正財	19壬 4丁6+4−傷官	50癸 5戊6+5−正官	20癸 6己6+4−印綬	51甲 7庚6+4−正財
20	20癸 2乙5−5+偏官	51甲 3丙5+5−比肩	20癸 4丁5+5−食神	51甲 5戊5+5−偏財	21甲 6己6+5−偏官	52乙 7庚6+5−偏財
21	21甲 2乙5−5+正財	52乙 3丙5+5−劫財	21甲 4丁5+5−劫財	52乙 5戊5+5−正財	22乙 6己5+5−傷官	53丙 7庚5+5−傷官
22	22乙 2乙5−5+偏財	53丙 3丙4+6−偏印	22乙 4丁5+5−比肩	53丙 5戊5+6−食神	23丙 6己5+5−比肩	54丁 7庚5+5−食神
23	23丙 2乙6−4+傷官	54丁 3丙4+6−印綬	23丙 4丁4+6−印綬	54丁 5戊4+6−傷官	24丁 6己5+6−劫財	55戊 7庚5+6−劫財
24	24丁 2乙6−4+食神	55戊 3丙4+6−偏官	24丁 4丁4+6−偏印	55戊 5戊4+6−比肩	25戊 6己4+6−偏印	56己 7庚4+6−比肩
25	25戊 2乙6−4+劫財	56己 3丙3+7−正官	25戊 4丁4+6−正官	56己 5戊4+7−劫財	26己 6己4+6−印綬	57庚 7庚4+6−印綬
26	26己 2乙7−3+比肩	57庚 3丙3+7−偏財	26己 4丁3+7−偏官	57庚 5戊3+7−偏印	27庚 6己4+7−偏官	58辛 7庚4+7−偏官
27	27庚 2乙7−3+印綬	58辛 3丙3+7−正財	27庚 4丁3+7−正財	58辛 5戊3+7−印綬	28辛 6己3+7−正官	59壬 7庚3+7−正財
28	28辛 2乙7−3+偏印	59壬 3丙2+8−食神	28辛 4丁3+7−偏財	59壬 5戊3+8−偏官	29壬 6己3+7−偏財	60癸 7庚3+7−偏財
29	29壬 2乙8−2+正官	60癸 3丙2+8−傷官	29壬 4丁2+8−傷官	60癸 5戊2+8−正官	30癸 6己3+8−正財	1甲 7庚3+8−傷官
30	30癸 2乙8−2+偏官		30癸 4丁2+8−食神	1甲 5戊2+8−偏財	31甲 6己2+8−食神	2乙 7庚2+8−食神
31	31甲 2乙8−2+正財		31甲 4丁2+8−劫財		32乙 6己2+8−傷官	

日	7月	8月	9月	10月	11月	12月
	日干 月干 立年♂♀ 中心星	日干 月干 立年♂♀ 中心星	日干 月干 立年♂♀ 中心星	日干 月干 立年♂♀ 中心星	日干 月干 立年♂♀ 中心星	日干 月干 立年♂♀ 中心星
1	3丙 7庚2+8−劫財	34丁 8辛2+8−食神	5戊 9壬2+8−食神	35戊 10癸2+8−傷官	6己 11甲2+8−劫財	36己 12乙2+8−正財
2	4丁 7庚2+9−比肩	35戊 8辛2+9−劫財	6己 9壬2+8−傷官	36己 10癸2+8−食神	7庚 11甲2+8−偏印	37庚 12乙2+8−食神
3	5戊 7庚1+9−印綬	36己 8辛2+9−比肩	7庚 9壬2+9−比肩	37庚 10癸2+8−劫財	8辛 11甲1+9−印綬	38辛 12乙1+9−傷官
4	6己 7庚1+9−偏印	37庚 8辛1+9−印綬	8辛 9壬1+9−劫財	38辛 10癸1+9−比肩	9壬 11甲1+9−偏官	39壬 12乙1+9−比肩
5	7庚 7庚1+0−正官	38辛 8辛1+0−偏印	9壬 9壬1+9−偏印	39壬 10癸1+9−印綬	10癸 11甲1+9−正官	40癸 12乙1+9−劫財
6	8辛 7庚1+0−偏官	39壬 8辛1+0−正官	10癸 9壬1+0−印綬	40癸 10癸1+9−偏印	11甲 11甲1+0−偏財	41甲 12乙1+0−偏印
7	9壬 8辛0+1−正財	40癸 8辛1+0−偏官	11甲 9壬1+0−偏官	41甲 10癸1+0−正官	12乙 12乙0+1−劫財	42乙 13丙0+1−偏印
8	10癸 8辛0+1−偏財	41甲 9壬0+1−偏財	12乙 10癸0+1−偏官	42乙 11甲0+1−偏官	13丙 12乙0+1−偏印	43丙 13丙0+1−正官
9	11甲 8辛0+1−傷官	42乙 9壬0+1−正財	13丙 10癸0+1−正財	43丙 11甲0+1−正財	14丁 12乙9+1−印綬	44丁 13丙9+1−偏官
10	12乙 8辛0+1−食神	43丙 9壬0+1−食神	14丁 10癸9+1−偏財	44丁 11甲9+1−偏財	15戊 12乙9+1−偏官	45戊 13丙9+1−正財
11	13丙 8辛9+1−劫財	44丁 9壬9+1−傷官	15戊 10癸9+1−傷官	45戊 11甲9+1−傷官	16己 12乙9+1−正官	46己 13丙9+1−偏財
12	14丁 8辛9+2−比肩	45戊 9壬9+1−比肩	16己 10癸9+1−食神	46己 11甲9+1−食神	17庚 12乙8+2−偏財	47庚 13丙8+2−傷官
13	15戊 8辛9+2−印綬	46己 9壬9+2−劫財	17庚 10癸8+2−劫財	47庚 11甲8+2−劫財	18辛 12乙8+2−正財	48辛 13丙8+2−食神
14	16己 8辛8+2−偏印	47庚 9壬8+2−偏印	18辛 10癸8+2−比肩	48辛 11甲8+2−比肩	19壬 12乙8+2−食神	49壬 13丙8+2−劫財
15	17庚 8辛8+3−正官	48辛 9壬8+2−印綬	19壬 10癸8+2−印綬	49壬 11甲8+2−印綬	20癸 12乙7+3−傷官	50癸 13丙7+3−比肩
16	18辛 8辛8+3−偏官	49壬 9壬8+3−偏官	20癸 10癸7+3−偏印	50癸 11甲7+3−偏印	21甲 12乙7+3−比肩	51甲 13丙7+3−印綬
17	19壬 8辛7+3−傷官	50癸 9壬7+3−正官	21甲 10癸7+3−正官	51甲 11甲7+3−正官	22乙 12乙7+3−劫財	52乙 13丙7+3−偏印
18	20癸 8辛7+4−食神	51甲 9壬7+3−偏財	22乙 10癸7+3−偏官	52乙 11甲7+3−食神	23丙 12乙6+4−偏印	53丙 13丙6+4−正官
19	21甲 8辛7+4−劫財	52乙 9壬7+4−印綬	23丙 10癸6+4−正財	53丙 11甲6+4−劫財	24丁 12乙6+4−印綬	54丁 13丙6+4−偏官
20	22乙 8辛6+4−偏財	53丙 9壬6+4−偏官	24丁 10癸6+4−偏財	54丁 11甲6+4−比肩	25戊 12乙6+4−偏財	55戊 13丙6+4−正財
21	23丙 8辛6+5−傷官	54丁 9壬6+4−正官	25戊 10癸6+4−傷官	55戊 11甲6+4−比肩	26己 12乙5+5−正財	56己 13丙5+5−偏財
22	24丁 8辛6+5−食神	55戊 9壬6+5−食神	26己 10癸5+5−食神	56己 11甲5+5−劫財	27庚 12乙5+5−食神	57庚 13丙5+5−傷官
23	25戊 8辛5+5−劫財	56己 9壬5+5−傷官	27庚 10癸5+5−劫財	57庚 11甲5+5−偏印	28辛 12乙5+5−傷官	58辛 13丙5+5−食神
24	26己 8辛5+6−比肩	57庚 9壬5+5−比肩	28辛 10癸5+5−比肩	58辛 11甲5+5−印綬	29壬 12乙4+6−比肩	59壬 13丙4+6−劫財
25	27庚 8辛5+6−印綬	58辛 9壬5+6−劫財	29壬 10癸4+6−印綬	59壬 11甲4+6−偏官	30癸 12乙4+6−劫財	60癸 13丙4+6−比肩
26	28辛 8辛4+6−偏印	59壬 9壬4+6−偏印	30癸 10癸4+6−偏印	60癸 11甲4+6−正官	31甲 12乙4+6−偏印	1甲 13丙4+6−印綬
27	29壬 8辛4+7−正官	60癸 9壬4+6−印綬	31甲 10癸4+6−正官	1甲 11甲4+6−偏財	32乙 12乙3+7−印綬	2乙 13丙3+7−偏印
28	30癸 8辛4+7−偏官	1甲 9壬4+7−偏官	32乙 10癸3+7−偏官	2乙 11甲3+7−正財	33丙 12乙3+7−偏官	3丙 13丙3+7−正官
29	31甲 8辛3+7−正財	2乙 9壬3+7−正官	33丙 10癸3+7−正財	3丙 11甲3+7−食神	34丁 12乙3+7−正官	4丁 13丙3+7−偏官
30	32乙 8辛3+8−偏財	3丙 9壬3+7−偏財	34丁 10癸3+7−偏財	4丁 11甲3+7−傷官	35戊 12乙2+8−偏財	5戊 13丙2+8−正財
31	33丙 8辛3+8−傷官	4丁 9壬3+8−正財		5戊 11甲2+8−比肩		6己 13丙2+8−偏財

1945年(昭和20年)生まれ　22 乙(2/4〜翌 2/3)

日	1月	2月	3月	4月	5月	6月
日	日干 月干 立年♂♀ 中心星	日干 月干 立年♂♀ 中心星	日干 月干 立年♂♀ 中心星	日干 月干 立年♂♀ 中心星	日干 月干 立年♂♀ 中心星	日干 月干 立年♂♀ 中心星
1	7庚13丙2+8−傷官	38辛14丁1+9−偏印	6己15戊8−2+正官	37庚16己9−1+正財	7庚17庚9−2+偏印	38辛18辛9−2+正官
2	8辛13丙1+9−食神	39壬14丁1+9−正官	7庚15戊9−1+偏財	38辛16己9−1+偏財	8辛17庚9−1+印綬	39壬18辛9−1+偏財
3	9壬13丙1+9−劫財	40癸14丁1+9−偏官	8辛15戊9−1+正財	39壬16己9−1+傷官	9壬17庚9−1+偏官	40癸18辛9−1+正財
4	10癸13丙1+9−比肩	41甲15戊1−0+偏財	9壬15戊9−1+食神	40癸16己0−1+食神	10癸17庚0−1+正官	41甲18辛0−1+食神
5	11甲13丙1+0−印綬	42乙15戊1−0+正財	10癸15戊0−1+傷官	41甲17庚1−0+劫財	11甲17庚0−1+偏財	42乙18辛0−1+傷官
6	12乙14丁0+1−偏印	43丙15戊1−9+食神	11甲16己1−0+劫財	42乙17庚1−0+比肩	12乙18辛1−0+正財	43丙19壬1−0+傷官
7	13丙14丁9+1−正官	44丁15戊1−9+傷官	12乙16己1−0+比肩	43丙17庚1−0+印綬	13丙18辛1−0+食神	44丁19壬1−0+食神
8	14丁14丁9+1−偏官	45戊15戊1−9+比肩	13丙16己1−9+印綬	44丁17庚1−9+偏印	14丁18辛1−0+傷官	45戊19壬1−0+劫財
9	15戊14丁9+1−正財	46己15戊2−8+劫財	14丁16己1−9+偏印	45戊17庚1−9+正官	15戊18辛1−9+比肩	46己19壬1−9+比肩
10	16己14丁8+1−偏財	47庚15戊2−8+偏印	15戊16己1−9+正官	46己17庚2−9+偏官	16己18辛1−9+劫財	47庚19壬1−9+印綬
11	17庚14丁8+2−傷官	48辛15戊2−8+印綬	16己16己2−8+偏官	47庚17庚2−8+正財	17庚18辛2−9+偏印	48辛19壬2−9+偏印
12	18辛14丁8+2−食神	49壬15戊3−7+偏財	17庚16己2−8+正財	48辛17庚2−8+偏財	18辛18辛2−8+劫財	49壬19壬2−8+正官
13	19壬14丁7+2−劫財	50癸15戊3−7+正財	18辛16己2−8+偏財	49壬17庚3−8+傷官	19壬18辛2−8+偏印	50癸19壬2−8+偏官
14	20癸14丁7+3−比肩	51甲15戊3−7+食神	19壬16己3−7+傷官	50癸17庚3−7+食神	20癸18辛3−8+印綬	51甲19壬3−8+正財
15	21甲14丁7+3−印綬	52乙15戊4−6+傷官	20癸16己3−7+食神	51甲17庚3−7+印綬	21甲18辛3−7+偏官	52乙19壬3−7+偏財
16	22乙14丁6+3−偏官	53丙15戊4−6+比肩	21甲16己3−7+劫財	52乙17庚4−7+偏印	22乙18辛3−7+正官	53丙19壬3−7+傷官
17	23丙14丁6+4−正財	54丁15戊4−6+劫財	22乙16己4−6+比肩	53丙17庚4−6+正官	23丙18辛4−7+偏財	54丁19壬4−7+食神
18	24丁14丁6+4−偏財	55戊15戊5−5+偏印	23丙16己4−6+印綬	54丁17庚4−6+傷官	24丁18辛4−6+正財	55戊19壬4−6+劫財
19	25戊14丁5+4−劫財	56己15戊5−5+正官	24丁16己4−6+偏印	55戊17庚5−6+比肩	25戊18辛4−6+食神	56己19壬4−6+比肩
20	26己14丁5+5−比肩	57庚15戊5−5+偏財	25戊16己5−5+正官	56己17庚5−5+劫財	26己18辛5−6+傷官	57庚19壬5−6+印綬
21	27庚14丁5+5−印綬	58辛15戊6−4+正財	26己16己5−5+偏官	57庚17庚5−5+偏印	27庚18辛5−5+偏官	58辛19壬5−5+偏印
22	28辛14丁4+5−偏印	59壬15戊6−4+食神	27庚16己5−5+正財	58辛17庚6−5+印綬	28辛18辛5−5+正官	59壬19壬5−5+正官
23	29壬14丁4+6−正官	60癸15戊6−4+傷官	28辛16己6−4+偏財	59壬17庚6−4+偏官	29壬18辛6−5+偏財	60癸19壬6−5+偏官
24	30癸14丁4+6−偏官	1甲15戊7−3+比肩	29壬16己6−4+傷官	60癸17庚6−4+正官	30癸18辛6−4+正財	1甲19壬6−4+正財
25	31甲14丁3+6−正財	2乙15戊7−3+劫財	30癸16己6−4+食神	1甲17庚7−4+偏財	31甲18辛6−4+食神	2乙19壬6−4+偏財
26	32乙14丁3+7−偏財	3丙15戊7−3+偏印	31甲16己7−3+劫財	2乙17庚7−3+正財	32乙18辛7−4+傷官	3丙19壬7−4+劫財
27	33丙14丁3+7−傷官	4丁15戊8−2+印綬	32乙16己7−3+比肩	3丙17庚7−3+食神	33丙18辛7−3+比肩	4丁19壬7−3+比肩
28	34丁14丁2+7−食神	5戊15戊8−2+偏官	33丙16己7−3+印綬	4丁17庚8−3+傷官	34丁18辛7−3+劫財	5戊19壬7−3+印綬
29	35戊14丁2+8−劫財		34丁16己8−2+偏印	5戊17庚8−2+比肩	35戊18辛8−3+偏印	6己19壬8−3+偏印
30	36己14丁2+8−比肩		35戊16己8−2+正官	6己17庚8−2+劫財	36己18辛8−2+印綬	7庚19壬8−2+正官
31	37庚14丁1+8−印綬		36己16己8−2+偏官		37庚18辛8−2+偏官	

日	7月	8月	9月	10月	11月	12月
日	日干 月干 立年♂♀ 中心星	日干 月干 立年♂♀ 中心星	日干 月干 立年♂♀ 中心星	日干 月干 立年♂♀ 中心星	日干 月干 立年♂♀ 中心星	日干 月干 立年♂♀ 中心星
1	8辛19壬8−2+偏官	39壬20癸8−2+正官	10癸21甲8−2+印綬	40癸22乙8−3+偏印	11甲23丙8−2+偏財	41甲24丁8−2+偏印
2	9壬19壬9−2+正財	40癸20癸9−2+偏官	11甲21甲8−2+偏官	41甲22乙8−2+正官	12乙23丙8−2+正財	42乙24丁8−2+印綬
3	10癸19壬9−1+偏財	41甲20癸9−2+正財	12乙21甲9−2+正官	42乙22乙8−2+偏官	13丙23丙8−2+食神	43丙24丁8−1+偏官
4	11甲19壬9−1+傷官	42乙20癸9−1+偏財	13丙21甲9−1+偏財	43丙22乙9−2+正財	14丁23丙9−1+傷官	44丁24丁9−1+正官
5	12乙19壬0−1+食神	43丙20癸0−1+傷官	14丁21甲9−1+正財	44丁22乙9−1+偏財	15戊23丙9−1+比肩	45戊24丁9−1+偏財
6	13丙19壬0−1+劫財	44丁20癸0−1+食神	15戊21甲0−1+食神	45戊22乙9−1+傷官	16己23丙9−1+劫財	46己24丁9−1+正財
7	14丁20癸1−0+比肩	45戊20癸0−1+劫財	16己21甲0−1+傷官	46己22乙0−1+食神	17庚23丙0−1+偏印	47庚25戊1−0+傷官
8	15戊20癸1−0+印綬	46己21甲1−0+劫財	17庚22乙1−0+劫財	47庚22乙0−1+劫財	18辛24丁1−0+正財	48辛25戊1−0+食神
9	16己20癸1−0+偏印	47庚21甲1−0+偏印	18辛22乙1−0+比肩	48辛23丙1−0+比肩	19壬24丁1−9+食神	49壬25戊1−9+劫財
10	17庚20癸1−0+正官	48辛21甲1−0+印綬	19壬22乙1−0+印綬	49壬23丙1−0+印綬	20癸24丁1−9+傷官	50癸25戊1−9+比肩
11	18辛20癸1−9+偏官	49壬21甲1−9+偏官	20癸22乙1−9+偏印	50癸23丙1−9+偏印	21甲24丁1−9+比肩	51甲25戊1−9+印綬
12	19壬20癸2−9+正財	50癸21甲1−9+正官	21甲22乙1−9+正官	51甲23丙1−9+正官	22乙24丁1−8+劫財	52乙25戊2−8+偏印
13	20癸20癸2−9+偏財	51甲21甲2−9+偏財	22乙22乙2−9+偏官	52乙23丙1−9+偏官	23丙24丁2−8+偏印	53丙25戊2−8+正官
14	21甲20癸2−8+傷官	52乙21甲2−8+正財	23丙22乙2−8+正財	53丙23丙2−8+正財	24丁24丁2−8+印綬	54丁25戊2−8+偏官
15	22乙20癸3−8+食神	53丙21甲2−8+食神	24丁22乙2−8+偏財	54丁23丙2−8+偏財	25戊24丁2−7+偏官	55戊25戊3−7+正財
16	23丙20癸3−8+劫財	54丁21甲3−8+傷官	25戊22乙3−8+傷官	55戊23丙2−8+傷官	26己24丁3−7+正官	56己25戊3−7+偏財
17	24丁20癸3−7+偏印	55戊21甲3−7+比肩	26己22乙3−7+食神	56己23丙3−7+食神	27庚24丁3−7+偏財	57庚25戊3−7+傷官
18	25戊20癸4−7+正官	56己21甲3−7+劫財	27庚22乙3−7+劫財	57庚23丙3−7+劫財	28辛24丁3−6+正財	58辛25戊4−6+食神
19	26己20癸4−7+偏官	57庚21甲4−7+食神	28辛22乙4−7+比肩	58辛23丙3−7+偏官	29壬24丁4−6+食神	59壬25戊4−6+劫財
20	27庚20癸4−6+印綬	58辛21甲4−6+傷官	29壬22乙4−6+印綬	59壬23丙4−6+正財	30癸24丁4−6+傷官	60癸25戊4−6+比肩
21	28辛20癸5−6+偏印	59壬21甲4−6+比肩	30癸22乙4−6+偏印	60癸23丙4−6+偏財	31甲24丁4−5+偏印	1甲25戊5−5+印綬
22	29壬20癸5−6+正官	60癸21甲5−6+印綬	31甲22乙5−6+正官	1甲23丙4−6+偏財	32乙24丁5−5+印綬	2乙25戊5−5+偏印
23	30癸20癸5−5+偏官	1甲21甲5−5+偏官	32乙22乙5−5+偏官	2乙23丙5−5+正財	33丙24丁5−5+偏官	3丙25戊5−5+正官
24	31甲20癸6−5+正財	2乙21甲5−5+正官	33丙22乙5−5+正財	3丙23丙5−5+食神	34丁24丁5−4+正官	4丁25戊6−4+偏官
25	32乙20癸6−5+偏財	3丙21甲6−5+偏財	34丁22乙6−5+偏財	4丁23丙5−5+傷官	35戊24丁6−4+偏財	5戊25戊6−4+正財
26	33丙20癸6−4+傷官	4丁21甲6−4+正財	35戊22乙6−4+傷官	5戊23丙6−4+比肩	36己24丁6−4+正財	6己25戊6−4+偏財
27	34丁20癸7−4+食神	5戊21甲6−4+食神	36己22乙6−4+食神	6己23丙6−4+劫財	37庚24丁6−3+食神	7庚25戊7−3+傷官
28	35戊20癸7−4+劫財	6己21甲7−4+傷官	37庚22乙7−4+劫財	7庚23丙6−4+偏印	38辛24丁7−3+傷官	8辛25戊7−3+食神
29	36己20癸7−3+比肩	7庚21甲7−3+比肩	38辛22乙7−3+比肩	8辛23丙7−3+印綬	39壬24丁7−3+比肩	9壬25戊7−3+劫財
30	37庚20癸8−3+印綬	8辛21甲7−3+劫財	39壬22乙7−3+印綬	9壬23丙7−3+偏官	40癸24丁7−2+劫財	10癸25戊8−2+比肩
31	38辛20癸8−3+偏印	9壬21甲8−3+偏印		10癸23丙7−3+正官		11甲25戊8−2+印綬

1946年（昭和21年）生まれ　23丙（2/4～翌2/4）

日	1月	2月	3月	4月	5月	6月	7月	8月	9月	10月	11月	12月
日	日干 月干 立年♂♀ 中心星	日干 月干 立年♂♀ 中心星	日干 月干 立年♂♀ 中心星	日干 月干 立年♂♀ 中心星	日干 月干 立年♂♀ 中心星	日干 月干 立年♂♀ 中心星	日干 月干 立年♂♀ 中心星	日干 月干 立年♂♀ 中心星	日干 月干 立年♂♀ 中心星	日干 月干 立年♂♀ 中心星	日干 月干 立年♂♀ 中心星	日干 月干 立年♂♀ 中心星
1	12乙25戊8−2+偏印	43丙26己9−1+傷官	11甲27庚2+8−比肩	42乙28辛1+9−比肩	12乙29壬2+9−正財	43丙30癸2+9−比肩	13丙31甲2+8−劫財	44丁32乙2+8−食神	15戊33丙2+8−食神	45戊34丁3+8−傷官	16己35戊2+8−劫財	46己36己2+8−正財
2	13丙25戊9−1+正官	44丁26己9−1+食神	12乙27庚1+9−劫財	43丙28辛1+9−印綬	13丙29壬1+9−食神	44丁30癸1+9−劫財	14丁31甲2+9−比肩	45戊32乙2+8−劫財	16己33丙2+8−傷官	46己34丁2+8−食神	17庚35戊2+8−偏印	47庚36己2+8−食神
3	14丁25戊9−1+偏官	45戊26己9−1+劫財	13丙27庚1+9−偏印	44丁28辛1+9−偏印	14丁29壬1+9−傷官	45戊30癸1+9−偏印	15戊31甲2+9−印綬	46己32乙2+9−比肩	17庚33丙2+9−比肩	47庚34丁2+8−劫財	18辛35戊2+8−印綬	48辛36己2+8−傷官
4	15戊25戊9−1+正財	46己27庚0+1−劫財	14丁27庚1+9−印綬	45戊28辛1+0−正官	15戊29壬1+0−比肩	46己30癸1+0−印綬	16己31甲1+9−偏印	47庚32乙1+9−印綬	18辛33丙1+9−劫財	48辛34丁2+9−比肩	19壬35戊1+9−偏官	49壬36己1+9−比肩
5	16己25戊0−1+偏財	47庚27庚0+1−偏印	15戊27庚1+0−偏官	46己29壬0+1−偏官	16己29壬1+0−劫財	47庚30癸1+0−偏官	17庚31甲1+0−正官	48辛32乙1+9−偏印	19壬33丙1+9−偏印	49壬34丁1+9−印綬	20癸35戊1+9−正官	50癸36己1+9−劫財
6	17庚26己1−0+傷官	48辛27庚9+1−印綬	16己28辛0+1−偏官	47庚29壬0+1−正財	17庚30癸0+1−偏印	48辛31甲0+1−偏印	18辛31甲1+0−偏官	49壬32乙1+0−正官	20癸33丙1+0−印綬	50癸34丁1+9−偏印	21甲35戊1+9−偏財	51甲36己1+9−偏印
7	18辛26己1−9+食神	49壬27庚9+1−偏官	17庚28辛0+1−正財	48辛29壬0+1−偏財	18辛30癸0+1−印綬	49壬31甲0+1−正官	19壬31甲1+0−正財	50癸32乙1+0−偏官	21甲33丙1+0−偏官	51甲34丁1+0−正官	22乙35戊1+0−正財	52乙36己1+0−印綬
8	19壬26己1−9+劫財	50癸27庚9+1−正官	18辛28辛9+1−偏財	49壬29壬9+1−傷官	19壬30癸0+1−偏官	50癸31甲0+1−偏官	20癸32乙0+1−偏財	51甲33丙0+1−偏財	22乙34丁0+1−偏官	52乙34丁1+0−偏官	23丙36己0+1−偏印	53丙37庚0+1−正官
9	20癸26己1−9+比肩	51甲27庚8+2−偏財	19壬28辛9+1−傷官	50癸29壬9+1−食神	20癸30癸9+1−正官	51甲31甲0+1−正財	21甲32乙0+1−傷官	52乙33丙0+1−正財	23丙34丁0+1−正財	53丙35戊0+1−正財	24丁36己0+1−印綬	54丁37庚9+1−偏官
10	21甲26己1−8+印綬	52乙27庚8+2−正財	20癸28辛9+1−食神	51甲29壬9+2−劫財	21甲30癸9+1−偏財	52乙31甲9+1−偏財	22乙32乙0+1−食神	53丙33丙0+1−食神	24丁34丁0+1−偏財	54丁35戊0+1−偏財	25戊36己9+1−偏官	55戊37庚9+1−正財
11	22乙26己2−8+偏印	53丙27庚8+2−食神	21甲28辛8+2−劫財	52乙29壬8+2−比肩	22乙30癸9+2−正財	53丙31甲9+2−傷官	23丙32乙9+1−劫財	54丁33丙9+1−傷官	25戊34丁9+1−偏官	55戊35戊9+1−傷官	26己36己9+1−正官	56己37庚9+1−偏財
12	23丙26己2−8+正官	54丁27庚7+3−劫財	22乙28辛8+2−比肩	53丙29壬8+2−印綬	23丙30癸8+2−偏財	54丁31甲9+2−食神	24丁32乙9+1−比肩	55戊33丙9+1−比肩	26己34丁9+1−食神	56己35戊9+1−食神	27庚36己9+1−偏財	57庚37庚8+1−傷官
13	24丁26己2−7+偏官	55戊27庚7+3−偏印	23丙28辛8+2−印綬	54丁29壬8+3−偏印	24丁30癸8+2−正財	55戊31甲8+2−劫財	25戊32乙9+2−印綬	56己33丙9+2−劫財	27庚34丁9+2−劫財	57庚35戊9+1−劫財	28辛36己8+2−正財	58辛37庚8+2−食神
14	25戊26己3−7+正財	56己27庚7+3−印綬	24丁28辛7+3−偏印	55戊29壬7+3−正官	25戊30癸8+3−食神	56己31甲8+3−比肩	26己32乙8+2−偏印	57庚33丙8+2−偏印	28辛34丁8+2−比肩	58辛35戊8+2−比肩	29壬36己8+2−食神	59壬37庚8+2−劫財
15	26己26己3−7+偏財	57庚27庚6+4−偏官	25戊28辛7+3−正官	56己29壬7+3−偏財	26己30癸7+3−傷官	57庚31甲8+3−印綬	27庚32乙8+2−正官	58辛33丙8+2−印綬	29壬34丁8+2−印綬	59壬35戊8+2−印綬	30癸36己8+2−傷官	60癸37庚7+2−比肩
16	27庚26己3−6+劫財	58辛27庚6+4−正官	26己28辛7+3−偏官	57庚29壬7+4−傷官	27庚30癸7+3−比肩	58辛31甲7+3−偏印	28辛32乙8+3−偏官	59壬33丙8+3−偏官	30癸34丁8+3−偏印	60癸35戊8+2−偏印	31甲36己7+3−比肩	1甲37庚7+3−印綬
17	28辛26己4−6+比肩	59壬27庚6+4−偏財	27庚28辛6+4−正財	58辛29壬6+4−食神	28辛30癸7+4−劫財	59壬31甲7+4−正官	29壬32乙7+3−正財	60癸33丙7+3−正官	31甲34丁7+3−正官	1甲35戊7+3−正官	32乙36己7+3−劫財	2乙37庚7+3−偏印
18	29壬26己4−6+印綬	60癸27庚5+5−正財	28辛28辛6+4−偏財	59壬29壬6+4−偏官	29壬30癸6+4−偏印	60癸31甲7+4−偏官	30癸32乙7+3−食神	1甲33丙7+3−偏財	32乙34丁7+3−偏官	2乙35戊7+3−偏官	33丙36己7+3−偏印	3丙37庚6+3−正官
19	30癸26己4−5+偏官	1甲27庚5+5−比肩	29壬28辛6+4−傷官	60癸29壬6+5−正官	30癸30癸6+4−印綬	1甲31甲6+4−正財	31甲32乙7+4−劫財	2乙33丙7+4−印綬	33丙34丁7+4−正財	3丙35戊7+3−劫財	34丁36己6+4−印綬	4丁37庚6+4−偏官
20	31甲26己5−5+正財	2乙27庚5+5−劫財	30癸28辛5+5−食神	1甲29壬5+5−偏財	31甲30癸6+5−偏官	2乙31甲6+5−偏財	32乙32乙6+4−比肩	3丙33丙6+4−偏官	34丁34丁6+4−偏財	4丁35戊6+4−比肩	35戊36己6+4−偏官	5戊37庚6+4−正財
21	32乙26己5−5+偏財	3丙27庚4+6−偏印	31甲28辛5+5−劫財	2乙29壬5+5−正財	32乙30癸5+5−傷官	3丙31甲6+5−傷官	33丙32乙6+4−傷官	4丁33丙6+4−正官	35戊34丁6+4−傷官	5戊35戊6+4−印綬	36己36己6+4−正財	6己37庚5+4−偏財
22	33丙26己5−4+傷官	4丁27庚4+6−印綬	32乙28辛5+5−比肩	3丙29壬5+6−食神	33丙30癸5+5−比肩	4丁31甲5+5−食神	34丁32乙6+5−食神	5戊33丙6+5−食神	36己34丁6+5−食神	6己35戊6+4−劫財	37庚36己5+5−食神	7庚37庚5+5−傷官
23	34丁26己6−4+食神	5戊27庚4+6−偏官	33丙28辛4+6−印綬	4丁29壬4+6−傷官	34丁30癸5+6−劫財	5戊31甲5+6−劫財	35戊32乙5+5−劫財	6己33丙5+5−傷官	37庚34丁5+5−劫財	7庚35戊5+5−偏印	38辛36己5+5−傷官	8辛37庚5+5−食神
24	35戊26己6−4+劫財	6己27庚3+7−正官	34丁28辛4+6−偏印	5戊29壬4+6−比肩	35戊30癸4+6−偏印	6己31甲5+6−比肩	36己32乙5+5−比肩	7庚33丙5+5−比肩	38辛34丁5+5−比肩	8辛35戊5+5−印綬	39壬36己5+5−比肩	9壬37庚4+5−劫財
25	36己26己6−3+比肩	7庚27庚3+7−偏財	35戊28辛4+6−正官	6己29壬4+7−劫財	36己30癸4+6−印綬	7庚31甲4+6−印綬	37庚32乙5+6−印綬	8辛33丙5+6−劫財	39壬34丁5+6−印綬	9壬35戊5+5−偏官	40癸36己4+6−劫財	10癸37庚4+6−比肩
26	37庚26己7−3+印綬	8辛27庚3+7−正財	36己28辛3+7−偏官	7庚29壬3+7−偏印	37庚30癸4+7−偏官	8辛31甲4+7−偏官	38辛32乙4+6−偏印	9壬33丙4+6−偏印	40癸34丁4+6−偏印	10癸35戊4+6−正官	41甲36己4+6−偏印	11甲37庚4+6−印綬
27	38辛26己7−3+偏印	9壬27庚2+8−食神	37庚28辛3+7−正財	8辛29壬3+7−印綬	38辛30癸3+7−正官	9壬31甲4+7−正財	39壬32乙4+6−正官	10癸33丙4+6−印綬	41甲34丁4+6−正官	11甲35戊4+6−偏財	42乙36己4+6−印綬	12乙37庚3+6−偏印
28	39壬26己7−2+正官	10癸27庚2+8−傷官	38辛28辛3+7−偏財	9壬29壬3+8−偏官	39壬30癸3+7−偏財	10癸31甲3+7−偏財	40癸32乙4+7−偏官	11甲33丙4+7−偏官	42乙34丁4+7−偏官	12乙35戊4+6−正財	43丙36己3+7−偏官	13丙37庚3+7−正官
29	40癸26己8−2+偏官		39壬28辛2+8−傷官	10癸29壬2+8−正官	40癸30癸3+8−正財	11甲31甲3+8−傷官	41甲32乙3+7−正財	12乙33丙3+7−正官	43丙34丁3+7−正財	13丙35戊3+7−食神	44丁36己3+7−正官	14丁37庚3+7−偏官
30	41甲26己8−2+正財		40癸28辛2+8−食神	11甲29壬2+8−偏財	41甲30癸2+8−食神	12乙31甲3+8−食神	42乙32乙3+7−偏財	13丙33丙3+7−偏財	44丁34丁3+7−偏財	14丁35戊3+7−傷官	45戊36己3+7−偏財	15戊37庚2+7−正財
31	42乙26己8−1+偏財		41甲28辛2+8−劫財		42乙30癸2+8−傷官		43丙32乙3+8−傷官	14丁33丙3+8−正財		15戊35戊3+7−比肩		16己37庚2+8−偏財

1947年(昭和22年)生まれ　24丁 (2/5〜翌 2/4)

日	1月	2月	3月	4月	5月	6月	7月	8月	9月	10月	11月	12月
	日干 月干 立年♂♀ 中心星	日干 月干 立年♂♀ 中心星	日干 月干 立年♂♀ 中心星	日干 月干 立年♂♀ 中心星	日干 月干 立年♂♀ 中心星	日干 月干 立年♂♀ 中心星	日干 月干 立年♂♀ 中心星	日干 月干 立年♂♀ 中心星	日干 月干 立年♂♀ 中心星	日干 月干 立年♂♀ 中心星	日干 月干 立年♂♀ 中心星	日干 月干 立年♂♀ 中心星
1	17庚37庚2+8−傷官	48辛38辛1+9−偏印	16己39壬8−2+正官	47庚40癸9−2+正財	17庚41甲8−2+偏印	48辛42乙9−2+正官	18辛43丙8−2+偏官	49壬44丁8−2+正官	20癸45戊8−2+印綬	50癸46己8−3+偏印	21甲47庚8−2+偏財	51甲48辛8−2+偏印
2	18辛37庚1+8−食神	49壬38辛1+9−正官	17庚39壬8−1+偏財	48辛40癸9−1+偏財	18辛41甲9−1+印綬	49壬42乙9−1+偏財	19壬43丙9−2+正財	50癸44丁8−2+偏官	21甲45戊8−2+偏官	51甲46己8−2+正官	22乙47庚8−2+正財	52乙48辛8−2+印綬
3	19壬37庚1+9−劫財	50癸38辛1+9−偏官	18辛39壬9−1+正財	49壬40癸9−1+傷官	19壬41甲9−1+偏官	50癸42乙9−1+正財	20癸43丙9−2+偏財	51甲44丁9−2+正財	22乙45戊9−2+正官	52乙46己8−2+偏官	23丙47庚8−2+食神	53丙48辛8−2+偏官
4	20癸37庚1+9−比肩	51甲38辛1+0−正財	19壬39壬9−1+食神	50癸40癸0−1+食神	20癸41甲9−1+正官	51甲42乙0−1+食神	21甲43丙9−1+傷官	52乙44丁9−1+偏財	23丙45戊9−1+偏財	53丙46己9−2+正財	24丁47庚9−1+傷官	54丁48辛9−1+正官
5	21甲37庚1+9−印綬	52乙39壬1−0+正財	20癸39壬9−1+傷官	51甲40癸0−1+劫財	21甲41甲0−1+偏財	52乙42乙0−1+傷官	22乙43丙0−1+食神	53丙44丁9−1+傷官	24丁45戊9−1+正財	54丁46己9−1+偏財	25戊47庚9−1+比肩	55戊48辛9−1+偏財
6	22乙38辛0+1−偏印	53丙39壬1−9+食神	21甲40癸1−0+劫財	52乙41甲1−0+比肩	22乙42乙1−0+正財	53丙43丙1−0+傷官	23丙43丙0−1+劫財	54丁44丁0−1+食神	25戊45戊0−1+食神	55戊46己9−1+傷官	26己47庚9−1+劫財	56己48辛9−1+正財
7	23丙38辛0+1−正官	54丁39壬1−9+傷官	22乙40癸1−0+比肩	53丙41甲1−0+印綬	23丙42乙1−0+食神	54丁43丙1−0+食神	24丁43丙0−1+比肩	55戊44丁0−1+劫財	26己45戊0−1+傷官	56己46己0−1+食神	27庚47庚0−1+偏印	57庚48辛0−1+食神
8	24丁38辛9+1−偏官	55戊39壬1−9+比肩	23丙40癸1−0+印綬	54丁41甲1−9+偏印	24丁42乙1−0+傷官	55戊43丙1−0+劫財	25戊44丁1−0+印綬	56己45戊1−0+劫財	27庚46己1−0+劫財	57庚46己0−1+劫財	28辛48辛1−0+正財	58辛49壬1−0+食神
9	25戊38辛9+1−正財	56己39壬1−8+劫財	24丁40癸1−9+偏印	55戊41甲1−9+正官	25戊42乙1−9+比肩	56己43丙1−0+比肩	26己44丁1−0+偏印	57庚45戊1−0+偏印	28辛46己1−0+比肩	58辛47庚1−0+比肩	29壬48辛1−0+食神	59壬49壬1−9+劫財
10	26己38辛9+1−偏財	57庚39壬2−8+偏印	25戊40癸1−9+正官	56己41甲1−9+偏官	26己42乙1−9+劫財	57庚43丙1−9+印綬	27庚44丁1−0+正官	58辛45戊1−0+印綬	29壬46己1−0+印綬	59壬47庚1−0+印綬	30癸48辛1−9+傷官	60癸49壬1−9+比肩
11	27庚38辛8+2−傷官	58辛39壬2−8+印綬	26己40癸2−9+偏官	57庚41甲2−8+正財	27庚42乙2−9+偏印	58辛43丙2−9+偏印	28辛44丁1−9+偏官	59壬45戊1−9+偏官	30癸46己1−9+偏印	60癸47庚1−9+偏印	31甲48辛1−9+比肩	1甲49壬1−9+印綬
12	28辛38辛8+2−食神	59壬39壬2−7+偏官	27庚40癸2−8+正財	58辛41甲2−8+偏財	28辛42乙2−8+劫財	59壬43丙2−9+正官	29壬44丁1−9+正財	60癸45戊1−9+正官	31甲46己1−9+正官	1甲47庚1−9+正官	32乙48辛1−9+劫財	2乙49壬1−8+偏印
13	29壬38辛8+2−劫財	60癸39壬3−7+正財	28辛40癸2−8+偏財	59壬41甲2−8+傷官	29壬42乙2−8+偏印	60癸43丙2−8+偏官	30癸44丁2−9+偏財	1甲45戊2−9+偏財	32乙46己2−9+偏官	2乙47庚1−9+偏官	33丙48辛2−8+偏印	3丙49壬2−8+正官
14	30癸38辛7+3−比肩	1甲39壬3−7+食神	29壬40癸3−8+傷官	60癸41甲3−7+食神	30癸42乙3−8+印綬	1甲43丙3−8+正財	31甲44丁2−8+傷官	2乙45戊2−8+正財	33丙46己2−8+正財	3丙47庚2−8+正財	34丁48辛2−8+印綬	4丁49壬2−8+偏官
15	31甲38辛7+3−印綬	2乙39壬3−6+傷官	30癸40癸3−7+食神	1甲41甲3−7+劫財	31甲42乙3−7+偏官	2乙43丙3−8+偏財	32乙44丁2−8+食神	3丙45戊2−8+食神	34丁46己2−8+偏財	4丁47庚2−8+偏財	35戊48辛2−8+偏官	5戊49壬2−7+正財
16	32乙38辛7+3−偏官	3丙39壬4−6+比肩	31甲40癸3−7+劫財	2乙41甲3−7+偏印	32乙42乙3−7+正官	3丙43丙3−7+傷官	33丙44丁3−8+劫財	4丁45戊3−8+傷官	35戊46己3−8+傷官	5戊47庚2−8+偏財	36己48辛3−7+正官	6己49壬3−7+偏財
17	33丙38辛6+4−正財	4丁39壬4−6+劫財	32乙40癸4−7+比肩	3丙41甲4−6+正官	33丙42乙4−7+偏財	4丁43丙4−7+食神	34丁44丁3−7+比肩	5戊45戊3−7+比肩	36己46己3−7+食神	6己47庚3−7+食神	37庚48辛3−7+偏財	7庚49壬3−7+傷官
18	34丁38辛6+4−偏財	5戊39壬4−5+偏印	33丙40癸4−6+印綬	4丁41甲4−6+偏官	34丁42乙4−6+正財	5戊43丙4−7+劫財	35戊44丁3−7+正官	6己45戊3−7+劫財	37庚46己3−7+劫財	7庚47庚3−7+劫財	38辛48辛3−7+正財	8辛49壬3−6+食神
19	35戊38辛6+4−劫財	6己39壬5−5+印綬	34丁40癸4−6+偏印	5戊41甲4−6+比肩	35戊42乙4−6+食神	6己43丙4−6+比肩	36己44丁4−7+偏官	7庚45戊4−7+食神	38辛46己4−7+比肩	8辛47庚3−7+偏官	39壬48辛4−6+食神	9壬49壬4−6+劫財
20	36己38辛5+5−比肩	7庚39壬5−5+偏財	35戊40癸5−6+正官	6己41甲5−5+劫財	36己42乙5−6+傷官	7庚43丙5−6+印綬	37庚44丁4−6+正財	8辛45戊4−6+傷官	39壬46己4−6+印綬	9壬47庚4−6+正財	40癸48辛4−6+傷官	10癸49壬4−6+比肩
21	37庚38辛5+5−印綬	8辛39壬5−4+正財	36己40癸5−5+偏官	7庚41甲5−5+偏印	37庚42乙5−5+偏官	8辛43丙5−6+偏印	38辛44丁4−6+偏印	9壬45戊4−6+比肩	40癸46己4−6+偏印	10癸47庚4−6+偏財	41甲48辛4−6+偏印	11甲49壬4−5+印綬
22	38辛38辛5+5−偏印	9壬39壬6−4+食神	37庚40癸5−5+正財	8辛41甲5−5+印綬	38辛42乙5−5+正官	9壬43丙5−5+正官	39壬44丁5−6+正官	10癸45戊5−6+印綬	41甲46己5−6+正官	11甲47庚4−6+偏財	42乙48辛5−5+印綬	12乙49壬5−5+偏印
23	39壬38辛4+6−正官	10癸39壬6−4+傷官	38辛40癸6−5+偏財	9壬41甲6−4+偏官	39壬42乙6−5+偏財	10癸43丙6−5+偏官	40癸44丁5−5+偏官	11甲45戊5−5+偏官	42乙46己5−5+偏官	12乙47庚5−5+正財	43丙48辛5−5+偏官	13丙49壬5−5+正官
24	40癸38辛4+6−偏官	11甲39壬6−3+比肩	39壬40癸6−4+傷官	10癸41甲6−4+正官	40癸42乙6−4+正財	11甲43丙6−5+正財	41甲44丁5−5+正財	12乙45戊5−5+正官	43丙46己5−5+正財	13丙47庚5−5+食神	44丁48辛5−5+正官	14丁49壬5−4+偏官
25	41甲38辛4+6−正財	12乙39壬7−3+劫財	40癸40癸6−4+食神	11甲41甲6−4+偏財	41甲42乙6−4+食神	12乙43丙6−4+偏財	42乙44丁6−5+偏財	13丙45戊6−5+偏財	44丁46己6−5+偏財	14丁47庚5−5+傷官	45戊48辛6−4+偏財	15戊49壬6−4+正財
26	42乙38辛3+7−偏財	13丙39壬7−3+偏印	41甲40癸7−4+劫財	12乙41甲7−3+正財	42乙42乙7−4+傷官	13丙43丙7−4+劫財	43丙44丁6−4+傷官	14丁45戊6−4+正財	45戊46己6−4+傷官	15戊47庚6−4+比肩	46己48辛6−4+正財	16己49壬6−4+偏財
27	43丙38辛3+7−傷官	14丁39壬7−2+印綬	42乙40癸7−3+比肩	13丙41甲7−3+食神	43丙42乙7−3+比肩	14丁43丙7−4+比肩	44丁44丁6−4+食神	15戊45戊6−4+食神	46己46己6−4+食神	16己47庚6−4+劫財	47庚48辛6−4+食神	17庚49壬6−3+傷官
28	44丁38辛3+7−食神	15戊39壬8−2+偏官	43丙40癸7−3+印綬	14丁41甲7−3+傷官	44丁42乙7−3+劫財	15戊43丙7−3+印綬	45戊44丁7−4+劫財	16己45戊7−4+傷官	47庚46己7−4+劫財	17庚47庚6−4+偏印	48辛48辛7−3+傷官	18辛49壬7−3+食神
29	45戊38辛2+8−劫財		44丁40癸8−3+偏印	15戊41甲8−2+比肩	45戊42乙8−3+偏印	16己43丙8−3+偏印	46己44丁7−3+比肩	17庚45戊7−3+比肩	48辛46己7−3+比肩	18辛47庚7−3+印綬	49壬48辛7−3+比肩	19壬49壬7−3+劫財
30	46己38辛2+8−比肩		45戊40癸8−2+正官	16己41甲8−2+劫財	46己42乙8−2+印綬	17庚43丙8−3+正官	47庚44丁7−3+印綬	18辛45戊7−3+劫財	49壬46己7−3+印綬	19壬47庚7−3+偏官	50癸48辛7−3+劫財	20癸49壬7−2+比肩
31	47庚38辛2+8−印綬		46己40癸8−2+偏官		47庚42乙8−2+偏官		48辛44丁8−3+偏印	19壬45戊8−3+偏印		20癸47庚7−3+正官		21甲49壬8−2+印綬

1948年（昭和23年）生まれ　25戊（2/5〜翌2/3）

日	1月	2月	3月	4月	5月	6月	7月	8月	9月	10月	11月	12月
	日干 月干 立年♂♀ 中心星	日干 月干 立年♂♀ 中心星	日干 月干 立年♂♀ 中心星	日干 月干 立年♂♀ 中心星	日干 月干 立年♂♀ 中心星	日干 月干 立年♂♀ 中心星	日干 月干 立年♂♀ 中心星	日干 月干 立年♂♀ 中心星	日干 月干 立年♂♀ 中心星	日干 月干 立年♂♀ 中心星	日干 月干 立年♂♀ 中心星	日干 月干 立年♂♀ 中心星
1	22乙49壬8−2+偏印	53丙50癸9−1+傷官	22乙51甲2+8−劫財	53丙52乙1+9−印綬	23丙53丙1+9−食神	54丁54丁2+9−劫財	24丁55戊2+8−比肩	55戊56己2+8−劫財	26己57庚2+8−傷官	56己58辛2+8−食神	27庚59壬2+8−偏印	57庚60癸2+8−食神
2	23丙49壬8−1+正官	54丁50癸9−1+食神	23丙51甲1+9−偏印	54丁52乙1+9−偏印	24丁53丙1+9−傷官	55戊54丁1+9−偏印	25戊55戊2+9−印綬	56己56己2+9−比肩	27庚57庚2+8−比肩	57庚58辛2+8−劫財	28辛59壬2+8−印綬	58辛60癸2+8−傷官
3	24丁49壬9−1+偏官	55戊50癸9−1+劫財	24丁51甲1+9−印綬	55戊52乙1+9−正官	25戊53丙1+9−比肩	56己54丁1+0−印綬	26己55戊1+9−偏印	57庚56己2+9−印綬	28辛57庚2+9−劫財	58辛58辛2+8−比肩	29壬59壬1+9−偏官	59壬60癸1+9−比肩
4	25戊49壬9−1+正財	56己50癸0−1+比肩	25戊51甲1+9−偏官	56己52乙1+0−偏官	26己53丙1+0−劫財	57庚54丁1+0−偏官	27庚55戊1+9−正官	58辛56己1+9−偏印	29壬57庚1+9−偏印	59壬58辛1+9−印綬	30癸59壬1+9−正官	60癸60癸1+9−劫財
5	26己49壬9−1+偏財	57庚51甲0+1−偏印	26己51甲1+0−正官	57庚53丙0+1−正財	27庚54丁0+1−偏印	58辛54丁1+0−正官	28辛55戊1+0−偏官	59壬56己1+0−正官	30癸57庚1+9−印綬	60癸58辛1+9−偏印	31甲59壬1+9−偏財	1甲60癸1+9−偏印
6	27庚50癸1−0+傷官	58辛51甲0+1−印綬	27庚52乙0+1−正財	58辛53丙0+1−偏財	28辛54丁0+1−印綬	59壬55戊0+1−正官	29壬55戊1+0−正財	60癸56己1+0−偏官	31甲57庚1+0−偏官	1甲58辛1+9−正官	32乙59壬1+0−正財	2乙60癸1+0−印綬
7	28辛50癸1−0+食神	59壬51甲9+1−偏官	28辛52乙0+1−偏財	59壬53丙9+1−傷官	29壬54丁0+1−偏官	60癸55戊0+1−偏官	30癸56己0+1−偏財	1甲56己1+0−正財	32乙57庚1+0−正官	2乙58辛1+0−偏官	33丙60癸0+1−偏印	3丙 1甲0+1−正官
8	29壬50癸1−9+劫財	60癸51甲9+1−正官	29壬52乙9+1−傷官	60癸53丙9+1−食神	30癸54丁0+1−正官	1甲55戊0+1−正財	31甲56己0+1−傷官	2乙57庚0+1−正財	33丙58辛0+1−正財	3丙59壬0+1−正財	34丁60癸0+1−印綬	4丁 1甲0+1−偏官
9	30癸50癸1−9+比肩	1甲51甲9+1−偏財	30癸52乙9+1−食神	1甲53丙9+1−劫財	31甲54丁9+1−偏財	2乙55戊9+1−偏財	32乙56己0+1−食神	3丙57庚0+1−食神	34丁58辛0+1−偏財	4丁59壬0+1−偏財	35戊60癸9+1−偏官	5戊 1甲9+1−正財
10	31甲50癸1−9+印綬	2乙51甲8+2−正財	31甲52乙9+1−劫財	2乙53丙8+2−比肩	32乙54丁9+2−正財	3丙55戊9+1−傷官	33丙56己0+1−劫財	4丁57庚0+1−傷官	35戊58辛9+1−傷官	5戊59壬9+1−傷官	36己60癸9+1−正官	6己 1甲9+1−偏財
11	32乙50癸2−8+偏印	3丙51甲8+2−食神	32乙52乙8+2−比肩	3丙53丙8+2−印綬	33丙54丁9+2−偏財	4丁55戊9+2−食神	34丁56己9+1−比肩	5戊57庚9+1−比肩	36己58辛9+1−食神	6己59壬9+1−食神	37庚60癸9+1−偏財	7庚 1甲9+1−傷官
12	33丙50癸2−8+正官	4丁51甲8+2−傷官	33丙52乙8+2−印綬	4丁53丙8+2−偏印	34丁54丁8+2−正財	5戊55戊8+2−劫財	35戊56己9+2−印綬	6己57庚9+1−劫財	37庚58辛9+1−劫財	7庚59壬9+1−劫財	38辛60癸8+2−正財	8辛 1甲8+2−食神
13	34丁50癸2−8+偏官	5戊51甲7+3−偏印	34丁52乙8+2−偏印	5戊53丙7+3−正官	35戊54丁8+3−食神	6己55戊8+2−比肩	36己56己9+2−偏印	7庚57庚9+2−偏印	38辛58辛8+2−比肩	8辛59壬8+2−比肩	39壬60癸8+2−食神	9壬 1甲8+2−劫財
14	35戊50癸3−7+正財	6己51甲7+3−印綬	35戊52乙7+3−正官	6己53丙7+3−偏官	36己54丁8+3−傷官	7庚55戊8+3−印綬	37庚56己8+2−正官	8辛57庚8+2−印綬	39壬58辛8+2−印綬	9壬59壬8+2−印綬	40癸60癸8+2−傷官	10癸 1甲8+2−比肩
15	36己50癸3−7+偏財	7庚51甲7+3−偏官	36己52乙7+3−偏官	7庚53丙7+3−傷官	37庚54丁7+3−比肩	8辛55戊7+3−偏印	38辛56己8+3−偏官	9壬57庚8+2−偏官	40癸58辛8+2−偏印	10癸59壬8+2−偏印	41甲60癸7+3−比肩	11甲 1甲7+3−印綬
16	37庚50癸3−7+劫財	8辛51甲6+4−正官	37庚52乙7+3−正財	8辛53丙6+4−食神	38辛54丁7+4−劫財	9壬55戊7+3−正官	39壬56己8+3−正財	10癸57庚8+3−正官	41甲58辛7+3−正官	11甲59壬7+3−正官	42乙60癸7+3−劫財	12乙 1甲7+3−偏印
17	38辛50癸4−6+比肩	9壬51甲6+4−偏財	38辛52乙6+4−偏財	9壬53丙6+4−劫財	39壬54丁7+4−偏印	10癸55戊7+4−偏官	40癸56己7+3−食神	11甲57庚7+3−偏財	42乙58辛7+3−偏官	12乙59壬7+3−偏官	43丙60癸7+3−偏印	13丙 1甲7+3−正官
18	39壬50癸4−6+印綬	10癸51甲6+4−正財	39壬52乙6+4−傷官	10癸53丙6+4−正官	40癸54丁6+4−印綬	11甲55戊6+4−正財	41甲56己7+4−劫財	12乙57庚7+3−正財	43丙58辛7+3−正財	13丙59壬7+3−劫財	44丁60癸6+4−印綬	14丁 1甲6+4−偏官
19	40癸50癸4−6+偏官	11甲51甲5+5−食神	40癸52乙6+4−食神	11甲53丙5+5−偏財	41甲54丁6+5−偏官	12乙55戊6+4−偏財	42乙56己7+4−比肩	13丙57庚7+4−偏官	44丁58辛6+4−偏財	14丁59壬6+4−比肩	45戊60癸6+4−偏官	15戊 1甲6+4−正財
20	41甲50癸5−5+正財	12乙51甲5+5−劫財	41甲52乙5+5−劫財	12乙53丙5+5−正財	42乙54丁6+5−傷官	13丙55戊6+5−傷官	43丙56己6+4−傷官	14丁57庚6+4−正官	45戊58辛6+4−傷官	15戊59壬6+4−印綬	46己60癸6+4−正財	16己 1甲6+4−偏財
21	42乙50癸5−5+偏財	13丙51甲5+5−偏印	42乙52乙5+5−比肩	13丙53丙5+5−食神	43丙54丁5+5−比肩	14丁55戊5+5−食神	44丁56己6+5−食神	15戊57庚6+4−偏財	46己58辛6+4−食神	16己59壬6+4−劫財	47庚60癸5+5−食神	17庚 1甲5+5−傷官
22	43丙50癸5−5+傷官	14丁51甲4+6−印綬	43丙52乙5+5−印綬	14丁53丙4+6−傷官	44丁54丁5+6−劫財	15戊55戊5+5−劫財	45戊56己6+5−劫財	16己57庚6+5−傷官	47庚58辛5+5−劫財	17庚59壬5+5−偏印	48辛60癸5+5−傷官	18辛 1甲5+5−食神
23	44丁50癸6−4+食神	15戊51甲4+6−偏官	44丁52乙4+6−偏印	15戊53丙4+6−比肩	45戊54丁5+6−偏印	16己55戊5+6−比肩	46己56己5+5−比肩	17庚57庚5+5−比肩	48辛58辛5+5−比肩	18辛59壬5+5−印綬	49壬60癸5+5−比肩	19壬 1甲5+5−劫財
24	45戊50癸6−4+劫財	16己51甲4+6−正官	45戊52乙4+6−正官	16己53丙4+6−劫財	46己54丁4+6−印綬	17庚55戊4+6−印綬	47庚56己5+6−印綬	18辛57庚5+5−劫財	49壬58辛5+5−印綬	19壬59壬5+5−偏官	50癸60癸4+6−劫財	20癸 1甲4+6−比肩
25	46己50癸6−4+比肩	17庚51甲3+7−偏財	46己52乙4+6−偏官	17庚53丙3+7−偏印	47庚54丁4+7−偏官	18辛55戊4+6−偏印	48辛56己5+6−偏印	19壬57庚5+6−偏印	50癸58辛4+6−偏印	20癸59壬4+6−正官	51甲60癸4+6−偏印	21甲 1甲4+6−印綬
26	47庚50癸7−3+印綬	18辛51甲3+7−正財	47庚52乙3+7−正財	18辛53丙3+7−印綬	48辛54丁4+7−正官	19壬55戊4+7−正財	49壬56己4+6−正官	20癸57庚4+6−印綬	51甲58辛4+6−正官	21甲59壬4+6−偏財	52乙60癸4+6−印綬	22乙 1甲4+6−偏印
27	48辛50癸7−3+偏印	19壬51甲3+7−食神	48辛52乙3+7−偏財	19壬53丙3+7−偏官	49壬54丁3+7−偏財	20癸55戊3+7−偏財	50癸56己4+7−偏官	21甲57庚4+6−偏官	52乙58辛4+6−偏官	22乙59壬4+6−正財	53丙60癸3+7−偏官	23丙 1甲3+7−正官
28	49壬50癸7−3+正官	20癸51甲2+8−傷官	49壬52乙3+7−傷官	20癸53丙2+8−正官	50癸54丁3+8−正財	21甲55戊3+7−傷官	51甲56己4+7−正財	22乙57庚4+7−正官	53丙58辛3+7−正財	23丙59壬3+7−食神	54丁60癸3+7−正官	24丁 1甲3+7−偏官
29	50癸50癸8−2+偏官	21甲51甲2+8−比肩	50癸52乙2+8−食神	21甲53丙2+8−偏財	51甲54丁3+8−食神	22乙55戊3+8−食神	52乙56己3+7−偏財	23丙57庚3+7−偏財	54丁58辛3+7−偏財	24丁59壬3+7−傷官	55戊60癸3+7−偏財	25戊 1甲3+7−正財
30	51甲50癸8−2+正財		51甲52乙2+8−劫財	22乙53丙2+8−正財	52乙54丁2+8−傷官	23丙55戊2+8−劫財	53丙56己3+8−傷官	24丁57庚3+7−正財	55戊58辛3+7−傷官	25戊59壬3+7−比肩	56己60癸2+8−正財	26己 1甲2+8−偏財
31	52乙50癸8−2+偏財		52乙52乙2+8−比肩		53丙54丁2+9−比肩		54丁56己3+8−食神	25戊57庚3+8−食神		26己59壬2+8−劫財		27庚 1甲2+8−傷官

1949年（昭和24年）生まれ　26己（2/4〜翌2/3）

日	1月	2月	3月	4月	5月	6月	7月	8月	9月	10月	11月	12月
	日干 月干 立年♂♀ 中心星	日干 月干 立年♂♀ 中心星	日干 月干 立年♂♀ 中心星	日干 月干 立年♂♀ 中心星	日干 月干 立年♂♀ 中心星	日干 月干 立年♂♀ 中心星	日干 月干 立年♂♀ 中心星	日干 月干 立年♂♀ 中心星	日干 月干 立年♂♀ 中心星	日干 月干 立年♂♀ 中心星	日干 月干 立年♂♀ 中心星	日干 月干 立年♂♀ 中心星
1	28辛 1甲2+8−食神	59壬 2乙1+9−正官	27庚 3丙8−2+偏財	58辛 4丁9−1+偏財	28辛 5戊9−2+印綬	59壬 6己9−2+偏財	29壬 7庚8−2+正財	60癸 8辛8−2+偏官	31甲 9壬8−2+偏官	1甲10癸8−3+正官	32乙11甲8−2+正財	2乙12乙8−2+印綬
2	29壬 1甲1+9−劫財	60癸 2乙1+9−偏官	28辛 3丙9−1+正財	59壬 4丁9−1+傷官	29壬 5戊9−1+偏官	60癸 6己9−1+正財	30癸 7庚9−2+偏財	1甲 8辛9−2+正財	32乙 9壬8−2+正官	2乙10癸8−2+偏官	33丙11甲8−2+食神	3丙12乙8−2+偏官
3	30癸 1甲1+9−比肩	1甲 2乙1+9−正財	29壬 3丙9−1+食神	60癸 4丁9−1+食神	30癸 5戊9−1+正官	1甲 6己9−1+食神	31甲 7庚9−1+傷官	2乙 8辛9−2+偏財	33丙 9壬9−2+偏財	3丙10癸8−2+正財	34丁11甲8−2+傷官	4丁12乙8−1+正官
4	31甲 1甲1+9−印綬	2乙 3丙1−0+正財	30癸 3丙9−1+傷官	1甲 4丁0−1+劫財	31甲 5戊0−1+偏財	2乙 6己0−1+傷官	32乙 7庚9−1+食神	3丙 8辛9−1+傷官	34丁 9壬9−1+正財	4丁10癸9−2+偏財	35戊11甲9−1+比肩	5戊12乙9−1+偏財
5	32乙 1甲1+0−偏印	3丙 3丙1−0+食神	31甲 3丙0−1+比肩	2乙 5戊1−0+比肩	32乙 5戊0−1+正財	3丙 6己0−1+比肩	33丙 7庚0−1+劫財	4丁 8辛0−1+食神	35戊 9壬9−1+食神	5戊10癸9−1+傷官	36己11甲9−1+劫財	6己12乙9−1+正財
6	33丙 2乙0+1−正官	4丁 3丙1−9+傷官	32乙 4丁1−0+比肩	3丙 5戊1−0+印綬	33丙 6己1−0+食神	4丁 7庚1−0+食神	34丁 7庚0−1+比肩	5戊 8辛0−1+劫財	36己 9壬0−1+傷官	6己10癸9−1+食神	37庚11甲9−1+偏印	7庚12乙9−1+食神
7	34丁 2乙9+1−偏官	5戊 3丙1−9+比肩	33丙 4丁1−0+印綬	4丁 5戊1−0+偏印	34丁 6己1−0+傷官	5戊 7庚1−0+劫財	35戊 8辛1−0+印綬	6己 8辛0−1+比肩	37庚 9壬0−1+比肩	7庚10癸0−1+劫財	38辛11甲0−1+印綬	8辛13丙1−0+食神
8	35戊 2乙9+1−正財	6己 3丙1−9+劫財	34丁 4丁1−9+偏印	5戊 5戊1−9+正官	35戊 6己1−0+比肩	6己 7庚1−0+比肩	36己 8辛1−0+偏印	7庚 9壬1−0+偏印	38辛10癸1−0+比肩	8辛10癸0−1+比肩	39壬12乙1−0+食神	9壬13丙1−0+劫財
9	36己 2乙9+1−偏財	7庚 3丙2−8+偏印	35戊 4丁1−9+正官	6己 5戊1−9+偏官	36己 6己1−9+劫財	7庚 7庚1−9+印綬	37庚 8辛1−0+正官	8辛 9壬1−0+印綬	39壬10癸1−0+印綬	9壬11甲1−0+印綬	40癸12乙1−9+傷官	10癸13丙1−9+比肩
10	37庚 2乙8+1−傷官	8辛 3丙2−8+印綬	36己 4丁1−9+偏官	7庚 5戊2−9+正財	37庚 6己1−9+偏印	8辛 7庚1−9+偏印	38辛 8辛1−0+偏官	9壬 9壬1−0+偏官	40癸10癸1−0+偏印	10癸11甲1−0+偏印	41甲12乙1−9+比肩	11甲13丙1−9+印綬
11	38辛 2乙8+2−食神	9壬 3丙2−8+偏官	37庚 4丁2−8+正財	8辛 5戊2−8+偏財	38辛 6己2−9+印綬	9壬 7庚2−9+正官	39壬 8辛1−9+正財	10癸 9壬1−9+正官	41甲10癸1−9+正官	11甲11甲1−9+正官	42乙12乙1−9+劫財	12乙13丙1−9+偏印
12	39壬 2乙8+2−劫財	10癸 3丙3−7+正財	38辛 4丁2−8+偏財	9壬 5戊2−8+傷官	39壬 6己2−8+偏印	10癸 7庚2−8+偏官	40癸 8辛2−9+偏財	11甲 9壬1−9+偏財	42乙10癸1−9+偏官	12乙11甲1−9+偏官	43丙12乙1−8+偏印	13丙13丙2−8+正官
13	40癸 2乙7+2−比肩	11甲 3丙3−7+食神	39壬 4丁2−8+傷官	10癸 5戊3−8+食神	40癸 6己2−8+印綬	11甲 7庚2−8+正財	41甲 8辛2−9+傷官	12乙 9壬2−9+正財	43丙10癸2−9+正財	13丙11甲1−9+正財	44丁12乙2−8+印綬	14丁13丙2−8+偏官
14	41甲 2乙7+3−印綬	12乙 3丙3−7+傷官	40癸 4丁3−7+食神	11甲 5戊3−7+劫財	41甲 6己3−8+偏官	12乙 7庚3−8+偏財	42乙 8辛2−8+食神	13丙 9壬2−8+食神	44丁10癸2−8+偏財	14丁11甲2−8+偏財	45戊12乙2−8+偏官	15戊13丙2−8+正財
15	42乙 2乙7+3−偏印	13丙 3丙4−6+比肩	41甲 4丁3−7+劫財	12乙 5戊3−7+偏印	42乙 6己3−7+正官	13丙 7庚3−7+傷官	43丙 8辛3−8+劫財	14丁 9壬2−8+傷官	45戊10癸2−8+傷官	15戊11甲2−8+傷官	46己12乙2−7+正官	16己13丙3−7+偏財
16	43丙 2乙6+3−正財	14丁 3丙4−6+劫財	42乙 4丁3−7+比肩	13丙 5戊4−7+正官	43丙 6己3−7+偏財	14丁 7庚3−7+食神	44丁 8辛3−8+比肩	15戊 9壬3−8+比肩	46己10癸3−8+食神	16己11甲2−8+食神	47庚12乙3−7+偏財	17庚13丙3−7+傷官
17	44丁 2乙6+4−偏財	15戊 3丙4−6+偏印	43丙 4丁4−6+印綬	14丁 5戊4−6+偏官	44丁 6己4−7+正財	15戊 7庚4−7+劫財	45戊 8辛3−7+正官	16己 9壬3−7+劫財	47庚10癸3−7+劫財	17庚11甲3−7+劫財	48辛12乙3−7+正財	18辛13丙3−7+食神
18	45戊 2乙6+4−傷官	16己 3丙5−5+印綬	44丁 4丁4−6+偏印	15戊 5戊4−6+比肩	45戊 6己4−6+食神	16己 7庚4−6+比肩	46己 8辛4−7+偏官	17庚 9壬3−7+偏印	48辛10癸3−7+比肩	18辛11甲3−7+比肩	49壬12乙3−6+食神	19壬13丙4−6+劫財
19	46己 2乙5+4−比肩	17庚 3丙5−5+偏財	45戊 4丁4−6+正官	16己 5戊5−6+劫財	46己 6己4−6+傷官	17庚 7庚4−6+印綬	47庚 8辛4−7+正財	18辛 9壬4−7+傷官	49壬10癸4−7+印綬	19壬11甲3−7+正財	50癸12乙4−6+傷官	20癸13丙4−6+比肩
20	47庚 2乙5+5−印綬	18辛 3丙5−5+正財	46己 4丁5−5+偏官	17庚 5戊5−5+偏印	47庚 6己5−6+比肩	18辛 7庚5−6+偏印	48辛 8辛4−6+偏印	19壬 9壬4−6+比肩	50癸10癸4−6+偏印	20癸11甲4−6+偏財	51甲12乙4−6+比肩	21甲13丙4−6+印綬
21	48辛 2乙5+5−偏印	19壬 3丙6−4+食神	47庚 4丁5−5+正財	18辛 5戊5−5+印綬	48辛 6己5−5+正官	19壬 7庚5−5+正官	49壬 8辛5−6+正官	20癸 9壬4−6+劫財	51甲10癸4−6+正官	21甲11甲4−6+傷官	52乙12乙4−5+印綬	22乙13丙5−5+偏印
22	49壬 2乙4+5−正官	20癸 3丙6−4+傷官	48辛 4丁5−5+偏財	19壬 5戊6−5+偏官	49壬 6己5−5+偏財	20癸 7庚5−5+偏官	50癸 8辛5−6+偏官	21甲 9壬5−6+偏官	52乙10癸5−6+偏官	22乙11甲4−6+正財	53丙12乙5−5+偏官	23丙13丙5−5+正官
23	50癸 2乙4+6−偏官	21甲 3丙6−4+比肩	49壬 4丁6−4+傷官	20癸 5戊6−4+正官	50癸 6己6−5+正財	21甲 7庚6−5+正財	51甲 8辛5−5+正財	22乙 9壬5−5+正官	53丙10癸5−5+正財	23丙11甲5−5+食神	54丁12乙5−5+正官	24丁13丙5−5+偏官
24	51甲 2乙4+6−正財	22乙 3丙7−3+劫財	50癸 4丁6−4+食神	21甲 5戊6−4+偏財	51甲 6己6−4+食神	22乙 7庚6−4+偏財	52乙 8辛6−5+偏財	23丙 9壬5−5+偏財	54丁10癸5−5+偏財	24丁11甲5−5+傷官	55戊12乙5−4+偏財	25戊13丙6−4+正財
25	52乙 2乙3+6−偏財	23丙 3丙7−3+偏印	51甲 4丁6−4+劫財	22乙 5戊7−4+正財	52乙 6己6−4+傷官	23丙 7庚6−4+傷官	53丙 8辛6−5+傷官	24丁 9壬6−5+正財	55戊10癸6−5+傷官	25戊11甲5−5+比肩	56己12乙6−4+正財	26己13丙6−4+偏財
26	53丙 2乙3+7−傷官	24丁 3丙7−3+印綬	52乙 4丁7−3+比肩	23丙 5戊7−3+食神	53丙 6己7−4+比肩	24丁 7庚7−4+比肩	54丁 8辛6−4+食神	25戊 9壬6−4+食神	56己10癸6−4+食神	26己11甲6−4+劫財	57庚12乙6−4+食神	27庚13丙6−4+傷官
27	54丁 2乙3+7−食神	25戊 3丙8−2+偏官	53丙 4丁7−3+印綬	24丁 5戊7−3+傷官	54丁 6己7−3+劫財	25戊 7庚7−3+印綬	55戊 8辛7−4+劫財	26己 9壬6−4+傷官	57庚10癸6−4+劫財	27庚11甲6−4+偏印	58辛12乙6−3+傷官	28辛13丙7−3+食神
28	55戊 2乙2+7−劫財	26己 3丙8−2+正官	54丁 4丁7−3+偏印	25戊 5戊8−3+比肩	55戊 6己7−3+偏印	26己 7庚7−3+偏印	56己 8辛7−4+比肩	27庚 9壬7−4+比肩	58辛10癸7−4+比肩	28辛11甲6−4+印綬	59壬12乙7−3+比肩	29壬13丙7−3+劫財
29	56己 2乙2+8−比肩		55戊 4丁8−2+正官	26己 5戊8−2+劫財	56己 6己8−3+印綬	27庚 7庚8−3+正官	57庚 8辛7−3+印綬	28辛 9壬7−3+劫財	59壬10癸7−3+印綬	29壬11甲7−3+偏官	60癸12乙7−3+劫財	30癸13丙7−3+比肩
30	57庚 2乙2+8−印綬		56己 4丁8−2+偏官	27庚 5戊8−2+偏印	57庚 6己8−2+偏官	28辛 7庚8−2+偏官	58辛 8辛8−3+偏印	29壬 9壬7−3+偏印	60癸10癸7−3+偏印	30癸11甲7−3+正官	1甲12乙7−2+偏印	31甲13丙8−2+印綬
31	58辛 2乙1+8−偏印		57庚 4丁8−2+正財		58辛 6己8−2+正官		59壬 8辛8−3+正官	30癸 9壬8−3+印綬		31甲11甲7−3+偏財		32乙13丙8−2+偏印

1950年（昭和25年）生まれ　27庚（2/4～翌2/4）

日	1月	2月	3月	4月	5月	6月	7月	8月	9月	10月	11月	12月
	日干 月干 立年♂♀ 中心星	日干 月干 立年♂♀ 中心星	日干 月干 立年♂♀ 中心星	日干 月干 立年♂♀ 中心星	日干 月干 立年♂♀ 中心星	日干 月干 立年♂♀ 中心星	日干 月干 立年♂♀ 中心星	日干 月干 立年♂♀ 中心星	日干 月干 立年♂♀ 中心星	日干 月干 立年♂♀ 中心星	日干 月干 立年♂♀ 中心星	日干 月干 立年♂♀ 中心星
1	33丙13丙8－2＋正官	4丁14丁9－1＋食神	32乙15戊2＋8－劫財	3丙16己1＋9－印綬	33丙17庚2＋9－食神	4丁18辛2＋9－劫財	34丁19壬2＋8－比肩	5戊20癸2＋8－劫財	36己21甲2＋8－傷官	6己22乙3＋8－食神	37庚23丙2＋8－偏印	7庚24丁2＋8－食神
2	34丁13丙9－1＋偏官	5戊14丁9－1＋劫財	33丙15戊1＋9－偏印	4丁16己1＋9－偏印	34丁17庚1＋9－傷官	5戊18辛1＋9－偏印	35戊19壬2＋9－印綬	6己20癸2＋8－比肩	37庚21甲2＋8－比肩	7庚22乙2＋8－劫財	38辛23丙2＋8－印綬	8辛24丁2＋8－傷官
3	35戊13丙9－1＋正財	6己14丁9－1＋比肩	34丁15戊1＋9－印綬	5戊16己1＋9－正官	35戊17庚1＋9－比肩	6己18辛1＋9－印綬	36己19壬2＋9－偏印	7庚20癸2＋9－印綬	38辛21甲2＋9－劫財	8辛22乙2＋8－比肩	39壬23丙2＋8－偏官	9壬24丁2＋8－比肩
4	36己13丙9－1＋偏財	7庚15戊0＋1－偏印	35戊15戊1＋9－偏官	6己16己1＋0－偏官	36己17庚1＋0－劫財	7庚18辛1＋0－偏官	37庚19壬1＋9－正官	8辛20癸1＋9－偏印	39壬21甲1＋9－偏印	9壬22乙2＋9－印綬	40癸23丙1＋9－正官	10癸24丁1＋9－劫財
5	37庚13丙0－1＋傷官	8辛15戊0＋1－印綬	36己15戊1＋0－正官	7庚17庚0＋1－正財	37庚17庚1＋0－偏印	8辛18辛1＋0－正官	38辛19壬1＋0－正官	9壬20癸1＋9－偏官	40癸21甲1＋9－印綬	10癸22乙1＋9－偏印	41甲23丙1＋9－偏財	11甲24丁1＋9－偏印
6	38辛14丁1－0＋食神	9壬15戊9＋1－偏官	37庚16己0＋1－正財	8辛17庚0＋1－偏財	38辛18辛0＋1－印綬	9壬19壬0＋1－正官	39壬19壬1＋0－正財	10癸20癸1＋0－偏官	41甲21甲1＋0－偏官	11甲22乙1＋9－正官	42乙23丙1＋9－正財	12乙24丁1＋9－印綬
7	39壬14丁1－9＋劫財	10癸15戊9＋1－正官	38辛16己0＋1－偏財	9壬17庚0＋1－傷官	39壬18辛0＋1－偏官	10癸19壬0＋1－偏官	40癸19壬1＋0－偏財	11甲20癸1＋0－正財	42乙21甲1＋0－正官	12乙22乙1＋0－偏官	43丙23丙1＋0－食神	13丙24丁1＋0－傷官
8	40癸14丁1－9＋比肩	11甲15戊9＋1－偏財	39壬16己9＋1－傷官	10癸17庚9＋1－食神	40癸18辛0＋1－正官	11甲19壬0＋1－正財	41甲20癸0＋1－偏官	12乙21甲0＋1－正財	43丙22乙0＋1－正財	13丙22乙1＋0－正財	44丁24丁0＋1－印綬	14丁25戊0＋1－偏官
9	41甲14丁1－9＋印綬	12乙15戊8＋2－正財	40癸16己9＋1－食神	11甲17庚9＋1－劫財	41甲18辛9＋1－偏財	12乙19壬0＋1－偏財	42乙20癸0＋1－食神	13丙21甲0＋1－食神	44丁22乙0＋1－偏財	14丁23丙0＋1－偏財	45戊24丁0＋1－偏官	15戊25戊9＋1－正財
10	42乙14丁1－8＋偏印	13丙15戊8＋2－食神	41甲16己9＋1－劫財	12乙17庚9＋2－比肩	42乙18辛9＋1－正財	13丙19壬9＋1－傷官	43丙20癸0＋1－劫財	14丁21甲0＋1－傷官	45戊22乙0＋1－傷官	15戊23丙0＋1－傷官	46己24丁9＋1－正官	16己25戊9＋1－偏官
11	43丙14丁2－8＋正官	14丁15戊8＋2－傷官	42乙16己8＋2－比肩	13丙17庚8＋2－印綬	43丙18辛9＋2－食神	14丁19壬9＋2－食神	44丁20癸9＋1－比肩	15戊21甲9＋1－比肩	46己22乙9＋1－食神	16己23丙9＋1－食神	47庚24丁9＋1－偏財	17庚25戊9＋1－傷官
12	44丁14丁2－8＋偏官	15戊15戊7＋3－偏印	43丙16己8＋2－印綬	14丁17庚8＋2－偏印	44丁18辛8＋2－正財	15戊19壬9＋2－劫財	45戊20癸9＋1－印綬	16己21甲9＋1－劫財	47庚22乙9＋1－劫財	17庚23丙9＋1－劫財	48辛24丁9＋1－正財	18辛25戊8＋1－食神
13	45戊14丁2－7＋正財	16己15戊7＋3－印綬	44丁16己8＋2－偏印	15戊17庚8＋3－正官	45戊18辛8＋2－食神	16己19壬8＋2－比肩	46己20癸9＋2－偏印	17庚21甲9＋2－偏印	48辛22乙9＋2－比肩	18辛23丙9＋1－比肩	49壬24丁8＋2－食神	19壬25戊8＋2－劫財
14	46己14丁3－7＋偏財	17庚15戊7＋3－偏官	45戊16己7＋3－正官	16己17庚7＋3－偏官	46己18辛8＋3－傷官	17庚19壬8＋3－印綬	47庚20癸8＋2－偏官	18辛21甲8＋2－印綬	49壬22乙8＋2－印綬	19壬23丙8＋2－印綬	50癸24丁8＋2－傷官	20癸25戊8＋2－比肩
15	47庚14丁3－7＋傷官	18辛15戊6＋4－正官	46己16己7＋3－偏官	17庚17庚7＋3－傷官	47庚18辛7＋3－比肩	18辛19壬8＋3－偏印	48辛20癸8＋2－偏官	19壬21甲8＋2－偏官	50癸22乙8＋2－偏印	20癸23丙8＋2－偏印	51甲24丁8＋2－比肩	21甲25戊7＋2－印綬
16	48辛14丁3－6＋比肩	19壬15戊6＋4－偏財	47庚16己7＋3－正財	18辛17庚7＋4－食神	48辛18辛7＋3－劫財	19壬19壬7＋3－正官	49壬20癸8＋3－劫財	20癸21甲8＋3－正官	51甲22乙8＋3－正官	21甲23丙8＋2－正官	52乙24丁7＋3－劫財	22乙25戊7＋3－偏印
17	49壬14丁4－6＋印綬	20癸15戊6＋4－正財	48辛16己6＋4－偏財	19壬17庚6＋4－劫財	49壬18辛7＋4－偏印	20癸19壬7＋4－偏官	50癸20癸7＋3－偏財	21甲21甲7＋3－偏財	52乙22乙7＋3－偏官	22乙23丙7＋3－偏官	53丙24丁7＋3－偏印	23丙25戊7＋3－正官
18	50癸14丁4－6＋偏印	21甲15戊5＋5－食神	49壬16己6＋4－傷官	20癸17庚6＋4－正官	50癸18辛6＋4－印綬	21甲19壬7＋4－正財	51甲20癸7＋3－劫財	22乙21甲7＋3－正財	53丙22乙7＋3－正財	23丙23丙7＋3－正財	54丁24丁7＋3－印綬	24丁25戊6＋3－偏官
19	51甲14丁4－5＋正財	22乙15戊5＋5－劫財	50癸16己6＋4－食神	21甲17庚6＋5－偏財	51甲18辛6＋4－偏官	22乙19壬6＋4－偏財	52乙20癸7＋4－比肩	23丙21甲7＋4－偏官	54丁22乙7＋4－偏財	24丁23丙7＋3－比肩	55戊24丁6＋4－偏官	25戊25戊6＋4－正財
20	52乙14丁5－5＋偏財	23丙15戊5＋5－偏印	51甲16己5＋5－劫財	22乙17庚5＋5－正財	52乙18辛6＋5－正官	23丙19壬6＋5－傷官	53丙20癸6＋4－印綬	24丁21甲6＋4－正官	55戊22乙6＋4－傷官	25戊23丙6＋4－印綬	56己24丁6＋4－正官	26己25戊6＋4－偏財
21	53丙14丁5－5＋傷官	24丁15戊4＋6－印綬	52乙16己5＋5－比肩	23丙17庚5＋5－食神	53丙18辛5＋5－比肩	24丁19壬6＋5－食神	54丁20癸6＋4－食神	25戊21甲6＋4－偏財	56己22乙6＋4－食神	26己23丙6＋4－偏印	57庚24丁6＋4－食神	27庚25戊5＋4－傷官
22	54丁14丁5－4＋食神	25戊15戊4＋6－偏官	53丙16己5＋5－印綬	24丁17庚5＋6－傷官	54丁18辛5＋5－劫財	25戊19壬5＋5－劫財	55戊20癸6＋5－劫財	26己21甲6＋5－傷官	57庚22乙6＋5－劫財	27庚23丙6＋4－偏印	58辛24丁5＋5－傷官	28辛25戊5＋5－食神
23	55戊14丁6－4＋劫財	26己15戊4＋6－正官	54丁16己4＋6－偏印	25戊17庚4＋6－比肩	55戊18辛5＋6－偏印	26己19壬5＋6－比肩	56己20癸5＋5－比肩	27庚21甲5＋5－比肩	58辛22乙5＋5－比肩	28辛23丙5＋5－印綬	59壬24丁5＋5－比肩	29壬25戊5＋5－劫財
24	56己14丁6－4＋比肩	27庚15戊3＋7－偏財	55戊16己4＋6－正官	26己17庚4＋6－劫財	56己18辛4＋6－印綬	27庚19壬5＋6－印綬	57庚20癸5＋5－印綬	28辛21甲5＋5－劫財	59壬22乙5＋5－印綬	29壬23丙5＋5－偏官	60癸24丁5＋5－劫財	30癸25戊4＋5－比肩
25	57庚14丁6－3＋印綬	28辛15戊3＋7－正財	56己16己4＋6－偏官	27庚17庚4＋7－偏印	57庚18辛4＋6－偏官	28辛19壬4＋6－偏印	58辛20癸5＋6－偏印	29壬21甲5＋6－偏印	60癸22乙5＋6－偏印	30癸23丙5＋5－正官	1甲24丁4＋6－偏印	31甲25戊4＋6－印綬
26	58辛14丁7－3＋偏印	29壬15戊3＋7－食神	57庚16己3＋7－正財	28辛17庚3＋7－印綬	58辛18辛4＋7－正官	29壬19壬4＋7－正財	59壬20癸4＋6－正官	30癸21甲4＋6－印綬	1甲22乙4＋6－正官	31甲23丙4＋6－偏財	2乙24丁4＋6－印綬	32乙25戊4＋6－偏印
27	59壬14丁7－3＋正官	30癸15戊2＋8－傷官	58辛16己3＋7－偏財	29壬17庚3＋7－偏官	59壬18辛3＋7－偏財	30癸19壬4＋7－偏財	60癸20癸4＋6－偏官	31甲21甲4＋6－偏官	2乙22乙4＋6－偏官	32乙23丙4＋6－正財	3丙24丁4＋6－偏官	33丙25戊3＋6－正官
28	60癸14丁7－2＋偏官	31甲15戊2＋8－比肩	59壬16己3＋7－傷官	30癸17庚3＋8－正官	60癸18辛3＋7－正財	31甲19壬3＋7－傷官	1甲20癸4＋7－正財	32乙21甲4＋7－正官	3丙22乙4＋7－正財	33丙23丙4＋6－食神	4丁24丁3＋7－正官	34丁25戊3＋7－偏官
29	1甲14丁8－2＋正財		60癸16己2＋8－食神	31甲17庚2＋8－偏財	1甲18辛3＋8－食神	32乙19壬3＋8－食神	2乙20癸3＋7－偏財	33丙21甲3＋7－偏財	4丁22乙3＋7－偏財	34丁23丙3＋7－傷官	5戊24丁3＋7－偏財	35戊25戊3＋7－正財
30	2乙14丁8－2＋偏財		1甲16己2＋8－劫財	32乙17庚2＋8－正財	2乙18辛2＋8－傷官	33丙19壬3＋8－劫財	3丙20癸3＋7－傷官	34丁21甲3＋7－正財	5戊22乙3＋7－傷官	35戊23丙3＋7－比肩	6己24丁3＋7－正財	36己25戊2＋7－偏財
31	3丙14丁8－1＋傷官		2乙16己2＋8－比肩		3丙18辛2＋8－比肩		4丁20癸3＋8－食神	35戊21甲3＋8－食神		36己23丙3＋7－劫財		37庚25戊2＋8－傷官

1951年（昭和26年）生まれ　28辛（2/5～翌2/4）

日	1月	2月	3月	4月	5月	6月	7月	8月	9月	10月	11月	12月
日	日干 月干 立年♂♀ 中心星	日干 月干 立年♂♀ 中心星	日干 月干 立年♂♀ 中心星	日干 月干 立年♂♀ 中心星	日干 月干 立年♂♀ 中心星	日干 月干 立年♂♀ 中心星	日干 月干 立年♂♀ 中心星	日干 月干 立年♂♀ 中心星	日干 月干 立年♂♀ 中心星	日干 月干 立年♂♀ 中心星	日干 月干 立年♂♀ 中心星	日干 月干 立年♂♀ 中心星
1	38辛25戊2+8−食神	9壬26己1+9−正官	37庚27庚8−2+偏財	8辛28辛9−1+偏財	38辛29壬9−2+印綬	9壬30癸9−2+偏財	39壬31甲8−2+正財	10癸32乙8−2+偏官	41甲33丙8−2+偏官	11甲34丁8−3+正官	42乙35戊8−2+正財	12乙36己8−2+印綬
2	39壬25戊1+8−劫財	10癸26己1+9−偏官	38辛27庚8−1+正財	9壬28辛9−1+傷官	39壬29壬9−1+偏官	10癸30癸9−1+正財	40癸31甲9−2+偏財	11甲32乙8−2+正財	42乙33丙8−2+正官	12乙34丁8−2+偏官	43丙35戊8−2+食神	13丙36己8−2+偏官
3	40癸25戊1+9−比肩	11甲26己1+9−正財	39壬27庚9−1+食神	10癸28辛9−1+食神	40癸29壬9−1+正官	11甲30癸9−1+食神	41甲31甲9−2+傷官	12乙32乙9−2+偏財	43丙33丙9−2+偏財	13丙34丁8−2+正財	44丁35戊8−2+傷官	14丁36己8−2+正官
4	41甲25戊1+9−印綬	12乙26己1+0−偏財	40癸27庚9−1+傷官	11甲28辛0−1+劫財	41甲29壬0−1+偏財	12乙30癸0−1+傷官	42乙31甲9−1+食神	13丙32乙9−1+傷官	44丁33丙9−1+正財	14丁34丁9−2+偏財	45戊35戊9−1+比肩	15戊36己9−1+偏財
5	42乙25戊1+9−偏印	13丙27庚1−0+食神	41甲27庚9−1+比肩	12乙29壬1−0+比肩	42乙29壬0−1+正財	13丙30癸0−1+比肩	43丙31甲0−1+劫財	14丁32乙9−1+食神	45戊33丙9−1+食神	15戊34丁9−1+傷官	46己35戊9−1+劫財	16己36己9−1+正財
6	43丙26己0+1−正官	14丁27庚1−9+傷官	42乙28辛1−0+比肩	13丙29壬1−0+印綬	43丙30癸1−0+食神	14丁31甲1−0+食神	44丁31甲0−1+比肩	15戊32乙0−1+劫財	46己33丙0−1+傷官	16己34丁9−1+食神	47庚35戊9−1+偏印	17庚36己9−1+食神
7	44丁26己0+1−偏官	15戊27庚1−9+比肩	43丙28辛1−0+印綬	14丁29壬1−0+偏印	44丁30癸1−0+傷官	15戊31甲1−0+劫財	45戊31甲0−1+印綬	16己32乙0−1+比肩	47庚33丙0−1+比肩	17庚34丁0−1+劫財	48辛35戊0−1+印綬	18辛36己0−1+傷官
8	45戊26己9+1−正財	16己27庚1−9+劫財	44丁28辛1−9+偏印	15戊29壬1−9+正官	45戊30癸1−0+比肩	16己31甲1−0+比肩	46己32乙1−0+偏印	17庚33丙1−0+偏印	48辛34丁1−0+比肩	18辛34丁0−1+比肩	49壬36己1−0+食神	19壬37庚1−0+劫財
9	46己26己9+1−偏財	17庚27庚1−8+偏印	45戊28辛1−9+正官	16己29壬1−9+偏官	46己30癸1−9+劫財	17庚31甲1−0+印綬	47庚32乙1−0+正官	18辛33丙1−0+印綬	49壬34丁1−0+印綬	19壬35戊1−0+印綬	50癸36己1−0+傷官	20癸37庚1−9+比肩
10	47庚26己9+1−傷官	18辛27庚2−8+印綬	46己28辛1−9+偏官	17庚29壬2−9+正財	47庚30癸1−9+偏印	18辛31甲1−9+偏印	48辛32乙1−0+偏官	19壬33丙1−0+偏官	50癸34丁1−0+偏印	20癸35戊1−0+偏財	51甲36己1−9+比肩	21甲37庚1−9+印綬
11	48辛26己8+2−食神	19壬27庚2−8+偏官	47庚28辛2−8+正財	18辛29壬2−8+偏財	48辛30癸2−9+印綬	19壬31甲2−9+正官	49壬32乙1−9+正財	20癸33丙1−9+正官	51甲34丁1−9+正官	21甲35戊1−9+正官	52乙36己1−9+劫財	22乙37庚1−9+偏印
12	49壬26己8+2−劫財	20癸27庚2−7+正官	48辛28辛2−8+偏財	19壬29壬2−8+傷官	49壬30癸2−8+偏印	20癸31甲2−9+偏官	50癸32乙1−9+偏財	21甲33丙1−9+偏財	52乙34丁1−9+偏官	22乙35戊1−9+偏官	53丙36己1−9+偏印	23丙37庚1−8+正官
13	50癸26己8+2−比肩	21甲27庚3−7+食神	49壬28辛2−8+傷官	20癸29壬3−8+食神	50癸30癸2−8+印綬	21甲31甲2−8+正財	51甲32乙2−9+傷官	22乙33丙2−9+正財	53丙34丁2−9+正財	23丙35戊1−9+正財	54丁36己2−8+印綬	24丁37庚2−8+偏官
14	51甲26己7+3−印綬	22乙27庚3−7+傷官	50癸28辛3−7+食神	21甲29壬3−7+劫財	51甲30癸3−8+偏官	22乙31甲3−8+偏財	52乙32乙2−8+食神	23丙33丙2−8+食神	54丁34丁2−8+偏財	24丁35戊2−8+偏財	55戊36己2−8+偏官	25戊37庚2−8+正財
15	52乙26己7+3−偏印	23丙27庚3−6+比肩	51甲28辛3−7+劫財	22乙29壬3−7+偏印	52乙30癸3−7+正官	23丙31甲3−8+傷官	53丙32乙2−8+劫財	24丁33丙2−8+傷官	55戊34丁2−8+傷官	25戊35戊2−8+傷官	56己36己2−8+正官	26己37庚2−7+偏財
16	53丙26己7+3−正財	24丁27庚4−6+劫財	52乙28辛3−7+比肩	23丙29壬4−7+正官	53丙30癸3−7+偏財	24丁31甲3−7+食神	54丁32乙3−8+比肩	25戊33丙3−8+比肩	56己34丁3−8+食神	26己35戊2−8+食神	57庚36己3−7+偏財	27庚37庚3−7+傷官
17	54丁26己6+4−偏財	25戊27庚4−6+偏印	53丙28辛4−6+印綬	24丁29壬4−6+偏官	54丁30癸4−7+正財	25戊31甲4−7+劫財	55戊32乙3−7+印綬	26己33丙3−7+劫財	57庚34丁3−7+劫財	27庚35戊3−7+劫財	58辛36己3−7+正財	28辛37庚3−7+食神
18	55戊26己6+4−傷官	26己27庚4−5+印綬	54丁28辛4−6+偏印	25戊29壬4−6+比肩	55戊30癸4−6+食神	26己31甲4−7+比肩	56己32乙3−7+偏官	27庚33丙3−7+偏印	58辛34丁3−7+比肩	28辛35戊3−7+比肩	59壬36己3−7+食神	29壬37庚3−6+劫財
19	56己26己6+4−比肩	27庚27庚5−5+偏官	55戊28辛4−6+正官	26己29壬5−6+劫財	56己30癸4−6+傷官	27庚31甲4−6+印綬	57庚32乙4−7+正財	28辛33丙4−7+傷官	59壬34丁4−7+印綬	29壬35戊3−7+正財	60癸36己4−6+傷官	30癸37庚4−6+比肩
20	57庚26己5+5−印綬	28辛27庚5−5+正財	56己28辛5−5+偏官	27庚29壬5−5+偏印	57庚30癸5−6+比肩	28辛31甲5−6+偏印	58辛32乙4−6+偏財	29壬33丙4−6+比肩	60癸34丁4−6+偏印	30癸35戊4−6+偏財	1甲36己4−6+比肩	31甲37庚4−6+印綬
21	58辛26己5+5−偏印	29壬27庚5−4+食神	57庚28辛5−5+正財	28辛29壬5−5+印綬	58辛30癸5−5+正官	29壬31甲5−6+正官	59壬32乙4−6+正官	30癸33丙4−6+劫財	1甲34丁4−6+正官	31甲35戊4−6+傷官	2乙36己4−6+印綬	32乙37庚4−5+偏印
22	59壬26己5+5−正官	30癸27庚6−4+傷官	58辛28辛5−5+偏財	29壬29壬6−5+偏官	59壬30癸5−5+偏財	30癸31甲5−5+偏官	60癸32乙5−6+偏官	31甲33丙5−6+偏官	2乙34丁5−6+偏官	32乙35戊4−6+正財	3丙36己5−5+偏官	33丙37庚5−5+正官
23	60癸26己4+6−偏官	31甲27庚6−4+比肩	59壬28辛6−4+傷官	30癸29壬6−4+正官	60癸30癸6−5+正財	31甲31甲6−5+正財	1甲32乙5−5+正財	32乙33丙5−5+正官	3丙34丁5−5+正財	33丙35戊5−5+食神	4丁36己5−5+正官	34丁37庚5−5+偏官
24	1甲26己4+6−正財	32乙27庚6−3+劫財	60癸28辛6−4+食神	31甲29壬6−4+偏財	1甲30癸6−4+食神	32乙31甲6−5+偏財	2乙32乙5−5+偏財	33丙33丙5−5+偏財	4丁34丁5−5+偏財	34丁35戊5−5+傷官	5戊36己5−5+偏財	35戊37庚5−4+正財
25	2乙26己4+6−偏財	33丙27庚7−3+偏印	1甲28辛6−4+劫財	32乙29壬7−4+正財	2乙30癸6−4+傷官	33丙31甲6−4+傷官	3丙32乙6−5+傷官	34丁33丙6−5+正財	5戊34丁6−5+傷官	35戊35戊5−5+比肩	6己36己6−4+正財	36己37庚6−4+偏財
26	3丙26己3+7−傷官	34丁27庚7−3+印綬	2乙28辛7−3+比肩	33丙29壬7−3+食神	3丙30癸7−4+比肩	34丁31甲7−4+比肩	4丁32乙6−4+食神	35戊33丙6−4+食神	6己34丁6−4+食神	36己35戊6−4+劫財	7庚36己6−4+食神	37庚37庚6−4+傷官
27	4丁26己3+7−食神	35戊27庚7−2+偏官	3丙28辛7−3+印綬	34丁29壬7−3+傷官	4丁30癸7−3+劫財	35戊31甲7−4+印綬	5戊32乙6−4+劫財	36己33丙6−4+偏官	7庚34丁6−4+劫財	37庚35戊6−4+偏印	8辛36己6−4+傷官	38辛37庚6−3+食神
28	5戊26己3+7−劫財	36己27庚8−2+正官	4丁28辛7−3+偏印	35戊29壬8−3+比肩	5戊30癸7−3+偏印	36己31甲7−3+偏印	6己32乙7−4+比肩	37庚33丙7−4+比肩	8辛34丁7−4+比肩	38辛35戊6−4+印綬	9壬36己7−3+比肩	39壬37庚7−3+劫財
29	6己26己2+8−比肩		5戊28辛8−2+正官	36己29壬8−2+劫財	6己30癸8−3+印綬	37庚31甲8−3+正官	7庚32乙7−3+印綬	38辛33丙7−3+劫財	9壬34丁7−3+印綬	39壬35戊7−3+偏官	10癸36己7−3+劫財	40癸37庚7−3+比肩
30	7庚26己2+8−印綬		6己28辛8−2+偏官	37庚29壬8−2+偏印	7庚30癸8−2+偏官	38辛31甲8−3+偏官	8辛32乙7−3+偏印	39壬33丙7−3+偏印	10癸34丁7−3+偏印	40癸35戊7−3+正官	11甲36己7−3+偏印	41甲37庚7−2+印綬
31	8辛26己2+8−偏印		7庚28辛8−2+正財		8辛30癸8−2+正官		9壬32乙8−3+正官	40癸33丙8−3+印綬		41甲35戊7−3+偏財		42乙37庚8−2+偏印

1952年（昭和27年）生まれ　29 壬（2/5～翌 2/3）

日	1月	2月	3月	4月	5月	6月	7月	8月	9月	10月	11月	12月
	日干 月干 立年♂♀ 中心星	日干 月干 立年♂♀ 中心星	日干 月干 立年♂♀ 中心星	日干 月干 立年♂♀ 中心星	日干 月干 立年♂♀ 中心星	日干 月干 立年♂♀ 中心星	日干 月干 立年♂♀ 中心星	日干 月干 立年♂♀ 中心星	日干 月干 立年♂♀ 中心星	日干 月干 立年♂♀ 中心星	日干 月干 立年♂♀ 中心星	日干 月干 立年♂♀ 中心星
1	43丙37庚8−2+正官	14丁38辛9−1+食神	43丙39壬2+8−偏印	14丁40癸1+9−偏印	44丁41甲1+9−傷官	15戊42乙2+9−偏印	45戊43丙2+8−印綬	16己44丁2+8−比肩	47庚45戊2+8−比肩	17庚46己2+8−劫財	48辛47庚2+8−印綬	18辛48辛2+8−傷官
2	44丁37庚8−1+偏官	15戊38辛9−1+劫財	44丁39壬1+9−印綬	15戊40癸1+9−正官	45戊41甲1+9−比肩	16己42乙1+9−印綬	46己43丙2+9−偏印	17庚44丁2+9−印綬	48辛45戊2+9−劫財	18辛46己2+8−比肩	49壬47庚2+8−偏官	19壬48辛2+8−比肩
3	45戊37庚9−1+正財	16己38辛9−1+比肩	45戊39壬1+9−偏官	16己40癸1+9−偏官	46己41甲1+9−劫財	17庚42乙1+0−偏官	47庚43丙1+9−正官	18辛44丁1+9−偏印	49壬45戊2+9−偏印	19壬46己2+8−印綬	50癸47庚1+9−正官	20癸48辛1+9−劫財
4	46己37庚9−1+偏財	17庚38辛0−1+印綬	46己39壬1+9−正官	17庚40癸1+0−正財	47庚41甲1+0−偏印	18辛42乙1+0−正官	48辛43丙1+9−偏官	19壬44丁1+9−正官	50癸45戊1+9−印綬	20癸46己1+9−偏印	51甲47庚1+9−偏財	21甲48辛1+9−偏印
5	47庚37庚9−1+傷官	18辛39壬0+1−印綬	47庚39壬1+0−偏財	18辛41甲0+1−偏財	48辛42乙0+1−印綬	19壬42乙1+0−偏財	49壬43丙1+0−正財	20癸44丁1+0−偏官	51甲45戊1+0−偏官	21甲46己1+9−正官	52乙47庚1+9−正財	22乙48辛1+9−印綬
6	48辛38辛1−0+食神	19壬39壬0+1−偏官	48辛40癸0+1−偏財	19壬41甲0+1−傷官	49壬42乙0+1−偏官	20癸43丙0+1−偏官	50癸43丙1+0−偏財	21甲44丁1+0−正財	52乙45戊1+0−正官	22乙46己1+9−偏官	53丙47庚1+0−食神	23丙48辛1+0−偏官
7	49壬38辛1−0+劫財	20癸39壬9+1−正官	49壬40癸0+1−傷官	20癸41甲9+1−食神	50癸42乙0+1−正官	21甲43丙0+1−正財	51甲44丁0+1−傷官	22乙45戊0+1−正財	53丙45戊1+0−偏財	23丙46己1+0−正財	54丁48辛0+1−印綬	24丁49壬0+1−偏官
8	50癸38辛1−9+比肩	21甲39壬9+1−偏財	50癸40癸9+1−食神	21甲41甲9+1−劫財	51甲42乙0+1−偏財	22乙43丙0+1−偏財	52乙44丁0+1−食神	23丙45戊0+1−食神	54丁46己0+1−偏財	24丁47庚0+1−偏財	55戊48辛0+1−偏官	25戊49壬0+1−正財
9	51甲38辛1−9+印綬	22乙39壬9+1−正財	51甲40癸9+1−劫財	22乙41甲9+1−比肩	52乙42乙9+1−正財	23丙43丙9+1−傷官	53丙44丁0+1−劫財	24丁45戊0+1−傷官	55戊46己0+1−傷官	25戊47庚0+1−傷官	56己48辛9+1−正官	26己49壬9+1−偏財
10	52乙38辛1−9+偏印	23丙39壬8+2−食神	52乙40癸9+1−比肩	23丙41甲8+2−印綬	53丙42乙9+2−食神	24丁43丙9+1−食神	54丁44丁9+1−比肩	25戊45戊0+1−比肩	56己46己9+1−食神	26己47庚9+1−食神	57庚48辛9+1−偏財	27庚49壬9+1−傷官
11	53丙38辛2−8+正官	24丁39壬8+2−傷官	53丙40癸8+2−印綬	24丁41甲8+2−偏印	54丁42乙9+2−正財	25戊43丙9+2−劫財	55戊44丁9+1−印綬	26己45戊9+1−劫財	57庚46己9+1−劫財	27庚47庚9+1−劫財	58辛48辛9+1−正財	28辛49壬9+1−食神
12	54丁38辛2−8+偏官	25戊39壬8+2−比肩	54丁40癸8+2−偏印	25戊41甲8+2−正官	55戊42乙8+2−食神	26己43丙8+2−比肩	56己44丁9+2−偏印	27庚45戊9+2−偏印	58辛46己9+1−比肩	28辛47庚9+1−比肩	59壬48辛8+2−食神	29壬49壬8+2−劫財
13	55戊38辛2−8+正財	26己39壬7+3−印綬	55戊40癸8+2−正官	26己41甲7+3−偏官	56己42乙8+3−傷官	27庚43丙8+2−印綬	57庚44丁8+2−正官	28辛45戊9+2−印綬	59壬46己8+2−印綬	29壬47庚8+2−印綬	60癸48辛8+2−傷官	30癸49壬8+2−比肩
14	56己38辛3−7+偏財	27庚39壬7+3−偏官	56己40癸7+3−偏官	27庚41甲7+3−正財	57庚42乙8+3−比肩	28辛43丙8+3−偏印	58辛44丁8+2−偏官	29壬45戊8+2−偏官	60癸46己8+2−偏印	30癸47庚8+2−偏印	1甲48辛8+2−比肩	31甲49壬8+2−印綬
15	57庚38辛3−7+傷官	28辛39壬7+3−正官	57庚40癸7+3−正財	28辛41甲7+3−食神	58辛42乙7+3−劫財	29壬43丙7+3−正官	59壬44丁8+3−正財	30癸45戊8+3−正官	1甲46己8+2−正官	31甲47庚8+2−正官	2乙48辛7+3−劫財	32乙49壬7+3−偏印
16	58辛38辛3−7+比肩	29壬39壬6+4−偏財	58辛40癸7+3−偏財	29壬41甲6+4−劫財	59壬42乙7+4−偏印	30癸43丙7+3−偏官	60癸44丁7+3−偏財	31甲45戊8+3−偏財	2乙46己7+3−偏官	32乙47庚7+3−偏官	3丙48辛7+3−偏印	33丙49壬7+3−正官
17	59壬38辛4−6+印綬	30癸39壬6+4−正財	59壬40癸6+4−傷官	30癸41甲6+4−比肩	60癸42乙7+4−印綬	31甲43丙7+4−正財	1甲44丁7+3−劫財	32乙45戊7+3−正財	3丙46己7+3−正財	33丙47庚7+3−正財	4丁48辛7+3−印綬	34丁49壬7+3−偏官
18	60癸38辛4−6+偏印	31甲39壬6+4−食神	60癸40癸6+4−食神	31甲41甲6+4−偏財	1甲42乙6+4−偏官	32乙43丙6+4−偏財	2乙44丁7+4−比肩	33丙45戊7+4−偏官	4丁46己7+3−偏財	34丁47庚7+3−比肩	5戊48辛6+4−偏官	35戊49壬6+4−正財
19	1甲38辛4−6+正財	32乙39壬5+5−傷官	1甲40癸6+4−劫財	32乙41甲5+5−正財	2乙42乙6+5−正官	33丙43丙6+4−傷官	3丙44丁6+4−印綬	34丁45戊7+4−正官	5戊46己6+4−傷官	35戊47庚6+4−印綬	6己48辛6+4−正官	36己49壬6+4−偏財
20	2乙38辛5−5+偏財	33丙39壬5+5−偏印	2乙40癸5+5−比肩	33丙41甲5+5−食神	3丙42乙6+5−比肩	34丁43丙6+5−食神	4丁44丁6+4−食神	35戊45戊6+4−偏財	6己46己6+4−食神	36己47庚6+4−偏印	7庚48辛6+4−食神	37庚49壬6+4−傷官
21	3丙38辛5−5+傷官	34丁39壬5+5−印綬	3丙40癸5+5−印綬	34丁41甲5+5−傷官	4丁42乙5+5−劫財	35戊43丙5+5−劫財	5戊44丁6+5−劫財	36己45戊6+5−傷官	7庚46己6+4−劫財	37庚47庚6+4−偏印	8辛48辛5+5−傷官	38辛49壬5+5−食神
22	4丁38辛5−5+食神	35戊39壬4+6−偏官	4丁40癸5+5−偏印	35戊41甲4+6−比肩	5戊42乙5+6−偏印	36己43丙5+5−比肩	6己44丁5+5−比肩	37庚45戊6+5−比肩	8辛46己5+5−比肩	38辛47庚5+5−印綬	9壬48辛5+5−比肩	39壬49壬5+5−劫財
23	5戊38辛6−4+劫財	36己39壬4+6−正官	5戊40癸4+6−正官	36己41甲4+6−劫財	6己42乙5+6−印綬	37庚43丙5+6−印綬	7庚44丁5+5−印綬	38辛45戊5+5−劫財	9壬46己5+5−印綬	39壬47庚5+5−偏官	10癸48辛5+5−劫財	40癸49壬5+5−比肩
24	6己38辛6−4+比肩	37庚39壬4+6−偏財	6己40癸4+6−偏官	37庚41甲4+6−偏印	7庚42乙4+6−偏官	38辛43丙4+6−偏印	8辛44丁5+6−偏印	39壬45戊5+6−偏印	10癸46己5+5−偏印	40癸47庚5+5−正官	11甲48辛4+6−偏印	41甲49壬4+6−印綬
25	7庚38辛6−4+印綬	38辛39壬3+7−正財	7庚40癸4+6−正財	38辛41甲3+7−印綬	8辛42乙4+7−正官	39壬43丙4+6−正官	9壬44丁4+6−正官	40癸45戊5+6−印綬	11甲46己4+6−正官	41甲47庚4+6−偏財	12乙48辛4+6−印綬	42乙49壬4+6−偏印
26	8辛38辛7−3+偏印	39壬39壬3+7−食神	8辛40癸3+7−偏財	39壬41甲3+7−偏官	9壬42乙4+7−偏財	40癸43丙4+7−偏財	10癸44丁4+6−偏官	41甲45戊4+6−偏官	12乙46己4+6−偏官	42乙47庚4+6−正財	13丙48辛4+6−偏官	43丙49壬4+6−正官
27	9壬38辛7−3+正官	40癸39壬3+7−傷官	9壬40癸3+7−傷官	40癸41甲3+7−正官	10癸42乙3+7−正財	41甲43丙3+7−傷官	11甲44丁4+7−正財	42乙45戊4+7−正官	13丙46己4+6−正財	43丙47庚4+6−食神	14丁48辛3+7−正官	44丁49壬3+7−偏官
28	10癸38辛7−3+偏官	41甲39壬2+8−比肩	10癸40癸3+7−食神	41甲41甲2+8−偏財	11甲42乙3+8−食神	42乙43丙3+7−食神	12乙44丁3+7−偏財	43丙45戊4+7−偏財	14丁46己3+7−偏財	44丁47庚3+7−傷官	15戊48辛3+7−偏財	45戊49壬3+7−正財
29	11甲38辛8−2+正財	42乙39壬2+8−劫財	11甲40癸2+8−劫財	42乙41甲2+8−正財	12乙42乙3+8−傷官	43丙43丙3+8−劫財	13丙44丁3+7−傷官	44丁45戊3+7−正財	15戊46己3+7−傷官	45戊47庚3+7−比肩	16己48辛3+7−正財	46己49壬3+7−偏財
30	12乙38辛8−2+偏財		12乙40癸2+8−比肩	43丙41甲2+8−食神	13丙42乙2+8−比肩	44丁43丙2+8−比肩	14丁44丁3+8−食神	45戊45戊3+8−食神	16己46己3+7−食神	46己47庚3+7−劫財	17庚48辛2+8−食神	47庚49壬2+8−傷官
31	13丙38辛8−2+傷官		13丙40癸2+8−印綬		14丁42乙2+9−劫財		15戊44丁2+8−劫財	46己45戊3+8−傷官		47庚47庚2+8−偏印		48辛49壬2+8−食神

1953年（昭和28年）生まれ　30癸（2/4～翌2/3）

日	1月	2月	3月	4月	5月	6月	7月	8月	9月	10月	11月	12月
	日干 月干 立年♂♀ 中心星	日干 月干 立年♂♀ 中心星	日干 月干 立年♂♀ 中心星	日干 月干 立年♂♀ 中心星	日干 月干 立年♂♀ 中心星	日干 月干 立年♂♀ 中心星	日干 月干 立年♂♀ 中心星	日干 月干 立年♂♀ 中心星	日干 月干 立年♂♀ 中心星	日干 月干 立年♂♀ 中心星	日干 月干 立年♂♀ 中心星	日干 月干 立年♂♀ 中心星
1	49壬49壬2+8−劫財	20癸50癸1+9−偏官	48辛51甲8−2+正財	19壬52乙9−1+傷官	49壬53丙9−2+偏官	20癸54丁9−2+正財	50癸55戊8−2+偏財	21甲56己8−2+正財	52乙57庚8−2+正官	22乙58辛8−2+偏官	53丙59壬8−2+食神	23丙60癸8−2+偏官
2	50癸49壬1+9−比肩	21甲50癸1+9−正財	49壬51甲9−1+食神	20癸52乙9−1+食神	50癸53丙9−1+正官	21甲54丁9−1+食神	51甲55戊9−2+傷官	22乙56己9−2+偏財	53丙57庚8−2+偏財	23丙58辛8−2+正財	54丁59壬8−2+傷官	24丁60癸8−2+正官
3	51甲49壬1+9−印綬	22乙50癸1+9−偏財	50癸51甲9−1+傷官	21甲52乙9−1+劫財	51甲53丙9−1+偏財	22乙54丁9−1+傷官	52乙55戊9−1+食神	23丙56己9−2+傷官	54丁57庚9−2+正財	24丁58辛8−2+偏財	55戊59壬9−2+比肩	25戊60癸8−1+偏財
4	52乙49壬1+9−偏印	23丙51甲1−0+食神	51甲51甲9−1+比肩	22乙52乙0−1+比肩	52乙53丙0−1+正財	23丙54丁0−1+比肩	53丙55戊9−1+劫財	24丁56己9−1+食神	55戊57庚9−1+食神	25戊58辛9−1+傷官	56己59壬9−1+劫財	26己60癸9−1+正財
5	53丙49壬1+0−正官	24丁51甲1−0+傷官	52乙51甲0−1+劫財	23丙53丙1−0+印綬	53丙53丙0−1+食神	24丁54丁0−1+劫財	54丁55戊0−1+比肩	25戊56己0−1+劫財	56己57庚9−1+傷官	26己58辛9−1+食神	57庚59壬9−1+偏印	27庚60癸9−1+食神
6	54丁50癸0+1−偏官	25戊51甲1−9+比肩	53丙52乙1−0+印綬	24丁53丙1−0+偏印	54丁54丁1−0+傷官	25戊55戊1−0+劫財	55戊55戊0−1+印綬	26己56己0−1+比肩	57庚57庚0−1+比肩	27庚58辛9−1+劫財	58辛59壬0−1+印綬	28辛60癸9−1+傷官
7	55戊50癸9+1−正財	26己51甲1−9+劫財	54丁52乙1−0+偏印	25戊53丙1−0+正官	55戊54丁1−0+比肩	26己55戊1−0+比肩	56己56己1−0+偏印	27庚56己0−1+印綬	58辛57庚0−1+劫財	28辛58辛0−1+比肩	59壬59壬0−1+偏官	29壬 1甲1−0+劫財
8	56己50癸9+1−偏財	27庚51甲1−9+偏印	55戊52乙1−9+正官	26己53丙1−9+偏官	56己54丁1−0+劫財	27庚55戊1−0+印綬	57庚56己1−0+正官	28辛57庚1−0+印綬	59壬58辛1−0+印綬	29壬59壬1−0+印綬	60癸60癸1−0+傷官	30癸 1甲1−0+比肩
9	57庚50癸9+1−傷官	28辛51甲2−8+印綬	56己52乙1−9+偏官	27庚53丙1−9+正財	57庚54丁1−9+偏印	28辛55戊1−9+偏印	58辛56己1−0+偏官	29壬57庚1−0+偏官	60癸58辛1−0+偏印	30癸59壬1−0+偏印	1甲60癸1−9+比肩	31甲 1甲1−9+印綬
10	58辛50癸8+1−食神	29壬51甲2−8+偏官	57庚52乙1−9+正財	28辛53丙2−9+偏財	58辛54丁1−9+印綬	29壬55戊1−9+正官	59壬56己1−0+正財	30癸57庚1−0+正官	1甲58辛1−9+正官	31甲59壬1−0+正官	2乙60癸1−9+劫財	32乙 1甲1−9+偏印
11	59壬50癸8+2−劫財	30癸51甲2−8+正官	58辛52乙2−8+偏財	29壬53丙2−8+傷官	59壬54丁2−9+偏官	30癸55戊2−9+偏官	60癸56己1−9+偏財	31甲57庚1−9+偏財	2乙58辛1−9+偏官	32乙59壬1−9+偏官	3丙60癸1−9+偏印	33丙 1甲1−9+正官
12	60癸50癸8+2−比肩	31甲51甲3−7+食神	59壬52乙2−8+傷官	30癸53丙2−8+食神	60癸54丁2−8+印綬	31甲55戊2−8+正財	1甲56己2−9+傷官	32乙57庚1−9+正財	3丙58辛1−9+正財	33丙59壬1−9+正財	4丁60癸1−8+印綬	34丁 1甲2−8+偏官
13	1甲50癸7+2−印綬	32乙51甲3−7+傷官	60癸52乙2−8+食神	31甲53丙3−8+劫財	1甲54丁2−8+偏官	32乙55戊2−8+偏財	2乙56己2−9+食神	33丙57庚2−9+食神	4丁58辛2−8+偏財	34丁59壬2−9+偏財	5戊60癸2−8+偏官	35戊 1甲2−8+正財
14	2乙50癸7+3−偏印	33丙51甲3−7+比肩	1甲52乙3−7+劫財	32乙53丙3−7+比肩	2乙54丁3−8+正官	33丙55戊3−8+傷官	3丙56己2−8+劫財	34丁57庚2−8+傷官	5戊58辛2−8+傷官	35戊59壬2−8+傷官	6己60癸2−8+正官	36己 1甲2−8+偏財
15	3丙50癸7+3−正官	34丁51甲4−6+劫財	2乙52乙3−7+比肩	33丙53丙3−7+正官	3丙54丁3−7+偏財	34丁55戊3−7+食神	4丁56己3−8+比肩	35戊57庚2−8+比肩	6己58辛2−8+食神	36己59壬2−8+食神	7庚60癸2−7+偏財	37庚 1甲3−7+傷官
16	4丁50癸6+3−偏財	35戊51甲4−6+偏印	3丙52乙3−7+印綬	34丁53丙4−7+偏官	4丁54丁3−7+正財	35戊55戊3−7+劫財	5戊56己3−8+印綬	36己57庚3−8+劫財	7庚58辛3−7+劫財	37庚59壬3−8+劫財	8辛60癸3−7+正財	38辛 1甲3−7+食神
17	5戊50癸6+4−傷官	36己51甲4−6+印綬	4丁52乙4−6+偏印	35戊53丙4−6+正財	5戊54丁4−7+食神	36己55戊4−7+比肩	6己56己3−7+偏官	37庚57庚3−7+偏印	8辛58辛3−7+比肩	38辛59壬3−7+比肩	9壬60癸3−7+食神	39壬 1甲3−7+劫財
18	6己50癸6+4−食神	37庚51甲5−5+偏官	5戊52乙4−6+正官	36己53丙4−6+劫財	6己54丁4−6+傷官	37庚55戊4−6+印綬	7庚56己4−7+正財	38辛57庚3−7+印綬	9壬58辛3−7+印綬	39壬59壬3−7+正財	10癸60癸3−6+傷官	40癸 1甲4−6+比肩
19	7庚50癸5+4−印綬	38辛51甲5−5+正財	6己52乙4−6+偏官	37庚53丙5−6+偏印	7庚54丁4−6+比肩	38辛55戊4−6+偏印	8辛56己4−7+偏財	39壬57庚4−7+比肩	10癸58辛4−6+偏印	40癸59壬4−7+偏財	11甲60癸4−6+比肩	41甲 1甲4−6+印綬
20	8辛50癸5+5−偏印	39壬51甲5−5+食神	7庚52乙5−5+正財	38辛53丙5−5+印綬	8辛54丁5−6+劫財	39壬55戊5−6+正官	9壬56己4−6+正官	40癸57庚4−6+劫財	11甲58辛4−6+正官	41甲59壬4−6+傷官	12乙60癸4−6+劫財	42乙 1甲4−6+偏印
21	9壬50癸5+5−正官	40癸51甲6−4+傷官	8辛52乙5−5+偏財	39壬53丙5−5+偏官	9壬54丁5−5+偏財	40癸55戊5−5+偏官	10癸56己5−6+偏官	41甲57庚4−6+偏印	12乙58辛4−6+偏官	42乙59壬4−6+正財	13丙60癸4−5+偏官	43丙 1甲5−5+正官
22	10癸50癸4+5−偏官	41甲51甲6−4+比肩	9壬52乙5−5+傷官	40癸53丙6−5+正官	10癸54丁5−5+正財	41甲55戊5−5+正財	11甲56己5−6+正財	42乙57庚5−6+正官	13丙58辛5−5+正財	43丙59壬5−6+食神	14丁60癸5−5+正官	44丁 1甲5−5+偏官
23	11甲50癸4+6−正財	42乙51甲6−4+劫財	10癸52乙6−4+食神	41甲53丙6−4+偏財	11甲54丁6−5+食神	42乙55戊6−5+偏財	12乙56己5−5+偏財	43丙57庚5−5+偏財	14丁58辛5−5+偏財	44丁59壬5−5+傷官	15戊60癸5−5+偏財	45戊 1甲5−5+正財
24	12乙50癸4+6−偏財	43丙51甲7−3+偏印	11甲52乙6−4+劫財	42乙53丙6−4+正財	12乙54丁6−4+傷官	43丙55戊6−4+傷官	13丙56己6−5+傷官	44丁57庚5−5+正財	15戊58辛5−5+傷官	45戊59壬5−5+比肩	16己60癸5−4+正財	46己 1甲6−4+偏財
25	13丙50癸3+6−傷官	44丁51甲7−3+印綬	12乙52乙6−4+比肩	43丙53丙7−4+食神	13丙54丁6−4+比肩	44丁55戊6−4+食神	14丁56己6−5+食神	45戊57庚6−5+食神	16己58辛6−4+食神	46己59壬6−5+劫財	17庚60癸6−4+食神	47庚 1甲6−4+傷官
26	14丁50癸3+7−食神	45戊51甲7−3+偏官	13丙52乙7−3+印綬	44丁53丙7−3+傷官	14丁54丁7−4+劫財	45戊55戊7−4+印綬	15戊56己6−4+劫財	46己57庚6−4+傷官	17庚58辛6−4+劫財	47庚59壬6−4+偏印	18辛60癸6−4+傷官	48辛 1甲6−4+食神
27	15戊50癸3+7−劫財	46己51甲8−2+正官	14丁52乙7−3+偏印	45戊53丙7−3+比肩	15戊54丁7−3+偏印	46己55戊7−3+偏印	16己56己7−4+比肩	47庚57庚6−4+比肩	18辛58辛6−4+比肩	48辛59壬6−4+印綬	19壬60癸6−3+比肩	49壬 1甲7−3+劫財
28	16己50癸2+7−比肩	47庚51甲8−2+偏財	15戊52乙7−3+正官	46己53丙8−3+劫財	16己54丁7−3+印綬	47庚55戊7−3+正官	17庚56己7−4+印綬	48辛57庚7−4+劫財	19壬58辛7−3+印綬	49壬59壬7−4+偏官	20癸60癸7−3+劫財	50癸 1甲7−3+比肩
29	17庚50癸2+8−印綬		16己52乙8−2+偏官	47庚53丙8−2+偏印	17庚54丁8−3+偏官	48辛55戊8−3+偏官	18辛56己7−3+偏印	49壬57庚7−3+偏印	20癸58辛7−3+偏印	50癸59壬7−3+正官	21甲60癸7−3+偏印	51甲 1甲7−3+印綬
30	18辛50癸2+8−偏印		17庚52乙8−2+正財	48辛53丙8−2+印綬	18辛54丁8−2+正官	49壬55戊8−2+正財	19壬56己8−3+正官	50癸57庚7−3+印綬	21甲58辛7−3+正官	51甲59壬7−3+偏財	22乙60癸7−2+印綬	52乙 1甲8−2+偏印
31	19壬50癸1+8−正官		18辛52乙8−2+偏財		19壬54丁8−2+偏財		20癸56己8−3+偏官	51甲57庚8−3+偏官		52乙59壬8−3+正財		53丙 1甲8−2+正官

1954年（昭和29年）生まれ　31 甲（2/4～翌 2/3）

日	1月	2月	3月	4月	5月	6月	7月	8月	9月	10月	11月	12月
	日干 月干 立年♂♀ 中心星	日干 月干 立年♂♀ 中心星	日干 月干 立年♂♀ 中心星	日干 月干 立年♂♀ 中心星	日干 月干 立年♂♀ 中心星	日干 月干 立年♂♀ 中心星	日干 月干 立年♂♀ 中心星	日干 月干 立年♂♀ 中心星	日干 月干 立年♂♀ 中心星	日干 月干 立年♂♀ 中心星	日干 月干 立年♂♀ 中心星	日干 月干 立年♂♀ 中心星
1	54丁 1甲8−2+偏官	25戊 2乙9−1+劫財	53丙 3丙2+8−偏印	24丁 4丁1+9−偏印	54丁 5戊2+9−傷官	25戊 6己2+9−偏印	55戊 7庚2+8−印綬	26己 8辛2+8−比肩	57庚 9壬2+8−比肩	27庚10癸3+8−劫財	58辛11甲2+8−印綬	28辛12乙2+8−傷官
2	55戊 1甲9−1+正財	26己 2乙9−1+比肩	54丁 3丙1+9−印綬	25戊 4丁1+9−正官	55戊 5戊1+9−比肩	26己 6己1+9−印綬	56己 7庚2+9−偏印	27庚 8辛2+8−印綬	58辛 9壬2+8−劫財	28辛10癸2+8−比肩	59壬11甲2+8−偏官	29壬12乙2+8−比肩
3	56己 1甲9−1+偏財	27庚 2乙9−1+印綬	55戊 3丙1+9−偏官	26己 4丁1+9−偏官	56己 5戊1+9−劫財	27庚 6己1+9−偏官	57庚 7庚2+9−正官	28辛 8辛2+9−偏印	59壬 9壬2+9−偏印	29壬10癸2+8−印綬	60癸11甲2+8−正官	30癸12乙2+8−劫財
4	57庚 1甲9−1+傷官	28辛 3丙0+1−印綬	56己 3丙1+9−正官	27庚 4丁1+0−正財	57庚 5戊1+0−偏印	28辛 6己1+0−正官	58辛 7庚1+9−偏官	29壬 8辛1+9−正官	60癸 9壬1+9−印綬	30癸10癸2+9−偏印	1甲11甲1+9−偏財	31甲12乙1+9−偏印
5	58辛 1甲0−1+食神	29壬 3丙0+1−偏官	57庚 3丙1+0−偏財	28辛 5戊0+1−偏財	58辛 5戊1+0−印綬	29壬 6己1+0−偏財	59壬 7庚1+0−正財	30癸 8辛1+9−偏官	1甲 9壬1+9−偏官	31甲10癸1+9−正官	2乙11甲1+9−正財	32乙12乙1+9−印綬
6	59壬 2乙1−0+劫財	30癸 3丙9+1−正官	58辛 4丁0+1−偏財	29壬 5戊0+1−傷官	59壬 6己0+1−偏官	30癸 7庚0+1−偏官	60癸 7庚1+0−偏財	31甲 8辛1+0−正財	2乙 9壬1+0−正官	32乙10癸1+9−偏官	3丙11甲1+9−食神	33丙12乙1+9−傷官
7	60癸 2乙1−9+比肩	31甲 3丙9+1−偏財	59壬 4丁0+1−傷官	30癸 5戊0+1−食神	60癸 6己0+1−正官	31甲 7庚0+1−正財	1甲 7庚1+0−傷官	32乙 8辛1+0−偏財	3丙 9壬1+0−偏財	33丙10癸1+0−正財	4丁11甲1+0−傷官	34丁12乙1+0−正官
8	1甲 2乙1−9+印綬	32乙 3丙9+1−正財	60癸 4丁9+1−食神	31甲 5戊9+1−劫財	1甲 6己0+1−偏財	32乙 7庚0+1−偏財	2乙 8辛0+1−食神	33丙 9壬0+1−食神	4丁10癸0+1−偏財	34丁10癸1+0−偏財	5戊12乙0+1−偏官	35戊13丙0+1−正財
9	2乙 2乙1−9+偏印	33丙 3丙8+2−食神	1甲 4丁9+1−劫財	32乙 5戊9+1−比肩	2乙 6己9+1−正財	33丙 7庚0+1−傷官	3丙 8辛0+1−劫財	34丁 9壬0+1−傷官	5戊10癸0+1−傷官	35戊11甲0+1−傷官	6己12乙0+1−正官	36己13丙9+1−偏財
10	3丙 2乙1−8+正官	34丁 3丙8+2−傷官	2乙 4丁9+1−比肩	33丙 5戊9+2−印綬	3丙 6己9+1−食神	34丁 7庚9+1−食神	4丁 8辛0+1−比肩	35戊 9壬0+1−偏印	6己10癸0+1−食神	36己11甲0+1−食神	7庚12乙9+1−偏財	37庚13丙9+1−傷官
11	4丁 2乙2−8+偏官	35戊 3丙8+2−比肩	3丙 4丁8+2−印綬	34丁 5戊8+2−偏印	4丁 6己9+2−傷官	35戊 7庚9+2−劫財	5戊 8辛9+1−印綬	36己 9壬9+1−劫財	7庚10癸9+1−劫財	37庚11甲9+1−劫財	8辛12乙9+1−正財	38辛13丙9+1−食神
12	5戊 2乙2−8+正財	36己 3丙7+3−印綬	4丁 4丁8+2−偏印	35戊 5戊8+2−正官	5戊 6己8+2−食神	36己 7庚9+2−比肩	6己 8辛9+1−偏印	37庚 9壬9+1−偏印	8辛10癸9+1−比肩	38辛11甲9+1−比肩	9壬12乙9+1−食神	39壬13丙8+1−劫財
13	6己 2乙2−7+偏財	37庚 3丙7+3−偏官	5戊 4丁8+2−正官	36己 5戊8+3−偏官	6己 6己8+2−傷官	37庚 7庚8+2−印綬	7庚 8辛9+2−正官	38辛 9壬9+2−印綬	9壬10癸9+2−印綬	39壬11甲9+1−印綬	10癸12乙8+2−傷官	40癸13丙8+2−比肩
14	7庚 2乙3−7+傷官	38辛 3丙7+3−正官	6己 4丁7+3−偏官	37庚 5戊7+3−正財	7庚 6己8+3−比肩	38辛 7庚8+3−偏印	8辛 8辛8+2−偏官	39壬 9壬8+2−偏官	10癸10癸8+2−偏印	40癸11甲8+2−偏印	11甲12乙8+2−比肩	41甲13丙8+2−印綬
15	8辛 2乙3−7+食神	39壬 3丙6+4−偏財	7庚 4丁7+3−正財	38辛 5戊7+3−食神	8辛 6己7+3−劫財	39壬 7庚8+3−正官	9壬 8辛8+2−正財	40癸 9壬8+2−正官	11甲10癸8+2−正官	41甲11甲8+2−正官	12乙12乙8+2−劫財	42乙13丙7+2−偏印
16	9壬 2乙3−6+印綬	40癸 3丙6+4−正財	8辛 4丁7+3−偏財	39壬 5戊7+4−劫財	9壬 6己7+3−偏印	40癸 7庚7+3−偏官	10癸 8辛8+3−偏財	41甲 9壬8+3−偏財	12乙10癸8+3−偏官	42乙11甲8+2−偏官	13丙12乙7+3−偏印	43丙13丙7+3−正官
17	10癸 2乙4−6+偏印	41甲 3丙6+4−食神	9壬 4丁6+4−傷官	40癸 5戊6+4−比肩	10癸 6己7+4−印綬	41甲 7庚7+4−正財	11甲 8辛7+3−傷官	42乙 9壬7+3−正財	13丙10癸7+3−正財	43丙11甲7+3−正財	14丁12乙7+3−印綬	44丁13丙7+3−偏官
18	11甲 2乙4−6+正官	42乙 3丙5+5−傷官	10癸 4丁6+4−食神	41甲 5戊6+4−偏財	11甲 6己6+4−偏官	42乙 7庚7+4−偏財	12乙 8辛7+3−比肩	43丙 9壬7+3−食神	14丁10癸7+3−偏財	44丁11甲7+3−偏財	15戊12乙7+3−偏官	45戊13丙6+3−正財
19	12乙 2乙4−5+偏財	43丙 3丙5+5−偏印	11甲 4丁6+4−劫財	42乙 5戊6+5−正財	12乙 6己6+4−正官	43丙 7庚6+4−傷官	13丙 8辛7+4−印綬	44丁 9壬7+4−正官	15戊10癸7+4−傷官	45戊11甲7+3−印綬	16己12乙6+4−正官	46己13丙6+4−偏財
20	13丙 2乙5−5+傷官	44丁 3丙5+5−印綬	12乙 4丁5+5−比肩	43丙 5戊5+5−食神	13丙 6己6+5−偏財	44丁 7庚6+5−食神	14丁 8辛6+4−偏印	45戊 9壬6+4−偏財	16己10癸6+4−食神	46己11甲6+4−偏印	17庚12乙6+4−偏財	47庚13丙6+4−傷官
21	14丁 2乙5−5+食神	45戊 3丙4+6−偏官	13丙 4丁5+5−印綬	44丁 5戊5+5−傷官	14丁 6己5+5−劫財	45戊 7庚6+5−劫財	15戊 8辛6+4−劫財	46己 9壬6+4−正財	17庚10癸6+4−劫財	47庚11甲6+4−正官	18辛12乙6+4−傷官	48辛13丙5+4−食神
22	15戊 2乙5−4+劫財	46己 3丙4+6−正官	14丁 4丁5+5−偏印	45戊 5戊5+6−比肩	15戊 6己5+5−偏印	46己 7庚5+5−比肩	16己 8辛6+5−比肩	47庚 9壬6+5−比肩	18辛10癸6+5−比肩	48辛11甲6+4−印綬	19壬12乙5+5−比肩	49壬13丙5+5−劫財
23	16己 2乙6−4+比肩	47庚 3丙4+6−偏財	15戊 4丁4+6−正官	46己 5戊4+6−劫財	16己 6己5+6−印綬	47庚 7庚5+6−印綬	17庚 8辛5+5−印綬	48辛 9壬5+5−劫財	19壬10癸5+5−印綬	49壬11甲5+5−偏官	20癸12乙5+5−劫財	50癸13丙5+5−比肩
24	17庚 2乙6−4+印綬	48辛 3丙3+7−正財	16己 4丁4+6−偏官	47庚 5戊4+6−偏印	17庚 6己4+6−偏官	48辛 7庚5+6−偏印	18辛 8辛5+5−偏印	49壬 9壬5+5−偏印	20癸10癸5+5−偏印	50癸11甲5+5−正官	21甲12乙5+5−偏印	51甲13丙4+5−印綬
25	18辛 2乙6−3+偏印	49壬 3丙3+7−食神	17庚 4丁4+6−正財	48辛 5戊4+7−印綬	18辛 6己4+6−正官	49壬 7庚4+6−正官	19壬 8辛5+6−正官	50癸 9壬5+6−印綬	21甲10癸5+6−正官	51甲11甲5+5−偏財	22乙12乙4+6−印綬	52乙13丙4+6−偏印
26	19壬 2乙7−3+正官	50癸 3丙3+7−傷官	18辛 4丁3+7−偏財	49壬 5戊3+7−偏官	19壬 6己4+7−偏財	50癸 7庚4+7−偏財	20癸 8辛4+6−偏官	51甲 9壬4+6−偏官	22乙10癸4+6−偏官	52乙11甲4+6−正財	23丙12乙4+6−偏官	53丙13丙4+6−正官
27	20癸 2乙7−3+偏官	51甲 3丙2+8−比肩	19壬 4丁3+7−傷官	50癸 5戊3+7−正官	20癸 6己3+7−正財	51甲 7庚4+7−傷官	21甲 8辛4+6−正財	52乙 9壬4+6−正官	23丙10癸4+6−正財	53丙11甲4+6−食神	24丁12乙4+6−正官	54丁13丙3+6−偏官
28	21甲 2乙7−2+正財	52乙 3丙2+8−劫財	20癸 4丁3+7−食神	51甲 5戊3+8−偏財	21甲 6己3+7−食神	52乙 7庚3+7−食神	22乙 8辛4+7−偏財	53丙 9壬4+7−偏財	24丁10癸4+7−偏財	54丁11甲4+6−傷官	25戊12乙3+7−偏財	55戊13丙3+7−正財
29	22乙 2乙8−2+偏財		21甲 4丁2+8−劫財	52乙 5戊2+8−正財	22乙 6己3+8−傷官	53丙 7庚3+8−劫財	23丙 8辛3+7−傷官	54丁 9壬3+7−正財	25戊10癸3+7−傷官	55戊11甲3+7−比肩	26己12乙3+7−正財	56己13丙3+7−偏財
30	23丙 2乙8−2+傷官		22乙 4丁2+8−比肩	53丙 5戊2+8−食神	23丙 6己2+8−比肩	54丁 7庚3+8−比肩	24丁 8辛3+7−食神	55戊 9壬3+7−食神	26己10癸3+7−食神	56己11甲3+7−劫財	27庚12乙3+7−食神	57庚13丙2+7−傷官
31	24丁 2乙8−1+食神		23丙 4丁2+8−印綬		24丁 6己2+8−劫財		25戊 8辛3+8−劫財	56己 9壬3+8−傷官		57庚11甲3+7−偏印		58辛13丙2+8−食神

1955年（昭和30年）生まれ　32 乙（2/4〜翌 2/4）

	1月	2月	3月	4月	5月	6月	7月	8月	9月	10月	11月	12月
日	日干 月干 立年♂♀ 中心星	日干 月干 立年♂♀ 中心星	日干 月干 立年♂♀ 中心星	日干 月干 立年♂♀ 中心星	日干 月干 立年♂♀ 中心星	日干 月干 立年♂♀ 中心星	日干 月干 立年♂♀ 中心星	日干 月干 立年♂♀ 中心星	日干 月干 立年♂♀ 中心星	日干 月干 立年♂♀ 中心星	日干 月干 立年♂♀ 中心星	日干 月干 立年♂♀ 中心星
1	59壬13丙2+8−劫財	30癸14丁1+9−偏官	58辛15戊8−2+正財	29壬16己9−1+傷官	59壬17庚9−2+偏官	30癸18辛9−2+正財	60癸19壬8−2+偏財	31甲20癸8−2+正財	2乙21甲8−2+正官	32乙22乙8−3+偏官	3丙23丙8−2+食神	33丙24丁8−2+偏官
2	60癸13丙1+8−比肩	31甲14丁1+9−正財	59壬15戊9−1+食神	30癸16己9−1+食神	60癸17庚9−1+正官	31甲18辛9−1+食神	1甲19壬9−2+傷官	32乙20癸8−2+偏財	3丙21甲8−2+偏財	33丙22乙8−2+正財	4丁23丙8−2+傷官	34丁24丁8−2+正官
3	1甲13丙1+9−印綬	32乙14丁1+9−偏財	60癸15戊9−1+傷官	31甲16己9−1+劫財	1甲17庚9−1+偏財	32乙18辛9−1+傷官	2乙19壬9−2+食神	33丙20癸9−2+傷官	4丁21甲9−2+正財	34丁22乙8−2+偏財	5戊23丙8−2+比肩	35戊24丁8−2+偏財
4	2乙13丙1+9−偏印	33丙15戊1−0+食神	1甲15戊9−1+比肩	32乙16己0−1+比肩	2乙17庚0−1+正財	33丙18辛0−1+比肩	3丙19壬9−1+劫財	34丁20癸9−1+食神	5戊21甲9−1+食神	35戊22乙9−2+傷官	6己23丙9−1+劫財	36己24丁9−1+正財
5	3丙13丙1+9−正官	34丁15戊1−0+傷官	2乙15戊0−1+劫財	33丙17庚1−0+印綬	3丙17庚0−1+食神	34丁18辛0−1+劫財	4丁19壬0−1+比肩	35戊20癸9−1+劫財	6己21甲9−1+傷官	36己22乙9−1+食神	7庚23丙9−1+偏印	37庚24丁9−1+食神
6	4丁14丁0+1−偏官	35戊15戊1−9+比肩	3丙16己1−0+印綬	34丁17庚1−0+偏印	4丁18辛1−0+傷官	35戊19壬1−0+劫財	5戊19壬0−1+印綬	36己20癸0−1+比肩	7庚21甲0−1+比肩	37庚22乙9−1+劫財	8辛23丙9−1+印綬	38辛24丁9−1+傷官
7	5戊14丁9+1−正財	36己15戊1−9+劫財	4丁16己1−0+偏印	35戊17庚1−0+正官	5戊18辛1−0+比肩	36己19壬1−0+比肩	6己19壬0−1+偏印	37庚20癸0−1+印綬	8辛21甲0−1+劫財	38辛22乙0−1+比肩	9壬23丙0−1+偏官	39壬24丁0−1+比肩
8	6己14丁9+1−偏財	37庚15戊1−9+偏印	5戊16己1−9+正官	36己17庚1−9+偏官	6己18辛1−0+劫財	37庚19壬1−0+印綬	7庚20癸1−0+正官	38辛21甲1−0+印綬	9壬22乙1−0+印綬	39壬22乙0−1+印綬	10癸24丁1−0+傷官	40癸25戊1−0+比肩
9	7庚14丁9+1−傷官	38辛15戊2−8+印綬	6己16己1−9+偏官	37庚17庚1−9+正財	7庚18辛1−9+偏印	38辛19壬1−0+偏印	8辛20癸1−0+偏官	39壬21甲1−0+偏官	10癸22乙1−0+偏印	40癸23丙1−0+偏印	11甲24丁1−0+比肩	41甲25戊1−9+印綬
10	8辛14丁8+1−食神	39壬15戊2−8+偏官	7庚16己1−9+正財	38辛17庚2−9+偏財	8辛18辛1−9+印綬	39壬19壬1−9+正官	9壬20癸1−0+正財	40癸21甲1−0+正官	11甲22乙1−0+正官	41甲23丙1−0+正官	12乙24丁1−9+劫財	42乙25戊1−9+偏印
11	9壬14丁8+2−劫財	40癸15戊2−8+正官	8辛16己2−8+偏財	39壬17庚2−8+傷官	9壬18辛2−9+偏官	40癸19壬2−9+偏官	10癸20癸1−9+偏財	41甲21甲1−9+偏財	12乙22乙1−9+偏官	42乙23丙1−9+偏官	13丙24丁1−9+偏印	43丙25戊1−9+正官
12	10癸14丁8+2−比肩	41甲15戊3−7+食神	9壬16己2−8+傷官	40癸17庚2−8+食神	10癸18辛2−8+印綬	41甲19壬2−9+正財	11甲20癸1−9+傷官	42乙21甲1−9+正財	13丙22乙1−9+正財	43丙23丙1−9+正財	14丁24丁1−9+印綬	44丁25戊1−8+偏官
13	11甲14丁7+2−印綬	42乙15戊3−7+傷官	10癸16己2−8+食神	41甲17庚3−8+劫財	11甲18辛2−8+偏官	42乙19壬2−8+偏財	12乙20癸2−9+食神	43丙21甲2−9+食神	14丁22乙2−9+偏財	44丁23丙1−9+偏財	15戊24丁2−8+偏官	45戊25戊2−8+正財
14	12乙14丁7+3−偏印	43丙15戊3−7+比肩	11甲16己3−7+劫財	42乙17庚3−7+比肩	12乙18辛3−8+正官	43丙19壬3−8+傷官	13丙20癸2−8+劫財	44丁21甲2−8+傷官	15戊22乙2−8+傷官	45戊23丙2−8+傷官	16己24丁2−8+正官	46己25戊2−8+偏財
15	13丙14丁7+3−正官	44丁15戊4−6+劫財	12乙16己3−7+比肩	43丙17庚3−7+正官	13丙18辛3−7+偏財	44丁19壬3−8+食神	14丁20癸2−8+比肩	45戊21甲2−8+比肩	16己22乙2−8+食神	46己23丙2−8+食神	17庚24丁2−8+偏財	47庚25戊2−7+傷官
16	14丁14丁6+3−偏財	45戊15戊4−6+偏印	13丙16己3−7+印綬	44丁17庚4−7+偏官	14丁18辛3−7+正財	45戊19壬3−7+劫財	15戊20癸3−8+印綬	46己21甲3−8+劫財	17庚22乙3−8+劫財	47庚23丙2−8+劫財	18辛24丁3−7+正財	48辛25戊3−7+食神
17	15戊14丁6+4−傷官	46己15戊4−6+印綬	14丁16己4−6+偏印	45戊17庚4−6+正財	15戊18辛4−7+食神	46己19壬4−7+比肩	16己20癸3−7+偏印	47庚21甲3−7+偏印	18辛22乙3−7+比肩	48辛23丙3−7+比肩	19壬24丁3−7+食神	49壬25戊3−7+劫財
18	16己14丁6+4−食神	47庚15戊5−5+偏官	15戊16己4−6+正官	46己17庚4−6+劫財	16己18辛4−6+傷官	47庚19壬4−7+印綬	17庚20癸3−7+正財	48辛21甲3−7+印綬	19壬22乙3−7+印綬	49壬23丙3−7+印綬	20癸24丁3−7+傷官	50癸25戊3−6+比肩
19	17庚14丁5+4−印綬	48辛15戊5−5+正財	16己16己4−6+偏官	47庚17庚5−6+偏印	17庚18辛4−6+比肩	48辛19壬4−6+偏印	18辛20癸4−7+偏財	49壬21甲4−7+比肩	20癸22乙4−7+偏印	50癸23丙3−7+偏財	21甲24丁4−6+比肩	51甲25戊4−6+印綬
20	18辛14丁5+5−偏印	49壬15戊5−5+食神	17庚16己5−5+正財	48辛17庚5−5+印綬	18辛18辛5−6+劫財	49壬19壬5−6+正官	19壬20癸4−6+傷官	50癸21甲4−6+劫財	21甲22乙4−6+正官	51甲23丙4−6+傷官	22乙24丁4−6+劫財	52乙25戊4−6+偏印
21	19壬14丁5+5−正官	50癸15戊6−4+傷官	18辛16己5−5+偏財	49壬17庚5−5+偏官	19壬18辛5−5+偏財	50癸19壬5−6+偏官	20癸20癸4−6+偏官	51甲21甲4−6+偏印	22乙22乙4−6+偏官	52乙23丙4−6+食神	23丙24丁4−6+偏官	53丙25戊4−5+正官
22	20癸14丁4+5−偏官	51甲15戊6−4+比肩	19壬16己5−5+傷官	50癸17庚6−5+正官	20癸18辛5−5+正財	51甲19壬5−5+正財	21甲20癸5−6+正財	52乙21甲5−6+正官	23丙22乙5−6+正財	53丙23丙4−6+食神	24丁24丁5−5+正官	54丁25戊5−5+偏官
23	21甲14丁4+6−正財	52乙15戊6−4+劫財	20癸16己6−4+食神	51甲17庚6−4+偏財	21甲18辛6−5+食神	52乙19壬6−5+偏財	22乙20癸5−5+偏財	53丙21甲5−5+偏財	24丁22乙5−5+偏財	54丁23丙5−5+傷官	25戊24丁5−5+偏財	55戊25戊5−5+正財
24	22乙14丁4+6−偏財	53丙15戊7−3+偏印	21甲16己6−4+劫財	52乙17庚6−4+正財	22乙18辛6−4+傷官	53丙19壬6−5+傷官	23丙20癸5−5+傷官	54丁21甲5−5+正財	25戊22乙5−5+傷官	55戊23丙5−5+比肩	26己24丁5−5+正財	56己25戊5−4+偏財
25	23丙14丁3+6−傷官	54丁15戊7−3+印綬	22乙16己6−4+比肩	53丙17庚7−4+食神	23丙18辛6−4+比肩	54丁19壬6−4+食神	24丁20癸6−5+食神	55戊21甲6−5+食神	26己22乙6−5+食神	56己23丙5−5+劫財	27庚24丁6−4+食神	57庚25戊6−4+傷官
26	24丁14丁3+7−食神	55戊15戊7−3+偏官	23丙16己7−3+印綬	54丁17庚7−3+傷官	24丁18辛7−4+劫財	55戊19壬7−4+印綬	25戊20癸6−4+劫財	56己21甲6−4+傷官	27庚22乙6−4+劫財	57庚23丙6−4+偏印	28辛24丁6−4+傷官	58辛25戊6−4+食神
27	25戊14丁3+7−劫財	56己15戊8−2+正官	24丁16己7−3+偏印	55戊17庚7−3+比肩	25戊18辛7−3+偏印	56己19壬7−4+偏印	26己20癸6−4+比肩	57庚21甲6−4+比肩	28辛22乙6−4+比肩	58辛23丙6−4+印綬	29壬24丁6−4+比肩	59壬25戊6−3+劫財
28	26己14丁2+7−比肩	57庚15戊8−2+偏財	25戊16己7−3+正官	56己17庚8−3+劫財	26己18辛7−3+印綬	57庚19壬7−3+正官	27庚20癸7−4+印綬	58辛21甲7−4+劫財	29壬22乙7−4+印綬	59壬23丙6−4+偏官	30癸24丁7−3+劫財	60癸25戊7−3+比肩
29	27庚14丁2+8−印綬		26己16己8−2+偏官	57庚17庚8−2+偏印	27庚18辛8−3+偏官	58辛19壬8−3+偏官	28辛20癸7−3+偏印	59壬21甲7−3+偏印	30癸22乙7−3+偏印	60癸23丙7−3+正官	31甲24丁7−3+偏印	1甲25戊7−3+印綬
30	28辛14丁2+8−偏印		27庚16己8−2+正財	58辛17庚8−2+印綬	28辛18辛8−2+正官	59壬19壬8−3+正財	29壬20癸7−3+正官	60癸21甲7−3+印綬	31甲22乙7−3+正官	1甲23丙7−3+偏財	32乙24丁7−3+印綬	2乙25戊7−2+偏印
31	29壬14丁1+8−正官		28辛16己8−2+偏財		29壬18辛8−2+偏財		30癸20癸8−3+偏官	1甲21甲8−3+偏官		2乙23丙7−3+正財		3丙25戊8−2+正官

1956年(昭和31年)生まれ　33丙(2/5〜翌2/3)

日	1月	2月	3月	4月	5月	6月	7月	8月	9月	10月	11月	12月
日	日干 月干 立年♂♀ 中心星	日干 月干 立年♂♀ 中心星	日干 月干 立年♂♀ 中心星	日干 月干 立年♂♀ 中心星	日干 月干 立年♂♀ 中心星	日干 月干 立年♂♀ 中心星	日干 月干 立年♂♀ 中心星	日干 月干 立年♂♀ 中心星	日干 月干 立年♂♀ 中心星	日干 月干 立年♂♀ 中心星	日干 月干 立年♂♀ 中心星	日干 月干 立年♂♀ 中心星
1	4丁25戊8−2+偏官	35戊26己9−1+劫財	4丁27庚1+8−印綬	35戊28辛1+9−正官	5戊29壬1+9−比肩	36己30癸2+9−印綬	6己31甲2+8−偏印	37庚32乙2+8−印綬	8辛33丙2+8−劫財	38辛34丁2+8−比肩	9壬35戊2+8−偏官	39壬36己2+8−比肩
2	5戊25戊8−1+正財	36己26己9−1+比肩	5戊27庚1+9−偏官	36己28辛1+9−偏官	6己29壬1+9−劫財	37庚30癸1+9−偏官	7庚31甲2+9−正官	38辛32乙2+9−偏印	9壬33丙2+9−偏印	39壬34丁2+8−印綬	10癸35戊2+8−正官	40癸36己2+8−劫財
3	6己25戊9−1+偏財	37庚26己9−1+印綬	6己27庚1+9−正官	37庚28辛1+0−正財	7庚29壬1+9−偏印	38辛30癸1+0−正官	8辛31甲1+9−偏官	39壬32乙1+9−正官	10癸33丙2+9−印綬	40癸34丁2+8−偏印	11甲35戊1+9−偏財	41甲36己1+9−偏印
4	7庚25戊9−1+傷官	38辛26己0−1+偏印	7庚27庚1+9−偏財	38辛28辛1+0−偏財	8辛29壬1+0−印綬	39壬30癸1+0−偏財	9壬31甲1+9−正財	40癸32乙1+9−偏官	11甲33丙1+9−偏官	41甲34丁1+9−正官	12乙35戊1+9−正財	42乙36己1+9−印綬
5	8辛25戊9−1+食神	39壬27庚0+1−偏官	8辛28辛0+1−偏財	39壬29壬0+1−傷官	9壬30癸0+1−偏官	40癸30癸1+0−正財	10癸31甲1+0−偏財	41甲32乙1+0−正財	12乙33丙1+0−正官	42乙34丁1+9−偏官	13丙35戊1+9−食神	43丙36己1+9−偏官
6	9壬26己1−0+劫財	40癸27庚9+1−正官	9壬28辛0+1−傷官	40癸29壬0+1−食神	10癸30癸0+1−正官	41甲31甲0+1−正財	11甲31甲1+0−傷官	42乙32乙1+0−偏財	13丙33丙1+0−偏財	43丙34丁1+9−正財	14丁35戊1+0−傷官	44丁36己1+0−正官
7	10癸26己1−0+比肩	41甲27庚9+1−偏財	10癸28辛0+1−食神	41甲29壬9+1−劫財	11甲30癸0+1−偏財	42乙31甲0+1−偏財	12乙32乙0+1−食神	43丙33丙0+1−食神	14丁33丙1+0−偏財	44丁34丁1+0−偏財	15戊36己0+1−偏官	45戊37庚0+1−正財
8	11甲26己1−9+印綬	42乙27庚9+1−正財	11甲28辛9+1−劫財	42乙29壬9+1−比肩	12乙30癸0+1−正財	43丙31甲0+1−傷官	13丙32乙0+1−劫財	44丁33丙0+1−傷官	15戊34丁0+1−傷官	45戊35戊0+1−傷官	16己36己0+1−正官	46己37庚9+1−偏財
9	12乙26己1−9+偏印	43丙27庚8+1−食神	12乙28辛9+1−比肩	43丙29壬9+1−印綬	13丙30癸9+1−食神	44丁31甲9+1−食神	14丁32乙0+1−比肩	45戊33丙0+1−比肩	16己34丁0+1−食神	46己35戊0+1−食神	17庚36己9+1−偏財	47庚37庚9+1−傷官
10	13丙26己1−9+正官	44丁27庚8+2−傷官	13丙28辛9+2−印綬	44丁29壬8+2−偏印	14丁30癸9+2−傷官	45戊31甲9+1−劫財	15戊32乙9+1−印綬	46己33丙0+1−劫財	17庚34丁9+1−劫財	47庚35戊9+1−劫財	18辛36己9+1−正財	48辛37庚9+1−食神
11	14丁26己2−8+偏官	45戊27庚8+2−比肩	14丁28辛8+2−偏印	45戊29壬8+2−正官	15戊30癸9+2−食神	46己31甲9+2−比肩	16己32乙9+1−偏印	47庚33丙9+1−偏印	18辛34丁9+1−比肩	48辛35戊9+1−比肩	19壬36己9+1−食神	49壬37庚8+1−劫財
12	15戊26己2−8+正財	46己27庚7+2−劫財	15戊28辛8+2−正官	46己29壬8+2−偏官	16己30癸8+2−傷官	47庚31甲8+2−印綬	17庚32乙9+2−正官	48辛33丙9+2−印綬	19壬34丁9+1−印綬	49壬35戊9+1−印綬	20癸36己8+2−傷官	50癸37庚8+2−比肩
13	16己26己2−8+偏財	47庚27庚7+3−偏官	16己28辛8+3−偏官	47庚29壬7+3−正財	17庚30癸8+3−比肩	48辛31甲8+2−偏印	18辛32乙8+2−偏官	49壬33丙9+2−偏官	20癸34丁8+2−偏印	50癸35戊8+2−偏印	21甲36己8+2−比肩	51甲37庚8+2−印綬
14	17庚26己3−7+傷官	48辛27庚7+3−正官	17庚28辛7+3−正財	48辛29壬7+3−偏財	18辛30癸8+3−劫財	49壬31甲8+3−正官	19壬32乙8+2−正財	50癸33丙8+2−正官	21甲34丁8+2−正官	51甲35戊8+2−正官	22乙36己8+2−劫財	52乙37庚7+2−偏印
15	18辛26己3−7+食神	49壬27庚6+3−偏財	18辛28辛7+3−偏財	49壬29壬7+3−劫財	19壬30癸7+3−偏印	50癸31甲7+3−偏官	20癸32乙8+3−偏財	51甲33丙8+3−偏財	22乙34丁8+2−偏官	52乙35戊8+2−偏官	23丙36己7+3−偏印	53丙37庚7+3−正官
16	19壬26己3−7+印綬	50癸27庚6+4−正財	19壬28辛7+4−傷官	50癸29壬6+4−比肩	20癸30癸7+4−印綬	51甲31甲7+3−正財	21甲32乙7+3−傷官	52乙33丙8+3−正財	23丙34丁7+3−正財	53丙35戊7+3−正財	24丁36己7+3−印綬	54丁37庚7+3−偏官
17	20癸26己4−6+偏印	51甲27庚6+4−食神	20癸28辛6+4−食神	51甲29壬6+4−印綬	21甲30癸7+4−偏官	52乙31甲7+4−偏財	22乙32乙7+3−比肩	53丙33丙7+3−食神	24丁34丁7+3−偏財	54丁35戊7+3−偏財	25戊36己7+3−偏官	55戊37庚6+3−正財
18	21甲26己4−6+正官	52乙27庚5+4−傷官	21甲28辛6+4−劫財	52乙29壬6+4−正財	22乙30癸6+4−正官	53丙31甲6+4−傷官	23丙32乙7+4−印綬	54丁33丙7+4−正官	25戊34丁7+3−傷官	55戊35戊7+3−印綬	26己36己6+4−正官	56己37庚6+4−偏財
19	22乙26己4−6+偏財	53丙27庚5+5−比肩	22乙28辛6+5−比肩	53丙29壬5+5−食神	23丙30癸6+5−偏財	54丁31甲6+4−食神	24丁32乙6+4−偏印	55戊33丙7+4−偏官	26己34丁6+4−食神	56己35戊6+4−偏印	27庚36己6+4−偏財	57庚37庚6+4−傷官
20	23丙26己5−5+傷官	54丁27庚5+5−印綬	23丙28辛5+5−印綬	54丁29壬5+5−傷官	24丁30癸6+5−劫財	55戊31甲6+5−劫財	25戊32乙6+4−劫財	56己33丙6+4−正財	27庚34丁6+4−劫財	57庚35戊6+4−正官	28辛36己6+4−傷官	58辛37庚5+4−食神
21	24丁26己5−5+食神	55戊27庚4+5−偏官	24丁28辛5+5−偏印	55戊29壬5+5−比肩	25戊30癸5+5−偏印	56己31甲5+5−比肩	26己32乙6+5−比肩	57庚33丙6+5−比肩	28辛34丁6+4−比肩	58辛35戊6+4−印綬	29壬36己5+5−比肩	59壬37庚5+5−劫財
22	25戊26己5−5+劫財	56己27庚4+6−正官	25戊28辛5+6−正官	56己29壬4+6−劫財	26己30癸5+6−印綬	57庚31甲5+5−印綬	27庚32乙5+5−印綬	58辛33丙6+5−劫財	29壬34丁5+5−印綬	59壬35戊5+5−偏官	30癸36己5+5−劫財	60癸37庚5+5−比肩
23	26己26己6−4+比肩	57庚27庚4+6−偏財	26己28辛4+6−偏官	57庚29壬4+6−偏印	27庚30癸5+6−偏官	58辛31甲5+6−偏印	28辛32乙5+5−偏印	59壬33丙5+5−偏印	30癸34丁5+5−偏印	60癸35戊5+5−正官	31甲36己5+5−偏印	1甲37庚4+5−印綬
24	27庚26己6−4+印綬	58辛27庚3+6−正財	27庚28辛4+6−正財	58辛29壬4+6−印綬	28辛30癸4+6−正官	59壬31甲4+6−正官	29壬32乙5+6−正官	60癸33丙5+6−印綬	31甲34丁5+5−正官	1甲35戊5+5−偏財	32乙36己4+6−印綬	2乙37庚4+6−偏印
25	28辛26己6−4+偏印	59壬27庚3+7−食神	28辛28辛4+7−偏財	59壬29壬3+7−偏官	29壬30癸4+7−偏財	60癸31甲4+6−偏官	30癸32乙4+6−偏官	1甲33丙5+6−偏官	32乙34丁4+6−偏官	2乙35戊4+6−正財	33丙36己4+6−偏官	3丙37庚4+6−正官
26	29壬26己7−3+正官	60癸27庚3+7−傷官	29壬28辛3+7−傷官	60癸29壬3+7−正官	30癸30癸4+7−正財	1甲31甲4+7−傷官	31甲32乙4+6−正財	2乙33丙4+6−正官	33丙34丁4+6−正財	3丙35戊4+6−食神	34丁36己4+6−正官	4丁37庚3+6−偏官
27	30癸26己7−3+偏官	1甲27庚2+7−比肩	30癸28辛3+7−食神	1甲29壬3+7−偏財	31甲30癸3+7−食神	2乙31甲3+7−食神	32乙32乙4+7−偏財	3丙33丙4+7−偏財	34丁34丁4+6−偏財	4丁35戊4+6−傷官	35戊36己3+7−偏財	5戊37庚3+7−正財
28	31甲26己7−3+正財	2乙27庚2+8−劫財	31甲28辛3+8−劫財	2乙29壬2+8−正財	32乙30癸3+8−傷官	3丙31甲3+7−劫財	33丙32乙3+7−傷官	4丁33丙4+7−正財	35戊34丁3+7−傷官	5戊35戊3+7−比肩	36己36己3+7−正財	6己37庚3+7−偏財
29	32乙26己8−2+偏財	3丙27庚2+8−偏印	32乙28辛2+8−比肩	3丙29壬2+8−食神	33丙30癸3+8−比肩	4丁31甲3+8−比肩	34丁32乙3+7−食神	5戊33丙3+7−食神	36己34丁3+7−食神	6己35戊3+7−劫財	37庚36己3+7−食神	7庚37庚2+7−傷官
30	33丙26己8−2+傷官		33丙28辛2+8−印綬	4丁29壬2+8−傷官	34丁30癸2+8−劫財	5戊31甲2+8−印綬	35戊32乙3+8−劫財	6己33丙3+8−傷官	37庚34丁3+7−劫財	7庚35戊3+7−偏印	38辛36己2+8−傷官	8辛37庚2+8−食神
31	34丁26己8−2+食神		34丁28辛2+9−偏印		35戊30癸2+9−偏印		36己32乙2+8−比肩	7庚33丙3+8−比肩		8辛35戊2+8−印綬		9壬37庚2+8−劫財

1957年(昭和32年)生まれ　34 丁(2/4〜翌 2/3)

日	1月 日干 月干 立年♂♀ 中心星	2月 日干 月干 立年♂♀ 中心星	3月 日干 月干 立年♂♀ 中心星	4月 日干 月干 立年♂♀ 中心星	5月 日干 月干 立年♂♀ 中心星	6月 日干 月干 立年♂♀ 中心星	7月 日干 月干 立年♂♀ 中心星	8月 日干 月干 立年♂♀ 中心星	9月 日干 月干 立年♂♀ 中心星	10月 日干 月干 立年♂♀ 中心星	11月 日干 月干 立年♂♀ 中心星	12月 日干 月干 立年♂♀ 中心星
1	10癸37庚1+8−比肩	41甲38辛1+9−正財	9壬39壬8−2+食神	40癸40癸9−1+食神	10癸41甲9−2+正官	41甲42乙9−2+食神	11甲43丙8−2+傷官	42乙44丁8−2+偏財	13丙45戊8−2+偏財	43丙46己8−2+正財	14丁47庚8−2+傷官	44丁48辛8−2+正官
2	11甲37庚1+9−印綬	42乙38辛1+9−偏財	10癸39壬9−1+傷官	41甲40癸9−1+劫財	11甲41甲9−1+偏財	42乙42乙9−1+傷官	12乙43丙9−2+食神	43丙44丁9−2+傷官	14丁45戊8−2+正財	44丁46己8−2+偏財	15戊47庚8−2+比肩	45戊48辛8−2+偏財
3	12乙37庚1+9−偏印	43丙38辛1+0−傷官	11甲39壬9−1+比肩	42乙40癸9−1+比肩	12乙41甲9−1+正財	43丙42乙9−1+比肩	13丙43丙9−1+劫財	44丁44丁9−2+食神	15戊45戊9−2+食神	45戊46己8−2+傷官	16己47庚9−2+劫財	46己48辛8−1+正財
4	13丙37庚1+9−正官	44丁39壬1−0+傷官	12乙39壬9−1+劫財	43丙40癸0−1+印綬	13丙41甲0−1+食神	44丁42乙0−1+劫財	14丁43丙9−1+比肩	45戊44丁9−1+劫財	16己45戊9−1+傷官	46己46己9−1+食神	17庚47庚9−1+偏印	47庚48辛9−1+食神
5	14丁38辛0+1−偏官	45戊39壬1−0+比肩	13丙39壬0−1+偏印	44丁41甲1−0+偏印	14丁41甲0−1+傷官	45戊42乙0−1+偏印	15戊43丙0−1+印綬	46己44丁0−1+比肩	17庚45戊9−1+比肩	47庚46己9−1+劫財	18辛47庚9−1+印綬	48辛48辛9−1+傷官
6	15戊38辛0+1−正財	46己39壬1−9+劫財	14丁40癸1−0+偏印	45戊41甲1−0+正官	15戊42乙1−0+比肩	46己43丙1−0+比肩	16己43丙0−1+偏印	47庚44丁0−1+印綬	18辛45戊0−1+劫財	48辛46己9−1+比肩	19壬47庚0−1+偏官	49壬48辛9−1+比肩
7	16己38辛9+1−偏財	47庚39壬1−9+偏印	15戊40癸1−0+正官	46己41甲1−0+偏官	16己42乙1−0+劫財	47庚43丙1−0+印綬	17庚44丁1−0+正官	48辛44丁0−1+偏印	19壬45戊0−1+偏印	49壬46己0−1+印綬	20癸47庚0−1+正官	50癸49壬1−0+比肩
8	17庚38辛9+1−傷官	48辛39壬1−9+印綬	16己40癸1−9+偏官	47庚41甲1−9+正財	17庚42乙1−0+偏印	48辛43丙1−0+偏印	18辛44丁1−0+偏官	49壬45戊1−0+偏官	20癸46己1−0+偏印	50癸47庚1−0+偏印	21甲48辛1−0+比肩	51甲49壬1−0+印綬
9	18辛38辛9+1−食神	49壬39壬2−8+偏官	17庚40癸1−9+正財	48辛41甲1−9+偏財	18辛42乙1−9+印綬	49壬43丙1−9+正官	19壬44丁1−0+正財	50癸45戊1−0+正官	21甲46己1−0+正官	51甲47庚1−0+正官	22乙48辛1−9+劫財	52乙49壬1−9+偏印
10	19壬38辛8+2−劫財	50癸39壬2−8+正官	18辛40癸1−9+偏財	49壬41甲2−9+傷官	19壬42乙1−9+偏官	50癸43丙1−9+偏官	20癸44丁1−0+偏財	51甲45戊1−0+偏財	22乙46己1−9+偏官	52乙47庚1−0+偏官	23丙48辛1−9+偏印	53丙49壬1−9+正官
11	20癸38辛8+2−比肩	51甲39壬2−8+偏財	19壬40癸2−8+傷官	50癸41甲2−8+食神	20癸42乙2−9+正官	51甲43丙2−9+正財	21甲44丁1−9+傷官	52乙45戊1−9+正財	23丙46己1−9+正財	53丙47庚1−9+正財	24丁48辛1−9+印綬	54丁49壬1−9+偏官
12	21甲38辛8+2−印綬	52乙39壬3−7+傷官	20癸40癸2−8+食神	51甲41甲2−8+劫財	21甲42乙2−8+偏官	52乙43丙2−8+偏財	22乙44丁2−9+食神	53丙45戊1−9+食神	24丁46己1−9+偏財	54丁47庚1−9+偏財	25戊48辛1−8+偏官	55戊49壬2−8+正財
13	22乙38辛7+3−偏印	53丙39壬3−7+比肩	21甲40癸2−8+劫財	52乙41甲3−8+比肩	22乙42乙2−8+正官	53丙43丙2−8+傷官	23丙44丁2−9+劫財	54丁45戊2−9+傷官	25戊46己2−8+傷官	55戊47庚2−9+傷官	26己48辛2−8+正官	56己49壬2−8+偏財
14	23丙38辛7+3−正官	54丁39壬3−7+劫財	22乙40癸3−7+比肩	53丙41甲3−7+印綬	23丙42乙3−8+偏財	54丁43丙3−8+食神	24丁44丁2−8+比肩	55戊45戊2−8+比肩	26己46己2−8+食神	56己47庚2−8+食神	27庚48辛2−8+偏財	57庚49壬2−8+傷官
15	24丁38辛7+3−偏財	55戊39壬4−6+偏印	23丙40癸3−7+印綬	54丁41甲3−7+偏官	24丁42乙3−7+正財	55戊43丙3−7+劫財	25戊44丁3−8+印綬	56己45戊2−8+劫財	27庚46己2−8+劫財	57庚47庚2−8+劫財	28辛48辛2−7+正財	58辛49壬3−7+食神
16	25戊38辛6+4−傷官	56己39壬4−6+印綬	24丁40癸3−7+偏印	55戊41甲4−7+正財	25戊42乙3−7+食神	56己43丙3−7+比肩	26己44丁3−8+偏印	57庚45戊3−8+偏印	28辛46己3−7+比肩	58辛47庚3−8+比肩	29壬48辛3−7+食神	59壬49壬3−7+劫財
17	26己38辛6+4−食神	57庚39壬4−6+偏官	25戊40癸4−6+正官	56己41甲4−6+偏財	26己42乙4−7+傷官	57庚43丙4−7+印綬	27庚44丁3−7+正財	58辛45戊3−7+印綬	29壬46己3−7+印綬	59壬47庚3−7+印綬	30癸48辛3−7+傷官	60癸49壬3−7+比肩
18	27庚38辛6+4−印綬	58辛39壬5−5+正官	26己40癸4−6+偏官	57庚41甲4−6+偏印	27庚42乙4−6+比肩	58辛43丙4−6+偏印	28辛44丁4−7+偏財	59壬45戊3−7+偏官	30癸46己3−7+偏印	60癸47庚3−7+偏財	31甲48辛3−6+比肩	1甲49壬4−6+印綬
19	28辛38辛5+5−偏印	59壬39壬5−5+食神	27庚40癸4−6+正財	58辛41甲5−6+印綬	28辛42乙4−6+劫財	59壬43丙4−6+正官	29壬44丁4−7+傷官	60癸45戊4−7+劫財	31甲46己4−6+正官	1甲47庚4−7+傷官	32乙48辛4−6+劫財	2乙49壬4−6+偏印
20	29壬38辛5+5−正官	60癸39壬5−5+傷官	28辛40癸5−5+偏財	59壬41甲5−5+偏官	29壬42乙5−6+偏印	60癸43丙5−6+偏官	30癸44丁4−6+偏官	1甲45戊4−6+偏印	32乙46己4−6+偏官	2乙47庚4−6+食神	33丙48辛4−6+偏印	3丙49壬4−6+正官
21	30癸38辛5+5−偏官	1甲39壬6−4+比肩	29壬40癸5−5+傷官	60癸41甲5−5+正官	30癸42乙5−5+正財	1甲43丙5−5+正財	31甲44丁5−6+正財	2乙45戊4−6+印綬	33丙46己4−6+正財	3丙47庚4−6+食神	34丁48辛4−5+正官	4丁49壬5−5+偏官
22	31甲38辛4+6−正財	2乙39壬6−4+劫財	30癸40癸5−5+食神	1甲41甲6−5+偏財	31甲42乙5−5+食神	2乙43丙5−5+偏財	32乙44丁5−6+偏財	3丙45戊5−6+偏財	34丁46己5−5+偏財	4丁47庚5−6+傷官	35戊48辛5−5+偏財	5戊49壬5−5+正財
23	32乙38辛4+6−偏財	3丙39壬6−4+偏印	31甲40癸6−4+劫財	2乙41甲6−4+正財	32乙42乙6−5+傷官	3丙43丙6−5+傷官	33丙44丁5−5+傷官	4丁45戊5−5+正財	35戊46己5−5+傷官	5戊47庚5−5+比肩	36己48辛5−5+正財	6己49壬5−5+偏財
24	33丙38辛4+6−傷官	4丁39壬7−3+印綬	32乙40癸6−4+比肩	3丙41甲6−4+食神	33丙42乙6−4+比肩	4丁43丙6−4+食神	34丁44丁6−5+食神	5戊45戊5−5+食神	36己46己5−5+食神	6己47庚5−5+劫財	37庚48辛5−4+食神	7庚49壬6−4+傷官
25	34丁38辛3+7−食神	5戊39壬7−3+偏官	33丙40癸6−4+印綬	4丁41甲7−4+傷官	34丁42乙6−4+劫財	5戊43丙6−4+劫財	35戊44丁6−5+劫財	6己45戊6−5+傷官	37庚46己6−4+劫財	7庚47庚6−5+偏印	38辛48辛6−4+傷官	8辛49壬6−4+食神
26	35戊38辛3+7−劫財	6己39壬7−3+正官	34丁40癸7−3+偏印	5戊41甲7−3+比肩	35戊42乙7−4+偏印	6己43丙7−4+偏印	36己44丁6−4+比肩	7庚45戊6−4+比肩	38辛46己6−4+比肩	8辛47庚6−4+印綬	39壬48辛6−4+比肩	9壬49壬6−4+劫財
27	36己38辛3+7−比肩	7庚39壬8−2+偏財	35戊40癸7−3+正官	6己41甲7−3+劫財	36己42乙7−3+印綬	7庚43丙7−3+正官	37庚44丁7−4+印綬	8辛45戊6−4+劫財	39壬46己6−4+印綬	9壬47庚6−4+偏官	40癸48辛6−3+劫財	10癸49壬7−3+比肩
28	37庚38辛2+8−印綬	8辛39壬8−2+正財	36己40癸7−3+偏官	7庚41甲8−3+偏印	37庚42乙7−3+偏官	8辛43丙7−3+偏官	38辛44丁7−4+偏印	9壬45戊7−4+偏印	40癸46己7−3+偏印	10癸47庚7−4+正官	41甲48辛7−3+偏印	11甲49壬7−3+印綬
29	38辛38辛2+8−偏印		37庚40癸8−2+正財	8辛41甲8−2+印綬	38辛42乙8−3+正官	9壬43丙8−3+正財	39壬44丁7−3+正官	10癸45戊7−3+印綬	41甲46己7−3+正官	11甲47庚7−3+偏財	42乙48辛7−3+印綬	12乙49壬7−3+偏印
30	39壬38辛2+8−正官		38辛40癸8−2+偏財	9壬41甲8−2+偏官	39壬42乙8−2+偏財	10癸43丙8−2+偏財	40癸44丁8−3+偏官	11甲45戊7−3+偏官	42乙46己7−3+偏官	12乙47庚7−3+正財	42丙48辛7−2+偏官	13丙49壬8−2+正官
31	40癸38辛1+9−偏官		39壬40癸8−2+傷官		40癸42乙8−2+正財		41甲44丁8−3+正財	12乙45戊8−3+正官		13丙47庚8−3+食神		14丁49壬8−2+偏官

1958年（昭和33年）生まれ　35 戊（2/4～翌 2/3）

日	1月	2月	3月	4月	5月	6月	7月	8月	9月	10月	11月	12月
	日干 月干 立年♂♀ 中心星	日干 月干 立年♂♀ 中心星	日干 月干 立年♂♀ 中心星	日干 月干 立年♂♀ 中心星	日干 月干 立年♂♀ 中心星	日干 月干 立年♂♀ 中心星	日干 月干 立年♂♀ 中心星	日干 月干 立年♂♀ 中心星	日干 月干 立年♂♀ 中心星	日干 月干 立年♂♀ 中心星	日干 月干 立年♂♀ 中心星	日干 月干 立年♂♀ 中心星
1	15戊49壬8−2+正財	46己50癸9−1+比肩	14丁51甲2+8−印綬	45戊52乙1+9−正官	15戊53丙2+9−比肩	46己54丁2+9−印綬	16己55戊2+8−偏印	47庚56己2+8−印綬	18辛57庚2+8−劫財	48辛58辛3+8−比肩	19壬59壬2+8−偏官	49壬60癸2+8−比肩
2	16己49壬9−1+偏財	47庚50癸9−1+印綬	15戊51甲1+9−偏官	46己52乙1+9−偏官	16己53丙1+9−劫財	47庚54丁1+9−偏官	17庚55戊2+9−正官	48辛56己2+8−偏印	19壬57庚2+8−偏印	49壬58辛2+8−印綬	20癸59壬2+8−正官	50癸60癸2+8−劫財
3	17庚49壬9−1+傷官	48辛50癸9−1+偏印	16己51甲1+9−正官	47庚52乙1+9−正財	17庚53丙1+9−偏印	48辛54丁1+9−正官	18辛55戊2+9−偏官	49壬56己2+9−正官	20癸57庚2+9−印綬	50癸58辛2+8−偏印	21甲59壬2+8−偏財	51甲60癸1+8−偏印
4	18辛49壬9−1+食神	49壬51甲0+1−偏官	17庚51甲1+9−偏財	48辛52乙1+0−偏財	18辛53丙1+0−印綬	49壬54丁1+0−偏財	19壬55戊1+9−正財	50癸56己1+9−偏官	21甲57庚1+9−偏官	51甲58辛2+9−正官	22乙59壬1+9−正財	52乙60癸1+9−印綬
5	19壬49壬0−1+劫財	50癸51甲0+1−正官	18辛51甲1+0−正財	49壬53丙0+1−傷官	19壬53丙1+0−偏官	50癸54丁1+0−正財	20癸55戊1+0−偏財	51甲56己1+9−正財	22乙57庚1+9−正官	52乙58辛1+9−偏官	23丙59壬1+9−食神	53丙60癸1+9−偏官
6	20癸50癸1−0+比肩	51甲51甲9+1−偏財	19壬52乙0+1−傷官	50癸53丙0+1−食神	20癸54丁0+1−正官	51甲55戊0+1−正財	21甲55戊1+0−傷官	52乙56己1+0−偏財	23丙57庚1+0−偏財	53丙58辛1+9−正財	24丁59壬1+9−傷官	54丁60癸1+9−正官
7	21甲50癸1−9+印綬	52乙51甲9+1−正財	20癸52乙0+1−食神	51甲53丙0+1−劫財	21甲54丁0+1−偏財	52乙55戊0+1−偏財	22乙55戊1+0−食神	53丙56己1+0−傷官	24丁57庚1+0−正財	54丁58辛1+0−偏財	25戊59壬1+0−比肩	55戊 1甲0+1−正財
8	22乙50癸1−9+偏印	53丙51甲9+1−食神	21甲52乙9+1−劫財	52乙53丙9+1−比肩	22乙54丁0+1−正財	53丙55戊0+1−傷官	23丙56己0+1−劫財	54丁57庚0+1−傷官	25戊58辛0+1−傷官	55戊58辛1+0−傷官	26己60癸0+1−正官	56己 1甲0+1−偏財
9	23丙50癸1−9+正官	54丁51甲8+2−傷官	22乙52乙9+1−比肩	53丙53丙9+1−印綬	23丙54丁9+1−食神	54丁55戊0+1−食神	24丁56己0+1−比肩	55戊57庚0+1−比肩	26己58辛0+1−食神	56己59壬0+1−食神	27庚60癸9+1−偏財	57庚 1甲9+1−傷官
10	24丁50癸1−8+偏官	55戊51甲8+2−比肩	23丙52乙9+1−印綬	54丁53丙9+2−偏印	24丁54丁9+1−傷官	55戊55戊9+1−劫財	25戊56己0+1−印綬	56己57庚0+1−劫財	27庚58辛0+1−劫財	57庚59壬0+1−劫財	28辛60癸9+1−正財	58辛 1甲9+1−食神
11	25戊50癸2−8+正財	56己51甲8+2−印綬	24丁52乙8+2−偏印	55戊53丙8+2−正官	25戊54丁9+2−比肩	56己55戊9+2−比肩	26己56己9+1−偏印	57庚57庚9+1−偏印	28辛58辛9+1−比肩	58辛59壬9+1−食神	29壬60癸9+1−食神	59壬 1甲9+1−劫財
12	26己50癸2−8+偏財	57庚51甲7+3−偏官	25戊52乙8+2−正官	56己53丙8+2−偏官	26己54丁8+2−傷官	57庚55戊9+2−印綬	27庚56己9+1−正官	58辛57庚9+1−印綬	29壬58辛9+1−印綬	59壬59壬9+1−印綬	30癸60癸8+1−傷官	60癸 1甲8+2−比肩
13	27庚50癸2−7+傷官	58辛51甲7+3−正官	26己52乙8+2−偏官	57庚53丙8+3−正財	27庚54丁8+2−比肩	58辛55戊8+2−偏印	28辛56己9+2−偏官	59壬57庚9+2−偏官	30癸58辛9+2−偏印	60癸59壬9+1−偏印	31甲60癸8+2−比肩	1甲 1甲8+2−印綬
14	28辛50癸3−7+食神	59壬51甲7+3−偏財	27庚52乙7+3−正財	58辛53丙7+3−偏財	28辛54丁8+3−劫財	59壬55戊8+3−正官	29壬56己8+2−正財	60癸57庚8+2−正官	31甲58辛8+2−正官	1甲59壬8+2−正官	32乙60癸8+2−劫財	2乙 1甲8+2−偏印
15	29壬50癸3−7+劫財	60癸51甲6+4−正財	28辛52乙7+3−偏財	59壬53丙7+3−劫財	29壬54丁7+3−偏印	60癸55戊8+3−偏官	30癸56己8+2−偏財	1甲57庚8+2−偏財	32乙58辛8+2−偏官	2乙59壬8+2−偏官	33丙60癸7+2−偏印	3丙 1甲7+3−正官
16	30癸50癸3−6+偏印	1甲51甲6+4−食神	29壬52乙7+3−傷官	60癸53丙7+4−比肩	30癸54丁7+3−印綬	1甲55戊7+3−正財	31甲56己8+3−傷官	2乙57庚8+3−正財	33丙58辛8+3−正財	3丙59壬8+2−正財	34丁60癸7+3−印綬	4丁 1甲7+3−偏官
17	31甲50癸4−6+正官	2乙51甲6+4−傷官	30癸52乙6+4−食神	1甲53丙6+4−印綬	31甲54丁7+4−偏官	2乙55戊7+4−偏財	32乙56己7+3−食神	3丙57庚7+3−食神	34丁58辛7+3−偏財	4丁59壬7+3−偏財	35戊60癸7+3−偏官	5戊 1甲7+3−正財
18	32乙50癸4−6+偏官	3丙51甲5+5−比肩	31甲52乙6+4−劫財	2乙53丙6+4−正財	32乙54丁6+4−正官	3丙55戊7+4−傷官	33丙56己7+3−印綬	4丁57庚7+3−傷官	35戊58辛7+3−傷官	5戊59壬7+3−傷官	36己60癸6+3−正官	6己 1甲6+4−偏財
19	33丙50癸4−5+傷官	4丁51甲5+5−印綬	32乙52乙6+4−比肩	3丙53丙6+5−食神	33丙54丁6+4−偏財	4丁55戊6+4−食神	34丁56己7+4−偏印	5戊57庚7+4−偏財	36己58辛7+4−食神	6己59壬7+3−偏印	37庚60癸6+4−偏財	7庚 1甲6+4−傷官
20	34丁50癸5−5+食神	5戊51甲5+5−偏官	33丙52乙5+5−印綬	4丁53丙5+5−傷官	34丁54丁6+5−正財	5戊55戊6+5−劫財	35戊56己6+4−正官	6己57庚6+4−正財	37庚58辛6+4−劫財	7庚59壬6+4−正官	38辛60癸6+4−正財	8辛 1甲6+4−食神
21	35戊50癸5−5+劫財	6己51甲4+6−正官	34丁52乙5+5−正財	5戊53丙5+5−比肩	35戊54丁5+5−偏印	6己55戊6+5−比肩	36己56己6+4−比肩	7庚57庚6+4−食神	38辛58辛6+4−比肩	8辛59壬6+4−偏官	39壬60癸5+4−比肩	9壬 1甲5+5−劫財
22	36己50癸5−4+比肩	7庚51甲4+6−偏財	35戊52乙5+5−正官	6己53丙5+6−劫財	36己54丁5+5−印綬	7庚55戊5+5−印綬	37庚56己6+5−印綬	8辛57庚6+5−劫財	39壬58辛6+5−印綬	9壬59壬6+4−偏官	40癸60癸5+5−印綬	10癸 1甲5+5−比肩
23	37庚50癸6−4+印綬	8辛51甲4+6−正財	36己52乙4+6−偏官	7庚53丙4+6−偏印	37庚54丁5+6−偏官	8辛55戊5+6−偏印	38辛56己5+5−偏印	9壬57庚5+5−偏印	40癸58辛5+5−偏印	10癸59壬5+5−正官	41甲60癸5+5−偏印	11甲 1甲5+5−印綬
24	38辛50癸6−4+偏印	9壬51甲3+7−食神	37庚52乙4+6−正財	8辛53丙4+6−印綬	38辛54丁4+6−正官	9壬55戊5+6−正官	39壬56己5+5−正官	10癸57庚5+5−印綬	41甲58辛5+5−正官	11甲59壬5+5−偏財	42乙60癸4+5−印綬	12乙 1甲4+6−偏印
25	39壬50癸6−3+正官	10癸51甲3+7−傷官	38辛52乙4+6−偏財	9壬53丙4+7−偏官	39壬54丁4+6−偏財	10癸55戊4+6−偏官	40癸56己5+6−偏官	11甲57庚5+6−偏官	42乙58辛5+6−偏官	12乙59壬5+5−正財	43丙60癸4+6−偏官	13丙 1甲4+6−正官
26	40癸50癸7−3+偏官	11甲51甲3+7−比肩	39壬52乙3+7−傷官	10癸53丙3+7−正官	40癸54丁4+7−正財	11甲55戊4+7−傷官	41甲56己4+6−正財	12乙57庚4+6−正官	43丙58辛4+6−正財	13丙59壬4+6−食神	44丁60癸4+6−正官	14丁 1甲4+6−偏官
27	41甲50癸7−3+正財	12乙51甲2+8−劫財	40癸52乙3+7−食神	11甲53丙3+7−偏財	41甲54丁3+7−食神	12乙55戊4+7−食神	42乙56己4+6−偏財	13丙57庚4+6−偏財	44丁58辛4+6−偏財	14丁59壬4+6−傷官	45戊60癸3+6−偏財	15戊 1甲3+7−正財
28	42乙50癸7−2+偏財	13丙51甲2+8−偏印	41甲52乙3+7−劫財	12乙53丙3+8−正財	42乙54丁3+7−傷官	13丙55戊3+7−劫財	43丙56己4+7−傷官	14丁57庚4+7−正財	45戊58辛4+7−傷官	15戊59壬4+6−比肩	46己60癸3+7−正財	16己 1甲3+7−偏財
29	43丙50癸8−2+傷官		42乙52乙2+8−比肩	13丙53丙2+8−食神	43丙54丁3+8−比肩	14丁55戊3+8−比肩	44丁56己3+7−食神	15戊57庚3+7−食神	46己58辛3+7−食神	16己59壬3+7−劫財	47庚60癸3+7−食神	17庚 1甲3+7−傷官
30	44丁50癸8−2+食神		43丙52乙2+8−印綬	14丁53丙2+8−傷官	44丁54丁2+8−劫財	15戊55戊3+8−印綬	45戊56己3+7−劫財	16己57庚3+7−傷官	47庚58辛3+7−劫財	17庚59壬3+7−偏印	48辛60癸2+7−傷官	18辛 1甲2+8−食神
31	45戊50癸8−1+劫財		44丁52乙2+8−偏印		45戊54丁2+8−偏印		46己56己3+8−比肩	17庚57庚3+8−比肩		18辛59壬3+7−印綬		19壬 1甲2+8−劫財

1959年（昭和34年）生まれ　36 己（2/4〜翌 2/4）

日	1月	2月	3月	4月	5月	6月	7月	8月	9月	10月	11月	12月
	日干 月干 立年♂♀ 中心星	日干 月干 立年♂♀ 中心星	日干 月干 立年♂♀ 中心星	日干 月干 立年♂♀ 中心星	日干 月干 立年♂♀ 中心星	日干 月干 立年♂♀ 中心星	日干 月干 立年♂♀ 中心星	日干 月干 立年♂♀ 中心星	日干 月干 立年♂♀ 中心星	日干 月干 立年♂♀ 中心星	日干 月干 立年♂♀ 中心星	日干 月干 立年♂♀ 中心星
1	20癸 1甲2+8−比肩	51甲 2乙1+9−正財	19壬 3丙8−2+食神	50癸 4丁9−1+食神	20癸 5戊9−2+正官	51甲 6己9−2+食神	21甲 7庚8−2+傷官	52乙 8辛8−2+偏財	23丙 9壬8−2+偏財	53丙10癸8−3+正財	24丁11甲8−2+傷官	54丁12乙8−2+正官
2	21甲 1甲1+9−印綬	52乙 2乙1+9−偏財	20癸 3丙9−1+傷官	51甲 4丁9−1+劫財	21甲 5戊9−1+偏財	52乙 6己9−1+傷官	22乙 7庚9−2+食神	53丙 8辛8−2+傷官	24丁 9壬8−2+正財	54丁10癸8−2+偏財	25戊11甲8−2+比肩	55戊12乙8−2+偏財
3	22乙 1甲1+9−偏印	53丙 2乙1+9−傷官	21甲 3丙9−1+比肩	52乙 4丁9−1+比肩	22乙 5戊9−1+正財	53丙 6己9−1+比肩	23丙 7庚9−2+劫財	54丁 8辛9−2+食神	25戊 9壬9−2+食神	55戊10癸8−2+傷官	26己11甲8−2+劫財	56己12乙8−2+正財
4	23丙 1甲1+9−正官	54丁 3丙1−0+傷官	22乙 3丙9−1+劫財	53丙 4丁0−1+印綬	23丙 5戊0−1+食神	54丁 6己0−1+劫財	24丁 7庚9−1+比肩	55戊 8辛9−1+劫財	26己 9壬9−1+傷官	56己10癸9−2+食神	27庚11甲9−1+偏印	57庚12乙9−1+食神
5	24丁 1甲1+0−偏官	55戊 3丙1−0+比肩	23丙 3丙0−1+偏印	54丁 5戊1−0+偏印	24丁 5戊0−1+傷官	55戊 6己0−1+偏印	25戊 7庚0−1+印綬	56己 8辛9−1+比肩	27庚 9壬9−1+比肩	57庚10癸9−1+劫財	28辛11甲9−1+印綬	58辛12乙9−1+傷官
6	25戊 2乙0+1−正財	56己 3丙1−9+劫財	24丁 4丁1−0+偏印	55戊 5戊1−0+正官	25戊 6己1−0+比肩	56己 7庚1−0+比肩	26己 7庚0−1+偏印	57庚 8辛0−1+印綬	28辛 9壬0−1+劫財	58辛10癸9−1+比肩	29壬11甲9−1+偏官	59壬12乙9−1+比肩
7	26己 2乙9+1−偏財	57庚 3丙1−9+偏印	25戊 4丁1−0+正官	56己 5戊1−0+偏官	26己 6己1−0+劫財	57庚 7庚1−0+印綬	27庚 7庚0−1+正官	58辛 8辛0−1+偏印	29壬 9壬0−1+偏印	59壬10癸0−1+印綬	30癸11甲0−1+正官	60癸12乙0−1+劫財
8	27庚 2乙9+1−傷官	58辛 3丙1−9+印綬	26己 4丁1−9+偏官	57庚 5戊1−9+正財	27庚 6己1−0+偏印	58辛 7庚1−0+偏印	28辛 8辛1−0+偏官	59壬 9壬1−0+偏官	30癸10癸1−0+偏印	60癸10癸0−1+偏印	31甲12乙1−0+比肩	1甲13丙1−0+印綬
9	28辛 2乙9+1−食神	59壬 3丙2−8+偏官	27庚 4丁1−9+正財	58辛 5戊1−9+偏財	28辛 6己1−9+印綬	59壬 7庚1−0+正官	29壬 8辛1−0+正財	60癸 9壬1−0+偏官	31甲10癸1−0+正官	1甲11甲1−0+正官	32乙12乙1−0+劫財	2乙13丙1−9+偏印
10	29壬 2乙8+1−劫財	60癸 3丙2−8+正官	28辛 4丁1−9+偏財	59壬 5戊2−9+傷官	29壬 6己1−9+偏官	60癸 7庚1−9+偏官	30癸 8辛1−0+偏財	1甲 9壬1−0+偏財	32乙10癸1−0+偏官	2乙11甲1−0+偏官	33丙12乙1−9+偏印	3丙13丙1−9+正官
11	30癸 2乙8+2−比肩	1甲 3丙2−8+偏財	29壬 4丁2−8+傷官	60癸 5戊2−8+食神	30癸 6己2−9+正官	1甲 7庚2−9+正財	31甲 8辛1−9+傷官	2乙 9壬1−9+正財	33丙10癸1−9+正財	3丙11甲1−9+正財	34丁12乙1−9+印綬	4丁13丙1−9+偏官
12	31甲 2乙8+2−印綬	2乙 3丙3−7+傷官	30癸 4丁2−8+食神	1甲 5戊2−8+劫財	31甲 6己2−8+偏官	2乙 7庚2−9+偏財	32乙 8辛1−9+食神	3丙 9壬1−9+食神	34丁10癸1−9+偏財	4丁11甲1−9+偏財	35戊12乙1−9+偏官	5戊13丙1−8+正財
13	32乙 2乙7+2−偏印	3丙 3丙3−7+比肩	31甲 4丁2−8+劫財	2乙 5戊3−8+比肩	32乙 6己2−8+正官	3丙 7庚2−8+傷官	33丙 8辛2−9+劫財	4丁 9壬2−9+傷官	35戊10癸2−9+傷官	5戊11甲1−9+傷官	36己12乙2−8+正官	6己13丙2−8+偏財
14	33丙 2乙7+3−正官	4丁 3丙3−7+劫財	32乙 4丁3−7+比肩	3丙 5戊3−7+印綬	33丙 6己3−8+偏財	4丁 7庚3−8+食神	34丁 8辛2−8+比肩	5戊 9壬2−8+比肩	36己10癸2−8+食神	6己11甲2−8+食神	37庚12乙2−8+偏財	7庚13丙2−8+傷官
15	34丁 2乙7+3−偏官	5戊 3丙4−6+偏印	33丙 4丁3−7+印綬	4丁 5戊3−7+偏官	34丁 6己3−7+正財	5戊 7庚3−8+劫財	35戊 8辛2−8+印綬	6己 9壬2−8+劫財	37庚10癸2−8+劫財	7庚11甲2−8+劫財	38辛12乙2−8+正財	8辛13丙2−7+食神
16	35戊 2乙6+3−傷官	6己 3丙4−6+印綬	34丁 4丁3−7+偏印	5戊 5戊4−7+正財	35戊 6己3−7+食神	6己 7庚3−7+比肩	36己 8辛3−8+偏印	7庚 9壬3−8+偏印	38辛10癸3−8+比肩	8辛11甲2−8+比肩	39壬12乙3−7+食神	9壬13丙3−7+劫財
17	36己 2乙6+4−食神	7庚 3丙4−6+偏官	35戊 4丁4−6+正官	6己 5戊4−6+偏財	36己 6己4−7+傷官	7庚 7庚4−7+印綬	37庚 8辛3−7+正官	8辛 9壬3−7+印綬	39壬10癸3−7+印綬	9壬11甲3−7+印綬	40癸12乙3−7+傷官	10癸13丙3−7+比肩
18	37庚 2乙6+4−劫財	8辛 3丙5−5+正官	36己 4丁4−6+偏官	7庚 5戊4−6+偏印	37庚 6己4−6+比肩	8辛 7庚4−7+偏印	38辛 8辛3−7+偏財	9壬 9壬3−7+偏官	40癸10癸3−7+偏印	10癸11甲3−7+偏印	41甲12乙3−7+比肩	11甲13丙3−6+印綬
19	38辛 2乙5+4−偏印	9壬 3丙5−5+食神	37庚 4丁4−6+正財	8辛 5戊5−6+印綬	38辛 6己4−6+劫財	9壬 7庚4−6+正官	39壬 8辛4−7+傷官	10癸 9壬4−7+劫財	41甲10癸4−7+正官	11甲11甲3−7+傷官	42乙12乙4−6+劫財	12乙13丙4−6+偏印
20	39壬 2乙5+5−正官	10癸 3丙5−5+傷官	38辛 4丁5−5+偏財	9壬 5戊5−5+偏官	39壬 6己5−6+偏印	10癸 7庚5−6+偏官	40癸 8辛4−6+食神	11甲 9壬4−6+偏印	42乙10癸4−6+偏官	12乙11甲4−6+食神	43丙12乙4−6+偏印	13丙13丙4−6+正官
21	40癸 2乙5+5−偏官	11甲 3丙6−4+比肩	39壬 4丁5−5+傷官	10癸 5戊5−5+正官	40癸 6己5−5+正財	11甲 7庚5−6+正財	41甲 8辛4−6+正財	12乙 9壬4−6+印綬	43丙10癸4−6+正財	13丙11甲4−6+劫財	44丁12乙4−6+正官	14丁13丙4−5+偏官
22	41甲 2乙4+5−正財	12乙 3丙6−4+劫財	40癸 4丁5−5+食神	11甲 5戊6−5+偏財	41甲 6己5−5+食神	12乙 7庚5−5+偏財	42乙 8辛5−6+偏財	13丙 9壬5−6+偏財	44丁10癸5−6+偏財	14丁11甲4−6+傷官	45戊12乙5−5+偏財	15戊13丙5−5+正財
23	42乙 2乙4+6−偏財	13丙 3丙6−4+偏印	41甲 4丁6−4+劫財	12乙 5戊6−4+正財	42乙 6己6−5+傷官	13丙 7庚6−5+傷官	43丙 8辛5−5+傷官	14丁 9壬5−5+正財	45戊10癸5−5+傷官	15戊11甲5−5+比肩	46己12乙5−5+正財	16己13丙5−5+偏財
24	43丙 2乙4+6−傷官	14丁 3丙7−3+印綬	42乙 4丁6−4+比肩	13丙 5戊6−4+食神	43丙 6己6−4+比肩	14丁 7庚6−5+食神	44丁 8辛5−5+食神	15戊 9壬5−5+食神	46己10癸5−5+食神	16己11甲5−5+劫財	47庚12乙5−5+食神	17庚13丙5−4+傷官
25	44丁 2乙3+6−食神	15戊 3丙7−3+偏官	43丙 4丁6−4+印綬	14丁 5戊7−4+傷官	44丁 6己6−4+劫財	15戊 7庚6−4+劫財	45戊 8辛6−5+劫財	16己 9壬6−5+傷官	47庚10癸6−5+劫財	17庚11甲5−5+偏印	48辛12乙6−4+傷官	18辛13丙6−4+食神
26	45戊 2乙3+7−劫財	16己 3丙7−3+正官	44丁 4丁7−3+偏印	15戊 5戊7−3+比肩	45戊 6己7−4+偏印	16己 7庚7−4+偏印	46己 8辛6−4+比肩	17庚 9壬6−4+比肩	48辛10癸6−4+比肩	18辛11甲6−4+印綬	49壬12乙6−4+比肩	19壬13丙6−4+劫財
27	46己 2乙3+7−比肩	17庚 3丙8−2+偏財	45戊 4丁7−3+正官	16己 5戊7−3+劫財	46己 6己7−3+印綬	17庚 7庚7−4+正官	47庚 8辛6−4+印綬	18辛 9壬6−4+劫財	49壬10癸6−4+印綬	19壬11甲6−4+偏官	50癸12乙6−4+劫財	20癸13丙6−3+比肩
28	47庚 2乙2+7−印綬	18辛 3丙8−2+正財	46己 4丁7−3+偏官	17庚 5戊8−3+偏印	47庚 6己7−3+偏官	18辛 7庚7−3+偏官	48辛 8辛7−4+偏印	19壬 9壬7−4+偏印	50癸10癸7−4+偏印	20癸11甲6−4+正官	51甲12乙7−3+偏印	21甲13丙7−3+印綬
29	48辛 2乙2+8−偏印		47庚 4丁8−2+正財	18辛 5戊8−2+印綬	48辛 6己8−3+正官	19壬 7庚8−3+正財	49壬 8辛7−3+正官	20癸 9壬7−3+印綬	51甲10癸7−3+正官	21甲11甲7−3+偏財	52乙12乙7−3+印綬	22乙13丙7−3+偏印
30	49壬 2乙2+8−正官		48辛 4丁8−2+偏財	19壬 5戊8−2+偏官	49壬 6己8−2+偏財	20癸 7庚8−3+偏財	50癸 8辛7−3+偏官	21甲 9壬7−3+偏官	52乙10癸7−3+偏官	22乙11甲7−3+正財	53丙12乙7−3+偏官	23丙13丙7−2+正官
31	50癸 2乙1+8−偏官		49壬 4丁8−2+傷官		50癸 6己8−2+正財		51甲 8辛8−3+正財	22乙 9壬8−3+正官		23丙11甲7−3+食神		24丁13丙8−2+偏官

1960年（昭和35年）生まれ　37 庚（2/5〜翌 2/3）

	1月	2月	3月	4月	5月	6月	7月	8月	9月	10月	11月	12月
日	日干 月干 立年♂♀ 中心星	日干 月干 立年♂♀ 中心星	日干 月干 立年♂♀ 中心星	日干 月干 立年♂♀ 中心星	日干 月干 立年♂♀ 中心星	日干 月干 立年♂♀ 中心星	日干 月干 立年♂♀ 中心星	日干 月干 立年♂♀ 中心星	日干 月干 立年♂♀ 中心星	日干 月干 立年♂♀ 中心星	日干 月干 立年♂♀ 中心星	日干 月干 立年♂♀ 中心星
1	25戊13丙8−2+正財	56己14丁9−1+比肩	25戊15戊1+8−偏官	56己16己1+9−偏官	26己17庚1+9−劫財	57庚18辛2+9−偏官	27庚19壬2+8−正官	58辛20癸2+8−偏印	29壬21甲2+8−偏印	59壬22乙2+8−印綬	30癸23丙2+8−正官	60癸24丁2+8−劫財
2	26己13丙8−1+偏財	57庚14丁9−1+印綬	26己15戊1+9−正官	57庚16己1+9−正財	27庚17庚1+9−偏印	58辛18辛1+9−正官	28辛19壬2+9−偏官	59壬20癸2+9−正官	30癸21甲2+9−印綬	60癸22乙2+8−偏印	31甲23丙2+8−偏財	1甲24丁2+8−偏印
3	27庚13丙9−1+傷官	58辛14丁9−1+偏印	27庚15戊1+9−偏財	58辛16己1+0−偏財	28辛17庚1+9−印綬	59壬18辛1+0−偏財	29壬19壬1+9−正財	60癸20癸1+9−偏官	31甲21甲2+9−偏官	1甲22乙2+8−正官	32乙23丙1+9−正財	2乙24丁1+9−印綬
4	28辛13丙9−1+食神	59壬14丁0−1+正官	28辛15戊1+9−正財	59壬16己1+0−傷官	29壬17庚1+0−偏官	60癸18辛1+0−正財	30癸19壬1+9−偏財	1甲20癸1+9−正財	32乙21甲1+9−正官	2乙22乙1+9−偏官	33丙23丙1+9−食神	3丙24丁1+9−偏官
5	29壬13丙9−1+劫財	60癸15戊0+1−正官	29壬16己0+1−傷官	60癸17庚0+1−食神	30癸18辛0+1−正官	1甲18辛1+0−食神	31甲19壬1+0−傷官	2乙20癸1+0−偏財	33丙21甲1+0−偏財	3丙22乙1+9−正財	34丁23丙1+9−傷官	4丁24丁1+9−正官
6	30癸14丁1−0+比肩	1甲15戊9+1−偏財	30癸16己0+1−食神	1甲17庚0+1−劫財	31甲18辛0+1−偏財	2乙19壬0+1−偏財	32乙19壬1+0−食神	3丙20癸1+0−傷官	34丁21甲1+0−正財	4丁22乙1+9−偏財	35戊23丙1+0−比肩	5戊24丁1+0−偏財
7	31甲14丁1−0+印綬	2乙15戊9+1−正財	31甲16己0+1−劫財	2乙17庚9+1−比肩	32乙18辛0+1−正財	3丙19壬0+1−傷官	33丙20癸0+1−劫財	4丁21甲0+1−傷官	35戊21甲1+0−食神	5戊22乙1+0−傷官	36己24丁0+1−正官	6己25戊0+1−偏財
8	32乙14丁1−9+偏印	3丙15戊9+1−食神	32乙16己9+1−比肩	3丙17庚9+1−印綬	33丙18辛0+1−食神	4丁19壬0+1−食神	34丁20癸0+1−比肩	5戊21甲0+1−比肩	36己22乙0+1−食神	6己23丙0+1−食神	37庚24丁0+1−偏財	7庚25戊9+1−傷官
9	33丙14丁1−9+正官	4丁15戊8+1−傷官	33丙16己9+1−印綬	4丁17庚9+1−偏印	34丁18辛9+1−傷官	5戊19壬9+1−劫財	35戊20癸0+1−印綬	6己21甲0+1−劫財	37庚22乙0+1−劫財	7庚23丙0+1−劫財	38辛24丁9+1−正財	8辛25戊9+1−食神
10	34丁14丁1−9+偏官	5戊15戊8+2−比肩	34丁16己9+2−偏印	5戊17庚8+2−正官	35戊18辛9+2−比肩	6己19壬9+1−比肩	36己20癸9+1−偏印	7庚21甲0+1−偏印	38辛22乙9+1−比肩	8辛23丙9+1−比肩	39壬24丁9+1−食神	9壬25戊9+1−劫財
11	35戊14丁2−8+正財	6己15戊8+2−劫財	35戊16己8+2−正官	6己17庚8+2−偏官	36己18辛9+2−傷官	7庚19壬9+2−印綬	37庚20癸9+1−正官	8辛21甲9+1−印綬	39壬22乙9+1−印綬	9壬23丙9+1−印綬	40癸24丁9+1−傷官	10癸25戊8+1−比肩
12	36己14丁2−8+偏財	7庚15戊7+2−偏印	36己16己8+2−偏官	7庚17庚8+2−正財	37庚18辛8+2−比肩	8辛19壬8+2−偏印	38辛20癸9+2−偏官	9壬21甲9+2−偏官	40癸22乙9+1−偏印	10癸23丙9+1−偏印	41甲24丁8+2−比肩	11甲25戊8+2−印綬
13	37庚14丁2−8+傷官	8辛15戊7+3−正官	37庚16己8+3−正財	8辛17庚7+3−偏財	38辛18辛8+3−劫財	9壬19壬8+2−正官	39壬20癸8+2−正財	10癸21甲9+2−正官	41甲22乙8+2−正官	11甲23丙8+2−正官	42乙24丁8+2−劫財	12乙25戊8+2−偏印
14	38辛14丁3−7+食神	9壬15戊7+3−偏財	38辛16己7+3−偏財	9壬17庚7+3−傷官	39壬18辛8+3−偏印	10癸19壬8+3−偏官	40癸20癸8+2−偏財	11甲21甲8+2−偏財	42乙22乙8+2−偏官	12乙23丙8+2−偏官	43丙24丁8+2−偏印	13丙25戊7+2−正官
15	39壬14丁3−7+劫財	10癸15戊6+3−正財	39壬16己7+3−傷官	10癸17庚7+3−比肩	40癸18辛7+3−印綬	11甲19壬7+3−正財	41甲20癸8+3−傷官	12乙21甲8+3−正財	43丙22乙8+2−正財	13丙23丙8+2−正財	44丁24丁7+3−印綬	14丁25戊7+3−傷官
16	40癸14丁3−7+偏印	11甲15戊6+4−食神	40癸16己7+4−食神	11甲17庚6+4−印綬	41甲18辛7+4−偏官	12乙19壬7+3−偏財	42乙20癸7+3−食神	13丙21甲8+3−食神	44丁22乙7+3−偏財	14丁23丙7+3−偏財	45戊24丁7+3−偏官	15戊25戊7+3−正財
17	41甲14丁4−6+正官	12乙15戊6+4−傷官	41甲16己6+4−劫財	12乙17庚6+4−偏印	42乙18辛7+4−正官	13丙19壬7+4−傷官	43丙20癸7+3−印綬	14丁21甲7+3−傷官	45戊22乙7+3−傷官	15戊23丙7+3−傷官	46己24丁7+3−正官	16己25戊6+3−偏財
18	42乙14丁4−6+偏官	13丙15戊5+4−比肩	42乙16己6+4−比肩	13丙17庚6+4−食神	43丙18辛6+4−偏財	14丁19壬6+4−食神	44丁20癸7+4−偏印	15戊21甲7+4−偏財	46己22乙7+3−食神	16己23丙7+3−偏印	47庚24丁6+4−偏財	17庚25戊6+4−傷官
19	43丙14丁4−6+傷官	14丁15戊5+5−劫財	43丙16己6+5−印綬	14丁17庚5+5−傷官	44丁18辛6+5−正財	15戊19壬6+4−劫財	45戊20癸6+4−正官	16己21甲7+4−正財	47庚22乙6+4−劫財	17庚23丙6+4−正官	48辛24丁6+4−正財	18辛25戊6+4−食神
20	44丁14丁5−5+食神	15戊15戊5+5−偏官	44丁16己5+5−偏印	15戊17庚5+5−比肩	45戊18辛6+5−偏印	16己19壬6+5−比肩	46己20癸6+4−正財	17庚21甲6+4−食神	48辛22乙6+4−比肩	18辛23丙6+4−偏官	49壬24丁6+4−比肩	19壬25戊5+4−劫財
21	45戊14丁5−5+劫財	16己15戊4+5−正官	45戊16己5+5−正官	16己17庚5+5−劫財	46己18辛5+5−印綬	17庚19壬5+5−印綬	47庚20癸6+5−印綬	18辛21甲6+5−劫財	49壬22乙6+4−印綬	19壬23丙6+4−偏官	50癸24丁5+5−劫財	20癸25戊5+5−比肩
22	46己14丁5−5+比肩	17庚15戊4+6−偏財	46己16己5+6−偏官	17庚17庚4+6−偏印	47庚18辛5+6−偏官	18辛19壬5+5−偏印	48辛20癸5+5−偏印	19壬21甲6+5−偏印	50癸22乙5+5−偏印	20癸23丙5+5−正官	51甲24丁5+5−偏印	21甲25戊5+5−印綬
23	47庚14丁6−4+印綬	18辛15戊4+6−正財	47庚16己4+6−正財	18辛17庚4+6−印綬	48辛18辛5+6−正官	19壬19壬5+6−正官	49壬20癸5+5−正官	20癸21甲5+5−印綬	51甲22乙5+5−正官	21甲23丙5+5−偏財	52乙24丁5+5−印綬	22乙25戊4+5−偏印
24	48辛14丁6−4+偏印	19壬15戊3+6−食神	48辛16己4+6−偏財	19壬17庚4+6−偏官	49壬18辛4+6−偏財	20癸19壬4+6−偏官	50癸20癸5+6−偏官	21甲21甲5+6−偏官	52乙22乙5+5−偏官	22乙23丙5+5−正財	53丙24丁4+6−偏官	23丙25戊4+6−正官
25	49壬14丁6−4+正官	20癸15戊3+7−傷官	49壬16己4+7−傷官	20癸17庚3+7−正官	50癸18辛4+7−正財	21甲19壬4+6−正財	51甲20癸4+6−正財	22乙21甲5+6−正官	53丙22乙4+6−正財	23丙23丙4+6−食神	54丁24丁4+6−正官	24丁25戊4+6−偏官
26	50癸14丁7−3+偏官	21甲15戊3+7−比肩	50癸16己3+7−食神	21甲17庚3+7−偏財	51甲18辛4+7−食神	22乙19壬4+7−食神	52乙20癸4+6−偏財	23丙21甲4+6−偏財	54丁22乙4+6−偏財	24丁23丙4+6−傷官	55戊24丁4+6−偏財	25戊25戊3+6−正財
27	51甲14丁7−3+正財	22乙15戊2+7−劫財	51甲16己3+7−劫財	22乙17庚3+7−正財	52乙18辛3+7−傷官	23丙19壬3+7−劫財	53丙20癸4+7−傷官	24丁21甲4+7−正財	55戊22乙4+6−傷官	25戊23丙4+6−比肩	56己24丁3+7−正財	26己25戊3+7−偏財
28	52乙14丁7−3+偏財	23丙15戊2+8−偏印	52乙16己3+8−比肩	23丙17庚2+8−食神	53丙18辛3+8−比肩	24丁19壬3+7−比肩	54丁20癸3+7−食神	25戊21甲4+7−食神	56己22乙3+7−食神	26己23丙3+7−劫財	57庚24丁3+7−食神	27庚25戊3+7−傷官
29	53丙14丁8−2+傷官	24丁15戊2+8−印綬	53丙16己2+8−印綬	24丁17庚2+8−傷官	54丁18辛3+8−劫財	25戊19壬3+8−印綬	55戊20癸3+7−劫財	26己21甲3+7−傷官	57庚22乙3+7−劫財	27庚23丙3+7−偏印	58辛24丁3+7−傷官	28辛25戊2+7−食神
30	54丁14丁8−2+食神		54丁16己2+8−偏印	25戊17庚2+8−比肩	55戊18辛2+8−偏印	26己19壬2+8−偏印	56己20癸3+8−比肩	27庚21甲3+8−比肩	58辛22乙3+7−比肩	28辛23丙3+7−印綬	59壬24丁2+8−比肩	29壬25戊2+8−劫財
31	55戊14丁8−2+劫財		55戊16己2+9−正官		56己18辛2+9−印綬		57庚20癸2+8−印綬	28辛21甲3+8−劫財		29壬23丙2+8−偏官		30癸25戊2+8−比肩

1961年（昭和36年）生まれ　38 辛（2/4～翌 2/3）

日	1月	2月	3月	4月	5月	6月	7月	8月	9月	10月	11月	12月
	日干 月干 立年♂♀ 中心星	日干 月干 立年♂♀ 中心星	日干 月干 立年♂♀ 中心星	日干 月干 立年♂♀ 中心星	日干 月干 立年♂♀ 中心星	日干 月干 立年♂♀ 中心星	日干 月干 立年♂♀ 中心星	日干 月干 立年♂♀ 中心星	日干 月干 立年♂♀ 中心星	日干 月干 立年♂♀ 中心星	日干 月干 立年♂♀ 中心星	日干 月干 立年♂♀ 中心星
1	31甲25戊1+8−印綬	2乙26己1+9−偏財	30癸27庚8−2+傷官	1甲28辛9−1+劫財	31甲29壬9−2+偏財	2乙30癸9−2+傷官	32乙31甲8−2+食神	3丙32乙8−2+傷官	34丁33丙8−2+正財	4丁34丁8−2+偏財	35戊35戊8−2+比肩	5戊36己8−2+偏財
2	32乙25戊1+9−偏印	3丙26己1+9−傷官	31甲27庚9−1+比肩	2乙28辛9−1+比肩	32乙29壬9−1+正財	3丙30癸9−1+比肩	33丙31甲9−2+劫財	4丁32乙9−2+食神	35戊33丙8−2+食神	5戊34丁8−2+傷官	36己35戊8−2+劫財	6己36己8−2+正財
3	33丙25戊1+9−正官	4丁26己1+0−食神	32乙27庚9−1+劫財	3丙28辛9−1+印綬	33丙29壬9−1+食神	4丁30癸9−1+劫財	34丁31甲9−1+比肩	5戊32乙9−2+劫財	36己33丙9−2+傷官	6己34丁8−2+食神	37庚35戊9−2+偏印	7庚36己8−1+食神
4	34丁25戊1+9−偏官	5戊27庚1−0+比肩	33丙27庚9−1+偏印	4丁28辛0−1+偏印	34丁29壬0−1+傷官	5戊30癸0−1+偏印	35戊31甲9−1+印綬	6己32乙9−1+比肩	37庚33丙9−1+比肩	7庚34丁9−1+劫財	38辛35戊9−1+印綬	8辛36己9−1+傷官
5	35戊26己0+1−正財	6己27庚1−0+劫財	34丁27庚0−1+印綬	5戊29壬1−0+正官	35戊29壬0−1+比肩	6己30癸0−1+印綬	36己31甲0−1+偏印	7庚32乙0−1+印綬	38辛33丙9−1+劫財	8辛34丁9−1+比肩	39壬35戊9−1+偏官	9壬36己9−1+比肩
6	36己26己0+1−偏財	7庚27庚1−9+偏印	35戊28辛1−0+正官	6己29壬1−0+偏官	36己30癸1−0+劫財	7庚31甲1−0+印綬	37庚31甲0−1+正官	8辛32乙0−1+偏印	39壬33丙0−1+偏印	9壬34丁9−1+印綬	40癸35戊0−1+正官	10癸36己9−1+劫財
7	37庚26己9+1−傷官	8辛27庚1−9+印綬	36己28辛1−0+偏官	7庚29壬1−0+正財	37庚30癸1−0+偏印	8辛31甲1−0+偏印	38辛32乙1−0+偏官	9壬32乙0−1+正官	40癸33丙0−1+印綬	10癸34丁0−1+偏印	41甲35戊0−1+偏財	11甲37庚1−0+印綬
8	38辛26己9+1−食神	9壬27庚1−9+偏官	37庚28辛1−9+正財	8辛29壬1−9+偏財	38辛30癸1−0+印綬	9壬31甲1−0+正官	39壬32乙1−0+正財	10癸33丙1−0+正官	41甲34丁1−0+正官	11甲35戊1−0+正官	42乙36己1−0+劫財	12乙37庚1−0+偏印
9	39壬26己9+1−劫財	10癸27庚2−8+正官	38辛28辛1−9+偏財	9壬29壬1−9+傷官	39壬30癸1−9+偏官	10癸31甲1−9+偏官	40癸32乙1−0+偏財	11甲33丙1−0+偏財	42乙34丁1−0+偏官	12乙35戊1−0+偏官	43丙36己1−9+偏印	13丙37庚1−9+正官
10	40癸26己8+2−比肩	11甲27庚2−8+偏財	39壬28辛1−9+傷官	10癸29壬2−9+食神	40癸30癸1−9+正官	11甲31甲1−9+正財	41甲32乙1−0+傷官	12乙33丙1−0+正財	43丙34丁1−9+正財	13丙35戊1−0+正財	44丁36己1−9+印綬	14丁37庚1−9+偏官
11	41甲26己8+2−印綬	12乙27庚2−8+正財	40癸28辛2−8+食神	11甲29壬2−8+劫財	41甲30癸2−9+偏財	12乙31甲2−9+偏財	42乙32乙1−9+食神	13丙33丙1−9+食神	44丁34丁1−9+偏財	14丁35戊1−9+偏財	45戊36己1−9+偏官	15戊37庚1−9+正財
12	42乙26己8+2−偏印	13丙27庚3−7+比肩	41甲28辛2−8+劫財	12乙29壬2−8+比肩	42乙30癸2−8+正官	13丙31甲2−8+傷官	43丙32乙2−9+劫財	14丁33丙1−9+傷官	45戊34丁1−9+傷官	15戊35戊1−9+傷官	46己36己1−8+正官	16己37庚2−8+偏財
13	43丙26己7+3−正官	14丁27庚3−7+劫財	42乙28辛2−8+比肩	13丙29壬3−8+印綬	43丙30癸2−8+偏財	14丁31甲2−8+食神	44丁32乙2−9+比肩	15戊33丙2−9+比肩	46己34丁2−8+食神	16己35戊2−9+食神	47庚36己2−8+偏財	17庚37庚2−8+傷官
14	44丁26己7+3−偏官	15戊27庚3−7+偏印	43丙28辛3−7+印綬	14丁29壬3−7+偏印	44丁30癸3−8+正財	15戊31甲3−8+劫財	45戊32乙2−8+印綬	16己33丙2−8+劫財	47庚34丁2−8+劫財	17庚35戊2−8+劫財	48辛36己2−8+正財	18辛37庚2−8+食神
15	45戊26己7+3−傷官	16己27庚4−6+印綬	44丁28辛3−7+偏印	15戊29壬3−7+正財	45戊30癸3−7+食神	16己31甲3−7+比肩	46己32乙3−8+偏印	17庚33丙2−8+偏印	48辛34丁2−8+比肩	18辛35戊2−8+比肩	49壬36己2−7+食神	19壬37庚3−7+劫財
16	46己26己6+4−食神	17庚27庚4−6+偏官	45戊28辛3−7+正官	16己29壬4−7+偏財	46己30癸3−7+傷官	17庚31甲3−7+印綬	47庚32乙3−8+正官	18辛33丙3−8+印綬	49壬34丁3−7+印綬	19壬35戊3−8+印綬	50癸36己3−7+傷官	20癸37庚3−7+比肩
17	47庚26己6+4−劫財	18辛27庚4−6+正官	46己28辛4−6+偏官	17庚29壬4−6+傷官	47庚30癸4−7+比肩	18辛31甲4−7+偏印	48辛32乙3−7+偏財	19壬33丙3−7+偏官	50癸34丁3−7+偏印	20癸35戊3−7+偏印	51甲36己3−7+比肩	21甲37庚3−7+印綬
18	48辛26己6+4−偏印	19壬27庚5−5+偏財	47庚28辛4−6+正財	18辛29壬4−6+印綬	48辛30癸4−6+劫財	19壬31甲4−6+正官	49壬32乙4−7+傷官	20癸33丙3−7+正官	51甲34丁3−7+正官	21甲35戊3−7+傷官	52乙36己3−6+劫財	22乙37庚4−6+偏印
19	49壬26己5+5−正官	20癸27庚5−5+傷官	48辛28辛4−6+偏財	19壬29壬5−6+偏官	49壬30癸4−6+偏印	20癸31甲4−6+偏官	50癸32乙4−7+食神	21甲33丙4−7+偏印	52乙34丁4−6+偏官	22乙35戊4−7+食神	53丙36己4−6+偏印	23丙37庚4−6+正官
20	50癸26己5+5−偏官	21甲27庚5−5+比肩	49壬28辛5−5+傷官	20癸29壬5−5+正官	50癸30癸5−6+印綬	21甲31甲5−6+正財	51甲32乙4−6+正財	22乙33丙4−6+印綬	53丙34丁4−6+正財	23丙35戊4−6+劫財	54丁36己4−6+印綬	24丁37庚4−6+偏官
21	51甲26己5+5−正財	22乙27庚6−4+劫財	50癸28辛5−5+食神	21甲29壬5−5+偏財	51甲30癸5−5+食神	22乙31甲5−5+偏財	52乙32乙5−6+偏財	23丙33丙4−6+偏官	54丁34丁4−6+偏財	24丁35戊4−6+傷官	55戊36己4−5+偏財	25戊37庚5−5+正財
22	52乙26己4+6−偏財	23丙27庚6−4+偏印	51甲28辛5−5+劫財	22乙29壬6−5+正財	52乙30癸5−5+傷官	23丙31甲5−5+傷官	53丙32乙5−6+傷官	24丁33丙5−6+正財	55戊34丁5−5+傷官	25戊35戊5−6+比肩	56己36己5−5+正財	26己37庚5−5+偏財
23	53丙26己4+6−傷官	24丁27庚6−4+印綬	52乙28辛6−4+比肩	23丙29壬6−4+食神	53丙30癸6−5+比肩	24丁31甲6−5+食神	54丁32乙5−5+食神	25戊33丙5−5+食神	56己34丁5−5+食神	26己35戊5−5+劫財	57庚36己5−5+食神	27庚37庚5−5+傷官
24	54丁26己4+6−食神	25戊27庚7−3+偏官	53丙28辛6−4+印綬	24丁29壬6−4+傷官	54丁30癸6−4+劫財	25戊31甲6−4+劫財	55戊32乙6−5+劫財	26己33丙5−5+傷官	57庚34丁5−5+劫財	27庚35戊5−5+偏印	58辛36己5−4+傷官	28辛37庚6−4+食神
25	55戊26己3+7−劫財	26己27庚7−3+正官	54丁28辛6−4+偏印	25戊29壬7−4+比肩	55戊30癸6−4+偏印	26己31甲6−4+比肩	56己32乙6−5+比肩	27庚33丙6−5+比肩	58辛34丁6−4+比肩	28辛35戊6−5+印綬	59壬36己6−4+比肩	29壬37庚6−4+劫財
26	56己26己3+7−比肩	27庚27庚7−3+偏財	55戊28辛7−3+正官	26己29壬7−3+劫財	56己30癸7−4+印綬	27庚31甲7−4+正官	57庚32乙6−4+印綬	28辛33丙6−4+劫財	59壬34丁6−4+印綬	29壬35戊6−4+偏官	60癸36己6−4+劫財	30癸37庚6−4+比肩
27	57庚26己3+7−印綬	28辛27庚8−2+正財	56己28辛7−3+偏官	27庚29壬7−3+偏印	57庚30癸7−3+偏官	28辛31甲7−3+偏官	58辛32乙7−4+偏印	29壬33丙6−4+偏印	60癸34丁6−4+偏印	30癸35戊6−4+正官	1甲36己6−3+偏印	31甲37庚7−3+印綬
28	58辛26己2+8−偏印	29壬27庚8−2+食神	57庚28辛7−3+正財	28辛29壬8−3+印綬	58辛30癸7−3+正官	29壬31甲7−3+正財	59壬32乙7−4+正官	30癸33丙7−4+印綬	1甲34丁7−3+正官	31甲35戊7−4+偏財	2乙36己7−3+印綬	32乙37庚7−3+偏印
29	59壬26己2+8−正官		58辛28辛8−2+偏財	29壬29壬8−2+偏官	59壬30癸8−3+偏財	30癸31甲8−3+偏財	60癸32乙7−3+偏官	31甲33丙7−3+偏官	2乙34丁7−3+偏官	32乙35戊7−3+正財	3丙36己7−3+偏官	33丙37庚7−3+正官
30	60癸26己2+8−偏官		59壬28辛8−2+傷官	30癸29壬8−2+正官	60癸30癸8−2+正財	31甲31甲8−2+傷官	1甲32乙8−3+正財	32乙33丙7−3+正官	3丙34丁7−3+正財	33丙35戊7−3+食神	4丁36己7−2+正官	34丁37庚8−2+偏官
31	1甲26己1+9−正財		60癸28辛8−2+食神		1甲30癸8−2+食神		2乙32乙8−3+偏財	33丙33丙8−3+偏財		34丁35戊8−3+傷官		35戊37庚8−2+正財

1962年（昭和37年）生まれ　39 壬（2/4～翌 2/3）

日	1月	2月	3月	4月	5月	6月	7月	8月	9月	10月	11月	12月
	日干 月干 立年♂♀ 中心星	日干 月干 立年♂♀ 中心星	日干 月干 立年♂♀ 中心星	日干 月干 立年♂♀ 中心星	日干 月干 立年♂♀ 中心星	日干 月干 立年♂♀ 中心星	日干 月干 立年♂♀ 中心星	日干 月干 立年♂♀ 中心星	日干 月干 立年♂♀ 中心星	日干 月干 立年♂♀ 中心星	日干 月干 立年♂♀ 中心星	日干 月干 立年♂♀ 中心星
1	36己37庚8−2+偏財	7庚38辛9−1+印綬	35戊39壬2+8−偏官	6己40癸1+9−偏官	36己41甲2+9−劫財	7庚42乙2+9−偏官	37庚43丙2+8−正官	8辛44丁2+8−偏印	39壬45戊2+8−偏印	9壬46己3+8−印綬	40癸47庚2+8−正官	10癸48辛2+8−劫財
2	37庚37庚9−1+傷官	8辛38辛9−1+偏印	36己39壬1+9−正官	7庚40癸1+9−正財	37庚41甲1+9−偏印	8辛42乙1+9−正官	38辛43丙2+9−偏官	9壬44丁2+9−正官	40癸45戊2+8−印綬	10癸46己2+8−偏印	41甲47庚2+8−偏財	11甲48辛2+8−偏印
3	38辛37庚9−1+食神	9壬38辛9−1+正官	37庚39壬1+9−偏財	8辛40癸1+9−偏財	38辛41甲1+9−印綬	9壬42乙1+9−偏財	39壬43丙1+9−正財	10癸44丁2+9−偏官	41甲45戊2+9−偏官	11甲46己2+8−正官	42乙47庚2+8−正財	12乙48辛1+8−印綬
4	39壬37庚9−1+劫財	10癸39壬0+1−正官	38辛39壬1+9−正財	9壬40癸1+0−傷官	39壬41甲1+0−偏官	10癸42乙1+0−正財	40癸43丙1+9−偏財	11甲44丁1+9−正財	42乙45戊1+9−正官	12乙46己2+9−偏官	43丙47庚1+9−食神	13丙48辛1+9−偏官
5	40癸37庚0−1+比肩	11甲39壬0+1−偏財	39壬39壬1+0−食神	10癸41甲0+1−食神	40癸41甲1+0−正官	11甲42乙1+0−食神	41甲43丙1+0−傷官	12乙44丁1+0−偏財	43丙45戊1+9−偏財	13丙46己1+9−正財	44丁47庚1+9−傷官	14丁48辛1+9−正官
6	41甲38辛1−0+印綬	12乙39壬9+1−正財	40癸40癸0+1−食神	11甲41甲0+1−劫財	41甲42乙0+1−偏財	12乙43丙0+1−偏財	42乙43丙1+0−食神	13丙44丁1+0−傷官	44丁45戊1+0−正財	14丁46己1+9−偏財	45戊47庚1+9−比肩	15戊48辛1+9−偏財
7	42乙38辛1−9+偏印	13丙39壬9+1−食神	41甲40癸0+1−劫財	12乙41甲0+1−比肩	42乙42乙0+1−正財	13丙43丙0+1−傷官	43丙44丁0+1−劫財	14丁44丁1+0−食神	45戊45戊1+0−食神	15戊46己1+0−傷官	46己47庚1+0−劫財	16己49壬0+1−偏財
8	43丙38辛1−9+正官	14丁39壬9+1−傷官	42乙40癸9+1−比肩	13丙41甲9+1−印綬	43丙42乙0+1−食神	14丁43丙0+1−食神	44丁44丁0+1−比肩	15戊45戊0+1−比肩	46己46己0+1−食神	16己46己1+0−食神	47庚48辛0+1−偏財	17庚49壬0+1−傷官
9	44丁38辛1−9+偏官	15戊39壬8+2−比肩	43丙40癸9+1−印綬	14丁41甲9+1−偏印	44丁42乙9+1−傷官	15戊43丙9+1−劫財	45戊44丁0+1−印綬	16己45戊0+1−劫財	47庚46己0+1−劫財	17庚47庚0+1−劫財	48辛48辛9+1−正財	18辛49壬9+1−食神
10	45戊38辛1−8+正財	16己39壬8+2−劫財	44丁40癸9+1−偏印	15戊41甲9+2−正官	45戊42乙9+1−比肩	16己43丙9+1−比肩	46己44丁0+1−偏印	17庚45戊0+1−偏印	48辛46己0+1−比肩	18辛47庚0+1−比肩	49壬48辛9+1−食神	19壬49壬9+1−劫財
11	46己38辛2−8+偏財	17庚39壬8+2−偏印	45戊40癸8+2−正官	16己41甲8+2−偏官	46己42乙9+2−劫財	17庚43丙9+2−印綬	47庚44丁9+1−正官	18辛45戊9+1−印綬	49壬46己9+1−印綬	19壬47庚9+1−印綬	50癸48辛9+1−傷官	20癸49壬9+1−比肩
12	47庚38辛2−8+傷官	18辛39壬7+3−正官	46己40癸8+2−偏官	17庚41甲8+2−正財	47庚42乙8+2−比肩	18辛43丙8+2−偏印	48辛44丁9+2−偏官	19壬45戊9+1−偏官	50癸46己9+1−偏印	20癸47庚9+1−偏印	51甲48辛8+1−比肩	21甲49壬8+2−印綬
13	48辛38辛2−7+食神	19壬39壬7+3−偏財	47庚40癸8+2−正財	18辛41甲8+3−偏財	48辛42乙8+2−劫財	19壬43丙8+2−正官	49壬44丁9+2−正財	20癸45戊9+2−正官	51甲46己9+2−正官	21甲47庚9+1−正官	52乙48辛8+2−劫財	22乙49壬8+2−偏印
14	49壬38辛3−7+劫財	20癸39壬7+3−正財	48辛40癸7+3−偏財	19壬41甲7+3−傷官	49壬42乙8+3−偏印	20癸43丙8+3−偏官	50癸44丁8+2−偏財	21甲45戊8+2−偏財	52乙46己8+2−偏官	22乙47庚8+2−偏官	53丙48辛8+2−偏印	23丙49壬8+2−正官
15	50癸38辛3−7+比肩	21甲39壬6+4−食神	49壬40癸7+3−傷官	20癸41甲7+3−比肩	50癸42乙7+3−印綬	21甲43丙7+3−正財	51甲44丁8+3−傷官	22乙45戊8+2−正財	53丙46己8+2−正財	23丙47庚8+2−正財	54丁48辛7+2−印綬	24丁49壬7+3−偏官
16	51甲38辛3−6+正官	22乙39壬6+4−傷官	50癸40癸7+3−食神	21甲41甲7+4−印綬	51甲42乙7+3−偏官	22乙43丙7+3−偏財	52乙44丁8+3−食神	23丙45戊8+3−食神	54丁46己8+3−偏財	24丁47庚8+2−偏財	55戊48辛7+3−偏官	25戊49壬7+3−正財
17	52乙38辛4−6+偏官	23丙39壬6+4−比肩	51甲40癸6+4−劫財	22乙41甲6+4−偏印	52乙42乙7+4−正官	23丙43丙7+4−傷官	53丙44丁7+3−印綬	24丁45戊7+3−傷官	55戊46己7+3−傷官	25戊47庚7+3−傷官	56己48辛7+3−正官	26己49壬7+3−偏財
18	53丙38辛4−6+正財	24丁39壬5+5−劫財	52乙40癸6+4−比肩	23丙41甲6+4−食神	53丙42乙6+4−偏財	24丁43丙6+4−食神	54丁44丁7+4−偏印	25戊45戊7+3−比肩	56己46己7+3−食神	26己47庚7+3−食神	57庚48辛6+3−偏財	27庚49壬6+4−傷官
19	54丁38辛4−5+食神	25戊39壬5+5−偏官	53丙40癸6+4−印綬	24丁41甲6+5−傷官	54丁42乙6+4−正財	25戊43丙6+4−劫財	55戊44丁7+4−正官	26己45戊7+4−正財	57庚46己7+4−劫財	27庚47庚7+3−正官	58辛48辛6+4−正財	28辛49壬6+4−食神
20	55戊38辛5−5+劫財	26己39壬5+5−正官	54丁40癸5+5−偏印	25戊41甲5+5−比肩	55戊42乙6+5−食神	26己43丙6+5−比肩	56己44丁6+4−比肩	27庚45戊6+4−食神	58辛46己6+4−比肩	28辛47庚6+4−偏官	59壬48辛6+4−食神	29壬49壬6+4−劫財
21	56己38辛5−5+比肩	27庚39壬4+6−偏財	55戊40癸5+5−正官	26己41甲5+5−劫財	56己42乙5+5−印綬	27庚43丙5+5−印綬	57庚44丁6+5−印綬	28辛45戊6+4−傷官	59壬46己6+4−印綬	29壬47庚6+4−正財	60癸48辛5+4−劫財	30癸49壬5+5−比肩
22	57庚38辛5−4+印綬	28辛39壬4+6−正財	56己40癸5+5−偏官	27庚41甲5+6−偏印	57庚42乙5+5−偏官	28辛43丙5+5−偏印	58辛44丁6+5−偏印	29壬45戊6+5−偏印	60癸46己6+5−偏印	30癸47庚6+4−正官	1甲48辛5+5−偏印	31甲49壬5+5−印綬
23	58辛38辛6−4+偏印	29壬39壬4+6−食神	57庚40癸4+6−正財	28辛41甲4+6−印綬	58辛42乙5+6−正官	29壬43丙5+6−正官	59壬44丁5+5−正官	30癸45戊5+5−印綬	1甲46己5+5−正官	31甲47庚5+5−偏財	2乙48辛5+5−印綬	32乙49壬5+5−偏印
24	59壬38辛6−4+正官	30癸39壬3+7−傷官	58辛40癸4+6−偏財	29壬41甲4+6−偏官	59壬42乙4+6−偏財	30癸43丙4+6−偏官	60癸44丁5+6−偏官	31甲45戊5+5−偏財	2乙46己5+5−偏官	32乙47庚5+5−正財	3丙48辛4+5−偏官	33丙49壬4+6−正官
25	60癸38辛6−3+偏官	31甲39壬3+7−比肩	59壬40癸4+6−傷官	30癸41甲4+7−正官	60癸42乙4+6−正財	31甲43丙4+6−正財	1甲44丁5+6−正財	32乙45戊5+6−正官	3丙46己5+6−正財	33丙47庚5+5−食神	4丁48辛4+6−正官	34丁49壬4+6−偏官
26	1甲38辛7−3+正財	32乙39壬3+7−劫財	60癸40癸3+7−食神	31甲41甲3+7−偏財	1甲42乙4+7−食神	32乙43丙4+7−食神	2乙44丁4+6−偏財	33丙45戊4+6−偏財	4丁46己4+6−偏財	34丁47庚4+6−傷官	5戊48辛4+6−偏財	35戊49壬4+6−正財
27	2乙38辛7−3+偏財	33丙39壬2+8−偏印	1甲40癸3+7−劫財	32乙41甲3+7−正財	2乙42乙3+7−傷官	33丙43丙3+7−劫財	3丙44丁4+7−傷官	34丁45戊4+6−正財	5戊46己4+6−傷官	35戊47庚4+6−比肩	6己48辛3+6−正財	36己49壬3+7−偏財
28	3丙38辛7−2+傷官	34丁39壬2+8−印綬	2乙40癸3+7−比肩	33丙41甲3+8−食神	3丙42乙3+7−比肩	34丁43丙3+7−比肩	4丁44丁4+7−食神	35戊45戊4+7−食神	6己46己4+7−食神	36己47庚4+6−劫財	7庚48辛3+7−食神	37庚49壬3+7−傷官
29	4丁38辛8−2+食神		3丙40癸2+8−印綬	34丁41甲2+8−傷官	4丁42乙3+8−劫財	35戊43丙3+8−印綬	5戊44丁3+7−劫財	36己45戊3+7−傷官	7庚46己3+7−劫財	37庚47庚3+7−偏印	8辛48辛3+7−傷官	38辛49壬3+7−食神
30	5戊38辛8−2+劫財		4丁40癸2+8−偏印	35戊41甲2+8−比肩	5戊42乙2+8−偏印	36己43丙2+8−偏印	6己44丁3+8−比肩	37庚45戊3+7−比肩	8辛46己3+7−比肩	38辛47庚3+7−印綬	9壬48辛2+7−比肩	39壬49壬2+8−劫財
31	6己38辛8−1+比肩		5戊40癸2+8−正官		6己42乙2+8−印綬		7庚44丁3+8−印綬	38辛45戊3+8−劫財		39壬47庚3+7−偏官		40癸49壬2+8−比肩

1963年（昭和38年）生まれ　40 癸（2/4〜翌 2/4）

	1月	2月	3月	4月	5月	6月	7月	8月	9月	10 月	11 月	12 月
日	日干 月干 立年♂♀ 中心星	日干 月干 立年♂♀ 中心星	日干 月干 立年♂♀ 中心星	日干 月干 立年♂♀ 中心星	日干 月干 立年♂♀ 中心星	日干 月干 立年♂♀ 中心星	日干 月干 立年♂♀ 中心星	日干 月干 立年♂♀ 中心星	日干 月干 立年♂♀ 中心星	日干 月干 立年♂♀ 中心星	日干 月干 立年♂♀ 中心星	日干 月干 立年♂♀ 中心星
1	41甲49壬2+8−印綬	12乙50癸1+9−偏財	40癸51甲8−2+傷官	11甲52乙9−1+劫財	41甲53丙9−2+偏財	12乙54丁9−2+傷官	42乙55戊8−2+食神	13丙56己8−2+傷官	44丁57庚8−2+正財	14丁58辛8−3+偏財	45戊59壬8−2+比肩	15戊60癸8−2+偏財
2	42乙49壬1+9−偏印	13丙50癸1+9−傷官	41甲51甲9−1+比肩	12乙52乙9−1+比肩	42乙53丙9−1+正財	13丙54丁9−1+比肩	43丙55戊9−2+劫財	14丁56己8−2+食神	45戊57庚8−2+食神	15戊58辛8−2+傷官	46己59壬8−2+劫財	16己60癸8−2+正財
3	43丙49壬1+9−正官	14丁50癸1+9−食神	42乙51甲9−1+劫財	13丙52乙9−1+印綬	43丙53丙9−1+食神	14丁54丁9−1+劫財	44丁55戊9−2+比肩	15戊56己9−2+劫財	46己57庚9−2+傷官	16己58辛8−2+食神	47庚59壬8−2+偏印	17庚60癸8−2+食神
4	44丁49壬1+9−偏官	15戊51甲1−0+比肩	43丙51甲9−1+偏印	14丁52乙0−1+偏印	44丁53丙0−1+傷官	15戊54丁0−1+偏印	45戊55戊9−1+印綬	16己56己9−1+比肩	47庚57庚9−1+比肩	17庚58辛9−2+劫財	48辛59壬9−1+印綬	18辛60癸9−1+傷官
5	45戊49壬1+0−正財	16己51甲1−0+劫財	44丁51甲0−1+印綬	15戊53丙1−0+正官	45戊53丙0−1+比肩	16己54丁0−1+印綬	46己55戊0−1+偏印	17庚56己9−1+印綬	48辛57庚9−1+劫財	18辛58辛9−1+比肩	49壬59壬9−1+偏官	19壬60癸9−1+比肩
6	46己50癸0+1−偏財	17庚51甲1−9+偏印	45戊52乙1−0+正官	16己53丙1−0+偏官	46己54丁1−0+劫財	17庚55戊1−0+印綬	47庚55戊0−1+正官	18辛56己0−1+偏印	49壬57庚0−1+偏印	19壬58辛9−1+印綬	50癸59壬9−1+正官	20癸60癸9−1+劫財
7	47庚50癸9+1−傷官	18辛51甲1−9+印綬	46己52乙1−0+偏官	17庚53丙1−0+正財	47庚54丁1−0+偏印	18辛55戊1−0+偏印	48辛55戊0−1+偏官	19壬56己0−1+正官	50癸57庚0−1+印綬	20癸58辛0−1+偏印	51甲59壬0−1+偏財	21甲60癸0−1+偏印
8	48辛50癸9+1−食神	19壬51甲1−9+偏官	47庚52乙1−9+正財	18辛53丙1−9+偏財	48辛54丁1−0+印綬	19壬55戊1−0+正官	49壬56己1−0+正財	20癸57庚1−0+正官	51甲58辛1−0+正官	21甲58辛0−1+正官	52乙60癸1−0+劫財	22乙 1甲1−0+偏印
9	49壬50癸9+1−劫財	20癸51甲2−8+正官	48辛52乙1−9+偏財	19壬53丙1−9+傷官	49壬54丁1−9+偏官	20癸55戊1−0+偏官	50癸56己1−0+偏財	21甲57庚1−0+偏財	52乙58辛1−0+偏官	22乙59壬1−0+偏官	53丙60癸1−0+偏印	23丙 1甲1−9+正官
10	50癸50癸8+1−比肩	21甲51甲2−8+偏財	49壬52乙1−9+傷官	20癸53丙2−9+食神	50癸54丁1−9+正官	21甲55戊1−9+正財	51甲56己1−0+傷官	22乙57庚1−0+正財	53丙58辛1−0+正財	23丙59壬1−0+正財	54丁60癸1−9+印綬	24丁 1甲1−9+偏官
11	51甲50癸8+2−印綬	22乙51甲2−8+正財	50癸52乙2−8+食神	21甲53丙2−8+劫財	51甲54丁2−9+偏財	22乙55戊2−9+偏財	52乙56己1−9+食神	23丙57庚1−9+食神	54丁58辛1−9+偏財	24丁59壬1−9+偏財	55戊60癸1−9+偏官	25戊 1甲1−9+正財
12	52乙50癸8+2−偏印	23丙51甲3−7+比肩	51甲52乙2−8+劫財	22乙53丙2−8+比肩	52乙54丁2−8+正官	23丙55戊2−9+傷官	53丙56己1−9+劫財	24丁57庚1−9+傷官	55戊58辛1−9+傷官	25戊59壬1−9+傷官	56己60癸1−9+正官	26己 1甲1−8+偏財
13	53丙50癸7+2−正官	24丁51甲3−7+劫財	52乙52乙2−8+比肩	23丙53丙3−8+印綬	53丙54丁2−8+偏財	24丁55戊2−8+食神	54丁56己2−9+比肩	25戊57庚2−9+比肩	56己58辛2−9+食神	26己59壬1−9+食神	57庚60癸2−8+偏財	27庚 1甲2−8+傷官
14	54丁50癸7+3−偏官	25戊51甲3−7+偏印	53丙52乙3−7+印綬	24丁53丙3−7+偏印	54丁54丁3−8+正財	25戊55戊3−8+劫財	55戊56己2−8+印綬	26己57庚2−8+劫財	57庚58辛2−8+劫財	27庚59壬2−8+劫財	58辛60癸2−8+正財	28辛 1甲2−8+食神
15	55戊50癸7+3−正財	26己51甲4−6+印綬	54丁52乙3−7+偏印	25戊53丙3−7+正財	55戊54丁3−7+食神	26己55戊3−8+比肩	56己56己2−8+偏印	27庚57庚2−8+偏印	58辛58辛2−8+比肩	28辛59壬2−8+比肩	59壬60癸2−8+食神	29壬 1甲2−7+劫財
16	56己50癸6+3−食神	27庚51甲4−6+偏官	55戊52乙3−7+正官	26己53丙4−7+偏財	56己54丁3−7+傷官	27庚55戊3−7+印綬	57庚56己3−8+正官	28辛57庚3−8+印綬	59壬58辛3−8+印綬	29壬59壬2−8+印綬	60癸60癸3−7+傷官	30癸 1甲3−7+比肩
17	57庚50癸6+4−劫財	28辛51甲4−6+正官	56己52乙4−6+偏官	27庚53丙4−6+傷官	57庚54丁4−7+比肩	28辛55戊4−7+偏印	58辛56己3−7+偏官	29壬57庚3−7+偏官	60癸58辛3−7+偏印	30癸59壬3−7+偏印	1甲60癸3−7+比肩	31甲 1甲3−7+印綬
18	58辛50癸6+4−比肩	29壬51甲5−5+偏財	57庚52乙4−6+正財	28辛53丙4−6+印綬	58辛54丁4−6+劫財	29壬55戊4−7+正官	59壬56己3−7+傷官	30癸57庚3−7+正官	1甲58辛3−7+正官	31甲59壬3−7+正官	2乙60癸3−7+劫財	32乙 1甲3−6+偏印
19	59壬50癸5+4−正官	30癸51甲5−5+傷官	58辛52乙4−6+偏財	29壬53丙5−6+偏官	59壬54丁4−6+偏印	30癸55戊4−6+偏官	60癸56己4−7+食神	31甲57庚4−7+偏印	2乙58辛4−7+偏官	32乙59壬3−7+食神	3丙60癸4−6+偏印	33丙 1甲4−6+正官
20	60癸50癸5+5−偏官	31甲51甲5−5+比肩	59壬52乙5−5+傷官	30癸53丙5−5+正官	60癸54丁5−6+印綬	31甲55戊5−6+正財	1甲56己4−6+劫財	32乙57庚4−6+印綬	3丙58辛4−6+正財	33丙59壬4−6+劫財	4丁60癸4−6+印綬	34丁 1甲4−6+偏官
21	1甲50癸5+5−正財	32乙51甲6−4+劫財	60癸52乙5−5+食神	31甲53丙5−5+偏財	1甲54丁5−5+食神	32乙55戊5−6+偏財	2乙56己4−6+偏財	33丙57庚4−6+偏官	4丁58辛4−6+偏財	34丁59壬4−6+比肩	5戊60癸4−6+偏財	35戊 1甲4−5+正財
22	2乙50癸4+5−偏財	33丙51甲6−4+偏印	1甲52乙5−5+劫財	32乙53丙6−5+正財	2乙54丁5−5+傷官	33丙55戊5−5+傷官	3丙56己5−6+傷官	34丁57庚5−6+正財	5戊58辛5−6+傷官	35戊59壬4−6+比肩	6己60癸5−5+正財	36己 1甲5−5+偏財
23	3丙50癸4+6−傷官	34丁51甲6−4+印綬	2乙52乙6−4+比肩	33丙53丙6−4+食神	3丙54丁6−5+比肩	34丁55戊6−5+食神	4丁56己5−5+食神	35戊57庚5−5+食神	6己58辛5−5+食神	36己59壬5−5+劫財	7庚60癸5−5+食神	37庚 1甲5−5+傷官
24	4丁50癸4+6−食神	35戊51甲7−3+偏官	3丙52乙6−4+印綬	34丁53丙6−4+傷官	4丁54丁6−4+劫財	35戊55戊6−5+劫財	5戊56己5−5+劫財	36己57庚5−5+傷官	7庚58辛5−5+劫財	37庚59壬5−5+偏印	8辛60癸5−5+傷官	38辛 1甲5−4+食神
25	5戊50癸3+6−劫財	36己51甲7−3+正官	4丁52乙6−4+偏印	35戊53丙7−4+比肩	5戊54丁6−4+偏印	36己55戊6−4+比肩	6己56己6−5+比肩	37庚57庚6−5+比肩	8辛58辛6−5+比肩	38辛59壬5−5+印綬	9壬60癸6−4+比肩	39壬 1甲6−4+劫財
26	6己50癸3+7−比肩	37庚51甲7−3+偏財	5戊52乙7−3+正官	36己53丙7−3+劫財	6己54丁7−4+印綬	37庚55戊7−4+正官	7庚56己6−4+印綬	38辛57庚6−4+劫財	9壬58辛6−4+印綬	39壬59壬6−4+偏官	10癸60癸6−4+劫財	40癸 1甲6−4+比肩
27	7庚50癸3+7−印綬	38辛51甲8−2+正財	6己52乙7−3+偏官	37庚53丙7−3+偏印	7庚54丁7−3+偏官	38辛55戊7−4+偏官	8辛56己6−4+偏印	39壬57庚6−4+偏印	10癸58辛6−4+偏印	40癸59壬6−4+正官	11甲60癸6−4+偏印	41甲 1甲6−3+印綬
28	8辛50癸2+7−偏印	39壬51甲8−2+食神	7庚52乙7−3+正財	38辛53丙8−3+印綬	8辛54丁7−3+正官	39壬55戊7−3+正財	9壬56己7−4+正官	40癸57庚7−4+印綬	11甲58辛7−4+正官	41甲59壬6−4+偏財	12乙60癸7−3+印綬	42乙 1甲7−3+偏印
29	9壬50癸2+8−正官		8辛52乙8−2+偏財	39壬53丙8−2+偏官	9壬54丁8−3+偏財	40癸55戊8−3+偏財	10癸56己7−3+偏官	41甲57庚7−3+偏官	12乙58辛7−3+偏官	42乙59壬7−3+正財	13丙60癸7−3+偏官	43丙 1甲7−3+正官
30	10癸50癸2+8−偏官		9壬52乙8−2+傷官	40癸53丙8−2+正官	10癸54丁8−2+正財	41甲55戊8−3+傷官	11甲56己7−3+正財	42乙57庚7−3+正官	13丙58辛7−3+正財	43丙59壬7−3+食神	14丁60癸7−3+正官	44丁 1甲7−2+偏官
31	11甲50癸1+8−正財		10癸52乙8−2+食神		11甲54丁8−2+食神		12乙56己8−3+偏財	43丙57庚8−3+偏財		44丁59壬7−3+傷官		45戊 1甲8−2+正財

1964年（昭和39年）生まれ　41 甲（2/5～翌 2/3）

日	1月	2月	3月	4月	5月	6月	7月	8月	9月	10月	11月	12月
	日干 月干 立年♂♀ 中心星	日干 月干 立年♂♀ 中心星	日干 月干 立年♂♀ 中心星	日干 月干 立年♂♀ 中心星	日干 月干 立年♂♀ 中心星	日干 月干 立年♂♀ 中心星	日干 月干 立年♂♀ 中心星	日干 月干 立年♂♀ 中心星	日干 月干 立年♂♀ 中心星	日干 月干 立年♂♀ 中心星	日干 月干 立年♂♀ 中心星	日干 月干 立年♂♀ 中心星
1	46己 1甲8−2+偏財	17庚 2乙9−1+印綬	46己 3丙1+8−正官	17庚 4丁1+9−正財	47庚 5戊1+9−偏印	18辛 6己2+9−正官	48辛 7庚2+8−偏官	19壬 8辛2+8−正官	50癸 9壬2+8−印綬	20癸10癸2+8−偏印	51甲11甲2+8−偏財	21甲12乙2+8−偏印
2	47庚 1甲8−1+傷官	18辛 2乙9−1+偏印	47庚 3丙1+9−偏財	18辛 4丁1+9−偏財	48辛 5戊1+9−印綬	19壬 6己1+9−偏財	49壬 7庚2+9−正財	20癸 8辛2+9−偏官	51甲 9壬2+9−偏官	21甲10癸2+8−正官	52乙11甲2+8−正財	22乙12乙2+8−印綬
3	48辛 1甲9−1+食神	19壬 2乙9−1+正官	48辛 3丙1+9−正財	19壬 4丁1+0−傷官	49壬 5戊1+9−偏官	20癸 6己1+0−正財	50癸 7庚1+9−偏財	21甲 8辛1+9−正財	52乙 9壬1+9−正官	22乙10癸2+9−偏官	53丙11甲1+9−食神	23丙12乙1+9−偏官
4	49壬 1甲9−1+劫財	20癸 2乙0−1+偏官	49壬 3丙1+9−食神	20癸 4丁1+0−食神	50癸 5戊1+0−正官	21甲 6己1+0−食神	51甲 7庚1+9−傷官	22乙 8辛1+9−偏財	53丙 9壬1+9−偏財	23丙10癸1+9−正財	54丁11甲1+9−傷官	24丁12乙1+9−正官
5	50癸 1甲9−1+比肩	21甲 3丙0+1−偏財	50癸 4丁0+1−食神	21甲 5戊0+1−劫財	51甲 6己0+1−偏財	22乙 6己1+0−傷官	52乙 7庚1+0−食神	23丙 8辛1+0−傷官	54丁 9壬1+0−正財	24丁10癸1+9−偏財	55戊11甲1+9−比肩	25戊12乙1+9−偏財
6	51甲 2乙1−0+印綬	22乙 3丙9+1−正財	51甲 4丁0+1−劫財	22乙 5戊0+1−比肩	52乙 6己0+1−正財	23丙 7庚0+1−傷官	53丙 7庚1+0−劫財	24丁 8辛1+0−食神	55戊 9壬1+0−食神	25戊10癸1+0−傷官	56己11甲1+0−劫財	26己12乙1+0−正財
7	52乙 2乙1−0+偏印	23丙 3丙9+1−食神	52乙 4丁0+1−比肩	23丙 5戊9+1−印綬	53丙 6己0+1−食神	24丁 7庚0+1−食神	54丁 8辛0+1−比肩	25戊 9壬0+1−比肩	56己10癸0+1−食神	26己10癸1+0−食神	57庚12乙0+1−偏財	27庚13丙0+1−傷官
8	53丙 2乙1−9+正官	24丁 3丙9+1−傷官	53丙 4丁9+1−印綬	24丁 5戊9+1−偏印	54丁 6己0+1−傷官	25戊 7庚0+1−劫財	55戊 8辛0+1−印綬	26己 9壬0+1−劫財	57庚10癸0+1−劫財	27庚11甲0+1−劫財	58辛12乙0+1−正財	28辛13丙9+1−食神
9	54丁 2乙1−9+偏官	25戊 3丙8+1−比肩	54丁 4丁9+1−偏印	25戊 5戊9+1−正官	55戊 6己9+1−比肩	26己 7庚9+1−比肩	56己 8辛0+1−偏印	27庚 9壬0+1−偏印	58辛10癸0+1−比肩	28辛11甲0+1−比肩	59壬12乙9+1−食神	29壬13丙9+1−劫財
10	55戊 2乙1−9+正財	26己 3丙8+2−劫財	55戊 4丁9+2−正官	26己 5戊8+2−偏官	56己 6己9+2−劫財	27庚 7庚9+1−印綬	57庚 8辛9+1−正官	28辛 9壬9+1−印綬	59壬10癸9+1−偏財	29壬11甲9+1−印綬	60癸12乙9+1−傷官	30癸13丙9+1−比肩
11	56己 2乙2−8+偏財	27庚 3丙8+2−偏印	56己 4丁8+2−偏官	27庚 5戊8+2−正財	57庚 6己9+2−比肩	28辛 7庚9+2−偏印	58辛 8辛9+1−偏官	29壬 9壬9+1−偏官	60癸10癸9+1−偏印	30癸11甲9+1−偏印	1甲12乙9+1−比肩	31甲13丙8+1−印綬
12	57庚 2乙2−8+傷官	28辛 3丙7+2−印綬	57庚 4丁8+2−正財	28辛 5戊8+2−偏財	58辛 6己8+2−劫財	29壬 7庚8+2−正官	59壬 8辛9+2−正財	30癸 9壬9+2−正官	1甲10癸9+2−正官	31甲11甲9+1−正官	2乙12乙8+2−劫財	32乙13丙8+2−偏印
13	58辛 2乙2−8+食神	29壬 3丙7+3−偏財	58辛 4丁8+3−偏財	29壬 5戊7+3−傷官	59壬 6己8+3−偏印	30癸 7庚8+2−偏官	60癸 8辛8+2−偏財	31甲 9壬8+2−偏財	2乙10癸8+2−偏官	32乙11甲8+2−偏官	3丙12乙8+2−偏印	33丙13丙8+2−正官
14	59壬 2乙3−7+劫財	30癸 3丙7+3−正財	59壬 4丁7+3−傷官	30癸 5戊7+3−食神	60癸 6己8+3−印綬	31甲 7庚8+3−正財	1甲 8辛8+2−傷官	32乙 9壬8+2−正財	3丙10癸8+2−正財	33丙11甲8+2−正財	4丁12乙8+2−印綬	34丁13丙7+2−偏官
15	60癸 2乙3−7+比肩	31甲 3丙6+3−食神	60癸 4丁7+3−食神	31甲 5戊7+3−印綬	1甲 6己7+3−偏官	32乙 7庚7+3−偏財	2乙 8辛8+3−食神	33丙 9壬8+3−食神	4丁10癸8+3−偏財	34丁11甲8+2−偏財	5戊12乙7+3−偏官	35戊13丙7+3−正財
16	1甲 2乙3−7+正官	32乙 3丙6+4−傷官	1甲 4丁7+4−劫財	32乙 5戊6+4−偏印	2乙 6己7+4−正官	33丙 7庚7+3−傷官	3丙 8辛7+3−劫財	34丁 9壬7+3−傷官	5戊10癸7+3−傷官	35戊11甲7+3−傷官	6己12乙7+3−正官	36己13丙7+3−偏財
17	2乙 2乙4−6+偏官	33丙 3丙6+4−比肩	2乙 4丁6+4−比肩	33丙 5戊6+4−正官	3丙 6己7+4−偏財	34丁 7庚7+4−食神	4丁 8辛7+3−偏印	35戊 9壬7+3−比肩	6己10癸7+3−食神	36己11甲7+3−食神	7庚12乙7+3−偏財	37庚13丙6+3−傷官
18	3丙 2乙4−6+正財	34丁 3丙5+4−劫財	3丙 4丁6+4−印綬	34丁 5戊6+4−傷官	4丁 6己6+4−正財	35戊 7庚6+4−劫財	5戊 8辛7+4−正官	36己 9壬7+4−正財	7庚10癸7+4−劫財	37庚11甲7+3−正官	8辛12乙6+4−正財	38辛13丙6+4−食神
19	4丁 2乙4−6+食神	35戊 3丙5+5−偏印	4丁 4丁6+5−偏印	35戊 5戊5+5−比肩	5戊 6己6+5−食神	36己 7庚6+4−比肩	6己 8辛6+4−偏官	37庚 9壬6+4−食神	8辛10癸6+4−比肩	38辛11甲6+4−偏官	9壬12乙6+4−食神	39壬13丙6+4−劫財
20	5戊 2乙5−5+劫財	36己 3丙5+5−正官	5戊 4丁5+5−正官	36己 5戊5+5−劫財	6己 6己6+5−印綬	37庚 7庚6+5−印綬	7庚 8辛6+4−印綬	38辛 9壬6+4−傷官	9壬10癸6+4−偏印	39壬11甲6+4−正財	10癸12乙6+4−劫財	40癸13丙5+4−比肩
21	6己 2乙5−5+比肩	37庚 3丙4+5−偏財	6己 4丁5+5−偏官	37庚 5戊5+5−偏印	7庚 6己5+5−偏官	38辛 7庚5+5−偏印	8辛 8辛6+5−偏印	39壬 9壬6+5−偏印	10癸10癸6+5−偏印	40癸11甲6+4−正官	11甲12乙5+5−偏印	41甲13丙5+5−印綬
22	7庚 2乙5−5+印綬	38辛 3丙4+6−正財	7庚 4丁5+6−正財	38辛 5戊4+6−印綬	8辛 6己5+6−正官	39壬 7庚5+5−正官	9壬 8辛5+5−正官	40癸 9壬5+5−印綬	11甲10癸5+5−正官	41甲11甲5+5−偏財	12乙12乙5+5−印綬	42乙13丙5+5−偏印
23	8辛 2乙6−4+偏印	39壬 3丙4+6−食神	8辛 4丁4+6−偏財	39壬 5戊4+6−偏官	9壬 6己5+6−偏財	40癸 7庚5+6−偏官	10癸 8辛5+5−偏官	41甲 9壬5+5−偏官	12乙10癸5+5−偏官	42乙11甲5+5−正財	13丙12乙5+5−偏官	43丙13丙4+5−正官
24	9壬 2乙6−4+正官	40癸 3丙3+6−傷官	9壬 4丁4+6−傷官	40癸 5戊4+6−正官	10癸 6己4+6−正財	41甲 7庚4+6−正財	11甲 8辛5+6−正財	42乙 9壬5+6−正官	13丙10癸5+6−正財	43丙11甲5+5−食神	14丁12乙4+6−正官	44丁13丙4+6−偏官
25	10癸 2乙6−4+偏官	41甲 3丙3+7−比肩	10癸 4丁4+7−食神	41甲 5戊3+7−偏財	11甲 6己4+7−食神	42乙 7庚4+6−偏財	12乙 8辛4+6−偏財	43丙 9壬4+6−偏財	14丁10癸4+6−偏財	44丁11甲4+6−偏官	15戊12乙4+6−偏財	45戊13丙4+6−正財
26	11甲 2乙7−3+正財	42乙 3丙3+7−劫財	11甲 4丁3+7−劫財	42乙 5戊3+7−正財	12乙 6己4+7−傷官	43丙 7庚4+7−劫財	13丙 8辛4+6−傷官	44丁 9壬4+6−正財	15戊10癸4+6−傷官	45戊11甲4+6−比肩	16己12乙4+6−正財	46己13丙3+6−偏財
27	12乙 2乙7−3+偏財	43丙 3丙2+7−偏印	12乙 4丁3+7−比肩	43丙 5戊3+7−食神	13丙 6己3+7−比肩	44丁 7庚3+7−比肩	14丁 8辛4+7−食神	45戊 9壬4+7−食神	16己10癸4+7−食神	46己11甲4+6−劫財	17庚12乙3+7−食神	47庚13丙3+7−傷官
28	13丙 2乙7−3+傷官	44丁 3丙2+8−印綬	13丙 4丁3+8−印綬	44丁 5戊2+8−傷官	14丁 6己3+8−劫財	45戊 7庚3+7−印綬	15戊 8辛3+7−劫財	46己 9壬3+7−傷官	17庚10癸3+7−劫財	47庚11甲3+7−偏印	18辛12乙3+7−傷官	48辛13丙3+7−食神
29	14丁 2乙8−2+食神	45戊 3丙2+8−偏官	14丁 4丁2+8−偏印	45戊 5戊2+8−比肩	15戊 6己3+8−偏印	46己 7庚3+8−偏印	16己 8辛3+7−比肩	47庚 9壬3+7−比肩	18辛10癸3+7−比肩	48辛11甲3+7−印綬	19壬12乙3+7−比肩	49壬13丙2+7−劫財
30	15戊 2乙8−2+劫財		15戊 4丁2+8−正官	46己 5戊2+8−劫財	16己 6己2+8−印綬	47庚 7庚2+8−正官	17庚 8辛3+8−印綬	48辛 9壬3+8−劫財	19壬10癸3+8−印綬	49壬11甲3+7−偏官	20癸12乙2+8−劫財	50癸13丙2+8−比肩
31	16己 2乙8−2+比肩		16己 4丁2+9−偏官		17庚 6己2+9−偏官		18辛 8辛2+8−偏印	49壬 9壬2+8−偏印		50癸11甲2+8−正官		51甲13丙2+8−印綬

1965年（昭和40年）生まれ　42 乙（2/4～翌 2/3）

	1月	2月	3月	4月	5月	6月	7月	8月	9月	10月	11月	12月
日	日干 月干 立年♂♀ 中心星	日干 月干 立年♂♀ 中心星	日干 月干 立年♂♀ 中心星	日干 月干 立年♂♀ 中心星	日干 月干 立年♂♀ 中心星	日干 月干 立年♂♀ 中心星	日干 月干 立年♂♀ 中心星	日干 月干 立年♂♀ 中心星	日干 月干 立年♂♀ 中心星	日干 月干 立年♂♀ 中心星	日干 月干 立年♂♀ 中心星	日干 月干 立年♂♀ 中心星
1	52乙13丙1+8−偏印	23丙14丁1+9−傷官	51甲15戊8−2+比肩	22乙16己9−1+比肩	52乙17庚9−2+正財	23丙18辛9−2+比肩	53丙19壬8−2+劫財	24丁20癸8−2+食神	55戊21甲8−2+食神	25戊22乙8−2+傷官	56己23丙8−2+劫財	26己24丁8−2+正財
2	53丙13丙1+9−正官	24丁14丁1+9−食神	52乙15戊9−1+劫財	23丙16己9−1+印綬	53丙17庚9−1+食神	24丁18辛9−1+劫財	54丁19壬9−2+比肩	25戊20癸9−2+劫財	56己21甲8−2+傷官	26己22乙8−2+食神	57庚23丙8−2+偏印	27庚24丁8−2+食神
3	54丁13丙1+9−偏官	25戊14丁1+0−劫財	53丙15戊9−1+偏印	24丁16己9−1+偏印	54丁17庚9−1+傷官	25戊18辛9−1+偏印	55戊19壬9−1+印綬	26己20癸9−2+比肩	57庚21甲9−2+比肩	27庚22乙8−2+劫財	58辛23丙9−2+印綬	28辛24丁8−1+傷官
4	55戊13丙1+9−正財	26己15戊1−0+劫財	54丁15戊9−1+印綬	25戊16己0−1+正官	55戊17庚0−1+比肩	26己18辛0−1+印綬	56己19壬9−1+偏印	27庚20癸9−1+印綬	58辛21甲9−1+劫財	28辛22乙9−1+比肩	59壬23丙9−1+偏官	29壬24丁9−1+比肩
5	56己14丁0+1−偏財	27庚15戊1−0+偏印	55戊15戊0−1+偏官	26己17庚1−0+偏官	56己17庚0−1+劫財	27庚18辛0−1+偏官	57庚19壬0−1+正官	28辛20癸0−1+偏印	59壬21甲9−1+偏印	29壬22乙9−1+印綬	60癸23丙9−1+正官	30癸24丁9−1+劫財
6	57庚14丁0+1−傷官	28辛15戊1−9+印綬	56己16己1−0+偏官	27庚17庚1−0+正財	57庚18辛1−0+偏印	28辛19壬1−0+偏印	58辛19壬0−1+偏官	29壬20癸0−1+正官	60癸21甲0−1+印綬	30癸22乙9−1+偏印	1甲23丙0−1+偏財	31甲24丁9−1+偏印
7	58辛14丁9+1−食神	29壬15戊1−9+偏官	57庚16己1−0+正財	28辛17庚1−0+偏財	58辛18辛1−0+印綬	29壬19壬1−0+正官	59壬20癸1−0+正財	30癸20癸0−1+偏官	1甲21甲0−1+偏官	31甲22乙0−1+正官	2乙23丙0−1+正財	32乙25戊1−0+偏印
8	59壬14丁9+1−劫財	30癸15戊1−9+正官	58辛16己1−9+偏財	29壬17庚1−9+傷官	59壬18辛1−0+偏官	30癸19壬1−0+偏官	60癸20癸1−0+偏財	31甲21甲1−0+偏財	2乙22乙1−0+偏官	32乙23丙1−0+偏官	3丙24丁1−0+偏印	33丙25戊1−0+正官
9	60癸14丁9+1−比肩	31甲15戊2−8+偏財	59壬16己1−9+傷官	30癸17庚1−9+食神	60癸18辛1−9+正官	31甲19壬1−9+正財	1甲20癸1−0+傷官	32乙21甲1−0+正財	3丙22乙1−0+正財	33丙23丙1−0+正財	4丁24丁1−9+印綬	34丁25戊1−9+偏官
10	1甲14丁8+2−印綬	32乙15戊2−8+正財	60癸16己1−9+食神	31甲17庚2−9+劫財	1甲18辛1−9+偏財	32乙19壬1−9+偏財	2乙20癸1−0+食神	33丙21甲1−0+食神	4丁22乙1−9+偏財	34丁23丙1−0+偏財	5戊24丁1−9+偏官	35戊25戊1−9+正財
11	2乙14丁8+2−偏印	33丙15戊2−8+食神	1甲16己2−8+劫財	32乙17庚2−8+比肩	2乙18辛2−9+正財	33丙19壬2−9+傷官	3丙20癸1−9+劫財	34丁21甲1−9+傷官	5戊22乙1−9+偏官	35戊23丙1−9+傷官	6己24丁1−9+正官	36己25戊1−9+偏財
12	3丙14丁8+2−正官	34丁15戊3−7+劫財	2乙16己2−8+比肩	33丙17庚2−8+印綬	3丙18辛2−8+偏財	34丁19壬2−8+食神	4丁20癸2−9+比肩	35戊21甲1−9+比肩	6己22乙1−9+食神	36己23丙1−9+食神	7庚24丁1−8+偏財	37庚25戊2−8+傷官
13	4丁14丁7+3−偏官	35戊15戊3−7+偏印	3丙16己2−8+印綬	34丁17庚3−8+偏印	4丁18辛2−8+正財	35戊19壬2−8+劫財	5戊20癸2−9+印綬	36己21甲2−9+劫財	7庚22乙2−8+劫財	37庚23丙2−9+劫財	8辛24丁2−8+正財	38辛25戊2−8+食神
14	5戊14丁7+3−正財	36己15戊3−7+印綬	4丁16己3−7+偏印	35戊17庚3−7+正官	5戊18辛3−8+食神	36己19壬3−8+比肩	6己20癸2−8+偏印	37庚21甲2−8+偏印	8辛22乙2−8+比肩	38辛23丙2−8+比肩	9壬24丁2−8+食神	39壬25戊2−8+劫財
15	6己14丁7+3−食神	37庚15戊4−6+偏官	5戊16己3−7+正官	36己17庚3−7+偏財	6己18辛3−7+傷官	37庚19壬3−7+印綬	7庚20癸3−8+正官	38辛21甲2−8+印綬	9壬22乙2−8+印綬	39壬23丙2−8+印綬	10癸24丁2−7+傷官	40癸25戊3−7+比肩
16	7庚14丁6+4−劫財	38辛15戊4−6+正官	6己16己3−7+偏官	37庚17庚4−7+傷官	7庚18辛3−7+比肩	38辛19壬3−7+偏印	8辛20癸3−8+偏官	39壬21甲3−8+偏官	10癸22乙3−7+偏印	40癸23丙3−8+偏印	11甲24丁3−7+比肩	41甲25戊3−7+印綬
17	8辛14丁6+4−比肩	39壬15戊4−6+偏財	7庚16己4−6+正財	38辛17庚4−6+食神	8辛18辛4−7+劫財	39壬19壬4−7+正官	9壬20癸3−7+傷官	40癸21甲3−7+正官	11甲22乙3−7+正官	41甲23丙3−7+正官	12乙24丁3−7+劫財	42乙25戊3−7+偏印
18	9壬14丁6+4−正官	40癸15戊5−5+正財	8辛16己4−6+偏財	39壬17庚4−6+偏官	9壬18辛4−6+偏印	40癸19壬4−6+偏官	10癸20癸4−7+食神	41甲21甲3−7+偏財	12乙22乙3−7+偏官	42乙23丙3−7+食神	13丙24丁3−6+偏印	43丙25戊4−6+正官
19	10癸14丁5+5−偏官	41甲15戊5−5+比肩	9壬16己4−6+傷官	40癸17庚5−6+正官	10癸18辛4−6+印綬	41甲19壬4−6+正財	11甲20癸4−7+劫財	42乙21甲4−7+印綬	13丙22乙4−6+正財	43丙23丙4−7+劫財	14丁24丁4−6+印綬	44丁25戊4−6+偏官
20	11甲14丁5+5−正財	42乙15戊5−5+劫財	10癸16己5−5+食神	41甲17庚5−5+偏財	11甲18辛5−6+偏官	42乙19壬5−6+偏財	12乙20癸4−6+偏財	43丙21甲4−6+偏官	14丁22乙4−6+偏財	44丁23丙4−6+比肩	15戊24丁4−6+偏官	45戊25戊4−6+正財
21	12乙14丁5+5−偏財	43丙15戊6−4+偏印	11甲16己5−5+劫財	42乙17庚5−5+正財	12乙18辛5−5+傷官	43丙19壬5−5+傷官	13丙20癸5−6+傷官	44丁21甲4−6+正官	15戊22乙4−6+傷官	45戊23丙4−6+比肩	16己24丁4−5+正財	46己25戊5−5+偏財
22	13丙14丁4+6−傷官	44丁15戊6−4+印綬	12乙16己5−5+比肩	43丙17庚6−5+食神	13丙18辛5−5+比肩	44丁19壬5−5+食神	14丁20癸5−6+食神	45戊21甲5−6+食神	16己22乙5−5+食神	46己23丙5−6+劫財	17庚24丁5−5+食神	47庚25戊5−5+傷官
23	14丁14丁4+6−食神	45戊15戊6−4+偏官	13丙16己6−4+印綬	44丁17庚6−4+傷官	14丁18辛6−5+劫財	45戊19壬6−5+劫財	15戊20癸5−5+劫財	46己21甲5−5+傷官	17庚22乙5−5+劫財	47庚23丙5−5+偏印	18辛24丁5−5+傷官	48辛25戊5−5+食神
24	15戊14丁4+6−劫財	46己15戊7−3+正官	14丁16己6−4+偏印	45戊17庚6−4+比肩	15戊18辛6−4+偏印	46己19壬6−4+比肩	16己20癸6−5+比肩	47庚21甲5−5+比肩	18辛22乙5−5+比肩	48辛23丙5−5+印綬	19壬24丁5−4+比肩	49壬25戊6−4+劫財
25	16己14丁3+7−比肩	47庚15戊7−3+偏財	15戊16己6−4+正官	46己17庚7−4+劫財	16己18辛6−4+印綬	47庚19壬6−4+印綬	17庚20癸6−5+印綬	48辛21甲6−5+劫財	19壬22乙6−4+印綬	49壬23丙6−5+偏官	20癸24丁6−4+劫財	50癸25戊6−4+比肩
26	17庚14丁3+7−印綬	48辛15戊7−3+正財	16己16己7−3+偏官	47庚17庚7−3+偏印	17庚18辛7−4+偏官	48辛19壬7−4+偏官	18辛20癸6−4+偏印	49壬21甲6−4+偏印	20癸22乙6−4+偏印	50癸23丙6−4+正官	21甲24丁6−4+偏印	51甲25戊6−4+印綬
27	18辛14丁3+7−偏印	49壬15戊8−2+食神	17庚16己7−3+正財	48辛17庚7−3+印綬	18辛18辛7−3+正官	49壬19壬7−3+正財	19壬20癸7−4+正官	50癸21甲6−4+印綬	21甲22乙6−4+正官	51甲23丙6−4+偏財	22乙24丁6−3+印綬	52乙25戊7−3+偏印
28	19壬14丁2+8−正官	50癸15戊8−2+傷官	18辛16己7−3+偏財	49壬17庚8−3+偏官	19壬18辛7−3+偏財	50癸19壬7−3+偏財	20癸20癸7−4+偏官	51甲21甲7−4+偏官	22乙22乙7−3+偏官	52乙23丙7−4+正財	23丙24丁7−3+偏官	53丙25戊7−3+正官
29	20癸14丁2+8−偏官		19壬16己8−2+傷官	50癸17庚8−2+正官	20癸18辛8−3+正財	51甲19壬8−3+傷官	21甲20癸7−3+正財	52乙21甲7−3+正官	23丙22乙7−3+正財	53丙23丙7−3+食神	24丁24丁7−3+正官	54丁25戊7−3+偏官
30	21甲14丁2+8−正財		20癸16己8−2+食神	51甲17庚8−2+偏財	21甲18辛8−2+食神	52乙19壬8−2+食神	22乙20癸8−3+偏財	53丙21甲7−3+偏財	24丁22乙7−3+偏財	54丁23丙7−3+傷官	25戊24丁7−2+偏財	55戊25戊8−2+正財
31	22乙14丁1+9−偏財		21甲16己8−2+劫財		22乙18辛8−2+傷官		23丙20癸8−3+傷官	54丁21甲8−3+正財		55戊23丙8−3+比肩		56己25戊8−2+偏財

1966年（昭和41年）生まれ　43 丙(2/4〜翌 2/3)

日	1月	2月	3月	4月	5月	6月	7月	8月	9月	10月	11月	12月
	日干 月干 立年♂♀ 中心星	日干 月干 立年♂♀ 中心星	日干 月干 立年♂♀ 中心星	日干 月干 立年♂♀ 中心星	日干 月干 立年♂♀ 中心星	日干 月干 立年♂♀ 中心星	日干 月干 立年♂♀ 中心星	日干 月干 立年♂♀ 中心星	日干 月干 立年♂♀ 中心星	日干 月干 立年♂♀ 中心星	日干 月干 立年♂♀ 中心星	日干 月干 立年♂♀ 中心星
1	57庚25戊8−2+傷官	28辛26己9−1+偏印	56己27庚2+8−正官	27庚28辛1+9−正財	57庚29壬2+9−偏印	28辛30癸2+9−正官	58辛31甲2+8−偏官	29壬32乙2+8−正官	60癸33丙2+8−印綬	30癸34丁3+8−偏印	1甲35戊2+8−偏財	31甲36己2+8−偏印
2	58辛25戊9−1+食神	29壬26己9−1+正官	57庚27庚1+9−偏財	28辛28辛1+9−偏財	58辛29壬1+9−印綬	29壬30癸1+9−偏財	59壬31甲2+9−正財	30癸32乙2+9−偏官	1甲33丙2+8−偏官	31甲34丁2+8−正官	2乙35戊2+8−正財	32乙36己2+8−印綬
3	59壬25戊9−1+劫財	30癸26己9−1+偏官	58辛27庚1+9−正財	29壬28辛1+9−傷官	59壬29壬1+9−偏官	30癸30癸1+9−正財	60癸31甲1+9−偏財	31甲32乙2+9−正財	2乙33丙2+9−正官	32乙34丁2+8−偏官	3丙35戊2+8−食神	33丙36己1+8−偏官
4	60癸25戊9−1+比肩	31甲27庚0+1−偏財	59壬27庚1+9−食神	30癸28辛1+0−食神	60癸29壬1+0−正官	31甲30癸1+0−食神	1甲31甲1+9−傷官	32乙32乙1+9−偏財	3丙33丙1+9−偏財	33丙34丁2+9−正財	4丁35戊1+9−傷官	34丁36己1+9−正官
5	1甲25戊0−1+印綬	32乙27庚0+1−正財	60癸27庚1+0−傷官	31甲29壬0+1−劫財	1甲29壬1+0−偏財	32乙30癸1+0−傷官	2乙31甲1+0−食神	33丙32乙1+0−傷官	4丁33丙1+9−正財	34丁34丁1+9−偏財	5戊35戊1+9−比肩	35戊36己1+9−偏財
6	2乙26己1−0+偏印	33丙27庚9+1−食神	1甲28辛0+1−劫財	32乙29壬0+1−比肩	2乙30癸0+1−正財	33丙31甲0+1−傷官	3丙31甲1+0−劫財	34丁32乙1+0−食神	5戊33丙1+0−食神	35戊34丁1+9−傷官	6己35戊1+9−劫財	36己36己1+9−正財
7	3丙26己1−9+正官	34丁27庚9+1−傷官	2乙28辛0+1−比肩	33丙29壬0+1−印綬	3丙30癸0+1−食神	34丁31甲0+1−食神	4丁32乙0+1−比肩	35戊32乙1+0−劫財	6己33丙1+0−傷官	36己34丁1+0−食神	7庚35戊1+0−偏印	37庚37庚0+1−傷官
8	4丁26己1−9+偏官	35戊27庚9+1−比肩	3丙28辛9+1−印綬	34丁29壬9+1−偏印	4丁30癸0+1−傷官	35戊31甲0+1−劫財	5戊32乙0+1−印綬	36己33丙0+1−劫財	7庚34丁0+1−劫財	37庚34丁1+0−劫財	8辛36己0+1−正財	38辛37庚0+1−食神
9	5戊26己1−9+正財	36己27庚8+2−劫財	4丁28辛9+1−偏印	35戊29壬9+1−正官	5戊30癸9+1−比肩	36己31甲9+1−比肩	6己32乙0+1−偏印	37庚33丙0+1−偏印	8辛34丁0+1−比肩	38辛35戊0+1−比肩	9壬36己9+1−食神	39壬37庚9+1−劫財
10	6己26己1−8+偏財	37庚27庚8+2−偏印	5戊28辛9+1−正官	36己29壬9+2−偏官	6己30癸9+1−劫財	37庚31甲9+1−印綬	7庚32乙0+1−正官	38辛33丙0+1−印綬	9壬34丁0+1−印綬	39壬35戊0+1−印綬	10癸36己9+1−傷官	40癸37庚9+1−比肩
11	7庚26己2−8+傷官	38辛27庚8+2−印綬	6己28辛8+2−偏官	37庚29壬8+2−正財	7庚30癸9+2−偏印	38辛31甲9+2−偏印	8辛32乙9+1−偏官	39壬33丙9+1−偏官	10癸34丁9+1−偏印	40癸35戊9+1−偏印	11甲36己9+1−比肩	41甲37庚9+1−印綬
12	8辛26己2−8+食神	39壬27庚7+3−偏財	7庚28辛8+2−正財	38辛29壬8+2−偏財	8辛30癸8+2−劫財	39壬31甲8+2−正官	9壬32乙9+2−正財	40癸33丙9+1−正官	11甲34丁9+1−正官	41甲35戊9+1−正官	12乙36己8+1−劫財	42乙37庚8+2−偏印
13	9壬26己2−7+劫財	40癸27庚7+3−正財	8辛28辛8+2−偏財	39壬29壬8+3−傷官	9壬30癸8+2−偏印	40癸31甲8+2−偏官	10癸32乙9+2−偏財	41甲33丙9+2−偏財	12乙34丁9+2−偏官	42乙35戊9+1−偏官	13丙36己8+2−偏印	43丙37庚8+2−正官
14	10癸26己3−7+比肩	41甲27庚7+3−食神	9壬28辛7+3−傷官	40癸29壬7+3−食神	10癸30癸8+3−印綬	41甲31甲8+3−正財	11甲32乙8+2−傷官	42乙33丙8+2−正財	13丙34丁8+2−正財	43丙35戊8+2−正財	14丁36己8+2−印綬	44丁37庚8+2−偏官
15	11甲26己3−7+印綬	42乙27庚6+4−傷官	10癸28辛7+3−食神	41甲29壬7+3−印綬	11甲30癸7+3−偏官	42乙31甲7+3−偏財	12乙32乙8+3−食神	43丙33丙8+2−食神	14丁34丁8+2−偏財	44丁35戊8+2−偏財	15戊36己7+2−偏官	45戊37庚7+3−正財
16	12乙26己3−6+偏官	43丙27庚6+4−比肩	11甲28辛7+3−劫財	42乙29壬7+4−偏印	12乙30癸7+3−正官	43丙31甲7+3−傷官	13丙32乙8+3−劫財	44丁33丙8+3−傷官	15戊34丁8+3−傷官	45戊35戊8+2−傷官	16己36己7+3−正官	46己37庚7+3−偏財
17	13丙26己4−6+正財	44丁27庚6+4−劫財	12乙28辛6+4−比肩	43丙29壬6+4−正官	13丙30癸7+4−偏財	44丁31甲7+4−食神	14丁32乙7+3−偏印	45戊33丙7+3−比肩	16己34丁7+3−食神	46己35戊7+3−食神	17庚36己7+3−偏財	47庚37庚7+3−傷官
18	14丁26己4−6+偏財	45戊27庚5+5−偏印	13丙28辛6+4−印綬	44丁29壬6+4−傷官	14丁30癸6+4−正財	45戊31甲6+4−劫財	15戊32乙7+4−正官	46己33丙7+3−劫財	17庚34丁7+3−劫財	47庚35戊7+3−劫財	18辛36己6+3−正財	48辛37庚6+4−食神
19	15戊26己4−5+劫財	46己27庚5+5−正官	14丁28辛6+4−偏印	45戊29壬6+5−比肩	15戊30癸6+4−食神	46己31甲6+4−比肩	16己32乙7+4−偏官	47庚33丙7+4−食神	18辛34丁7+4−比肩	48辛35戊7+3−偏官	19壬36己6+4−食神	49壬 37庚6+4−劫財
20	16己26己5−5+比肩	47庚27庚5+5−偏財	15戊28辛5+5−正官	46己29壬5+5−劫財	16己30癸6+5−傷官	47庚31甲6+5−印綬	17庚32乙6+4−印綬	48辛33丙6+4−傷官	19壬34丁6+4−印綬	49壬35戊6+4−正財	20癸36己6+4−傷官	50癸37庚6+4−比肩
21	17庚26己5−5+印綬	48辛27庚4+6−正財	16己28辛5+5−偏官	47庚29壬5+5−偏印	17庚30癸5+5−偏官	48辛31甲5+5−偏印	18辛32乙6+5−偏印	49壬33丙6+4−比肩	20癸34丁6+4−偏印	50癸35戊6+4−偏財	21甲36己5+4−偏印	51甲37庚5+5−印綬
22	18辛26己5−4+偏印	49壬27庚4+6−食神	17庚28辛5+5−正財	48辛29壬5+6−印綬	18辛30癸5+5−正官	49壬31甲5+5−正官	19壬32乙6+5−正官	50癸33丙6+5−印綬	21甲34丁6+5−正官	51甲35戊6+4−偏財	22乙36己5+5−印綬	52乙37庚5+5−偏印
23	19壬26己6−4+正官	50癸27庚4+6−傷官	18辛28辛4+6−偏財	49壬29壬4+6−偏官	19壬30癸5+6−偏財	50癸31甲5+6−偏官	20癸32乙5+5−偏官	51甲33丙5+5−偏官	22乙34丁5+5−偏官	52乙35戊5+5−正財	23丙36己5+5−偏官	53丙37庚5+5−正官
24	20癸26己6−4+偏官	51甲27庚3+7−比肩	19壬28辛4+6−傷官	50癸29壬4+6−正官	20癸30癸4+6−正財	51甲31甲4+6−正財	21甲32乙5+6−正財	52乙33丙5+5−正官	23丙34丁5+5−正財	53丙35戊5+5−食神	24丁36己4+5−正官	54丁37庚4+6−偏官
25	21甲26己6−3+正財	52乙27庚3+7−劫財	20癸28辛4+6−食神	51甲29壬4+7−偏財	21甲30癸4+6−食神	52乙31甲4+6−偏財	22乙32乙5+6−偏財	53丙33丙5+6−偏財	24丁34丁5+6−偏財	54丁35戊5+5−傷官	25戊36己4+6−偏財	55戊37庚4+6−正財
26	22乙26己7−3+偏財	53丙27庚3+7−偏印	21甲28辛3+7−劫財	52乙29壬3+7−正財	22乙30癸4+7−傷官	53丙31甲4+7−劫財	23丙32乙4+6−傷官	54丁33丙4+6−正財	25戊34丁4+6−傷官	55戊35戊4+6−比肩	26己36己4+6−正財	56己37庚4+6−偏財
27	23丙26己7−3+傷官	54丁27庚2+8−印綬	22乙28辛3+7−比肩	53丙29壬3+7−食神	23丙30癸3+7−比肩	54丁31甲3+7−比肩	24丁32乙4+7−食神	55戊33丙4+6−食神	26己34丁4+6−食神	56己35戊4+6−劫財	27庚36己3+6−食神	57庚37庚3+7−傷官
28	24丁26己7−2+食神	55戊27庚2+8−偏官	23丙28辛3+7−印綬	54丁29壬3+8−傷官	24丁30癸3+7−劫財	55戊31甲3+7−印綬	25戊32乙4+7−劫財	56己33丙4+7−傷官	27庚34丁4+7−劫財	57庚35戊4+6−偏印	28辛36己3+7−傷官	58辛37庚3+7−食神
29	25戊26己8−2+劫財		24丁28辛2+8−偏印	55戊29壬2+8−比肩	25戊30癸3+8−偏印	56己31甲3+8−偏印	26己32乙3+7−比肩	57庚33丙3+7−比肩	28辛34丁3+7−比肩	58辛35戊3+7−印綬	29壬36己3+7−比肩	59壬37庚3+7−劫財
30	26己26己8−2+比肩		25戊28辛2+8−正官	56己29壬2+8−劫財	26己30癸2+8−印綬	57庚31甲2+8−正官	27庚32乙3+8−印綬	58辛33丙3+7−劫財	29壬34丁3+7−印綬	59壬35戊3+7−偏官	30癸36己2+7−劫財	60癸37庚2+8−比肩
31	27庚26己8−1+印綬		26己28辛2+8−偏官		27庚30癸2+8−偏官		28辛32乙3+8−偏印	59壬33丙3+8−偏印		60癸35戊3+7−正官		1甲37庚2+8−印綬

1967年（昭和42年）生まれ　44 丁（2/4〜翌 2/4）

	1月	2月	3月	4月	5月	6月	7月	8月	9月	10月	11月	12月
日	日干 月干 立年♂♀ 中心星	日干 月干 立年♂♀ 中心星	日干 月干 立年♂♀ 中心星	日干 月干 立年♂♀ 中心星	日干 月干 立年♂♀ 中心星	日干 月干 立年♂♀ 中心星	日干 月干 立年♂♀ 中心星	日干 月干 立年♂♀ 中心星	日干 月干 立年♂♀ 中心星	日干 月干 立年♂♀ 中心星	日干 月干 立年♂♀ 中心星	日干 月干 立年♂♀ 中心星
1	2乙37庚2+8−偏印	33丙38辛1+9−傷官	1甲39壬8−2+比肩	32乙40癸9−1+比肩	2乙41甲9−2+正財	33丙42乙9−2+比肩	3丙43丙8−2+劫財	34丁44丁8−2+食神	5戊45戊8−2+食神	35戊46己8−3+傷官	6己47庚8−2+劫財	36己48辛8−2+正財
2	3丙37庚1+9−正官	34丁38辛1+9−食神	2乙39壬9−1+劫財	33丙40癸9−1+印綬	3丙41甲9−1+食神	34丁42乙9−1+劫財	4丁43丙9−2+比肩	35戊44丁8−2+劫財	6己45戊8−2+傷官	36己46己8−2+食神	7庚47庚8−2+偏印	37庚48辛8−2+食神
3	4丁37庚1+9−偏官	35戊38辛1+9−劫財	3丙39壬9−1+偏印	34丁40癸9−1+偏印	4丁41甲9−1+傷官	35戊42乙9−1+偏印	5戊43丙9−2+印綬	36己44丁9−2+比肩	7庚45戊9−2+比肩	37庚46己8−2+劫財	8辛47庚8−2+印綬	38辛48辛8−2+傷官
4	5戊37庚1+9−正財	36己39壬1−0+劫財	4丁39壬9−1+印綬	35戊40癸0−1+正官	5戊41甲0−1+比肩	36己42乙0−1+印綬	6己43丙9−1+偏印	37庚44丁9−1+印綬	8辛45戊9−1+劫財	38辛46己9−2+比肩	9壬47庚9−1+偏官	39壬48辛9−1+比肩
5	6己37庚1+0−偏財	37庚39壬1−0+偏印	5戊39壬0−1+偏官	36己41甲1−0+偏官	6己41甲0−1+劫財	37庚42乙0−1+偏官	7庚43丙0−1+正官	38辛44丁9−1+偏印	9壬45戊9−1+偏印	39壬46己9−1+印綬	10癸47庚9−1+正官	40癸48辛9−1+劫財
6	7庚38辛0+1−傷官	38辛39壬1−9+印綬	6己40癸1−0+偏官	37庚41甲1−0+正財	7庚42乙1−0+偏印	38辛43丙1−0+偏印	8辛43丙0−1+偏官	39壬44丁0−1+正官	10癸45戊0−1+印綬	40癸46己9−1+偏印	11甲47庚9−1+偏財	41甲48辛9−1+偏印
7	8辛38辛9+1−食神	39壬39壬1−9+偏官	7庚40癸1−0+正財	38辛41甲1−0+偏財	8辛42乙1−0+印綬	39壬43丙1−0+正官	9壬43丙0−1+正財	40癸44丁0−1+偏官	11甲45戊0−1+偏官	41甲46己0−1+正官	12乙47庚0−1+正財	42乙48辛0−1+印綬
8	9壬38辛9+1−劫財	40癸39壬1−9+正官	8辛40癸1−9+偏財	39壬41甲1−9+傷官	9壬42乙1−0+偏官	40癸43丙1−0+偏官	10癸44丁1−0+偏財	41甲45戊1−0+偏財	12乙46己1−0+偏官	42乙46己0−1+偏官	13丙48辛1−0+偏印	43丙49壬1−0+正官
9	10癸38辛9+1−比肩	41甲39壬2−8+偏財	9壬40癸1−9+傷官	40癸41甲1−9+食神	10癸42乙1−9+正官	41甲43丙1−0+正財	11甲44丁1−0+傷官	42乙45戊1−0+正財	13丙46己1−0+正財	43丙47庚1−0+正財	14丁48辛1−0+印綬	44丁49壬1−9+偏官
10	11甲38辛8+1−印綬	42乙39壬2−8+正財	10癸40癸1−9+食神	41甲41甲2−9+劫財	11甲42乙1−9+偏財	42乙43丙1−9+偏財	12乙44丁1−0+食神	43丙45戊1−0+食神	14丁46己1−0+偏財	44丁47庚1−0+偏財	15戊48辛1−9+偏官	45戊49壬1−9+正財
11	12乙38辛8+2−偏印	43丙39壬2−8+食神	11甲40癸2−8+劫財	42乙41甲2−8+比肩	12乙42乙2−9+正財	43丙43丙2−9+傷官	13丙44丁1−9+劫財	44丁45戊1−9+傷官	15戊46己1−9+傷官	45戊47庚1−9+傷官	16己48辛1−9+正官	46己49壬1−9+偏財
12	13丙38辛8+2−正官	44丁39壬3−7+劫財	12乙40癸2−8+比肩	43丙41甲2−8+印綬	13丙42乙2−8+偏財	44丁43丙2−9+食神	14丁44丁1−9+比肩	45戊45戊1−9+比肩	16己46己1−9+食神	46己47庚1−9+食神	17庚48辛1−9+偏財	47庚49壬1−8+傷官
13	14丁38辛7+2−偏官	45戊39壬3−7+偏印	13丙40癸2−8+印綬	44丁41甲3−8+偏印	14丁42乙2−8+正財	45戊43丙2−8+劫財	15戊44丁2−9+印綬	46己45戊2−9+劫財	17庚46己2−9+劫財	47庚47庚1−9+劫財	18辛48辛2−8+正財	48辛49壬2−8+食神
14	15戊38辛7+3−正財	46己39壬3−7+印綬	14丁40癸3−7+偏印	45戊41甲3−7+正官	15戊42乙3−8+食神	46己43丙3−8+比肩	16己44丁2−8+偏印	47庚45戊2−8+偏印	18辛46己2−8+比肩	48辛47庚2−8+比肩	19壬48辛2−8+食神	49壬49壬2−8+劫財
15	16己38辛7+3−偏財	47庚39壬4−6+偏官	15戊40癸3−7+正官	46己41甲3−7+偏財	16己42乙3−7+傷官	47庚43丙3−8+印綬	17庚44丁2−8+正官	48辛45戊2−8+印綬	19壬46己2−8+印綬	49壬47庚2−8+印綬	20癸48辛2−8+傷官	50癸49壬2−7+比肩
16	17庚38辛6+3−劫財	48辛39壬4−6+正官	16己40癸3−7+偏官	47庚41甲4−7+傷官	17庚42乙3−7+比肩	48辛43丙3−7+偏印	18辛44丁3−8+偏官	49壬45戊3−8+偏官	20癸46己3−8+偏印	50癸47庚2−8+偏印	21甲48辛3−7+比肩	51甲49壬3−7+印綬
17	18辛38辛6+4−比肩	49壬39壬4−6+偏財	17庚40癸4−6+正財	48辛41甲4−6+食神	18辛42乙4−7+劫財	49壬43丙4−7+正官	19壬44丁3−7+正財	50癸45戊3−7+正官	21甲46己3−7+正官	51甲47庚3−7+正官	22乙48辛3−7+劫財	52乙49壬3−7+偏印
18	19壬38辛6+4−印綬	50癸39壬5−5+正財	18辛40癸4−6+偏財	49壬41甲4−6+偏財	19壬42乙4−6+偏印	50癸43丙4−7+偏官	20癸44丁3−7+食神	51甲45戊3−7+偏財	22乙46己3−7+偏官	52乙47庚3−7+偏官	23丙48辛3−7+偏印	53丙49壬3−6+正官
19	20癸38辛5+4−偏官	51甲39壬5−5+比肩	19壬40癸4−6+傷官	50癸41甲5−6+正官	20癸42乙4−6+印綬	51甲43丙4−6+正財	21甲44丁4−7+劫財	52乙45戊4−7+印綬	23丙46己4−7+正財	53丙47庚3−7+劫財	24丁48辛4−6+印綬	54丁49壬4−6+偏官
20	21甲38辛5+5−正財	52乙39壬5−5+劫財	20癸40癸5−5+食神	51甲41甲5−5+偏財	21甲42乙5−6+偏官	52乙43丙5−6+偏財	22乙44丁4−6+比肩	53丙45戊4−6+偏官	24丁46己4−6+偏財	54丁47庚4−6+比肩	25戊48辛4−6+偏官	55戊49壬4−6+正財
21	22乙38辛5+5−偏財	53丙39壬6−4+偏印	21甲40癸5−5+劫財	52乙41甲5−5+正財	22乙42乙5−5+傷官	53丙43丙5−6+傷官	23丙44丁4−6+傷官	54丁45戊4−6+正官	25戊46己4−6+傷官	55戊47庚4−6+印綬	26己48辛4−6+正財	56己49壬4−5+偏財
22	23丙38辛4+5−傷官	54丁39壬6−4+印綬	22乙40癸5−5+比肩	53丙41甲6−5+食神	23丙42乙5−5+比肩	54丁43丙5−5+食神	24丁44丁5−6+食神	55戊45戊5−6+食神	26己46己5−6+食神	56己47庚4−6+劫財	27庚48辛5−5+食神	57庚49壬5−5+傷官
23	24丁38辛4+6−食神	55戊39壬6−4+偏官	23丙40癸6−4+印綬	54丁41甲6−4+傷官	24丁42乙6−5+劫財	55戊43丙6−5+劫財	25戊44丁5−5+劫財	56己45戊5−5+傷官	27庚46己5−5+劫財	57庚47庚5−5+偏印	28辛48辛5−5+傷官	58辛49壬5−5+食神
24	25戊38辛4+6−劫財	56己39壬7−3+正官	24丁40癸6−4+偏印	55戊41甲6−4+比肩	25戊42乙6−4+偏印	56己43丙6−5+比肩	26己44丁5−5+比肩	57庚45戊5−5+比肩	28辛46己5−5+比肩	58辛47庚5−5+印綬	29壬48辛5−5+比肩	59壬49壬5−4+劫財
25	26己38辛3+6−比肩	57庚39壬7−3+偏財	25戊40癸6−4+正官	56己41甲7−4+劫財	26己42乙6−4+印綬	57庚43丙6−4+印綬	27庚44丁6−5+印綬	58辛45戊6−5+劫財	29壬46己6−5+印綬	59壬47庚5−5+偏官	30癸48辛6−4+劫財	60癸49壬6−4+比肩
26	27庚38辛3+7−印綬	58辛39壬7−3+正財	26己40癸7−3+偏官	57庚41甲7−3+偏印	27庚42乙7−4+偏官	58辛43丙7−4+偏官	28辛44丁6−4+偏印	59壬45戊6−4+偏印	30癸46己6−4+偏印	60癸47庚6−4+正官	31甲48辛6−4+偏印	1甲49壬6−4+印綬
27	28辛38辛3+7−偏印	59壬39壬8−2+食神	27庚40癸7−3+正財	58辛41甲7−3+印綬	28辛42乙7−3+正官	59壬43丙7−4+正財	29壬44丁6−4+正官	60癸45戊6−4+印綬	31甲46己6−4+正官	1甲47庚6−4+偏財	32乙48辛6−4+印綬	2乙49壬6−3+偏印
28	29壬38辛2+7−正官	60癸39壬8−2+傷官	28辛40癸7−3+偏財	59壬41甲8−3+偏官	29壬42乙7−3+偏財	60癸43丙7−3+偏財	30癸44丁7−4+偏官	1甲45戊7−4+偏官	32乙46己7−4+偏官	2乙47庚6−4+正財	33丙48辛7−3+偏官	3丙49壬7−3+正官
29	30癸38辛2+8−偏官		29壬40癸8−2+傷官	60癸41甲8−2+正官	30癸42乙8−3+正財	1甲43丙8−3+傷官	31甲44丁7−3+正財	2乙45戊7−3+正官	33丙46己7−3+正財	3丙47庚7−3+食神	34丁48辛7−3+正官	4丁49壬7−3+偏官
30	31甲38辛2+8−正財		30癸40癸8−2+食神	1甲41甲8−2+偏財	31甲42乙8−2+食神	2乙43丙8−3+食神	32乙44丁7−3+偏財	3丙45戊7−3+偏財	34丁46己7−3+偏財	4丁47庚7−3+傷官	35戊48辛7−3+偏財	5戊49壬7−2+正財
31	32乙38辛1+8−偏財		31甲40癸8−2+劫財		32乙42乙8−2+傷官		33丙44丁8−3+傷官	4丁45戊8−3+正財		5戊47庚7−3+比肩		6己49壬8−2+偏財

1968年（昭和43年）生まれ　45 戊（2/5～翌 2/3）

日	1月	2月	3月	4月	5月	6月	7月	8月	9月	10月	11月	12月
	日干 月干 立年♂♀ 中心星	日干 月干 立年♂♀ 中心星	日干 月干 立年♂♀ 中心星	日干 月干 立年♂♀ 中心星	日干 月干 立年♂♀ 中心星	日干 月干 立年♂♀ 中心星	日干 月干 立年♂♀ 中心星	日干 月干 立年♂♀ 中心星	日干 月干 立年♂♀ 中心星	日干 月干 立年♂♀ 中心星	日干 月干 立年♂♀ 中心星	日干 月干 立年♂♀ 中心星
1	7庚49壬8−2+傷官	38辛50癸9−1+偏印	7庚51甲1+8−偏財	38辛52乙1+9−偏財	8辛53丙1+9−印綬	39壬54丁2+9−偏財	9壬55戊2+8−正財	40癸56己2+8−偏官	11甲57庚2+8−偏官	41甲58辛2+8−正官	12乙59壬2+8−正財	42乙60癸2+8−印綬
2	8辛49壬8−1+食神	39壬50癸9−1+正官	8辛51甲1+9−正財	39壬52乙1+9−傷官	9壬53丙1+9−偏官	40癸54丁1+9−正財	10癸55戊2+9−偏財	41甲56己2+9−正財	12乙57庚2+9−正官	42乙58辛2+8−偏官	13丙59壬2+8−食神	43丙60癸2+8−偏官
3	9壬49壬9−1+劫財	40癸50癸9−1+偏官	9壬51甲1+9−食神	40癸52乙1+0−食神	10癸53丙1+9−正官	41甲54丁1+0−食神	11甲55戊1+9−傷官	42乙56己1+9−偏財	13丙57庚1+9−偏財	43丙58辛2+9−正財	14丁59壬1+9−傷官	44丁60癸1+9−正官
4	10癸49壬9−1+比肩	41甲50癸0−1+正財	10癸51甲1+9−傷官	41甲52乙1+0−劫財	11甲53丙1+0−偏財	42乙54丁1+0−傷官	12乙55戊1+9−食神	43丙56己1+9−傷官	14丁57庚1+9−正財	44丁58辛1+9−偏財	15戊59壬1+9−比肩	45戊60癸1+9−偏財
5	11甲49壬9−1+印綬	42乙51甲0+1−正財	11甲52乙0+1−劫財	42乙53丙0+1−比肩	12乙54丁0+1−正財	43丙54丁1+0−比肩	13丙55戊1+0−劫財	44丁56己1+0−食神	15戊57庚1+0−食神	45戊58辛1+9−傷官	16己59壬1+9−劫財	46己60癸1+9−正財
6	12乙50癸1−0+偏印	43丙51甲9+1−食神	12乙52乙0+1−比肩	43丙53丙0+1−印綬	13丙54丁0+1−食神	44丁55戊0+1−食神	14丁55戊1+0−比肩	45戊56己1+0−劫財	16己57庚1+0−傷官	46己58辛1+0−食神	17庚59壬1+0−偏印	47庚60癸1+0−食神
7	13丙50癸1−0+正官	44丁51甲9+1−傷官	13丙52乙0+1−印綬	44丁53丙9+1−偏印	14丁54丁0+1−傷官	45戊55戊0+1−劫財	15戊56己0+1−印綬	46己57庚0+1−劫財	17庚58辛0+1−劫財	47庚58辛1+0−劫財	18辛60癸0+1−正財	48辛 1甲0+1−食神
8	14丁50癸1−9+偏官	45戊51甲9+1−比肩	14丁52乙9+1−偏印	45戊53丙9+1−正官	15戊54丁0+1−比肩	46己55戊0+1−比肩	16己56己0+1−偏印	47庚57庚0+1−偏印	18辛58辛0+1−比肩	48辛59壬0+1−比肩	19壬60癸0+1−食神	49壬 1甲9+1−劫財
9	15戊50癸1−9+正財	46己51甲8+1−劫財	15戊52乙9+1−正官	46己53丙9+1−偏官	16己54丁9+1−劫財	47庚55戊9+1−印綬	17庚56己0+1−正官	48辛57庚0+1−印綬	19壬58辛0+1−印綬	49壬59壬0+1−印綬	20癸60癸9+1−傷官	50癸 1甲9+1−比肩
10	16己50癸1−9+偏財	47庚51甲8+2−偏印	16己52乙9+2−偏官	47庚53丙8+2−正財	17庚54丁9+2−偏印	48辛55戊9+1−偏印	18辛56己9+1−偏官	49壬57庚9+1−偏官	20癸58辛9+1−偏印	50癸59壬9+1−偏印	21甲60癸9+1−比肩	51甲 1甲9+1−印綬
11	17庚50癸2−8+傷官	48辛51甲8+2−印綬	17庚52乙8+2−正財	48辛53丙8+2−偏財	18辛54丁9+2−劫財	49壬55戊9+2−正官	19壬56己9+1−正財	50癸57庚9+1−正官	21甲58辛9+1−正官	51甲59壬9+1−正官	22乙60癸9+1−劫財	52乙 1甲8+1−偏印
12	18辛50癸2−8+食神	49壬51甲7+2−偏官	18辛52乙8+2−偏財	49壬53丙8+2−傷官	19壬54丁8+2−偏印	50癸55戊8+2−偏官	20癸56己9+2−偏財	51甲57庚9+2−偏財	22乙58辛9+2−偏官	52乙59壬9+1−偏官	23丙60癸8+2−偏印	53丙 1甲8+2−正官
13	19壬50癸2−8+劫財	50癸51甲7+3−正財	19壬52乙8+3−傷官	50癸53丙7+3−食神	20癸54丁8+3−印綬	51甲55戊8+2−正財	21甲56己8+2−傷官	52乙57庚8+2−正財	23丙58辛8+2−正財	53丙59壬8+2−正財	24丁60癸8+2−印綬	54丁 1甲8+2−偏官
14	20癸50癸3−7+比肩	51甲51甲7+3−食神	20癸52乙7+3−食神	51甲53丙7+3−劫財	21甲54丁8+3−偏官	52乙55戊8+3−偏財	22乙56己8+2−食神	53丙57庚8+2−食神	24丁58辛8+2−偏財	54丁59壬8+2−偏財	25戊60癸8+2−偏官	55戊 1甲7+2−正財
15	21甲50癸3−7+印綬	52乙51甲6+3−傷官	21甲52乙7+3−劫財	52乙53丙7+3−偏印	22乙54丁7+3−正官	53丙55戊7+3−傷官	23丙56己8+3−劫財	54丁57庚8+3−傷官	25戊58辛8+3−傷官	55戊59壬8+2−傷官	26己60癸7+3−正官	56己 1甲7+3−偏財
16	22乙50癸3−7+偏官	53丙51甲6+4−比肩	22乙52乙7+4−比肩	53丙53丙6+4−正官	23丙54丁7+4−偏財	54丁55戊7+3−食神	24丁56己7+3−比肩	55戊57庚7+3−比肩	26己58辛7+3−食神	56己59壬7+3−食神	27庚60癸7+3−偏財	57庚 1甲7+3−傷官
17	23丙50癸4−6+正財	54丁51甲6+4−劫財	23丙52乙6+4−印綬	54丁53丙6+4−偏官	24丁54丁7+4−正財	55戊55戊7+4−劫財	25戊56己7+3−正官	56己57庚7+3−劫財	27庚58辛7+3−劫財	57庚59壬7+3−劫財	28辛60癸7+3−正財	58辛 1甲6+3−食神
18	24丁50癸4−6+偏財	55戊51甲5+4−偏印	24丁52乙6+4−偏印	55戊53丙6+4−比肩	25戊54丁6+4−食神	56己55戊6+4−比肩	26己56己7+4−偏官	57庚57庚7+4−食神	28辛58辛7+4−比肩	58辛59壬7+3−偏官	29壬60癸6+4−食神	59壬 1甲6+4−劫財
19	25戊50癸4−6+劫財	56己51甲5+5−印綬	25戊52乙6+5−正官	56己53丙5+5−劫財	26己54丁6+5−傷官	57庚55戊6+4−印綬	27庚56己6+4−正財	58辛57庚6+4−傷官	29壬58辛6+4−印綬	59壬59壬6+4−正財	30癸60癸6+4−傷官	60癸 1甲6+4−比肩
20	26己50癸5−5+比肩	57庚51甲5+5−偏財	26己52乙5+5−偏官	57庚53丙5+5−偏印	27庚54丁6+5−偏官	58辛55戊6+5−偏印	28辛56己6+4−偏印	59壬57庚6+4−比肩	30癸58辛6+4−偏印	60癸59壬6+4−偏財	31甲60癸6+4−偏印	1甲 1甲5+4−印綬
21	27庚50癸5−5+印綬	58辛51甲4+5−正財	27庚52乙5+5−正財	58辛53丙5+5−印綬	28辛54丁5+5−正官	59壬55戊5+5−正官	29壬56己6+5−正官	60癸57庚6+5−印綬	31甲58辛6+5−正官	1甲59壬6+4−偏財	32乙60癸5+5−印綬	2乙 1甲5+5−偏印
22	28辛50癸5−5+偏印	59壬51甲4+6−食神	28辛52乙5+6−偏財	59壬53丙4+6−偏官	29壬54丁5+6−偏財	60癸55戊5+5−偏官	30癸56己5+5−偏官	1甲57庚5+5−偏官	32乙58辛5+5−偏官	2乙59壬5+5−正財	33丙60癸5+5−偏官	3丙 1甲5+5−正官
23	29壬50癸6−4+正官	60癸51甲4+6−傷官	29壬52乙4+6−傷官	60癸53丙4+6−正官	30癸54丁5+6−正財	1甲55戊5+6−正財	31甲56己5+5−正財	2乙57庚5+5−正官	33丙58辛5+5−正財	3丙59壬5+5−食神	34丁60癸5+5−正官	4丁 1甲4+5−偏官
24	30癸50癸6−4+偏官	1甲51甲3+6−比肩	30癸52乙4+6−食神	1甲53丙4+6−偏財	31甲54丁4+6−食神	2乙55戊4+6−偏財	32乙56己5+6−偏財	3丙57庚5+6−偏財	34丁58辛5+6−偏財	4丁59壬5+5−傷官	35戊60癸4+6−偏財	5戊 1甲4+6−正財
25	31甲50癸6−4+正財	2乙51甲3+7−劫財	31甲52乙4+7−劫財	2乙53丙3+7−正財	32乙54丁4+7−傷官	3丙55戊4+6−傷官	33丙56己4+6−傷官	4丁57庚4+6−正財	35戊58辛4+6−傷官	5戊59壬4+6−比肩	36己60癸4+6−正財	6己 1甲4+6−偏財
26	32乙50癸7−3+偏財	3丙51甲3+7−偏印	32乙52乙3+7−比肩	3丙53丙3+7−食神	33丙54丁4+7−比肩	4丁55戊4+7−比肩	34丁56己4+6−食神	5戊57庚4+6−食神	36己58辛4+6−食神	6己59壬4+6−劫財	37庚60癸4+6−食神	7庚 1甲3+6−傷官
27	33丙50癸7−3+傷官	4丁51甲2+7−印綬	33丙52乙3+7−印綬	4丁53丙3+7−傷官	34丁54丁3+7−劫財	5戊55戊3+7−印綬	35戊56己4+7−劫財	6己57庚4+7−傷官	37庚58辛4+7−劫財	7庚59壬4+6−偏印	38辛60癸3+7−傷官	8辛 1甲3+7−食神
28	34丁50癸7−3+食神	5戊51甲2+8−偏官	34丁52乙3+8−偏印	5戊53丙2+8−比肩	35戊54丁3+8−偏印	6己55戊3+7−偏印	36己56己3+7−比肩	7庚57庚3+7−比肩	38辛58辛3+7−比肩	8辛59壬3+7−印綬	39壬60癸3+7−比肩	9壬 1甲3+7−劫財
29	35戊50癸8−2+劫財	6己51甲2+8−正官	35戊52乙2+8−正官	6己53丙2+8−劫財	36己54丁3+8−印綬	7庚55戊3+8−正官	37庚56己3+7−印綬	8辛57庚3+7−劫財	39壬58辛3+7−印綬	9壬59壬3+7−偏官	40癸60癸3+7−劫財	10癸 1甲2+7−比肩
30	36己50癸8−2+比肩		36己52乙2+8−偏官	7庚53丙2+8−偏印	37庚54丁2+8−偏官	8辛55戊2+8−偏官	38辛56己3+8−偏印	9壬57庚3+8−偏印	40癸58辛3+8−偏印	10癸59壬3+7−正官	41甲60癸2+8−偏印	11甲 1甲2+8−印綬
31	37庚50癸8−2+印綬		37庚52乙2+9−正財		38辛54丁2+9−正官		39壬56己2+8−正官	10癸57庚2+8−印綬		11甲59壬2+8−偏財		12乙 1甲2+8−偏印

1969年（昭和44年）生まれ　46 己（2/4〜翌 2/3）

日	1月	2月	3月	4月	5月	6月	7月	8月	9月	10月	11月	12月
	日干 月干 立年♂♀ 中心星	日干 月干 立年♂♀ 中心星	日干 月干 立年♂♀ 中心星	日干 月干 立年♂♀ 中心星	日干 月干 立年♂♀ 中心星	日干 月干 立年♂♀ 中心星	日干 月干 立年♂♀ 中心星	日干 月干 立年♂♀ 中心星	日干 月干 立年♂♀ 中心星	日干 月干 立年♂♀ 中心星	日干 月干 立年♂♀ 中心星	日干 月干 立年♂♀ 中心星
1	13丙 1甲1+8−正官	44丁 2乙1+9−食神	12乙 3丙8−2+劫財	43丙 4丁9−1+印綬	13丙 5戊9−2+食神	44丁 6己9−2+劫財	14丁 7庚8−2+比肩	45戊 8辛8−2+劫財	16己 9壬8−2+傷官	46己10癸8−2+食神	17庚11甲8−2+偏印	47庚12乙8−2+食神
2	14丁 1甲1+9−偏官	45戊 2乙1+9−劫財	13丙 3丙9−1+偏印	44丁 4丁9−1+偏印	14丁 5戊9−1+傷官	45戊 6己9−1+偏印	15戊 7庚9−2+印綬	46己 8辛9−2+比肩	17庚 9壬8−2+比肩	47庚10癸8−2+劫財	18辛11甲8−2+印綬	48辛12乙8−2+傷官
3	15戊 1甲1+9−正財	46己 2乙1+0−比肩	14丁 3丙9−1+印綬	45戊 4丁9−1+正官	15戊 5戊9−1+比肩	46己 6己9−1+印綬	16己 7庚9−1+偏印	47庚 8辛9−2+印綬	18辛 9壬9−2+劫財	48辛10癸8−2+比肩	19壬11甲9−1+偏官	49壬12乙9−1+比肩
4	16己 1甲1+9−偏財	47庚 3丙1−0+偏印	15戊 3丙9−1+偏官	46己 4丁0−1+偏官	16己 5戊0−1+劫財	47庚 6己0−1+偏官	17庚 7庚9−1+正官	48辛 8辛9−1+偏印	19壬 9壬9−1+偏印	49壬10癸9−1+印綬	20癸11甲9−1+正官	50癸12乙9−1+劫財
5	17庚 2乙0+1−傷官	48辛 3丙1−0+印綬	16己 3丙0−1+正官	47庚 5戊1−0+正財	17庚 5戊0−1+偏印	48辛 6己0−1+正官	18辛 7庚0−1+偏官	49壬 8辛0−1+正官	20癸 9壬9−1+印綬	50癸10癸9−1+偏印	21甲11甲9−1+偏財	51甲12乙9−1+偏印
6	18辛 2乙0+1−食神	49壬 3丙1−9+偏官	17庚 4丁1−0+正財	48辛 5戊1−0+偏財	18辛 6己1−0+印綬	49壬 7庚1−0+正官	19壬 7庚0−1+正財	50癸 8辛0−1+偏官	21甲 9壬0−1+偏官	51甲10癸9−1+正官	22乙11甲0−1+正財	52乙12乙0−1+印綬
7	19壬 2乙9+1−劫財	50癸 3丙1−9+正官	18辛 4丁1−0+偏財	49壬 5戊1−0+傷官	19壬 6己1−0+偏官	50癸 7庚1−0+偏官	20癸 8辛1−0+偏財	51甲 8辛0−1+正財	22乙 9壬0−1+正官	52乙10癸0−1+偏官	23丙12乙1−0+偏印	53丙13丙1−0+正官
8	20癸 2乙9+1−比肩	51甲 3丙1−9+偏財	19壬 4丁1−9+傷官	50癸 5戊1−9+食神	20癸 6己1−0+正官	51甲 7庚1−0+正財	21甲 8辛1−0+傷官	52乙 9壬1−0+正財	23丙10癸1−0+正財	53丙11甲1−0+正財	24丁12乙1−0+印綬	54丁13丙1−0+傷官
9	21甲 2乙9+1−印綬	52乙 3丙2−8+正財	20癸 4丁1−9+食神	51甲 5戊1−9+劫財	21甲 6己1−9+偏財	52乙 7庚1−9+偏財	22乙 8辛1−0+食神	53丙 9壬1−0+食神	24丁10癸1−0+偏財	54丁11甲1−0+偏財	25戊12乙1−9+偏官	55戊13丙1−9+正財
10	22乙 2乙8+2−偏印	53丙 3丙2−8+食神	21甲 4丁1−9+劫財	52乙 5戊2−9+比肩	22乙 6己1−9+正財	53丙 7庚1−9+傷官	23丙 8辛1−0+劫財	54丁 9壬1−0+傷官	25戊10癸1−9+傷官	55戊11甲1−9+傷官	26己12乙1−9+正官	56己13丙1−9+偏財
11	23丙 2乙8+2−正官	54丁 3丙2−8+傷官	22乙 4丁2−8+比肩	53丙 5戊2−8+印綬	23丙 6己2−9+食神	54丁 7庚2−9+食神	24丁 8辛1−9+比肩	55戊 9壬1−9+比肩	26己10癸1−9+食神	56己11甲1−9+食神	27庚12乙1−9+偏財	57庚13丙1−9+傷官
12	24丁 2乙8+2−偏官	55戊 3丙3−7+偏印	23丙 4丁2−8+印綬	54丁 5戊2−8+偏印	24丁 6己2−8+正財	55戊 7庚2−8+劫財	25戊 8辛2−9+印綬	56己 9壬1−9+劫財	27庚10癸1−9+劫財	57庚11甲1−9+劫財	28辛12乙2−8+正財	58辛13丙2−8+食神
13	25戊 2乙7+3−正財	56己 3丙3−7+印綬	24丁 4丁2−8+偏印	55戊 5戊3−8+正官	25戊 6己2−8+食神	56己 7庚2−8+比肩	26己 8辛2−9+偏印	57庚 9壬2−9+偏印	28辛10癸2−8+比肩	58辛11甲2−8+比肩	29壬12乙2−8+食神	59壬13丙2−8+劫財
14	26己 2乙7+3−偏財	57庚 3丙3−7+偏官	25戊 4丁3−7+正官	56己 5戊3−7+偏官	26己 6己3−8+傷官	57庚 7庚3−8+印綬	27庚 8辛2−8+正官	58辛 9壬2−8+印綬	29壬10癸2−8+印綬	59壬11甲2−8+印綬	30癸12乙2−8+傷官	60癸13丙2−8+比肩
15	27庚 2乙7+3−劫財	58辛 3丙4−6+正官	26己 4丁3−7+偏官	57庚 5戊3−7+傷官	27庚 6己3−7+比肩	58辛 7庚3−7+偏印	28辛 8辛3−8+偏官	59壬 9壬2−8+偏官	30癸10癸2−8+偏印	60癸11甲2−8+偏印	31甲12乙3−7+比肩	1甲13丙3−7+印綬
16	28辛 2乙6+4−比肩	59壬 3丙4−6+偏財	27庚 4丁3−7+正財	58辛 5戊4−7+食神	28辛 6己3−7+劫財	59壬 7庚3−7+正官	29壬 8辛3−8+正財	60癸 9壬3−8+正官	31甲10癸3−7+正官	1甲11甲3−7+正官	32乙12乙3−7+劫財	2乙13丙3−7+偏印
17	29壬 2乙6+4−印綬	60癸 3丙4−6+正財	28辛 4丁4−6+偏財	59壬 5戊4−6+劫財	29壬 6己4−7+偏印	60癸 7庚4−7+偏官	30癸 8辛3−7+食神	1甲 9壬3−7+偏財	32乙10癸3−7+偏官	2乙11甲3−7+偏官	33丙12乙3−7+偏印	3丙13丙3−7+正官
18	30癸 2乙6+4−偏官	1甲 3丙5−5+食神	29壬 4丁4−6+傷官	60癸 5戊4−6+正官	30癸 6己4−6+印綬	1甲 7庚4−6+正財	31甲 8辛4−7+劫財	2乙 9壬3−7+正財	33丙10癸3−7+正財	3丙11甲3−7+劫財	34丁12乙4−6+印綬	4丁13丙4−6+偏官
19	31甲 2乙5+5−正財	2乙 3丙5−5+劫財	30癸 4丁4−6+食神	1甲 5戊5−6+偏財	31甲 6己4−6+偏官	2乙 7庚4−6+偏財	32乙 8辛4−7+比肩	3丙 9壬4−7+偏官	34丁10癸4−6+偏財	4丁11甲4−6+比肩	35戊12乙4−6+偏官	5戊13丙4−6+正財
20	32乙 2乙5+5−偏財	3丙 3丙5−5+偏印	31甲 4丁5−5+劫財	2乙 5戊5−5+正財	32乙 6己5−6+正官	3丙 7庚5−6+傷官	33丙 8辛4−6+傷官	4丁 9壬4−6+正官	35戊10癸4−6+傷官	5戊11甲4−6+印綬	36己12乙4−6+正財	6己13丙4−6+偏財
21	33丙 2乙5+5−傷官	4丁 3丙6−4+印綬	32乙 4丁5−5+比肩	3丙 5戊5−5+食神	33丙 6己5−5+比肩	4丁 7庚5−5+食神	34丁 8辛5−6+食神	5戊 9壬4−6+偏財	36己10癸4−6+食神	6己11甲4−6+劫財	37庚12乙5−5+食神	7庚13丙5−5+傷官
22	34丁 2乙4+6−食神	5戊 3丙6−4+偏官	33丙 4丁5−5+印綬	4丁 5戊6−5+傷官	34丁 6己5−5+劫財	5戊 7庚5−5+劫財	35戊 8辛5−6+劫財	6己 9壬5−6+傷官	37庚10癸5−5+劫財	7庚11甲5−5+偏印	38辛12乙5−5+傷官	8辛13丙5−5+食神
23	35戊 2乙4+6−劫財	6己 3丙6−4+正官	34丁 4丁6−4+偏印	5戊 5戊6−4+比肩	35戊 6己6−5+偏印	6己 7庚6−5+比肩	36己 8辛5−5+比肩	7庚 9壬5−5+比肩	38辛10癸5−5+比肩	8辛11甲5−5+印綬	39壬12乙5−5+比肩	9壬13丙5−5+劫財
24	36己 2乙4+6−比肩	7庚 3丙7−3+偏財	35戊 4丁6−4+正官	6己 5戊6−4+劫財	36己 6己6−4+印綬	7庚 7庚6−4+印綬	37庚 8辛6−5+印綬	8辛 9壬5−5+劫財	39壬10癸5−5+印綬	9壬11甲5−5+偏官	40癸12乙6−4+劫財	10癸13丙6−4+比肩
25	37庚 2乙3+7−印綬	8辛 3丙7−3+正財	36己 4丁6−4+偏官	7庚 5戊7−4+偏印	37庚 6己6−4+偏官	8辛 7庚6−4+偏印	38辛 8辛6−5+偏印	9壬 9壬6−5+偏印	40癸10癸6−4+偏印	10癸11甲6−4+正官	41甲12乙6−4+偏印	11甲13丙6−4+印綬
26	38辛 2乙3+7−偏印	9壬 3丙7−3+食神	37庚 4丁7−3+正財	8辛 5戊7−3+印綬	38辛 6己7−4+正官	9壬 7庚7−4+正財	39壬 8辛6−4+正官	10癸 9壬6−4+印綬	41甲10癸6−4+正官	11甲11甲6−4+偏財	42乙12乙6−4+印綬	12乙13丙6−4+偏印
27	39壬 2乙3+7−正官	10癸 3丙8−2+傷官	38辛 4丁7−3+偏財	9壬 5戊7−3+偏官	39壬 6己7−3+偏財	10癸 7庚7−3+偏財	40癸 8辛7−4+偏官	11甲 9壬6−4+偏官	42乙10癸6−4+偏官	12乙11甲6−4+正財	43丙12乙7−3+偏官	13丙13丙7−3+正官
28	40癸 2乙2+8−偏官	11甲 3丙8−2+比肩	39壬 4丁7−3+傷官	10癸 5戊8−3+正官	40癸 6己7−3+正財	11甲 7庚7−3+傷官	41甲 8辛7−4+正財	12乙 9壬7−4+正官	43丙10癸7−3+正財	13丙11甲7−3+食神	44丁12乙7−3+正官	14丁13丙7−3+偏官
29	41甲 2乙2+8−正財		40癸 4丁8−2+食神	11甲 5戊8−2+偏財	41甲 6己8−3+食神	12乙 7庚8−3+食神	42乙 8辛7−3+偏財	13丙 9壬7−3+偏財	44丁10癸7−3+偏財	14丁11甲7−3+傷官	45戊12乙7−3+偏財	15戊13丙7−3+正財
30	42乙 2乙2+8−偏財		41甲 4丁8−2+劫財	12乙 5戊8−2+正財	42乙 6己8−2+傷官	13丙 7庚8−2+劫財	43丙 8辛8−3+傷官	14丁 9壬7−3+正財	45戊10癸7−3+傷官	15戊11甲7−3+比肩	46己12乙8−2+正財	16己13丙8−2+偏財
31	43丙 2乙1−9−傷官		42乙 4丁8−2+比肩		43丙 6己8−2+比肩		44丁 8辛8−3+食神	15戊 9壬8−3+食神		16己11甲8−2+劫財		17庚13丙8−2+傷官

1970年(昭和45年)生まれ　47 庚(2/4〜翌 2/3)

	1月	2月	3月	4月	5月	6月	7月	8月	9月	10月	11月	12月
日	日干 月干 立年♂♀ 中心星	日干 月干 立年♂♀ 中心星	日干 月干 立年♂♀ 中心星	日干 月干 立年♂♀ 中心星	日干 月干 立年♂♀ 中心星	日干 月干 立年♂♀ 中心星	日干 月干 立年♂♀ 中心星	日干 月干 立年♂♀ 中心星	日干 月干 立年♂♀ 中心星	日干 月干 立年♂♀ 中心星	日干 月干 立年♂♀ 中心星	日干 月干 立年♂♀ 中心星
1	18辛13丙8−2+食神	49壬14丁9−1+正官	17庚15戊2+8−偏財	48辛16己1+9−偏財	18辛17庚2+9−印綬	49壬18辛2+9−偏財	19壬19壬2+8−正財	50癸20癸2+8−偏官	21甲21甲2+8−偏官	51甲22乙3+8−正官	22乙23丙2+8−正財	52乙24丁2+8−印綬
2	19壬13丙9−1+劫財	50癸14丁9−1+偏官	18辛15戊1+9−正財	49壬16己1+9−傷官	19壬17庚1+9−偏官	50癸18辛1+9−正財	20癸19壬2+9−偏財	51甲20癸2+9−正財	22乙21甲2+8−偏官	52乙22乙2+8−偏官	23丙23丙2+8−食神	53丙24丁2+8−偏官
3	20癸13丙9−1+比肩	51甲14丁9−1+正財	19壬15戊1+9−食神	50癸16己1+9−食神	20癸17庚1+9−正官	51甲18辛1+9−食神	21甲19壬1+9−傷官	52乙20癸2+9−偏財	23丙21甲2+9−偏財	53丙22乙2+8−正財	24丁23丙2+8−傷官	54丁24丁1+8−正官
4	21甲13丙9−1+印綬	52乙15戊0+1−正財	20癸15戊1+9−傷官	51甲16己1+0−劫財	21甲17庚1+0−偏財	52乙18辛1+0−傷官	22乙19壬1+9−食神	53丙20癸1+9−傷官	24丁21甲1+9−正財	54丁22乙2+9−偏財	25戊23丙1+9−比肩	55戊24丁1+9−偏財
5	22乙13丙0−1+偏印	53丙15戊0+1−食神	21甲15戊1+0−比肩	52乙17庚0+1−比肩	22乙17庚1+0−正財	53丙18辛1+0−比肩	23丙19壬1+0−劫財	54丁20癸1+0−食神	25戊21甲1+9−食神	55戊22乙1+9−傷官	26己23丙1+9−劫財	56己24丁1+9−正財
6	23丙14丁1−0+正官	54丁15戊9+1−傷官	22乙16己0+1−比肩	53丙17庚0+1−印綬	23丙18辛0+1−食神	54丁19壬0+1−食神	24丁19壬1+0−比肩	55戊20癸1+0−劫財	26己21甲1+0−傷官	56己22乙1+9−食神	27庚23丙1+9−偏印	57庚24丁1+9−食神
7	24丁14丁1−9+偏官	55戊15戊9+1−比肩	23丙16己0+1−印綬	54丁17庚0+1−偏印	24丁18辛0+1−傷官	55戊19壬0+1−劫財	25戊20癸0+1−印綬	56己20癸1+0−比肩	27庚21甲1+0−比肩	57庚22乙1+0−劫財	28辛23丙1+0−印綬	58辛25戊0+1−食神
8	25戊14丁1−9+正財	56己15戊9+1−劫財	24丁16己9+1−偏印	55戊17庚9+1−正官	25戊18辛0+1−比肩	56己19壬0+1−比肩	26己20癸0+1−偏印	57庚21甲0+1−偏印	28辛22乙0+1−比肩	58辛22乙1+0−比肩	29壬24丁0+1−食神	59壬25戊0+1−劫財
9	26己14丁1−9+偏財	57庚15戊8+2−偏印	25戊16己9+1−正官	56己17庚9+1−偏官	26己18辛9+1−劫財	57庚19壬9+1−印綬	27庚20癸0+1−正官	58辛21甲0+1−印綬	29壬22乙0+1−印綬	59壬23丙0+1−印綬	30癸24丁9+1−傷官	60癸25戊9+1−比肩
10	27庚14丁1−8+傷官	58辛15戊8+2−印綬	26己16己9+1−偏官	57庚17庚9+2−正財	27庚18辛9+1−偏印	58辛19壬9+1−偏印	28辛20癸0+1−偏官	59壬21甲0+1−偏官	30癸22乙0+1−偏印	60癸23丙0+1−偏印	31甲24丁9+1−比肩	1甲25戊9+1−印綬
11	28辛14丁2−8+食神	59壬15戊8+2−偏官	27庚16己8+2−正財	58辛17庚8+2−偏財	28辛18辛9+2−印綬	59壬19壬9+2−正官	29壬20癸9+1−正財	60癸21甲9+1−正官	31甲22乙9+1−正官	1甲23丙9+1−正官	32乙24丁9+1−劫財	2乙25戊9+1−偏印
12	29壬14丁2−8+劫財	60癸15戊7+3−正財	28辛16己8+2−偏財	59壬17庚8+2−傷官	29壬18辛8+2−偏印	60癸19壬8+2−偏官	30癸20癸9+2−偏財	1甲21甲9+1−偏財	32乙22乙9+1−偏官	2乙23丙9+1−偏官	33丙24丁8+1−偏印	3丙25戊8+2−正官
13	30癸14丁2−7+比肩	1甲15戊7+3−食神	29壬16己8+2−傷官	60癸17庚8+3−食神	30癸18辛8+2−印綬	1甲19壬8+2−正財	31甲20癸9+2−傷官	2乙21甲9+2−正財	33丙22乙9+2−正財	3丙23丙9+1−正財	34丁24丁8+2−印綬	4丁25戊8+2−偏官
14	31甲14丁3−7+印綬	2乙15戊7+3−傷官	30癸16己7+3−食神	1甲17庚7+3−劫財	31甲18辛8+3−偏官	2乙19壬8+3−偏財	32乙20癸8+2−食神	3丙21甲8+2−食神	34丁22乙8+2−偏財	4丁23丙8+2−偏財	35戊24丁8+2−傷官	5戊25戊8+2−正財
15	32乙14丁3−7+偏印	3丙15戊6+4−比肩	31甲16己7+3−劫財	2乙17庚7+3−偏印	32乙18辛7+3−正官	3丙19壬7+3−傷官	33丙20癸8+3−劫財	4丁21甲8+2−傷官	35戊22乙8+2−傷官	5戊23丙8+2−傷官	36己24丁7+2−正官	6己25戊7+3−偏財
16	33丙14丁3−6+正財	4丁15戊6+4−劫財	32乙16己7+3−比肩	3丙17庚7+4−正官	33丙18辛7+3−偏財	4丁19壬7+3−食神	34丁20癸8+3−比肩	5戊21甲8+3−比肩	36己22乙8+3−食神	6己23丙8+2−食神	37庚24丁7+3−偏財	7庚25戊7+3−傷官
17	34丁14丁4−6+偏財	5戊15戊6+4−偏印	33丙16己6+4−印綬	4丁17庚6+4−偏官	34丁18辛7+4−正財	5戊19壬7+4−劫財	35戊20癸7+3−正官	6己21甲7+3−劫財	37庚22乙7+3−劫財	7庚23丙7+3−劫財	38辛24丁7+3−正財	8辛25戊7+3−食神
18	35戊14丁4−6+傷官	6己15戊5+5−印綬	34丁16己6+4−偏印	5戊17庚6+4−比肩	35戊18辛6+4−食神	6己19壬6+4−比肩	36己20癸7+4−偏官	7庚21甲7+3−偏印	38辛22乙7+3−比肩	8辛23丙7+3−比肩	39壬24丁6+3−食神	9壬25戊6+4−劫財
19	36己14丁4−5+比肩	7庚15戊5+5−偏財	35戊16己6+4−正官	6己17庚6+5−劫財	36己18辛6+4−傷官	7庚19壬6+4−印綬	37庚20癸7+4−正財	8辛21甲7+4−傷官	39壬22乙7+4−印綬	9壬23丙7+3−正財	40癸24丁6+4−傷官	10癸25戊6+4−比肩
20	37庚14丁5−5+印綬	8辛15戊5+5−正財	36己16己5+5−偏官	7庚17庚5+5−偏印	37庚18辛6+5−比肩	8辛19壬6+5−偏印	38辛20癸6+4−偏印	9壬21甲6+4−比肩	40癸22乙6+4−偏印	10癸23丙6+4−偏財	41甲24丁6+4−比肩	11甲25戊6+4−印綬
21	38辛14丁5−5+偏印	9壬15戊4+6−食神	37庚16己5+5−正財	8辛17庚5+5−印綬	38辛18辛5+5−正官	9壬19壬5+5−正官	39壬20癸6+5−正官	10癸21甲6+4−劫財	41甲22乙6+4−正官	11甲23丙6+4−傷官	42乙24丁5+4−印綬	12乙25戊5+5−偏印
22	39壬14丁5−4+正官	10癸15戊4+6−傷官	38辛16己5+5−偏財	9壬17庚5+6−偏官	39壬18辛5+5−偏財	10癸19壬5+5−偏官	40癸20癸6+5−偏官	11甲21甲6+5−偏官	42乙22乙6+5−偏官	12乙23丙6+4−正財	43丙24丁5+5−偏官	13丙25戊5+5−正官
23	40癸14丁6−4+偏官	11甲15戊4+6−比肩	39壬16己4+6−傷官	10癸17庚4+6−正官	40癸18辛5+6−正財	11甲19壬5+6−正財	41甲20癸5+5−正財	12乙21甲5+5−正官	43丙22乙5+5−正財	13丙23丙5+5−食神	44丁24丁5+5−正官	14丁25戊5+5−偏官
24	41甲14丁6−4+正財	12乙15戊3+7−劫財	40癸16己4+6−食神	11甲17庚4+6−偏財	41甲18辛4+6−食神	12乙19壬4+6−偏財	42乙20癸5+6−偏財	13丙21甲5+5−偏財	44丁22乙5+5−偏財	14丁23丙5+5−傷官	45戊24丁4+5−偏財	15戊25戊4+6−正財
25	42乙14丁6−3+偏財	13丙15戊3+7−偏印	41甲16己4+6−劫財	12乙17庚4+7−正財	42乙18辛4+6−傷官	13丙19壬4+6−傷官	43丙20癸5+6−傷官	14丁21甲5+6−正財	45戊22乙5+6−傷官	15戊23丙5+5−比肩	46己24丁4+6−正財	16己25戊4+6−偏財
26	43丙14丁7−3+傷官	14丁15戊3+7−印綬	42乙16己3+7−比肩	13丙17庚3+7−食神	43丙18辛4+7−比肩	14丁19壬4+7−比肩	44丁20癸4+6−食神	15戊21甲4+6−食神	46己22乙4+6−食神	16己23丙4+6−劫財	47庚24丁4+6−食神	17庚25戊4+6−傷官
27	44丁14丁7−3+食神	15戊15戊2+8−偏官	43丙16己3+7−印綬	14丁17庚3+7−傷官	44丁18辛3+7−劫財	15戊19壬3+7−印綬	45戊20癸4+7−劫財	16己21甲4+6−傷官	47庚22乙4+6−劫財	17庚23丙4+6−偏印	48辛24丁3+6−傷官	18辛25戊3+7−食神
28	45戊14丁7−2+劫財	16己15戊2+8−正官	44丁16己3+7−偏印	15戊17庚3+8−比肩	45戊18辛3+7−偏印	16己19壬3+7−偏印	46己20癸4+7−比肩	17庚21甲4+7−比肩	48辛22乙4+7−比肩	18辛23丙4+6−印綬	49壬24丁3+7−比肩	19壬25戊3+7−劫財
29	46己14丁8−2+比肩		45戊16己2+8−正官	16己17庚2+8−劫財	46己18辛3+8−印綬	17庚19壬3+8−正官	47庚20癸3+7−印綬	18辛21甲3+7−劫財	49壬22乙3+7−印綬	19壬23丙3+7−偏官	50癸24丁3+7−劫財	20癸25戊3+7−比肩
30	47庚14丁8−2+印綬		46己16己2+8−偏官	17庚17庚2+8−偏印	47庚18辛2+8−偏官	18辛19壬2+8−偏官	48辛20癸3+8−偏印	19壬21甲3+7−偏印	50癸22乙3+7−偏印	20癸23丙3+7−正官	51甲24丁2+7−偏印	21甲25戊2+8−印綬
31	48辛14丁8−1+偏印		47庚16己2+8−正財		48辛18辛2+8−正官		49壬20癸3+8−正官	20癸21甲3+8−印綬		21甲23丙3+7−偏財		22乙25戊2+8−偏印

1971年（昭和46年）生まれ　48 辛（2/4～翌 2/4）

日	1月	2月	3月	4月	5月	6月	7月	8月	9月	10月	11月	12月
日	日干 月干 立年♂♀ 中心星	日干 月干 立年♂♀ 中心星	日干 月干 立年♂♀ 中心星	日干 月干 立年♂♀ 中心星	日干 月干 立年♂♀ 中心星	日干 月干 立年♂♀ 中心星	日干 月干 立年♂♀ 中心星	日干 月干 立年♂♀ 中心星	日干 月干 立年♂♀ 中心星	日干 月干 立年♂♀ 中心星	日干 月干 立年♂♀ 中心星	日干 月干 立年♂♀ 中心星
1	23丙25戊2+8−正官	54丁26己1+9−食神	22乙27庚8−2+劫財	53丙28辛9−1+印綬	23丙29壬9−2+食神	54丁30癸9−2+劫財	24丁31甲8−2+比肩	55戊32乙8−2+劫財	26己33丙8−2+傷官	56己34丁8−3+食神	27庚35戊8−2+偏印	57庚36己8−2+食神
2	24丁25戊1+9−偏官	55戊26己1+9−劫財	23丙27庚9−1+偏印	54丁28辛9−1+偏印	24丁29壬9−1+傷官	55戊30癸9−1+偏印	25戊31甲9−2+印綬	56己32乙8−2+比肩	27庚33丙8−2+比肩	57庚34丁8−2+劫財	28辛35戊8−2+印綬	58辛36己8−2+傷官
3	25戊25戊1+9−正財	56己26己1+9−比肩	24丁27庚9−1+印綬	55戊28辛9−1+正官	25戊29壬9−1+比肩	56己30癸9−1+印綬	26己31甲9−2+偏印	57庚32乙9−2+印綬	28辛33丙9−2+劫財	58辛34丁8−2+比肩	29壬35戊8−2+偏官	59壬36己8−2+比肩
4	26己25戊1+9−偏財	57庚27庚1−0+偏印	25戊27庚9−1+偏官	56己28辛0−1+偏官	26己29壬0−1+劫財	57庚30癸0−1+偏官	27庚31甲9−1+正官	58辛32乙9−1+偏印	29壬33丙9−1+偏印	59壬34丁9−2+印綬	30癸35戊9−1+正官	60癸36己9−1+劫財
5	27庚25戊1+0−傷官	58辛27庚1−0+印綬	26己27庚0−1+正官	57庚29壬1−0+正財	27庚29壬0−1+偏印	58辛30癸0−1+正官	28辛31甲0−1+偏官	59壬32乙9−1+正官	30癸33丙9−1+印綬	60癸34丁9−1+偏印	31甲35戊9−1+偏財	1甲36己9−1+偏印
6	28辛26己0+1−食神	59壬27庚1−9+偏官	27庚28辛1−0+正財	58辛29壬1−0+偏財	28辛30癸1−0+印綬	59壬31甲1−0+正官	29壬31甲0−1+正財	60癸32乙0−1+偏官	31甲33丙0−1+偏官	1甲34丁9−1+正官	32乙35戊9−1+正財	2乙36己9−1+印綬
7	29壬26己9+1−劫財	60癸27庚1−9+正官	28辛28辛1−0+偏財	59壬29壬1−0+傷官	29壬30癸1−0+偏官	60癸31甲1−0+偏官	30癸31甲0−1+偏財	1甲32乙0−1+正財	32乙33丙0−1+正官	2乙34丁0−1+偏官	33丙35戊0−1+食神	3丙36己0−1+偏官
8	30癸26己9+1−比肩	1甲27庚1−9+偏財	29壬28辛1−9+傷官	60癸29壬1−9+食神	30癸30癸1−0+正官	1甲31甲1−0+正財	31甲32乙1−0+傷官	2乙33丙1−0+正財	33丙34丁1−0+正財	3丙34丁0−1+正財	34丁36己1−0+印綬	4丁36己1−0+偏官
9	31甲26己9+1−印綬	2乙27庚2−8+正財	30癸28辛1−9+食神	1甲29壬1−9+劫財	31甲30癸1−9+偏財	2乙31甲1−0+偏財	32乙32乙1−0+食神	3丙33丙1−0+食神	34丁34丁1−0+偏財	4丁35戊1−0+偏財	35戊36己1−0+偏官	5戊37庚1−9+正財
10	32乙26己8+1−偏印	3丙27庚2−8+食神	31甲28辛1−9+劫財	2乙29壬2−9+比肩	32乙30癸1−9+正財	3丙31甲1−9+傷官	33丙32乙1−0+劫財	4丁33丙1−0+傷官	35戊34丁1−0+偏官	5戊35戊1−0+偏官	36己36己1−9+正官	6己37庚1−9+偏財
11	33丙26己8+2−正官	4丁27庚2−8+傷官	32乙28辛2−8+比肩	3丙29壬2−8+印綬	33丙30癸2−9+食神	4丁31甲2−9+食神	34丁32乙1−9+比肩	5戊33丙1−9+比肩	36己34丁1−9+食神	6己35戊1−9+食神	37庚36己1−9+偏財	7庚37庚1−9+傷官
12	34丁26己8+2−偏官	5戊27庚3−7+偏印	33丙28辛2−8+印綬	4丁29壬2−8+偏印	34丁30癸2−8+正財	5戊31甲2−9+劫財	35戊32乙1−9+印綬	6己33丙1−9+劫財	37庚34丁1−9+劫財	7庚35戊1−9+劫財	38辛36己1−9+正財	8辛37庚1−8+食神
13	35戊26己7+2−正財	6己27庚3−7+印綬	34丁28辛2−8+偏印	5戊29壬3−8+正官	35戊30癸2−8+食神	6己31甲2−8+比肩	36己32乙2−9+偏印	7庚33丙2−9+偏印	38辛34丁2−9+比肩	8辛35戊1−9+比肩	39壬36己2−8+食神	9壬37庚2−8+劫財
14	36己26己7+3−偏財	7庚27庚3−7+偏官	35戊28辛3−7+正官	6己29壬3−7+偏官	36己30癸3−8+傷官	7庚31甲3−8+印綬	37庚32乙2−8+正官	8辛33丙2−8+印綬	39壬34丁2−8+印綬	9壬35戊2−8+印綬	40癸36己2−8+傷官	10癸37庚2−8+比肩
15	37庚26己7+3−傷官	8辛27庚4−6+正官	36己28辛3−7+偏官	7庚29壬3−7+傷官	37庚30癸3−7+比肩	8辛31甲3−8+偏印	38辛32乙2−8+偏官	9壬33丙2−8+偏官	40癸34丁2−8+偏印	10癸35戊2−8+偏印	41甲36己2−8+比肩	11甲37庚2−7+印綬
16	38辛26己6+3−比肩	9壬27庚4−6+偏財	37庚28辛3−7+正財	8辛29壬4−7+食神	38辛30癸3−7+劫財	9壬31甲3−7+正官	39壬32乙3−8+正財	10癸33丙3−8+正官	41甲34丁3−8+正官	11甲35戊2−8+正官	42乙36己3−7+劫財	12乙37庚3−7+偏印
17	39壬26己6+4−印綬	10癸27庚4−6+正財	38辛28辛4−6+偏財	9壬29壬4−6+劫財	39壬30癸4−7+偏印	10癸31甲4−7+偏官	40癸32乙3−7+偏財	11甲33丙3−7+偏財	42乙34丁3−7+偏官	12乙35戊3−7+偏官	43丙36己3−7+偏印	13丙37庚3−7+正官
18	40癸26己6+4−偏印	11甲27庚5−5+食神	39壬28辛4−6+傷官	10癸29壬4−6+正官	40癸30癸4−6+印綬	11甲31甲4−7+正財	41甲32乙3−7+劫財	12乙33丙3−7+正財	43丙34丁3−7+正財	13丙35戊3−7+正財	44丁36己3−7+印綬	14丁37庚3−6+偏官
19	41甲26己5+4−正財	12乙27庚5−5+劫財	40癸28辛4−6+食神	11甲29壬5−6+偏財	41甲30癸4−6+偏官	12乙31甲4−6+偏財	42乙32乙4−7+比肩	13丙33丙4−7+偏官	44丁34丁4−7+偏財	14丁35戊3−7+比肩	45戊36己4−6+偏官	15戊37庚4−6+正財
20	42乙26己5+5−偏財	13丙27庚5−5+偏印	41甲28辛5−5+劫財	12乙29壬5−5+正財	42乙30癸5−6+正官	13丙31甲5−6+傷官	43丙32乙4−6+印綬	14丁33丙4−6+正官	45戊34丁4−6+傷官	15戊35戊4−6+印綬	46己36己4−6+正官	16己37庚4−6+偏財
21	43丙26己5+5−傷官	14丁27庚6−4+印綬	42乙28辛5−5+比肩	13丙29壬5−5+食神	43丙30癸5−5+比肩	14丁31甲5−6+食神	44丁32乙4−6+食神	15戊33丙4−6+偏財	46己34丁4−6+食神	16己35戊4−6+偏印	47庚36己4−6+食神	17庚37庚4−5+傷官
22	44丁26己4+5−食神	15戊27庚6−4+偏官	43丙28辛5−5+印綬	14丁29壬6−5+傷官	44丁30癸5−5+劫財	15戊31甲5−5+劫財	45戊32乙5−6+劫財	16己33丙5−6+傷官	47庚34丁5−6+劫財	17庚35戊4−6+偏印	48辛36己5−5+傷官	18辛37庚5−5+食神
23	45戊26己4+6−劫財	16己27庚6−4+正官	44丁28辛6−4+偏印	15戊29壬6−4+比肩	45戊30癸6−5+偏印	16己31甲6−5+比肩	46己32乙5−5+比肩	17庚33丙5−5+比肩	48辛34丁5−5+比肩	18辛35戊5−5+印綬	49壬36己5−5+比肩	19壬37庚5−5+劫財
24	46己26己4+6−比肩	17庚27庚7−3+偏財	45戊28辛6−4+正官	16己29壬6−4+劫財	46己30癸6−4+印綬	17庚31甲6−5+印綬	47庚32乙5−5+印綬	18辛33丙5−5+劫財	49壬34丁5−5+印綬	19壬35戊5−5+偏官	50癸36己5−5+劫財	20癸37庚5−4+比肩
25	47庚26己3+6−印綬	18辛27庚7−3+正財	46己28辛6−4+偏官	17庚29壬7−4+偏印	47庚30癸6−4+偏官	18辛31甲6−4+偏印	48辛32乙6−5+偏印	19壬33丙6−5+偏印	50癸34丁6−5+偏印	20癸35戊5−5+正官	51甲36己6−4+偏印	21甲37庚6−4+印綬
26	48辛26己3+7−偏印	19壬27庚7−3+食神	47庚28辛7−3+正財	18辛29壬7−3+印綬	48辛30癸7−4+正官	19壬31甲7−4+正財	49壬32乙6−4+正官	20癸33丙6−4+印綬	51甲34丁6−4+正官	21甲35戊6−4+偏財	52乙36己6−4+印綬	22乙37庚6−4+偏印
27	49壬26己3+7−正官	20癸27庚8−2+傷官	48辛28辛7−3+偏財	19壬29壬7−3+偏官	49壬30癸7−3+偏財	20癸31甲7−4+偏財	50癸32乙6−4+偏官	21甲33丙6−4+偏官	52乙34丁6−4+偏官	22乙35戊6−4+正財	53丙36己6−4+偏官	23丙37庚6−3+正官
28	50癸26己2+7−偏官	21甲27庚8−2+比肩	49壬28辛7−3+傷官	20癸29壬8−3+正官	50癸30癸7−3+正財	21甲31甲7−3+傷官	51甲32乙7−4+正財	22乙33丙7−4+正官	53丙34丁7−4+正財	23丙35戊6−4+食神	54丁36己7−3+正官	24丁37庚7−3+偏官
29	51甲26己2+8−正財		50癸28辛8−2+食神	21甲29壬8−2+偏財	51甲30癸8−3+食神	22乙31甲8−3+食神	52乙32乙7−3+偏財	23丙33丙7−3+偏財	54丁34丁7−3+偏財	24丁35戊7−3+傷官	55戊36己7−3+偏財	25戊37庚7−3+正財
30	52乙26己2+8−偏財		51甲28辛8−2+劫財	22乙29壬8−2+正財	52乙30癸8−2+傷官	23丙31甲8−3+劫財	53丙32乙7−3+傷官	24丁33丙7−3+正財	55戊34丁7−3+傷官	25戊35戊7−3+比肩	56己36己7−3+正財	26己37庚7−2+偏財
31	53丙26己1+8−傷官		52乙28辛8−2+比肩		53丙30癸8−2+比肩		54丁32乙8−3+食神	25戊33丙8−3+食神		26己35戊7−3+劫財		27庚37庚8−2+傷官

1972年(昭和47年)生まれ　49 壬(2/5～翌 2/3)

日	1月	2月	3月	4月	5月	6月	7月	8月	9月	10月	11月	12月
	日干 月干 立年♂♀ 中心星	日干 月干 立年♂♀ 中心星	日干 月干 立年♂♀ 中心星	日干 月干 立年♂♀ 中心星	日干 月干 立年♂♀ 中心星	日干 月干 立年♂♀ 中心星	日干 月干 立年♂♀ 中心星	日干 月干 立年♂♀ 中心星	日干 月干 立年♂♀ 中心星	日干 月干 立年♂♀ 中心星	日干 月干 立年♂♀ 中心星	日干 月干 立年♂♀ 中心星
1	28辛37庚8－2+食神	59壬38辛9－1+正官	28辛39壬1+8－正財	59壬40癸1+9－傷官	29壬41甲1+9－偏官	60癸42乙1+9－正財	30癸43丙2+9－偏財	1甲44丁2+8－正財	32乙45戊2+8－正官	2乙46己2+8－偏官	33丙47庚2+8－食神	3丙48辛2+8－偏官
2	29壬37庚8－1+劫財	60癸38辛9－1+偏官	29壬39壬1+9－食神	60癸40癸1+9－食神	30癸41甲1+9－正官	1甲42乙1+9－食神	31甲43丙2+9－傷官	2乙44丁2+9－偏財	33丙45戊2+9－偏財	3丙46己2+8－正財	34丁47庚2+8－傷官	4丁48辛2+8－正官
3	30癸37庚9－1+比肩	1甲38辛9－1+正財	30癸39壬1+9－傷官	1甲40癸1+0－劫財	31甲41甲1+9－偏財	2乙42乙1+0－傷官	32乙43丙1+9－食神	3丙44丁1+9－傷官	34丁45戊1+9－正財	4丁46己2+9－偏財	35戊47庚1+9－比肩	5戊48辛1+9－偏財
4	31甲37庚9－1+印綬	2乙38辛0－1+偏財	31甲39壬1+9－比肩	2乙40癸1+0－比肩	32乙41甲1+0－正財	3丙42乙1+0－比肩	33丙43丙1+0－劫財	4丁44丁1+9－食神	35戊45戊1+9－食神	5戊46己1+9－傷官	36己47庚1+9－劫財	6己48辛1+9－正財
5	32乙37庚9－1+偏印	3丙39壬0+1－食神	32乙40癸0+1－比肩	3丙41甲0+1－印綬	33丙42乙0+1－食神	4丁43丙0+1－食神	34丁43丙1+0－比肩	5戊44丁1+0－劫財	36己45戊1+0－傷官	6己46己1+9－食神	37庚47庚1+9－偏印	7庚48辛1+9－食神
6	33丙38辛1－0+正官	4丁39壬9+1－傷官	33丙40癸0+1－印綬	4丁41甲0+1－偏印	34丁42乙0+1－傷官	5戊43丙0+1－劫財	35戊43丙1+0－印綬	6己44丁1+0－比肩	37庚45戊1+0－比肩	7庚46己1+0－劫財	38辛47庚1+0－印綬	8辛48辛1+0－傷官
7	34丁38辛1－0+偏官	5戊39壬9+1－比肩	34丁40癸0+1－偏印	5戊41甲9+1－正官	35戊42乙0+1－比肩	6己43丙0+1－比肩	36己44丁0+1－偏印	7庚45戊0+1－偏印	38辛46己0+1－比肩	8辛46己1+0－比肩	39壬48辛0+1－食神	9壬49壬0+1－劫財
8	35戊38辛1－9+正財	6己39壬9+1－劫財	35戊40癸9+1－正官	6己41甲9+1－偏官	36己42乙9+1－劫財	7庚43丙0+1－印綬	37庚44丁0+1－正官	8辛45戊0+1－印綬	39壬46己0+1－印綬	9壬47庚0+1－印綬	40癸48辛0+1－傷官	10癸49壬9+1－比肩
9	36己38辛1－9+偏財	7庚39壬8+1－偏印	36己40癸9+1－偏官	7庚41甲9+1－正財	37庚42乙9+1－偏印	8辛43丙9+1－偏印	38辛44丁0+1－偏官	9壬45戊0+1－偏官	40癸46己0+1－偏印	10癸47庚0+1－偏印	41甲48辛9+1－比肩	11甲49壬9+1－印綬
10	37庚38辛1－9+傷官	8辛39壬8+2－印綬	37庚40癸9+2－正財	8辛41甲8+2－偏財	38辛42乙9+2－印綬	9壬43丙9+2－正官	39壬44丁9+1－正財	10癸45戊9+1－正官	41甲46己9+1－正官	11甲47庚9+1－正官	42乙48辛9+1－劫財	12乙49壬9+1－偏印
11	38辛38辛2－8+食神	9壬39壬8+2－偏官	38辛40癸8+2－偏財	9壬41甲8+2－傷官	39壬42乙8+2－偏印	10癸43丙9+2－偏官	40癸44丁9+1－偏財	11甲45戊9+1－偏財	42乙46己9+1－偏官	12乙47庚9+1－偏官	43丙48辛9+1－偏印	13丙49壬8+1－正官
12	39壬38辛2－8+劫財	10癸39壬7+2－正官	39壬40癸8+2－傷官	10癸41甲8+2－食神	40癸42乙8+2－印綬	11甲43丙8+2－正財	41甲44丁9+2－傷官	12乙45戊9+2－正財	43丙46己9+2－正財	13丙47庚9+1－正財	44丁48辛8+2－印綬	14丁49壬8+2－偏官
13	40癸38辛2－8+比肩	11甲39壬7+3－食神	40癸40癸8+3－食神	11甲41甲7+3－劫財	41甲42乙8+3－偏官	12乙43丙8+3－偏財	42乙44丁8+2－食神	13丙45戊8+2－食神	44丁46己8+2－偏財	14丁47庚8+2－偏財	45戊48辛8+2－偏官	15戊49壬8+2－正財
14	41甲38辛3－7+印綬	12乙39壬7+3－傷官	41甲40癸7+3－劫財	12乙41甲7+3－比肩	42乙42乙7+3－正官	13丙43丙8+3－傷官	43丙44丁8+2－劫財	14丁45戊8+2－傷官	45戊46己8+2－傷官	15戊47庚8+2－傷官	46己48辛8+2－正官	16己49壬7+2－偏財
15	42乙38辛3－7+偏印	13丙39壬6+3－比肩	42乙40癸7+3－比肩	13丙41甲7+3－正官	43丙42乙7+3－偏財	14丁43丙7+3－食神	44丁44丁8+3－比肩	15戊45戊8+3－比肩	46己46己8+3－食神	16己47庚8+2－食神	47庚48辛7+3－偏財	17庚49壬7+3－傷官
16	43丙38辛3－7+正財	14丁39壬6+4－劫財	43丙40癸7+4－印綬	14丁41甲6+4－偏官	44丁42乙7+4－正財	15戊43丙7+4－劫財	45戊44丁7+3－印綬	16己45戊7+3－劫財	47庚46己7+3－劫財	17庚47庚7+3－劫財	48辛48辛7+3－正財	18辛49壬7+3－食神
17	44丁38辛4－6+偏財	15戊39壬6+4－偏印	44丁40癸6+4－偏印	15戊41甲6+4－正財	45戊42乙6+4－食神	16己43丙7+4－比肩	46己44丁7+3－偏官	17庚45戊7+3－偏印	48辛46己7+3－比肩	18辛47庚7+3－比肩	49壬48辛7+3－食神	19壬49壬6+3－劫財
18	45戊38辛4－6+傷官	16己39壬5+4－印綬	45戊40癸6+4－正官	16己41甲6+4－劫財	46己42乙6+4－傷官	17庚43丙6+4－印綬	47庚44丁7+4－正財	18辛45戊7+4－傷官	49壬46己7+4－印綬	19壬47庚7+3－正財	50癸48辛6+4－傷官	20癸49壬6+4－比肩
19	46己38辛4－6+比肩	17庚39壬5+5－傷官	46己40癸6+5－偏官	17庚41甲5+5－偏印	47庚42乙6+5－比肩	18辛43丙6+5－偏印	48辛44丁6+4－偏財	19壬45戊6+4－比肩	50癸46己6+4－偏印	20癸47庚6+4－偏財	51甲48辛6+4－比肩	21甲49壬6+4－印綬
20	47庚38辛5－5+印綬	18辛39壬5+5－正財	47庚40癸5+5－正財	18辛41甲5+5－印綬	48辛42乙5+5－正官	19壬43丙6+5－正官	49壬44丁6+4－正官	20癸45戊6+4－劫財	51甲46己6+4－正官	21甲47庚6+4－傷官	52乙48辛6+4－印綬	22乙49壬5+4－偏印
21	48辛38辛5－5+偏印	19壬39壬4+5－食神	48辛40癸5+5－偏財	19壬41甲5+5－傷官	49壬42乙5+5－偏財	20癸43丙5+5－偏官	50癸44丁6+5－偏官	21甲45戊6+5－偏官	52乙46己6+5－偏官	22乙47庚6+4－正財	53丙48辛5+5－偏官	23丙49壬5+5－正官
22	49壬38辛5－5+正官	20癸39壬4+6－傷官	49壬40癸5+6－傷官	20癸41甲4+6－正官	50癸42乙5+6－正財	21甲43丙5+6－正財	51甲44丁5+5－正財	22乙45戊5+5－正財	53丙46己5+5－正財	23丙47庚5+5－食神	54丁48辛5+5－正官	24丁49壬5+5－偏官
23	50癸38辛6－4+偏官	21甲39壬4+6－比肩	50癸40癸4+6－食神	21甲41甲4+6－偏財	51甲42乙4+6－食神	22乙43丙5+6－偏財	52乙44丁5+5－偏財	23丙45戊5+5－偏財	54丁46己5+5－偏財	24丁47庚5+5－傷官	55戊48辛5+5－偏財	25戊49壬4+5－正財
24	51甲38辛6－4+正財	22乙39壬3+6－劫財	51甲40癸4+6－劫財	22乙41甲4+6－正財	52乙42乙4+6－傷官	23丙43丙4+6－傷官	53丙44丁5+6－傷官	24丁45戊5+6－正財	55戊46己5+6－傷官	25戊47庚5+5－比肩	56己48辛4+6－正財	26己49壬4+6－偏財
25	52乙38辛6－4+偏財	23丙39壬3+7－偏印	52乙40癸4+7－比肩	23丙41甲3+7－食神	53丙42乙4+7－比肩	24丁43丙4+7－比肩	54丁44丁4+6－食神	25戊45戊4+6－食神	56己46己4+6－食神	26己47庚4+6－劫財	57庚48辛4+6－食神	27庚49壬4+6－傷官
26	53丙38辛7－3+傷官	24丁39壬3+7－印綬	53丙40癸3+7－印綬	24丁41甲3+7－傷官	54丁42乙3+7－劫財	25戊43丙4+7－印綬	55戊44丁4+6－劫財	26己45戊4+6－傷官	57庚46己4+6－劫財	27庚47庚4+6－偏印	58辛48辛4+6－傷官	28辛49壬3+6－食神
27	54丁38辛7－3+食神	25戊39壬2+7－偏官	54丁40癸3+7－偏印	25戊41甲3+7－比肩	55戊42乙3+7－偏印	26己43丙3+7－偏印	56己44丁4+7－比肩	27庚45戊4+7－比肩	58辛46己4+7－比肩	28辛47庚4+6－印綬	59壬48辛3+7－比肩	29壬49壬3+7－劫財
28	55戊38辛7－3+劫財	26己39壬2+8－正官	55戊40癸3+8－正官	26己41甲2+8－劫財	56己42乙3+8－印綬	27庚43丙3+8－正官	57庚44丁3+7－印綬	28辛45戊3+7－劫財	59壬46己3+7－印綬	29壬47庚3+7－偏官	60癸48辛3+7－劫財	30癸49壬3+7－比肩
29	56己38辛8－2+比肩	27庚39壬2+8－偏財	56己40癸2+8－偏官	27庚41甲2+8－偏印	57庚42乙2+8－偏官	28辛43丙3+8－偏官	58辛44丁3+7－偏印	29壬45戊3+7－偏印	60癸46己3+7－偏印	30癸47庚3+7－正官	1甲48辛3+7－偏印	31甲49壬2+7－印綬
30	57庚38辛8－2+印綬		57庚40癸2+8－正財	28辛41甲2+8－印綬	58辛42乙2+8－正官	29壬43丙2+8－正財	59壬44丁3+8－正官	30癸45戊3+8－印綬	1甲46己3+8－正官	31甲47庚3+7－偏財	2乙48辛2+8－印綬	32乙49壬2+8－偏印
31	58辛38辛8－2+偏印		58辛40癸2+9－偏財		59壬42乙2+9－偏財		60癸44丁2+8－偏官	31甲45戊2+8－偏官		32乙47庚2+8－正財		33丙49壬2+8－正官

1973年（昭和48年）生まれ　50 癸（2/4〜翌 2/3）

	1月	2月	3月	4月	5月	6月	7月	8月	9月	10月	11月	12月
日	日干 月干 立年♂♀ 中心星	日干 月干 立年♂♀ 中心星	日干 月干 立年♂♀ 中心星	日干 月干 立年♂♀ 中心星	日干 月干 立年♂♀ 中心星	日干 月干 立年♂♀ 中心星	日干 月干 立年♂♀ 中心星	日干 月干 立年♂♀ 中心星	日干 月干 立年♂♀ 中心星	日干 月干 立年♂♀ 中心星	日干 月干 立年♂♀ 中心星	日干 月干 立年♂♀ 中心星
1	34丁49壬1+8−偏官	5戊50癸1+9−劫財	33丙51甲8−2+偏印	4丁52乙9−1+偏印	34丁53丙9−2+傷官	5戊54丁9−2+偏印	35戊55戊8−2+印綬	6己56己8−2+比肩	37庚57庚8−2+比肩	7庚58辛8−2+劫財	38辛59壬8−2+印綬	8辛60癸8−2+傷官
2	35戊49壬1+9−正財	6己50癸1+9−比肩	34丁51甲9−1+印綬	5戊52乙9−1+正官	35戊53丙9−1+比肩	6己54丁9−1+印綬	36己55戊9−2+偏印	7庚56己9−2+印綬	38辛57庚8−2+劫財	8辛58辛8−2+比肩	39壬59壬8−2+偏官	9壬60癸8−2+比肩
3	36己49壬1+9−偏財	7庚50癸1+0−印綬	35戊51甲9−1+偏官	6己52乙9−1+偏官	36己53丙9−1+劫財	7庚54丁9−1+偏官	37庚55戊9−1+正官	8辛56己9−2+偏印	39壬57庚9−2+偏印	9壬58辛8−2+印綬	40癸59壬9−1+正官	10癸60癸9−1+劫財
4	37庚49壬1+9−傷官	8辛51甲1−0+印綬	36己51甲9−1+正官	7庚52乙0−1+正財	37庚53丙0−1+偏印	8辛54丁0−1+正官	38辛55戊9−1+偏官	9壬56己9−1+正官	40癸57庚9−1+印綬	10癸58辛9−1+偏印	41甲59壬9−1+偏財	11甲60癸9−1+偏印
5	38辛50癸0+1−食神	9壬51甲1−0+偏官	37庚51甲0−1+偏財	8辛53丙1−0+偏財	38辛53丙0−1+印綬	9壬54丁0−1+偏財	39壬55戊0−1+正財	10癸56己0−1+偏官	41甲57庚9−1+偏官	11甲58辛9−1+正官	42乙59壬9−1+正財	12乙60癸9−1+印綬
6	39壬50癸0+1−劫財	10癸51甲1−9+正官	38辛52乙1−0+偏財	9壬53丙1−0+傷官	39壬54丁1−0+偏官	10癸55戊1−0+偏官	40癸55戊0−1+偏財	11甲56己0−1+正財	42乙57庚0−1+正官	12乙58辛9−1+偏官	43丙59壬0−1+食神	13丙60癸0−1+偏官
7	40癸50癸9+1−比肩	11甲51甲1−9+偏財	39壬52乙1−0+傷官	10癸53丙1−0+食神	40癸54丁1−0+正官	11甲55戊1−0+正財	41甲56己1−0+傷官	12乙56己0−1+偏財	43丙57庚0−1+偏財	13丙58辛0−1+正財	44丁60癸1−0+印綬	14丁 1甲1−0+偏官
8	41甲50癸9+1−印綬	12乙51甲1−9+正財	40癸52乙1−9+食神	11甲53丙1−9+劫財	41甲54丁1−0+偏財	12乙55戊1−0+偏財	42乙56己1−0+食神	13丙57庚1−0+食神	44丁58辛1−0+偏財	14丁59壬1−0+偏財	45戊60癸1−0+偏官	15戊 1甲1−0+正財
9	42乙50癸9+1−偏印	13丙51甲2−8+食神	41甲52乙1−9+劫財	12乙53丙1−9+比肩	42乙54丁1−9+正財	13丙55戊1−9+傷官	43丙56己1−0+劫財	14丁57庚1−0+傷官	45戊58辛1−0+傷官	15戊59壬1−0+傷官	46己60癸1−9+正官	16己 1甲1−9+偏財
10	43丙50癸8+2−正官	14丁51甲2−8+傷官	42乙52乙1−9+比肩	13丙53丙2−9+印綬	43丙54丁1−9+食神	14丁55戊1−9+食神	44丁56己1−0+比肩	15戊57庚1−0+比肩	46己58辛1−9+食神	16己59壬1−9+食神	47庚60癸1−9+偏財	17庚 1甲1−9+傷官
11	44丁50癸8+2−偏官	15戊51甲2−8+比肩	43丙52乙2−8+印綬	14丁53丙2−8+偏印	44丁54丁2−9+傷官	15戊55戊2−9+劫財	45戊56己1−9+印綬	16己57庚1−9+劫財	47庚58辛1−9+劫財	17庚59壬1−9+劫財	48辛60癸1−9+正財	18辛 1甲1−9+食神
12	45戊50癸8+2−正財	16己51甲3−7+印綬	44丁52乙2−8+偏印	15戊53丙2−8+正官	45戊54丁2−8+食神	16己55戊2−8+比肩	46己56己2−9+偏印	17庚57庚1−9+偏印	48辛58辛1−9+比肩	18辛59壬1−9+比肩	49壬60癸2−8+食神	19壬 1甲2−8+劫財
13	46己50癸7+3−偏財	17庚51甲3−7+偏官	45戊52乙2−8+正官	16己53丙3−8+偏官	46己54丁2−8+傷官	17庚55戊2−8+印綬	47庚56己2−9+正官	18辛57庚2−9+印綬	49壬58辛2−8+印綬	19壬59壬2−8+印綬	50癸60癸2−8+傷官	20癸 1甲2−8+比肩
14	47庚50癸7+3−傷官	18辛51甲3−7+正官	46己52乙3−7+偏官	17庚53丙3−7+正財	47庚54丁3−8+比肩	18辛55戊3−8+偏印	48辛56己2−8+偏官	19壬57庚2−8+偏官	50癸58辛2−8+偏印	20癸59壬2−8+偏印	51甲60癸2−8+比肩	21甲 1甲2−8+印綬
15	48辛50癸7+3−比肩	19壬51甲4−6+偏財	47庚52乙3−7+正財	18辛53丙3−7+食神	48辛54丁3−7+劫財	19壬55戊3−7+正官	49壬56己3−8+正財	20癸57庚2−8+正官	51甲58辛2−8+正官	21甲59壬2−8+正官	52乙60癸3−7+劫財	22乙 1甲3−7+偏印
16	49壬50癸6+4−印綬	20癸51甲4−6+正財	48辛52乙3−7+偏財	19壬53丙4−7+劫財	49壬54丁3−7+偏印	20癸55戊3−7+偏官	50癸56己3−8+偏財	21甲57庚3−8+偏財	52乙58辛3−7+偏官	22乙59壬3−7+偏官	53丙60癸3−7+偏印	23丙 1甲3−7+正官
17	50癸50癸6+4−偏印	21甲51甲4−6+食神	49壬52乙4−6+傷官	20癸53丙4−6+比肩	50癸54丁4−7+印綬	21甲55戊4−7+正財	51甲56己3−7+劫財	22乙57庚3−7+正財	53丙58辛3−7+正財	23丙59壬3−7+正財	54丁60癸3−7+印綬	24丁 1甲3−7+偏官
18	51甲50癸6+4−正財	22乙51甲5−5+傷官	50癸52乙4−6+食神	21甲53丙4−6+偏財	51甲54丁4−6+偏官	22乙55戊4−6+偏財	52乙56己4−7+比肩	23丙57庚3−7+食神	54丁58辛3−7+偏財	24丁59壬3−7+比肩	55戊60癸4−6+偏官	25戊 1甲4−6+正財
19	52乙50癸5+5−偏財	23丙51甲5−5+偏印	51甲52乙4−6+劫財	22乙53丙5−6+正財	52乙54丁4−6+正官	23丙55戊4−6+傷官	53丙56己4−7+印綬	24丁57庚4−7+正官	55戊58辛4−6+傷官	25戊59壬4−6+印綬	56己60癸4−6+正官	26己 1甲4−6+偏財
20	53丙50癸5+5−傷官	24丁51甲5−5+印綬	52乙52乙5−5+比肩	23丙53丙5−5+食神	53丙54丁5−6+偏財	24丁55戊5−6+食神	54丁56己4−6+食神	25戊57庚4−6+偏財	56己58辛4−6+食神	26己59壬4−6+偏印	57庚60癸4−6+食神	27庚 1甲4−6+傷官
21	54丁50癸5+5−食神	25戊51甲6−4+偏官	53丙52乙5−5+印綬	24丁53丙5−5+傷官	54丁54丁5−5+劫財	25戊55戊5−5+劫財	55戊56己5−6+劫財	26己57庚4−6+正財	57庚58辛4−6+劫財	27庚59壬4−6+偏印	58辛60癸5−5+傷官	28辛 1甲5−5+食神
22	55戊50癸4+6−劫財	26己51甲6−4+正官	54丁52乙5−5+偏印	25戊53丙6−5+比肩	55戊54丁5−5+偏印	26己55戊5−5+比肩	56己56己5−6+比肩	27庚57庚5−6+比肩	58辛58辛5−5+比肩	28辛59壬5−5+印綬	59壬60癸5−5+比肩	29壬 1甲5−5+劫財
23	56己50癸4+6−比肩	27庚51甲6−4+偏財	55戊52乙6−4+正官	26己53丙6−4+劫財	56己54丁6−5+印綬	27庚55戊6−5+印綬	57庚56己5−5+印綬	28辛57庚5−5+劫財	59壬58辛5−5+印綬	29壬59壬5−5+偏官	60癸60癸5−5+劫財	30癸 1甲5−5+比肩
24	57庚50癸4+6−印綬	28辛51甲7−3+正財	56己52乙6−4+偏官	27庚53丙6−4+偏印	57庚54丁6−4+偏官	28辛55戊6−4+偏印	58辛56己6−5+偏印	29壬57庚5−5+偏印	60癸58辛5−5+偏印	30癸59壬5−5+正官	1甲60癸6−4+偏印	31甲 1甲6−4+印綬
25	58辛50癸3+7−偏印	29壬51甲7−3+食神	57庚52乙6−4+正財	28辛53丙7−4+印綬	58辛54丁6−4+正官	29壬55戊6−4+正官	59壬56己6−5+正官	30癸57庚6−5+印綬	1甲58辛6−4+正官	31甲59壬6−4+偏財	2乙60癸6−4+印綬	32乙 1甲6−4+偏印
26	59壬50癸3+7−正官	30癸51甲7−3+傷官	58辛52乙7−3+偏財	29壬53丙7−3+偏官	59壬54丁7−4+偏財	30癸55戊7−4+偏財	60癸56己6−4+偏官	31甲57庚6−4+偏官	2乙58辛6−4+偏官	32乙59壬6−4+正財	3丙60癸6−4+偏官	33丙 1甲6−4+正官
27	60癸50癸3+7−偏官	31甲51甲8−2+比肩	59壬52乙7−3+傷官	30癸53丙7−3+正官	60癸54丁7−3+正財	31甲55戊7−3+傷官	1甲56己7−4+正財	32乙57庚6−4+正官	3丙58辛6−4+正財	33丙59壬6−4+食神	4丁60癸7−3+正官	34丁 1甲7−3+偏官
28	1甲50癸2+8−正財	32乙51甲8−2+劫財	60癸52乙7−3+食神	31甲53丙8−3+偏財	1甲54丁7−3+食神	32乙55戊7−3+食神	2乙56己7−4+偏財	33丙57庚7−4+偏財	4丁58辛7−3+偏財	34丁59壬7−3+傷官	5戊60癸7−3+偏財	35戊 1甲7−3+正財
29	2乙50癸2+8−偏財		1甲52乙8−2+劫財	32乙53丙8−2+正財	2乙54丁8−3+傷官	33丙55戊8−3+劫財	3丙56己7−3+傷官	34丁57庚7−3+正財	5戊58辛7−3+傷官	35戊59壬7−3+比肩	6己60癸7−3+正財	36己 1甲7−3+偏財
30	3丙50癸2+8−傷官		2乙52乙8−2+比肩	33丙53丙8−2+食神	3丙54丁8−2+比肩	34丁55戊8−2+比肩	4丁56己8−3+食神	35戊57庚7−3+食神	6己58辛7−3+食神	36己59壬7−3+劫財	7庚60癸8−2+食神	37庚 1甲8−2+傷官
31	4丁50癸1+9−食神		3丙52乙8−2+印綬		4丁54丁8−2+劫財		5戊56己8−3+劫財	36己57庚8−3+傷官		37庚59壬8−2+偏印		38辛 1甲8−2+食神

1974年（昭和49年）生まれ　51 甲（2/4〜翌 2/3）

日	1月	2月	3月	4月	5月	6月	7月	8月	9月	10月	11月	12月
	日干 月干 立年♂♀ 中心星	日干 月干 立年♂♀ 中心星	日干 月干 立年♂♀ 中心星	日干 月干 立年♂♀ 中心星	日干 月干 立年♂♀ 中心星	日干 月干 立年♂♀ 中心星	日干 月干 立年♂♀ 中心星	日干 月干 立年♂♀ 中心星	日干 月干 立年♂♀ 中心星	日干 月干 立年♂♀ 中心星	日干 月干 立年♂♀ 中心星	日干 月干 立年♂♀ 中心星
1	39壬 1甲8−2+劫財	10癸 2乙9−1+偏官	38辛 3丙2+8−正財	9壬 4丁1+9−傷官	39壬 5戊2+9−偏官	10癸 6己2+9−正財	40癸 7庚2+8−偏財	11甲 8辛2+8−正財	42乙 9壬2+8−正官	12乙 10癸3+8−偏官	43丙 11甲2+8−食神	13丙 12乙2+8−偏官
2	40癸 1甲9−1+比肩	11甲 2乙9−1+正財	39壬 3丙1+9−食神	10癸 4丁1+9−食神	40癸 5戊1+9−正官	11甲 6己1+9−食神	41甲 7庚2+9−傷官	12乙 8辛2+9−偏財	43丙 9壬2+8−偏財	13丙 10癸2+8−正財	44丁 11甲2+8−傷官	14丁 12乙2+8−正官
3	41甲 1甲9−1+印綬	12乙 2乙9−1+偏財	40癸 3丙1+9−傷官	11甲 4丁1+9−劫財	41甲 5戊1+9−偏財	12乙 6己1+9−傷官	42乙 7庚1+9−食神	13丙 8辛2+9−傷官	44丁 9壬2+9−正財	14丁 10癸2+8−偏財	45戊 11甲2+8−比肩	15戊 12乙1+8−偏財
4	42乙 1甲9−1+偏印	13丙 3丙0+1−食神	41甲 3丙1+9−比肩	12乙 4丁1+0−比肩	42乙 5戊1+0−正財	13丙 6己1+0−比肩	43丙 7庚1+9−劫財	14丁 8辛1+9−食神	45戊 9壬1+9−食神	15戊 10癸2+9−傷官	46己 11甲1+9−劫財	16己 12乙1+9−正財
5	43丙 1甲0−1+正官	14丁 3丙0+1−傷官	42乙 3丙1+0−劫財	13丙 5戊0+1−印綬	43丙 5戊1+0−食神	14丁 6己1+0−劫財	44丁 7庚1+0−比肩	15戊 8辛1+0−劫財	46己 9壬1+9−傷官	16己 10癸1+9−食神	47庚 11甲1+9−偏印	17庚 12乙1+9−食神
6	44丁 2乙1−0+偏官	15戊 3丙9+1−比肩	43丙 4丁0+1−印綬	14丁 5戊0+1−偏印	44丁 6己0+1−傷官	15戊 7庚0+1−劫財	45戊 7庚1+0−印綬	16己 8辛1+0−比肩	47庚 9壬1+0−比肩	17庚 10癸1+9−劫財	48辛 11甲1+9−印綬	18辛 12乙1+9−傷官
7	45戊 2乙1−9+正財	16己 3丙9+1−劫財	44丁 4丁0+1−偏印	15戊 5戊0+1−正官	45戊 6己0+1−比肩	16己 7庚0+1−比肩	46己 8辛0+1−偏印	17庚 8辛1+0−印綬	48辛 9壬1+0−劫財	18辛 10癸1+0−比肩	49壬 11甲1+0−偏官	19壬 13丙0+1−劫財
8	46己 2乙1−9+偏財	17庚 3丙9+1−偏印	45戊 4丁9+1−正官	16己 5戊9+1−偏官	46己 6己0+1−劫財	17庚 7庚0+1−印綬	47庚 8辛0+1−正官	18辛 9壬0+1−印綬	49壬 10癸0+1−印綬	19壬 10癸1+0−印綬	50癸 12乙0+1−傷官	20癸 13丙0+1−比肩
9	47庚 2乙1−9+傷官	18辛 3丙8+2−印綬	46己 4丁9+1−偏官	17庚 5戊9+1−正財	47庚 6己9+1−偏印	18辛 7庚9+1−偏印	48辛 8辛0+1−偏官	19壬 9壬0+1−偏官	50癸 10癸0+1−偏印	20癸 11甲0+1−偏印	51甲 12乙9+1−比肩	21甲 13丙9+1−印綬
10	48辛 2乙1−8+食神	19壬 3丙8+2−偏官	47庚 4丁9+1−正財	18辛 5戊9+2−偏財	48辛 6己9+1−印綬	19壬 7庚9+1−正官	49壬 8辛0+1−正財	20癸 9壬0+1−正官	51甲 10癸0+1−正官	21甲 11甲0+1−正官	52乙 12乙9+1−劫財	22乙 13丙9+1−偏印
11	49壬 2乙2−8+劫財	20癸 3丙8+2−正官	48辛 4丁8+2−偏財	19壬 5戊8+2−傷官	49壬 6己9+2−偏官	20癸 7庚9+2−偏官	50癸 8辛9+1−偏財	21甲 9壬9+1−偏財	52乙 10癸9+1−偏官	22乙 11甲9+1−偏官	53丙 12乙9+1−偏印	23丙 13丙9+1−正官
12	50癸 2乙2−8+比肩	21甲 3丙7+3−食神	49壬 4丁8+2−傷官	20癸 5戊8+2−食神	50癸 6己8+2−印綬	21甲 7庚8+2−正財	51甲 8辛9+2−傷官	22乙 9壬9+1−正財	53丙 10癸9+1−正財	23丙 11甲9+1−正財	54丁 12乙8+1−印綬	24丁 13丙8+2−偏官
13	51甲 2乙2−7+印綬	22乙 3丙7+3−傷官	50癸 4丁8+2−食神	21甲 5戊8+3−劫財	51甲 6己8+2−偏官	22乙 7庚8+2−偏財	52乙 8辛9+2−食神	23丙 9壬9+2−食神	54丁 10癸9+2−偏財	24丁 11甲9+1−偏財	55戊 12乙8+2−偏官	25戊 13丙8+2−正財
14	52乙 2乙3−7+偏印	23丙 3丙7+3−比肩	51甲 4丁7+3−劫財	22乙 5戊7+3−比肩	52乙 6己8+3−正官	23丙 7庚8+3−傷官	53丙 8辛8+2−劫財	24丁 9壬8+2−傷官	55戊 10癸8+2−傷官	25戊 11甲8+2−傷官	56己 12乙8+2−正官	26己 13丙8+2−偏財
15	53丙 2乙3−7+正官	24丁 3丙6+4−劫財	52乙 4丁7+3−比肩	23丙 5戊7+3−正官	53丙 6己7+3−偏財	24丁 7庚7+3−食神	54丁 8辛8+3−比肩	25戊 9壬8+2−比肩	56己 10癸8+2−食神	26己 11甲8+2−食神	57庚 12乙7+2−偏財	27庚 13丙7+3−傷官
16	54丁 2乙3−6+偏財	25戊 3丙6+4−偏印	53丙 4丁7+3−印綬	24丁 5戊7+4−偏官	54丁 6己7+3−正財	25戊 7庚7+3−劫財	55戊 8辛8+3−印綬	26己 9壬8+3−劫財	57庚 10癸8+3−劫財	27庚 11甲8+2−劫財	58辛 12乙7+3−正財	28辛 13丙7+3−食神
17	55戊 2乙4−6+傷官	26己 3丙6+4−印綬	54丁 4丁6+4−偏印	25戊 5戊6+4−正財	55戊 6己7+4−食神	26己 7庚7+4−比肩	56己 8辛7+3−偏官	27庚 9壬7+3−偏印	58辛 10癸7+3−比肩	28辛 11甲7+3−比肩	59壬 12乙7+3−食神	29壬 13丙7+3−劫財
18	56己 2乙4−6+食神	27庚 3丙5+5−偏官	55戊 4丁6+4−正官	26己 5戊6+4−劫財	56己 6己6+4−傷官	27庚 7庚6+4−印綬	57庚 8辛7+4−正財	28辛 9壬7+3−印綬	59壬 10癸7+3−印綬	29壬 11甲7+3−印綬	60癸 12乙6+3−傷官	30癸 13丙6+4−比肩
19	57庚 2乙4−5+印綬	28辛 3丙5+5−正財	56己 4丁6+4−偏官	27庚 5戊6+5−偏印	57庚 6己6+4−比肩	28辛 7庚6+4−偏印	58辛 8辛7+4−偏財	29壬 9壬7+4−比肩	60癸 10癸7+4−偏印	30癸 11甲7+3−偏財	1甲 12乙6+4−比肩	31甲 13丙6+4−印綬
20	58辛 2乙5−5+偏印	29壬 3丙5+5−食神	57庚 4丁5+5−正財	28辛 5戊5+5−印綬	58辛 6己6+5−劫財	29壬 7庚6+5−正官	59壬 8辛6+4−正官	30癸 9壬6+4−劫財	1甲 10癸6+4−正官	31甲 11甲6+4−傷官	2乙 12乙6+4−劫財	32乙 13丙6+4−偏印
21	59壬 2乙5−5+正官	30癸 3丙4+6−傷官	58辛 4丁5+5−偏財	29壬 5戊5+5−偏官	59壬 6己5+5−偏財	30癸 7庚5+5−偏官	60癸 8辛6+5−偏官	31甲 9壬6+4−偏印	2乙 10癸6+4−偏官	32乙 11甲6+4−食神	3丙 12乙5+4−偏官	33丙 13丙5+5−正官
22	60癸 2乙5−4+偏官	31甲 3丙4+6−比肩	59壬 4丁5+5−傷官	30癸 5戊5+6−正官	60癸 6己5+5−正財	31甲 7庚5+5−正財	1甲 8辛6+5−正財	32乙 9壬6+5−正官	3丙 10癸6+5−正財	33丙 11甲6+4−食神	4丁 12乙5+5−正官	34丁 13丙5+5−偏官
23	1甲 2乙6−4+正財	32乙 3丙4+6−劫財	60癸 4丁4+6−食神	31甲 5戊4+6−偏財	1甲 6己5+6−食神	32乙 7庚5+6−偏財	2乙 8辛5+5−偏財	33丙 9壬5+5−偏財	4丁 10癸5+5−偏財	34丁 11甲5+5−傷官	5戊 12乙5+5−偏財	35戊 13丙5+5−正財
24	2乙 2乙6−4+偏財	33丙 3丙3+7−偏印	1甲 4丁4+6−劫財	32乙 5戊4+6−正財	2乙 6己4+6−傷官	33丙 7庚4+6−傷官	3丙 8辛5+6−傷官	34丁 9壬5+5−正財	5戊 10癸5+5−傷官	35戊 11甲5+5−比肩	6己 12乙4+5−正財	36己 13丙4+6−偏財
25	3丙 2乙6−3+傷官	34丁 3丙3+7−印綬	2乙 4丁4+6−比肩	33丙 5戊4+7−食神	3丙 6己4+6−比肩	34丁 7庚4+6−食神	4丁 8辛5+6−食神	35戊 9壬5+6−食神	6己 10癸5+6−食神	36己 11甲5+5−劫財	7庚 12乙4+6−食神	37庚 13丙4+6−傷官
26	4丁 2乙7−3+食神	35戊 3丙3+7−偏官	3丙 4丁3+7−印綬	34丁 5戊3+7−傷官	4丁 6己4+7−劫財	35戊 7庚4+7−印綬	5戊 8辛4+6−劫財	36己 9壬4+6−傷官	7庚 10癸4+6−劫財	37庚 11甲4+6−偏印	8辛 12乙4+6−傷官	38辛 13丙4+6−食神
27	5戊 2乙7−3+劫財	36己 3丙2+8−正官	4丁 4丁3+7−偏印	35戊 5戊3+7−比肩	5戊 6己3+7−偏印	36己 7庚3+7−偏印	6己 8辛4+7−比肩	37庚 9壬4+6−比肩	8辛 10癸4+6−比肩	38辛 11甲4+6−印綬	9壬 12乙3+6−比肩	39壬 13丙3+7−劫財
28	6己 2乙7−2+比肩	37庚 3丙2+8−偏財	5戊 4丁3+7−正官	36己 5戊3+8−劫財	6己 6己3+7−印綬	37庚 7庚3+7−正官	7庚 8辛4+7−印綬	38辛 9壬4+7−劫財	9壬 10癸4+7−印綬	39壬 11甲4+6−偏官	10癸 12乙3+7−劫財	40癸 13丙3+7−比肩
29	7庚 2乙8−2+印綬		6己 4丁2+8−偏官	37庚 5戊2+8−偏印	7庚 6己3+8−偏官	38辛 7庚3+8−偏官	8辛 8辛3+7−偏印	39壬 9壬3+7−偏印	10癸 10癸3+7−偏印	40癸 11甲3+7−正官	11甲 12乙3+7−偏印	41甲 13丙3+7−印綬
30	8辛 2乙8−2+偏印		7庚 4丁2+8−正財	38辛 5戊2+8−印綬	8辛 6己2+8−正官	39壬 7庚2+8−正財	9壬 8辛3+8−正官	40癸 9壬3+7−印綬	11甲 10癸3+7−正官	41甲 11甲3+7−偏財	12乙 12乙2+7−印綬	42乙 13丙2+8−偏印
31	9壬 2乙8−1+正官		8辛 4丁2+8−偏財		9壬 6己2+8−偏財		10癸 8辛3+8−偏官	41甲 9壬3+8−偏官		42乙 11甲3+7−正財		43丙 13丙2+8−正官

1975年（昭和50年）生まれ　52 乙（2/4〜翌 2/4）

日	1月	2月	3月	4月	5月	6月	7月	8月	9月	10月	11月	12月
	日干 月干 立年♂♀ 中心星	日干 月干 立年♂♀ 中心星	日干 月干 立年♂♀ 中心星	日干 月干 立年♂♀ 中心星	日干 月干 立年♂♀ 中心星	日干 月干 立年♂♀ 中心星	日干 月干 立年♂♀ 中心星	日干 月干 立年♂♀ 中心星	日干 月干 立年♂♀ 中心星	日干 月干 立年♂♀ 中心星	日干 月干 立年♂♀ 中心星	日干 月干 立年♂♀ 中心星
1	44丁13丙2+8−偏官	15戊14丁1+9−劫財	43丙15戊8−2+偏印	14丁16己9−1+偏印	44丁17庚9−2+傷官	15戊18辛9−2+偏印	45戊19壬8−2+印綬	16己20癸8−2+比肩	47庚21甲8−2+比肩	17庚22乙8−3+劫財	48辛23丙8−2+印綬	18辛24丁8−2+傷官
2	45戊13丙1+9−正財	16己14丁1+9−比肩	44丁15戊9−1+印綬	15戊16己9−1+正官	45戊17庚9−1+比肩	16己18辛9−1+印綬	46己19壬9−2+偏印	17庚20癸8−2+印綬	48辛21甲8−2+劫財	18辛22乙8−2+比肩	49壬23丙8−2+傷官	19壬24丁8−2+比肩
3	46己13丙1+9−偏財	17庚14丁1+9−印綬	45戊15戊9−1+偏官	16己16己9−1+偏官	46己17庚9−1+劫財	17庚18辛9−1+偏官	47庚19壬9−2+正官	18辛20癸9−2+偏印	49壬21甲9−2+偏印	19壬22乙8−2+印綬	50癸23丙8−2+正官	20癸24丁8−2+劫財
4	47庚13丙1+9−傷官	18辛15戊1−0+印綬	46己15戊9−1+正官	17庚16己0−1+正財	47庚17庚0−1+偏印	18辛18辛0−1+正官	48辛19壬9−1+偏官	19壬20癸9−1+正官	50癸21甲9−1+印綬	20癸22乙9−2+偏印	51甲23丙9−1+偏財	21甲24丁9−1+偏印
5	48辛13丙1+0−食神	19壬15戊1−0+偏官	47庚15戊0−1+偏財	18辛17庚1−0+偏財	48辛17庚0−1+印綬	19壬18辛0−1+偏財	49壬19壬0−1+正財	20癸20癸9−1+偏官	51甲21甲9−1+偏官	21甲22乙9−1+正官	52乙23丙9−1+正財	22乙24丁9−1+印綬
6	49壬14丁0+1−劫財	20癸15戊1−9+正官	48辛16己1−0+偏財	19壬17庚1−0+傷官	49壬18辛1−0+偏官	20癸19壬1−0+偏官	50癸19壬0−1+偏財	21甲20癸0−1+正財	52乙21甲0−1+正官	22乙22乙9−1+偏官	53丙23丙9−1+食神	23丙24丁9−1+偏官
7	50癸14丁9+1−比肩	21甲15戊1−9+偏財	49壬16己1−0+傷官	20癸17庚1−0+食神	50癸18辛1−0+正官	21甲19壬1−0+正財	51甲19壬0−1+傷官	22乙20癸0−1+偏財	53丙21甲0−1+偏財	23丙22乙0−1+正財	54丁23丙0−1+傷官	24丁24丁0−1+正官
8	51甲14丁9+1−印綬	22乙15戊1−9+正財	50癸16己1−9+食神	21甲17庚1−9+劫財	51甲18辛1−0+偏財	22乙19壬1−0+偏財	52乙20癸1−0+食神	23丙21甲1−0+食神	54丁22乙1−0+偏財	24丁22乙0−1+偏財	55戊24丁1−0+偏官	25戊25戊1−0+正財
9	52乙14丁9+1−偏印	23丙15戊2−8+食神	51甲16己1−9+劫財	22乙17庚1−9+比肩	52乙18辛1−9+正財	23丙19壬1−0+傷官	53丙20癸1−0+劫財	24丁21甲1−0+傷官	55戊22乙1−0+傷官	25戊23丙1−0+傷官	56己24丁1−0+正官	26己25戊1−9+偏財
10	53丙14丁8+1−正官	24丁15戊2−8+傷官	52乙16己1−9+比肩	23丙17庚2−9+印綬	53丙18辛1−9+食神	24丁19壬1−9+食神	54丁20癸1−0+比肩	25戊21甲1−0+比肩	56己22乙1−0+食神	26己23丙1−0+食神	57庚24丁1−9+偏財	27庚25戊1−9+傷官
11	54丁14丁8+2−偏官	25戊15戊2−8+比肩	53丙16己2−8+印綬	24丁17庚2−8+偏印	54丁18辛2−9+傷官	25戊19壬2−9+劫財	55戊20癸1−9+印綬	26己21甲1−9+劫財	57庚22乙1−9+劫財	27庚23丙1−9+劫財	58辛24丁1−9+正財	28辛25戊1−9+食神
12	55戊14丁8+2−正財	26己15戊3−7+印綬	54丁16己2−8+偏印	25戊17庚2−8+正官	55戊18辛2−8+食神	26己19壬2−9+比肩	56己20癸1−9+偏印	27庚21甲1−9+偏印	58辛22乙1−9+比肩	28辛23丙1−9+比肩	59壬24丁1−9+食神	29壬25戊1−8+劫財
13	56己14丁7+2−偏財	27庚15戊3−7+偏官	55戊16己2−8+正官	26己17庚3−8+偏官	56己18辛2−8+傷官	27庚19壬2−8+印綬	57庚20癸2−9+正官	28辛21甲2−9+印綬	59壬22乙2−9+印綬	29壬23丙1−9+印綬	60癸24丁2−8+傷官	30癸25戊2−8+比肩
14	57庚14丁7+3−傷官	28辛15戊3−7+正官	56己16己3−7+偏官	27庚17庚3−7+正財	57庚18辛3−8+比肩	28辛19壬3−8+偏印	58辛20癸2−8+偏官	29壬21甲2−8+偏官	60癸22乙2−8+偏印	30癸23丙2−8+偏印	1甲24丁2−8+比肩	31甲25戊2−8+印綬
15	58辛14丁7+3−食神	29壬15戊4−6+偏財	57庚16己3−7+正財	28辛17庚3−7+食神	58辛18辛3−7+劫財	29壬19壬3−8+正官	59壬20癸2−8+正財	30癸21甲2−8+正官	1甲22乙2−8+正官	31甲23丙2−8+正官	2乙24丁2−8+劫財	32乙25戊2−7+偏印
16	59壬14丁6+3−印綬	30癸15戊4−6+正財	58辛16己3−7+偏財	29壬17庚4−7+劫財	59壬18辛3−7+偏印	30癸19壬3−7+偏官	60癸20癸3−8+偏財	31甲21甲3−8+偏財	2乙22乙3−8+偏官	32乙23丙2−8+偏官	3丙24丁3−7+偏印	33丙25戊3−7+正官
17	60癸14丁6+4−偏印	31甲15戊4−6+食神	59壬16己4−6+傷官	30癸17庚4−6+比肩	60癸18辛4−7+印綬	31甲19壬4−7+正財	1甲20癸3−7+傷官	32乙21甲3−7+正財	3丙22乙3−7+正財	33丙23丙3−7+正財	4丁24丁3−7+印綬	34丁25戊3−7+偏官
18	1甲14丁6+4−正官	32乙15戊5−5+傷官	60癸16己4−6+食神	31甲17庚4−6+偏財	1甲18辛4−6+偏官	32乙19壬4−7+偏財	2乙20癸3−7+比肩	33丙21甲3−7+食神	4丁22乙3−7+偏財	34丁23丙3−7+偏財	5戊24丁3−7+偏官	35戊25戊3−6+正財
19	2乙14丁5+4−偏財	33丙15戊5−5+偏印	1甲16己4−6+劫財	32乙17庚5−6+正財	2乙18辛4−6+正官	33丙19壬4−6+傷官	3丙20癸4−7+印綬	34丁21甲4−7+正官	5戊22乙4−7+傷官	35戊23丙3−7+印綬	6己24丁4−6+正官	36己25戊4−6+偏財
20	3丙14丁5+5−傷官	34丁15戊5−5+印綬	2乙16己5−5+比肩	33丙17庚5−5+食神	3丙18辛5−6+偏財	34丁19壬5−6+食神	4丁20癸4−6+偏印	35戊21甲4−6+偏財	6己22乙4−6+食神	36己23丙4−6+偏印	7庚24丁4−6+偏財	37庚25戊4−6+偏印
21	4丁14丁5+5−食神	35戊15戊6−4+偏官	3丙16己5−5+印綬	34丁17庚5−5+傷官	4丁18辛5−5+劫財	35戊19壬5−6+劫財	5戊20癸4−6+劫財	36己21甲4−6+正財	7庚22乙4−6+劫財	37庚23丙4−6+正官	8辛24丁4−6+傷官	38辛25戊4−5+食神
22	5戊14丁4+5−劫財	36己15戊6−4+正官	4丁16己5−5+偏印	35戊17庚6−5+比肩	5戊18辛5−5+偏印	36己19壬5−5+比肩	6己20癸5−6+比肩	37庚21甲5−6+比肩	8辛22乙5−6+比肩	38辛23丙4−6+印綬	9壬24丁5−5+比肩	39壬25戊5−5+劫財
23	6己14丁4+6−比肩	37庚15戊6−4+偏財	5戊16己6−4+正官	36己17庚6−4+劫財	6己18辛6−5+印綬	37庚19壬6−5+印綬	7庚20癸5−5+印綬	38辛21甲5−5+劫財	9壬22乙5−5+印綬	39壬23丙5−5+偏官	10癸24丁5−5+劫財	40癸25戊5−5+比肩
24	7庚14丁4+6−印綬	38辛15戊7−3+正財	6己16己6−4+偏官	37庚17庚6−4+偏印	7庚18辛6−4+偏官	38辛19壬6−5+偏印	8辛20癸5−5+偏印	39壬21甲5−5+偏印	10癸22乙5−5+偏印	40癸23丙5−5+正官	11甲24丁5−5+偏印	41甲25戊5−4+印綬
25	8辛14丁3+6−偏印	39壬15戊7−3+食神	7庚16己6−4+正財	38辛17庚7−4+印綬	8辛18辛6−4+正官	39壬19壬6−4+正官	9壬20癸6−5+正官	40癸21甲6−5+印綬	11甲22乙6−5+正官	41甲23丙5−5+偏財	12乙24丁6−4+印綬	42乙25戊6−4+偏印
26	9壬14丁3+7−正官	40癸15戊7−3+傷官	8辛16己7−3+偏財	39壬17庚7−3+偏官	9壬18辛7−4+偏財	40癸19壬7−4+偏財	10癸20癸6−4+偏官	41甲21甲6−4+偏官	12乙22乙6−4+偏官	42乙23丙6−4+正財	13丙24丁6−4+偏官	43丙25戊6−4+正官
27	10癸14丁3+7−偏官	41甲15戊8−2+比肩	9壬16己7−3+傷官	40癸17庚7−3+正官	10癸18辛7−3+正財	41甲19壬7−4+傷官	11甲20癸6−4+正財	42乙21甲6−4+正官	13丙22乙6−4+正財	43丙23丙6−4+食神	14丁24丁6−4+正官	44丁25戊6−3+偏官
28	11甲14丁2+7−正財	42乙15戊8−2+劫財	10癸16己7−3+食神	41甲17庚8−3+偏財	11甲18辛7−3+食神	42乙19壬7−3+食神	12乙20癸7−4+偏財	43丙21甲7−4+偏財	14丁22乙7−4+偏財	44丁23丙6−4+傷官	15戊24丁7−3+偏財	45戊25戊7−3+正財
29	12乙14丁2+8−偏財		11甲16己8−2+劫財	42乙17庚8−2+正財	12乙18辛8−3+傷官	43丙19壬8−3+劫財	13丙20癸7−3+傷官	44丁21甲7−3+正財	15戊22乙7−3+傷官	45戊23丙7−3+比肩	16己24丁7−3+正財	46己25戊7−3+偏財
30	13丙14丁2+8−傷官		12乙16己8−2+比肩	43丙17庚8−2+食神	13丙18辛8−2+比肩	44丁19壬8−3+比肩	14丁20癸7−3+食神	45戊21甲7−3+食神	16己22乙7−3+食神	46己23丙7−3+劫財	17庚24丁7−3+食神	47庚25戊7−2+傷官
31	14丁14丁1+8−食神		13丙16己8−2+印綬		14丁18辛8−2+劫財		15戊20癸8−3+劫財	46己21甲8−3+傷官		47庚23丙7−3+偏印		48辛25戊8−2+食神

1976年（昭和51年）生まれ　53 丙（2/5～翌 2/3）

日	1月	2月	3月	4月	5月	6月	7月	8月	9月	10月	11月	12月
日	日干 月干 立年♂♀ 中心星	日干 月干 立年♂♀ 中心星	日干 月干 立年♂♀ 中心星	日干 月干 立年♂♀ 中心星	日干 月干 立年♂♀ 中心星	日干 月干 立年♂♀ 中心星	日干 月干 立年♂♀ 中心星	日干 月干 立年♂♀ 中心星	日干 月干 立年♂♀ 中心星	日干 月干 立年♂♀ 中心星	日干 月干 立年♂♀ 中心星	日干 月干 立年♂♀ 中心星
1	49壬25戊8−2+劫財	20癸26己9−1+偏官	49壬27庚1+8−食神	20癸28辛1+9−食神	50癸29壬1+9−正官	21甲30癸1+9−食神	51甲31甲2+9−傷官	22乙32乙2+8−偏財	53丙33丙2+8−偏財	23丙34丁2+8−正財	54丁35戊2+8−傷官	24丁36己2+8−正官
2	50癸25戊8−1+比肩	21甲26己9−1+正財	50癸27庚1+9−傷官	21甲28辛1+9−劫財	51甲29壬1+9−偏財	22乙30癸1+9−傷官	52乙31甲2+9−食神	23丙32乙2+9−傷官	54丁33丙2+9−正財	24丁34丁2+8−偏財	55戊35戊2+8−比肩	25戊36己2+8−偏財
3	51甲25戊9−1+印綬	22乙26己9−1+偏財	51甲27庚1+9−比肩	22乙28辛1+0−比肩	52乙29壬1+9−正財	23丙30癸1+0−比肩	53丙31甲1+9−劫財	24丁32乙1+9−食神	55戊33丙1+9−食神	25戊34丁2+9−傷官	56己35戊1+9−劫財	26己36己1+9−正財
4	52乙25戊9−1+偏印	23丙26己0−1+傷官	52乙27庚1+9−劫財	23丙28辛1+0−印綬	53丙29壬1+0−食神	24丁30癸1+0−劫財	54丁31甲1+0−比肩	25戊32乙1+9−劫財	56己33丙1+9−傷官	26己34丁1+9−食神	57庚35戊1+9−偏印	27庚36己1+9−食神
5	53丙25戊9−1+正官	24丁27庚0+1−傷官	53丙28辛0+1−印綬	24丁29壬0+1−偏印	54丁30癸0+1−傷官	25戊31甲0+1−劫財	55戊31甲1+0−印綬	26己32乙1+0−比肩	57庚33丙1+0−比肩	27庚34丁1+9−劫財	58辛35戊1+9−印綬	28辛36己1+9−傷官
6	54丁26己1−0+偏官	25戊27庚9+1−比肩	54丁28辛0+1−偏印	25戊29壬0+1−正官	55戊30癸0+1−比肩	26己31甲0+1−比肩	56己31甲1+0−偏印	27庚32乙1+0−印綬	58辛33丙1+0−劫財	28辛34丁1+0−比肩	59壬35戊1+0−偏官	29壬36己1+0−比肩
7	55戊26己1−0+正財	26己27庚9+1−劫財	55戊28辛0+1−正官	26己29壬9+1−偏官	56己30癸0+1−劫財	27庚31甲0+1−印綬	57庚32乙0+1−正官	28辛33丙0+1−印綬	59壬34丁0+1−印綬	29壬34丁1+0−印綬	60癸36己0+1−傷官	30癸37庚0+1−比肩
8	56己26己1−9+偏財	27庚27庚9+1−偏印	56己28辛9+1−偏官	27庚29壬9+1−正財	57庚30癸9+1−偏印	28辛31甲0+1−偏印	58辛32乙0+1−偏官	29壬33丙0+1−偏官	60癸34丁0+1−偏印	30癸35戊0+1−偏印	1甲36己0+1−比肩	31甲37庚9+1−印綬
9	57庚26己1−9+傷官	28辛27庚8+1−印綬	57庚28辛9+1−正財	28辛29壬9+1−偏財	58辛30癸9+1−印綬	29壬31甲9+1−正官	59壬32乙0+1−正財	30癸33丙0+1−正官	1甲34丁0+1−正官	31甲35戊0+1−正官	2乙36己9+1−劫財	32乙37庚9+1−偏印
10	58辛26己1−9+食神	29壬27庚8+2−偏官	58辛28辛9+2−偏財	29壬29壬8+2−傷官	59壬30癸9+2−偏官	30癸31甲9+2−偏官	60癸32乙9+1−偏財	31甲33丙9+1−偏財	2乙34丁9+1−偏官	32乙35戊9+1−偏官	3丙36己9+1−偏印	33丙37庚9+1−正官
11	59壬26己2−8+劫財	30癸27庚8+2−正官	59壬28辛8+2−傷官	30癸29壬8+2−食神	60癸30癸8+2−印綬	31甲31甲9+2−正財	1甲32乙9+1−傷官	32乙33丙9+1−正財	3丙34丁9+1−正財	33丙35戊9+1−正財	4丁36己9+1−印綬	34丁37庚8+1−偏官
12	60癸26己2−8+比肩	31甲27庚7+2−偏財	60癸28辛8+2−食神	31甲29壬8+2−劫財	1甲30癸8+2−偏官	32乙31甲8+2−偏財	2乙32乙9+2−食神	33丙33丙9+2−食神	4丁34丁9+2−偏財	34丁35戊9+1−偏財	5戊36己8+2−偏官	35戊37庚8+2−正財
13	1甲26己2−8+印綬	32乙27庚7+3−傷官	1甲28辛8+3−劫財	32乙29壬7+3−比肩	2乙30癸8+3−正官	33丙31甲8+3−偏官	3丙32乙8+2−劫財	34丁33丙8+2−傷官	5戊34丁8+2−傷官	35戊35戊8+2−傷官	6己36己8+2−正官	36己37庚8+2−劫財
14	2乙26己3−7+偏印	33丙27庚7+3−比肩	2乙28辛7+3−比肩	33丙29壬7+3−印綬	3丙30癸7+3−偏財	34丁31甲8+3−食神	4丁32乙8+2−比肩	35戊33丙8+2−比肩	6己34丁8+2−食神	36己35戊8+2−食神	7庚36己8+2−偏財	37庚37庚7+2−傷官
15	3丙26己3−7+正官	34丁27庚6+3−劫財	3丙28辛7+3−印綬	34丁29壬7+3−偏官	4丁30癸7+3−正財	35戊31甲7+3−劫財	5戊32乙8+3−印綬	36己33丙8+3−劫財	7庚34丁8+3−劫財	37庚35戊8+2−劫財	8辛36己7+3−正財	38辛37庚7+3−食神
16	4丁26己3−7+偏財	35戊27庚6+4−偏印	4丁28辛7+4−偏印	35戊29壬6+4−正財	5戊30癸7+4−食神	36己31甲7+4−比肩	6己32乙7+3−偏印	37庚33丙7+3−偏印	8辛34丁7+3−比肩	38辛35戊7+3−比肩	9壬36己7+3−食神	39壬37庚7+3−劫財
17	5戊26己4−6+傷官	36己27庚6+4−印綬	5戊28辛6+4−正官	36己29壬6+4−偏財	6己30癸6+4−傷官	37庚31甲7+4−印綬	7庚32乙7+3−正財	38辛33丙7+3−印綬	9壬34丁7+3−印綬	39壬35戊7+3−印綬	10癸36己7+3−傷官	40癸37庚6+3−比肩
18	6己26己4−6+食神	37庚27庚5+4−偏官	6己28辛6+4−偏官	37庚29壬6+4−偏印	7庚30癸6+4−比肩	38辛31甲6+4−偏印	8辛32乙7+4−偏財	39壬33丙7+4−比肩	10癸34丁7+4−偏印	40癸35戊7+3−偏財	11甲36己6+4−比肩	41甲37庚6+4−印綬
19	7庚26己4−6+印綬	38辛27庚5+5−正官	7庚28辛6+5−正財	38辛29壬5+5−印綬	8辛30癸6+5−劫財	39壬31甲6+5−正官	9壬32乙6+4−傷官	40癸33丙6+4−劫財	11甲34丁6+4−正官	41甲35戊6+4−傷官	12乙36己6+4−劫財	42乙37庚6+4−偏印
20	8辛26己5−5+偏印	39壬27庚5+5−食神	8辛28辛5+5−偏財	39壬29壬5+5−偏官	9壬30癸5+5−偏財	40癸31甲6+5−偏財	10癸32乙6+4−偏官	41甲33丙6+4−偏印	12乙34丁6+4−偏官	42乙35戊6+4−食神	13丙36己6+4−偏官	43丙37庚5+4−正官
21	9壬26己5−5+正官	40癸27庚4+5−傷官	9壬28辛5+5−傷官	40癸29壬5+5−正官	10癸30癸5+5−正財	41甲31甲5+5−正財	11甲32乙6+5−正財	42乙33丙6+5−正官	13丙34丁6+5−正財	43丙35戊6+4−食神	14丁36己5+5−正官	44丁37庚5+5−傷官
22	10癸26己5−5+偏官	41甲27庚4+6−比肩	10癸28辛5+6−食神	41甲29壬4+6−偏財	11甲30癸5+6−食神	42乙31甲5+6−偏財	12乙32乙5+5−偏財	43丙33丙5+5−偏財	14丁34丁5+5−偏財	44丁35戊5+5−傷官	15戊36己5+5−偏財	45戊37庚5+5−正財
23	11甲26己6−4+正財	42乙27庚4+6−劫財	11甲28辛4+6−劫財	42乙29壬4+6−正財	12乙30癸4+6−傷官	43丙31甲5+6−偏官	13丙32乙5+5−傷官	44丁33丙5+5−正財	15戊34丁5+5−傷官	45戊35戊5+5−比肩	16己36己5+5−正財	46己37庚4+5−偏財
24	12乙26己6−4+偏財	43丙27庚3+6−偏印	12乙28辛4+6−比肩	43丙29壬4+6−食神	13丙30癸4+6−比肩	44丁31甲4+6−食神	14丁32乙5+6−食神	45戊33丙5+6−食神	16己34丁5+6−食神	46己35戊5+5−劫財	17庚36己4+6−食神	47庚37庚4+6−傷官
25	13丙26己6−4+傷官	44丁27庚3+7−印綬	13丙28辛4+7−印綬	44丁29壬3+7−傷官	14丁30癸4+7−劫財	45戊31甲4+7−印綬	15戊32乙4+6−劫財	46己33丙4+6−傷官	17庚34丁4+6−劫財	47庚35戊4+6−偏印	18辛36己4+6−傷官	48辛37庚4+6−食神
26	14丁26己7−3+食神	45戊27庚3+7−偏官	14丁28辛3+7−偏印	45戊29壬3+7−比肩	15戊30癸3+7−偏印	46己31甲4+7−偏印	16己32乙4+6−比肩	47庚33丙4+6−比肩	18辛34丁4+6−比肩	48辛35戊4+6−印綬	19壬36己4+6−比肩	49壬37庚3+6−劫財
27	15戊26己7−3+劫財	46己27庚2+7−正官	15戊28辛3+7−正官	46己29壬3+7−劫財	16己30癸3+7−印綬	47庚31甲3+7−正官	17庚32乙4+7−印綬	48辛33丙4+7−劫財	19壬34丁4+7−印綬	49壬35戊4+6−偏官	20癸36己3+7−劫財	50癸37庚3+7−比肩
28	16己26己7−3+比肩	47庚27庚2+8−偏財	16己28辛3+8−偏官	47庚29壬2+8−偏印	17庚30癸3+8−偏官	48辛31甲3+8−偏官	18辛32乙3+7−偏印	49壬33丙3+7−偏印	20癸34丁3+7−偏印	50癸35戊3+7−正官	21甲36己3+7−偏印	51甲37庚3+7−印綬
29	17庚26己8−2+印綬	48辛27庚2+8−正財	17庚28辛2+8−正財	48辛29壬2+8−印綬	18辛30癸2+8−正官	49壬31甲3+8−傷官	19壬32乙3+7−正官	50癸33丙3+7−印綬	21甲34丁3+7−正官	51甲35戊3+7−偏財	22乙36己3+7−印綬	52乙37庚2+7−偏印
30	18辛26己8−2+偏印		18辛28辛2+8−偏財	49壬29壬2+8−偏官	19壬30癸2+8−偏財	50癸31甲2+8−偏財	20癸32乙3+8−傷官	51甲33丙3+8−傷官	22乙34丁3+8−偏官	52乙35戊3+7−正財	23丙36己2+8−傷官	53丙37庚2+8−正官
31	19壬26己8−2+正官		19壬28辛2+9−傷官		20癸30癸2+9−正財		21甲32乙2+8−正財	52乙33丙2+8−正官		53丙35戊2+8−食神		54丁37庚2+8−偏官

1977年（昭和52年）生まれ　54 丁（2/4～翌 2/3）

日	1月	2月	3月	4月	5月	6月	7月	8月	9月	10月	11月	12月
	日干 月干 立年♂♀ 中心星	日干 月干 立年♂♀ 中心星	日干 月干 立年♂♀ 中心星	日干 月干 立年♂♀ 中心星	日干 月干 立年♂♀ 中心星	日干 月干 立年♂♀ 中心星	日干 月干 立年♂♀ 中心星	日干 月干 立年♂♀ 中心星	日干 月干 立年♂♀ 中心星	日干 月干 立年♂♀ 中心星	日干 月干 立年♂♀ 中心星	日干 月干 立年♂♀ 中心星
1	55戊37庚1+8−正財	26己38辛1+9−比肩	54丁39壬8−2+印綬	25戊40癸9−1+正官	55戊41甲9−1+比肩	26己42乙9−2+印綬	56己43丙8−2+偏印	27庚44丁8−2+印綬	58辛45戊8−2+劫財	28辛46己8−2+比肩	59壬47庚8−2+傷官	29壬48辛8−2+比肩
2	56己37庚1+9−偏財	27庚38辛1+9−印綬	55戊39壬9−1+偏官	26己40癸9−1+偏官	56己41甲9−1+劫財	27庚42乙9−1+偏官	57庚43丙9−2+正官	28辛44丁9−2+偏印	59壬45戊8−2+偏印	29壬46己8−2+印綬	60癸47庚8−2+正官	30癸48辛8−2+劫財
3	57庚37庚1+9−傷官	28辛38辛1+0−偏印	56己39壬9−1+正官	27庚40癸9−1+正財	57庚41甲9−1+偏印	28辛42乙0−1+正官	58辛43丙9−1+偏官	29壬44丁9−2+正官	60癸45戊9−2+印綬	30癸46己8−2+偏印	1甲47庚9−1+偏財	31甲48辛9−1+偏印
4	58辛37庚1+9−食神	29壬39壬1−0+偏官	57庚39壬9−1+偏財	28辛40癸0−1+偏財	58辛41甲0−1+印綬	29壬42乙0−1+偏財	59壬43丙9−1+正財	30癸44丁9−1+偏官	1甲45戊9−1+偏官	31甲46己9−1+正官	2乙47庚9−1+正財	32乙48辛9−1+印綬
5	59壬38辛0+1−劫財	30癸39壬1−0+正官	58辛39壬0−1+正財	29壬41甲1−0+傷官	59壬42乙1−0+偏官	30癸42乙0−1+正財	60癸43丙0−1+偏財	31甲44丁0−1+正財	2乙45戊9−1+正官	32乙46己9−1+偏官	3丙47庚9−1+食神	33丙48辛9−1+偏官
6	60癸38辛0+1−比肩	31甲39壬1−9+偏財	59壬40癸1−0+傷官	30癸41甲1−0+食神	60癸42乙1−0+正官	31甲43丙1−0+正財	1甲43丙0−1+傷官	32乙44丁0−1+偏財	3丙45戊0−1+偏財	33丙46己9−1+正財	4丁47庚0−1+傷官	34丁48辛0−1+正官
7	1甲38辛9+1−印綬	32乙39壬1−9+正財	60癸40癸1−0+食神	31甲41甲1−9+劫財	1甲42乙1−0+偏財	32乙43丙1−0+偏財	2乙44丁1−0+食神	33丙44丁0−1+傷官	4丁45戊0−1+正財	34丁46己0−1+偏財	5戊48辛1−0+偏官	35戊49壬1−0+正財
8	2乙38辛9+1−偏印	33丙39壬1−9+食神	1甲40癸1−9+劫財	32乙41甲1−9+比肩	2乙42乙1−0+正財	33丙43丙1−0+傷官	3丙44丁1−0+劫財	34丁45戊1−0+傷官	5戊46己1−0+傷官	35戊47庚1−0+傷官	6己48辛1−0+正官	36己49壬1−0+偏財
9	3丙38辛9+1−正官	34丁39壬2−8+傷官	2乙40癸1−9+比肩	33丙41甲1−9+印綬	3丙42乙1−9+食神	34丁43丙1−9+食神	4丁44丁1−0+比肩	35戊45戊1−0+比肩	6己46己1−0+食神	36己47庚1−0+食神	7庚48辛1−9+偏財	37庚49壬1−9+傷官
10	4丁38辛8+2−偏官	35戊39壬2−8+比肩	3丙40癸1−9+印綬	34丁41甲2−8+偏印	4丁42乙2−9+傷官	35戊43丙1−9+劫財	5戊44丁1−0+印綬	36己45戊1−0+劫財	7庚46己1−9+劫財	37庚47庚1−9+劫財	8辛48辛1−9+正財	38辛49壬1−9+食神
11	5戊38辛8+2−正財	36己39壬2−8+劫財	4丁40癸2−8+偏印	35戊41甲2−8+正官	5戊42乙2−9+食神	36己43丙2−9+比肩	6己44丁1−9+偏印	37庚45戊1−9+偏印	8辛46己1−9+比肩	38辛47庚1−9+比肩	9壬48辛1−9+食神	39壬49壬1−9+劫財
12	6己38辛8+2−偏財	37庚39壬3−7+偏官	5戊40癸2−8+正官	36己41甲2−8+偏官	6己42乙2−8+傷官	37庚43丙2−8+印綬	7庚44丁2−9+正官	38辛45戊1−9+印綬	9壬46己1−9+印綬	39壬47庚1−9+印綬	10癸48辛2−8+傷官	40癸49壬2−8+比肩
13	7庚38辛7+3−傷官	38辛39壬3−7+正官	6己40癸2−8+偏官	37庚41甲3−7+正財	7庚42乙3−8+比肩	38辛43丙2−8+偏印	8辛44丁2−9+偏官	39壬45戊2−9+偏官	10癸46己2−8+偏印	40癸47庚2−8+偏印	11甲48辛2−8+比肩	41甲49壬2−8+印綬
14	8辛38辛7+3−食神	39壬39壬3−7+偏財	7庚40癸3−7+正財	38辛41甲3−7+偏財	8辛42乙3−8+劫財	39壬43丙3−8+正官	9壬44丁2−8+正財	40癸45戊2−8+正官	11甲46己2−8+正官	41甲47庚2−8+正官	12乙48辛2−8+劫財	42乙49壬2−8+偏印
15	9壬38辛7+3−印綬	40癸39壬4−6+正財	8辛40癸3−7+偏財	39壬41甲3−7+劫財	9壬42乙3−7+偏印	40癸43丙3−7+偏官	10癸44丁3−8+偏財	41甲45戊2−8+偏財	12乙46己2−8+偏官	42乙47庚2−8+偏官	13丙48辛3−7+偏印	43丙49壬3−7+正官
16	10癸38辛6+4−偏印	41甲39壬4−6+食神	9壬40癸3−7+傷官	40癸41甲4−6+比肩	10癸42乙4−7+印綬	41甲43丙3−7+正財	11甲44丁3−8+傷官	42乙45戊3−8+正財	13丙46己3−7+正財	43丙47庚3−7+正財	14丁48辛3−7+印綬	44丁49壬3−7+偏官
17	11甲38辛6+4−正官	42乙39壬4−6+傷官	10癸40癸4−6+食神	41甲41甲4−6+印綬	11甲42乙4−7+偏官	42乙43丙4−7+偏財	12乙44丁3−7+比肩	43丙45戊3−7+食神	14丁46己3−7+偏財	44丁47庚3−7+偏財	15戊48辛3−7+傷官	45戊49壬3−7+正財
18	12乙38辛6+4−偏財	43丙39壬5−5+比肩	11甲40癸4−6+劫財	42乙41甲4−6+正財	12乙42乙4−6+正官	43丙43丙4−6+傷官	13丙44丁4−7+印綬	44丁45戊3−7+傷官	15戊46己3−7+偏財	45戊47庚3−7+印綬	16己48辛4−6+正官	46己49壬4−6+偏財
19	13丙38辛5+5−傷官	44丁39壬5−5+印綬	12乙40癸4−6+比肩	43丙41甲5−5+食神	13丙42乙5−6+偏財	44丁43丙4−6+食神	14丁44丁4−7+偏印	45戊45戊4−7+偏財	16己46己4−6+食神	46己47庚4−6+偏印	17庚48辛4−6+偏財	47庚49壬4−6+傷官
20	14丁38辛5+5−食神	45戊39壬5−5+偏官	13丙40癸5−5+印綬	44丁41甲5−5+傷官	14丁42乙5−6+劫財	45戊43丙5−6+劫財	15戊44丁4−6+劫財	46己45戊4−6+正財	17庚46己4−6+劫財	47庚47庚4−6+正官	18辛48辛4−6+傷官	48辛49壬4−6+食神
21	15戊38辛5+5−劫財	46己39壬6−4+正官	14丁40癸5−5+偏印	45戊41甲5−5+比肩	15戊42乙5−5+偏印	46己43丙5−5+比肩	16己44丁5−6+比肩	47庚45戊4−6+食神	18辛46己4−6+比肩	48辛47庚4−6+印綬	19壬48辛5−5+比肩	49壬49壬5−5+劫財
22	16己38辛4+6−比肩	47庚39壬6−4+偏財	15戊40癸5−5+正官	46己41甲6−4+劫財	16己42乙6−5+印綬	47庚43丙5−5+印綬	17庚44丁5−6+印綬	48辛45戊5−6+劫財	19壬46己5−5+印綬	49壬47庚5−5+偏官	20癸48辛5−5+劫財	50癸49壬5−5+比肩
23	17庚38辛4+6−印綬	48辛39壬6−4+正財	16己40癸6−4+偏官	47庚41甲6−4+偏印	17庚42乙6−5+偏官	48辛43丙6−5+偏印	18辛44丁5−5+偏印	49壬45戊5−5+偏印	20癸46己5−5+偏印	50癸47庚5−5+正官	21甲48辛5−5+偏印	51甲49壬5−5+印綬
24	18辛38辛4+6−偏印	49壬39壬7−3+食神	17庚40癸6−4+正財	48辛41甲6−4+印綬	18辛42乙6−4+正官	49壬43丙6−4+正官	19壬44丁6−5+正官	50癸45戊5−5+印綬	21甲46己5−5+正官	51甲47庚5−5+偏財	22乙48辛6−4+印綬	52乙49壬6−4+偏印
25	19壬38辛3+7−正官	50癸39壬7−3+傷官	18辛40癸6−4+偏財	49壬41甲7−3+偏官	19壬42乙7−4+偏財	50癸43丙6−4+偏官	20癸44丁6−5+偏官	51甲45戊6−5+偏官	22乙46己6−4+偏官	52乙47庚6−4+正財	23丙48辛6−4+偏官	53丙49壬6−4+正官
26	20癸38辛3+7−偏官	51甲39壬7−3+比肩	19壬40癸7−3+傷官	50癸41甲7−3+正官	20癸42乙7−4+正財	51甲43丙7−4+傷官	21甲44丁6−4+正財	52乙45戊6−4+正官	23丙46己6−4+正財	53丙47庚6−4+食神	24丁48辛6−4+正官	54丁49壬6−4+偏官
27	21甲38辛3+7−正財	52乙39壬8−2+劫財	20癸40癸7−3+食神	51甲41甲7−3+偏財	21甲42乙7−3+食神	52乙43丙7−3+食神	22乙44丁7−4+偏財	53丙45戊6−4+偏財	24丁46己6−4+偏財	54丁47庚6−4+傷官	25戊48辛7−3+偏財	55戊49壬7−3+正財
28	22乙38辛2+8−偏財	53丙39壬8−2+偏印	21甲40癸7−3+劫財	52乙41甲8−2+正財	22乙42乙8−3+傷官	53丙43丙7−3+劫財	23丙44丁7−4+傷官	54丁45戊7−4+正財	25戊46己7−3+傷官	55戊47庚7−3+比肩	26己48辛7−3+正財	56己49壬7−3+偏財
29	23丙38辛2+8−傷官		22乙40癸8−2+比肩	53丙41甲8−2+食神	23丙42乙8−3+比肩	54丁43丙8−3+比肩	24丁44丁7−3+食神	55戊45戊7−3+食神	26己46己7−3+食神	56己47庚7−3+劫財	27庚48辛7−3+食神	57庚49壬7−3+傷官
30	24丁38辛2+8−食神		23丙40癸8−2+印綬	54丁41甲8−2+傷官	24丁42乙8−2+劫財	55戊43丙8−2+印綬	25戊44丁8−3+劫財	56己45戊7−3+傷官	27庚46己7−3+劫財	57庚47庚7−3+偏印	28辛48辛8−2+傷官	58辛49壬8−2+食神
31	25戊38辛1+9−劫財		24丁40癸8−2+偏印		25戊42乙9−2+偏印		26己44丁8−3+比肩	57庚45戊8−3+比肩		58辛47庚8−2+印綬		59壬49壬8−2+劫財

1978年（昭和53年）生まれ　55 戊（2/4～翌 2/3）

日	1月	2月	3月	4月	5月	6月	7月	8月	9月	10月	11月	12月
	日干 月干 立年♂♀ 中心星	日干 月干 立年♂♀ 中心星	日干 月干 立年♂♀ 中心星	日干 月干 立年♂♀ 中心星	日干 月干 立年♂♀ 中心星	日干 月干 立年♂♀ 中心星	日干 月干 立年♂♀ 中心星	日干 月干 立年♂♀ 中心星	日干 月干 立年♂♀ 中心星	日干 月干 立年♂♀ 中心星	日干 月干 立年♂♀ 中心星	日干 月干 立年♂♀ 中心星
1	60癸49壬8−2+比肩	31甲50癸9−1+正財	59壬51甲2+8−食神	30癸52乙1+9−食神	60癸53丙2+9−正官	31甲54丁2+9−食神	1甲55戊2+8−傷官	32乙56己2+8−偏財	3丙57庚2+8−偏財	33丙58辛3+8−正財	4丁59壬2+8−傷官	34丁60癸2+8−正官
2	1甲49壬9−1+印綬	32乙50癸9−1+偏財	60癸51甲1+9−傷官	31甲52乙1+9−劫財	1甲53丙1+9−偏財	32乙54丁1+9−傷官	2乙55戊2+9−食神	33丙56己2+9−傷官	4丁57庚2+8−正財	34丁58辛2+8−偏財	5戊59壬2+8−比肩	35戊60癸2+8−偏財
3	2乙49壬9−1+偏印	33丙50癸9−1+傷官	1甲51甲1+9−比肩	32乙52乙1+9−比肩	2乙53丙1+9−正財	33丙54丁1+9−比肩	3丙55戊1+9−劫財	34丁56己2+9−食神	5戊57庚2+9−食神	35戊58辛2+8−傷官	6己59壬2+8−劫財	36己60癸1+8−正財
4	3丙49壬9−1+正官	34丁51甲0+1−傷官	2乙51甲1+9−劫財	33丙52乙1+0−印綬	3丙53丙1+0−食神	34丁54丁1+0−劫財	4丁55戊1+9−比肩	35戊56己1+9−劫財	6己57庚1+9−傷官	36己58辛2+9−食神	7庚59壬1+9−偏印	37庚60癸1+9−食神
5	4丁49壬0−1+偏官	35戊51甲0+1−比肩	3丙51甲1+0−偏印	34丁53丙0+1−偏印	4丁53丙1+0−傷官	35戊54丁1+0−偏印	5戊55戊1+0−印綬	36己56己1+0−比肩	7庚57庚1+9−比肩	37庚58辛1+9−劫財	8辛59壬1+9−印綬	38辛60癸1+9−傷官
6	5戊50癸1−0+正財	36己51甲9+1−劫財	4丁52乙0+1−偏印	35戊53丙0+1−正官	5戊54丁0+1−比肩	36己55戊0+1−比肩	6己55戊1+0−偏印	37庚56己1+0−印綬	8辛57庚1+0−劫財	38辛58辛1+9−比肩	9壬59壬1+9−偏官	39壬60癸1+9−比肩
7	6己50癸1−9+偏財	37庚51甲9+1−偏印	5戊52乙0+1−正官	36己53丙0+1−偏官	6己54丁0+1−劫財	37庚55戊0+1−印綬	7庚56己0+1−正官	38辛56己1+0−偏印	9壬57庚1+0−偏印	39壬58辛1+0−印綬	10癸59壬1+0−正官	40癸 1甲0+1−比肩
8	7庚50癸1−9+傷官	38辛51甲9+1−印綬	6己52乙9+1−偏官	37庚53丙9+1−正財	7庚54丁0+1−偏印	38辛55戊0+1−偏印	8辛56己0+1−偏官	39壬57庚0+1−偏官	10癸58辛0+1−偏印	40癸58辛1+0−偏印	11甲60癸0+1−比肩	41甲 1甲0+1−印綬
9	8辛50癸1−9+食神	39壬51甲8+2−偏官	7庚52乙9+1−正財	38辛53丙9+1−偏財	8辛54丁9+1−印綬	39壬55戊9+1−正官	9壬56己0+1−正財	40癸57庚0+1−正官	11甲58辛0+1−正官	41甲59壬0+1−正官	12乙60癸9+1−劫財	42乙 1甲9+1−偏印
10	9壬50癸1−8+劫財	40癸51甲8+2−正官	8辛52乙9+1−偏財	39壬53丙9+2−傷官	9壬54丁9+1−偏官	40癸55戊9+1−偏官	10癸56己0+1−偏財	41甲57庚0+1−偏財	12乙58辛0+1−偏官	42乙59壬0+1−偏官	13丙60癸9+1−偏印	43丙 1甲9+1−正官
11	10癸50癸2−8+比肩	41甲51甲8+2−偏財	9壬52乙8+2−傷官	40癸53丙8+2−食神	10癸54丁9+2−正官	41甲55戊9+2−正財	11甲56己9+1−傷官	42乙57庚9+1−正財	13丙58辛9+1−正財	43丙59壬9+1−正財	14丁60癸9+1−印綬	44丁 1甲9+1−偏官
12	11甲50癸2−8+印綬	42乙51甲7+3−傷官	10癸52乙8+2−食神	41甲53丙8+2−劫財	11甲54丁8+2−偏官	42乙55戊8+2−偏財	12乙56己9+2−食神	43丙57庚9+1−食神	14丁58辛9+1−偏財	44丁59壬9+1−偏財	15戊60癸8+1−偏官	45戊 1甲8+2−正財
13	12乙50癸2−7+偏印	43丙51甲7+3−比肩	11甲52乙8+2−劫財	42乙53丙8+3−比肩	12乙54丁8+2−正官	43丙55戊8+2−傷官	13丙56己9+2−劫財	44丁57庚9+2−傷官	15戊58辛9+2−傷官	45戊59壬9+1−傷官	16己60癸8+2−正官	46己 1甲8+2−偏財
14	13丙50癸3−7+正官	44丁51甲7+3−劫財	12乙52乙7+3−比肩	43丙53丙7+3−印綬	13丙54丁8+3−偏財	44丁55戊8+3−食神	14丁56己8+2−比肩	45戊57庚8+2−比肩	16己58辛8+2−食神	46己59壬8+2−食神	17庚60癸8+2−偏財	47庚 1甲8+2−傷官
15	14丁50癸3−7+偏官	45戊51甲6+4−偏印	13丙52乙7+3−印綬	44丁53丙7+3−偏官	14丁54丁7+3−正財	45戊55戊7+3−劫財	15戊56己8+3−印綬	46己57庚8+2−劫財	17庚58辛8+2−劫財	47庚59壬8+2−劫財	18辛60癸7+2−正財	48辛 1甲7+3−食神
16	15戊50癸3−6+傷官	46己51甲6+4−印綬	14丁52乙7+3−偏印	45戊53丙7+4−正財	15戊54丁7+3−食神	46己55戊7+3−比肩	16己56己8+3−偏印	47庚57庚8+3−偏印	18辛58辛8+3−比肩	48辛59壬8+2−比肩	19壬60癸7+3−食神	49壬 1甲7+3−劫財
17	16己50癸4−6+食神	47庚51甲6+4−偏官	15戊52乙6+4−正官	46己53丙6+4−偏財	16己54丁7+4−傷官	47庚55戊7+4−印綬	17庚56己7+3−正財	48辛57庚7+3−印綬	19壬58辛7+3−印綬	49壬59壬7+3−印綬	20癸60癸7+3−傷官	50癸 1甲7+3−比肩
18	17庚50癸4−6+劫財	48辛51甲5+5−正官	16己52乙6+4−偏官	47庚53丙6+4−偏印	17庚54丁6+4−比肩	48辛55戊6+4−偏印	18辛56己7+4−偏財	49壬57庚7+3−偏官	20癸58辛7+3−偏印	50癸59壬7+3−偏印	21甲60癸6+3−比肩	51甲 1甲6+4−印綬
19	18辛50癸4−5+偏印	49壬51甲5+5−食神	17庚52乙6+4−正財	48辛53丙6+5−印綬	18辛54丁6+4−劫財	49壬55戊6+4−正官	19壬56己7+4−傷官	50癸57庚7+4−劫財	21甲58辛7+4−正官	51甲59壬7+3−傷官	22乙60癸6+4−劫財	52乙 1甲6+4−偏印
20	19壬50癸5−5+正官	50癸51甲5+5−傷官	18辛52乙5+5−偏財	49壬53丙5+5−偏官	19壬54丁6+5−偏印	50癸55戊6+5−偏官	20癸56己6+4−偏官	51甲57庚6+4−偏印	22乙58辛6+4−偏官	52乙59壬6+4−食神	23丙60癸6+4−偏印	53丙 1甲6+4−正官
21	20癸50癸5−5+偏官	51甲51甲4+6−比肩	19壬52乙5+5−傷官	50癸53丙5+5−正官	20癸54丁5+5−正財	51甲55戊5+5−正財	21甲56己6+5−正財	52乙57庚6+4−印綬	23丙58辛6+4−正財	53丙59壬6+4−劫財	24丁60癸5+4−正官	54丁 1甲5+5−偏官
22	21甲50癸5−4+正財	52乙51甲4+6−劫財	20癸52乙5+5−食神	51甲53丙5+6−偏財	21甲54丁5+5−食神	52乙55戊5+5−偏財	22乙56己6+5−偏財	53丙57庚6+5−偏財	24丁58辛6+5−偏財	54丁59壬6+4−傷官	25戊60癸5+5−偏財	55戊 1甲5+5−正財
23	22乙50癸6−4+偏財	53丙51甲4+6−偏印	21甲52乙4+6−劫財	52乙53丙4+6−正財	22乙54丁5+6−傷官	53丙55戊5+6−偏官	23丙56己5+5−傷官	54丁57庚5+5−正財	25戊58辛5+5−傷官	55戊59壬5+5−比肩	26己60癸5+5−正財	56己 1甲5+5−偏財
24	23丙50癸6−4+傷官	54丁51甲3+7−印綬	22乙52乙4+6−比肩	53丙53丙4+6−食神	23丙54丁4+6−比肩	54丁55戊4+6−食神	24丁56己5+6−食神	55戊57庚5+5−食神	26己58辛5+5−食神	56己59壬5+5−劫財	27庚60癸4+5−食神	57庚 1甲4+6−傷官
25	24丁50癸6−3+食神	55戊51甲3+7−偏官	23丙52乙4+6−印綬	54丁53丙4+7−傷官	24丁54丁4+6−劫財	55戊55戊4+6−劫財	25戊56己5+6−劫財	56己57庚5+6−傷官	27庚58辛5+6−劫財	57庚59壬5+5−偏印	28辛60癸4+6−傷官	58辛 1甲4+6−食神
26	25戊50癸7−3+劫財	56己51甲3+7−正官	24丁52乙3+7−偏印	55戊53丙3+7−比肩	25戊54丁4+7−偏印	56己55戊4+7−偏印	26己56己4+6−比肩	57庚57庚4+6−比肩	28辛58辛4+6−比肩	58辛59壬4+6−印綬	29壬60癸4+6−比肩	59壬 1甲4+6−劫財
27	26己50癸7−3+比肩	57庚51甲2+8−偏財	25戊52乙3+7−正官	56己53丙3+7−劫財	26己54丁3+7−印綬	57庚55戊3+7−正官	27庚56己4+7−印綬	58辛57庚4+6−劫財	29壬58辛4+6−印綬	59壬59壬4+6−偏官	30癸60癸3+6−劫財	60癸 1甲3+7−比肩
28	27庚50癸7−2+印綬	58辛51甲2+8−正財	26己52乙3+7−偏官	57庚53丙3+8−偏印	27庚54丁3+7−偏官	58辛55戊3+7−偏官	28辛56己4+7−偏印	59壬57庚4+7−偏印	30癸58辛4+7−偏印	60癸59壬4+6−正官	31甲60癸3+7−偏印	1甲 1甲3+7−印綬
29	28辛50癸8−2+偏印		27庚52乙2+8−正財	58辛53丙2+8−印綬	28辛54丁3+8−正官	59壬55戊3+8−正財	29壬56己3+7−正官	60癸57庚3+7−印綬	31甲58辛3+7−正官	1甲59壬3+7−偏財	32乙60癸3+7−印綬	2乙 1甲3+7−偏印
30	29壬50癸8−2+正官		28辛52乙2+8−偏財	59壬53丙2+8−偏官	29壬54丁2+8−偏財	60癸55戊2+8−偏財	30癸56己3+8−偏官	1甲57庚3+7−偏官	32乙58辛3+7−偏官	2乙59壬3+7−正財	33丙60癸2+7−偏官	3丙 1甲2+8−正官
31	30癸50癸8−1+偏官		29壬52乙2+8−傷官		30癸54丁2+8−正財		31甲56己3+8−正財	2乙57庚3+8−正官		3丙59壬3+7−食神		4丁 1甲2+8−偏官

1979年(昭和54年)生まれ　56 己(2/4～翌 2/4)

日	1月	2月	3月	4月	5月	6月	7月	8月	9月	10月	11月	12月
	日干 月干 立年♂♀ 中心星	日干 月干 立年♂♀ 中心星	日干 月干 立年♂♀ 中心星	日干 月干 立年♂♀ 中心星	日干 月干 立年♂♀ 中心星	日干 月干 立年♂♀ 中心星	日干 月干 立年♂♀ 中心星	日干 月干 立年♂♀ 中心星	日干 月干 立年♂♀ 中心星	日干 月干 立年♂♀ 中心星	日干 月干 立年♂♀ 中心星	日干 月干 立年♂♀ 中心星
1	5戊 1甲2+8－正財	36己 2乙1+9－比肩	4丁 3丙8－2+印綬	35戊 4丁9－1+正官	5戊 5戊9－2+比肩	36己 6己9－2+印綬	6己 7庚8－2+偏印	37庚 8辛8－2+印綬	8辛 9壬8－2+劫財	38辛10癸8－3+比肩	9壬11甲8－2+偏官	39壬12乙8－2+比肩
2	6己 1甲1+9－偏財	37庚 2乙1+9－印綬	5戊 3丙9－1+偏官	36己 4丁9－1+偏官	6己 5戊9－1+劫財	37庚 6己9－1+偏官	7庚 7庚9－2+正官	38辛 8辛8－2+偏印	9壬 9壬8－2+偏印	39壬10癸8－2+印綬	10癸11甲8－2+正官	40癸12乙8－2+劫財
3	7庚 1甲1+9－傷官	38辛 2乙1+9－偏印	6己 3丙9－1+正官	37庚 4丁9－1+正財	7庚 5戊9－1+偏印	38辛 6己9－1+正官	8辛 7庚9－2+偏官	39壬 8辛9－2+正官	10癸 9壬9－2+印綬	40癸10癸8－2+偏印	11甲11甲8－2+偏財	41甲12乙8－2+偏印
4	8辛 1甲1+9－食神	39壬 3丙1－0+偏官	7庚 3丙9－1+偏財	38辛 4丁0－1+偏財	8辛 5戊0－1+印綬	39壬 6己0－1+偏財	9壬 7庚9－1+正財	40癸 8辛9－1+偏官	11甲 9壬9－1+偏官	41甲10癸9－2+正官	12乙11甲9－1+正財	42乙12乙9－1+印綬
5	9壬 1甲1+0－劫財	40癸 3丙1－0+正官	8辛 3丙0－1+正財	39壬 5戊1－0+傷官	9壬 5戊0－1+偏官	40癸 6己0－1+正財	10癸 7庚0－1+偏財	41甲 8辛9－1+正財	12乙 9壬9－1+正官	42乙10癸9－1+偏官	13丙11甲9－1+食神	43丙12乙9－1+偏官
6	10癸 2乙0+1－比肩	41甲 3丙1－9+偏財	9壬 4丁1－0+傷官	40癸 5戊1－0+食神	10癸 6己1－0+正官	41甲 7庚1－0+正財	11甲 7庚0－1+傷官	42乙 8辛0－1+偏財	13丙 9壬0－1+偏財	43丙10癸9－1+正財	14丁11甲9－1+傷官	44丁12乙9－1+正官
7	11甲 2乙9+1－印綬	42乙 3丙1－9+正財	10癸 4丁1－0+食神	41甲 5戊1－0+劫財	11甲 6己1－0+偏財	42乙 7庚1－0+偏財	12乙 7庚0－1+食神	43丙 8辛0－1+傷官	14丁 9壬0－1+正財	44丁10癸0－1+偏財	15戊11甲0－1+比肩	45戊12乙0－1+偏財
8	12乙 2乙9+1－偏印	43丙 3丙1－9+食神	11甲 4丁1－9+劫財	42乙 5戊1－9+比肩	12乙 6己1－0+正財	43丙 7庚1－0+傷官	13丙 8辛1－0+劫財	44丁 9壬1－0+傷官	15戊10癸1－0+傷官	45戊10癸0－1+傷官	16己12乙1－0+正官	46己13丙1－0+偏財
9	13丙 2乙9+1－正官	44丁 3丙2－8+傷官	12乙 4丁1－9+比肩	43丙 5戊1－9+印綬	13丙 6己1－9+食神	44丁 7庚1－0+食神	14丁 8辛1－0+比肩	45戊 9壬1－0+比肩	16己10癸1－0+食神	46己11甲1－0+食神	17庚12乙1－0+偏財	47庚13丙1－9+傷官
10	14丁 2乙8+1－偏官	45戊 3丙2－8+比肩	13丙 4丁1－9+印綬	44丁 5戊2－9+偏印	14丁 6己1－9+傷官	45戊 7庚1－9+劫財	15戊 8辛1－0+印綬	46己 9壬1－0+劫財	17庚10癸1－0+劫財	47庚11甲1－0+劫財	18辛12乙1－9+正財	48辛13丙1－9+食神
11	15戊 2乙8+2－正財	46己 3丙2－8+劫財	14丁 4丁2－8+偏印	45戊 5戊2－8+正官	15戊 6己2－9+比肩	46己 7庚2－9+比肩	16己 8辛1－9+偏印	47庚 9壬1－9+偏印	18辛10癸1－9+比肩	48辛11甲1－9+比肩	19壬12乙1－9+食神	49壬13丙1－9+劫財
12	16己 2乙8+2－偏財	47庚 3丙3－7+偏官	15戊 4丁2－8+正官	46己 5戊2－8+偏官	16己 6己2－8+傷官	47庚 7庚2－9+印綬	17庚 8辛1－9+正官	48辛 9壬1－9+印綬	19壬10癸1－9+印綬	49壬11甲1－9+印綬	20癸12乙1－9+傷官	50癸13丙1－8+比肩
13	17庚 2乙7+2－傷官	48辛 3丙3－7+正官	16己 4丁2－8+偏官	47庚 5戊3－8+正財	17庚 6己2－8+比肩	48辛 7庚2－8+偏印	18辛 8辛2－9+偏官	49壬 9壬2－9+偏官	20癸10癸2－9+偏印	50癸11甲1－9+偏印	21甲12乙2－8+比肩	51甲13丙2－8+印綬
14	18辛 2乙7+3－食神	49壬 3丙3－7+偏財	17庚 4丁3－7+正財	48辛 5戊3－7+偏財	18辛 6己3－8+劫財	49壬 7庚3－8+正官	19壬 8辛2－8+正財	50癸 9壬2－8+正官	21甲10癸2－8+正官	51甲11甲2－8+正官	22乙12乙2－8+劫財	52乙13丙2－8+偏印
15	19壬 2乙7+3－劫財	50癸 3丙4－6+正財	18辛 4丁3－7+偏財	49壬 5戊3－7+劫財	19壬 6己3－7+偏印	50癸 7庚3－8+偏官	20癸 8辛2－8+偏財	51甲 9壬2－8+偏財	22乙10癸2－8+偏官	52乙11甲2－8+偏官	23丙12乙2－8+偏印	53丙13丙2－7+正官
16	20癸 2乙6+3－偏印	51甲 3丙4－6+食神	19壬 4丁3－7+傷官	50癸 5戊4－7+比肩	20癸 6己3－7+印綬	51甲 7庚3－7+正財	21甲 8辛3－8+傷官	52乙 9壬3－8+正財	23丙10癸3－8+正財	53丙11甲2－8+正財	24丁12乙3－7+印綬	54丁13丙3－7+偏官
17	21甲 2乙6+4－正官	52乙 3丙4－6+傷官	20癸 4丁4－6+食神	51甲 5戊4－6+印綬	21甲 6己4－7+偏官	52乙 7庚4－7+偏財	22乙 8辛3－7+食神	53丙 9壬3－7+食神	24丁10癸3－7+偏財	54丁11甲3－7+偏財	25戊12乙3－7+偏官	55戊13丙3－7+正財
18	22乙 2乙6+4－偏官	53丙 3丙5－5+比肩	21甲 4丁4－6+劫財	52乙 5戊4－6+正財	22乙 6己4－6+正官	53丙 7庚4－7+傷官	23丙 8辛3－7+印綬	54丁 9壬3－7+傷官	25戊10癸3－7+傷官	55戊11甲3－7+傷官	26己12乙3－7+正官	56己13丙3－6+偏財
19	23丙 2乙5+4－傷官	54丁 3丙5－5+印綬	22乙 4丁4－6+比肩	53丙 5戊5－6+食神	23丙 6己4－6+偏財	54丁 7庚4－6+食神	24丁 8辛4－7+偏印	55戊 9壬4－7+偏財	26己10癸4－7+食神	56己11甲3－7+偏印	27庚12乙4－6+偏財	57庚13丙4－6+傷官
20	24丁 2乙5+5－食神	55戊 3丙5－5+偏官	23丙 4丁5－5+印綬	54丁 5戊5－5+傷官	24丁 6己5－6+正財	55戊 7庚5－6+劫財	25戊 8辛4－6+正官	56己 9壬4－6+正財	27庚10癸4－6+劫財	57庚11甲4－6+正官	28辛12乙4－6+正財	58辛13丙4－6+食神
21	25戊 2乙5+5－劫財	56己 3丙6－4+正官	24丁 4丁5－5+偏印	55戊 5戊5－5+比肩	25戊 6己5－5+偏印	56己 7庚5－6+比肩	26己 8辛4－6+比肩	57庚 9壬4－6+食神	28辛10癸4－6+比肩	58辛11甲4－6+偏官	29壬12乙4－6+比肩	59壬13丙4－5+劫財
22	26己 2乙4+5－比肩	57庚 3丙6－4+偏財	25戊 4丁5－5+正官	56己 5戊6－5+劫財	26己 6己5－5+印綬	57庚 7庚5－5+印綬	27庚 8辛5－6+印綬	58辛 9壬5－6+劫財	29壬10癸5－6+印綬	59壬11甲4－6+偏官	30癸12乙5－5+劫財	60癸13丙5－5+比肩
23	27庚 2乙4+6－印綬	58辛 3丙6－4+正財	26己 4丁6－4+偏官	57庚 5戊6－4+偏印	27庚 6己6－5+偏官	58辛 7庚6－5+偏印	28辛 8辛5－5+偏印	59壬 9壬5－5+偏印	30癸10癸5－5+偏印	60癸11甲5－5+正官	31甲12乙5－5+偏印	1甲13丙5－5+印綬
24	28辛 2乙4+6－偏印	59壬 3丙7－3+食神	27庚 4丁6－4+正財	58辛 5戊6－4+印綬	28辛 6己6－4+正官	59壬 7庚6－5+正官	29壬 8辛5－5+正官	60癸 9壬5－5+印綬	31甲10癸5－5+正官	1甲11甲5－5+偏財	32乙12乙5－5+印綬	2乙13丙5－4+偏印
25	29壬 2乙3+6－正官	60癸 3丙7－3+傷官	28辛 4丁6－4+偏財	59壬 5戊7－4+偏官	29壬 6己6－4+偏財	60癸 7庚6－4+偏官	30癸 8辛6－5+偏官	1甲 9壬6－5+偏官	32乙10癸6－5+偏官	2乙11甲5－5+正財	33丙12乙6－4+偏官	3丙13丙6－4+正官
26	30癸 2乙3+7－偏官	1甲 3丙7－3+比肩	29壬 4丁7－3+傷官	60癸 5戊7－3+正官	30癸 6己7－4+正財	1甲 7庚7－4+傷官	31甲 8辛6－4+正財	2乙 9壬6－4+正官	33丙10癸6－4+正財	3丙11甲6－4+食神	34丁12乙6－4+正官	4丁13丙6－4+偏官
27	31甲 2乙3+7－正財	2乙 3丙8－2+劫財	30癸 4丁7－3+食神	1甲 5戊7－3+偏財	31甲 6己7－3+食神	2乙 7庚7－4+食神	32乙 8辛6－4+偏財	3丙 9壬6－4+偏財	34丁10癸6－4+偏財	4丁11甲6－4+傷官	35戊12乙6－4+偏財	5戊13丙6－3+正財
28	32乙 2乙2+7－偏財	3丙 3丙8－2+偏印	31甲 4丁7－3+劫財	2乙 5戊8－3+正財	32乙 6己7－3+傷官	3丙 7庚7－3+劫財	33丙 8辛7－4+傷官	4丁 9壬7－4+正財	35戊10癸7－4+傷官	5戊11甲6－4+比肩	36己12乙7－3+正財	6己13丙7－3+偏財
29	33丙 2乙2+8－傷官		32乙 4丁8－2+比肩	3丙 5戊8－2+食神	33丙 6己8－3+比肩	4丁 7庚8－3+比肩	34丁 8辛7－3+食神	5戊 9壬7－3+食神	36己10癸7－3+食神	6己11甲7－3+劫財	37庚12乙7－3+食神	7庚13丙7－3+傷官
30	34丁 2乙2+8－食神		33丙 4丁8－2+印綬	4丁 5戊8－2+傷官	34丁 6己8－2+劫財	5戊 7庚8－3+印綬	35戊 8辛7－3+劫財	6己 9壬7－3+傷官	37庚10癸7－3+劫財	7庚11甲7－3+偏印	38辛12乙7－3+傷官	8辛13丙7－2+食神
31	35戊 2乙1+8－劫財		34丁 4丁8－2+偏印		35戊 6己8－2+偏印		36己 8辛8－3+比肩	7庚 9壬8－3+比肩		8辛11甲7－3+印綬		9壬13丙8－2+劫財

1980年（昭和55年）生まれ　57 庚（2/5〜翌 2/3）

日	1月	2月	3月	4月	5月	6月	7月	8月	9月	10月	11月	12月
	日干 月干 立年♂♀ 中心星	日干 月干 立年♂♀ 中心星	日干 月干 立年♂♀ 中心星	日干 月干 立年♂♀ 中心星	日干 月干 立年♂♀ 中心星	日干 月干 立年♂♀ 中心星	日干 月干 立年♂♀ 中心星	日干 月干 立年♂♀ 中心星	日干 月干 立年♂♀ 中心星	日干 月干 立年♂♀ 中心星	日干 月干 立年♂♀ 中心星	日干 月干 立年♂♀ 中心星
1	10癸13丙8−2+比肩	41甲14丁9−1+正財	10癸15戊1+8−傷官	41甲16己1+9−劫財	11甲17庚1+9−偏財	42乙18辛1+9−傷官	12乙19壬2+9−食神	43丙20癸2+8−傷官	14丁21甲2+8−正財	44丁22乙2+8−偏財	15戊23丙2+8−比肩	45戊24丁2+8−偏財
2	11甲13丙8−1+印綬	42乙14丁9−1+偏財	11甲15戊1+9−比肩	42乙16己1+9−比肩	12乙17庚1+9−正財	43丙18辛1+9−比肩	13丙19壬2+9−劫財	44丁20癸2+9−食神	15戊21甲2+9−食神	45戊22乙2+8−傷官	16己23丙2+8−劫財	46己24丁2+8−正財
3	12乙13丙9−1+偏印	43丙14丁9−1+傷官	12乙15戊1+9−劫財	43丙16己1+0−印綬	13丙17庚1+0−食神	44丁18辛1+0−劫財	14丁19壬1+9−比肩	45戊20癸1+9−劫財	16己21甲1+9−傷官	46己22乙2+9−食神	17庚23丙1+9−偏印	47庚24丁1+9−食神
4	13丙13丙9−1+正官	44丁14丁0−1+食神	13丙15戊1+9−偏印	44丁17庚0+1−偏印	14丁17庚1+0−傷官	45戊18辛1+0−偏印	15戊19壬1+0−印綬	46己20癸1+9−比肩	17庚21甲1+9−比肩	47庚22乙1+9−劫財	18辛23丙1+9−印綬	48辛24丁1+9−傷官
5	14丁13丙9−1+偏官	45戊15戊0+1−比肩	14丁16己0+1−偏印	45戊17庚0+1−正官	15戊18辛0+1−比肩	46己19壬0+1−比肩	16己19壬1+0−偏印	47庚20癸1+0−印綬	18辛21甲1+0−劫財	48辛22乙1+9−比肩	19壬23丙1+9−偏官	49壬24丁1+9−比肩
6	15戊14丁1−0+正財	46己15戊9+1−劫財	15戊16己0+1−正官	46己17庚0+1−偏官	16己18辛0+1−劫財	47庚19壬0+1−印綬	17庚19壬1+0−正官	48辛20癸1+0−偏印	19壬21甲1+0−偏印	49壬22乙1+0−印綬	20癸23丙1+0−正官	50癸24丁1+0−劫財
7	16己14丁1−0+偏財	47庚15戊9+1−偏印	16己16己9+1−偏官	47庚17庚9+1−正財	17庚18辛0+1−偏印	48辛19壬0+1−偏印	18辛20癸0+1−偏官	49壬21甲0+1−偏官	20癸22乙0+1−偏印	50癸22乙1+0−偏印	21甲24丁0+1−比肩	51甲25戊0+1−印綬
8	17庚14丁1−9+傷官	48辛15戊9+1−印綬	17庚16己9+1−正財	48辛17庚9+1−偏財	18辛18辛9+1−印綬	49壬19壬0+1−正官	19壬20癸0+1−正財	50癸21甲0+1−正官	21甲22乙0+1−正官	51甲23丙0+1−正官	22乙24丁0+1−劫財	52乙25戊9+1−偏印
9	18辛14丁1−9+食神	49壬15戊8+1−偏官	18辛16己9+1−偏財	49壬17庚9+2−傷官	19壬18辛9+1−偏官	50癸19壬9+1−偏官	20癸20癸0+1−偏財	51甲21甲0+1−偏財	22乙22乙0+1−偏官	52乙23丙0+1−偏官	23丙24丁9+1−偏印	53丙25戊9+1−正官
10	19壬14丁1−9+劫財	50癸15戊8+2−正官	19壬16己8+2−傷官	50癸17庚8+2−食神	20癸18辛9+2−正官	51甲19壬9+2−正財	21甲20癸9+1−傷官	52乙21甲9+1−正財	23丙22乙9+1−正財	53丙23丙9+1−正財	24丁24丁9+1−印綬	54丁25戊9+1−偏官
11	20癸14丁2−8+比肩	51甲15戊8+2−偏財	20癸16己8+2−食神	51甲17庚8+2−劫財	21甲18辛8+2−偏官	52乙19壬9+2−偏財	22乙20癸9+1−食神	53丙21甲9+1−食神	24丁22乙9+1−偏財	54丁23丙9+1−偏財	25戊24丁9+1−偏官	55戊25戊8+1−正財
12	21甲14丁2−8+印綬	52乙15戊7+2−正財	21甲16己8+2−劫財	52乙17庚8+3−比肩	22乙18辛8+2−正官	53丙19壬8+2−傷官	23丙20癸9+2−劫財	54丁21甲9+2−傷官	25戊22乙9+2−傷官	55戊23丙9+1−傷官	26己24丁8+2−正官	56己25戊8+2−偏財
13	22乙14丁2−8+偏印	53丙15戊7+3−比肩	22乙16己7+3−比肩	53丙17庚7+3−印綬	23丙18辛8+3−偏財	54丁19壬8+3−食神	24丁20癸8+2−比肩	55戊21甲8+2−比肩	26己22乙8+2−食神	56己23丙8+2−食神	27庚24丁8+2−偏財	57庚25戊8+2−傷官
14	23丙14丁3−7+正官	54丁15戊7+3−劫財	23丙16己7+3−印綬	54丁17庚7+3−偏官	24丁18辛7+3−正財	55戊19壬8+3−劫財	25戊20癸8+2−印綬	56己21甲8+2−劫財	27庚22乙8+2−劫財	57庚23丙8+2−劫財	28辛24丁8+2−正財	58辛25戊7+2−食神
15	24丁14丁3−7+偏官	55戊15戊6+3−偏印	24丁16己7+3−偏印	55戊17庚7+4−正財	25戊18辛7+3−食神	56己19壬7+3−比肩	26己20癸8+3−偏印	57庚21甲8+3−偏印	28辛22乙8+3−比肩	58辛23丙8+2−比肩	29壬24丁7+3−食神	59壬25戊7+3−劫財
16	25戊14丁3−7+傷官	56己15戊6+4−印綬	25戊16己6+4−正官	56己17庚6+4−偏財	26己18辛7+4−傷官	57庚19壬7+4−印綬	27庚20癸7+3−正官	58辛21甲7+3−印綬	29壬22乙7+3−印綬	59壬23丙7+3−印綬	30癸24丁7+3−傷官	60癸25戊7+3−比肩
17	26己14丁4−6+食神	57庚15戊6+4−偏官	26己16己6+4−偏官	57庚17庚6+4−偏印	27庚18辛6+4−比肩	58辛19壬7+4−偏印	28辛20癸7+3−偏財	59壬21甲7+3−偏官	30癸22乙7+3−偏印	60癸23丙7+3−偏印	31甲24丁7+3−比肩	1甲25戊6+3−印綬
18	27庚14丁4−6+劫財	58辛15戊5+4−正官	27庚16己6+4−正財	58辛17庚6+5−印綬	28辛18辛6+4−劫財	59壬19壬6+4−正官	29壬20癸7+4−傷官	60癸21甲7+4−劫財	31甲22乙7+4−正官	1甲23丙7+3−傷官	32乙24丁6+4−劫財	2乙25戊6+4−偏印
19	28辛14丁4−6+偏印	59壬15戊5+5−偏財	28辛16己5+5−偏財	59壬17庚5+5−偏官	29壬18辛6+5−偏印	60癸19壬6+5−偏官	30癸20癸6+4−食神	1甲21甲6+4−偏印	32乙22乙6+4−偏官	2乙23丙6+4−食神	33丙24丁6+4−偏印	3丙25戊6+4−正官
20	29壬14丁5−5+正官	60癸15戊5+5−傷官	29壬16己5+5−傷官	60癸17庚5+5−正官	30癸18辛5+5−正財	1甲19壬6+5−正財	31甲20癸6+4−正財	2乙21甲6+4−印綬	33丙22乙6+4−正財	3丙23丙6+4−劫財	34丁24丁6+4−正官	4丁25戊5+4−偏官
21	30癸14丁5−5+偏官	1甲15戊4+5−比肩	30癸16己5+5−食神	1甲17庚5+6−偏財	31甲18辛5+5−食神	2乙19壬5+5−偏財	32乙20癸6+5−偏財	3丙21甲6+5−偏財	34丁22乙6+5−偏財	4丁23丙6+4−傷官	35戊24丁5+5−偏財	5戊25戊5+5−正財
22	31甲14丁5−5+正財	2乙15戊4+6−劫財	31甲16己4+6−劫財	2乙17庚4+6−正財	32乙18辛5+6−傷官	3丙19壬5+6−傷官	33丙20癸5+5−傷官	4丁21甲5+5−正財	35戊22乙5+5−傷官	5戊23丙5+5−比肩	36己24丁5+5−正財	6己25戊5+5−偏財
23	32乙14丁6−4+偏財	3丙15戊4+6−偏印	32乙16己4+6−比肩	3丙17庚4+6−食神	33丙18辛4+6−比肩	4丁19壬5+6−食神	34丁20癸5+5−食神	5戊21甲5+5−食神	36己22乙5+5−食神	6己23丙5+5−劫財	37庚24丁5+5−食神	7庚25戊4+5−傷官
24	33丙14丁6−4+傷官	4丁15戊3+6−印綬	33丙16己4+6−印綬	4丁17庚4+7−傷官	34丁18辛4+6−劫財	5戊19壬4+6−劫財	35戊20癸5+6−劫財	6己21甲5+6−傷官	37庚22乙5+6−劫財	7庚23丙5+5−偏印	38辛24丁4+6−傷官	8辛25戊4+6−食神
25	34丁14丁6−4+食神	5戊15戊3+7−偏官	34丁16己3+7−偏印	5戊17庚3+7−比肩	35戊18辛4+7−偏印	6己19壬4+7−偏印	36己20癸4+6−比肩	7庚21甲4+6−比肩	38辛22乙4+6−比肩	8辛23丙4+6−印綬	39壬24丁4+6−比肩	9壬25戊4+6−劫財
26	35戊14丁7−3+劫財	6己15戊3+7−正官	35戊16己3+7−正官	6己17庚3+7−劫財	36己18辛3+7−印綬	7庚19壬4+7−正官	37庚20癸4+6−印綬	8辛21甲4+6−劫財	39壬22乙4+6−印綬	9壬23丙4+6−偏官	40癸24丁4+6−劫財	10癸25戊3+6−比肩
27	36己14丁7−3+比肩	7庚15戊2+7−偏財	36己16己3+7−偏官	7庚17庚3+8−偏印	37庚18辛3+7−偏官	8辛19壬3+7−偏官	38辛20癸4+7−偏印	9壬21甲4+7−偏印	40癸22乙4+7−偏印	10癸23丙4+6−正官	41甲24丁3+7−偏印	11甲25戊3+7−印綬
28	37庚14丁7−3+印綬	8辛15戊2+8−正財	37庚16己2+8−正財	8辛17庚2+8−印綬	38辛18辛3+8−正官	9壬19壬3+8−正財	39壬20癸3+7−正官	10癸21甲3+7−印綬	41甲22乙3+7−正官	11甲23丙3+7−偏財	42乙24丁3+7−印綬	12乙25戊3+7−偏印
29	38辛14丁8−2+偏印	9壬15戊2+8−食神	38辛16己2+8−偏財	9壬17庚2+8−偏官	39壬18辛2+8−偏財	10癸19壬3+8−偏財	40癸20癸3+7−偏官	11甲21甲3+7−偏官	42乙22乙3+7−偏官	12乙23丙3+7−正財	43丙24丁3+7−偏官	13丙25戊2+7−正官
30	39壬14丁8−2+正官		39壬16己2+8−傷官	10癸17庚2+9−正官	40癸18辛2+8−正財	11甲19壬2+8−傷官	41甲20癸3+8−正財	12乙21甲3+8−正官	43丙22乙3+8−正財	13丙23丙3+7−食神	44丁24丁2+8−正官	14丁25戊2+8−偏官
31	40癸14丁8−2+偏官		40癸16己1+9−食神		41甲18辛2+9−食神		42乙20癸2+8−偏財	13丙21甲2+8−偏財		14丁23丙2+8−傷官		15戊25戊2+8−正財

1981年(昭和56年)生まれ　58 辛(2/4〜翌 2/3)

日	1月	2月	3月	4月	5月	6月	7月	8月	9月	10月	11月	12月
日	日干 月干 立年♂♀ 中心星	日干 月干 立年♂♀ 中心星	日干 月干 立年♂♀ 中心星	日干 月干 立年♂♀ 中心星	日干 月干 立年♂♀ 中心星	日干 月干 立年♂♀ 中心星	日干 月干 立年♂♀ 中心星	日干 月干 立年♂♀ 中心星	日干 月干 立年♂♀ 中心星	日干 月干 立年♂♀ 中心星	日干 月干 立年♂♀ 中心星	日干 月干 立年♂♀ 中心星
1	16己25戊1+8−偏財	47庚26己1+9−印綬	15戊27庚8−2+偏官	46己28辛9−1+偏官	16己29壬9−1+劫財	47庚30癸9−2+偏官	17庚31甲8−2+正官	48辛32乙8−2+偏印	19壬33丙8−2+偏印	49壬34丁8−2+印綬	20癸35戊8−2+正官	50癸36己8−2+劫財
2	17庚25戊1+9−傷官	48辛26己1+9−偏印	16己27庚9−1+正官	47庚28辛9−1+正財	17庚29壬9−1+偏印	48辛30癸9−1+正官	18辛31甲9−2+偏官	49壬32乙9−2+正官	20癸33丙9−2+印綬	50癸34丁8−2+偏印	21甲35戊8−2+偏官	51甲36己8−2+偏印
3	18辛25戊1+9−食神	49壬26己1+0−正官	17庚27庚9−1+偏財	48辛28辛9−1+偏財	18辛29壬9−1+印綬	49壬30癸0−1+偏財	19壬31甲9−1+正財	50癸32乙9−1+偏官	21甲33丙9−2+偏官	51甲34丁8−2+正官	22乙35戊9−1+正財	52乙36己9−1+印綬
4	19壬25戊1+9−劫財	50癸27庚1−0+正官	18辛27庚9−1+正財	49壬28辛0−1+傷官	19壬29壬0−1+偏官	50癸30癸0−1+正財	20癸31甲9−1+偏財	51甲32乙9−1+正財	22乙33丙9−1+正官	52乙34丁9−1+偏官	23丙35戊9−1+食神	53丙36己9−1+偏官
5	20癸26己0+1−比肩	51甲27庚1−0+偏財	19壬27庚0−1+食神	50癸29壬1−0+食神	20癸30癸1−0+正官	51甲30癸0−1+食神	21甲31甲0−1+傷官	52乙32乙0−1+偏財	23丙33丙0−1+偏財	53丙34丁9−1+正財	24丁35戊9−1+傷官	54丁36己9−1+正官
6	21甲26己0+1−印綬	52乙27庚1−9+正財	20癸28辛1−0+食神	51甲29壬1−0+劫財	21甲30癸1−0+偏財	52乙31甲1−0+偏財	22乙31甲0−1+食神	53丙32乙0−1+傷官	24丁33丙0−1+正財	54丁34丁9−1+偏財	25戊35戊0−1+比肩	55戊36己0−1+偏財
7	22乙26己9+1−偏印	53丙27庚1−9+食神	21甲28辛1−0+劫財	52乙29壬1−9+比肩	22乙30癸1−0+正財	53丙31甲1−0+傷官	23丙32乙1−0+劫財	54丁33丙1−0+傷官	25戊33丙0−1+食神	55戊34丁0−1+傷官	26己36己1−0+正官	56己37庚1−0+偏財
8	23丙26己9+1−正官	54丁27庚1−9+傷官	22乙28辛1−9+比肩	53丙29壬1−9+印綬	23丙30癸1−0+食神	54丁31甲1−0+食神	24丁32乙1−0+比肩	55戊33丙1−0+比肩	26己34丁1−0+食神	56己35戊1−0+食神	27庚36己1−0+偏財	57庚37庚1−0+傷官
9	24丁26己9+1−偏官	55戊27庚2−8+比肩	23丙28辛1−9+印綬	54丁29壬1−9+偏印	24丁30癸1−9+傷官	55戊31甲1−9+劫財	25戊32乙1−0+印綬	56己33丙1−0+劫財	27庚34丁1−0+劫財	57庚35戊1−0+劫財	28辛36己1−9+正財	58辛37庚1−9+食神
10	25戊26己8+2−正財	56己27庚2−8+劫財	24丁28辛1−9+偏印	55戊29壬2−8+正官	25戊30癸2−9+比肩	56己31甲1−9+比肩	26己32乙1−9+偏印	57庚33丙1−0+偏印	28辛34丁1−9+比肩	58辛35戊1−9+比肩	29壬36己1−9+食神	59壬37庚1−9+劫財
11	26己26己8+2−偏財	57庚27庚2−8+偏印	25戊28辛2−8+正官	56己29壬2−8+偏官	26己30癸2−9+傷官	57庚31甲2−9+印綬	27庚32乙1−9+正官	58辛33丙1−9+印綬	29壬34丁1−9+印綬	59壬35戊1−9+印綬	30癸36己1−9+傷官	60癸37庚1−9+比肩
12	27庚26己8+2−傷官	58辛27庚3−7+正官	26己28辛2−8+偏官	57庚29壬2−8+正財	27庚30癸2−8+比肩	58辛31甲2−8+偏印	28辛32乙2−9+偏官	59壬33丙2−9+偏官	30癸34丁1−9+偏印	60癸35戊1−9+偏印	31甲36己2−8+比肩	1甲37庚2−8+印綬
13	28辛26己7+3−食神	59壬27庚3−7+偏財	27庚28辛2−8+正財	58辛29壬3−7+偏財	28辛30癸3−8+劫財	59壬31甲2−8+正官	29壬32乙2−8+正財	60癸33丙2−9+正官	31甲34丁2−8+正官	1甲35戊2−8+正官	32乙36己2−8+劫財	2乙37庚2−8+偏印
14	29壬26己7+3−劫財	60癸27庚3−7+正財	28辛28辛3−7+偏財	59壬29壬3−7+傷官	29壬30癸3−8+偏印	60癸31甲3−8+偏官	30癸32乙2−8+偏財	1甲33丙2−8+偏財	32乙34丁2−8+偏官	2乙35戊2−8+偏官	33丙36己2−8+偏印	3丙37庚2−8+正官
15	30癸26己7+3−偏印	1甲27庚4−6+食神	29壬28辛3−7+傷官	60癸29壬3−7+比肩	30癸30癸3−7+印綬	1甲31甲3−7+正財	31甲32乙3−8+傷官	2乙33丙3−8+正財	33丙34丁2−8+正財	3丙35戊2−8+正財	34丁36己3−7+印綬	4丁37庚3−7+偏官
16	31甲26己6+4−正官	2乙27庚4−6+傷官	30癸28辛3−7+食神	1甲29壬4−6+印綬	31甲30癸4−7+偏官	2乙31甲3−7+偏財	32乙32乙3−7+食神	3丙33丙3−8+食神	34丁34丁3−7+偏財	4丁35戊3−7+偏財	35戊36己3−7+偏官	5戊37庚3−7+正財
17	32乙26己6+4−偏官	3丙27庚4−6+比肩	31甲28辛4−6+劫財	2乙29壬4−6+偏印	32乙30癸4−7+正官	3丙31甲4−7+傷官	33丙32乙3−7+印綬	4丁33丙3−7+傷官	35戊34丁3−7+傷官	5戊35戊3−7+傷官	36己36己3−7+正官	6己37庚3−7+偏財
18	33丙26己6+4−傷官	4丁27庚5−5+劫財	32乙28辛4−6+比肩	3丙29壬4−6+食神	33丙30癸4−6+偏財	4丁31甲4−6+食神	34丁32乙4−7+偏印	5戊33丙4−7+偏財	36己34丁3−7+食神	6己35戊3−7+偏印	37庚36己4−6+偏財	7庚37庚4−6+傷官
19	34丁26己5+5−食神	5戊27庚5−5+偏官	33丙28辛4−6+印綬	4丁29壬5−5+傷官	34丁30癸5−6+正財	5戊31甲4−6+劫財	35戊32乙4−6+正官	6己33丙4−7+正財	37庚34丁4−6+劫財	7庚35戊4−6+正官	38辛36己4−6+正財	8辛37庚4−6+食神
20	35戊26己5+5−劫財	6己27庚5−5+正官	34丁28辛5−5+偏印	5戊29壬5−5+比肩	35戊30癸5−6+偏印	6己31甲5−6+比肩	36己32乙4−6+比肩	7庚33丙4−6+食神	38辛34丁4−6+比肩	8辛35戊4−6+偏官	39壬36己4−6+比肩	9壬37庚4−6+劫財
21	36己26己5+5−比肩	7庚27庚6−4+偏財	35戊28辛5−5+正官	6己29壬5−5+劫財	36己30癸5−5+印綬	7庚31甲5−5+印綬	37庚32乙5−6+印綬	8辛33丙5−6+劫財	39壬34丁4−6+印綬	9壬35戊4−6+偏官	40癸36己5−5+劫財	10癸37庚5−5+比肩
22	37庚26己4+6−印綬	8辛27庚6−4+正財	36己28辛5−5+偏官	7庚29壬6−4+偏印	37庚30癸6−5+偏官	8辛31甲5−5+偏印	38辛32乙5−5+偏印	9壬33丙5−6+偏印	40癸34丁5−5+偏印	10癸35戊5−5+正財	41甲36己5−5+偏印	11甲37庚5−5+印綬
23	38辛26己4+6−偏印	9壬27庚6−4+食神	37庚28辛6−4+正財	8辛29壬6−4+印綬	38辛30癸6−5+正官	9壬31甲6−5+正官	39壬32乙5−5+正官	10癸33丙5−5+印綬	41甲34丁5−5+正官	11甲35戊5−5+偏財	42乙36己5−5+印綬	12乙37庚5−5+偏印
24	39壬26己4+6−正官	10癸27庚7−3+傷官	38辛28辛6−4+偏財	9壬29壬6−4+偏官	39壬30癸6−4+偏財	10癸31甲6−4+偏官	40癸32乙6−5+偏官	11甲33丙6−5+偏官	42乙34丁5−5+偏官	12乙35戊5−5+正財	43丙36己6−4+偏官	13丙37庚6−4+正官
25	40癸26己3+7−偏官	11甲27庚7−3+比肩	39壬28辛6−4+傷官	10癸29壬7−3+正官	40癸30癸7−4+正財	11甲31甲6−4+正財	41甲32乙6−4+正財	12乙33丙6−5+正官	43丙34丁6−4+正財	13丙35戊6−4+食神	44丁36己6−4+正官	14丁37庚6−4+偏官
26	41甲26己3+7−正財	12乙27庚7−3+劫財	40癸28辛7−3+食神	11甲29壬7−3+偏財	41甲30癸7−4+食神	12乙31甲7−4+食神	42乙32乙6−4+偏財	13丙33丙6−4+偏財	44丁34丁6−4+偏財	14丁35戊6−4+傷官	45戊36己6−4+偏財	15戊37庚6−4+正財
27	42乙26己3+7−偏財	13丙27庚8−2+偏印	41甲28辛7−3+劫財	12乙29壬7−3+正財	42乙30癸7−3+傷官	13丙31甲7−3+劫財	43丙32乙7−4+傷官	14丁33丙7−4+正財	45戊34丁6−4+傷官	15戊35戊6−4+比肩	46己36己7−3+正財	16己37庚7−3+偏財
28	43丙26己2+8−傷官	14丁27庚8−2+印綬	42乙28辛7−3+比肩	13丙29壬8−2+食神	43丙30癸8−3+比肩	14丁31甲7−3+比肩	44丁32乙7−3+食神	15戊33丙7−4+食神	46己34丁7−3+食神	16己35戊7−3+劫財	47庚36己7−3+食神	17庚37庚7−3+傷官
29	44丁26己2+8−食神		43丙28辛8−2+印綬	14丁29壬8−2+傷官	44丁30癸8−3+劫財	15戊31甲8−3+印綬	45戊32乙7−3+劫財	16己33丙7−3+傷官	47庚34丁7−3+劫財	17庚35戊7−3+偏印	48辛36己7−3+傷官	18辛37庚7−3+食神
30	45戊26己2+8−劫財		44丁28辛8−2+偏印	15戊29壬8−2+比肩	45戊30癸8−2+偏印	16己31甲8−2+偏印	46己32乙8−3+比肩	17庚33丙8−3+比肩	48辛34丁7−3+比肩	18辛35戊7−3+印綬	49壬36己8−2+比肩	19壬37庚8−2+劫財
31	46己26己1+9−比肩		45戊28辛8−2+正官		46己30癸9−2+印綬		47庚32乙8−2+印綬	18辛33丙8−3+劫財		19壬35戊8−2+偏官		20癸37庚8−2+比肩

1982年（昭和57年）生まれ　59 壬(2/4～翌 2/3)

日	1月	2月	3月	4月	5月	6月	7月	8月	9月	10月	11月	12月
	日干 月干 立年♂♀ 中心星	日干 月干 立年♂♀ 中心星	日干 月干 立年♂♀ 中心星	日干 月干 立年♂♀ 中心星	日干 月干 立年♂♀ 中心星	日干 月干 立年♂♀ 中心星	日干 月干 立年♂♀ 中心星	日干 月干 立年♂♀ 中心星	日干 月干 立年♂♀ 中心星	日干 月干 立年♂♀ 中心星	日干 月干 立年♂♀ 中心星	日干 月干 立年♂♀ 中心星
1	21甲37庚8−2+印綬	52乙38辛9−1+偏財	20癸39壬2+8−傷官	51甲40癸1+9−劫財	21甲41甲2+9−偏財	52乙42乙2+9−傷官	22乙43丙2+8−食神	53丙44丁2+8−傷官	24丁45戊2+8−正財	54丁46己2+8−偏財	25戊47庚2+8−比肩	55戊48辛2+8−偏財
2	22乙37庚9−1+偏印	53丙38辛9−1+傷官	21甲39壬1+9−比肩	52乙40癸1+9−比肩	22乙41甲1+9−正財	53丙42乙1+9−比肩	23丙43丙2+9−劫財	54丁44丁2+9−食神	25戊45戊2+8−食神	55戊46己2+8−傷官	26己47庚2+8−劫財	56己48辛2+8−正財
3	23丙37庚9−1+正官	54丁38辛9−1+食神	22乙39壬1+9−劫財	53丙40癸1+9−印綬	23丙41甲1+9−食神	54丁42乙1+9−劫財	24丁43丙1+9−比肩	55戊44丁2+9−劫財	26己45戊2+9−傷官	56己46己2+8−食神	27庚47庚2+9−偏印	57庚48辛1+8−食神
4	24丁37庚9−1+偏官	55戊39壬0+1−比肩	23丙39壬1+9−偏印	54丁40癸1+0−偏印	24丁41甲1+0−傷官	55戊42乙1+0−偏印	25戊43丙1+9−印綬	56己44丁1+9−比肩	27庚45戊1+9−比肩	57庚46己1+9−劫財	28辛47庚1+9−印綬	58辛48辛1+9−傷官
5	25戊37庚0−1+正財	56己39壬0+1−劫財	24丁39壬1+0−印綬	55戊41甲0+1−正官	25戊41甲1+0−比肩	56己42乙1+0−印綬	26己43丙1+0−偏印	57庚44丁1+0−印綬	28辛45戊1+9−劫財	58辛46己1+9−比肩	29壬47庚1+9−偏官	59壬48辛1+9−比肩
6	26己38辛1−0+偏財	57庚39壬9+1−偏印	25戊40癸0+1−正官	56己41甲0+1−偏官	26己42乙0+1−劫財	57庚43丙0+1−印綬	27庚43丙1+0−正官	58辛44丁1+0−偏印	29壬45戊1+0−偏印	59壬46己1+9−印綬	30癸47庚1+0−正官	60癸48辛1+9−劫財
7	27庚38辛1−9+傷官	58辛39壬9+1−印綬	26己40癸0+1−偏官	57庚41甲0+1−正財	27庚42乙0+1−偏印	58辛43丙0+1−偏印	28辛44丁0+1−偏官	59壬44丁1+0−正官	30癸45戊1+0−印綬	60癸46己1+0−偏印	31甲47庚1+0−偏財	1甲49壬0+1−印綬
8	28辛38辛1−9+食神	59壬39壬9+1−偏官	27庚40癸9+1−正財	58辛41甲9+1−偏財	28辛42乙0+1−印綬	59壬43丙0+1−正官	29壬44丁0+1−正財	60癸45戊0+1−正官	31甲46己0+1−正官	1甲47庚0+1−正官	32乙48辛0+1−劫財	2乙49壬0+1−偏印
9	29壬38辛1−9+劫財	60癸39壬8+2−正官	28辛40癸9+1−偏財	59壬41甲9+1−傷官	29壬42乙9+1−偏官	60癸43丙9+1−偏官	30癸44丁0+1−偏財	1甲45戊0+1−偏財	32乙46己0+1−偏官	2乙47庚0+1−偏官	33丙48辛9+1−偏印	3丙49壬9+1−正官
10	30癸38辛1−8+比肩	1甲39壬8+2−偏財	29壬40癸9+1−傷官	60癸41甲9+2−食神	30癸42乙9+1−正官	1甲43丙9+1−正財	31甲44丁0+1−傷官	2乙45戊0+1−正財	33丙46己9+1−正財	3丙47庚0+1−正財	34丁48辛9+1−印綬	4丁49壬9+1−偏官
11	31甲38辛2−8+印綬	2乙39壬8+2−正財	30癸40癸8+2−食神	1甲41甲8+2−劫財	31甲42乙9+2−偏財	2乙43丙9+2−偏財	32乙44丁9+1−食神	3丙45戊9+1−食神	34丁46己9+1−偏財	4丁47庚9+1−偏財	35戊48辛9+1−偏官	5戊49壬9+1−正財
12	32乙38辛2−8+偏印	3丙39壬7+3−比肩	31甲40癸8+2−劫財	2乙41甲8+2−比肩	32乙42乙8+2−正官	3丙43丙8+2−傷官	33丙44丁9+2−劫財	4丁45戊9+1−傷官	35戊46己9+1−傷官	5戊47庚9+1−傷官	36己48辛8+1−正官	6己49壬8+2−偏財
13	33丙38辛2−7+正官	4丁39壬7+3−劫財	32乙40癸8+2−比肩	3丙41甲8+3−印綬	33丙42乙8+2−偏財	4丁43丙8+2−食神	34丁44丁9+2−比肩	5戊45戊9+2−比肩	36己46己8+2−食神	6己47庚9+2−食神	37庚48辛8+2−偏財	7庚49壬8+2−傷官
14	34丁38辛3−7+偏官	5戊39壬7+3−偏印	33丙40癸7+3−印綬	4丁41甲7+3−偏印	34丁42乙8+3−正財	5戊43丙8+3−劫財	35戊44丁8+2−印綬	6己45戊8+2−劫財	37庚46己8+2−劫財	7庚47庚8+2−劫財	38辛48辛8+2−正財	8辛49壬8+2−食神
15	35戊38辛3−7+正財	6己39壬6+4−印綬	34丁40癸7+3−偏印	5戊41甲7+3−正財	35戊42乙7+3−食神	6己43丙7+3−比肩	36己44丁8+3−偏印	7庚45戊8+2−偏印	38辛46己8+2−比肩	8辛47庚8+2−比肩	39壬48辛7+2−食神	9壬49壬7+3−劫財
16	36己38辛3−6+食神	7庚39壬6+4−偏官	35戊40癸7+3−正官	6己41甲7+4−偏財	36己42乙7+3−傷官	7庚43丙7+3−印綬	37庚44丁8+3−正官	8辛45戊8+3−印綬	39壬46己7+3−印綬	9壬47庚8+3−印綬	40癸48辛7+3−傷官	10癸49壬7+3−比肩
17	37庚38辛4−6+劫財	8辛39壬6+4−正官	36己40癸6+4−偏官	7庚41甲6+4−傷官	37庚42乙7+4−比肩	8辛43丙7+4−偏印	38辛44丁7+3−偏財	9壬45戊7+3−偏官	40癸46己7+3−偏印	10癸47庚7+3−偏印	41甲48辛7+3−比肩	11甲49壬7+3−印綬
18	38辛38辛4−6+比肩	9壬39壬5+5−偏財	37庚40癸6+4−正財	8辛41甲6+4−印綬	38辛42乙6+4−劫財	9壬43丙6+4−正官	39壬44丁7+4−傷官	10癸45戊7+3−正官	41甲46己7+3−正官	11甲47庚7+3−傷官	42乙48辛6+3−劫財	12乙49壬6+4−偏印
19	39壬38辛4−5+正官	10癸39壬5+5−傷官	38辛40癸6+4−偏財	9壬41甲6+5−偏官	39壬42乙6+4−偏印	10癸43丙6+4−偏官	40癸44丁7+4−食神	11甲45戊7+4−偏印	42乙46己6+4−偏官	12乙47庚7+4−食神	43丙48辛6+4−偏印	13丙49壬6+4−正官
20	40癸38辛5−5+偏官	11甲39壬5+5−比肩	39壬40癸5+5−傷官	10癸41甲5+5−正官	40癸42乙6+5−印綬	11甲43丙6+5−正財	41甲44丁6+4−正財	12乙45戊6+4−印綬	43丙46己6+4−正財	13丙47庚6+4−劫財	44丁48辛6+4−印綬	14丁49壬6+4−偏官
21	41甲38辛5−5+正財	12乙39壬4+6−劫財	40癸40癸5+5−食神	11甲41甲5+5−偏財	41甲42乙5+5−食神	12乙43丙5+5−偏財	42乙44丁6+5−偏財	13丙45戊6+4−偏官	44丁46己6+4−偏財	14丁47庚6+4−傷官	45戊48辛5+4−偏財	15戊49壬5+5−正財
22	42乙38辛5−4+偏財	13丙39壬4+6−偏印	41甲40癸5+5−劫財	12乙41甲5+6−正財	42乙42乙5+5−傷官	13丙43丙5+5−偏官	43丙44丁6+5−傷官	14丁45戊6+5−正財	45戊46己5+5−傷官	15戊47庚6+5−比肩	46己48辛5+5−正財	16己49壬5+5−偏財
23	43丙38辛6−4+傷官	14丁39壬4+6−印綬	42乙40癸4+6−比肩	13丙41甲4+6−食神	43丙42乙5+6−比肩	14丁43丙5+6−食神	44丁44丁5+5−食神	15戊45戊5+5−食神	46己46己5+5−食神	16己47庚5+5−劫財	47庚48辛5+5−食神	17庚49壬5+5−傷官
24	44丁38辛6−4+食神	15戊39壬3+7−偏官	43丙40癸4+6−印綬	14丁41甲4+6−傷官	44丁42乙4+6−劫財	15戊43丙4+6−劫財	45戊44丁5+6−劫財	16己45戊5+5−傷官	47庚46己5+5−劫財	17庚47庚5+5−偏印	48辛48辛4+5−傷官	18辛49壬4+6−食神
25	45戊38辛6−3+劫財	16己39壬3+7−正官	44丁40癸4+6−偏印	15戊41甲4+7−比肩	45戊42乙4+6−偏印	16己43丙4+6−比肩	46己44丁5+6−比肩	17庚45戊5+6−比肩	48辛46己4+6−比肩	18辛47庚5+6−印綬	49壬48辛4+6−比肩	19壬49壬4+6−劫財
26	46己38辛7−3+比肩	17庚39壬3+7−偏財	45戊40癸3+7−正官	16己41甲3+7−劫財	46己42乙4+7−印綬	17庚43丙4+7−正官	47庚44丁4+6−印綬	18辛45戊4+6−劫財	49壬46己4+6−印綬	19壬47庚4+6−偏官	50癸48辛4+6−劫財	20癸49壬4+6−比肩
27	47庚38辛7−3+印綬	18辛39壬2+8−正財	46己40癸3+7−偏官	17庚41甲3+7−偏印	47庚42乙3+7−偏官	18辛43丙3+7−偏官	48辛44丁4+7−偏印	19壬45戊4+6−偏印	50癸46己4+6−偏印	20癸47庚4+6−正官	51甲48辛3+6−偏印	21甲49壬3+7−印綬
28	48辛38辛7−2+偏印	19壬39壬2+8−食神	47庚40癸3+7−正財	18辛41甲3+8−印綬	48辛42乙3+7−正官	19壬43丙3+7−正財	49壬44丁4+7−正官	20癸45戊4+7−印綬	51甲46己3+7−正官	21甲47庚4+7−偏財	52乙48辛3+7−印綬	22乙49壬3+7−偏印
29	49壬38辛8−2+正官		48辛40癸2+8−偏財	19壬41甲2+8−偏官	49壬42乙3+8−偏財	20癸43丙3+8−偏財	50癸44丁3+7−偏官	21甲45戊3+7−偏官	52乙46己3+7−偏官	22乙47庚3+7−正財	53丙48辛3+7−偏官	23丙49壬3+7−正官
30	50癸38辛8−2+偏官		49壬40癸2+8−傷官	20癸41甲2+8−正官	50癸42乙2+8−正財	21甲43丙2+8−傷官	51甲44丁3+8−正財	22乙45戊3+7−正官	53丙46己3+7−正財	23丙47庚3+7−食神	54丁48辛2+7−正官	24丁49壬2+8−偏官
31	51甲38辛8−1+正財		50癸40癸2+8−食神		51甲42乙2+8−食神		52乙44丁3+8−偏財	23丙45戊3+8−偏財		24丁47庚3+8−傷官		25戊49壬2+8−正財

1983年（昭和58年）生まれ　60 癸（2/4～翌 2/3）

日	1月	2月	3月	4月	5月	6月	7月	8月	9月	10月	11月	12月
	日干 月干 立年♂♀ 中心星	日干 月干 立年♂♀ 中心星	日干 月干 立年♂♀ 中心星	日干 月干 立年♂♀ 中心星	日干 月干 立年♂♀ 中心星	日干 月干 立年♂♀ 中心星	日干 月干 立年♂♀ 中心星	日干 月干 立年♂♀ 中心星	日干 月干 立年♂♀ 中心星	日干 月干 立年♂♀ 中心星	日干 月干 立年♂♀ 中心星	日干 月干 立年♂♀ 中心星
1	26己49壬2+8−偏財	57庚50癸1+9−印綬	25戊51甲8−2+偏官	56己52乙9−1+偏官	26己53丙9−2+劫財	57庚54丁9−2+偏官	27庚55戊8−2+正官	58辛56己8−2+偏印	29壬57庚8−2+印綬	59壬58辛8−3+印綬	30癸59壬8−2+正官	60癸60癸8−2+劫財
2	27庚49壬1+9−傷官	58辛50癸1+9−偏印	26己51甲9−1+正官	57庚52乙9−1+正財	27庚53丙9−1+偏印	58辛54丁9−1+正官	28辛55戊9−2+偏官	59壬56己8−2+正官	30癸57庚8−2+偏印	60癸58辛8−2+偏印	31甲59壬8−2+偏官	1甲60癸8−2+偏印
3	28辛49壬1+9−食神	59壬50癸1+9−正官	27庚51甲9−1+偏財	58辛52乙9−1+偏財	28辛53丙9−1+印綬	59壬54丁9−1+偏財	29壬55戊9−2+正財	60癸56己9−2+偏官	31甲57庚9−2+正官	1甲58辛8−2+正官	32乙59壬8−2+正財	2乙60癸8−1+印綬
4	29壬49壬1+9−劫財	60癸51甲1−0+正官	28辛51甲9−1+正財	59壬52乙0−1+傷官	29壬53丙0−1+偏官	60癸54丁0−1+正財	30癸55戊9−1+偏財	1甲56己9−1+正財	32乙57庚9−1+偏官	2乙58辛9−2+偏官	33丙59壬9−1+食神	3丙60癸9−1+偏官
5	30癸49壬1+0−比肩	1甲51甲1−0+偏財	29壬51甲0−1+食神	60癸53丙1−0+食神	30癸53丙0−1+正官	1甲54丁0−1+食神	31甲55戊0−1+傷官	2乙56己9−1+偏財	33丙57庚9−1+偏財	3丙58辛9−1+正財	34丁59壬9−1+傷官	4丁60癸9−1+正官
6	31甲50癸0+1−印綬	2乙51甲1−9+正財	30癸52乙1−0+食神	1甲53丙1−0+劫財	31甲54丁1−0+偏財	2乙55戊1−0+偏財	32乙55戊0−1+食神	3丙56己0−1+傷官	34丁57庚0−1+正財	4丁58辛9−1+偏財	35戊59壬9−1+比肩	5戊60癸9−1+偏財
7	32乙50癸9+1−偏印	3丙51甲1−9+食神	31甲52乙1−0+劫財	2乙53丙1−0+比肩	32乙54丁1−0+正財	3丙55戊1−0+傷官	33丙55戊0−1+劫財	4丁56己0−1+食神	35戊57庚0−1+食神	5戊58辛0−1+傷官	36己59壬0−1+劫財	6己 1甲1−0+正財
8	33丙50癸9+1−正官	4丁51甲1−9+傷官	32乙52乙1−9+比肩	3丙53丙1−9+印綬	33丙54丁1−0+食神	4丁55戊1−0+食神	34丁56己1−0+比肩	5戊57庚1−0+比肩	36己58辛1−0+食神	6己58辛0−1+食神	37庚60癸1−0+偏財	7庚 1甲1−0+偏官
9	34丁50癸9+1−偏官	5戊51甲2−8+比肩	33丙52乙1−9+印綬	4丁53丙1−9+偏印	34丁54丁1−9+傷官	5戊55戊1−0+劫財	35戊56己1−0+印綬	6己57庚1−0+劫財	37庚58辛1−0+劫財	7庚59壬1−0+劫財	38辛60癸1−9+正財	8辛 1甲1−9+食神
10	35戊50癸8+1−正財	6己51甲2−8+劫財	34丁52乙1−9+偏印	5戊53丙2−9+正官	35戊54丁1−9+比肩	6己55戊1−9+比肩	36己56己1−0+偏印	7庚57庚1−0+偏印	38辛58辛1−0+比肩	8辛59壬1−0+比肩	39壬60癸1−9+食神	9壬 1甲1−9+劫財
11	36己50癸8+2−偏財	7庚51甲2−8+偏印	35戊52乙2−8+正官	6己53丙2−8+偏官	36己54丁2−9+劫財	7庚55戊2−9+印綬	37庚56己1−9+正官	8辛57庚1−9+印綬	39壬58辛1−9+印綬	9壬59壬1−9+印綬	40癸60癸1−9+傷官	10癸 1甲1−9+比肩
12	37庚50癸8+2−傷官	8辛51甲3−7+正官	36己52乙2−8+偏官	7庚53丙2−8+正財	37庚54丁2−8+比肩	8辛55戊2−9+偏印	38辛56己1−9+偏官	9壬57庚1−9+偏官	40癸58辛1−9+偏印	10癸59壬1−9+偏印	41甲60癸1−8+比肩	11甲 1甲2−8+印綬
13	38辛50癸7+2−食神	9壬51甲3−7+偏財	37庚52乙2−8+正財	8辛53丙3−8+偏財	38辛54丁2−8+劫財	9壬55戊2−8+正官	39壬56己2−9+偏財	10癸57庚2−9+正官	41甲58辛2−9+正官	11甲59壬1−9+正官	42乙60癸2−8+劫財	12乙 1甲2−8+偏印
14	39壬50癸7+3−劫財	10癸51甲3−7+正財	38辛52乙3−7+偏財	9壬53丙3−7+傷官	39壬54丁3−8+偏印	10癸55戊3−8+偏官	40癸56己2−8+正財	11甲57庚2−8+偏財	42乙58辛2−8+偏官	12乙59壬2−8+偏官	43丙60癸2−8+偏印	13丙 1甲2−8+正官
15	40癸50癸7+3−比肩	11甲51甲4−6+食神	39壬52乙3−7+傷官	10癸53丙3−7+比肩	40癸54丁3−7+印綬	11甲55戊3−8+正財	41甲56己2−8+傷官	12乙57庚2−8+正財	43丙58辛2−8+正財	13丙59壬2−8+正財	44丁60癸2−7+印綬	14丁 1甲3−7+偏官
16	41甲50癸6+3−正官	12乙51甲4−6+傷官	40癸52乙3−7+食神	11甲53丙4−7+印綬	41甲54丁3−7+偏官	12乙55戊3−7+偏財	42乙56己3−8+食神	13丙57庚3−8+食神	44丁58辛3−8+偏財	14丁59壬2−8+偏財	45戊60癸3−7+傷官	15戊 1甲3−7+正財
17	42乙50癸6+4−偏官	13丙51甲4−6+比肩	41甲52乙4−6+劫財	12乙53丙4−6+偏印	42乙54丁4−7+正官	13丙55戊4−7+傷官	43丙56己3−7+劫財	14丁57庚3−7+傷官	45戊58辛3−7+傷官	15戊59壬3−7+傷官	46己60癸3−7+正官	16己 1甲3−7+偏財
18	43丙50癸6+4−正財	14丁51甲5−5+劫財	42乙52乙4−6+比肩	13丙53丙4−6+食神	43丙54丁4−6+偏財	14丁55戊4−7+食神	44丁56己3−7+偏印	15戊57庚3−7+比肩	46己58辛3−7+食神	16己59壬3−7+食神	47庚60癸3−6+偏財	17庚 1甲4−6+傷官
19	44丁50癸5+4−食神	15戊51甲5−5+偏官	43丙52乙4−6+印綬	14丁53丙5−6+傷官	44丁54丁4−6+正財	15戊55戊4−6+劫財	45戊56己4−7+正官	16己57庚4−7+正財	47庚58辛4−7+劫財	17庚59壬3−7+正官	48辛60癸4−6+正財	18辛 1甲4−6+食神
20	45戊50癸5+5−劫財	16己51甲5−5+正官	44丁52乙5−5+偏印	15戊53丙5−5+比肩	45戊54丁5−6+食神	16己55戊5−6+比肩	46己56己4−6+偏官	17庚57庚4−6+食神	48辛58辛4−6+比肩	18辛59壬4−6+偏官	49壬60癸4−6+食神	19壬 1甲4−6+劫財
21	46己50癸5+5−比肩	17庚51甲6−4+偏財	45戊52乙5−5+正官	16己53丙5−5+劫財	46己54丁5−5+印綬	17庚55戊5−6+印綬	47庚56己4−6+印綬	18辛57庚4−6+傷官	49壬58辛4−6+印綬	19壬59壬4−6+正財	50癸60癸4−5+劫財	20癸 1甲5−5+比肩
22	47庚50癸4+5−印綬	18辛51甲6−4+正財	46己52乙5−5+偏官	17庚53丙6−5+偏印	47庚54丁5−5+偏官	18辛55戊5−5+偏印	48辛56己5−6+偏印	19壬57庚5−6+偏印	50癸58辛5−6+偏印	20癸59壬4−6+正官	51甲60癸5−5+偏印	21甲 1甲5−5+印綬
23	48辛50癸4+6−偏印	19壬51甲6−4+食神	47庚52乙6−4+正財	18辛53丙6−4+印綬	48辛54丁6−5+正官	19壬55戊6−5+正官	49壬56己5−5+正官	20癸57庚5−5+印綬	51甲58辛5−5+正官	21甲59壬5−5+偏財	52乙60癸5−5+印綬	22乙 1甲5−5+偏印
24	49壬50癸4+6−正官	20癸51甲7−3+傷官	48辛52乙6−4+偏財	19壬53丙6−4+偏官	49壬54丁6−4+偏財	20癸55戊6−5+偏官	50癸56己5−5+偏官	21甲57庚5−5+偏官	52乙58辛5−5+偏官	22乙59壬5−5+正財	53丙60癸5−4+偏官	23丙 1甲6−4+正官
25	50癸50癸3+6−偏官	21甲51甲7−3+比肩	49壬52乙6−4+傷官	20癸53丙7−4+正官	50癸54丁6−4+正財	21甲55戊6−4+正財	51甲56己6−5+正財	22乙57庚6−5+正官	53丙58辛6−5+偏財	23丙59壬5−5+食神	54丁60癸6−4+正官	24丁 1甲6−4+偏官
26	51甲50癸3+7−正財	22乙51甲7−3+劫財	50癸52乙7−3+食神	21甲53丙7−3+偏財	51甲54丁7−4+食神	22乙55戊7−4+食神	52乙56己6−4+偏財	23丙57庚6−4+偏財	54丁58辛6−4+正財	24丁59壬6−4+傷官	55戊60癸6−4+偏財	25戊 1甲6−4+正財
27	52乙50癸3+7−偏財	23丙51甲8−2+偏印	51甲52乙7−3+劫財	22乙53丙7−3+正財	52乙54丁7−3+傷官	23丙55戊7−4+劫財	53丙56己6−4+傷官	24丁57庚6−4+正財	55戊58辛6−4+傷官	25戊59壬6−4+比肩	56己60癸6−3+正財	26己 1甲7−3+偏財
28	53丙50癸2+7−傷官	24丁51甲8−2+印綬	52乙52乙7−3+比肩	23丙53丙8−3+食神	53丙54丁7−3+比肩	24丁55戊7−3+比肩	54丁56己7−4+食神	25戊57庚7−4+食神	56己58辛7−4+食神	26己59壬6−4+劫財	57庚60癸7−3+食神	27庚 1甲7−3+傷官
29	54丁50癸2+8−食神		53丙52乙8−2+印綬	24丁53丙8−2+傷官	54丁54丁8−3+劫財	25戊55戊8−3+印綬	55戊56己7−3+劫財	26己57庚7−3+傷官	57庚58辛7−3+劫財	27庚59壬7−3+偏印	58辛60癸7−3+傷官	28辛 1甲7−3+食神
30	55戊50癸2+8−劫財		54丁52乙8−2+偏印	25戊53丙8−2+比肩	55戊54丁8−2+偏印	26己55戊8−3+偏印	56己56己7−3+比肩	27庚57庚7−3+比肩	58辛58辛7−3+比肩	28辛59壬7−3+印綬	59壬60癸7−2+比肩	29壬 1甲8−2+劫財
31	56己50癸1+8−比肩		55戊52乙8−2+正官		56己54丁8−2+印綬		57庚56己8−3+印綬	28辛57庚8−3+劫財		29壬59壬7−3+偏官		30癸 1甲8−2+比肩

1984年（昭和59年）生まれ　1甲（2/4～翌2/3）

	1月	2月	3月	4月	5月	6月	7月	8月	9月	10月	11月	12月
日	日干 月干 立年♂♀ 中心星	日干 月干 立年♂♀ 中心星	日干 月干 立年♂♀ 中心星	日干 月干 立年♂♀ 中心星	日干 月干 立年♂♀ 中心星	日干 月干 立年♂♀ 中心星	日干 月干 立年♂♀ 中心星	日干 月干 立年♂♀ 中心星	日干 月干 立年♂♀ 中心星	日干 月干 立年♂♀ 中心星	日干 月干 立年♂♀ 中心星	日干 月干 立年♂♀ 中心星
1	31甲 1甲8−2+印綬	2乙 2乙9−1+偏財	31甲 3丙1+9−比肩	2乙 4丁1+9−比肩	32乙 5戊1+9−正財	3丙 6己1+9−比肩	33丙 7庚2+9−劫財	4丁 8辛2+8−食神	35戊 9壬2+8−食神	5戊10癸2+8−傷官	36己11甲2+8−劫財	6己12乙2+8−正財
2	32乙 1甲9−1+偏印	3丙 2乙9−1+傷官	32乙 3丙1+9−劫財	3丙 4丁1+9−印綬	33丙 5戊1+9−食神	4丁 6己1+9−劫財	34丁 7庚2+9−比肩	5戊 8辛2+9−劫財	36己 9壬2+9−傷官	6己10癸2+8−食神	37庚11甲2+8−偏印	7庚12乙2+8−食神
3	33丙 1甲9−1+正官	4丁 2乙9−1+食神	33丙 3丙1+9−偏印	4丁 4丁1+0−偏印	34丁 5戊1+0−傷官	5戊 6己1+0−偏印	35戊 7庚1+9−印綬	6己 8辛1+9−比肩	37庚 9壬1+9−比肩	7庚10癸2+9−劫財	38辛11甲1+9−印綬	8辛12乙1+9−傷官
4	34丁 1甲9−1+偏官	5戊 3丙0+1−比肩	34丁 3丙1+0−印綬	5戊 5戊0+1−正官	35戊 5戊1+0−比肩	6己 6己1+0−印綬	36己 7庚1+0−偏印	7庚 8辛1+9−印綬	38辛 9壬1+9−劫財	8辛10癸1+9−比肩	39壬11甲1+9−偏官	9壬12乙1+9−比肩
5	35戊 1甲0−1+正財	6己 3丙0+1−劫財	35戊 4丁0+1−正官	6己 5戊0+1−偏官	36己 6己0+1−劫財	7庚 7庚0+1−印綬	37庚 7庚1+0−正官	8辛 8辛1+0−偏印	39壬 9壬1+0−偏印	9壬10癸1+9−印綬	40癸11甲1+9−正官	10癸12乙1+9−劫財
6	36己 2乙1−0+偏財	7庚 3丙9+1−偏印	36己 4丁0+1−偏官	7庚 5戊0+1−正財	37庚 6己0+1−偏印	8辛 7庚0+1−偏印	38辛 7庚1+0−偏官	9壬 8辛1+0−正官	40癸 9壬1+0−印綬	10癸10癸1+0−偏印	41甲11甲1+0−偏財	11甲12乙1+0−偏印
7	37庚 2乙1−9+傷官	8辛 3丙9+1−印綬	37庚 4丁9+1−正財	8辛 5戊9+1−偏財	38辛 6己0+1−印綬	9壬 7庚0+1−正官	39壬 8辛0+1−正財	10癸 9壬0+1−正官	41甲10癸0+1−正官	11甲10癸1+0−正官	42乙12乙0+1−劫財	12乙13丙0+1−偏印
8	38辛 2乙1−9+食神	9壬 3丙9+1−偏官	38辛 4丁9+1−偏財	9壬 5戊9+1−傷官	39壬 6己9+1−偏官	10癸 7庚0+1−偏官	40癸 8辛0+1−偏財	11甲 9壬0+1−偏財	42乙10癸0+1−偏官	12乙11甲0+1−偏官	43丙12乙0+1−偏印	13丙13丙9+1−正官
9	39壬 2乙1−9+劫財	10癸 3丙8+2−正官	39壬 4丁9+1−傷官	10癸 5戊9+2−食神	40癸 6己9+1−正官	11甲 7庚9+1−正財	41甲 8辛0+1−傷官	12乙 9壬0+1−正財	43丙10癸0+1−正財	13丙11甲0+1−正財	44丁12乙9+1−印綬	14丁13丙9+1−偏官
10	40癸 2乙1−8+比肩	11甲 3丙8+2−偏財	40癸 4丁8+2−食神	11甲 5戊8+2−劫財	41甲 6己9+2−偏財	12乙 7庚9+2−偏財	42乙 8辛9+1−食神	13丙 9壬9+1−食神	44丁10癸9+1−偏財	14丁11甲9+1−偏財	45戊12乙9+1−偏官	15戊13丙9+1−正財
11	41甲 2乙2−8+印綬	12乙 3丙8+2−正財	41甲 4丁8+2−劫財	12乙 5戊8+2−比肩	42乙 6己8+2−正官	13丙 7庚9+2−傷官	43丙 8辛9+1−劫財	14丁 9壬9+1−傷官	45戊10癸9+1−傷官	15戊11甲9+1−傷官	46己12乙9+1−正官	16己13丙8+1−偏財
12	42乙 2乙2−8+偏印	13丙 3丙7+3−比肩	42乙 4丁8+2−比肩	13丙 5戊8+3−印綬	43丙 6己8+2−偏財	14丁 7庚8+2−食神	44丁 8辛9+2−比肩	15戊 9壬9+2−比肩	46己10癸9+2−食神	16己11甲9+1−食神	47庚12乙8+2−偏財	17庚13丙8+2−傷官
13	43丙 2乙2−7+正官	14丁 3丙7+3−劫財	43丙 4丁7+3−印綬	14丁 5戊7+3−偏印	44丁 6己8+3−正財	15戊 7庚8+3−劫財	45戊 8辛8+2−印綬	16己 9壬8+2−劫財	47庚10癸8+2−劫財	17庚11甲8+2−劫財	48辛12乙8+2−正財	18辛13丙8+2−食神
14	44丁 2乙3−7+偏官	15戊 3丙7+3−偏印	44丁 4丁7+3−偏印	15戊 5戊7+3−正財	45戊 6己7+3−食神	16己 7庚8+3−比肩	46己 8辛8+2−偏印	17庚 9壬8+2−偏印	48辛10癸8+2−比肩	18辛11甲8+2−比肩	49壬12乙8+2−食神	19壬13丙7+2−劫財
15	45戊 2乙3−7+正財	16己 3丙6+4−印綬	45戊 4丁7+3−正官	16己 5戊7+4−偏財	46己 6己7+3−傷官	17庚 7庚7+3−印綬	47庚 8辛8+3−正官	18辛 9壬8+3−印綬	49壬10癸8+3−印綬	19壬11甲8+2−印綬	50癸12乙7+3−傷官	20癸13丙7+3−比肩
16	46己 2乙3−6+食神	17庚 3丙6+4−偏官	46己 4丁6+4−偏官	17庚 5戊6+4−傷官	47庚 6己7+4−比肩	18辛 7庚7+4−偏印	48辛 8辛7+3−偏官	19壬 9壬7+3−偏官	50癸10癸7+3−偏印	20癸11甲7+3−偏印	51甲12乙7+3−比肩	21甲13丙7+3−印綬
17	47庚 2乙4−6+劫財	18辛 3丙6+4−正官	47庚 4丁6+4−正財	18辛 5戊6+4−印綬	48辛 6己6+4−劫財	19壬 7庚7+4−正官	49壬 8辛7+3−傷官	20癸 9壬7+3−正官	51甲10癸7+3−正官	21甲11甲7+3−正官	52乙12乙7+3−劫財	22乙13丙6+3−偏印
18	48辛 2乙4−6+比肩	19壬 3丙5+5−偏財	48辛 4丁6+4−偏財	19壬 5戊6+5−偏官	49壬 6己6+4−偏印	20癸 7庚6+4−偏官	50癸 8辛7+4−食神	21甲 9壬7+4−偏印	52乙10癸7+4−偏官	22乙11甲7+3−食神	53丙12乙6+4−偏印	23丙13丙6+4−正官
19	49壬 2乙4−5+正官	20癸 3丙5+5−傷官	49壬 4丁5+5−傷官	20癸 5戊5+5−正官	50癸 6己6+5−印綬	21甲 7庚6+5−正財	51甲 8辛6+4−劫財	22乙 9壬6+4−印綬	53丙10癸6+4−正財	23丙11甲6+4−劫財	54丁12乙6+4−印綬	24丁13丙6+4−偏官
20	50癸 2乙5−5+偏官	21甲 3丙5+5−比肩	50癸 4丁5+5−食神	21甲 5戊5+5−偏財	51甲 6己5+5−食神	22乙 7庚6+5−偏財	52乙 8辛6+4−偏財	23丙 9壬6+4−偏官	54丁10癸6+4−偏財	24丁11甲6+4−比肩	55戊12乙6+4−偏財	25戊13丙5+4−正財
21	51甲 2乙5−5+正財	22乙 3丙4+6−劫財	51甲 4丁5+5−劫財	22乙 5戊5+6−正財	52乙 6己5+5−傷官	23丙 7庚5+5−傷官	53丙 8辛6+5−傷官	24丁 9壬6+5−正財	55戊10癸6+5−傷官	25戊11甲6+4−比肩	56己12乙5+5−正財	26己13丙5+5−偏財
22	52乙 2乙5−4+偏財	23丙 3丙4+6−偏印	52乙 4丁4+6−比肩	23丙 5戊4+6−食神	53丙 6己5+6−比肩	24丁 7庚5+6−食神	54丁 8辛5+5−食神	25戊 9壬5+5−食神	56己10癸5+5−食神	26己11甲5+5−劫財	57庚12乙5+5−食神	27庚13丙5+5−傷官
23	53丙 2乙6−4+傷官	24丁 3丙4+6−印綬	53丙 4丁4+6−印綬	24丁 5戊4+6−傷官	54丁 6己4+6−劫財	25戊 7庚5+6−劫財	55戊 8辛5+5−劫財	26己 9壬5+5−傷官	57庚10癸5+5−劫財	27庚11甲5+5−偏印	58辛12乙5+5−傷官	28辛13丙4+5−食神
24	54丁 2乙6−4+食神	25戊 3丙3+7−偏官	54丁 4丁4+6−偏印	25戊 5戊4+7−比肩	55戊 6己4+6−偏印	26己 7庚4+6−比肩	56己 8辛5+6−比肩	27庚 9壬5+6−比肩	58辛10癸5+6−比肩	28辛11甲5+5−印綬	59壬12乙4+6−比肩	29壬13丙4+6−劫財
25	55戊 2乙6−3+劫財	26己 3丙3+7−正官	55戊 4丁3+7−正官	26己 5戊3+7−劫財	56己 6己4+7−印綬	27庚 7庚4+7−正官	57庚 8辛4+6−印綬	28辛 9壬4+6−劫財	59壬10癸4+6−印綬	29壬11甲4+6−偏官	60癸12乙4+6−劫財	30癸13丙4+6−比肩
26	56己 2乙7−3+比肩	27庚 3丙3+7−偏財	56己 4丁3+7−偏官	27庚 5戊3+7−偏印	57庚 6己3+7−偏官	28辛 7庚4+7−偏官	58辛 8辛4+6−偏印	29壬 9壬4+6−偏印	60癸10癸4+6−偏印	30癸11甲4+6−正官	1甲12乙4+6−偏印	31甲13丙3+6−印綬
27	57庚 2乙7−3+印綬	28辛 3丙2+8−正財	57庚 4丁3+7−正財	28辛 5戊3+8−印綬	58辛 6己3+7−正官	29壬 7庚3+7−正財	59壬 8辛4+7−正官	30癸 9壬4+7−印綬	1甲10癸4+7−正官	31甲11甲4+6−偏財	2乙12乙3+7−印綬	32乙13丙3+7−偏印
28	58辛 2乙7−2+偏印	29壬 3丙2+8−食神	58辛 4丁2+8−偏財	29壬 5戊2+8−偏官	59壬 6己3+8−偏財	30癸 7庚3+8−偏財	60癸 8辛3+7−偏官	31甲 9壬3+7−偏官	2乙10癸3+7−偏官	32乙11甲3+7−正財	3丙12乙3+7−偏官	33丙13丙3+7−正官
29	59壬 2乙8−2+正官	30癸 3丙2+8−傷官	59壬 4丁2+8−傷官	30癸 5戊2+8−正官	60癸 6己2+8−正財	31甲 7庚3+8−傷官	1甲 8辛3+7−正財	32乙 9壬3+7−正官	3丙10癸3+7−正財	33丙11甲3+7−食神	4丁12乙3+7−正官	34丁13丙2+7−偏官
30	60癸 2乙8−2+偏官		60癸 4丁2+8−食神	31甲 5戊2+9−偏財	1甲 6己2+8−食神	32乙 7庚2+8−食神	2乙 8辛3+8−偏財	33丙 9壬3+8−偏財	4丁10癸3+8−偏財	34丁11甲3+7−傷官	5戊12乙2+8−偏財	35戊13丙2+8−正財
31	1甲 2乙8−1+正財		1甲 4丁1+9−劫財		2乙 6己2+9−傷官		3丙 8辛2+8−傷官	34丁 9壬2+8−正財		35戊11甲2+8−比肩		36己13丙2+8−偏財

1985年(昭和60年)生まれ　2乙(2/4〜翌2/3)

日	1月	2月	3月	4月	5月	6月	7月	8月	9月	10月	11月	12月
	日干 月干 立年♂♀ 中心星	日干 月干 立年♂♀ 中心星	日干 月干 立年♂♀ 中心星	日干 月干 立年♂♀ 中心星	日干 月干 立年♂♀ 中心星	日干 月干 立年♂♀ 中心星	日干 月干 立年♂♀ 中心星	日干 月干 立年♂♀ 中心星	日干 月干 立年♂♀ 中心星	日干 月干 立年♂♀ 中心星	日干 月干 立年♂♀ 中心星	日干 月干 立年♂♀ 中心星
1	37庚13丙1+8−傷官	8辛14丁1+9−偏印	36己15戊8−1+正官	7庚16己9−1+正財	37庚17庚9−1+偏印	8辛18辛9−2+正官	38辛19壬8−2+偏官	9壬20癸8−2+正官	40癸21甲8−2+印綬	10癸22乙8−2+偏印	41甲23丙8−2+偏財	11甲24丁8−2+偏印
2	38辛13丙1+9−食神	9壬14丁1+9−正官	37庚15戊9−1+偏財	8辛16己9−1+偏財	38辛17庚9−1+印綬	9壬18辛9−1+偏財	39壬19壬9−2+正財	10癸20癸9−2+偏官	41甲21甲9−2+偏官	11甲22乙8−2+正官	42乙23丙8−2+正財	12乙24丁8−2+印綬
3	39壬13丙1+9−劫財	10癸14丁1+0−偏官	38辛15戊9−1+正財	9壬16己0−1+傷官	39壬17庚9−1+偏官	10癸18辛0−1+正財	40癸19壬9−1+偏財	11甲20癸9−1+正財	42乙21甲9−2+正官	12乙22乙8−2+偏官	43丙23丙9−1+食神	13丙24丁9−1+偏官
4	40癸13丙1+9−比肩	11甲15戊1−0+偏財	39壬15戊9−1+食神	10癸16己0−1+食神	40癸17庚0−1+正官	11甲18辛0−1+食神	41甲19壬9−1+傷官	12乙20癸9−1+偏財	43丙21甲9−1+偏財	13丙22乙9−1+正財	44丁23丙9−1+傷官	14丁24丁9−1+正官
5	41甲14丁0+1−印綬	12乙15戊1−9+正財	40癸16己1−0+食神	11甲17庚1−0+劫財	41甲18辛1−0+偏財	12乙18辛0−1+傷官	42乙19壬0−1+食神	13丙20癸0−1+傷官	44丁21甲0−1+正財	14丁22乙9−1+偏財	45戊23丙9−1+比肩	15戊24丁9−1+偏財
6	42乙14丁0+1−偏印	13丙15戊1−9+食神	41甲16己1−0+劫財	12乙17庚1−0+比肩	42乙18辛1−0+正財	13丙19壬1−0+傷官	43丙19壬0−1+劫財	14丁20癸0−1+食神	45戊21甲0−1+食神	15戊22乙9−1+傷官	46己23丙0−1+劫財	16己24丁0−1+正財
7	43丙14丁9+1−正官	14丁15戊1−9+傷官	42乙16己1−0+比肩	13丙17庚1−9+印綬	43丙18辛1−0+食神	14丁19壬1−0+食神	44丁20癸1−0+比肩	15戊21甲1−0+比肩	46己21甲0−1+傷官	16己22乙0−1+食神	47庚24丁1−0+偏財	17庚25戊1−0+傷官
8	44丁14丁9+1−偏官	15戊15戊1−8+比肩	43丙16己1−9+印綬	14丁17庚1−9+偏印	44丁18辛1−0+傷官	15戊19壬1−0+劫財	45戊20癸1−0+印綬	16己21甲1−0+劫財	47庚22乙1−0+劫財	17庚23丙1−0+劫財	48辛24丁1−0+正財	18辛25戊1−9+食神
9	45戊14丁9+1−正財	16己15戊2−8+劫財	44丁16己1−9+偏印	15戊17庚1−9+正官	45戊18辛1−9+比肩	16己19壬1−9+比肩	46己20癸1−0+偏印	17庚21甲1−0+偏印	48辛22乙1−0+比肩	18辛23丙1−0+比肩	49壬24丁1−9+食神	19壬25戊1−9+劫財
10	46己14丁8+2−偏財	17庚15戊2−8+偏印	45戊16己2−9+正官	16己17庚2−8+偏官	46己18辛2−9+劫財	17庚19壬1−9+印綬	47庚20癸1−9+正官	18辛21甲1−0+印綬	49壬22乙1−9+印綬	19壬23丙1−9+印綬	50癸24丁1−9+傷官	20癸25戊1−9+比肩
11	47庚14丁8+2−傷官	18辛15戊2−7+印綬	46己16己2−8+偏官	17庚17庚2−8+正財	47庚18辛2−9+比肩	18辛19壬2−9+偏印	48辛20癸1−9+偏官	19壬21甲1−9+偏官	50癸22乙1−9+偏印	20癸23丙1−9+偏印	51甲24丁1−9+比肩	21甲25戊1−8+印綬
12	48辛14丁8+2−食神	19壬15戊3−7+偏財	47庚16己2−8+正財	18辛17庚2−8+偏財	48辛18辛2−8+劫財	19壬19壬2−8+正官	49壬20癸2−9+正財	20癸21甲2−9+正官	51甲22乙1−9+正官	21甲23丙1−9+正官	52乙24丁2−8+劫財	22乙25戊2−8+偏印
13	49壬14丁7+3−劫財	20癸15戊3−7+正財	48辛16己3−8+偏財	19壬17庚3−7+傷官	49壬18辛3−8+偏印	20癸19壬2−8+偏官	50癸20癸2−8+偏財	21甲21甲2−9+偏財	52乙22乙2−8+偏官	22乙23丙2−8+偏官	53丙24丁2−8+偏印	23丙25戊2−8+正官
14	50癸14丁7+3−比肩	21甲15戊3−6+食神	49壬16己3−7+傷官	20癸17庚3−7+食神	50癸18辛3−8+印綬	21甲19壬3−8+正財	51甲20癸2−8+傷官	22乙21甲2−8+正財	53丙22乙2−8+正財	23丙23丙2−8+正財	54丁24丁2−8+印綬	24丁25戊2−7+偏官
15	51甲14丁7+3−正官	22乙15戊4−6+傷官	50癸16己3−7+食神	21甲17庚3−7+印綬	51甲18辛3−7+偏官	22乙19壬3−7+偏財	52乙20癸3−8+食神	23丙21甲3−8+食神	54丁22乙2−8+偏財	24丁23丙2−8+偏財	55戊24丁3−7+偏官	25戊25戊3−7+正財
16	52乙14丁6+4−偏官	23丙15戊4−6+比肩	51甲16己4−7+劫財	22乙17庚4−6+偏印	52乙18辛4−7+正官	23丙19壬3−7+傷官	53丙20癸3−7+劫財	24丁21甲3−8+傷官	55戊22乙3−7+傷官	25戊23丙3−7+傷官	56己24丁3−7+正官	26己25戊3−7+偏財
17	53丙14丁6+4−正財	24丁15戊4−5+劫財	52乙16己4−6+比肩	23丙17庚4−6+正官	53丙18辛4−7+偏財	24丁19壬4−7+食神	54丁20癸3−7+偏印	25戊21甲3−7+比肩	56己22乙3−7+食神	26己23丙3−7+食神	57庚24丁3−7+偏財	27庚25戊3−6+傷官
18	54丁14丁6+4−食神	25戊15戊5−5+偏印	53丙16己4−6+印綬	24丁17庚4−6+傷官	54丁18辛4−6+正財	25戊19壬4−6+劫財	55戊20癸4−7+正官	26己21甲4−7+正財	57庚22乙3−7+劫財	27庚23丙3−7+正官	58辛24丁4−6+正財	28辛25戊4−6+食神
19	55戊14丁5+5−劫財	26己15戊5−5+正官	54丁16己5−6+偏印	25戊17庚5−5+比肩	55戊18辛5−6+食神	26己19壬4−6+比肩	56己20癸4−6+偏官	27庚21甲4−7+食神	58辛22乙4−6+比肩	28辛23丙4−6+偏官	59壬24丁4−6+食神	29壬25戊4−6+劫財
20	56己14丁5+5−比肩	27庚15戊5−4+偏財	55戊16己5−5+正官	26己17庚5−5+劫財	56己18辛5−6+印綬	27庚19壬5−6+印綬	57庚20癸4−6+印綬	28辛21甲4−6+傷官	59壬22乙4−6+印綬	29壬23丙4−6+正財	60癸24丁4−6+劫財	30癸25戊4−5+比肩
21	57庚14丁5+5−印綬	28辛15戊6−4+正財	56己16己5−5+偏官	27庚17庚5−5+偏印	57庚18辛5−5+偏官	28辛19壬5−5+偏印	58辛20癸5−6+偏印	29壬21甲5−6+偏印	60癸22乙4−6+偏印	30癸23丙4−6+正官	1甲24丁5−5+偏印	31甲25戊5−5+印綬
22	58辛14丁4+6−偏印	29壬15戊6−4+食神	57庚16己6−5+正財	28辛17庚6−4+印綬	58辛18辛6−5+正官	29壬19壬5−5+正官	59壬20癸5−5+正官	30癸21甲5−6+印綬	1甲22乙5−5+正官	31甲23丙5−5+偏財	2乙24丁5−5+印綬	32乙25戊5−5+偏印
23	59壬14丁4+6−正官	30癸15戊6−3+傷官	58辛16己6−4+偏財	29壬17庚6−4+偏官	59壬18辛6−5+偏財	30癸19壬6−5+偏官	60癸20癸5−5+偏官	31甲21甲5−5+偏官	2乙22乙5−5+偏官	32乙23丙5−5+正財	3丙24丁5−5+偏官	33丙25戊5−4+正官
24	60癸14丁4+6−偏官	31甲15戊7−3+比肩	59壬16己6−4+傷官	30癸17庚6−4+正官	60癸18辛6−4+正財	31甲19壬6−4+正財	1甲20癸6−5+正財	32乙21甲6−5+正官	3丙22乙5−5+正財	33丙23丙5−5+食神	4丁24丁6−4+正官	34丁25戊6−4+偏官
25	1甲14丁3+7−正財	32乙15戊7−3+劫財	60癸16己7−4+食神	31甲17庚7−3+偏財	1甲18辛7−4+食神	32乙19壬6−4+偏財	2乙20癸6−4+偏財	33丙21甲6−5+偏財	4丁22乙6−4+偏財	34丁23丙6−4+傷官	5戊24丁6−4+偏財	35戊25戊6−4+正財
26	2乙14丁3+7−偏財	33丙15戊7−2+偏印	1甲16己7−3+劫財	32乙17庚7−3+正財	2乙18辛7−4+傷官	33丙19壬7−4+劫財	3丙20癸6−4+傷官	34丁21甲6−4+正財	5戊22乙6−4+傷官	35戊23丙6−4+比肩	6己24丁6−4+正財	36己25戊6−3+偏財
27	3丙14丁3+7−傷官	34丁15戊8−2+印綬	2乙16己7−3+比肩	33丙17庚7−3+食神	3丙18辛7−3+比肩	34丁19壬7−3+比肩	4丁20癸7−4+食神	35戊21甲7−4+食神	6己22乙6−4+食神	36己23丙6−4+劫財	7庚24丁7−3+食神	37庚25戊7−3+傷官
28	4丁14丁2+8−食神	35戊15戊8−2+偏官	3丙16己8−3+印綬	34丁17庚8−2+傷官	4丁18辛8−3+劫財	35戊19壬7−3+印綬	5戊20癸7−3+劫財	36己21甲7−4+傷官	7庚22乙7−3+劫財	37庚23丙7−3+偏印	8辛24丁7−3+傷官	38辛25戊7−3+食神
29	5戊14丁2+8−劫財		4丁16己8−2+偏印	35戊17庚8−2+比肩	5戊18辛8−3+偏印	36己19壬8−3+偏印	6己20癸7−3+比肩	37庚21甲7−3+比肩	8辛22乙7−3+比肩	38辛23丙7−3+印綬	9壬24丁7−3+比肩	39壬25戊7−2+劫財
30	6己14丁2+8−比肩		5戊16己8−2+正官	36己17庚8−2+劫財	6己18辛8−2+印綬	37庚19壬8−2+正官	7庚20癸8−3+印綬	38辛21甲8−3+劫財	9壬22乙7−3+印綬	39壬23丙7−3+偏官	10癸24丁8−2+劫財	40癸25戊8−2+比肩
31	7庚14丁1+9−印綬		6己16己9−2+偏官		7庚18辛9−2+偏官		8辛20癸8−2+偏印	39壬21甲8−3+偏印		40癸23丙8−2+正官		41甲25戊8−2+印綬

1986年(昭和61年)生まれ

3丙 (2/4〜翌 2/3)

日	1月	2月	3月	4月	5月	6月	7月	8月	9月	10月	11月	12月
	日干 月干 立年♂♀ 中心星	日干 月干 立年♂♀ 中心星	日干 月干 立年♂♀ 中心星	日干 月干 立年♂♀ 中心星	日干 月干 立年♂♀ 中心星	日干 月干 立年♂♀ 中心星	日干 月干 立年♂♀ 中心星	日干 月干 立年♂♀ 中心星	日干 月干 立年♂♀ 中心星	日干 月干 立年♂♀ 中心星	日干 月干 立年♂♀ 中心星	日干 月干 立年♂♀ 中心星
1	42乙25戊8−1+偏印	13丙26己9−1+傷官	41甲27庚2+8−比肩	12乙28辛1+9−比肩	42乙29壬2+9−正財	13丙30癸2+9−比肩	43丙31甲2+8−劫財	14丁32乙2+8−食神	45戊33丙2+8−食神	15戊34丁2+8−傷官	46己35戊2+8−劫財	16己36己2+8−正財
2	43丙25戊9−1+正官	14丁26己9−1+食神	42乙27庚1+9−劫財	13丙28辛1+9−印綬	43丙29壬1+9−食神	14丁30癸1+9−劫財	44丁31甲2+9−比肩	15戊32乙2+9−劫財	46己33丙2+8−傷官	16己34丁2+8−食神	47庚35戊2+8−偏印	17庚36己2+8−食神
3	44丁25戊9−1+偏官	15戊26己0−1+劫財	43丙27庚1+9−偏印	14丁28辛1+9−偏印	44丁29壬1+9−傷官	15戊30癸1+9−偏印	45戊31甲1+9−印綬	16己32乙2+9−比肩	47庚33丙2+9−比肩	17庚34丁2+8−劫財	48辛35戊2+9−印綬	18辛36己1+8−傷官
4	45戊25戊9−1+正財	16己27庚0+1−劫財	44丁27庚1+9−印綬	15戊28辛1+0−正官	45戊29壬1+0−比肩	16己30癸1+0−印綬	46己31甲1+9−偏印	17庚32乙1+9−印綬	48辛33丙1+9−劫財	18辛34丁1+9−比肩	49壬35戊1+9−偏官	19壬36己1+9−比肩
5	46己26己1−0+偏財	17庚27庚0+1−偏印	45戊27庚1+0−偏官	16己29壬0+1−偏官	46己29壬1+0−劫財	17庚30癸1+0−偏官	47庚31甲1+0−正官	18辛32乙1+0−偏印	49壬33丙1+9−偏印	19壬34丁1+9−印綬	50癸35戊1+9−正官	20癸36己1+9−劫財
6	47庚26己1−0+傷官	18辛27庚9+1−印綬	46己28辛0+1−偏官	17庚29壬0+1−正財	47庚30癸0+1−偏印	18辛31甲0+1−偏印	48辛31甲1+0−偏官	19壬32乙1+0−正官	50癸33丙1+0−印綬	20癸34丁1+9−偏印	51甲35戊1+0−偏財	21甲36己1+9−偏印
7	48辛26己1−9+食神	19壬27庚9+1−偏官	47庚28辛0+1−正財	18辛29壬0+1−偏財	48辛30癸0+1−印綬	19壬31甲0+1−正官	49壬32乙0+1−正財	20癸32乙1+0−偏官	51甲33丙1+0−偏官	21甲34丁1+0−正官	52乙35戊1+0−正財	22乙37庚0+1−偏印
8	49壬26己1−9+劫財	20癸27庚9+1−正官	48辛28辛9+1−偏財	19壬29壬9+1−傷官	49壬30癸0+1−偏官	20癸31甲0+1−偏官	50癸32乙0+1−偏財	21甲33丙0+1−偏財	52乙34丁0+1−偏官	22乙35戊0+1−偏官	53丙36己0+1−偏印	23丙37庚0+1−正官
9	50癸26己1−9+比肩	21甲27庚8+2−偏財	49壬28辛9+1−傷官	20癸29壬9+1−食神	50癸30癸9+1−正官	21甲31甲9+1−正財	51甲32乙0+1−傷官	22乙33丙0+1−正財	53丙34丁0+1−正財	23丙35戊0+1−正財	54丁36己9+1−印綬	24丁37庚9+1−偏官
10	51甲26己2−8+印綬	22乙27庚8+2−正財	50癸28辛9+1−食神	21甲29壬9+2−劫財	51甲30癸9+1−偏財	22乙31甲9+1−偏財	52乙32乙0+1−食神	23丙33丙0+1−食神	54丁34丁9+1−偏財	24丁35戊0+1−偏財	55戊36己9+1−偏官	25戊37庚9+1−正財
11	52乙26己2−8+偏印	23丙27庚8+2−食神	51甲28辛8+2−劫財	22乙29壬8+2−比肩	52乙30癸9+2−正財	23丙31甲9+2−傷官	53丙32乙9+1−劫財	24丁33丙9+1−傷官	55戊34丁9+1−傷官	25戊35戊9+1−傷官	56己36己9+1−正官	26己37庚9+1−偏財
12	53丙26己2−8+正官	24丁27庚7+3−劫財	52乙28辛8+2−比肩	23丙29壬8+2−印綬	53丙30癸8+2−偏財	24丁31甲8+2−食神	54丁32乙9+2−比肩	25戊33丙9+1−比肩	56己34丁9+1−食神	26己35戊9+1−食神	57庚36己8+1−偏財	27庚37庚8+2−傷官
13	54丁26己3−7+偏官	25戊27庚7+3−偏印	53丙28辛8+2−印綬	24丁29壬8+3−偏印	54丁30癸8+2−正財	25戊31甲8+2−劫財	55戊32乙9+2−印綬	26己33丙9+2−劫財	57庚34丁8+2−劫財	27庚35戊9+2−劫財	58辛36己8+2−正財	28辛37庚8+2−食神
14	55戊26己3−7+正財	26己27庚7+3−印綬	54丁28辛7+3−偏印	25戊29壬7+3−正官	55戊30癸8+3−食神	26己31甲8+3−比肩	56己32乙8+2−偏印	27庚33丙8+2−偏印	58辛34丁8+2−比肩	28辛35戊8+2−比肩	59壬36己8+2−食神	29壬37庚8+2−劫財
15	56己26己3−7+食神	27庚27庚6+4−偏官	55戊28辛7+3−正官	26己29壬7+3−偏財	56己30癸7+3−傷官	27庚31甲7+3−印綬	57庚32乙8+3−正官	28辛33丙8+2−印綬	59壬34丁8+2−印綬	29壬35戊8+2−印綬	60癸36己7+2−傷官	30癸37庚7+3−比肩
16	57庚26己4−6+劫財	28辛27庚6+4−正官	56己28辛7+3−偏官	27庚29壬7+4−傷官	57庚30癸7+3−比肩	28辛31甲7+3−偏印	58辛32乙8+3−偏官	29壬33丙8+3−偏官	60癸34丁7+3−偏印	30癸35戊8+3−偏印	1甲36己7+3−比肩	31甲37庚7+3−印綬
17	58辛26己4−6+比肩	29壬27庚6+4−偏財	57庚28辛6+4−正財	28辛29壬6+4−食神	58辛30癸7+4−劫財	29壬31甲7+4−正官	59壬32乙7+3−傷官	30癸33丙7+3−正官	1甲34丁7+3−正官	31甲35戊7+3−正官	2乙36己7+3−劫財	32乙37庚7+3−偏印
18	59壬26己4−6+正官	30癸27庚5+5−正財	58辛28辛6+4−偏財	29壬29壬6+4−偏官	59壬30癸6+4−偏印	30癸31甲6+4−偏官	60癸32乙7+4−食神	31甲33丙7+3−偏財	2乙34丁7+3−偏官	32乙35戊7+3−食神	3丙36己6+3−偏印	33丙37庚6+4−正官
19	60癸26己5−5+偏官	31甲27庚5+5−比肩	59壬28辛6+4−傷官	30癸29壬6+5−正官	60癸30癸6+4−印綬	31甲31甲6+4−正財	1甲32乙7+4−劫財	32乙33丙7+4−印綬	3丙34丁6+4−正財	33丙35戊7+4−劫財	4丁36己6+4−印綬	34丁37庚6+4−偏官
20	1甲26己5−5+正財	32乙27庚5+5−劫財	60癸28辛5+5−食神	31甲29壬5+5−偏財	1甲30癸6+5−偏官	32乙31甲6+5−偏財	2乙32乙6+4−偏財	33丙33丙6+4−偏官	4丁34丁6+4−偏財	34丁35戊6+4−比肩	5戊36己6+4−偏官	35戊37庚6+4−正財
21	2乙26己5−5+偏財	33丙27庚4+6−偏印	1甲28辛5+5−劫財	32乙29壬5+5−正財	2乙30癸5+5−傷官	33丙31甲5+5−傷官	3丙32乙6+5−傷官	34丁33丙6+4−正官	5戊34丁6+4−傷官	35戊35戊6+4−比肩	6己36己5+4−正財	36己37庚5+5−偏財
22	3丙26己6−4+傷官	34丁27庚4+6−印綬	2乙28辛5+5−比肩	33丙29壬5+6−食神	3丙30癸5+5−比肩	34丁31甲5+5−食神	4丁32乙6+5−食神	35戊33丙6+5−食神	6己34丁5+5−食神	36己35戊6+5−劫財	7庚36己5+5−食神	37庚37庚5+5−傷官
23	4丁26己6−4+食神	35戊27庚4+6−偏官	3丙28辛4+6−印綬	34丁29壬4+6−傷官	4丁30癸5+6−劫財	35戊31甲5+6−劫財	5戊32乙5+5−劫財	36己33丙5+5−傷官	7庚34丁5+5−劫財	37庚35戊5+5−偏印	8辛36己5+5−傷官	38辛37庚5+5−食神
24	5戊26己6−4+劫財	36己27庚3+7−正官	4丁28辛4+6−偏印	35戊29壬4+6−比肩	5戊30癸4+6−偏印	36己31甲4+6−比肩	6己32乙5+6−比肩	37庚33丙5+5−比肩	8辛34丁5+5−比肩	38辛35戊5+5−印綬	9壬36己4+5−比肩	39壬37庚4+6−劫財
25	6己26己7−3+比肩	37庚27庚3+7−偏財	5戊28辛4+6−正官	36己29壬4+7−劫財	6己30癸4+6−印綬	37庚31甲4+6−印綬	7庚32乙5+6−印綬	38辛33丙5+6−劫財	9壬34丁4+6−印綬	39壬35戊5+6−偏官	10癸36己4+6−劫財	40癸37庚4+6−比肩
26	7庚26己7−3+印綬	38辛27庚3+7−正財	6己28辛3+7−偏官	37庚29壬3+7−偏印	7庚30癸4+7−偏官	38辛31甲4+7−偏官	8辛32乙4+6−偏印	39壬33丙4+6−偏印	10癸34丁4+6−偏印	40癸35戊4+6−正官	11甲36己4+6−偏印	41甲37庚4+6−印綬
27	8辛26己7−3+偏印	39壬27庚2+8−食神	7庚28辛3+7−正財	38辛29壬3+7−印綬	8辛30癸3+7−正官	39壬31甲3+7−正財	9壬32乙4+7−正官	40癸33丙4+6−印綬	11甲34丁4+6−正官	41甲35戊4+6−偏財	12乙36己3+6−印綬	42乙37庚3+7−偏印
28	9壬26己8−2+正官	40癸27庚2+8−傷官	8辛28辛3+7−偏財	39壬29壬3+8−偏官	9壬30癸3+7−偏財	40癸31甲3+7−偏財	10癸32乙4+7−偏官	41甲33丙4+7−偏官	12乙34丁3+7−偏官	42乙35戊4+7−正財	13丙36己3+7−偏官	43丙37庚3+7−正官
29	10癸26己8−2+偏官		9壬28辛2+8−傷官	40癸29壬2+8−正官	10癸30癸3+8−正財	41甲31甲3+8−傷官	11甲32乙3+7−正財	42乙33丙3+7−正官	13丙34丁3+7−正財	43丙35戊3+7−食神	14丁36己3+7−正官	44丁37庚3+7−偏官
30	11甲26己8−2+正財		10癸28辛2+8−食神	41甲29壬2+8−偏財	11甲30癸2+8−食神	42乙31甲2+8−食神	12乙32乙3+8−偏財	43丙33丙3+7−偏財	14丁34丁3+7−偏財	44丁35戊3+7−傷官	15戊36己2+7−偏財	45戊37庚2+8−正財
31	12乙26己9−1+偏財		11甲28辛2+8−劫財		12乙30癸2+8−傷官		13丙32乙3+8−傷官	44丁33丙3+8−正財		45戊35戊3+8−比肩		46己37庚2+8−偏財

1987年（昭和62年）生まれ　4丁（2/4〜翌2/3）

日	1月	2月	3月	4月	5月	6月	7月	8月	9月	10月	11月	12月
日	日干 月干 立年♂♀ 中心星	日干 月干 立年♂♀ 中心星	日干 月干 立年♂♀ 中心星	日干 月干 立年♂♀ 中心星	日干 月干 立年♂♀ 中心星	日干 月干 立年♂♀ 中心星	日干 月干 立年♂♀ 中心星	日干 月干 立年♂♀ 中心星	日干 月干 立年♂♀ 中心星	日干 月干 立年♂♀ 中心星	日干 月干 立年♂♀ 中心星	日干 月干 立年♂♀ 中心星
1	47庚37庚2+8−傷官	18辛38辛1+9−偏印	46己39壬8−2+正官	17庚40癸9−1+正財	47庚41甲9−2+偏印	18辛42乙9−2+正官	48辛43丙8−2+偏官	19壬44丁8−2+正官	50癸45戊8−2+印綬	20癸46己8−3+偏印	51甲47庚8−2+偏財	21甲48辛8−2+偏印
2	48辛37庚1+9−食神	19壬38辛1+9−正官	47庚39壬9−1+偏財	18辛40癸9−1+偏財	48辛41甲9−1+印綬	19壬42乙9−1+偏財	49壬43丙9−2+正財	20癸44丁8−2+偏官	51甲45戊8−2+偏官	21甲46己8−2+正官	52乙47庚8−2+正財	22乙48辛8−2+印綬
3	49壬37庚1+9−劫財	20癸38辛1+9−偏官	48辛39壬9−1+正財	19壬40癸9−1+傷官	49壬41甲9−1+偏官	20癸42乙9−1+正財	50癸43丙9−2+偏財	21甲44丁9−2+正財	52乙45戊9−2+正官	22乙46己8−2+偏官	53丙47庚8−2+食神	23丙48辛8−1+偏官
4	50癸37庚1+9−比肩	21甲39壬1−0+偏財	49壬39壬9−1+食神	20癸40癸0−1+食神	50癸41甲0−1+正官	21甲42乙0−1+食神	51甲43丙9−1+傷官	22乙44丁9−1+偏財	53丙45戊9−1+偏財	23丙46己9−2+正財	54丁47庚9−1+傷官	24丁48辛9−1+正官
5	51甲37庚1+0−印綬	22乙39壬1−0+正財	50癸39壬0−1+傷官	21甲41甲1−0+劫財	51甲41甲0−1+偏財	22乙42乙0−1+傷官	52乙43丙0−1+食神	23丙44丁9−1+傷官	54丁45戊9−1+正財	24丁46己9−1+偏財	55戊47庚9−1+比肩	25戊48辛9−1+偏財
6	52乙38辛0+1−偏印	23丙39壬1−9+食神	51甲40癸1−0+劫財	22乙41甲1−0+比肩	52乙42乙1−0+正財	23丙43丙1−0+傷官	53丙43丙0−1+劫財	24丁44丁0−1+食神	55戊45戊0−1+食神	25戊46己9−1+傷官	56己47庚9−1+劫財	26己48辛9−1+正財
7	53丙38辛9+1−正官	24丁39壬1−9+傷官	52乙40癸1−0+比肩	23丙41甲1−0+印綬	53丙42乙1−0+食神	24丁43丙1−0+食神	54丁43丙0−1+比肩	25戊44丁0−1+劫財	56己45戊0−1+傷官	26己46己0−1+食神	57庚47庚0−1+偏印	27庚49壬1−0+傷官
8	54丁38辛9+1−偏官	25戊39壬1−9+比肩	53丙40癸1−9+印綬	24丁41甲1−9+偏印	54丁42乙1−0+傷官	25戊43丙1−0+劫財	55戊44丁1−0+印綬	26己45戊1−0+劫財	57庚46己1−0+劫財	27庚46己0−1+劫財	58辛48辛1−0+正財	28辛49壬1−0+食神
9	55戊38辛9+1−正財	26己39壬2−8+劫財	54丁40癸1−9+偏印	25戊41甲1−9+正官	55戊42乙1−9+比肩	26己43丙1−0+比肩	56己44丁1−0+偏印	27庚45戊1−0+偏印	58辛46己1−0+比肩	28辛47庚1−0+比肩	59壬48辛1−9+食神	29壬49壬1−9+劫財
10	56己38辛8+1−偏財	27庚39壬2−8+偏印	55戊40癸1−9+正官	26己41甲2−9+偏官	56己42乙1−9+劫財	27庚43丙1−9+印綬	57庚44丁1−0+正官	28辛45戊1−0+印綬	59壬46己1−0+印綬	29壬47庚1−0+印綬	60癸48辛1−9+傷官	30癸49壬1−9+比肩
11	57庚38辛8+2−傷官	28辛39壬2−8+印綬	56己40癸2−8+偏官	27庚41甲2−8+正財	57庚42乙2−9+偏印	28辛43丙2−9+偏印	58辛44丁1−9+偏官	29壬45戊1−9+偏官	60癸46己1−9+偏印	30癸47庚1−9+偏印	1甲48辛1−9+比肩	31甲49壬1−9+印綬
12	58辛38辛8+2−食神	29壬39壬3−7+偏印	57庚40癸2−8+正財	28辛41甲2−8+偏財	58辛42乙2−8+劫財	29壬43丙2−9+正官	59壬44丁1−9+正財	30癸45戊1−9+正官	1甲46己1−9+正官	31甲47庚1−9+正官	2乙48辛1−8+劫財	32乙49壬2−8+偏印
13	59壬38辛7+2−劫財	30癸39壬3−7+正官	58辛40癸2−8+偏財	29壬41甲3−8+傷官	59壬42乙2−8+偏印	30癸43丙2−8+偏官	60癸44丁2−9+偏財	31甲45戊2−9+偏財	2乙46己2−9+偏官	32乙47庚1−9+偏官	3丙48辛2−8+偏印	33丙49壬2−8+正官
14	60癸38辛7+3−比肩	31甲39壬3−7+食神	59壬40癸3−7+傷官	30癸41甲3−7+食神	60癸42乙3−8+印綬	31甲43丙3−8+正財	1甲44丁2−8+傷官	32乙45戊2−8+正財	3丙46己2−8+正財	33丙47庚2−8+正財	4丁48辛2−8+印綬	34丁49壬2−8+偏官
15	1甲38辛7+3−印綬	32乙39壬4−6+傷官	60癸40癸3−7+食神	31甲41甲3−7+印綬	1甲42乙3−7+偏官	32乙43丙3−8+偏財	2乙44丁2−8+食神	33丙45戊2−8+食神	4丁46己2−8+偏財	34丁47庚2−8+偏財	5戊48辛2−7+偏官	35戊49壬3−7+正財
16	2乙38辛6+3−偏官	33丙39壬4−6+比肩	1甲40癸3−7+劫財	32乙41甲4−7+偏印	2乙42乙3−7+正官	33丙43丙3−7+傷官	3丙44丁3−8+劫財	34丁45戊3−8+傷官	5戊46己3−8+傷官	35戊47庚2−8+傷官	6己48辛3−7+正官	36己49壬3−7+偏財
17	3丙38辛6+4−正財	34丁39壬4−6+劫財	2乙40癸4−6+比肩	33丙41甲4−6+正官	3丙42乙4−7+偏財	34丁43丙4−7+食神	4丁44丁3−7+比肩	35戊45戊3−7+比肩	6己46己3−7+食神	36己47庚3−7+食神	7庚48辛3−7+偏財	37庚49壬3−7+傷官
18	4丁38辛6+4−偏財	35戊39壬5−5+偏印	3丙40癸4−6+印綬	34丁41甲4−6+傷官	4丁42乙4−6+正財	35戊43丙4−7+劫財	5戊44丁3−7+正官	36己45戊3−7+劫財	7庚46己3−7+劫財	37庚47庚3−7+劫財	8辛48辛3−6+正財	38辛49壬4−6+食神
19	5戊38辛5+4−劫財	36己39壬5−5+正官	4丁40癸4−6+偏印	35戊41甲5−6+比肩	5戊42乙4−6+食神	36己43丙4−6+比肩	6己44丁4−7+偏官	37庚45戊4−7+食神	8辛46己4−7+比肩	38辛47庚3−7+偏官	9壬48辛4−6+食神	39壬49壬4−6+劫財
20	6己38辛5+5−比肩	37庚39壬5−5+偏財	5戊40癸5−5+正官	36己41甲5−5+劫財	6己42乙5−6+傷官	37庚43丙5−6+印綬	7庚44丁4−6+正財	38辛45戊4−6+傷官	9壬46己4−6+印綬	39壬47庚4−6+正財	10癸48辛4−6+傷官	40癸49壬4−6+比肩
21	7庚38辛5+5−印綬	38辛39壬6−4+正財	6己40癸5−5+偏官	37庚41甲5−5+偏印	7庚42乙5−5+偏官	38辛43丙5−6+偏印	8辛44丁4−6+偏印	39壬45戊4−6+比肩	10癸46己4−6+偏印	40癸47庚4−6+偏財	11甲48辛4−5+偏印	41甲49壬5−5+印綬
22	8辛38辛4+5−偏印	39壬39壬6−4+食神	7庚40癸5−5+正財	38辛41甲6−5+印綬	8辛42乙5−5+正官	39壬43丙5−5+正官	9壬44丁5−6+正官	40癸45戊5−6+印綬	11甲46己5−6+正官	41甲47庚4−6+偏財	12乙48辛5−5+印綬	42乙49壬5−5+偏印
23	9壬38辛4+6−正官	40癸39壬6−4+傷官	8辛40癸6−4+偏財	39壬41甲6−4+偏官	9壬42乙6−5+偏財	40癸43丙6−5+偏官	10癸44丁5−5+偏官	41甲45戊5−5+偏官	12乙46己5−5+偏官	42乙47庚5−5+正財	13丙48辛5−5+偏官	43丙49壬5−5+正官
24	10癸38辛4+6−偏官	41甲39壬7−3+比肩	9壬40癸6−4+傷官	40癸41甲6−4+正官	10癸42乙6−4+正財	41甲43丙6−5+正財	11甲44丁5−5+正財	42乙45戊5−5+正官	13丙46己5−5+正財	43丙47庚5−5+食神	14丁48辛5−4+正官	44丁49壬6−4+偏官
25	11甲38辛3+6−正財	42乙39壬7−3+劫財	10癸40癸6−4+食神	41甲41甲7−4+偏財	11甲42乙6−4+食神	42乙43丙6−4+偏財	12乙44丁6−5+偏財	43丙45戊6−5+偏財	14丁46己6−5+偏財	44丁47庚5−5+傷官	15戊48辛6−4+偏財	45戊49壬6−4+正財
26	12乙38辛3+7−偏財	43丙39壬7−3+偏印	11甲40癸7−3+劫財	42乙41甲7−3+正財	12乙42乙7−4+傷官	43丙43丙7−4+劫財	13丙44丁6−4+傷官	44丁45戊6−4+正財	15戊46己6−4+傷官	45戊47庚6−4+比肩	16己48辛6−4+正財	46己49壬6−4+偏財
27	13丙38辛3+7−傷官	44丁39壬8−2+印綬	12乙40癸7−3+比肩	43丙41甲7−3+食神	13丙42乙7−3+比肩	44丁43丙7−4+比肩	14丁44丁6−4+食神	45戊45戊6−4+食神	16己46己6−4+食神	46己47庚6−4+劫財	17庚48辛6−3+食神	47庚49壬7−3+傷官
28	14丁38辛2+7−食神	45戊39壬8−2+偏官	13丙40癸7−3+印綬	44丁41甲8−3+傷官	14丁42乙7−3+劫財	45戊43丙7−3+印綬	15戊44丁7−4+劫財	46己45戊7−4+傷官	17庚46己7−4+劫財	47庚47庚6−4+偏印	18辛48辛7−3+傷官	48辛49壬7−3+食神
29	15戊38辛2+8−劫財		14丁40癸8−2+偏印	45戊41甲8−2+比肩	15戊42乙8−3+偏印	46己43丙8−3+偏印	16己44丁7−3+比肩	47庚45戊7−3+比肩	18辛46己7−3+比肩	48辛47庚7−3+印綬	19壬48辛7−3+比肩	49壬49壬7−3+劫財
30	16己38辛2+8−比肩		15戊40癸8−2+正官	46己41甲8−2+劫財	16己42乙8−2+印綬	47庚43丙8−3+正官	17庚44丁7−3+印綬	48辛45戊7−3+劫財	19壬46己7−3+印綬	49壬47庚7−3+偏官	20癸48辛7−2+劫財	50癸49壬8−2+比肩
31	17庚38辛1+8−印綬		16己40癸8−2+偏官		17庚42乙8−2+偏官		18辛44丁8−3+偏印	49壬45戊8−3+偏印		50癸47庚7−3+正官		51甲49壬8−2+印綬

1988年（昭和63年）生まれ　5戊（2/4～翌2/3）

日	1月	2月	3月	4月	5月	6月	7月	8月	9月	10月	11月	12月
日	日干 月干 立年♂♀ 中心星	日干 月干 立年♂♀ 中心星	日干 月干 立年♂♀ 中心星	日干 月干 立年♂♀ 中心星	日干 月干 立年♂♀ 中心星	日干 月干 立年♂♀ 中心星	日干 月干 立年♂♀ 中心星	日干 月干 立年♂♀ 中心星	日干 月干 立年♂♀ 中心星	日干 月干 立年♂♀ 中心星	日干 月干 立年♂♀ 中心星	日干 月干 立年♂♀ 中心星
1	52乙49壬8−2+偏印	23丙50癸9−1+傷官	52乙51甲1+9−劫財	23丙52乙1+9−印綬	53丙53丙1+9−食神	24丁54丁1+9−劫財	54丁55戊2+9−比肩	25戊56己2+8−劫財	56己57庚2+8−傷官	26己58辛2+8−食神	57庚59壬2+8−偏印	27庚60癸2+8−食神
2	53丙49壬9−1+正官	24丁50癸9−1+食神	53丙51甲1+9−偏印	24丁52乙1+9−偏印	54丁53丙1+9−傷官	25戊54丁1+9−偏印	55戊55戊2+9−印綬	26己56己2+9−比肩	57庚57庚2+9−比肩	27庚58辛2+8−劫財	58辛59壬2+8−印綬	28辛60癸2+8−傷官
3	54丁49壬9−1+偏官	25戊50癸9−1+劫財	54丁51甲1+9−印綬	25戊52乙1+0−正官	55戊53丙1+0−比肩	26己54丁1+0−印綬	56己55戊1+9−偏印	27庚56己1+9−印綬	58辛57庚1+9−劫財	28辛58辛2+9−比肩	59壬59壬1+9−偏官	29壬60癸1+9−比肩
4	55戊49壬9−1+正財	26己51甲0+1−劫財	55戊51甲1+0−偏官	26己53丙0+1−偏官	56己53丙1+0−劫財	27庚54丁1+0−偏官	57庚55戊1+0−正官	28辛56己1+9−偏印	59壬57庚1+9−偏印	29壬58辛1+9−印綬	60癸59壬1+9−正官	30癸60癸1+9−劫財
5	56己49壬0−1+偏財	27庚51甲0+1−偏印	56己52乙0+1−偏官	27庚53丙0+1−正財	57庚54丁0+1−偏印	28辛55戊0+1−偏印	58辛55戊1+0−偏官	29壬56己1+0−正官	60癸57庚1+0−印綬	30癸58辛1+9−偏印	1甲59壬1+9−偏財	31甲60癸1+9−偏印
6	57庚50癸1−0+傷官	28辛51甲9+1−印綬	57庚52乙0+1−正財	28辛53丙0+1−偏財	58辛54丁0+1−印綬	29壬55戊0+1−正官	59壬55戊1+0−正財	30癸56己1+0−偏官	1甲57庚1+0−偏官	31甲58辛1+0−正官	2乙59壬1+0−正財	32乙60癸1+0−印綬
7	58辛50癸1−9+食神	29壬51甲9+1−偏官	58辛52乙9+1−偏財	29壬53丙9+1−傷官	59壬54丁0+1−偏官	30癸55戊0+1−偏官	60癸56己0+1−偏財	31甲57庚0+1−偏財	2乙58辛0+1−偏官	32乙58辛1+0−偏官	3丙60癸0+1−偏印	33丙 1甲0+1−正官
8	59壬50癸1−9+劫財	30癸51甲9+1−正官	59壬52乙9+1−傷官	30癸53丙9+1−食神	60癸54丁9+1−正官	31甲55戊0+1−正財	1甲56己0+1−傷官	32乙57庚0+1−正財	3丙58辛0+1−正財	33丙59壬0+1−正財	4丁60癸0+1−印綬	34丁 1甲9+1−偏官
9	60癸50癸1−9+比肩	31甲51甲8+2−偏財	60癸52乙9+1−食神	31甲53丙9+2−劫財	1甲54丁9+1−偏財	32乙55戊9+1−偏財	2乙56己0+1−食神	33丙57庚0+1−食神	4丁58辛0+1−偏財	34丁59壬0+1−偏財	5戊60癸9+1−偏官	35戊 1甲9+1−正財
10	1甲50癸1−8+印綬	32乙51甲8+2−正財	1甲52乙8+2−劫財	32乙53丙8+2−比肩	2乙54丁9+2−正財	33丙55戊9+2−傷官	3丙56己9+1−劫財	34丁57庚9+1−傷官	5戊58辛9+1−傷官	35戊59壬9+1−傷官	6己60癸9+1−正官	36己 1甲9+1−偏財
11	2乙50癸2−8+偏印	33丙51甲8+2−食神	2乙52乙8+2−比肩	33丙53丙8+2−印綬	3丙54丁8+2−偏財	34丁55戊9+2−食神	4丁56己9+1−比肩	35戊57庚9+1−比肩	6己58辛9+1−食神	36己59壬9+1−食神	7庚60癸9+1−偏財	37庚 1甲8+1−傷官
12	3丙50癸2−8+正官	34丁51甲7+3−劫財	3丙52乙8+2−印綬	34丁53丙8+3−偏印	4丁54丁8+2−正財	35戊55戊8+2−劫財	5戊56己9+2−印綬	36己57庚9+2−劫財	7庚58辛9+2−劫財	37庚59壬9+1−劫財	8辛60癸8+2−正財	38辛 1甲8+2−食神
13	4丁50癸2−7+偏官	35戊51甲7+3−偏印	4丁52乙7+3−偏印	35戊53丙7+3−正官	5戊54丁8+3−食神	36己55戊8+3−比肩	6己56己8+2−偏印	37庚57庚8+2−偏印	8辛58辛8+2−比肩	38辛59壬8+2−比肩	9壬60癸8+2−食神	39壬 1甲8+2−劫財
14	5戊50癸3−7+正財	36己51甲7+3−印綬	5戊52乙7+3−正官	36己53丙7+3−偏財	6己54丁7+3−傷官	37庚55戊8+3−印綬	7庚56己8+2−正官	38辛57庚8+2−印綬	9壬58辛8+2−印綬	39壬59壬8+2−印綬	10癸60癸8+2−傷官	40癸 1甲7+2−比肩
15	6己50癸3−7+偏財	37庚51甲6+4−偏官	6己52乙7+3−偏官	37庚53丙7+4−傷官	7庚54丁7+3−比肩	38辛55戊7+3−偏印	8辛56己8+3−偏官	39壬57庚8+3−偏官	10癸58辛8+3−偏印	40癸59壬8+2−偏印	11甲60癸7+3−比肩	41甲 1甲7+3−印綬
16	7庚50癸3−6+劫財	38辛51甲6+4−正官	7庚52乙6+4−正財	38辛53丙6+4−食神	8辛54丁7+4−劫財	39壬55戊7+4−正官	9壬56己7+3−正財	40癸57庚7+3−正官	11甲58辛7+3−正官	41甲59壬7+3−正官	12乙60癸7+3−劫財	42乙 1甲7+3−偏印
17	8辛50癸4−6+比肩	39壬51甲6+4−偏財	8辛52乙6+4−偏財	39壬53丙6+4−偏官	9壬54丁6+4−偏印	40癸55戊7+4−偏官	10癸56己7+3−食神	41甲57庚7+3−偏財	12乙58辛7+3−偏官	42乙59壬7+3−偏官	13丙60癸7+3−偏印	43丙 1甲6+3−正官
18	9壬50癸4−6+印綬	40癸51甲5+5−正財	9壬52乙6+4−傷官	40癸53丙6+5−正官	10癸54丁6+4−印綬	41甲55戊6+4−正財	11甲56己7+4−劫財	42乙57庚7+4−印綬	13丙58辛7+4−正財	43丙59壬7+3−劫財	14丁60癸6+4−印綬	44丁 1甲6+4−偏官
19	10癸50癸4−5+偏官	41甲51甲5+5−比肩	10癸52乙5+5−食神	41甲53丙5+5−偏財	11甲54丁6+5−偏官	42乙55戊6+5−偏財	12乙56己6+4−比肩	43丙57庚6+4−偏官	14丁58辛6+4−偏財	44丁59壬6+4−比肩	15戊60癸6+4−偏官	45戊 1甲6+4−正財
20	11甲50癸5−5+正財	42乙51甲5+5−劫財	11甲52乙5+5−劫財	42乙53丙5+5−正財	12乙54丁5+5−傷官	43丙55戊6+5−傷官	13丙56己6+4−傷官	44丁57庚6+4−正官	15戊58辛6+4−傷官	45戊59壬6+4−印綬	16己60癸6+4−正財	46己 1甲5+4−偏財
21	12乙50癸5−5+偏財	43丙51甲4+6−偏印	12乙52乙5+5−比肩	43丙53丙5+6−食神	13丙54丁5+5−比肩	44丁55戊5+5−食神	14丁56己6+5−食神	45戊57庚6+5−食神	16己58辛6+5−食神	46己59壬6+4−劫財	17庚60癸5+5−食神	47庚 1甲5+5−傷官
22	13丙50癸5−4+傷官	44丁51甲4+6−印綬	13丙52乙4+6−印綬	44丁53丙4+6−傷官	14丁54丁5+6−劫財	45戊55戊5+6−劫財	15戊56己5+5−劫財	46己57庚5+5−傷官	17庚58辛5+5−劫財	47庚59壬5+5−偏印	18辛60癸5+5−傷官	48辛 1甲5+5−食神
23	14丁50癸6−4+食神	45戊51甲4+6−偏官	14丁52乙4+6−偏印	45戊53丙4+6−比肩	15戊54丁4+6−偏印	46己55戊5+6−比肩	16己56己5+5−比肩	47庚57庚5+5−比肩	18辛58辛5+5−比肩	48辛59壬5+5−印綬	19壬60癸5+5−比肩	49壬 1甲4+5−劫財
24	15戊50癸6−4+劫財	46己51甲3+7−正官	15戊52乙4+6−正官	46己53丙4+7−劫財	16己54丁4+6−印綬	47庚55戊4+6−印綬	17庚56己5+6−印綬	48辛57庚5+6−劫財	19壬58辛5+6−印綬	49壬59壬5+5−偏官	20癸60癸4+6−劫財	50癸 1甲4+6−比肩
25	16己50癸6−3+比肩	47庚51甲3+7−偏財	16己52乙3+7−偏官	47庚53丙3+7−偏印	17庚54丁4+7−偏官	48辛55戊4+7−偏官	18辛56己4+6−偏印	49壬57庚4+6−偏印	20癸58辛4+6−偏印	50癸59壬4+6−正官	21甲60癸4+6−偏印	51甲 1甲4+6−印綬
26	17庚50癸7−3+印綬	48辛51甲3+7−正財	17庚52乙3+7−正財	48辛53丙3+7−印綬	18辛54丁3+7−正官	49壬55戊4+7−正財	19壬56己4+6−正官	50癸57庚4+6−印綬	21甲58辛4+6−正官	51甲59壬4+6−偏財	22乙60癸4+6−印綬	52乙 1甲3+6−偏印
27	18辛50癸7−3+偏印	49壬51甲2+8−食神	18辛52乙3+7−偏財	49壬53丙3+8−偏官	19壬54丁3+7−偏財	50癸55戊3+7−偏財	20癸56己4+7−偏官	51甲57庚4+7−偏官	22乙58辛4+7−偏官	52乙59壬4+6−正財	23丙60癸3+7−偏官	53丙 1甲3+7−正官
28	19壬50癸7−2+正官	50癸51甲2+8−傷官	19壬52乙2+8−傷官	50癸53丙2+8−正官	20癸54丁3+8−正財	51甲55戊3+8−傷官	21甲56己3+7−正財	52乙57庚3+7−正官	23丙58辛3+7−正財	53丙59壬3+7−食神	24丁60癸3+7−正官	54丁 1甲3+7−偏官
29	20癸50癸8−2+偏官	51甲51甲2+8−比肩	20癸52乙2+8−食神	51甲53丙2+8−偏財	21甲54丁2+8−食神	52乙55戊3+8−食神	22乙56己3+7−偏財	53丙57庚3+7−偏財	24丁58辛3+7−偏財	54丁59壬3+7−傷官	25戊60癸3+7−偏財	55戊 1甲2+7−正財
30	21甲50癸8−2+正財		21甲52乙2+8−劫財	52乙53丙2+9−正財	22乙54丁2+8−傷官	53丙55戊2+8−劫財	23丙56己3+8−傷官	54丁57庚3+8−正財	25戊58辛3+8−傷官	55戊59壬3+7−比肩	26己60癸2+8−正財	56己 1甲2+8−偏財
31	22乙50癸8−1+偏財		22乙52乙1+9−比肩		23丙54丁2+9−比肩		24丁56己2+8−食神	55戊57庚2+8−食神		56己59壬2+8−劫財		57庚 1甲2+8−傷官

1989年(平成元年)生まれ　6己 (2/4〜翌 2/3)

日	1月	2月	3月	4月	5月	6月	7月	8月	9月	10月	11月	12月
	日干 月干 立年♂♀ 中心星	日干 月干 立年♂♀ 中心星	日干 月干 立年♂♀ 中心星	日干 月干 立年♂♀ 中心星	日干 月干 立年♂♀ 中心星	日干 月干 立年♂♀ 中心星	日干 月干 立年♂♀ 中心星	日干 月干 立年♂♀ 中心星	日干 月干 立年♂♀ 中心星	日干 月干 立年♂♀ 中心星	日干 月干 立年♂♀ 中心星	日干 月干 立年♂♀ 中心星
1	58辛 1甲1+8−食神	29壬 2乙1+9−正官	57庚 3丙8−1+偏財	28辛 4丁9−1+偏財	58辛 5戊9−1+印綬	29壬 6己9−2+偏財	59壬 7庚8−2+正財	30癸 8辛8−2+偏官	1甲 9壬8−2+偏官	31甲10癸8−2+正官	2乙11甲8−2+正財	32乙12乙8−2+印綬
2	59壬 1甲1+9−劫財	30癸 2乙1+9−偏官	58辛 3丙9−1+正財	29壬 4丁9−1+傷官	59壬 5戊9−1+偏官	30癸 6己9−1+正財	60癸 7庚9−2+偏財	31甲 8辛9−2+正財	2乙 9壬9−2+正官	32乙10癸8−2+偏官	3丙11甲8−2+食神	33丙12乙8−2+偏官
3	60癸 1甲1+9−比肩	31甲 2乙1+0−正財	59壬 3丙9−1+食神	30癸 4丁0−1+食神	60癸 5戊9−1+正官	31甲 6己0−1+食神	1甲 7庚9−1+傷官	32乙 8辛9−1+偏財	3丙 9壬9−2+偏財	33丙10癸8−2+正財	4丁11甲9−1+傷官	34丁12乙9−1+正官
4	1甲 1甲1+9−印綬	32乙 3丙1−0+正財	60癸 3丙9−1+傷官	31甲 4丁0−1+劫財	1甲 5戊0−1+偏財	32乙 6己0−1+傷官	2乙 7庚9−1+食神	33丙 8辛9−1+傷官	4丁 9壬9−1+正財	34丁10癸9−1+偏財	5戊11甲9−1+比肩	35戊12乙9−1+偏財
5	2乙 2乙0+1−偏印	33丙 3丙1−9+食神	1甲 4丁1−0+劫財	32乙 5戊1−0+比肩	2乙 6己1−0+正財	33丙 6己0−1+比肩	3丙 7庚0−1+劫財	34丁 8辛0−1+食神	5戊 9壬0−1+食神	35戊10癸9−1+傷官	6己11甲9−1+劫財	36己12乙9−1+正財
6	3丙 2乙0+1−正官	34丁 3丙1−9+傷官	2乙 4丁1−0+比肩	33丙 5戊1−0+印綬	3丙 6己1−0+食神	34丁 7庚1−0+食神	4丁 7庚0−1+比肩	35戊 8辛0−1+劫財	6己 9壬0−1+傷官	36己10癸9−1+食神	7庚11甲0−1+偏印	37庚12乙0−1+食神
7	4丁 2乙9+1−偏官	35戊 3丙1−9+比肩	3丙 4丁1−0+印綬	34丁 5戊1−9+偏印	4丁 6己1−0+傷官	35戊 7庚1−0+劫財	5戊 8辛1−0+印綬	36己 9壬1−0+劫財	7庚 9壬0−1+比肩	37庚10癸0−1+劫財	8辛12乙1−0+正財	38辛13丙1−0+食神
8	5戊 2乙9+1−正財	36己 3丙1−8+劫財	4丁 4丁1−9+偏印	35戊 5戊1−9+正官	5戊 6己1−0+比肩	36己 7庚1−0+比肩	6己 8辛1−0+偏印	37庚 9壬1−0+偏印	8辛10癸1−0+比肩	38辛11甲1−0+比肩	9壬12乙1−0+食神	39壬13丙1−9+劫財
9	6己 2乙9+1−偏財	37庚 3丙2−8+偏印	5戊 4丁1−9+正官	36己 5戊1−9+偏官	6己 6己1−9+劫財	37庚 7庚1−9+印綬	7庚 8辛1−0+正官	38辛 9壬1−0+印綬	9壬10癸1−0+印綬	39壬11甲1−0+印綬	10癸12乙1−9+傷官	40癸13丙1−9+比肩
10	7庚 2乙8+2−傷官	38辛 3丙2−8+印綬	6己 4丁2−9+偏官	37庚 5戊2−8+正財	7庚 6己2−9+偏印	38辛 7庚1−9+偏印	8辛 8辛1−9+偏官	39壬 9壬1−0+偏官	10癸10癸1−9+偏印	40癸11甲1−9+偏印	11甲12乙1−9+比肩	41甲13丙1−9+印綬
11	8辛 2乙8+2−食神	39壬 3丙2−7+偏官	7庚 4丁2−8+正財	38辛 5戊2−8+偏財	8辛 6己2−9+劫財	39壬 7庚2−9+正官	9壬 8辛1−9+正財	40癸 9壬1−9+正官	11甲10癸1−9+正官	41甲11甲1−9+正官	12乙12乙1−9+劫財	42乙13丙1−8+偏印
12	9壬 2乙8+2−劫財	40癸 3丙3−7+正財	8辛 4丁2−8+偏財	39壬 5戊2−8+傷官	9壬 6己2−8+偏印	40癸 7庚2−8+偏官	10癸 8辛2−9+偏財	41甲 9壬2−9+偏財	12乙10癸1−9+偏官	42乙11甲1−9+偏官	13丙12乙2−8+偏印	43丙13丙2−8+正官
13	10癸 2乙7+3−比肩	41甲 3丙3−7+食神	9壬 4丁3−8+傷官	40癸 5戊3−7+食神	10癸 6己3−8+印綬	41甲 7庚2−8+正財	11甲 8辛2−8+傷官	42乙 9壬2−9+正財	13丙10癸2−8+正財	43丙11甲2−8+正財	14丁12乙2−8+印綬	44丁13丙2−8+偏官
14	11甲 2乙7+3−印綬	42乙 3丙3−6+傷官	10癸 4丁3−7+食神	41甲 5戊3−7+劫財	11甲 6己3−8+偏官	42乙 7庚3−8+偏財	12乙 8辛2−8+食神	43丙 9壬2−8+食神	14丁10癸2−8+偏財	44丁11甲2−8+偏財	15戊12乙2−8+偏官	45戊13丙2−7+正財
15	12乙 2乙7+3−偏官	43丙 3丙4−6+比肩	11甲 4丁3−7+劫財	42乙 5戊3−7+偏印	12乙 6己3−7+正官	43丙 7庚3−7+傷官	13丙 8辛3−8+劫財	44丁 9壬3−8+傷官	15戊10癸2−8+傷官	45戊11甲2−8+傷官	16己12乙3−7+正官	46己13丙3−7+偏財
16	13丙 2乙6+4−正財	44丁 3丙4−6+劫財	12乙 4丁4−7+比肩	43丙 5戊4−6+正官	13丙 6己4−7+偏財	44丁 7庚3−7+食神	14丁 8辛3−7+比肩	45戊 9壬3−8+比肩	16己10癸3−7+食神	46己11甲3−7+食神	17庚12乙3−7+偏財	47庚13丙3−7+傷官
17	14丁 2乙6+4−偏財	45戊 3丙4−5+偏印	13丙 4丁4−6+印綬	44丁 5戊4−6+偏官	14丁 6己4−7+正財	45戊 7庚4−7+劫財	15戊 8辛3−7+正官	46己 9壬3−7+劫財	17庚10癸3−7+劫財	47庚11甲3−7+劫財	18辛12乙3−7+正財	48辛13丙3−6+食神
18	15戊 2乙6+4−劫財	46己 3丙5−5+印綬	14丁 4丁4−6+偏印	45戊 5戊4−6+比肩	15戊 6己4−6+食神	46己 7庚4−6+比肩	16己 8辛4−7+偏官	47庚 9壬4−7+食神	18辛10癸3−7+比肩	48辛11甲3−7+偏官	19壬12乙4−6+食神	49壬13丙4−6+劫財
19	16己 2乙5+5−比肩	47庚 3丙5−5+偏財	15戊 4丁5−6+正官	46己 5戊5−5+劫財	16己 6己5−6+傷官	47庚 7庚4−6+印綬	17庚 8辛4−6+正財	48辛 9壬4−7+傷官	19壬10癸4−6+印綬	49壬11甲4−6+正財	20癸12乙4−6+傷官	50癸13丙4−6+比肩
20	17庚 2乙5+5−印綬	48辛 3丙5−4+正財	16己 4丁5−5+偏官	47庚 5戊5−5+偏印	17庚 6己5−6+偏官	48辛 7庚5−6+偏印	18辛 8辛4−6+偏印	49壬 9壬4−6+比肩	20癸10癸4−6+偏印	50癸11甲4−6+偏財	21甲12乙4−6+偏印	51甲13丙4−5+印綬
21	18辛 2乙5+5−偏印	49壬 3丙6−4+食神	17庚 4丁5−5+正財	48辛 5戊5−5+印綬	18辛 6己5−5+正官	49壬 7庚5−5+正官	19壬 8辛5−6+正官	50癸 9壬5−6+印綬	21甲10癸4−6+正官	51甲11甲4−6+偏財	22乙12乙5−5+印綬	52乙13丙5−5+偏印
22	19壬 2乙4+6−正官	50癸 3丙6−4+傷官	18辛 4丁6−5+偏財	49壬 5戊6−4+偏官	19壬 6己6−5+偏財	50癸 7庚5−5+偏官	20癸 8辛5−5+偏官	51甲 9壬5−6+偏官	22乙10癸5−5+偏官	52乙11甲5−5+正財	23丙12乙5−5+偏官	53丙13丙5−5+正官
23	20癸 2乙4+6−偏官	51甲 3丙6−3+比肩	19壬 4丁6−4+傷官	50癸 5戊6−4+正官	20癸 6己6−5+正財	51甲 7庚6−5+正財	21甲 8辛5−5+正財	52乙 9壬5−5+正官	23丙10癸5−5+正財	53丙11甲5−5+食神	24丁12乙5−5+正官	54丁13丙5−4+偏官
24	21甲 2乙4+6−正財	52乙 3丙7−3+劫財	20癸 4丁6−4+食神	51甲 5戊6−4+偏財	21甲 6己6−4+食神	52乙 7庚6−4+偏財	22乙 8辛6−5+偏財	53丙 9壬6−5+偏財	24丁10癸5−5+偏財	54丁11甲5−5+傷官	25戊12乙6−4+偏財	55戊13丙6−4+正財
25	22乙 2乙3+7−偏財	53丙 3丙7−3+偏印	21甲 4丁7−4+劫財	52乙 5戊7−3+正財	22乙 6己7−4+傷官	53丙 7庚6−4+傷官	23丙 8辛6−4+傷官	54丁 9壬6−5+正財	25戊10癸6−4+傷官	55戊11甲6−4+比肩	26己12乙6−4+正財	56己13丙6−4+偏財
26	23丙 2乙3+7−傷官	54丁 3丙7−2+印綬	22乙 4丁7−3+比肩	53丙 5戊7−3+食神	23丙 6己7−4+比肩	54丁 7庚7−4+比肩	24丁 8辛6−4+食神	55戊 9壬6−4+食神	26己10癸6−4+食神	56己11甲6−4+劫財	27庚12乙6−4+食神	57庚13丙6−3+傷官
27	24丁 2乙3+7−食神	55戊 3丙8−2+偏官	23丙 4丁7−3+印綬	54丁 5戊7−3+傷官	24丁 6己7−3+劫財	55戊 7庚7−3+印綬	25戊 8辛7−4+劫財	56己 9壬7−4+傷官	27庚10癸6−4+劫財	57庚11甲6−4+偏印	28辛12乙7−3+傷官	58辛13丙7−3+食神
28	25戊 2乙2+8−劫財	56己 3丙8−2+正官	24丁 4丁8−3+偏印	55戊 5戊8−2+比肩	25戊 6己8−3+偏印	56己 7庚7−3+偏印	26己 8辛7−3+比肩	57庚 9壬7−4+比肩	28辛10癸7−3+比肩	58辛11甲7−3+印綬	29壬12乙7−3+比肩	59壬13丙7−3+劫財
29	26己 2乙2+8−比肩		25戊 4丁8−2+正官	56己 5戊8−2+劫財	26己 6己8−3+印綬	57庚 7庚8−3+正官	27庚 8辛7−3+印綬	58辛 9壬7−3+劫財	29壬10癸7−3+印綬	59壬11甲7−3+偏官	30癸12乙7−3+劫財	60癸13丙7−2+比肩
30	27庚 2乙2+8−印綬		26己 4丁8−2+偏官	57庚 5戊8−2+偏印	27庚 6己8−2+偏官	58辛 7庚8−2+偏官	28辛 8辛8−3+偏印	59壬 9壬8−3+偏印	30癸10癸7−3+偏印	60癸11甲7−3+正官	31甲12乙8−2+偏印	1甲13丙8−2+印綬
31	28辛 2乙1+9−偏印		27庚 4丁9−2+正財		28辛 6己9−2+正官		29壬 8辛8−2+正官	60癸 9壬8−3+印綬		1甲11甲8−2+偏財		2乙13丙8−2+偏印

1990年（平成2年）生まれ　7庚（2/4～翌2/3）

日	1月	2月	3月	4月	5月	6月	7月	8月	9月	10月	11月	12月
	日干 月干 立年♂♀ 中心星	日干 月干 立年♂♀ 中心星	日干 月干 立年♂♀ 中心星	日干 月干 立年♂♀ 中心星	日干 月干 立年♂♀ 中心星	日干 月干 立年♂♀ 中心星	日干 月干 立年♂♀ 中心星	日干 月干 立年♂♀ 中心星	日干 月干 立年♂♀ 中心星	日干 月干 立年♂♀ 中心星	日干 月干 立年♂♀ 中心星	日干 月干 立年♂♀ 中心星
1	3丙13丙8−1+正官	34丁14丁9−1+食神	2乙15戊2+8−劫財	33丙16己1+9−印綬	3丙17庚2+9−食神	34丁18辛2+9−劫財	4丁19壬2+8−比肩	35戊20癸2+8−劫財	6己21甲2+8−傷官	36己22乙3+8−食神	7庚23丙2+8−偏印	37庚24丁2+8−食神
2	4丁13丙9−1+偏官	35戊14丁9−1+劫財	3丙15戊1+9−偏印	34丁16己1+9−偏印	4丁17庚1+9−傷官	35戊18辛1+9−偏印	5戊19壬2+9−印綬	36己20癸2+9−比肩	7庚21甲2+8−比肩	37庚22乙2+8−劫財	8辛23丙2+8−印綬	38辛24丁2+8−傷官
3	5戊13丙9−1+正財	36己14丁0−1+比肩	4丁15戊1+9−印綬	35戊16己1+9−正官	5戊17庚1+9−比肩	36己18辛1+9−印綬	6己19壬1+9−偏印	37庚20癸2+9−印綬	8辛21甲2+9−劫財	38辛22乙2+8−比肩	9壬23丙2+8−偏官	39壬24丁1+8−比肩
4	6己13丙9−1+偏財	37庚15戊0+1−偏印	5戊15戊1+9−偏官	36己16己1+0−偏官	6己17庚1+0−劫財	37庚18辛1+0−偏官	7庚19壬1+9−正官	38辛20癸1+9−偏印	9壬21甲1+9−偏印	39壬22乙2+9−印綬	10癸23丙1+9−正官	40癸24丁1+9−劫財
5	7庚14丁1−0+傷官	38辛15戊0+1−印綬	6己15戊1+0−正官	37庚17庚0+1−正財	7庚17庚1+0−偏印	38辛18辛1+0−正官	8辛19壬1+0−偏官	39壬20癸1+0−正官	10癸21甲1+9−印綬	40癸22乙1+9−偏印	11甲23丙1+9−偏財	41甲24丁1+9−偏印
6	8辛14丁1−0+食神	39壬15戊9+1−偏官	7庚16己0+1−正財	38辛17庚0+1−偏財	8辛18辛0+1−印綬	39壬19壬0+1−正官	9壬19壬1+0−正財	40癸20癸1+0−偏官	11甲21甲1+0−偏官	41甲22乙1+9−正官	12乙23丙1+9−正財	42乙24丁1+9−印綬
7	9壬14丁1−9+劫財	40癸15戊9+1−正官	8辛16己0+1−偏財	39壬17庚0+1−傷官	9壬18辛0+1−偏官	40癸19壬0+1−偏官	10癸20癸0+1−偏財	41甲20癸1+0−正財	12乙21甲1+0−正官	42乙22乙1+0−偏官	13丙23丙1+0−食神	43丙25戊0+1−正官
8	10癸14丁1−9+比肩	41甲15戊9+1−偏財	9壬16己9+1−傷官	40癸17庚9+1−食神	10癸18辛0+1−正官	41甲19壬0+1−正財	11甲20癸0+1−傷官	42乙21甲0+1−正財	13丙22乙0+1−正財	43丙22乙1+0−正財	14丁24丁0+1−印綬	44丁25戊0+1−偏官
9	11甲14丁1−9+印綬	42乙15戊8+2−正財	10癸16己9+1−食神	41甲17庚9+1−劫財	11甲18辛9+1−偏財	42乙19壬9+1−偏財	12乙20癸0+1−食神	43丙21甲0+1−食神	14丁22乙0+1−偏財	44丁23丙0+1−偏財	15戊24丁9+1−偏官	45戊25戊9+1−正財
10	12乙14丁2−8+偏印	43丙15戊8+2−食神	11甲16己9+1−劫財	42乙17庚9+2−比肩	12乙18辛9+1−正財	43丙19壬9+1−傷官	13丙20癸0+1−劫財	44丁21甲0+1−傷官	15戊22乙0+1−傷官	45戊23丙0+1−傷官	16己24丁9+1−正官	46己25戊9+1−偏財
11	13丙14丁2−8+正官	44丁15戊8+2−傷官	12乙16己8+2−比肩	43丙17庚8+2−印綬	13丙18辛9+2−食神	44丁19壬9+2−食神	14丁20癸9+1−比肩	45戊21甲9+1−比肩	16己22乙9+1−食神	46己23丙9+1−食神	17庚24丁9+1−偏財	47庚25戊9+1−傷官
12	14丁14丁2−8+偏官	45戊15戊7+3−偏印	13丙16己8+2−印綬	44丁17庚8+2−偏印	14丁18辛8+2−正財	45戊19壬8+2−劫財	15戊20癸9+2−印綬	46己21甲9+1−劫財	17庚22乙9+1−劫財	47庚23丙9+1−劫財	18辛24丁8+1−正財	48辛25戊8+2−食神
13	15戊14丁3−7+正財	46己15戊7+3−印綬	14丁16己8+2−偏印	45戊17庚8+3−正官	15戊18辛8+2−食神	46己19壬8+2−比肩	16己20癸9+2−偏印	47庚21甲9+2−偏印	18辛22乙9+2−比肩	48辛23丙9+1−比肩	19壬24丁8+2−傷官	49壬25戊8+2−劫財
14	16己14丁3−7+偏財	47庚15戊7+3−偏官	15戊16己7+3−正官	46己17庚7+3−偏官	16己18辛8+3−傷官	47庚19壬8+3−印綬	17庚20癸8+2−正官	48辛21甲8+2−印綬	19壬22乙8+2−印綬	49壬23丙8+2−印綬	20癸24丁8+2−傷官	50癸25戊8+2−比肩
15	17庚14丁3−7+劫財	48辛15戊6+4−正官	16己16己7+3−偏官	47庚17庚7+3−傷官	17庚18辛7+3−比肩	48辛19壬7+3−偏印	18辛20癸8+3−偏官	49壬21甲8+2−偏官	20癸22乙8+2−偏印	50癸23丙8+2−偏印	21甲24丁7+2−比肩	51甲25戊7+3−印綬
16	18辛14丁4−6+比肩	49壬15戊6+4−偏財	17庚16己7+3−正財	48辛17庚7+4−食神	18辛18辛7+3−劫財	49壬19壬7+3−正官	19壬20癸8+3−正財	50癸21甲8+3−正官	21甲22乙8+3−正官	51甲23丙8+2−正官	22乙24丁7+3−劫財	52乙25戊7+3−偏印
17	19壬14丁4−6+印綬	50癸15戊6+4−正財	18辛16己6+4−偏財	49壬17庚6+4−劫財	19壬18辛7+4−偏印	50癸19壬7+4−偏官	20癸20癸7+3−食神	51甲21甲7+3−偏財	22乙22乙7+3−偏官	52乙23丙7+3−偏官	23丙24丁7+3−偏印	53丙25戊7+3−正官
18	20癸14丁4−6+偏官	51甲15戊5+5−食神	19壬16己6+4−傷官	50癸17庚6+4−正官	20癸18辛6+4−印綬	51甲19壬6+4−正財	21甲20癸7+4−劫財	52乙21甲7+3−正財	23丙22乙7+3−正財	53丙23丙7+3−正財	24丁24丁6+3−印綬	54丁25戊6+4−偏官
19	21甲14丁5−5+正財	52乙15戊5+5−劫財	20癸16己6+4−食神	51甲17庚6+5−偏財	21甲18辛6+4−偏官	52乙19壬6+4−偏財	22乙20癸7+4−比肩	53丙21甲7+4−偏官	24丁22乙7+4−偏財	54丁23丙7+3−比肩	25戊24丁6+4−偏官	55戊25戊6+4−正財
20	22乙14丁5−5+偏財	53丙15戊5+5−偏印	21甲16己5+5−劫財	52乙17庚5+5−正財	22乙18辛6+5−正官	53丙19壬6+5−傷官	23丙20癸6+4−傷官	54丁21甲6+4−正官	25戊22乙6+4−傷官	55戊23丙6+4−印綬	26己24丁6+4−正官	56己25戊6+4−偏財
21	23丙14丁5−5+傷官	54丁15戊4+6−印綬	22乙16己5+5−比肩	53丙17庚5+5−食神	23丙18辛5+5−比肩	54丁19壬5+5−食神	24丁20癸6+5−食神	55戊21甲6+4−偏財	26己22乙6+4−食神	56己23丙6+4−偏印	27庚24丁5+4−食神	57庚25戊5+5−傷官
22	24丁14丁6−4+食神	55戊15戊4+6−偏官	23丙16己5+5−印綬	54丁17庚5+6−傷官	24丁18辛5+5−劫財	55戊19壬5+5−劫財	25戊20癸6+5−劫財	56己21甲6+5−傷官	27庚22乙6+5−劫財	57庚23丙6+4−偏印	28辛24丁5+5−傷官	58辛25戊5+5−食神
23	25戊14丁6−4+劫財	56己15戊4+6−正官	24丁16己4+6−偏印	55戊17庚4+6−比肩	25戊18辛5+6−偏印	56己19壬5+6−比肩	26己20癸5+5−比肩	57庚21甲5+5−比肩	28辛22乙5+5−比肩	58辛23丙5+5−印綬	29壬24丁5+5−比肩	59壬25戊5+5−劫財
24	26己14丁6−4+比肩	57庚15戊3+7−偏財	25戊16己4+6−正官	56己17庚4+6−劫財	26己18辛4+6−印綬	57庚19壬4+6−印綬	27庚20癸5+6−印綬	58辛21甲5+5−劫財	29壬22乙5+5−印綬	59壬23丙5+5−偏官	30癸24丁4+5−劫財	60癸25戊4+6−比肩
25	27庚14丁7−3+印綬	58辛15戊3+7−正財	26己16己4+6−偏官	57庚17庚4+7−偏印	27庚18辛4+6−偏官	58辛19壬4+6−偏印	28辛20癸5+6−偏印	59壬21甲5+6−偏印	30癸22乙5+6−偏印	60癸23丙5+5−正官	31甲24丁4+6−偏印	1甲25戊4+6−印綬
26	28辛14丁7−3+偏印	59壬15戊3+7−食神	27庚16己3+7−正財	58辛17庚3+7−印綬	28辛18辛4+7−正官	59壬19壬4+7−正財	29壬20癸4+6−正官	60癸21甲4+6−印綬	31甲22乙4+6−正官	1甲23丙4+6−偏財	32乙24丁4+6−印綬	2乙25戊4+6−偏印
27	29壬14丁7−3+正官	60癸15戊2+8−傷官	28辛16己3+7−偏財	59壬17庚3+7−偏官	29壬18辛3+7−偏財	60癸19壬3+7−偏財	30癸20癸4+7−偏官	1甲21甲4+6−偏官	32乙22乙4+6−偏官	2乙23丙4+6−正財	33丙24丁3+6−偏官	3丙25戊3+7−正官
28	30癸14丁8−2+偏官	1甲15戊2+8−比肩	29壬16己3+7−傷官	60癸17庚3+8−正官	30癸18辛3+7−正財	1甲19壬3+7−傷官	31甲20癸4+7−正財	2乙21甲4+7−正官	33丙22乙4+7−正財	3丙23丙4+6−傷官	34丁24丁3+7−正官	4丁25戊3+7−偏官
29	31甲14丁8−2+正財		30癸16己2+8−食神	1甲17庚2+8−偏財	31甲18辛3+8−食神	2乙19壬3+8−食神	32乙20癸3+7−偏財	3丙21甲3+7−偏財	34丁22乙3+7−偏財	4丁23丙3+7−傷官	35戊24丁3+7−偏財	5戊25戊3+7−正財
30	32乙14丁8−2+偏財		31甲16己2+8−劫財	2乙17庚2+8−正財	32乙18辛2+8−傷官	3丙19壬2+8−劫財	33丙20癸3+8−傷官	4丁21甲3+7−正財	35戊22乙3+7−傷官	5戊23丙3+7−比肩	36己24丁2+7−正財	6己25戊2+8−偏財
31	33丙14丁9−1+傷官		32乙16己2+8−比肩		33丙18辛2+8−比肩		34丁20癸3+8−食神	5戊21甲3+8−食神		6己23丙3+7−劫財		7庚25戊2+8−傷官

1991年（平成3年）生まれ　8辛（2/4～翌2/3）

日	1月	2月	3月	4月	5月	6月	7月	8月	9月	10月	11月	12月
	日干 月干 立年♂♀ 中心星	日干 月干 立年♂♀ 中心星	日干 月干 立年♂♀ 中心星	日干 月干 立年♂♀ 中心星	日干 月干 立年♂♀ 中心星	日干 月干 立年♂♀ 中心星	日干 月干 立年♂♀ 中心星	日干 月干 立年♂♀ 中心星	日干 月干 立年♂♀ 中心星	日干 月干 立年♂♀ 中心星	日干 月干 立年♂♀ 中心星	日干 月干 立年♂♀ 中心星
1	8辛25戊2+8−食神	39壬26己1+9−正官	7庚27庚8−2+偏財	38辛28辛9−1+偏財	8辛29壬9−2+印綬	39壬30癸9−2+偏財	9壬31甲8−2+正財	40癸32乙8−2+偏官	11甲33丙8−2+偏官	41甲34丁8−3+正官	12乙35戊8−2+正財	42乙36己8−2+印綬
2	9壬25戊1+9−劫財	40癸26己1+9−偏官	8辛27庚9−1+正財	39壬28辛9−1+傷官	9壬29壬9−1+偏官	40癸30癸9−1+正財	10癸31甲9−2+偏財	41甲32乙9−2+正財	12乙33丙8−2+正官	42乙34丁8−2+偏官	13丙35戊8−2+食神	43丙36己8−2+偏官
3	10癸25戊1+9−比肩	41甲26己1+9−正財	9壬27庚9−1+食神	40癸28辛9−1+食神	10癸29壬9−1+正官	41甲30癸9−1+食神	11甲31甲9−1+傷官	42乙32乙9−2+偏財	13丙33丙9−2+偏財	43丙34丁8−2+正財	14丁35戊8−2+傷官	44丁36己8−1+正官
4	11甲25戊1+9−印綬	42乙27庚1−0+正財	10癸27庚9−1+傷官	41甲28辛0−1+劫財	11甲29壬0−1+偏財	42乙30癸0−1+傷官	12乙31甲9−1+食神	43丙32乙9−1+傷官	14丁33丙9−1+正財	44丁34丁9−2+偏財	15戊35戊9−1+比肩	45戊36己9−1+偏財
5	12乙25戊1+0−偏印	43丙27庚1−0+食神	11甲27庚0−1+比肩	42乙29壬1−0+比肩	12乙29壬0−1+正財	43丙30癸0−1+比肩	13丙31甲0−1+劫財	44丁32乙0−1+食神	15戊33丙9−1+食神	45戊34丁9−1+傷官	16己35戊9−1+劫財	46己36己9−1+正財
6	13丙26己0+1−正官	44丁27庚1−9+傷官	12乙28辛1−0+比肩	43丙29壬1−0+印綬	13丙30癸1−0+食神	44丁31甲1−0+食神	14丁31甲0−1+比肩	45戊32乙0−1+劫財	16己33丙0−1+傷官	46己34丁9−1+食神	17庚35戊9−1+偏印	47庚36己9−1+食神
7	14丁26己9+1−偏官	45戊27庚1−9+比肩	13丙28辛1−0+印綬	44丁29壬1−0+偏印	14丁30癸1−0+傷官	45戊31甲1−0+劫財	15戊32乙1−0+印綬	46己32乙0−1+比肩	17庚33丙0−1+比肩	47庚34丁0−1+劫財	18辛35戊0−1+印綬	48辛37庚1−0+食神
8	15戊26己9+1−正財	46己27庚1−9+劫財	14丁28辛1−9+偏印	45戊29壬1−9+正官	15戊30癸1−0+比肩	46己31甲1−0+比肩	16己32乙1−0+偏印	47庚33丙1−0+偏印	18辛34丁1−0+比肩	48辛34丁0−1+比肩	19壬36己1−0+食神	49壬37庚1−0+劫財
9	16己26己9+1−偏財	47庚27庚2−8+偏印	15戊28辛1−9+正官	46己29壬1−9+偏官	16己30癸1−9+劫財	47庚31甲1−9+印綬	17庚32乙1−0+正官	48辛33丙1−0+印綬	19壬34丁1−0+印綬	49壬35戊1−0+印綬	20癸36己1−9+傷官	50癸37庚1−9+比肩
10	17庚26己8+1−傷官	48辛27庚2−8+印綬	16己28辛1−9+偏官	47庚29壬2−9+正財	17庚30癸1−9+偏印	48辛31甲1−9+偏印	18辛32乙1−0+偏官	49壬33丙1−0+偏官	20癸34丁1−0+偏印	50癸35戊1−0+偏印	21甲36己1−9+比肩	51甲37庚1−9+印綬
11	18辛26己8+2−食神	49壬27庚2−8+偏官	17庚28辛2−8+正財	48辛29壬2−8+偏財	18辛30癸2−9+印綬	49壬31甲2−9+正官	19壬32乙1−9+正財	50癸33丙1−9+正官	21甲34丁1−9+正官	51甲35戊1−9+正官	22乙36己1−9+劫財	52乙37庚1−9+偏印
12	19壬26己8+2−劫財	50癸27庚3−7+正財	18辛28辛2−8+偏財	49壬29壬2−8+傷官	19壬30癸2−8+偏印	50癸31甲2−8+偏官	20癸32乙2−9+偏財	51甲33丙1−9+偏財	22乙34丁1−9+偏官	52乙35戊1−9+偏官	23丙36己1−8+偏印	53丙37庚2−8+正官
13	20癸26己7+2−比肩	51甲27庚3−7+食神	19壬28辛2−8+傷官	50癸29壬3−8+食神	20癸30癸2−8+印綬	51甲31甲2−8+正財	21甲32乙2−9+傷官	52乙33丙2−9+正財	23丙34丁2−9+正財	53丙35戊1−9+正財	24丁36己2−8+印綬	54丁37庚2−8+偏官
14	21甲26己7+3−印綬	52乙27庚3−7+傷官	20癸28辛3−7+食神	51甲29壬3−7+劫財	21甲30癸3−8+偏官	52乙31甲3−8+偏財	22乙32乙2−8+食神	53丙33丙2−8+食神	24丁34丁2−8+偏財	54丁35戊2−8+偏財	25戊36己2−8+偏官	55戊37庚2−8+正財
15	22乙26己7+3−偏印	53丙27庚4−6+比肩	21甲28辛3−7+劫財	52乙29壬3−7+偏印	22乙30癸3−7+正官	53丙31甲3−7+傷官	23丙32乙3−8+劫財	54丁33丙2−8+傷官	25戊34丁2−8+傷官	55戊35戊2−8+傷官	26己36己2−7+正官	56己37庚3−7+偏財
16	23丙26己6+3−正財	54丁27庚4−6+劫財	22乙28辛3−7+比肩	53丙29壬4−7+正官	23丙30癸3−7+偏財	54丁31甲3−7+食神	24丁32乙3−8+比肩	55戊33丙3−8+比肩	26己34丁3−8+食神	56己35戊2−8+食神	27庚36己3−7+偏財	57庚37庚3−7+傷官
17	24丁26己6+4−偏財	55戊27庚4−6+偏印	23丙28辛4−6+印綬	54丁29壬4−6+偏官	24丁30癸4−7+正財	55戊31甲4−7+劫財	25戊32乙3−7+正官	56己33丙3−7+劫財	27庚34丁3−7+劫財	57庚35戊3−7+劫財	28辛36己3−7+正財	58辛37庚3−7+食神
18	25戊26己6+4−傷官	56己27庚5−5+印綬	24丁28辛4−6+偏印	55戊29壬4−6+比肩	25戊30癸4−6+食神	56己31甲4−6+比肩	26己32乙4−7+偏官	57庚33丙3−7+偏印	28辛34丁3−7+比肩	58辛35戊3−7+比肩	29壬36己3−6+食神	59壬37庚4−6+劫財
19	26己26己5+4−比肩	57庚27庚5−5+偏財	25戊28辛4−6+正官	56己29壬5−6+劫財	26己30癸4−6+傷官	57庚31甲4−6+印綬	27庚32乙4−7+正財	58辛33丙4−7+傷官	29壬34丁4−7+印綬	59壬35戊3−7+正財	30癸36己4−6+傷官	60癸37庚4−6+比肩
20	27庚26己5+5−印綬	58辛27庚5−5+正財	26己28辛5−5+偏官	57庚29壬5−5+偏印	27庚30癸5−6+比肩	58辛31甲5−6+偏印	28辛32乙4−6+偏印	59壬33丙4−6+比肩	30癸34丁4−6+偏印	60癸35戊4−6+偏財	31甲36己4−6+比肩	1甲37庚4−6+印綬
21	28辛26己5+5−偏印	59壬27庚6−4+食神	27庚28辛5−5+正財	58辛29壬5−5+印綬	28辛30癸5−5+正官	59壬31甲5−5+正官	29壬32乙5−6+正官	60癸33丙4−6+劫財	31甲34丁4−6+正官	1甲35戊4−6+傷官	32乙36己4−5+印綬	2乙37庚5−5+偏印
22	29壬26己4+5−正官	60癸27庚6−4+傷官	28辛28辛5−5+偏財	59壬29壬6−5+偏官	29壬30癸5−5+偏財	60癸31甲5−5+偏官	30癸32乙5−6+偏官	1甲33丙5−6+偏官	32乙34丁5−6+偏官	2乙35戊4−6+正財	33丙36己5−5+偏官	3丙37庚5−5+正官
23	30癸26己4+6−偏官	1甲27庚6−4+比肩	29壬28辛6−4+傷官	60癸29壬6−4+正官	30癸30癸6−5+正財	1甲31甲6−5+正財	31甲32乙5−5+正財	2乙33丙5−5+正官	33丙34丁5−5+正財	3丙35戊5−5+食神	34丁36己5−5+正官	4丁37庚5−5+偏官
24	31甲26己4+6−正財	2乙27庚7−3+劫財	30癸28辛6−4+食神	1甲29壬6−4+偏財	31甲30癸6−4+食神	2乙31甲6−4+偏財	32乙32乙6−5+偏財	3丙33丙5−5+偏財	34丁34丁5−5+偏財	4丁35戊5−5+傷官	35戊36己5−4+偏財	5戊37庚6−4+正財
25	32乙26己3+6−偏財	3丙27庚7−3+偏印	31甲28辛6−4+劫財	2乙29壬7−4+正財	32乙30癸6−4+傷官	3丙31甲6−4+傷官	33丙32乙6−5+傷官	4丁33丙6−5+正財	35戊34丁6−5+傷官	5戊35戊5−5+比肩	36己36己6−4+正財	6己37庚6−4+偏財
26	33丙26己3+7−傷官	4丁27庚7−3+印綬	32乙28辛7−3+比肩	3丙29壬7−3+食神	33丙30癸7−4+比肩	4丁31甲7−4+比肩	34丁32乙6−4+食神	5戊33丙6−4+食神	36己34丁6−4+食神	6己35戊6−4+劫財	37庚36己6−4+食神	7庚37庚6−4+傷官
27	34丁26己3+7−食神	5戊27庚8−2+偏官	33丙28辛7−3+印綬	4丁29壬7−3+傷官	34丁30癸7−3+劫財	5戊31甲7−3+印綬	35戊32乙7−4+劫財	6己33丙6−4+偏官	37庚34丁6−4+劫財	7庚35戊6−4+偏印	38辛36己6−3+傷官	8辛37庚7−3+食神
28	35戊26己2+7−劫財	6己27庚8−2+正官	34丁28辛7−3+偏印	5戊29壬8−3+比肩	35戊30癸7−3+偏印	6己31甲7−3+偏印	36己32乙7−4+比肩	7庚33丙7−4+比肩	38辛34丁7−4+比肩	8辛35戊6−4+印綬	39壬36己7−3+比肩	9壬37庚7−3+劫財
29	36己26己2+8−比肩		35戊28辛8−2+正官	6己29壬8−2+劫財	36己30癸8−3+印綬	7庚31甲8−3+正官	37庚32乙7−3+印綬	8辛33丙7−3+劫財	39壬34丁7−3+印綬	9壬35戊7−3+偏官	40癸36己7−3+劫財	10癸37庚7−3+比肩
30	37庚26己2+8−印綬		36己28辛8−2+偏官	7庚29壬8−2+偏印	37庚30癸8−2+偏官	8辛31甲8−2+偏官	38辛32乙8−3+偏印	9壬33丙7−3+偏印	40癸34丁7−3+偏印	10癸35戊7−3+正官	41甲36己7−2+偏印	11甲37庚8−2+印綬
31	38辛26己1+8−偏印		37庚28辛8−2+正財		38辛30癸8−2+正官		39壬32乙8−3+正官	10癸33丙8−3+印綬		11甲35戊7−3+偏財		12乙37庚8−2+偏印

1992年（平成4年）生まれ

9壬（2/4～翌2/3）

日	1月	2月	3月	4月	5月	6月	7月	8月	9月	10月	11月	12月
	日干 月干 立年♂♀ 中心星	日干 月干 立年♂♀ 中心星	日干 月干 立年♂♀ 中心星	日干 月干 立年♂♀ 中心星	日干 月干 立年♂♀ 中心星	日干 月干 立年♂♀ 中心星	日干 月干 立年♂♀ 中心星	日干 月干 立年♂♀ 中心星	日干 月干 立年♂♀ 中心星	日干 月干 立年♂♀ 中心星	日干 月干 立年♂♀ 中心星	日干 月干 立年♂♀ 中心星
1	13丙37庚8−2+正官	44丁38辛9−1+食神	13丙39壬1+9−偏印	44丁40癸1+9−偏印	14丁41甲1+9−傷官	45戊42乙1+9−偏印	15戊43丙2+9−印綬	46己44丁2+8−比肩	17庚45戊2+8−比肩	47庚46己2+8−劫財	18辛47庚2+8−印綬	48辛48辛2+8−傷官
2	14丁37庚9−1+偏官	45戊38辛9−1+劫財	14丁39壬1+9−印綬	45戊40癸1+9−正官	15戊41甲1+9−比肩	46己42乙1+9−印綬	16己43丙2+9−偏印	47庚44丁2+9−印綬	18辛45戊2+9−劫財	48辛46己2+8−比肩	19壬47庚2+8−偏官	49壬48辛2+8−比肩
3	15戊37庚9−1+正財	46己38辛9−1+比肩	15戊39壬1+9−偏官	46己40癸1+0−偏官	16己41甲1+0−劫財	47庚42乙1+0−偏官	17庚43丙1+9−正官	48辛44丁1+9−偏印	19壬45戊1+9−偏印	49壬46己2+9−印綬	20癸47庚1+9−正官	50癸48辛1+9−劫財
4	16己37庚9−1+偏財	47庚39壬0+1−偏印	16己39壬1+0−正官	47庚41甲0+1−正財	17庚41甲1+0−偏印	48辛42乙1+0−正官	18辛43丙1+0−偏官	49壬44丁1+9−正官	20癸45戊1+9−印綬	50癸46己1+9−偏印	21甲47庚1+9−偏財	51甲48辛1+9−偏印
5	17庚37庚0−1+傷官	48辛39壬0+1−印綬	17庚40癸0+1−正財	48辛41甲0+1−偏財	18辛42乙0+1−印綬	49壬43丙0+1−正官	19壬43丙1+0−正財	50癸44丁1+0−偏官	21甲45戊1+0−偏官	51甲46己1+9−正官	22乙47庚1+9−正財	52乙48辛1+9−印綬
6	18辛38辛1−0+食神	49壬39壬9+1−偏官	18辛40癸0+1−偏財	49壬41甲0+1−傷官	19壬42乙0+1−偏官	50癸43丙0+1−偏官	20癸43丙1+0−偏財	51甲44丁1+0−正財	22乙45戊1+0−正官	52乙46己1+0−偏官	23丙47庚1+0−食神	53丙48辛1+0−偏官
7	19壬38辛1−9+劫財	50癸39壬9+1−正官	19壬40癸9+1−傷官	50癸41甲9+1−食神	20癸42乙0+1−正官	51甲43丙0+1−正財	21甲44丁0+1−偏官	52乙45戊0+1−正財	23丙46己0+1−正財	53丙46己1+0−正財	24丁48辛0+1−印綬	54丁49壬0+1−偏官
8	20癸38辛1−9+比肩	51甲39壬9+1−偏財	20癸40癸9+1−食神	51甲41甲9+1−劫財	21甲42乙9+1−偏財	52乙43丙0+1−偏財	22乙44丁0+1−食神	53丙45戊0+1−食神	24丁46己0+1−偏財	54丁47庚0+1−偏財	25戊48辛0+1−偏官	55戊49壬9+1−正財
9	21甲38辛1−9+印綬	52乙39壬8+2−正財	21甲40癸9+1−劫財	52乙41甲9+2−比肩	22乙42乙9+1−正財	53丙43丙9+1−傷官	23丙44丁0+1−劫財	54丁45戊0+1−傷官	25戊46己0+1−傷官	55戊47庚0+1−傷官	26己48辛9+1−正官	56己49壬9+1−偏財
10	22乙38辛1−8+偏印	53丙39壬8+2−食神	22乙40癸8+2−比肩	53丙41甲8+2−印綬	23丙42乙9+2−食神	54丁43丙9+2−食神	24丁44丁9+1−比肩	55戊45戊9+1−比肩	26己46己9+1−食神	56己47庚9+1−食神	27庚48辛9+1−偏財	57庚49壬9+1−傷官
11	23丙38辛2−8+正官	54丁39壬8+2−傷官	23丙40癸8+2−印綬	54丁41甲8+2−偏印	24丁42乙8+2−正財	55戊43丙9+2−劫財	25戊44丁9+1−印綬	56己45戊9+1−劫財	27庚46己9+1−劫財	57庚47庚9+1−劫財	28辛48辛9+1−正財	58辛49壬8+1−食神
12	24丁38辛2−8+偏官	55戊39壬7+3−偏印	24丁40癸8+2−偏印	55戊41甲8+3−正官	25戊42乙8+2−食神	56己43丙8+2−比肩	26己44丁9+2−偏印	57庚45戊9+2−偏印	28辛46己9+2−比肩	58辛47庚9+1−比肩	29壬48辛8+2−食神	59壬49壬8+2−劫財
13	25戊38辛2−7+正財	56己39壬7+3−印綬	25戊40癸7+3−正官	56己41甲7+3−偏官	26己42乙8+3−傷官	57庚43丙8+3−印綬	27庚44丁8+2−正官	58辛45戊8+2−印綬	29壬46己8+2−印綬	59壬47庚8+2−印綬	30癸48辛8+2−傷官	60癸49壬8+2−比肩
14	26己38辛3−7+偏財	57庚39壬7+3−偏官	26己40癸7+3−偏官	57庚41甲7+3−傷官	27庚42乙7+3−比肩	58辛43丙8+3−偏印	28辛44丁8+2−偏官	59壬45戊8+2−偏官	30癸46己8+2−偏印	60癸47庚8+2−偏印	31甲48辛8+2−比肩	1甲49壬7+2−印綬
15	27庚38辛3−7+傷官	58辛39壬6+4−正官	27庚40癸7+3−正財	58辛41甲7+4−食神	28辛42乙7+3−劫財	59壬43丙7+3−正官	29壬44丁8+3−正財	60癸45戊8+3−正官	31甲46己8+3−正官	1甲47庚8+2−正官	32乙48辛7+3−劫財	2乙49壬7+3−偏印
16	28辛38辛3−6+比肩	59壬39壬6+4−偏財	28辛40癸6+4−偏財	59壬41甲6+4−劫財	29壬42乙7+4−偏印	60癸43丙7+4−偏官	30癸44丁7+3−偏財	1甲45戊7+3−偏財	32乙46己7+3−偏官	2乙47庚7+3−偏官	33丙48辛7+3−偏印	3丙49壬7+3−正官
17	29壬38辛4−6+印綬	60癸39壬6+4−正財	29壬40癸6+4−傷官	60癸41甲6+4−正官	30癸42乙6+4−印綬	1甲43丙7+4−正財	31甲44丁7+3−劫財	2乙45戊7+3−正財	33丙46己7+3−正財	3丙47庚7+3−正財	34丁48辛7+3−印綬	4丁49壬6+3−偏官
18	30癸38辛4−6+偏印	1甲39壬5+5−食神	30癸40癸6+4−食神	1甲41甲6+5−偏財	31甲42乙6+4−偏官	2乙43丙6+4−偏財	32乙44丁7+4−比肩	3丙45戊7+4−偏官	34丁46己7+4−偏財	4丁47庚7+3−比肩	35戊48辛6+4−偏官	5戊49壬6+4−正財
19	31甲38辛4−5+正財	2乙39壬5+5−劫財	31甲40癸5+5−劫財	2乙41甲5+5−正財	32乙42乙6+5−正官	3丙43丙6+5−傷官	33丙44丁6+4−印綬	4丁45戊6+4−正官	35戊46己6+4−傷官	5戊47庚6+4−印綬	36己48辛6+4−正官	6己49壬6+4−偏財
20	32乙38辛5−5+偏財	3丙39壬5+5−偏印	32乙40癸5+5−比肩	3丙41甲5+5−食神	33丙42乙5+5−比肩	4丁43丙6+5−食神	34丁44丁6+4−食神	5戊45戊6+4−偏財	36己46己6+4−食神	6己47庚6+4−偏印	37庚48辛6+4−食神	7庚49壬5+4−傷官
21	33丙38辛5−5+傷官	4丁39壬4+6−印綬	33丙40癸5+5−印綬	4丁41甲5+6−傷官	34丁42乙5+5−劫財	5戊43丙5+5−劫財	35戊44丁6+5−劫財	6己45戊6+5−傷官	37庚46己6+5−劫財	7庚47庚6+4−偏印	38辛48辛5+5−傷官	8辛49壬5+5−食神
22	34丁38辛5−4+食神	5戊39壬4+6−偏官	34丁40癸4+6−偏印	5戊41甲4+6−比肩	35戊42乙5+6−偏印	6己43丙5+6−比肩	36己44丁5+5−比肩	7庚45戊5+5−比肩	38辛46己5+5−比肩	8辛47庚5+5−印綬	39壬48辛5+5−比肩	9壬49壬5+5−劫財
23	35戊38辛6−4+劫財	6己39壬4+6−正官	35戊40癸4+6−正官	6己41甲4+6−劫財	36己42乙4+6−印綬	7庚43丙5+6−印綬	37庚44丁5+5−印綬	8辛45戊5+5−劫財	39壬46己5+5−印綬	9壬47庚5+5−偏官	40癸48辛5+5−劫財	10癸49壬4+5−比肩
24	36己38辛6−4+比肩	7庚39壬3+7−偏財	36己40癸4+6−偏官	7庚41甲4+7−偏印	37庚42乙4+6−偏官	8辛43丙4+6−偏印	38辛44丁5+6−偏印	9壬45戊5+6−偏印	40癸46己5+6−偏印	10癸47庚5+5−正官	41甲48辛4+6−偏印	11甲49壬4+6−印綬
25	37庚38辛6−3+印綬	8辛39壬3+7−正財	37庚40癸3+7−正財	8辛41甲3+7−印綬	38辛42乙4+7−正官	9壬43丙4+7−正財	39壬44丁4+6−正官	10癸45戊4+6−印綬	41甲46己4+6−正官	11甲47庚4+6−偏財	42乙48辛4+6−印綬	12乙49壬4+6−偏印
26	38辛38辛7−3+偏印	9壬39壬3+7−食神	38辛40癸3+7−偏財	9壬41甲3+7−偏官	39壬42乙3+7−偏財	10癸43丙4+7−偏財	40癸44丁4+6−偏官	11甲45戊4+6−偏官	42乙46己4+6−偏官	12乙47庚4+6−正財	43丙48辛4+6−偏官	13丙49壬3+6−正官
27	39壬38辛7−3+正官	10癸39壬2+8−傷官	39壬40癸3+7−傷官	10癸41甲3+8−正官	40癸42乙3+7−正財	11甲43丙3+7−偏官	41甲44丁4+7−正財	12乙45戊4+7−正官	43丙46己4+7−正財	13丙47庚4+6−食神	44丁48辛3+7−正官	14丁49壬3+7−偏官
28	40癸38辛7−2+偏官	11甲39壬2+8−比肩	40癸40癸2+8−食神	11甲41甲2+8−偏財	41甲42乙3+8−食神	12乙43丙3+8−食神	42乙44丁3+7−偏財	13丙45戊3+7−偏財	44丁46己3+7−偏財	14丁47庚3+7−傷官	45戊48辛3+7−偏財	15戊49壬3+7−正財
29	41甲38辛8−2+正財	12乙39壬2+8−劫財	41甲40癸2+8−劫財	12乙41甲2+8−正財	42乙42乙2+8−傷官	13丙43丙3+8−劫財	43丙44丁3+7−傷官	14丁45戊3+7−正財	45戊46己3+7−傷官	15戊47庚3+7−比肩	46己48辛3+7−正財	16己49壬2+7−偏財
30	42乙38辛8−2+偏財		42乙40癸2+8−比肩	13丙41甲2+9−食神	43丙42乙2+8−比肩	14丁43丙2+8−比肩	44丁44丁3+8−食神	15戊45戊3+8−食神	46己46己3+8−食神	16己47庚3+7−劫財	47庚48辛2+8−食神	17庚49壬2+8−傷官
31	43丙38辛8−1+傷官		43丙40癸1+9−印綬		44丁42乙2+9−劫財		45戊44丁2+8−劫財	16己45戊2+8−傷官		17庚47庚2+8−偏印		18辛49壬2+8−食神

1993年（平成5年）生まれ　10 癸（2/4～翌 2/3）

日	1月	2月	3月	4月	5月	6月	7月	8月	9月	10月	11月	12月
	日干 月干 立年♂♀ 中心星	日干 月干 立年♂♀ 中心星	日干 月干 立年♂♀ 中心星	日干 月干 立年♂♀ 中心星	日干 月干 立年♂♀ 中心星	日干 月干 立年♂♀ 中心星	日干 月干 立年♂♀ 中心星	日干 月干 立年♂♀ 中心星	日干 月干 立年♂♀ 中心星	日干 月干 立年♂♀ 中心星	日干 月干 立年♂♀ 中心星	日干 月干 立年♂♀ 中心星
1	19壬49壬1+8－劫財	50癸50癸1+9－偏官	18辛51甲8－1+正財	49壬52乙9－1+傷官	19壬53丙9－1+偏官	50癸54丁9－2+正財	20癸55戊8－2+偏財	51甲56己8－2+正財	22乙57庚8－2+正官	52乙58辛8－2+偏官	23丙59壬8－2+食神	53丙60癸8－2+偏官
2	20癸49壬1+9－比肩	51甲50癸1+9－正財	19壬51甲9－1+食神	50癸52乙9－1+食神	20癸53丙9－1+正官	51甲54丁9－1+食神	21甲55戊9－2+傷官	52乙56己9－2+偏財	23丙57庚9－2+偏財	53丙58辛8－2+正財	24丁59壬8－2+傷官	54丁60癸8－2+正官
3	21甲49壬1+9－印綬	52乙50癸1+0－偏財	20癸51甲9－1+傷官	51甲52乙0－1+劫財	21甲53丙9－1+偏財	52乙54丁0－1+傷官	22乙55戊9－1+食神	53丙56己9－1+傷官	24丁57庚9－2+正財	54丁58辛8－2+偏財	25戊59壬9－1+比肩	55戊60癸9－1+偏財
4	22乙49壬1+9－偏印	53丙51甲1－0+食神	21甲51甲9－1+比肩	52乙52乙0－1+比肩	22乙53丙0－1+正財	53丙54丁0－1+比肩	23丙55戊9－1+劫財	54丁56己9－1+食神	25戊57庚9－1+食神	55戊58辛9－1+傷官	26己59壬9－1+劫財	56己60癸9－1+正財
5	23丙50癸0+1－正官	54丁51甲1－9+傷官	22乙52乙1－0+比肩	53丙53丙1－0+印綬	23丙54丁1－0+食神	54丁54丁0－1+劫財	24丁55戊0－1+比肩	55戊56己0－1+劫財	26己57庚0－1+傷官	56己58辛9－1+食神	27庚59壬9－1+偏印	57庚60癸9－1+食神
6	24丁50癸0+1－偏官	55戊51甲1－9+比肩	23丙52乙1－0+印綬	54丁53丙1－0+偏印	24丁54丁1－0+傷官	55戊55戊1－0+劫財	25戊55戊0－1+印綬	56己56己0－1+比肩	27庚57庚0－1+比肩	57庚58辛9－1+劫財	28辛59壬0－1+印綬	58辛60癸0－1+傷官
7	25戊50癸9+1－正財	56己51甲1－9+劫財	24丁52乙1－0+偏印	55戊53丙1－9+正官	25戊54丁1－0+比肩	56己55戊1－0+比肩	26己56己1－0+偏印	57庚57庚1－1+偏印	28辛57庚0－1+劫財	58辛58辛0－1+比肩	29壬60癸1－0+食神	59壬 1甲1－0+劫財
8	26己50癸9+1－偏財	57庚51甲1－8+偏印	25戊52乙1－9+正官	56己53丙1－9+偏官	26己54丁1－0+劫財	57庚55戊1－0+印綬	27庚56己1－0+正官	58辛57庚1－0+印綬	29壬58辛1－0+印綬	59壬59壬1－0+印綬	30癸60癸1－0+傷官	60癸 1甲1－9+比肩
9	27庚50癸9+1－傷官	58辛51甲2－8+印綬	26己52乙1－9+偏官	57庚53丙1－9+正財	27庚54丁1－9+偏印	58辛55戊1－9+偏印	28辛56己1－0+偏官	59壬57庚1－0+偏官	30癸58辛1－0+偏印	60癸59壬1－0+偏印	31甲60癸1－9+比肩	1甲 1甲1－9+印綬
10	28辛50癸8+2－食神	59壬51甲2－8+偏官	27庚52乙2－9+正財	58辛53丙2－8+偏財	28辛54丁2－9+印綬	59壬55戊1－9+正官	29壬56己1－9+正財	60癸57庚1－0+正官	31甲58辛1－9+正官	1甲59壬1－9+正官	32乙60癸1－9+劫財	2乙 1甲1－9+偏印
11	29壬50癸8+2－劫財	60癸51甲2－7+正官	28辛52乙2－8+偏財	59壬53丙2－8+傷官	29壬54丁2－9+偏印	60癸55戊2－9+偏官	30癸56己1－9+偏財	1甲57庚1－9+偏財	32乙58辛1－9+偏官	2乙59壬1－9+偏官	33丙60癸1－9+偏印	3丙 1甲1－8+正官
12	30癸50癸8+2－比肩	1甲51甲3－7+食神	29壬52乙2－8+傷官	60癸53丙2－8+食神	30癸54丁2－8+印綬	1甲55戊2－8+正財	31甲56己2－9+傷官	2乙57庚2－9+正財	33丙58辛1－9+正財	3丙59壬1－9+正財	34丁60癸2－8+印綬	4丁 1甲2－8+傷官
13	31甲50癸7+3－印綬	2乙51甲3－7+傷官	30癸52乙3－8+食神	1甲53丙3－7+劫財	31甲54丁3－8+偏官	2乙55戊2－8+偏財	32乙56己2－8+食神	3丙57庚2－9+食神	34丁58辛2－8+偏財	4丁59壬2－8+偏財	35戊60癸2－8+傷官	5戊 1甲2－8+正財
14	32乙50癸7+3－偏印	3丙51甲3－6+比肩	31甲52乙3－7+劫財	2乙53丙3－7+比肩	32乙54丁3－8+正官	3丙55戊3－8+傷官	33丙56己2－8+劫財	4丁57庚2－8+傷官	35戊58辛2－8+傷官	5戊59壬2－8+傷官	36己60癸2－8+正官	6己 1甲2－7+偏財
15	33丙50癸7+3－正財	4丁51甲4－6+劫財	32乙52乙3－7+比肩	3丙53丙3－7+正官	33丙54丁3－7+偏財	4丁55戊3－7+食神	34丁56己3－8+比肩	5戊57庚3－8+比肩	36己58辛2－8+食神	6己59壬2－8+食神	37庚60癸3－7+偏財	7庚 1甲3－7+傷官
16	34丁50癸6+4－偏財	5戊51甲4－6+偏印	33丙52乙4－7+印綬	4丁53丙4－6+偏官	34丁54丁4－7+正財	5戊55戊3－7+劫財	35戊56己3－7+印綬	6己57庚3－8+劫財	37庚58辛3－7+劫財	7庚59壬3－7+劫財	38辛60癸3－7+正財	8辛 1甲3－7+食神
17	35戊50癸6+4－傷官	6己51甲4－5+印綬	34丁52乙4－6+偏印	5戊53丙4－6+正財	35戊54丁4－7+食神	6己55戊4－7+比肩	36己56己3－7+偏官	7庚57庚3－7+偏印	38辛58辛3－7+比肩	8辛59壬3－7+比肩	39壬60癸3－7+食神	9壬 1甲3－6+劫財
18	36己50癸6+4－比肩	7庚51甲5－5+偏官	35戊52乙4－6+正官	6己53丙4－6+劫財	36己54丁4－6+傷官	7庚55戊4－6+印綬	37庚56己4－7+正財	8辛57庚4－7+傷官	39壬58辛3－7+印綬	9壬59壬3－7+正財	40癸60癸4－6+傷官	10癸 1甲4－6+比肩
19	37庚50癸5+5－印綬	8辛51甲5－5+正財	36己52乙5－6+偏官	7庚53丙5－5+偏印	37庚54丁5－6+比肩	8辛55戊4－6+偏印	38辛56己4－6+偏財	9壬57庚4－7+比肩	40癸58辛4－6+偏印	10癸59壬4－6+偏財	41甲60癸4－6+比肩	11甲 1甲4－6+印綬
20	38辛50癸5+5－偏印	9壬51甲5－4+食神	37庚52乙5－5+正財	8辛53丙5－5+印綬	38辛54丁5－6+正官	9壬55戊5－6+正官	39壬56己4－6+正官	10癸57庚4－6+劫財	41甲58辛4－6+正官	11甲59壬4－6+傷官	42乙60癸4－6+印綬	12乙 1甲4－5+偏印
21	39壬50癸5+5－正官	10癸51甲6－4+傷官	38辛52乙5－5+偏財	9壬53丙5－5+偏官	39壬54丁5－5+偏財	10癸55戊5－5+偏官	40癸56己5－6+偏官	11甲57庚5－6+偏官	42乙58辛4－6+偏官	12乙59壬4－6+正財	43丙60癸5－5+偏官	13丙 1甲5－5+正官
22	40癸50癸4+6－偏官	11甲51甲6－4+比肩	39壬52乙6－5+傷官	10癸53丙6－4+正官	40癸54丁6－5+正財	11甲55戊5－5+正財	41甲56己5－5+正財	12乙57庚5－6+正官	43丙58辛5－5+正財	13丙59壬5－5+食神	44丁60癸5－5+正官	14丁 1甲5－5+偏官
23	41甲50癸4+6－正財	12乙51甲6－3+劫財	40癸52乙6－4+食神	11甲53丙6－4+偏財	41甲54丁6－5+食神	12乙55戊6－5+偏財	42乙56己5－5+偏財	13丙57庚5－5+偏財	44丁58辛5－5+偏財	14丁59壬5－5+傷官	45戊60癸5－5+偏財	15戊 1甲5－4+正財
24	42乙50癸4+6－偏財	13丙51甲7－3+偏印	41甲52乙6－4+劫財	12乙53丙6－4+正財	42乙54丁6－4+傷官	13丙55戊6－4+傷官	43丙56己6－5+傷官	14丁57庚6－5+正財	45戊58辛5－5+傷官	15戊59壬5－5+比肩	46己60癸6－4+正財	16己 1甲6－4+偏財
25	43丙50癸3+7－傷官	14丁51甲7－3+印綬	42乙52乙7－4+比肩	13丙53丙7－3+食神	43丙54丁7－4+比肩	14丁55戊6－4+食神	44丁56己6－4+食神	15戊57庚6－5+食神	46己58辛6－4+食神	16己59壬6－4+劫財	47庚60癸6－4+食神	17庚 1甲6－4+傷官
26	44丁50癸3+7－食神	15戊51甲7－2+偏官	43丙52乙7－3+印綬	14丁53丙7－3+傷官	44丁54丁7－4+劫財	15戊55戊7－4+印綬	45戊56己6－4+劫財	16己57庚6－4+傷官	47庚58辛6－4+劫財	17庚59壬6－4+偏印	48辛60癸6－4+傷官	18辛 1甲6－3+食神
27	45戊50癸3+7－劫財	16己51甲8－2+正官	44丁52乙7－3+偏印	15戊53丙7－3+比肩	45戊54丁7－3+偏印	16己55戊7－3+偏印	46己56己7－4+比肩	17庚57庚7－4+比肩	48辛58辛6－4+比肩	18辛59壬6－4+印綬	49壬60癸7－3+比肩	19壬 1甲7－3+劫財
28	46己50癸2+8－比肩	17庚51甲8－2+偏財	45戊52乙8－3+正官	16己53丙8－2+劫財	46己54丁8－3+印綬	17庚55戊7－3+正官	47庚56己7－3+印綬	18辛57庚7－4+劫財	49壬58辛7－3+印綬	19壬59壬7－3+傷官	50癸60癸7－3+劫財	20癸 1甲7－3+比肩
29	47庚50癸2+8－印綬		46己52乙8－2+偏官	17庚53丙8－2+偏印	47庚54丁8－3+偏官	18辛55戊8－3+偏官	48辛56己7－3+偏印	19壬57庚7－3+偏印	50癸58辛7－3+偏印	20癸59壬7－3+正官	51甲60癸7－3+偏印	21甲 1甲7－2+印綬
30	48辛50癸2+8－偏印		47庚52乙8－2+正財	18辛53丙8－2+印綬	48辛54丁8－2+正官	19壬55戊8－2+正財	49壬56己8－3+正官	20癸57庚8－3+印綬	51甲58辛7－3+正官	21甲59壬7－3+偏財	52乙60癸8－2+印綬	22乙 1甲8－2+偏印
31	49壬50癸1+9－正官		48辛52乙9－2+偏財		49壬54丁9－2+偏財		50癸56己8－2+傷官	21甲57庚8－3+傷官		22乙59壬8－2+正財		23丙 1甲8－2+正官

1994年（平成6年）生まれ　11 甲(2/4〜翌2/3)

	1月	2月	3月	4月	5月	6月	7月	8月	9月	10月	11月	12月
日	日干 月干 立年♂♀ 中心星	日干 月干 立年♂♀ 中心星	日干 月干 立年♂♀ 中心星	日干 月干 立年♂♀ 中心星	日干 月干 立年♂♀ 中心星	日干 月干 立年♂♀ 中心星	日干 月干 立年♂♀ 中心星	日干 月干 立年♂♀ 中心星	日干 月干 立年♂♀ 中心星	日干 月干 立年♂♀ 中心星	日干 月干 立年♂♀ 中心星	日干 月干 立年♂♀ 中心星
1	24丁 1甲8−1+偏官	55戊 2乙9−1+劫財	23丙 3丙2+8−偏印	54丁 4丁1+9−偏印	24丁 5戊2+9−傷官	55戊 6己2+9−偏印	25戊 7庚2+8−印綬	56己 8辛2+8−比肩	27庚 9壬2+8−比肩	57庚10癸2+8−劫財	28辛11甲2+8−印綬	58辛12乙2+8−傷官
2	25戊 1甲9−1+正財	56己 2乙9−1+比肩	24丁 3丙1+9−印綬	55戊 4丁1+9−正官	25戊 5戊1+9−比肩	56己 6己1+9−印綬	26己 7庚2+9−偏印	57庚 8辛2+9−印綬	28辛 9壬2+8−劫財	58辛10癸2+8−比肩	29壬11甲2+8−偏官	59壬12乙2+8−比肩
3	26己 1甲9−1+偏財	57庚 2乙0−1+印綬	25戊 3丙1+9−偏官	56己 4丁1+9−偏官	26己 5戊1+9−劫財	57庚 6己1+9−偏官	27庚 7庚1+9−正官	58辛 8辛2+9−偏印	29壬 9壬2+9−偏印	59壬10癸2+8−印綬	30癸11甲1+9−正官	60癸12乙1+9−劫財
4	27庚 1甲9−1+傷官	58辛 3丙0+1−印綬	26己 3丙1+9−正官	57庚 4丁1+0−正財	27庚 5戊1+0−偏印	58辛 6己1+0−正官	28辛 7庚1+9−偏官	59壬 8辛1+9−正官	30癸 9壬1+9−印綬	60癸10癸1+9−偏印	31甲11甲1+9−偏財	1甲12乙1+9−偏印
5	28辛 2乙1−0+食神	59壬 3丙0+1−偏官	27庚 3丙1+0−偏財	58辛 5戊0+1−偏財	28辛 5戊1+0−印綬	59壬 6己1+0−偏財	29壬 7庚1+0−正財	60癸 8辛1+0−偏官	31甲 9壬1+9−偏官	1甲10癸1+9−正官	32乙11甲1+9−正財	2乙12乙1+9−印綬
6	29壬 2乙1−0+劫財	60癸 3丙9+1−正官	28辛 4丁0+1−偏財	59壬 5戊0+1−傷官	29壬 6己0+1−偏官	60癸 7庚0+1−偏官	30癸 7庚1+0−偏財	1甲 8辛1+0−正財	32乙 9壬1+0−正官	2乙10癸1+9−偏官	33丙11甲1+0−食神	3丙12乙1+0−偏官
7	30癸 2乙1−9+比肩	1甲 3丙9+1−偏財	29壬 4丁0+1−傷官	60癸 5戊0+1−食神	30癸 6己0+1−正官	1甲 7庚0+1−正財	31甲 8辛0+1−傷官	2乙 8辛1+0−偏財	33丙 9壬1+0−偏財	3丙10癸1+0−正財	34丁12乙0+1−印綬	4丁13丙0+1−偏官
8	31甲 2乙1−9+印綬	2乙 3丙9+1−正財	30癸 4丁9+1−食神	1甲 5戊9+1−劫財	31甲 6己0+1−偏財	2乙 7庚0+1−偏財	32乙 8辛0+1−食神	3丙 9壬0+1−食神	34丁10癸0+1−偏財	4丁11甲0+1−偏財	35戊12乙0+1−偏官	5戊13丙0+1−正財
9	32乙 2乙1−9+偏印	3丙 3丙8+2−食神	31甲 4丁9+1−劫財	2乙 5戊9+1−比肩	32乙 6己9+1−正財	3丙 7庚9+1−傷官	33丙 8辛0+1−劫財	4丁 9壬0+1−傷官	35戊10癸0+1−傷官	5戊11甲0+1−傷官	36己12乙9+1−正官	6己13丙9+1−偏財
10	33丙 2乙2−8+正官	4丁 3丙8+2−傷官	32乙 4丁9+1−比肩	3丙 5戊9+2−印綬	33丙 6己9+1−食神	4丁 7庚9+1−食神	34丁 8辛0+1−比肩	5戊 9壬0+1−比肩	36己10癸9+1−食神	6己11甲9+1−食神	37庚12乙9+1−偏財	7庚13丙9+1−傷官
11	34丁 2乙2−8+偏官	5戊 3丙8+2−比肩	33丙 4丁8+2−印綬	4丁 5戊8+2−偏印	34丁 6己9+2−傷官	5戊 7庚9+2−劫財	35戊 8辛9+1−印綬	6己 9壬9+1−劫財	37庚10癸9+1−劫財	7庚11甲9+1−劫財	38辛12乙9+1−正財	8辛13丙9+1−食神
12	35戊 2乙2−8+正財	6己 3丙7+3−印綬	34丁 4丁8+2−偏印	5戊 5戊8+2−正官	35戊 6己8+2−食神	6己 7庚8+2−比肩	36己 8辛9+2−偏印	7庚 9壬9+1−偏印	38辛10癸9+1−比肩	8辛11甲9+1−比肩	39壬12乙8+2−食神	9壬13丙8+2−劫財
13	36己 2乙3−7+偏財	7庚 3丙7+3−偏官	35戊 4丁8+2−正官	6己 5戊8+3−偏官	36己 6己8+2−傷官	7庚 7庚8+2−印綬	37庚 8辛9+2−正官	8辛 9壬9+2−印綬	39壬10癸8+2−印綬	9壬11甲8+2−印綬	40癸12乙8+2−傷官	10癸13丙8+2−比肩
14	37庚 2乙3−7+傷官	8辛 3丙7+3−正官	36己 4丁7+3−偏官	7庚 5戊7+3−正財	37庚 6己8+3−比肩	8辛 7庚8+3−偏印	38辛 8辛8+2−偏官	9壬 9壬8+2−偏官	40癸10癸8+2−偏印	10癸11甲8+2−偏印	41甲12乙8+2−比肩	11甲13丙8+2−印綬
15	38辛 2乙3−7+比肩	9壬 3丙6+4−偏財	37庚 4丁7+3−正財	8辛 5戊7+3−食神	38辛 6己7+3−劫財	9壬 7庚7+3−正官	39壬 8辛8+3−正財	10癸 9壬8+2−正官	41甲10癸8+2−正官	11甲11甲8+2−正官	42乙12乙7+3−劫財	12乙13丙7+3−偏印
16	39壬 2乙4−6+印綬	10癸 3丙6+4−正財	38辛 4丁7+3−偏財	9壬 5戊7+4−劫財	39壬 6己7+3−偏印	10癸 7庚7+3−偏官	40癸 8辛8+3−偏財	11甲 9壬8+3−偏財	42乙10癸7+3−偏官	12乙11甲7+3−偏官	43丙12乙7+3−偏印	13丙13丙7+3−正官
17	40癸 2乙4−6+偏印	11甲 3丙6+4−食神	39壬 4丁6+4−傷官	10癸 5戊6+4−比肩	40癸 6己7+4−印綬	11甲 7庚7+4−正財	41甲 8辛7+3−劫財	12乙 9壬7+3−正財	43丙10癸7+3−正財	13丙11甲7+3−正財	44丁12乙7+3−印綬	14丁13丙7+3−偏官
18	41甲 2乙4−6+正財	12乙 3丙5+5−傷官	40癸 4丁6+4−食神	11甲 5戊6+4−偏財	41甲 6己6+4−偏官	12乙 7庚6+4−偏財	42乙 8辛7+4−比肩	13丙 9壬7+3−食神	44丁10癸7+3−偏財	14丁11甲7+3−比肩	45戊12乙6+4−傷官	15戊13丙6+4−正財
19	42乙 2乙5−5+偏財	13丙 3丙5+5−偏印	41甲 4丁6+4−劫財	12乙 5戊6+5−正財	42乙 6己6+4−正官	13丙 7庚6+4−傷官	43丙 8辛7+4−印綬	14丁 9壬7+4−正官	45戊10癸6+4−傷官	15戊11甲6+4−印綬	46己12乙6+4−正官	16己13丙6+4−偏財
20	43丙 2乙5−5+傷官	14丁 3丙5+5−印綬	42乙 4丁5+5−比肩	13丙 5戊5+5−食神	43丙 6己6+5−偏財	14丁 7庚6+5−食神	44丁 8辛6+4−食神	15戊 9壬6+4−偏財	46己10癸6+4−食神	16己11甲6+4−偏印	47庚12乙6+4−食神	17庚13丙6+4−傷官
21	44丁 2乙5−5+食神	15戊 3丙4+6−偏官	43丙 4丁5+5−印綬	14丁 5戊5+5−傷官	44丁 6己5+5−劫財	15戊 7庚5+5−劫財	45戊 8辛6+5−劫財	16己 9壬6+4−正財	47庚10癸6+4−劫財	17庚11甲6+4−偏印	48辛12乙5+5−傷官	18辛13丙5+5−食神
22	45戊 2乙6−4+劫財	16己 3丙4+6−正官	44丁 4丁5+5−偏印	15戊 5戊5+6−比肩	45戊 6己5+5−偏印	16己 7庚5+5−比肩	46己 8辛6+5−比肩	17庚 9壬6+5−比肩	48辛10癸5+5−比肩	18辛11甲5+5−印綬	49壬12乙5+5−比肩	19壬13丙5+5−劫財
23	46己 2乙6−4+比肩	17庚 3丙4+6−偏財	45戊 4丁4+6−正官	16己 5戊4+6−劫財	46己 6己5+6−印綬	17庚 7庚5+6−印綬	47庚 8辛5+5−印綬	18辛 9壬5+5−劫財	49壬10癸5+5−印綬	19壬11甲5+5−偏官	50癸12乙5+5−劫財	20癸13丙5+5−比肩
24	47庚 2乙6−4+印綬	18辛 3丙3+7−正財	46己 4丁4+6−偏官	17庚 5戊4+6−偏印	47庚 6己4+6−偏官	18辛 7庚4+6−偏印	48辛 8辛5+6−偏印	19壬 9壬5+5−偏印	50癸10癸5+5−偏印	20癸11甲5+5−正官	51甲12乙4+6−偏印	21甲13丙4+6−印綬
25	48辛 2乙7−3+偏印	19壬 3丙3+7−食神	47庚 4丁4+6−正財	18辛 5戊4+7−印綬	48辛 6己4+6−正官	19壬 7庚4+6−正官	49壬 8辛5+6−正官	20癸 9壬5+6−印綬	51甲10癸4+6−正官	21甲11甲4+6−偏財	52乙12乙4+6−印綬	22乙13丙4+6−偏印
26	49壬 2乙7−3+正官	20癸 3丙3+7−傷官	48辛 4丁3+7−偏財	19壬 5戊3+7−偏官	49壬 6己4+7−偏財	20癸 7庚4+7−偏財	50癸 8辛4+6−偏官	21甲 9壬4+6−偏官	52乙10癸4+6−偏官	22乙11甲4+6−正財	53丙12乙4+6−傷官	23丙13丙4+6−正官
27	50癸 2乙7−3+偏官	21甲 3丙2+8−比肩	49壬 4丁3+7−傷官	20癸 5戊3+7−正官	50癸 6己3+7−正財	21甲 7庚3+7−傷官	51甲 8辛4+7−正財	22乙 9壬4+6−正官	53丙10癸4+6−正財	23丙11甲4+6−食神	54丁12乙3+7−正官	24丁13丙3+7−偏官
28	51甲 2乙8−2+正財	22乙 3丙2+8−劫財	50癸 4丁3+7−食神	21甲 5戊3+8−偏財	51甲 6己3+7−食神	22乙 7庚3+7−食神	52乙 8辛4+7−偏財	23丙 9壬4+7−偏財	54丁10癸3+7−偏財	24丁11甲3+7−傷官	55戊12乙3+7−偏財	25戊13丙3+7−正財
29	52乙 2乙8−2+偏財		51甲 4丁2+8−劫財	22乙 5戊2+8−正財	52乙 6己3+8−傷官	23丙 7庚3+8−劫財	53丙 8辛3+7−傷官	24丁 9壬3+7−正財	55戊10癸3+7−傷官	25戊11甲3+7−比肩	56己12乙3+7−正財	26己13丙3+7−偏財
30	53丙 2乙8−2+傷官		52乙 4丁2+8−比肩	23丙 5戊2+8−食神	53丙 6己2+8−比肩	24丁 7庚2+8−比肩	54丁 8辛3+8−食神	25戊 9壬3+7−食神	56己10癸3+7−食神	26己11甲3+7−劫財	57庚12乙2+8−食神	27庚13丙2+8−傷官
31	54丁 2乙9−1+食神		53丙 4丁2+8−印綬		54丁 6己2+8−劫財		55戊 8辛3+8−劫財	26己 9壬3+8−傷官		27庚11甲2+8−偏印		28辛13丙2+8−食神

1995年(平成7年)生まれ　12 乙(2/4～翌2/3)

日	1月	2月	3月	4月	5月	6月	7月	8月	9月	10月	11月	12月
	日干 月干 立年♂♀ 中心星	日干 月干 立年♂♀ 中心星	日干 月干 立年♂♀ 中心星	日干 月干 立年♂♀ 中心星	日干 月干 立年♂♀ 中心星	日干 月干 立年♂♀ 中心星	日干 月干 立年♂♀ 中心星	日干 月干 立年♂♀ 中心星	日干 月干 立年♂♀ 中心星	日干 月干 立年♂♀ 中心星	日干 月干 立年♂♀ 中心星	日干 月干 立年♂♀ 中心星
1	29壬13丙2+8−劫財	60癸14丁1+9−偏官	28辛15戊8−2+正財	59壬16己9−1+傷官	29壬17庚9−2+偏官	60癸18辛9−2+正財	30癸19壬8−2+偏財	1甲20癸8−2+正財	32乙21甲8−2+正官	2乙22乙8−3+偏官	33丙23丙8−2+食神	3丙24丁8−2+偏官
2	30癸13丙1+9−比肩	1甲14丁1+9−正財	29壬15戊9−1+食神	60癸16己9−1+食神	30癸17庚9−1+正官	1甲18辛9−1+食神	31甲19壬9−2+傷官	2乙20癸9−2+偏財	33丙21甲8−2+偏財	3丙22乙8−2+正財	34丁23丙8−2+傷官	4丁24丁8−2+正官
3	31甲13丙1+9−印綬	2乙14丁1+9−偏財	30癸15戊9−1+傷官	1甲16己9−1+劫財	31甲17庚9−1+偏財	2乙18辛9−1+傷官	32乙19壬9−1+食神	3丙20癸9−2+傷官	34丁21甲9−2+正財	4丁22乙8−2+偏財	35戊23丙8−2+比肩	5戊24丁8−1+偏財
4	32乙13丙1+9−偏印	3丙15戊1−0+食神	31甲15戊9−1+比肩	2乙16己0−1+比肩	32乙17庚0−1+正財	3丙18辛0−1+比肩	33丙19壬9−1+劫財	4丁20癸9−1+食神	35戊21甲9−1+食神	5戊22乙9−2+傷官	36己23丙9−1+劫財	6己24丁9−1+正財
5	33丙13丙1+0−正官	4丁15戊1−0+傷官	32乙15戊0−1+劫財	3丙17庚1−0+印綬	33丙17庚0−1+食神	4丁18辛0−1+劫財	34丁19壬0−1+比肩	5戊20癸0−1+劫財	36己21甲9−1+傷官	6己22乙9−1+食神	37庚23丙9−1+偏印	7庚24丁9−1+食神
6	34丁14丁0+1−偏官	5戊15戊1−9+比肩	33丙16己1−0+印綬	4丁17庚1−0+偏印	34丁18辛1−0+傷官	5戊19壬1−0+劫財	35戊19壬0−1+印綬	6己20癸0−1+比肩	37庚21甲0−1+比肩	7庚22乙9−1+劫財	38辛23丙9−1+印綬	8辛24丁9−1+傷官
7	35戊14丁9+1−正財	6己15戊1−9+劫財	34丁16己1−0+偏印	5戊17庚1−0+正官	35戊18辛1−0+比肩	6己19壬1−0+比肩	36己20癸1−0+偏印	7庚20癸0−1+印綬	38辛21甲0−1+劫財	8辛22乙0−1+比肩	39壬23丙0−1+食神	9壬25戊1−0+劫財
8	36己14丁9+1−偏財	7庚15戊1−9+偏印	35戊16己1−9+正官	6己17庚1−9+偏官	36己18辛1−0+劫財	7庚19壬1−0+印綬	37庚20癸1−0+正官	8辛21甲1−0+印綬	39壬22乙1−0+印綬	9壬22乙0−1+印綬	40癸24丁1−0+傷官	10癸25戊1−0+比肩
9	37庚14丁9+1−傷官	8辛15戊2−8+印綬	36己16己1−9+偏官	7庚17庚1−9+正財	37庚18辛1−9+偏印	8辛19壬1−9+偏印	38辛20癸1−0+偏官	9壬21甲1−0+偏官	40癸22乙1−0+偏印	10癸23丙1−0+偏印	41甲24丁1−9+比肩	11甲25戊1−9+印綬
10	38辛14丁8+1−食神	9壬15戊2−8+偏官	37庚16己1−9+正財	8辛17庚2−9+偏財	38辛18辛1−9+印綬	9壬19壬1−9+正官	39壬20癸1−0+正財	10癸21甲1−0+正官	41甲22乙1−0+正官	11甲23丙1−0+正官	42乙24丁1−9+劫財	12乙25戊1−9+偏印
11	39壬14丁8+2−劫財	10癸15戊2−8+正官	38辛16己2−8+偏財	9壬17庚2−8+傷官	39壬18辛2−9+偏官	10癸19壬2−9+偏官	40癸20癸1−9+偏財	11甲21甲1−9+偏財	42乙22乙1−9+偏官	12乙23丙1−9+偏官	43丙24丁1−9+偏印	13丙25戊1−9+正官
12	40癸14丁8+2−比肩	11甲15戊3−7+食神	39壬16己2−8+傷官	10癸17庚2−8+食神	40癸18辛2−8+印綬	11甲19壬2−8+正財	41甲20癸2−9+傷官	12乙21甲1−9+正財	43丙22乙1−9+正財	13丙23丙1−9+正財	44丁24丁1−8+印綬	14丁25戊2−8+偏官
13	41甲14丁7+2−印綬	12乙15戊3−7+傷官	40癸16己2−8+食神	11甲17庚3−8+劫財	41甲18辛2−8+偏官	12乙19壬2−8+偏財	42乙20癸2−9+食神	13丙21甲2−9+食神	44丁22乙2−9+偏財	14丁23丙1−9+偏財	45戊24丁2−8+偏官	15戊25戊2−8+正財
14	42乙14丁7+3−偏印	13丙15戊3−7+比肩	41甲16己3−7+劫財	12乙17庚3−7+比肩	42乙18辛3−8+正官	13丙19壬3−8+傷官	43丙20癸2−8+劫財	14丁21甲2−8+傷官	45戊22乙2−8+傷官	15戊23丙2−8+傷官	46己24丁2−8+正官	16己25戊2−8+偏財
15	43丙14丁7+3−正官	14丁15戊4−6+劫財	42乙16己3−7+比肩	13丙17庚3−7+正官	43丙18辛3−7+偏財	14丁19壬3−7+食神	44丁20癸3−8+比肩	15戊21甲2−8+比肩	46己22乙2−8+食神	16己23丙2−8+食神	47庚24丁2−7+偏財	17庚25戊3−7+傷官
16	44丁14丁6+3−偏財	15戊15戊4−6+偏印	43丙16己3−7+印綬	14丁17庚4−7+偏官	44丁18辛3−7+正財	15戊19壬3−7+劫財	45戊20癸3−8+印綬	16己21甲3−8+劫財	47庚22乙3−8+劫財	17庚23丙2−8+劫財	48辛24丁3−7+正財	18辛25戊3−7+食神
17	45戊14丁6+4−傷官	16己15戊4−6+印綬	44丁16己4−6+偏印	15戊17庚4−6+正財	45戊18辛4−7+食神	16己19壬4−7+比肩	46己20癸3−7+偏官	17庚21甲3−7+偏印	48辛22乙3−7+比肩	18辛23丙3−7+比肩	49壬24丁3−7+食神	19壬25戊3−7+劫財
18	46己14丁6+4−食神	17庚15戊5−5+偏官	45戊16己4−6+正官	16己17庚4−6+劫財	46己18辛4−6+傷官	17庚19壬4−6+印綬	47庚20癸4−7+正財	18辛21甲3−7+印綬	49壬22乙3−7+印綬	19壬23丙3−7+印綬	50癸24丁3−6+傷官	20癸25戊4−6+比肩
19	47庚14丁5+4−印綬	18辛15戊5−5+正財	46己16己4−6+偏官	17庚17庚5−6+偏印	47庚18辛4−6+比肩	18辛19壬4−6+偏印	48辛20癸4−7+偏財	19壬21甲4−7+比肩	50癸22乙4−7+偏印	20癸23丙3−7+偏財	51甲24丁4−6+比肩	21甲25戊4−6+印綬
20	48辛14丁5+5−偏印	19壬15戊5−5+食神	47庚16己5−5+正財	18辛17庚5−5+印綬	48辛18辛5−6+劫財	19壬19壬5−6+正官	49壬20癸4−6+正官	20癸21甲4−6+劫財	51甲22乙4−6+正官	21甲23丙4−6+傷官	52乙24丁4−6+劫財	22乙25戊4−6+偏印
21	49壬14丁5+5−正官	20癸15戊6−4+傷官	48辛16己5−5+偏財	19壬17庚5−5+偏官	49壬18辛5−5+偏財	20癸19壬5−5+偏官	50癸20癸5−6+偏官	21甲21甲4−6+偏印	52乙22乙4−6+偏官	22乙23丙4−6+食神	53丙24丁4−5+偏官	23丙25戊5−5+正官
22	50癸14丁4+5−偏官	21甲15戊6−4+比肩	49壬16己5−5+傷官	20癸17庚6−5+正官	50癸18辛5−5+正財	21甲19壬5−5+正財	51甲20癸5−6+正財	22乙21甲5−6+正官	53丙22乙5−6+正財	23丙23丙4−6+食神	54丁24丁5−5+正官	24丁25戊5−5+偏官
23	51甲14丁4+6−正財	22乙15戊6−4+劫財	50癸16己6−4+食神	21甲17庚6−4+偏財	51甲18辛6−5+食神	22乙19壬6−5+偏財	52乙20癸5−5+偏財	23丙21甲5−5+偏財	54丁22乙5−5+偏財	24丁23丙5−5+傷官	55戊24丁5−5+偏財	25戊25戊5−5+正財
24	52乙14丁4+6−偏財	23丙15戊7−3+偏印	51甲16己6−4+劫財	22乙17庚6−4+正財	52乙18辛6−4+傷官	23丙19壬6−4+傷官	53丙20癸6−5+傷官	24丁21甲5−5+正財	55戊22乙5−5+傷官	25戊23丙5−5+比肩	56己24丁5−4+正財	26己25戊6−4+偏財
25	53丙14丁3+6−傷官	24丁15戊7−3+印綬	52乙16己6−4+比肩	23丙17庚7−4+食神	53丙18辛6−4+比肩	24丁19壬6−4+食神	54丁20癸6−5+食神	25戊21甲6−5+食神	56己22乙6−5+食神	26己23丙5−5+劫財	57庚24丁6−4+食神	27庚25戊6−4+傷官
26	54丁14丁3+7−食神	25戊15戊7−3+偏官	53丙16己7−3+印綬	24丁17庚7−3+傷官	54丁18辛7−4+劫財	25戊19壬7−4+印綬	55戊20癸6−4+劫財	26己21甲6−4+傷官	57庚22乙6−4+劫財	27庚23丙6−4+偏印	58辛24丁6−4+傷官	28辛25戊6−4+食神
27	55戊14丁3+7−劫財	26己15戊8−2+正官	54丁16己7−3+偏印	25戊17庚7−3+比肩	55戊18辛7−3+偏印	26己19壬7−3+偏印	56己20癸7−4+比肩	27庚21甲6−4+比肩	58辛22乙6−4+比肩	28辛23丙6−4+印綬	59壬24丁6−3+比肩	29壬25戊7−3+劫財
28	56己14丁2+7−比肩	27庚15戊8−2+偏財	55戊16己7−3+正官	26己17庚8−3+劫財	56己18辛7−3+印綬	27庚19壬7−3+正官	57庚20癸7−4+印綬	28辛21甲7−4+劫財	59壬22乙7−4+印綬	29壬23丙6−4+偏官	60癸24丁7−3+劫財	30癸25戊7−3+比肩
29	57庚14丁2+8−印綬		56己16己8−2+偏官	27庚17庚8−2+偏印	57庚18辛8−3+偏官	28辛19壬8−3+偏官	58辛20癸7−3+偏印	29壬21甲7−3+偏印	60癸22乙7−3+偏印	30癸23丙7−3+正官	1甲24丁7−3+偏印	31甲25戊7−3+印綬
30	58辛14丁2+8−偏印		57庚16己8−2+正財	28辛17庚8−2+印綬	58辛18辛8−2+正官	29壬19壬8−2+正財	59壬20癸8−3+正官	30癸21甲7−3+印綬	1甲22乙7−3+正官	31甲23丙7−3+偏財	2乙24丁7−2+印綬	32乙25戊8−2+偏印
31	59壬14丁1+8−正官		58辛16己8−2+偏財		59壬18辛8−2+偏財		60癸20癸8−3+偏官	31甲21甲8−3+偏官		32乙23丙7−3+正財		33丙25戊8−2+正官

1996年（平成8年）生まれ　13 丙（2/4～翌 2/3）

日	1月	2月	3月	4月	5月	6月	7月	8月	9月	10月	11月	12月
	日干 月干 立年♂♀ 中心星	日干 月干 立年♂♀ 中心星	日干 月干 立年♂♀ 中心星	日干 月干 立年♂♀ 中心星	日干 月干 立年♂♀ 中心星	日干 月干 立年♂♀ 中心星	日干 月干 立年♂♀ 中心星	日干 月干 立年♂♀ 中心星	日干 月干 立年♂♀ 中心星	日干 月干 立年♂♀ 中心星	日干 月干 立年♂♀ 中心星	日干 月干 立年♂♀ 中心星
1	34丁25戊8−2+偏官	5戊26己9−1+劫財	34丁27庚1+9−印綬	5戊28辛1+9−正官	35戊29壬1+9−比肩	6己30癸1+9−印綬	36己31甲2+9−偏印	7庚32乙2+8−印綬	38辛33丙2+8−劫財	8辛34丁2+8−比肩	39壬35戊2+8−偏官	9壬36己2+8−比肩
2	35戊25戊9−1+正財	6己26己9−1+比肩	35戊27庚1+9−偏官	6己28辛1+9−偏官	36己29壬1+9−劫財	7庚30癸1+9−偏官	37庚31甲2+9−正官	8辛32乙2+9−偏印	39壬33丙2+9−偏印	9壬34丁2+8−印綬	40癸35戊2+8−正官	10癸36己2+8−劫財
3	36己25戊9−1+偏財	7庚26己9−1+印綬	36己27庚1+9−正官	7庚28辛1+0−正財	37庚29壬1+0−偏印	8辛30癸1+0−正官	38辛31甲1+9−偏官	9壬32乙1+9−正官	40癸33丙1+9−印綬	10癸34丁2+9−偏印	41甲35戊1+9−偏財	11甲36己1+9−偏印
4	37庚25戊9−1+傷官	8辛27庚0+1−印綬	37庚27庚1+0−偏財	8辛29壬0+1−偏財	38辛29壬1+0−印綬	9壬30癸1+0−偏財	39壬31甲1+0−正財	10癸32乙1+9−偏官	41甲33丙1+9−偏財	11甲34丁1+9−正官	42乙35戊1+9−正財	12乙36己1+9−印綬
5	38辛25戊0−1+食神	9壬27庚0+1−偏官	38辛28辛0+1−偏財	9壬29壬0+1−傷官	39壬30癸0+1−偏官	10癸31甲0+1−偏官	40癸31甲1+0−偏財	11甲32乙1+0−正財	42乙33丙1+0−正官	12乙34丁1+9−偏官	43丙35戊1+9−食神	13丙36己1+9−偏官
6	39壬26己1−0+劫財	10癸27庚9+1−正官	39壬28辛0+1−傷官	10癸29壬0+1−食神	40癸30癸0+1−正官	11甲31甲0+1−正財	41甲31甲1+0−傷官	12乙32乙1+0−偏財	43丙33丙1+0−偏財	13丙34丁1+0−正財	44丁35戊1+0−傷官	14丁36己1+0−正官
7	40癸26己1−9+比肩	11甲27庚9+1−偏財	40癸28辛9+1−食神	11甲29壬9+1−劫財	41甲30癸0+1−偏財	12乙31甲0+1−偏財	42乙32乙0+1−食神	13丙33丙0+1−食神	44丁34丁0+1−偏財	14丁34丁1+0−偏財	45戊36己0+1−偏官	15戊37庚0+1−正財
8	41甲26己1−9+印綬	12乙27庚9+1−正財	41甲28辛9+1−劫財	12乙29壬9+1−比肩	42乙30癸9+1−正財	13丙31甲0+1−傷官	43丙32乙0+1−劫財	14丁33丙0+1−傷官	45戊34丁0+1−傷官	15戊35戊0+1−傷官	46己36己0+1−正官	16己37庚9+1−偏財
9	42乙26己1−9+偏印	13丙27庚8+2−食神	42乙28辛9+1−比肩	13丙29壬9+2−印綬	43丙30癸9+1−食神	14丁31甲9+1−食神	44丁32乙0+1−比肩	15戊33丙0+1−比肩	46己34丁0+1−食神	16己35戊0+1−食神	47庚36己9+1−偏財	17庚37庚9+1−傷官
10	43丙26己1−8+正官	14丁27庚8+2−傷官	43丙28辛8+2−印綬	14丁29壬8+2−偏印	44丁30癸9+2−傷官	15戊31甲9+2−劫財	45戊32乙9+1−印綬	16己33丙9+1−劫財	47庚34丁9+1−劫財	17庚35戊9+1−劫財	48辛36己9+1−正財	18辛37庚9+1−食神
11	44丁26己2−8+偏官	15戊27庚8+2−比肩	44丁28辛8+2−偏印	15戊29壬8+2−正官	45戊30癸8+2−食神	16己31甲9+2−比肩	46己32乙9+1−偏印	17庚33丙9+1−偏印	48辛34丁9+1−比肩	18辛35戊9+1−比肩	49壬36己9+1−食神	19壬37庚8+1−劫財
12	45戊26己2−8+正財	16己27庚7+3−印綬	45戊28辛8+2−正官	16己29壬8+3−偏官	46己30癸8+2−傷官	17庚31甲8+2−印綬	47庚32乙9+2−正官	18辛33丙9+2−印綬	49壬34丁9+2−印綬	19壬35戊9+1−印綬	50癸36己8+2−傷官	20癸37庚8+2−比肩
13	46己26己2−7+偏財	17庚27庚7+3−偏官	46己28辛7+3−偏官	17庚29壬7+3−正財	47庚30癸8+3−比肩	18辛31甲8+3−偏印	48辛32乙8+2−偏官	19壬33丙8+2−偏官	50癸34丁8+2−偏印	20癸35戊8+2−偏印	51甲36己8+2−比肩	21甲37庚8+2−印綬
14	47庚26己3−7+傷官	18辛27庚7+3−正官	47庚28辛7+3−正財	18辛29壬7+3−食神	48辛30癸7+3−劫財	19壬31甲8+3−正官	49壬32乙8+2−正財	20癸33丙8+2−正官	51甲34丁8+2−正官	21甲35戊8+2−正官	52乙36己8+2−劫財	22乙37庚7+2−偏印
15	48辛26己3−7+食神	19壬27庚6+4−偏財	48辛28辛7+3−偏財	19壬29壬7+4−劫財	49壬30癸7+3−偏印	20癸31甲7+3−偏官	50癸32乙8+3−偏財	21甲33丙8+3−偏財	52乙34丁8+3−偏官	22乙35戊8+2−偏官	53丙36己7+3−偏印	23丙37庚7+3−正官
16	49壬26己3−6+印綬	20癸27庚6+4−正財	49壬28辛6+4−傷官	20癸29壬6+4−比肩	50癸30癸7+4−印綬	21甲31甲7+4−正財	51甲32乙7+3−傷官	22乙33丙7+3−正財	53丙34丁7+3−正財	23丙35戊7+3−正財	54丁36己7+3−印綬	24丁37庚7+3−傷官
17	50癸26己4−6+偏印	21甲27庚6+4−食神	50癸28辛6+4−食神	21甲29壬6+4−偏財	51甲30癸6+4−偏官	22乙31甲7+4−偏財	52乙32乙7+3−比肩	23丙33丙7+3−食神	54丁34丁7+3−偏財	24丁35戊7+3−偏財	55戊36己7+3−偏官	25戊37庚6+3−正財
18	51甲26己4−6+正官	22乙27庚5+5−傷官	51甲28辛6+4−劫財	22乙29壬6+5−正財	52乙30癸6+4−正官	23丙31甲6+4−傷官	53丙32乙7+4−印綬	24丁33丙7+4−正官	55戊34丁7+4−傷官	25戊35戊7+3−印綬	56己36己6+4−正官	26己37庚6+4−偏財
19	52乙26己4−5+偏財	23丙27庚5+5−偏印	52乙28辛5+5−比肩	23丙29壬5+5−食神	53丙30癸6+5−偏財	24丁31甲6+5−食神	54丁32乙6+4−偏印	25戊33丙6+4−偏財	56己34丁6+4−食神	26己35戊6+4−偏印	57庚36己6+4−偏財	27庚37庚6+4−傷官
20	53丙26己5−5+傷官	24丁27庚5+5−印綬	53丙28辛5+5−印綬	24丁29壬5+5−傷官	54丁30癸5+5−劫財	25戊31甲6+5−劫財	55戊32乙6+4−劫財	26己33丙6+4−正財	57庚34丁6+4−劫財	27庚35戊6+4−正官	58辛36己6+4−傷官	28辛37庚5+4−食神
21	54丁26己5−5+食神	25戊27庚4+6−偏官	54丁28辛5+5−偏印	25戊29壬5+6−比肩	55戊30癸5+5−偏印	26己31甲5+5−比肩	56己32乙6+5−比肩	27庚33丙6+5−比肩	58辛34丁6+5−比肩	28辛35戊6+4−印綬	59壬36己5+5−比肩	29壬37庚5+5−劫財
22	55戊26己5−4+劫財	26己27庚4+6−正官	55戊28辛4+6−正官	26己29壬4+6−劫財	56己30癸5+6−印綬	27庚31甲5+6−印綬	57庚32乙5+5−印綬	28辛33丙5+5−劫財	59壬34丁5+5−印綬	29壬35戊5+5−偏官	60癸36己5+5−劫財	30癸37庚5+5−比肩
23	56己26己6−4+比肩	27庚27庚4+6−偏財	56己28辛4+6−偏官	27庚29壬4+6−偏印	57庚30癸4+6−偏官	28辛31甲5+6−偏印	58辛32乙5+5−偏印	29壬33丙5+5−偏印	60癸34丁5+5−偏印	30癸35戊5+5−正官	1甲36己5+5−偏印	31甲37庚4+5−印綬
24	57庚26己6−4+印綬	28辛27庚3+7−正財	57庚28辛4+6−正財	28辛29壬4+7−印綬	58辛30癸4+6−正官	29壬31甲4+6−正官	59壬32乙5+6−正官	30癸33丙5+6−印綬	1甲34丁5+6−正官	31甲35戊5+5−偏財	2乙36己4+6−印綬	32乙37庚4+6−偏印
25	58辛26己6−3+偏印	29壬27庚3+7−食神	58辛28辛3+7−偏財	29壬29壬3+7−偏官	59壬30癸4+7−偏財	30癸31甲4+7−偏財	60癸32乙4+6−偏官	31甲33丙4+6−偏官	2乙34丁4+6−偏官	32乙35戊4+6−正財	3丙36己4+6−偏官	33丙37庚4+6−正官
26	59壬26己7−3+正官	30癸27庚3+7−傷官	59壬28辛3+7−傷官	30癸29壬3+7−正官	60癸30癸3+7−正財	31甲31甲4+7−傷官	1甲32乙4+6−正財	32乙33丙4+6−正官	3丙34丁4+6−正財	33丙35戊4+6−食神	4丁36己4+6−正官	34丁37庚3+6−偏官
27	60癸26己7−3+偏官	31甲27庚2+8−比肩	60癸28辛3+7−食神	31甲29壬3+8−偏財	1甲30癸3+7−食神	32乙31甲3+7−食神	2乙32乙4+7−偏財	33丙33丙4+7−偏財	4丁34丁4+7−偏財	34丁35戊4+6−傷官	5戊36己3+7−偏財	35戊37庚3+7−正財
28	1甲26己7−2+正財	32乙27庚2+8−劫財	1甲28辛2+8−劫財	32乙29壬2+8−正財	2乙30癸3+8−傷官	33丙31甲3+8−劫財	3丙32乙3+7−傷官	34丁33丙3+7−正財	5戊34丁3+7−傷官	35戊35戊3+7−比肩	6己36己3+7−正財	36己37庚3+7−偏財
29	2乙26己8−2+偏財	33丙27庚2+8−偏印	2乙28辛2+8−比肩	33丙29壬2+8−食神	3丙30癸2+8−比肩	34丁31甲3+8−比肩	4丁32乙3+7−食神	35戊33丙3+7−食神	6己34丁3+7−食神	36己35戊3+7−劫財	7庚36己3+7−食神	37庚37庚2+7−傷官
30	3丙26己8−2+傷官		3丙28辛2+8−印綬	34丁29壬2+9−傷官	4丁30癸2+8−劫財	35戊31甲2+8−印綬	5戊32乙3+8−劫財	36己33丙3+8−傷官	7庚34丁3+8−劫財	37庚35戊3+7−偏印	8辛36己2+8−傷官	38辛37庚2+8−食神
31	4丁26己8−1+食神		4丁28辛1+9−偏印		5戊30癸2+9−偏印		6己32乙2+8−比肩	37庚33丙2+8−比肩		38辛35戊2+8−印綬		39壬37庚2+8−劫財

1997年（平成9年）生まれ　14 丁（2/4～翌 2/3）

日	1月	2月	3月	4月	5月	6月	7月	8月	9月	10月	11月	12月
	日干 月干 立年♂♀ 中心星	日干 月干 立年♂♀ 中心星	日干 月干 立年♂♀ 中心星	日干 月干 立年♂♀ 中心星	日干 月干 立年♂♀ 中心星	日干 月干 立年♂♀ 中心星	日干 月干 立年♂♀ 中心星	日干 月干 立年♂♀ 中心星	日干 月干 立年♂♀ 中心星	日干 月干 立年♂♀ 中心星	日干 月干 立年♂♀ 中心星	日干 月干 立年♂♀ 中心星
1	40癸37庚1+8−比肩	11甲38辛1+9−正財	39壬39壬8−1+食神	10癸40癸9−1+食神	40癸41甲9−1+正官	11甲42乙9−2+食神	41甲43丙8−2+傷官	12乙44丁8−2+偏財	43丙45戊8−2+偏財	13丙46己8−2+正財	44丁47庚8−2+傷官	14丁48辛8−2+正官
2	41甲37庚1+9−印綬	12乙38辛1+9−偏財	40癸39壬9−1+傷官	11甲40癸9−1+劫財	41甲41甲9−1+偏財	12乙42乙9−1+傷官	42乙43丙9−2+食神	13丙44丁9−2+傷官	44丁45戊9−2+正財	14丁46己8−2+偏財	45戊47庚8−2+比肩	15戊48辛8−2+偏財
3	42乙37庚1+9−偏印	13丙38辛1+0−傷官	41甲39壬9−1+比肩	12乙40癸0−1+比肩	42乙41甲9−1+正財	13丙42乙0−1+比肩	43丙43丙9−1+劫財	14丁44丁9−1+食神	45戊45戊9−1+食神	15戊46己9−2+傷官	46己47庚9−1+劫財	16己48辛9−1+正財
4	43丙37庚1+9−正官	14丁39壬1−0+傷官	42乙39壬9−1+劫財	13丙40癸0−1+印綬	43丙41甲0−1+食神	14丁42乙0−1+劫財	44丁43丙9−1+比肩	15戊44丁9−1+劫財	46己45戊9−1+傷官	16己46己9−1+食神	47庚47庚9−1+偏印	17庚48辛9−1+食神
5	44丁38辛0+1−偏官	15戊39壬1−9+比肩	43丙40癸1−0+印綬	14丁41甲1−0+偏印	44丁42乙1−0+傷官	15戊42乙0−1+偏印	45戊43丙0−1+印綬	16己44丁0−1+比肩	47庚45戊0−1+比肩	17庚46己9−1+劫財	48辛47庚9−1+印綬	18辛48辛9−1+傷官
6	45戊38辛0+1−正財	16己39壬1−9+劫財	44丁40癸1−0+偏印	15戊41甲1−0+正官	45戊42乙1−0+比肩	16己43丙1−0+比肩	46己43丙0−1+偏印	17庚44丁0−1+印綬	48辛45戊0−1+劫財	18辛46己0−1+比肩	49壬47庚0−1+偏官	19壬48辛0−1+比肩
7	46己38辛9+1−偏財	17庚39壬1−9+偏印	45戊40癸1−0+正官	16己41甲1−9+偏官	46己42乙1−0+劫財	17庚43丙1−0+印綬	47庚44丁1−0+正官	18辛45戊1−0+印綬	49壬46己1−0+印綬	19壬46己0−1+印綬	50癸48辛1−0+傷官	20癸49壬1−0+比肩
8	47庚38辛9+1−傷官	18辛39壬1−8+印綬	46己40癸1−9+偏官	17庚41甲1−9+正財	47庚42乙1−0+偏印	18辛43丙1−0+偏印	48辛44丁1−0+偏官	19壬45戊1−0+偏官	50癸46己1−0+偏印	20癸47庚1−0+偏印	51甲48辛1−0+比肩	21甲49壬1−9+印綬
9	48辛38辛9+1−食神	19壬39壬2−8+偏官	47庚40癸1−9+正財	18辛41甲1−9+偏財	48辛42乙1−9+印綬	19壬43丙1−9+正官	49壬44丁1−0+正財	20癸45戊1−0+正官	51甲46己1−0+正官	21甲47庚1−0+正官	52乙48辛1−9+劫財	22乙49壬1−9+偏印
10	49壬38辛8+2−劫財	20癸39壬2−8+正官	48辛40癸2−9+偏財	19壬41甲2−8+傷官	49壬42乙2−9+偏官	20癸43丙1−9+偏官	50癸44丁1−9+偏財	21甲45戊1−9+偏財	52乙46己1−9+偏官	22乙47庚1−9+偏官	53丙48辛1−9+偏印	23丙49壬1−9+正官
11	50癸38辛8+2−比肩	21甲39壬2−7+偏財	49壬40癸2−8+傷官	20癸41甲2−8+食神	50癸42乙2−9+印綬	21甲43丙2−9+正財	51甲44丁1−9+傷官	22乙45戊1−9+正財	53丙46己1−9+正財	23丙47庚1−9+正財	54丁48辛1−9+印綬	24丁49壬1−8+偏官
12	51甲38辛8+2−印綬	22乙39壬3−7+傷官	50癸40癸2−8+食神	21甲41甲2−8+劫財	51甲42乙2−8+偏官	22乙43丙2−8+偏財	52乙44丁2−9+食神	23丙45戊2−9+食神	54丁46己2−9+偏財	24丁47庚1−9+偏財	55戊48辛2−8+偏官	25戊49壬2−8+正財
13	52乙38辛7+3−偏印	23丙39壬3−7+比肩	51甲40癸3−8+劫財	22乙41甲3−7+比肩	52乙42乙3−8+正官	23丙43丙2−8+傷官	53丙44丁2−8+劫財	24丁45戊2−8+傷官	55戊46己2−8+傷官	25戊47庚2−8+傷官	56己48辛2−8+正官	26己49壬2−8+偏財
14	53丙38辛7+3−正官	24丁39壬3−6+劫財	52乙40癸3−7+比肩	23丙41甲3−7+印綬	53丙42乙3−8+偏財	24丁43丙3−8+食神	54丁44丁2−8+比肩	25戊45戊2−8+比肩	56己46己2−8+食神	26己47庚2−8+食神	57庚48辛2−8+偏財	27庚49壬2−7+傷官
15	54丁38辛7+3−偏財	25戊39壬4−6+偏印	53丙40癸3−7+印綬	24丁41甲3−7+偏官	54丁42乙3−7+正財	25戊43丙3−7+劫財	55戊44丁3−8+印綬	26己45戊3−8+劫財	57庚46己3−8+劫財	27庚47庚2−8+劫財	58辛48辛3−7+正財	28辛49壬3−7+食神
16	55戊38辛6+4−傷官	26己39壬4−6+印綬	54丁40癸4−7+偏印	25戊41甲4−6+正財	55戊42乙4−7+食神	26己43丙3−7+比肩	56己44丁3−7+偏印	27庚45戊3−7+偏印	58辛46己3−7+比肩	28辛47庚3−7+比肩	59壬48辛3−7+食神	29壬49壬3−7+劫財
17	56己38辛6+4−食神	27庚39壬4−5+偏官	55戊40癸4−6+正官	26己41甲4−6+偏財	56己42乙4−7+傷官	27庚43丙4−7+印綬	57庚44丁3−7+正財	28辛45戊3−7+印綬	59壬46己3−7+印綬	29壬47庚3−7+印綬	60癸48辛3−7+傷官	30癸49壬3−6+比肩
18	57庚38辛6+4−印綬	28辛39壬5−5+正官	56己40癸4−6+偏官	27庚41甲4−6+偏印	57庚42乙4−6+比肩	28辛43丙4−6+偏印	58辛44丁4−7+偏財	29壬45戊4−7+比肩	60癸46己4−7+偏印	30癸47庚3−7+偏財	1甲48辛4−6+比肩	31甲49壬4−6+印綬
19	58辛38辛5+5−偏印	29壬39壬5−5+食神	57庚40癸5−6+正財	28辛41甲5−5+印綬	58辛42乙5−6+劫財	29壬43丙4−6+正官	59壬44丁4−6+傷官	30癸45戊4−6+劫財	1甲46己4−6+正官	31甲47庚4−6+傷官	2乙48辛4−6+劫財	32乙49壬4−6+偏印
20	59壬38辛5+5−正官	30癸39壬5−4+傷官	58辛40癸5−5+偏財	29壬41甲5−5+偏官	59壬42乙5−6+偏財	30癸43丙5−6+偏官	60癸44丁4−6+偏官	31甲45戊4−6+偏印	2乙46己4−6+偏官	32乙47庚4−6+食神	3丙48辛4−6+偏官	33丙49壬4−5+正官
21	60癸38辛5+5−偏官	31甲39壬6−4+比肩	59壬40癸5−5+傷官	30癸41甲5−5+正官	60癸42乙5−5+正財	31甲43丙5−5+正財	1甲44丁5−6+正財	32乙45戊5−6+正官	3丙46己5−6+正財	33丙47庚4−6+食神	4丁48辛5−5+正官	34丁49壬5−5+偏官
22	1甲38辛4+6−正財	32乙39壬6−4+劫財	60癸40癸6−5+食神	31甲41甲6−4+偏財	1甲42乙6−5+食神	32乙43丙5−5+偏財	2乙44丁5−5+偏財	33丙45戊5−5+偏財	4丁46己5−5+偏財	34丁47庚5−5+傷官	5戊48辛5−5+偏財	35戊49壬5−5+正財
23	2乙38辛4+6−偏財	33丙39壬6−3+偏印	1甲40癸6−4+劫財	32乙41甲6−4+正財	2乙42乙6−5+傷官	33丙43丙6−5+傷官	3丙44丁5−5+傷官	34丁45戊5−5+正財	5戊46己5−5+傷官	35戊47庚5−5+比肩	6己48辛5−5+正財	36己49壬5−4+偏財
24	3丙38辛4+6−傷官	34丁39壬7−3+印綬	2乙40癸6−4+比肩	33丙41甲6−4+食神	3丙42乙6−4+比肩	34丁43丙6−4+食神	4丁44丁6−5+食神	35戊45戊6−5+食神	6己46己6−5+食神	36己47庚5−5+劫財	7庚48辛6−4+食神	37庚49壬6−4+傷官
25	4丁38辛3+7−食神	35戊39壬7−3+偏官	3丙40癸7−4+印綬	34丁41甲7−3+傷官	4丁42乙7−4+劫財	35戊43丙6−4+劫財	5戊44丁6−4+劫財	36己45戊6−4+傷官	7庚46己6−4+劫財	37庚47庚6−4+偏印	8辛48辛6−4+傷官	38辛49壬6−4+食神
26	5戊38辛3+7−劫財	36己39壬7−2+正官	4丁40癸7−3+偏印	35戊41甲7−3+比肩	5戊42乙7−4+偏印	36己43丙7−4+偏印	6己44丁6−4+比肩	37庚45戊6−4+比肩	8辛46己6−4+比肩	38辛47庚6−4+印綬	9壬48辛6−4+比肩	39壬49壬6−3+劫財
27	6己38辛3+7−比肩	37庚39壬8−2+偏財	5戊40癸7−3+正官	36己41甲7−3+劫財	6己42乙7−3+印綬	37庚43丙7−3+正官	7庚44丁7−4+印綬	38辛45戊7−4+劫財	9壬46己7−4+印綬	39壬47庚6−4+偏官	10癸48辛7−3+劫財	40癸49壬7−3+比肩
28	7庚38辛2+8−印綬	38辛39壬8−2+正財	6己40癸8−3+偏官	37庚41甲8−2+偏印	7庚42乙8−3+偏官	38辛43丙7−3+偏官	8辛44丁7−3+偏印	39壬45戊7−3+偏印	10癸46己7−3+偏印	40癸47庚7−3+正官	11甲48辛7−3+偏印	41甲49壬7−3+印綬
29	8辛38辛2+8−偏印		7庚40癸8−2+正財	38辛41甲8−2+印綬	8辛42乙8−3+正官	39壬43丙8−3+正財	9壬44丁7−3+正官	40癸45戊7−3+印綬	11甲46己7−3+正官	41甲47庚7−3+偏財	12乙48辛7−3+印綬	42乙49壬7−2+偏印
30	9壬38辛2+8−正官		8辛40癸8−2+偏財	39壬41甲8−2+偏官	9壬42乙8−2+偏財	40癸43丙8−2+偏財	10癸44丁8−3+偏官	41甲45戊8−3+偏官	12乙46己8−3+偏官	42乙47庚7−3+正財	13丙48辛8−2+偏官	43丙49壬8−2+正官
31	10癸38辛1+9−偏官		9壬40癸9−2+傷官		10癸42乙9−2+正財		11甲44丁8−2+正財	42乙45戊8−2+正官		43丙47庚8−2+食神		44丁49壬8−2+傷官

1998年（平成10年）生まれ　15戊（2/4〜翌2/3）

日	1月	2月	3月	4月	5月	6月	7月	8月	9月	10月	11月	12月
日	日干 月干 立年♂♀ 中心星	日干 月干 立年♂♀ 中心星	日干 月干 立年♂♀ 中心星	日干 月干 立年♂♀ 中心星	日干 月干 立年♂♀ 中心星	日干 月干 立年♂♀ 中心星	日干 月干 立年♂♀ 中心星	日干 月干 立年♂♀ 中心星	日干 月干 立年♂♀ 中心星	日干 月干 立年♂♀ 中心星	日干 月干 立年♂♀ 中心星	日干 月干 立年♂♀ 中心星
1	45戊49壬8−1+正財	16己50癸9−1+比肩	44丁51甲2+8−印綬	15戊52乙1+9−正官	45戊53丙2+9−比肩	16己54丁2+9−印綬	46己55戊2+8−偏印	17庚56己2+8−印綬	48辛57庚2+8−劫財	18辛58辛2+8−比肩	49壬59壬2+8−傷官	19壬60癸2+8−比肩
2	46己49壬9−1+偏財	17庚50癸9−1+印綬	45戊51甲1+9−傷官	16己52乙1+9−傷官	46己53丙1+9−劫財	17庚54丁1+9−傷官	47庚55戊2+9−正官	18辛56己2+9−偏印	49壬57庚2+8−偏印	19壬58辛2+8−印綬	50癸59壬2+8−正官	20癸60癸2+8−劫財
3	47庚49壬9−1+傷官	18辛50癸0−1+偏印	46己51甲1+9−正官	17庚52乙1+9−正財	47庚53丙1+9−偏印	18辛54丁1+9−正官	48辛55戊1+9−傷官	19壬56己2+9−正財	50癸57庚2+9−印綬	20癸58辛2+8−偏印	51甲59壬1+9−偏財	21甲60癸1+9−偏印
4	48辛49壬9−1+食神	19壬51甲0+1−偏官	47庚51甲1+9−偏財	18辛52乙1+0−偏財	48辛53丙1+0−印綬	19壬54丁1+0−偏財	49壬55戊1+9−正財	20癸56己1+9−偏官	51甲57庚1+9−偏官	21甲58辛1+9−正官	52乙59壬1+9−正財	22乙60癸1+9−印綬
5	49壬50癸1−0+劫財	20癸51甲0+1−正官	48辛51甲1+0−正財	19壬53丙0+1−傷官	49壬53丙1+0−偏官	20癸54丁1+0−正財	50癸55戊1+0−偏財	21甲56己1+0−正財	52乙57庚1+9−正官	22乙58辛1+9−偏官	53丙59壬1+9−食神	23丙60癸1+9−偏官
6	50癸50癸1−0+比肩	21甲51甲9+1−偏財	49壬52乙0+1−傷官	20癸53丙0+1−食神	50癸54丁0+1−正官	21甲55戊0+1−正財	51甲55戊1+0−傷官	22乙56己1+0−偏財	53丙57庚1+0−偏財	23丙58辛1+9−正財	54丁59壬1+0−傷官	24丁60癸1+0−正官
7	51甲50癸1−9+印綬	22乙51甲9+1−正財	50癸52乙0+1−食神	21甲53丙0+1−劫財	51甲54丁0+1−偏財	22乙55戊0+1−偏財	52乙56己0+1−食神	23丙56己1+0−偏官	54丁57庚1+0−正財	24丁58辛1+0−偏官	55戊60癸0+1−偏官	25戊 1甲0+1−正財
8	52乙50癸1−9+偏印	23丙51甲9+1−食神	51甲52乙9+1−劫財	22乙53丙9+1−比肩	52乙54丁0+1−正財	23丙55戊0+1−傷官	53丙56己0+1−劫財	24丁57庚0+1−偏官	55戊58辛0+1−傷官	25戊59壬0+1−傷官	56己60癸0+1−正官	26己 1甲0+1−偏財
9	53丙50癸1−9+正官	24丁51甲8+2−傷官	52乙52乙9+1−比肩	23丙53丙9+1−印綬	53丙54丁9+1−食神	24丁55戊9+1−食神	54丁56己0+1−比肩	25戊57庚0+1−比肩	56己58辛0+1−食神	26己59壬0+1−食神	57庚60癸9+1−偏財	27庚 1甲9+1−傷官
10	54丁50癸2−8+偏官	25戊51甲8+2−比肩	53丙52乙9+1−印綬	24丁53丙9+2−偏印	54丁54丁9+1−傷官	25戊55戊9+1−劫財	55戊56己0+1−印綬	26己57庚0+1−劫財	57庚58辛9+1−劫財	27庚59壬9+1−劫財	58辛60癸9+1−正財	28辛 1甲9+1−食神
11	55戊50癸2−8+正財	26己51甲8+2−劫財	54丁52乙8+2−偏印	25戊53丙8+2−正官	55戊54丁9+2−比肩	26己55戊9+2−比肩	56己56己9+1−偏印	27庚57庚9+1−偏印	58辛58辛9+1−比肩	28辛59壬9+1−比肩	59壬60癸9+1−食神	29壬 1甲9+1−劫財
12	56己50癸2−8+偏財	27庚51甲7+3−偏官	55戊52乙8+2−正官	26己53丙8+2−偏官	56己54丁8+2−傷官	27庚55戊8+2−印綬	57庚56己9+2−正官	28辛57庚9+1−印綬	59壬58辛9+1−印綬	29壬59壬9+1−印綬	60癸60癸8+2−傷官	30癸 1甲8+2−比肩
13	57庚50癸3−7+傷官	28辛51甲7+3−正官	56己52乙8+2−偏官	27庚53丙8+3−正財	57庚54丁8+2−比肩	28辛55戊8+2−偏印	58辛56己9+2−偏官	29壬57庚9+2−偏官	60癸58辛8+2−偏印	30癸59壬8+2−偏印	1甲60癸8+2−比肩	31甲 1甲8+2−印綬
14	58辛50癸3−7+食神	29壬51甲7+3−偏財	57庚52乙7+3−正財	28辛53丙7+3−偏財	58辛54丁8+3−劫財	29壬55戊8+3−正官	59壬56己8+2−正財	30癸57庚8+2−正官	1甲58辛8+2−正官	31甲59壬8+2−正官	2乙60癸8+2−劫財	32乙 1甲8+2−偏印
15	59壬50癸3−7+印綬	30癸51甲6+4−正財	58辛52乙7+3−偏財	29壬53丙7+3−劫財	59壬54丁7+3−偏印	30癸55戊7+3−偏官	60癸56己8+3−偏財	31甲57庚8+2−偏財	2乙58辛8+2−偏官	32乙59壬8+2−偏官	3丙60癸7+3−偏印	33丙 1甲7+3−正官
16	60癸50癸4−6+偏印	31甲51甲6+4−食神	59壬52乙7+3−傷官	30癸53丙7+4−比肩	60癸54丁7+3−印綬	31甲55戊7+3−正財	1甲56己8+3−傷官	32乙57庚8+3−正財	3丙58辛7+3−正財	33丙59壬7+3−正財	4丁60癸7+3−印綬	34丁 1甲7+3−偏官
17	1甲50癸4−6+正官	32乙51甲6+4−傷官	60癸52乙6+4−食神	31甲53丙6+4−印綬	1甲54丁7+4−偏官	32乙55戊7+4−偏財	2乙56己7+3−比肩	33丙57庚7+3−食神	4丁58辛7+3−偏財	34丁59壬7+3−偏財	5戊60癸7+3−偏官	35戊 1甲7+3−正財
18	2乙50癸4−6+偏財	33丙51甲5+5−比肩	1甲52乙6+4−劫財	32乙53丙6+4−正財	2乙54丁6+4−正官	33丙55戊6+4−傷官	3丙56己7+4−印綬	34丁57庚7+3−傷官	5戊58辛7+3−傷官	35戊59壬7+3−印綬	6己60癸6+4−正官	36己 1甲6+4−偏財
19	3丙50癸5−5+傷官	34丁51甲5+5−印綬	2乙52乙6+4−比肩	33丙53丙6+5−食神	3丙54丁6+4−偏財	34丁55戊6+4−食神	4丁56己7+4−食神	35戊57庚7+4−偏財	6己58辛6+4−食神	36己59壬6+4−偏印	7庚60癸6+4−偏財	37庚 1甲6+4−傷官
20	4丁50癸5−5+食神	35戊51甲5+5−偏官	3丙52乙5+5−印綬	34丁53丙5+5−傷官	4丁54丁6+5−正財	35戊55戊6+5−劫財	5戊56己6+4−劫財	36己57庚6+4−正財	7庚58辛6+4−劫財	37庚59壬6+4−正官	8辛60癸6+4−傷官	38辛 1甲6+4−食神
21	5戊50癸5−5+劫財	36己51甲4+6−正官	4丁52乙5+5−偏印	35戊53丙5+5−比肩	5戊54丁5+5−偏印	36己55戊5+5−比肩	6己56己6+5−比肩	37庚57庚6+4−食神	8辛58辛6+4−比肩	38辛59壬6+4−印綬	9壬60癸5+5−比肩	39壬 1甲5+5−劫財
22	6己50癸6−4+比肩	37庚51甲4+6−偏財	5戊52乙5+5−正官	36己53丙5+6−劫財	6己54丁5+5−印綬	37庚55戊5+5−印綬	7庚56己6+5−印綬	38辛57庚6+5−劫財	9壬58辛5+5−印綬	39壬59壬5+5−偏官	10癸60癸5+5−劫財	40癸 1甲5+5−比肩
23	7庚50癸6−4+印綬	38辛51甲4+6−正財	6己52乙4+6−偏官	37庚53丙4+6−偏印	7庚54丁5+6−偏官	38辛55戊5+6−偏印	8辛56己5+5−偏印	39壬57庚5+5−比肩	10癸58辛5+5−偏印	40癸59壬5+5−正官	11甲60癸5+5−偏印	41甲 1甲5+5−印綬
24	8辛50癸6−4+偏印	39壬51甲3+7−食神	7庚52乙4+6−正財	38辛53丙4+6−印綬	8辛54丁4+6−正官	39壬55戊4+6−正官	9壬56己5+6−正官	40癸57庚5+5−印綬	11甲58辛5+5−正官	41甲59壬5+5−偏財	12乙60癸4+6−印綬	42乙 1甲4+6−偏印
25	9壬50癸7−3+正官	40癸51甲3+7−傷官	8辛52乙4+6−偏財	39壬53丙4+7−偏官	9壬54丁4+6−偏財	40癸55戊4+6−偏官	10癸56己5+6−偏官	41甲57庚5+6−偏官	12乙58辛4+6−偏官	42乙59壬4+6−正財	13丙60癸4+6−偏官	43丙 1甲4+6−正官
26	10癸50癸7−3+偏官	41甲51甲3+7−比肩	9壬52乙3+7−傷官	40癸53丙3+7−正官	10癸54丁4+7−正財	41甲55戊4+7−傷官	11甲56己4+6−正財	42乙57庚4+6−正官	13丙58辛4+6−正財	43丙59壬4+6−食神	14丁60癸4+6−正官	44丁 1甲4+6−偏官
27	11甲50癸7−3+正財	42乙51甲2+8−劫財	10癸52乙3+7−食神	41甲53丙3+7−偏財	11甲54丁3+7−食神	42乙55戊3+7−食神	12乙56己4+7−偏財	43丙57庚4+6−偏財	14丁58辛4+6−偏財	44丁59壬4+6−傷官	15戊60癸3+7−偏財	45戊 1甲3+7−正財
28	12乙50癸8−2+偏財	43丙51甲2+8−偏印	11甲52乙3+7−劫財	42乙53丙3+8−正財	12乙54丁3+7−傷官	43丙55戊3+7−劫財	13丙56己4+7−傷官	44丁57庚4+7−正財	15戊58辛3+7−傷官	45戊59壬3+7−比肩	16己60癸3+7−正財	46己 1甲3+7−偏財
29	13丙50癸8−2+傷官		12乙52乙2+8−比肩	43丙53丙2+8−食神	13丙54丁3+8−比肩	44丁55戊3+8−比肩	14丁56己3+7−食神	45戊57庚3+7−食神	16己58辛3+7−食神	46己59壬3+7−劫財	17庚60癸3+7−食神	47庚 1甲3+7−傷官
30	14丁50癸8−2+食神		13丙52乙2+8−印綬	44丁53丙2+8−傷官	14丁54丁2+8−劫財	45戊55戊2+8−印綬	15戊56己3+8−劫財	46己57庚3+7−傷官	17庚58辛3+7−劫財	47庚59壬3+7−偏印	18辛60癸2+8−傷官	48辛 1甲2+8−食神
31	15戊50癸9−1+劫財		14丁52乙2+8−偏印		15戊54丁2+8−偏印		16己56己3+8−比肩	47庚57庚3+8−比肩		48辛59壬2+8−印綬		49壬 1甲2+8−劫財

1999年(平成11年)生まれ　16 己(2/4～翌2/3)

	1月	2月	3月	4月	5月	6月	7月	8月	9月	10 月	11 月	12 月
日	日干 月干 立年♂♀ 中心星	日干 月干 立年♂♀ 中心星	日干 月干 立年♂♀ 中心星	日干 月干 立年♂♀ 中心星	日干 月干 立年♂♀ 中心星	日干 月干 立年♂♀ 中心星	日干 月干 立年♂♀ 中心星	日干 月干 立年♂♀ 中心星	日干 月干 立年♂♀ 中心星	日干 月干 立年♂♀ 中心星	日干 月干 立年♂♀ 中心星	日干 月干 立年♂♀ 中心星
1	50癸 1甲2+8−比肩	21甲 2乙1+9−正財	49壬 3丙8−2+食神	20癸 4丁9−1+食神	50癸 5戊9−2+正官	21甲 6己9−2+食神	51甲 7庚8−2+傷官	22乙 8辛8−2+偏財	53丙 9壬8−2+偏財	23丙10癸8−3+正財	54丁11甲8−2+傷官	24丁12乙8−2+正官
2	51甲 1甲1+9−印綬	22乙 2乙1+9−偏財	50癸 3丙9−1+傷官	21甲 4丁9−1+劫財	51甲 5戊9−1+偏財	22乙 6己9−1+傷官	52乙 7庚9−2+食神	23丙 8辛9−2+傷官	54丁 9壬8−2+正財	24丁10癸8−2+偏財	55戊11甲8−2+比肩	25戊12乙8−2+偏財
3	52乙 1甲1+9−偏印	23丙 2乙1+9−傷官	51甲 3丙9−1+比肩	22乙 4丁9−1+比肩	52乙 5戊9−1+正財	23丙 6己9−1+比肩	53丙 7庚9−1+劫財	24丁 8辛9−2+食神	55戊 9壬9−2+食神	25戊10癸8−2+傷官	56己11甲8−2+劫財	26己12乙8−1+正財
4	53丙 1甲1+9−正官	24丁 3丙1−0+傷官	52乙 3丙9−1+劫財	23丙 4丁0−1+印綬	53丙 5戊0−1+食神	24丁 6己0−1+劫財	54丁 7庚9−1+比肩	25戊 8辛9−1+劫財	56己 9壬9−1+傷官	26己10癸9−2+食神	57庚11甲9−1+偏印	27庚12乙9−1+食神
5	54丁 1甲1+0−偏官	25戊 3丙1−0+比肩	53丙 3丙0−1+偏印	24丁 5戊1−0+偏印	54丁 5戊0−1+傷官	25戊 6己0−1+偏印	55戊 7庚0−1+印綬	26己 8辛0−1+比肩	57庚 9壬9−1+比肩	27庚10癸9−1+劫財	58辛11甲9−1+印綬	28辛12乙9−1+傷官
6	55戊 2乙0+1−正財	26己 3丙1−9+劫財	54丁 4丁1−0+偏印	25戊 5戊1−0+正官	55戊 6己1−0+比肩	26己 7庚1−0+比肩	56己 7庚0−1+偏印	27庚 8辛0−1+印綬	58辛 9壬0−1+劫財	28辛10癸9−1+比肩	59壬11甲9−1+偏官	29壬12乙9−1+比肩
7	56己 2乙9+1−偏財	27庚 3丙1−9+偏印	55戊 4丁1−0+正官	26己 5戊1−0+偏官	56己 6己1−0+劫財	27庚 7庚1−0+印綬	57庚 8辛1−0+正官	28辛 8辛0−1+偏印	59壬 9壬0−1+偏印	29壬10癸0−1+印綬	60癸11甲0−1+正官	30癸13丙1−0+比肩
8	57庚 2乙9+1−傷官	28辛 3丙1−9+印綬	56己 4丁1−9+偏官	27庚 5戊1−9+正財	57庚 6己1−0+偏印	28辛 7庚1−0+偏印	58辛 8辛1−0+偏官	29壬 9壬1−0+偏官	60癸10癸1−0+偏印	30癸10癸0−1+偏印	1甲12乙1−0+比肩	31甲13丙1−0+印綬
9	58辛 2乙9+1−食神	29壬 3丙2−8+偏官	57庚 4丁1−9+正財	28辛 5戊1−9+偏財	58辛 6己1−9+印綬	29壬 7庚1−9+正官	59壬 8辛1−0+正財	30癸 9壬1−0+正官	1甲10癸1−0+正官	31甲11甲1−0+正官	2乙12乙1−9+劫財	32乙13丙1−9+偏印
10	59壬 2乙8+1−劫財	30癸 3丙2−8+正官	58辛 4丁1−9+偏財	29壬 5戊2−9+傷官	59壬 6己1−9+偏官	30癸 7庚1−9+偏官	60癸 8辛1−0+偏財	31甲 9壬1−0+偏財	2乙10癸1−0+偏官	32乙11甲1−0+正官	3丙12乙1−9+偏印	33丙13丙1−9+正官
11	60癸 2乙8+2−比肩	31甲 3丙2−8+偏財	59壬 4丁2−8+傷官	30癸 5戊2−8+食神	60癸 6己2−9+正官	31甲 7庚2−9+正財	1甲 8辛1−9+傷官	32乙 9壬1−9+正財	3丙10癸1−9+正財	33丙11甲1−9+正財	4丁12乙1−9+印綬	34丁13丙1−9+偏官
12	1甲 2乙8+2−印綬	32乙 3丙3−7+傷官	60癸 4丁2−8+食神	31甲 5戊2−8+劫財	1甲 6己2−8+偏官	32乙 7庚2−8+偏財	2乙 8辛2−9+食神	33丙 9壬1−9+食神	4丁10癸1−9+偏財	34丁11甲1−9+偏財	5戊12乙1−8+偏官	35戊13丙2−8+正財
13	2乙 2乙7+2−偏印	33丙 3丙3−7+比肩	1甲 4丁2−8+劫財	32乙 5戊3−8+比肩	2乙 6己2−8+正官	33丙 7庚2−8+傷官	3丙 8辛2−9+劫財	34丁 9壬2−9+傷官	5戊10癸2−9+傷官	35戊11甲1−9+傷官	6己12乙2−8+正官	36己13丙2−8+偏財
14	3丙 2乙7+3−正官	34丁 3丙3−7+劫財	2乙 4丁3−7+比肩	33丙 5戊3−7+印綬	3丙 6己3−8+偏財	34丁 7庚3−8+食神	4丁 8辛2−8+比肩	35戊 9壬2−8+比肩	6己10癸2−8+食神	36己11甲2−8+食神	7庚12乙2−8+偏財	37庚13丙2−8+傷官
15	4丁 2乙7+3−偏官	35戊 3丙4−6+偏印	3丙 4丁3−7+印綬	34丁 5戊3−7+偏官	4丁 6己3−7+正財	35戊 7庚3−7+劫財	5戊 8辛3−8+印綬	36己 9壬2−8+劫財	7庚10癸2−8+劫財	37庚11甲2−8+劫財	8辛12乙2−7+正財	38辛13丙3−7+食神
16	5戊 2乙6+3−傷官	36己 3丙4−6+印綬	4丁 4丁3−7+偏印	35戊 5戊4−7+正財	5戊 6己3−7+食神	36己 7庚3−7+比肩	6己 8辛3−8+偏印	37庚 9壬3−8+偏印	8辛10癸3−8+比肩	38辛11甲2−8+比肩	9壬12乙3−7+食神	39壬13丙3−7+劫財
17	6己 2乙6+4−食神	37庚 3丙4−6+偏官	5戊 4丁4−6+正官	36己 5戊4−6+偏財	6己 6己4−7+傷官	37庚 7庚4−7+印綬	7庚 8辛3−7+正財	38辛 9壬3−7+印綬	9壬10癸3−7+印綬	39壬11甲3−7+印綬	10癸12乙3−7+傷官	40癸13丙3−7+比肩
18	7庚 2乙6+4−劫財	38辛 3丙5−5+正官	6己 4丁4−6+偏官	37庚 5戊4−6+偏印	7庚 6己4−6+比肩	38辛 7庚4−6+偏印	8辛 8辛4−7+偏財	39壬 9壬3−7+偏官	10癸10癸3−7+偏印	40癸11甲3−7+偏印	11甲12乙3−6+比肩	41甲13丙4−6+印綬
19	8辛 2乙5+4−偏印	39壬 3丙5−5+食神	7庚 4丁4−6+正財	38辛 5戊5−6+印綬	8辛 6己4−6+劫財	39壬 7庚4−6+正官	9壬 8辛4−7+傷官	40癸 9壬4−7+劫財	11甲10癸4−7+正官	41甲11甲3−7+偏官	12乙12乙4−6+劫財	42乙13丙4−6+偏印
20	9壬 2乙5+5−正官	40癸 3丙5−5+傷官	8辛 4丁5−5+偏財	39壬 5戊5−5+偏官	9壬 6己5−6+偏印	40癸 7庚5−6+偏官	10癸 8辛4−6+偏官	41甲 9壬4−6+偏印	12乙10癸4−6+偏官	42乙11甲4−6+食神	13丙12乙4−6+偏印	43丙13丙4−6+正官
21	10癸 2乙5+5−偏官	41甲 3丙6−4+比肩	9壬 4丁5−5+傷官	40癸 5戊5−5+正官	10癸 6己5−5+正財	41甲 7庚5−5+正財	11甲 8辛5−6+正財	42乙 9壬4−6+印綬	13丙10癸4−6+正財	43丙11甲4−6+劫財	14丁12乙4−5+正官	44丁13丙5−5+偏官
22	11甲 2乙4+5−正財	42乙 3丙6−4+劫財	10癸 4丁5−5+食神	41甲 5戊6−5+偏財	11甲 6己5−5+食神	42乙 7庚5−5+偏財	12乙 8辛5−6+偏財	43丙 9壬5−6+偏財	14丁10癸5−6+偏財	44丁11甲4−6+傷官	15戊12乙5−5+偏財	45戊13丙5−5+正財
23	12乙 2乙4+6−偏財	43丙 3丙6−4+偏印	11甲 4丁6−4+劫財	42乙 5戊6−4+正財	12乙 6己6−5+傷官	43丙 7庚6−5+傷官	13丙 8辛5−5+傷官	44丁 9壬5−5+正財	15戊10癸5−5+傷官	45戊11甲5−5+比肩	16己12乙5−5+正財	46己13丙5−5+偏財
24	13丙 2乙4+6−傷官	44丁 3丙7−3+印綬	12乙 4丁6−4+比肩	43丙 5戊6−4+食神	13丙 6己6−4+比肩	44丁 7庚6−4+食神	14丁 8辛6−5+食神	45戊 9壬5−5+食神	16己10癸5−5+食神	46己11甲5−5+劫財	17庚12乙5−4+食神	47庚13丙6−4+傷官
25	14丁 2乙3+6−食神	45戊 3丙7−3+偏官	13丙 4丁6−4+印綬	44丁 5戊7−4+傷官	14丁 6己6−4+劫財	45戊 7庚6−4+劫財	15戊 8辛6−5+劫財	46己 9壬6−5+傷官	17庚10癸6−5+劫財	47庚11甲5−5+偏印	18辛12乙6−4+傷官	48辛13丙6−4+食神
26	15戊 2乙3+7−劫財	46己 3丙7−3+正官	14丁 4丁7−3+偏印	45戊 5戊7−3+比肩	15戊 6己7−4+偏印	46己 7庚7−4+偏印	16己 8辛6−4+比肩	47庚 9壬6−4+比肩	18辛10癸6−4+比肩	48辛11甲6−4+印綬	19壬12乙6−4+比肩	49壬13丙6−4+劫財
27	16己 2乙3+7−比肩	47庚 3丙8−2+偏財	15戊 4丁7−3+正官	46己 5戊7−3+劫財	16己 6己7−3+印綬	47庚 7庚7−3+正官	17庚 8辛7−4+印綬	48辛 9壬6−4+劫財	19壬10癸6−4+印綬	49壬11甲6−4+偏官	20癸12乙6−3+劫財	50癸13丙7−3+比肩
28	17庚 2乙2+7−印綬	48辛 3丙8−2+正財	16己 4丁7−3+偏官	47庚 5戊8−3+偏印	17庚 6己7−3+偏官	48辛 7庚7−3+偏官	18辛 8辛7−4+偏印	49壬 9壬7−4+偏印	20癸10癸7−4+偏印	50癸11甲6−4+正官	21甲12乙7−3+偏印	51甲13丙7−3+印綬
29	18辛 2乙2+8−偏印		17庚 4丁8−2+正財	48辛 5戊8−2+印綬	18辛 6己8−3+正官	49壬 7庚8−3+正財	19壬 8辛7−3+正官	50癸 9壬7−3+印綬	21甲10癸7−3+正官	51甲11甲7−3+偏財	22乙12乙7−3+印綬	52乙13丙7−3+偏印
30	19壬 2乙2+8−正官		18辛 4丁8−2+偏財	49壬 5戊8−2+偏官	19壬 6己8−2+偏財	50癸 7庚8−2+偏財	20癸 8辛8−3+偏官	51甲 9壬7−3+偏官	22乙10癸7−3+偏官	52乙11甲7−3+正財	23丙12乙7−2+偏官	53丙13丙8−2+正官
31	20癸 2乙1+8−偏官		19壬 4丁8−2+傷官		20癸 6己8−2+正財		21甲 8辛8−3+正財	52乙 9壬8−3+正官		53丙11甲7−3+食神		54丁13丙8−2+偏官

2000年（平成12年）生まれ　17 庚（2/4～翌 2/3）

日	1月	2月	3月	4月	5月	6月	7月	8月	9月	10月	11月	12月
	日干 月干 立年♂♀ 中心星	日干 月干 立年♂♀ 中心星	日干 月干 立年♂♀ 中心星	日干 月干 立年♂♀ 中心星	日干 月干 立年♂♀ 中心星	日干 月干 立年♂♀ 中心星	日干 月干 立年♂♀ 中心星	日干 月干 立年♂♀ 中心星	日干 月干 立年♂♀ 中心星	日干 月干 立年♂♀ 中心星	日干 月干 立年♂♀ 中心星	日干 月干 立年♂♀ 中心星
1	55戊13丙8−2+正財	26己14丁9−1+比肩	55戊15戊1+9−偏官	26己16己1+9−偏官	56己17庚1+9−劫財	27庚18辛1+9−偏官	57庚19壬2+9−正官	28辛20癸2+8−偏印	59壬21甲2+8−偏印	29壬22乙2+8−印綬	60癸23丙2+8−正官	30癸24丁2+8−劫財
2	56己13丙9−1+偏財	27庚14丁9−1+印綬	56己15戊1+9−正官	27庚16己1+9−正財	57庚17庚1+9−偏印	28辛18辛1+9−正官	58辛19壬2+9−偏官	29壬20癸2+9−正官	60癸21甲2+9−印綬	30癸22乙2+8−偏印	1甲23丙2+8−偏財	31甲24丁2+8−偏印
3	57庚13丙9−1+傷官	28辛14丁9−1+偏印	57庚15戊1+9−偏財	28辛16己1+0−偏財	58辛17庚1+0−印綬	29壬18辛1+0−偏財	59壬19壬1+9−正財	30癸20癸1+9−偏官	1甲21甲1+9−偏官	31甲22乙2+9−正官	2乙23丙1+9−正財	32乙24丁1+9−印綬
4	58辛13丙9−1+食神	29壬15戊0+1−偏官	58辛15戊1+0−正財	29壬17庚0+1−傷官	59壬17庚1+0−偏官	30癸18辛1+0−正財	60癸19壬1+0−偏財	31甲20癸1+9−正財	2乙21甲1+9−正官	32乙22乙1+9−偏官	3丙23丙1+9−食神	33丙24丁1+9−偏官
5	59壬13丙0−1+劫財	30癸15戊0+1−正官	59壬16己0+1−傷官	30癸17庚0+1−食神	60癸18辛0+1−正官	31甲19壬0+1−正財	1甲19壬1+0−傷官	32乙20癸1+0−偏財	3丙21甲1+0−偏財	33丙22乙1+9−正財	4丁23丙1+9−傷官	34丁24丁1+9−正官
6	60癸14丁1−0+比肩	31甲15戊9+1−偏財	60癸16己0+1−食神	31甲17庚0+1−劫財	1甲18辛0+1−偏財	32乙19壬0+1−偏財	2乙19壬1+0−食神	33丙20癸1+0−傷官	4丁21甲1+0−正財	34丁22乙1+0−偏財	5戊23丙1+0−比肩	35戊24丁1+0−偏財
7	1甲14丁1−9+印綬	32乙15戊9+1−正財	1甲16己9+1−劫財	32乙17庚9+1−比肩	2乙18辛0+1−正財	33丙19壬0+1−傷官	3丙20癸0+1−劫財	34丁21甲0+1−傷官	5戊22乙0+1−傷官	35戊22乙1+0−傷官	6己24丁0+1−正官	36己25戊0+1−偏財
8	2乙14丁1−9+偏印	33丙15戊9+1−食神	2乙16己9+1−比肩	33丙17庚9+1−印綬	3丙18辛9+1−食神	34丁19壬0+1−食神	4丁20癸0+1−比肩	35戊21甲0+1−比肩	6己22乙0+1−食神	36己23丙0+1−食神	7庚24丁0+1−偏財	37庚25戊9+1−傷官
9	3丙14丁1−9+正官	34丁15戊8+2−傷官	3丙16己9+1−印綬	34丁17庚9+2−偏印	4丁18辛9+1−傷官	35戊19壬9+1−劫財	5戊20癸0+1−印綬	36己21甲0+1−劫財	7庚22乙0+1−劫財	37庚23丙0+1−劫財	8辛24丁9+1−正財	38辛25戊9+1−食神
10	4丁14丁1−8+偏官	35戊15戊8+2−比肩	4丁16己8+2−偏印	35戊17庚8+2−正官	5戊18辛9+2−比肩	36己19壬9+2−比肩	6己20癸9+1−偏印	37庚21甲9+1−偏印	8辛22乙9+1−比肩	38辛23丙9+1−比肩	9壬24丁9+1−食神	39壬25戊9+1−劫財
11	5戊14丁2−8+正財	36己15戊8+2−劫財	5戊16己8+2−正官	36己17庚8+2−偏官	6己18辛8+2−傷官	37庚19壬9+2−印綬	7庚20癸9+1−正官	38辛21甲9+1−印綬	9壬22乙9+1−印綬	39壬23丙9+1−印綬	10癸24丁9+1−傷官	40癸25戊8+1−比肩
12	6己14丁2−8+偏財	37庚15戊7+3−偏官	6己16己8+2−偏官	37庚17庚8+3−正財	7庚18辛8+2−比肩	38辛19壬8+2−偏印	8辛20癸9+2−偏官	39壬21甲9+2−偏官	10癸22乙9+2−偏印	40癸23丙9+1−偏印	11甲24丁8+2−比肩	41甲25戊8+2−印綬
13	7庚14丁2−7+傷官	38辛15戊7+3−正官	7庚16己7+3−正財	38辛17庚7+3−偏財	8辛18辛8+3−劫財	39壬19壬8+3−正官	9壬20癸8+2−正財	40癸21甲8+2−正官	11甲22乙8+2−正官	41甲23丙8+2−正官	12乙24丁8+2−劫財	42乙25戊8+2−偏印
14	8辛14丁3−7+食神	39壬15戊7+3−偏財	8辛16己7+3−偏財	39壬17庚7+3−劫財	9壬18辛7+3−偏印	40癸19壬8+3−偏官	10癸20癸8+2−偏財	41甲21甲8+2−偏財	12乙22乙8+2−偏官	42乙23丙8+2−偏官	13丙24丁8+2−偏印	43丙25戊7+2−正官
15	9壬14丁3−7+劫財	40癸15戊6+4−正財	9壬16己7+3−傷官	40癸17庚7+4−比肩	10癸18辛7+3−印綬	41甲19壬7+3−正財	11甲20癸8+3−傷官	42乙21甲8+3−正財	13丙22乙8+3−正財	43丙23丙8+2−正財	14丁24丁7+3−印綬	44丁25戊7+3−偏官
16	10癸14丁3−6+偏印	41甲15戊6+4−食神	10癸16己6+4−食神	41甲17庚6+4−印綬	11甲18辛7+4−偏官	42乙19壬7+4−偏財	12乙20癸7+3−食神	43丙21甲7+3−食神	14丁22乙7+3−偏財	44丁23丙7+3−偏財	15戊24丁7+3−偏官	45戊25戊7+3−正財
17	11甲14丁4−6+正官	42乙15戊6+4−傷官	11甲16己6+4−劫財	42乙17庚6+4−正財	12乙18辛6+4−正官	43丙19壬7+4−傷官	13丙20癸7+3−印綬	44丁21甲7+3−傷官	15戊22乙7+3−傷官	45戊23丙7+3−傷官	16己24丁7+3−正官	46己25戊6+3−偏財
18	12乙14丁4−6+偏官	43丙15戊5+5−比肩	12乙16己6+4−比肩	43丙17庚6+5−食神	13丙18辛6+4−偏財	44丁19壬6+4−食神	14丁20癸7+4−偏印	45戊21甲7+4−偏財	16己22乙7+4−食神	46己23丙7+3−偏印	17庚24丁6+4−偏財	47庚25戊6+4−傷官
19	13丙14丁4−5+傷官	44丁15戊5+5−印綬	13丙16己5+5−印綬	44丁17庚5+5−傷官	14丁18辛6+5−正財	45戊19壬6+5−劫財	15戊20癸6+4−正官	46己21甲6+4−正財	17庚22乙6+4−劫財	47庚23丙6+4−正官	18辛24丁6+4−正財	48辛25戊6+4−食神
20	14丁14丁5−5+食神	45戊15戊5+5−偏官	14丁16己5+5−偏印	45戊17庚5+5−比肩	15戊18辛5+5−偏印	46己19壬6+5−比肩	16己20癸6+4−比肩	47庚21甲6+4−食神	18辛22乙6+4−比肩	48辛23丙6+4−偏官	19壬24丁6+4−比肩	49壬25戊5+4−劫財
21	15戊14丁5−5+劫財	46己15戊4+6−正官	15戊16己5+5−正官	46己17庚5+6−劫財	16己18辛5+5−印綬	47庚19壬5+5−印綬	17庚20癸6+5−印綬	48辛21甲6+5−劫財	19壬22乙6+5−印綬	49壬23丙6+4−偏官	20癸24丁5+5−劫財	50癸25戊5+5−比肩
22	16己14丁5−4+比肩	47庚15戊4+6−偏財	16己16己4+6−偏官	47庚17庚4+6−偏印	17庚18辛5+6−偏官	48辛19壬5+6−偏印	18辛20癸5+5−偏印	49壬21甲5+5−偏印	20癸22乙5+5−偏印	50癸23丙5+5−正官	21甲24丁5+5−偏印	51甲25戊5+5−印綬
23	17庚14丁6−4+印綬	48辛15戊4+6−正財	17庚16己4+6−正財	48辛17庚4+6−印綬	18辛18辛4+6−正官	49壬19壬5+6−正官	19壬20癸5+5−正官	50癸21甲5+5−印綬	21甲22乙5+5−正官	51甲23丙5+5−偏財	22乙24丁5+5−印綬	52乙25戊4+5−偏印
24	18辛14丁6−4+偏印	49壬15戊3+7−食神	18辛16己4+6−偏財	49壬17庚4+7−偏官	19壬18辛4+6−偏財	50癸19壬4+6−偏官	20癸20癸5+6−偏官	51甲21甲5+6−偏官	21甲22乙5+6−偏官	52乙23丙5+5−正財	23丙24丁4+6−偏官	53丙25戊4+6−正官
25	19壬14丁6−3+正官	50癸15戊3+7−傷官	19壬16己3+7−傷官	50癸17庚3+7−正官	20癸18辛4+7−正財	51甲19壬4+7−傷官	21甲20癸4+6−正財	52乙21甲4+6−正官	23丙22乙4+6−正財	53丙23丙4+6−食神	24丁24丁4+6−正官	54丁25戊4+6−偏官
26	20癸14丁7−3+偏官	51甲15戊3+7−比肩	20癸16己3+7−食神	51甲17庚3+7−偏財	21甲18辛3+7−食神	52乙19壬4+7−食神	22乙20癸4+6−偏財	53丙21甲4+6−偏財	24丁22乙4+6−偏財	54丁23丙4+6−傷官	25戊24丁4+6−偏財	55戊25戊3+6−正財
27	21甲14丁7−3+正財	52乙15戊2+8−劫財	21甲16己3+7−劫財	52乙17庚3+8−正財	22乙18辛3+7−傷官	53丙19壬3+7−劫財	23丙20癸4+7−傷官	54丁21甲4+7−正財	25戊22乙4+7−傷官	55戊23丙4+6−比肩	26己24丁3+7−正財	56己25戊3+7−偏財
28	22乙14丁7−2+偏財	53丙15戊2+8−偏印	22乙16己2+8−比肩	53丙17庚2+8−食神	23丙18辛3+8−比肩	54丁19壬3+8−比肩	24丁20癸3+7−食神	55戊21甲3+7−食神	26己22乙3+7−食神	56己23丙3+7−劫財	27庚24丁3+7−食神	57庚25戊3+7−傷官
29	23丙14丁8−2+傷官	54丁15戊2+8−印綬	23丙16己2+8−印綬	54丁17庚2+8−傷官	24丁18辛2+8−劫財	55戊19壬3+8−印綬	25戊20癸3+7−劫財	56己21甲3+7−傷官	27庚22乙3+7−劫財	57庚23丙3+7−偏印	28辛24丁3+7−傷官	58辛25戊2+7−食神
30	24丁14丁8−2+食神		24丁16己2+8−偏印	55戊17庚2+9−比肩	25戊18辛2+8−偏印	56己19壬2+8−偏印	26己20癸3+8−比肩	57庚21甲3+8−比肩	28辛22乙3+8−比肩	58辛23丙3+7−印綬	29壬24丁2+8−比肩	59壬25戊2+8−劫財
31	25戊14丁8−1+劫財		25戊16己1+9−正官		26己18辛2+9−印綬		27庚20癸2+8−印綬	58辛21甲2+8−劫財		59壬23丙2+8−偏官		60癸25戊2+8−比肩

2001年(平成13年)生まれ　18 辛(2/4〜翌 2/3)

日	1月	2月	3月	4月	5月	6月	7月	8月	9月	10月	11月	12月
	日干 月干 立年♂♀ 中心星	日干 月干 立年♂♀ 中心星	日干 月干 立年♂♀ 中心星	日干 月干 立年♂♀ 中心星	日干 月干 立年♂♀ 中心星	日干 月干 立年♂♀ 中心星	日干 月干 立年♂♀ 中心星	日干 月干 立年♂♀ 中心星	日干 月干 立年♂♀ 中心星	日干 月干 立年♂♀ 中心星	日干 月干 立年♂♀ 中心星	日干 月干 立年♂♀ 中心星
1	1甲25戊1+8−印綬	32乙26己1+9−偏財	60癸27庚8−1+傷官	31甲28辛9−1+劫財	1甲29壬9−1+偏財	32乙30癸9−1+傷官	2乙31甲9−2+食神	33丙32乙8−2+傷官	4丁33丙8−2+正財	34丁34丁8−2+偏財	5戊35戊8−2+比肩	35戊36己8−2+偏財
2	2乙25戊1+9−偏印	33丙26己1+9−傷官	1甲27庚9−1+比肩	32乙28辛9−1+比肩	2乙29壬9−1+正財	33丙30癸9−1+比肩	3丙31甲9−2+劫財	34丁32乙9−2+食神	5戊33丙9−2+食神	35戊34丁8−2+傷官	6己35戊8−2+劫財	36己36己8−2+正財
3	3丙25戊1+9−正官	34丁26己1+0−食神	2乙27庚9−1+劫財	33丙28辛0−1+印綬	3丙29壬9−1+食神	34丁30癸0−1+劫財	4丁31甲9−1+比肩	35戊32乙9−1+劫財	6己33丙9−1+傷官	36己34丁9−2+食神	7庚35戊9−1+偏印	37庚36己9−1+食神
4	4丁25戊1+9−偏官	35戊27庚1−0+比肩	3丙27庚9−1+偏印	34丁28辛0−1+偏印	4丁29壬0−1+傷官	35戊30癸0−1+偏印	5戊31甲0−1+印綬	36己32乙9−1+比肩	7庚33丙9−1+比肩	37庚34丁9−1+劫財	8辛35戊9−1+印綬	38辛36己9−1+傷官
5	5戊26己0+1−正財	36己27庚1−9+劫財	4丁28辛1−0+偏印	35戊29壬1−0+正官	5戊30癸1−0+比肩	36己31甲1−0+比肩	6己31甲0−1+偏印	37庚32乙0−1+印綬	8辛33丙0−1+劫財	38辛34丁9−1+比肩	9壬35戊9−1+偏官	39壬36己9−1+比肩
6	6己26己0+1−偏財	37庚27庚1−9+偏印	5戊28辛1−0+正官	36己29壬1−0+偏官	6己30癸1−0+劫財	37庚31甲1−0+印綬	7庚31甲0−1+正官	38辛32乙0−1+偏印	9壬33丙0−1+偏印	39壬34丁0−1+印綬	10癸35戊0−1+正官	40癸36己0−1+劫財
7	7庚26己9+1−傷官	38辛27庚1−9+印綬	6己28辛1−0+偏官	37庚29壬1−9+正財	7庚30癸1−0+偏印	38辛31甲1−0+偏印	8辛32乙1−0+偏官	39壬33丙1−0+偏官	10癸34丁1−0+偏印	40癸34丁0−1+偏印	11甲36己1−0+比肩	41甲37庚1−0+印綬
8	8辛26己9+1−食神	39壬27庚1−8+偏官	7庚28辛1−9+正財	38辛29壬1−9+偏財	8辛30癸1−9+印綬	39壬31甲1−0+正官	9壬32乙1−0+正財	40癸33丙1−0+正官	11甲34丁1−0+正官	41甲35戊1−0+正官	12乙36己1−0+劫財	42乙37庚1−9+偏印
9	9壬26己9+1−劫財	40癸27庚2−8+正官	8辛28辛1−9+偏財	39壬29壬1−9+傷官	9壬30癸1−9+偏官	40癸31甲1−9+偏官	10癸32乙1−0+偏財	41甲33丙1−0+偏財	12乙34丁1−0+偏官	42乙35戊1−0+偏官	13丙36己1−9+偏印	43丙37庚1−9+正官
10	10癸26己8+2−比肩	41甲27庚2−8+偏財	9壬28辛2−9+傷官	40癸29壬2−8+食神	10癸30癸2−9+正官	41甲31甲2−9+正財	11甲32乙1−9+傷官	42乙33丙1−9+正財	13丙34丁1−9+正財	43丙35戊1−9+正財	14丁36己1−9+印綬	44丁37庚1−9+偏官
11	11甲26己8+2−印綬	42乙27庚2−7+正財	10癸28辛2−8+食神	41甲29壬2−8+劫財	11甲30癸2−8+偏官	42乙31甲2−9+偏財	12乙32乙1−9+食神	43丙33丙1−9+食神	14丁34丁1−9+偏財	44丁35戊1−9+偏財	15戊36己1−9+偏官	45戊37庚1−8+正財
12	12乙26己8+2−偏印	43丙27庚3−7+比肩	11甲28辛2−8+劫財	42乙29壬2−8+比肩	12乙30癸2−8+正官	43丙31甲2−8+傷官	13丙32乙2−9+劫財	44丁33丙2−9+傷官	15戊34丁2−9+傷官	45戊35戊1−9+傷官	16己36己2−8+正官	46己37庚2−8+偏財
13	13丙26己7+3−正官	44丁27庚3−7+劫財	12乙28辛3−8+比肩	43丙29壬3−7+印綬	13丙30癸3−8+偏財	44丁31甲3−8+食神	14丁32乙2−8+比肩	45戊33丙2−8+比肩	16己34丁2−8+食神	46己35戊2−8+食神	17庚36己2−8+偏財	47庚37庚2−8+傷官
14	14丁26己7+3−偏官	45戊27庚3−6+偏印	13丙28辛3−7+印綬	44丁29壬3−7+偏印	14丁30癸3−7+正財	45戊31甲3−8+劫財	15戊32乙2−8+印綬	46己33丙2−8+劫財	17庚34丁2−8+劫財	47庚35戊2−8+劫財	18辛36己2−8+正財	48辛37庚2−7+食神
15	15戊26己7+3−傷官	46己27庚4−6+印綬	14丁28辛3−7+偏印	45戊29壬3−7+正財	15戊30癸3−7+食神	46己31甲3−7+比肩	16己32乙3−8+偏印	47庚33丙3−8+偏印	18辛34丁3−8+比肩	48辛35戊2−8+比肩	19壬36己3−7+食神	49壬37庚3−7+劫財
16	16己26己6+4−食神	47庚27庚4−6+偏官	15戊28辛4−7+正官	46己29壬4−6+偏財	16己30癸4−7+傷官	47庚31甲4−7+印綬	17庚32乙3−7+正官	48辛33丙3−7+印綬	19壬34丁3−7+印綬	49壬35戊3−7+印綬	20癸36己3−7+傷官	50癸37庚3−7+比肩
17	17庚26己6+4−劫財	48辛27庚4−5+正官	16己28辛4−6+偏官	47庚29壬4−6+傷官	17庚30癸4−6+比肩	48辛31甲4−7+偏印	18辛32乙3−7+偏財	49壬33丙3−7+偏官	20癸34丁3−7+偏印	50癸35戊3−7+偏印	21甲36己3−7+比肩	51甲37庚3−6+印綬
18	18辛26己6+4−偏印	49壬27庚5−5+偏財	17庚28辛4−6+正財	48辛29壬4−6+印綬	18辛30癸4−6+劫財	49壬31甲4−6+正官	19壬32乙4−7+傷官	50癸33丙4−7+劫財	21甲34丁4−7+正官	51甲35戊3−7+傷官	22乙36己4−6+劫財	52乙37庚4−6+偏印
19	19壬26己5+5−正官	50癸27庚5−5+傷官	18辛28辛5−6+偏財	49壬29壬5−5+偏官	19壬30癸5−6+偏印	50癸31甲5−6+偏官	20癸32乙4−6+食神	51甲33丙4−6+偏印	22乙34丁4−6+偏官	52乙35戊4−6+食神	23丙36己4−6+偏印	53丙37庚4−6+正官
20	20癸26己5+5−偏官	51甲27庚5−4+比肩	19壬28辛5−5+傷官	50癸29壬5−5+正官	20癸30癸5−5+正財	51甲31甲5−6+正財	21甲32乙4−6+正財	52乙33丙4−6+印綬	23丙34丁4−6+正財	53丙35戊4−6+劫財	24丁36己4−6+正官	54丁37庚4−5+偏官
21	21甲26己5+5−正財	52乙27庚6−4+劫財	20癸28辛5−5+食神	51甲29壬5−5+偏財	21甲30癸5−5+食神	52乙31甲5−5+偏財	22乙32乙5−6+偏財	53丙33丙5−6+偏財	24丁34丁5−6+偏財	54丁35戊4−6+傷官	25戊36己5−5+偏財	55戊37庚5−5+正財
22	22乙26己4+6−偏財	53丙27庚6−4+偏印	21甲28辛6−5+劫財	52乙29壬6−4+正財	22乙30癸6−5+傷官	53丙31甲6−5+傷官	23丙32乙5−5+傷官	54丁33丙5−5+正財	25戊34丁5−5+傷官	55戊35戊5−5+比肩	26己36己5−5+正財	56己37庚5−5+偏財
23	23丙26己4+6−傷官	54丁27庚6−3+印綬	22乙28辛6−4+比肩	53丙29壬6−4+食神	23丙30癸6−4+比肩	54丁31甲6−5+食神	24丁32乙5−5+食神	55戊33丙5−5+食神	26己34丁5−5+食神	56己35戊5−5+劫財	27庚36己5−5+食神	57庚37庚5−4+傷官
24	24丁26己4+6−食神	55戊27庚7−3+偏官	23丙28辛6−4+印綬	54丁29壬6−4+傷官	24丁30癸6−4+劫財	55戊31甲6−4+劫財	25戊32乙6−5+劫財	56己33丙6−5+傷官	27庚34丁6−5+劫財	57庚35戊5−5+偏印	28辛36己6−4+傷官	58辛37庚6−4+食神
25	25戊26己3+7−劫財	56己27庚7−3+正官	24丁28辛7−4+偏印	55戊29壬7−3+比肩	25戊30癸7−4+偏印	56己31甲7−4+偏印	26己32乙6−4+比肩	57庚33丙6−4+比肩	28辛34丁6−4+比肩	58辛35戊6−4+印綬	29壬36己6−4+比肩	59壬37庚6−4+劫財
26	26己26己3+7−比肩	57庚27庚7−2+偏財	25戊28辛7−3+正官	56己29壬7−3+劫財	26己30癸7−3+印綬	57庚31甲7−4+正官	27庚32乙6−4+印綬	58辛33丙6−4+劫財	29壬34丁6−4+印綬	59壬35戊6−4+偏官	30癸36己6−4+劫財	60癸37庚6−3+比肩
27	27庚26己3+7−印綬	58辛27庚8−2+正財	26己28辛7−3+偏官	57庚29壬7−3+偏印	27庚30癸7−3+偏官	58辛31甲7−3+偏官	28辛32乙7−4+偏印	59壬33丙7−4+偏印	30癸34丁7−4+偏印	60癸35戊6−4+正官	31甲36己7−3+偏印	1甲37庚7−3+印綬
28	28辛26己2+8−偏印	59壬27庚8−2+食神	27庚28辛8−3+正財	58辛29壬8−2+印綬	28辛30癸8−3+正官	59壬31甲8−3+正財	29壬32乙7−3+正官	60癸33丙7−3+印綬	31甲34丁7−3+正官	1甲35戊7−3+偏財	32乙36己7−3+印綬	2乙37庚7−3+偏印
29	29壬26己2+8−正官		28辛28辛8−2+偏財	59壬29壬8−2+偏官	29壬30癸8−2+偏財	60癸31甲8−3+偏財	30癸32乙7−3+偏官	1甲33丙7−3+偏官	32乙34丁7−3+偏官	2乙35戊7−3+正財	33丙36己7−3+偏官	3丙37庚7−2+正官
30	30癸26己2+8−偏官		29壬28辛8−2+傷官	60癸29壬8−2+正官	30癸30癸8−2+正財	1甲31甲8−2+傷官	31甲32乙8−3+正財	2乙33丙8−3+正官	33丙34丁8−3+正財	3丙35戊7−3+食神	34丁36己8−2+正官	4丁37庚8−2+偏官
31	31甲26己1+9−正財		30癸28辛9−2+食神		31甲30癸9−2+食神		32乙32乙8−2+偏財	3丙33丙8−2+偏財		4丁35戊8−2+傷官		5戊37庚8−2+正財

2002年（平成14年）生まれ　19 壬（2/4～翌 2/3）

日	1月	2月	3月	4月	5月	6月	7月	8月	9月	10月	11月	12月
	日干 月干 立年♂♀ 中心星	日干 月干 立年♂♀ 中心星	日干 月干 立年♂♀ 中心星	日干 月干 立年♂♀ 中心星	日干 月干 立年♂♀ 中心星	日干 月干 立年♂♀ 中心星	日干 月干 立年♂♀ 中心星	日干 月干 立年♂♀ 中心星	日干 月干 立年♂♀ 中心星	日干 月干 立年♂♀ 中心星	日干 月干 立年♂♀ 中心星	日干 月干 立年♂♀ 中心星
1	6己37庚8－1＋偏財	37庚38辛9－1＋印綬	5戊39壬2＋8－偏官	36己40癸1＋9－偏官	6己41甲2＋9－劫財	37庚42乙2＋9－偏官	7庚43丙2＋8－正官	38辛44丁2＋8－偏印	9壬45戊2＋8－偏印	39壬46己2＋8－印綬	10癸47庚2＋8－正官	40癸48辛2＋8－劫財
2	7庚37庚9－1＋傷官	38辛38辛9－1＋偏印	6己39壬1＋9－正官	37庚40癸1＋9－正財	7庚41甲1＋9－偏印	38辛42乙1＋9－正官	8辛43丙2＋9－傷官	39壬44丁2＋9－正官	10癸45戊2＋8－印綬	40癸46己2＋8－偏印	11甲47庚2＋8－偏財	41甲48辛2＋8－偏印
3	8辛37庚9－1＋食神	39壬38辛0－1＋正官	7庚39壬1＋9－偏財	38辛40癸1＋9－偏財	8辛41甲1＋9－印綬	39壬42乙1＋9－偏財	9壬43丙1＋9－正財	40癸44丁2＋9－偏官	11甲45戊2＋9－偏官	41甲46己2＋8－正官	12乙47庚1＋9－正財	42乙48辛1＋9－印綬
4	9壬37庚9－1＋劫財	40癸39壬0＋1－正官	8辛39壬1＋9－正財	39壬40癸1＋0－傷官	9壬41甲1＋0－偏官	40癸42乙1＋0－正財	10癸43丙1＋9－偏財	41甲44丁1＋9－正財	12乙45戊1＋9－正官	42乙46己1＋9－偏官	13丙47庚1＋9－食神	43丙48辛1＋9－偏官
5	10癸38辛1－0＋比肩	41甲39壬0＋1－偏財	9壬39壬1＋0－食神	40癸41甲0＋1－食神	10癸41甲1＋0－正官	41甲42乙1＋0－食神	11甲43丙1＋0－傷官	42乙44丁1＋0－偏財	13丙45戊1＋9－偏財	43丙46己1＋9－正財	14丁47庚1＋9－傷官	44丁48辛1＋9－正官
6	11甲38辛1－0＋印綬	42乙39壬9＋1－正財	10癸40癸0＋1－食神	41甲41甲0＋1－劫財	11甲42乙0＋1－偏財	42乙43丙0＋1－偏財	12乙43丙1＋0－食神	43丙44丁1＋0－傷官	14丁45戊1＋0－正財	44丁46己1＋9－偏財	15戊47庚1＋0－比肩	45戊48辛1＋0－偏財
7	12乙38辛1－9＋偏印	43丙39壬9＋1－食神	11甲40癸0＋1－劫財	42乙41甲0＋1－比肩	12乙42乙0＋1－正財	43丙43丙0＋1－傷官	13丙44丁0＋1－劫財	44丁44丁1＋0－食神	15戊45戊1＋0－食神	45戊46己1＋0－傷官	16己48辛0＋1－正官	46己49壬0＋1－偏財
8	13丙38辛1－9＋正官	44丁39壬9＋1－傷官	12乙40癸9＋1－比肩	43丙41甲9＋1－印綬	13丙42乙0＋1－食神	44丁43丙0＋1－食神	14丁44丁0＋1－比肩	45戊45戊0＋1－比肩	16己46己0＋1－食神	46己47庚0＋1－食神	17庚48辛0＋1－偏財	47庚49壬0＋1－傷官
9	14丁38辛1－9＋偏官	45戊39壬8＋2－比肩	13丙40癸9＋1－印綬	44丁41甲9＋1－偏印	14丁42乙9＋1－傷官	45戊43丙9＋1－劫財	15戊44丁0＋1－印綬	46己45戊0＋1－劫財	17庚46己0＋1－劫財	47庚47庚0＋1－劫財	18辛48辛9＋1－正財	48辛49壬9＋1－食神
10	15戊38辛2－8＋正財	46己39壬8＋2－劫財	14丁40癸9＋1－偏印	45戊41甲9＋2－正官	15戊42乙9＋1－比肩	46己43丙9＋1－比肩	16己44丁0＋1－偏印	47庚45戊0＋1－偏印	18辛46己9＋1－比肩	48辛47庚9＋1－比肩	19壬48辛9＋1－食神	49壬49壬9＋1－劫財
11	16己38辛2－8＋偏財	47庚39壬8＋2－偏印	15戊40癸8＋2－正官	46己41甲8＋2－偏官	16己42乙9＋2－劫財	47庚43丙9＋2－印綬	17庚44丁9＋1－正官	48辛45戊9＋1－印綬	19壬46己9＋1－印綬	49壬47庚9＋1－印綬	20癸48辛9＋1－傷官	50癸49壬9＋1－比肩
12	17庚38辛2－8＋傷官	48辛39壬7＋3－正官	16己40癸8＋2－偏官	47庚41甲8＋2－正財	17庚42乙8＋2－比肩	48辛43丙8＋2－偏印	18辛44丁9＋2－偏官	49壬45戊9＋1－偏官	20癸46己9＋1－偏印	50癸47庚9＋1－偏印	21甲48辛8＋2－比肩	51甲49壬8＋2－印綬
13	18辛38辛3－7＋食神	49壬39壬7＋3－偏財	17庚40癸8＋2－正財	48辛41甲8＋3－偏財	18辛42乙8＋2－劫財	49壬43丙8＋2－正官	19壬44丁9＋2－正財	50癸45戊9＋2－正官	21甲46己8＋2－正官	51甲47庚8＋2－正官	22乙48辛8＋2－劫財	52乙49壬8＋2－偏印
14	19壬38辛3－7＋劫財	50癸39壬7＋3－正財	18辛40癸7＋3－偏財	49壬41甲7＋3－傷官	19壬42乙8＋3－偏印	50癸43丙8＋3－偏官	20癸44丁8＋2－偏財	51甲45戊8＋2－偏財	22乙46己8＋2－偏官	52乙47庚8＋2－偏官	23丙48辛8＋2－偏印	53丙49壬8＋2－正官
15	20癸38辛3－7＋偏印	51甲39壬6＋4－食神	19壬40癸7＋3－傷官	50癸41甲7＋3－比肩	20癸42乙7＋3－印綬	51甲43丙7＋3－正財	21甲44丁8＋3－傷官	52乙45戊8＋2－正財	23丙46己8＋2－正財	53丙47庚8＋2－正財	24丁48辛7＋3－印綬	54丁49壬7＋3－偏官
16	21甲38辛4－6＋正官	52乙39壬6＋4－傷官	20癸40癸7＋3－食神	51甲41甲7＋4－印綬	21甲42乙7＋3－偏官	52乙43丙7＋3－偏財	22乙44丁8＋3－食神	53丙45戊8＋3－食神	24丁46己7＋3－偏財	54丁47庚7＋3－偏財	25戊48辛7＋3－偏官	55戊49壬7＋3－正財
17	22乙38辛4－6＋偏官	53丙39壬6＋4－比肩	21甲40癸6＋4－劫財	52乙41甲6＋4－偏印	22乙42乙7＋4－正官	53丙43丙7＋4－傷官	23丙44丁7＋3－印綬	54丁45戊7＋3－傷官	25戊46己7＋3－傷官	55戊47庚7＋3－傷官	26己48辛7＋3－正官	56己49壬7＋3－偏財
18	23丙38辛4－6＋傷官	54丁39壬5＋5－劫財	22乙40癸6＋4－比肩	53丙41甲6＋4－食神	23丙42乙6＋4－偏財	54丁43丙6＋4－食神	24丁44丁7＋4－偏印	55戊45戊7＋3－比肩	26己46己7＋3－食神	56己47庚7＋3－偏印	27庚48辛6＋4－偏財	57庚49壬6＋4－傷官
19	24丁38辛5－5＋食神	55戊39壬5＋5－偏官	23丙40癸6＋4－印綬	54丁41甲6＋5－傷官	24丁42乙6＋4－正財	55戊43丙6＋4－劫財	25戊44丁7＋4－正官	56己45戊7＋4－正財	27庚46己6＋4－劫財	57庚47庚6＋4－正官	28辛48辛6＋4－正財	58辛49壬6＋4－食神
20	25戊38辛5－5＋劫財	56己39壬5＋5－正官	24丁40癸5＋5－偏印	55戊41甲5＋5－比肩	25戊42乙6＋5－食神	56己43丙6＋5－比肩	26己44丁6＋4－比肩	57庚45戊6＋4－食神	28辛46己6＋4－比肩	58辛47庚6＋4－偏官	29壬48辛6＋4－比肩	59壬49壬6＋4－劫財
21	26己38辛5－5＋比肩	57庚39壬4＋6－偏財	25戊40癸5＋5－正官	56己41甲5＋5－劫財	26己42乙5＋5－印綬	57庚43丙5＋5－印綬	27庚44丁6＋5－印綬	58辛45戊6＋4－傷官	29壬46己6＋4－印綬	59壬47庚6＋4－偏官	30癸48辛5＋5－劫財	60癸49壬5＋5－比肩
22	27庚38辛6－4＋印綬	58辛39壬4＋6－正財	26己40癸5＋5－偏官	57庚41甲5＋6－偏印	27庚42乙5＋5－偏官	58辛43丙5＋5－偏印	28辛44丁6＋5－偏印	59壬45戊6＋5－偏印	30癸46己5＋5－偏印	60癸47庚5＋5－正官	31甲48辛5＋5－偏印	1甲49壬5＋5－印綬
23	28辛38辛6－4＋偏印	59壬39壬4＋6－食神	27庚40癸4＋6－正財	58辛41甲4＋6－印綬	28辛42乙5＋6－正官	59壬43丙5＋6－正官	29壬44丁5＋5－正官	60癸45戊5＋5－印綬	31甲46己5＋5－正官	1甲47庚5＋5－偏財	32乙48辛5＋5－印綬	2乙49壬5＋5－偏印
24	29壬38辛6－4＋正官	60癸39壬3＋7－傷官	28辛40癸4＋6－偏財	59壬41甲4＋6－偏官	29壬42乙4＋6－偏財	60癸43丙4＋6－偏官	30癸44丁5＋6－偏官	1甲45戊5＋5－偏官	32乙46己5＋5－偏官	2乙47庚5＋5－正財	33丙48辛4＋6－偏官	3丙49壬4＋6－正官
25	30癸38辛7－3＋偏官	1甲39壬3＋7－比肩	29壬40癸4＋6－傷官	60癸41甲4＋7－正官	30癸42乙4＋6－正財	1甲43丙4＋6－正財	31甲44丁5＋6－正財	2乙45戊5＋6－正官	33丙46己4＋6－正財	3丙47庚4＋6－食神	34丁48辛4＋6－正官	4丁49壬4＋6－偏官
26	31甲38辛7－3＋正財	2乙39壬3＋7－劫財	30癸40癸3＋7－食神	1甲41甲3＋7－偏財	31甲42乙4＋7－食神	2乙43丙4＋7－食神	32乙44丁4＋6－偏財	3丙45戊4＋6－偏財	34丁46己4＋6－偏財	4丁47庚4＋6－傷官	35戊48辛4＋6－偏財	5戊49壬4＋6－正財
27	32乙38辛7－3＋偏財	3丙39壬2＋8－偏印	31甲40癸3＋7－劫財	2乙41甲3＋7－正財	32乙42乙3＋7－傷官	3丙43丙3＋7－劫財	33丙44丁4＋7－傷官	4丁45戊4＋6－正財	35戊46己4＋6－傷官	5戊47庚4＋6－比肩	36己48辛3＋7－正財	6己49壬3＋7－偏財
28	33丙38辛8－2＋傷官	4丁39壬2＋8－印綬	32乙40癸3＋7－比肩	3丙41甲3＋8－食神	33丙42乙3＋7－比肩	4丁43丙3＋7－比肩	34丁44丁4＋7－食神	5戊45戊4＋7－食神	36己46己3＋7－食神	6己47庚3＋7－劫財	37庚48辛3＋7－食神	7庚49壬3＋7－傷官
29	34丁38辛8－2＋食神		33丙40癸2＋8－印綬	4丁41甲2＋8－傷官	34丁42乙3＋8－劫財	5戊43丙3＋8－印綬	35戊44丁3＋7－劫財	6己45戊3＋7－傷官	37庚46己3＋7－劫財	7庚47庚3＋7－偏印	38辛48辛3＋7－傷官	8辛49壬3＋7－食神
30	35戊38辛8－2＋劫財		34丁40癸2＋8－偏印	5戊41甲2＋8－比肩	35戊42乙2＋8－偏印	6己43丙2＋8－偏印	36己44丁3＋8－比肩	7庚45戊3＋7－比肩	38辛46己3＋7－比肩	8辛47庚3＋7－印綬	39壬48辛2＋8－比肩	9壬49壬2＋8－劫財
31	36己38辛9－1＋比肩		35戊40癸2＋8－正官		36己42乙2＋8－印綬		37庚44丁3＋8－印綬	8辛45戊3＋8－劫財		9壬47庚2＋8－偏官		10癸49壬2＋8－比肩

2003年(平成15年)生まれ　20 癸(2/4～翌2/3)

日	1月	2月	3月	4月	5月	6月	7月	8月	9月	10月	11月	12月
	日干 月干 立年♂♀ 中心星	日干 月干 立年♂♀ 中心星	日干 月干 立年♂♀ 中心星	日干 月干 立年♂♀ 中心星	日干 月干 立年♂♀ 中心星	日干 月干 立年♂♀ 中心星	日干 月干 立年♂♀ 中心星	日干 月干 立年♂♀ 中心星	日干 月干 立年♂♀ 中心星	日干 月干 立年♂♀ 中心星	日干 月干 立年♂♀ 中心星	日干 月干 立年♂♀ 中心星
1	11甲49壬2+ 8−印綬	42乙50癸1+ 9−偏財	10癸51甲8−2+ 傷官	41甲52乙9−1+ 劫財	11甲53丙9−2+ 偏財	42乙54丁9−2+ 傷官	12乙55戊8−2+ 食神	43丙56己8−2+ 傷官	14丁57庚8−2+ 正財	44丁58辛8−3+ 偏財	15戊59壬8−2+ 比肩	45戊60癸8−2+ 偏財
2	12乙49壬1+ 9−偏印	43丙50癸1+ 9−傷官	11甲51甲9−1+ 比肩	42乙52乙9−1+ 比肩	12乙53丙9−1+ 正財	43丙54丁9−1+ 比肩	13丙55戊9−2+ 劫財	44丁56己9−2+ 食神	15戊57庚8−2+ 食神	45戊58辛8−2+ 傷官	16己59壬8−2+ 劫財	46己60癸8−2+ 正財
3	13丙49壬1+ 9−正官	44丁50癸1+ 9−食神	12乙51甲9−1+ 劫財	43丙52乙9−1+ 印綬	13丙53丙9−1+ 食神	44丁54丁9−1+ 劫財	14丁55戊9−1+ 比肩	45戊56己9−2+ 劫財	16己57庚9−2+ 傷官	46己58辛8−2+ 食神	17庚59壬8−2+ 偏印	47庚60癸8−1+ 食神
4	14丁49壬1+ 9−偏官	45戊51甲1−0+ 比肩	13丙51甲9−1+ 偏印	44丁52乙0−1+ 偏印	14丁53丙0−1+ 傷官	45戊54丁0−1+ 偏印	15戊55戊9−1+ 印綬	46己56己9−1+ 比肩	17庚57庚9−1+ 比肩	47庚58辛9−2+ 劫財	18辛59壬9−1+ 印綬	48辛60癸9−1+ 傷官
5	15戊49壬1+ 0−正財	46己51甲1−0+ 劫財	14丁51甲0−1+ 印綬	45戊53丙1−0+ 正官	15戊53丙0−1+ 比肩	46己54丁0−1+ 印綬	16己55戊0−1+ 偏印	47庚56己0−1+ 印綬	18辛57庚9−1+ 劫財	48辛58辛9−1+ 比肩	19壬59壬9−1+ 偏官	49壬60癸9−1+ 比肩
6	16己50癸0+ 1−偏財	47庚51甲1−9+ 偏印	15戊52乙1−0+ 正官	46己53丙1−0+ 偏官	16己54丁1−0+ 劫財	47庚55戊1−0+ 印綬	17庚55戊0−1+ 正官	48辛56己0−1+ 偏印	19壬57庚0−1+ 偏印	49壬58辛9−1+ 印綬	20癸59壬9−1+ 正官	50癸60癸9−1+ 劫財
7	17庚50癸9+ 1−傷官	48辛51甲1−9+ 印綬	16己52乙1−0+ 偏官	47庚53丙1−0+ 正財	17庚54丁1−0+ 偏印	48辛55戊1−0+ 偏印	18辛56己1−0+ 偏官	49壬56己0−1+ 正官	20癸57庚0−1+ 印綬	50癸58辛0−1+ 偏印	21甲59壬0−1+ 偏財	51甲 1甲1−0+ 印綬
8	18辛50癸9+ 1−食神	49壬51甲1−9+ 偏官	17庚52乙1−9+ 正財	48辛53丙1−9+ 偏財	18辛54丁1−0+ 印綬	49壬55戊1−0+ 正官	19壬56己1−0+ 正財	50癸57庚1−0+ 正官	21甲58辛1−0+ 正官	51甲58辛0−1+ 正官	22乙60癸1−0+ 劫財	52乙 1甲1−0+ 偏印
9	19壬50癸9+ 1−劫財	50癸51甲2−8+ 正官	18辛52乙1−9+ 偏財	49壬53丙1−9+ 傷官	19壬54丁1−9+ 偏官	50癸55戊1−9+ 偏官	20癸56己1−0+ 偏財	51甲57庚1−0+ 偏財	22乙58辛1−0+ 偏官	52乙59壬1−0+ 偏官	23丙60癸1−9+ 偏印	53丙 1甲1−9+ 正官
10	20癸50癸8+ 1−比肩	51甲51甲2−8+ 偏財	19壬52乙1−9+ 傷官	50癸53丙2−9+ 食神	20癸54丁1−9+ 正官	51甲55戊1−9+ 正財	21甲56己1−0+ 傷官	52乙57庚1−0+ 正財	23丙58辛1−0+ 正財	53丙59壬1−0+ 正財	24丁60癸1−9+ 印綬	54丁 1甲1−9+ 偏官
11	21甲50癸8+ 2−印綬	52乙51甲2−8+ 正財	20癸52乙2−8+ 食神	51甲53丙2−8+ 劫財	21甲54丁2−9+ 偏財	52乙55戊2−9+ 偏財	22乙56己1−9+ 食神	53丙57庚1−9+ 食神	24丁58辛1−9+ 偏財	54丁59壬1−9+ 偏財	25戊60癸1−9+ 偏官	55戊 1甲1−9+ 正財
12	22乙50癸8+ 2−偏印	53丙51甲3−7+ 比肩	21甲52乙2−8+ 劫財	52乙53丙2−8+ 比肩	22乙54丁2−8+ 正官	53丙55戊2−8+ 傷官	23丙56己2−9+ 劫財	54丁57庚1−9+ 傷官	25戊58辛1−9+ 傷官	55戊59壬1−9+ 傷官	26己60癸1−8+ 正官	56己 1甲2−8+ 偏財
13	23丙50癸7+ 2−正官	54丁51甲3−7+ 劫財	22乙52乙2−8+ 比肩	53丙53丙3−8+ 印綬	23丙54丁2−8+ 偏財	54丁55戊2−8+ 食神	24丁56己2−9+ 比肩	55戊57庚2−9+ 比肩	26己58辛2−9+ 食神	56己59壬1−9+ 食神	27庚60癸2−8+ 偏財	57庚 1甲2−8+ 傷官
14	24丁50癸7+ 3−偏官	55戊51甲3−7+ 偏印	23丙52乙3−7+ 印綬	54丁53丙3−7+ 偏印	24丁54丁3−8+ 正財	55戊55戊3−8+ 劫財	25戊56己2−8+ 印綬	56己57庚2−8+ 劫財	27庚58辛2−8+ 劫財	57庚59壬2−8+ 劫財	28辛60癸2−8+ 正財	58辛 1甲2−8+ 食神
15	25戊50癸7+ 3−正財	56己51甲4−6+ 印綬	24丁52乙3−7+ 偏印	55戊53丙3−7+ 正財	25戊54丁3−7+ 食神	56己55戊3−7+ 比肩	26己56己3−8+ 偏印	57庚57庚2−8+ 偏印	28辛58辛2−8+ 比肩	58辛59壬2−8+ 比肩	29壬60癸2−7+ 食神	59壬 1甲3−7+ 劫財
16	26己50癸6+ 3−食神	57庚51甲4−6+ 偏官	25戊52乙3−7+ 正官	56己53丙4−7+ 偏財	26己54丁3−7+ 傷官	57庚55戊3−7+ 印綬	27庚56己3−8+ 正官	58辛57庚3−8+ 印綬	29壬58辛3−8+ 印綬	59壬59壬2−8+ 印綬	30癸60癸3−7+ 傷官	60癸 1甲3−7+ 比肩
17	27庚50癸6+ 4−劫財	58辛51甲4−6+ 正官	26己52乙4−6+ 偏官	57庚53丙4−6+ 傷官	27庚54丁4−7+ 比肩	58辛55戊4−7+ 偏印	28辛56己3−7+ 偏財	59壬57庚3−7+ 偏官	30癸58辛3−7+ 偏印	60癸59壬3−7+ 偏印	31甲60癸3−7+ 比肩	1甲 1甲3−7+ 印綬
18	28辛50癸6+ 4−比肩	59壬51甲5−5+ 偏財	27庚52乙4−6+ 正財	58辛53丙4−6+ 印綬	28辛54丁4−6+ 劫財	59壬55戊4−6+ 正官	29壬56己4−7+ 傷官	60癸57庚3−7+ 正官	31甲58辛3−7+ 正官	1甲59壬3−7+ 正官	32乙60癸3−6+ 劫財	2乙 1甲4−6+ 偏印
19	29壬50癸5+ 4−正官	60癸51甲5−5+ 傷官	28辛52乙4−6+ 偏財	59壬53丙5−6+ 偏官	29壬54丁4−6+ 偏印	60癸55戊4−6+ 偏官	30癸56己4−7+ 食神	1甲57庚4−7+ 偏印	32乙58辛4−7+ 偏官	2乙59壬3−7+ 食神	33丙60癸4−6+ 偏印	3丙 1甲4−6+ 正官
20	30癸50癸5+ 5−偏官	1甲51甲5−5+ 比肩	29壬52乙5−5+ 傷官	60癸53丙5−5+ 正官	30癸54丁5−6+ 印綬	1甲55戊5−6+ 正財	31甲56己4−6+ 正財	2乙57庚4−6+ 印綬	33丙58辛4−6+ 正財	3丙59壬4−6+ 劫財	34丁60癸4−6+ 印綬	4丁 1甲4−6+ 偏官
21	31甲50癸5+ 5−正財	2乙51甲6−4+ 劫財	30癸52乙5−5+ 食神	1甲53丙5−5+ 偏財	31甲54丁5−5+ 食神	2乙55戊5−5+ 偏財	32乙56己5−6+ 偏財	3丙57庚4−6+ 偏官	34丁58辛4−6+ 偏財	4丁59壬4−6+ 比肩	35戊60癸4−5+ 偏財	5戊 1甲5−5+ 正財
22	32乙50癸4+ 5−偏財	3丙51甲6−4+ 偏印	31甲52乙5−5+ 劫財	2乙53丙6−5+ 正財	32乙54丁5−5+ 傷官	3丙55戊5−5+ 傷官	33丙56己5−6+ 傷官	4丁57庚5−6+ 正財	35戊58辛5−6+ 傷官	5戊59壬4−6+ 比肩	36己60癸5−5+ 正財	6己 1甲5−5+ 偏財
23	33丙50癸4+ 6−傷官	4丁51甲6−4+ 印綬	32乙52乙6−4+ 比肩	3丙53丙6−4+ 食神	33丙54丁6−5+ 比肩	4丁55戊6−5+ 食神	34丁56己5−5+ 食神	5戊57庚5−5+ 食神	36己58辛5−5+ 食神	6己59壬5−5+ 劫財	37庚60癸5−5+ 食神	7庚 1甲5−5+ 傷官
24	34丁50癸4+ 6−食神	5戊51甲7−3+ 偏官	33丙52乙6−4+ 印綬	4丁53丙6−4+ 傷官	34丁54丁6−4+ 劫財	5戊55戊6−4+ 劫財	35戊56己6−5+ 劫財	6己57庚5−5+ 傷官	37庚58辛5−5+ 劫財	7庚59壬5−5+ 偏印	38辛60癸5−4+ 傷官	8辛 1甲6−4+ 食神
25	35戊50癸3+ 6−劫財	6己51甲7−3+ 正官	34丁52乙6−4+ 偏印	5戊53丙7−4+ 比肩	35戊54丁6−4+ 偏印	6己55戊6−4+ 比肩	36己56己6−5+ 比肩	7庚57庚6−5+ 比肩	38辛58辛6−5+ 比肩	8辛59壬5−5+ 印綬	39壬60癸6−4+ 比肩	9壬 1甲6−4+ 劫財
26	36己50癸3+ 7−比肩	7庚51甲7−3+ 偏財	35戊52乙7−3+ 正官	6己53丙7−3+ 劫財	36己54丁7−4+ 印綬	7庚55戊7−4+ 正官	37庚56己6−4+ 印綬	8辛57庚6−4+ 劫財	39壬58辛6−4+ 印綬	9壬59壬6−4+ 偏官	40癸60癸6−4+ 劫財	10癸 1甲6−4+ 比肩
27	37庚50癸3+ 7−印綬	8辛51甲8−2+ 正財	36己52乙7−3+ 偏官	7庚53丙7−3+ 偏印	37庚54丁7−3+ 偏官	8辛55戊7−3+ 偏官	38辛56己7−4+ 偏印	9壬57庚6−4+ 偏印	40癸58辛6−4+ 偏印	10癸59壬6−4+ 正官	41甲60癸6−3+ 偏印	11甲 1甲7−3+ 印綬
28	38辛50癸2+ 7−偏印	9壬51甲8−2+ 食神	37庚52乙7−3+ 正財	8辛53丙8−3+ 印綬	38辛54丁7−3+ 正官	9壬55戊7−3+ 正財	39壬56己7−4+ 正官	10癸57庚7−4+ 印綬	41甲58辛7−4+ 正官	11甲59壬6−4+ 偏財	42乙60癸7−3+ 印綬	12乙 1甲7−3+ 偏印
29	39壬50癸2+ 8−正官		38辛52乙8−2+ 偏財	9壬53丙8−2+ 傷官	39壬54丁8−3+ 偏財	10癸55戊8−3+ 偏財	40癸56己7−3+ 偏官	11甲57庚7−3+ 偏官	42乙58辛7−3+ 偏官	12乙59壬7−3+ 正財	43丙60癸7−3+ 偏官	13丙 1甲7−3+ 正官
30	40癸50癸2+ 8−偏官		39壬52乙8−2+ 傷官	10癸53丙8−2+ 正官	40癸54丁8−2+ 正財	11甲55戊8−2+ 傷官	41甲56己8−3+ 正財	12乙57庚7−3+ 正官	43丙58辛7−3+ 正財	13丙59壬7−3+ 食神	44丁60癸7−2+ 正官	14丁 1甲8−2+ 偏官
31	41甲50癸1+ 8−正財		40癸52乙8−2+ 食神		41甲54丁8−2+ 食神		42乙56己8−3+ 偏財	13丙57庚8−3+ 偏財		14丁59壬7−3+ 傷官		15戊 1甲8−2+ 正財

2004年（平成16年）生まれ　21 甲（2/4～翌2/3）

	1月				2月				3月				4月				5月				6月			
日	日干	月干	立年 ♂ ♀	中心星	日干	月干	立年 ♂ ♀	中心星	日干	月干	立年 ♂ ♀	中心星	日干	月干	立年 ♂ ♀	中心星	日干	月干	立年 ♂ ♀	中心星	日干	月干	立年 ♂ ♀	中心星
1	16己	1甲	8−2+	偏財	47庚	2乙	9−1+	印綬	16己	3丙	1+9−	正官	47庚	4丁	1+9−	正財	17庚	5戊	1+9−	偏印	48辛	6己	1+9−	正官
2	17庚	1甲	9−1+	傷官	48辛	2乙	9−1+	偏印	17庚	3丙	1+9−	偏財	48辛	4丁	1+9−	偏財	18辛	5戊	1+9−	印綬	49壬	6己	1+9−	偏財
3	18辛	1甲	9−1+	食神	49壬	2乙	9−1+	正官	18辛	3丙	1+9−	正財	49壬	4丁	1+0−	傷官	19壬	5戊	1+0−	偏官	50癸	6己	1+0−	正財
4	19壬	1甲	9−1+	劫財	50癸	3丙	0+1−	正官	19壬	3丙	1+0−	食神	50癸	5戊	0+1−	食神	20癸	5戊	1+0−	正官	51甲	6己	1+0−	食神
5	20癸	1甲	0−1+	比肩	51甲	3丙	0+1−	偏財	20癸	4丁	0+1−	食神	51甲	5戊	0+1−	劫財	21甲	6己	0+1−	偏財	52乙	7庚	0+1−	偏財
6	21甲	2乙	1−0+	印綬	52乙	3丙	9+1−	正財	21甲	4丁	0+1−	劫財	52乙	5戊	0+1−	比肩	22乙	6己	0+1−	正財	53丙	7庚	0+1−	傷官
7	22乙	2乙	1−9+	偏印	53丙	3丙	9+1−	食神	22乙	4丁	9+1−	比肩	53丙	5戊	9+1−	印綬	23丙	6己	0+1−	食神	54丁	7庚	0+1−	食神
8	23丙	2乙	1−9+	正官	54丁	3丙	9+1−	傷官	23丙	4丁	9+1−	印綬	54丁	5戊	9+1−	偏印	24丁	6己	9+1−	傷官	55戊	7庚	0+1−	劫財
9	24丁	2乙	1−9+	偏官	55戊	3丙	8+2−	比肩	24丁	4丁	9+1−	偏印	55戊	5戊	9+2−	正官	25戊	6己	9+1−	比肩	56己	7庚	9+1−	比肩
10	25戊	2乙	1−8+	正財	56己	3丙	8+2−	劫財	25戊	4丁	8+2−	正官	56己	5戊	8+2−	偏官	26己	6己	9+2−	劫財	57庚	7庚	9+2−	印綬
11	26己	2乙	2−8+	偏財	57庚	3丙	8+2−	偏印	26己	4丁	8+2−	偏官	57庚	5戊	8+2−	正財	27庚	6己	8+2−	比肩	58辛	7庚	9+2−	偏印
12	27庚	2乙	2−8+	傷官	58辛	3丙	7+3−	正官	27庚	4丁	8+2−	正財	58辛	5戊	8+3−	偏財	28辛	6己	8+2−	劫財	59壬	7庚	8+2−	正官
13	28辛	2乙	2−7+	食神	59壬	3丙	7+3−	偏財	28辛	4丁	7+3−	偏財	59壬	5戊	7+3−	傷官	29壬	6己	8+3−	偏印	60癸	7庚	8+3−	偏官
14	29壬	2乙	3−7+	劫財	60癸	3丙	7+3−	正財	29壬	4丁	7+3−	傷官	60癸	5戊	7+3−	比肩	30癸	6己	7+3−	印綬	1甲	7庚	8+3−	正財
15	30癸	2乙	3−7+	比肩	1甲	3丙	6+4−	食神	30癸	4丁	7+3−	食神	1甲	5戊	7+4−	印綬	31甲	6己	7+3−	偏官	2乙	7庚	7+3−	偏財
16	31甲	2乙	3−6+	正官	2乙	3丙	6+4−	傷官	31甲	4丁	6+4−	劫財	2乙	5戊	6+4−	偏印	32乙	6己	7+4−	正官	3丙	7庚	7+4−	傷官
17	32乙	2乙	4−6+	偏官	3丙	3丙	6+4−	比肩	32乙	4丁	6+4−	比肩	3丙	5戊	6+4−	食神	33丙	6己	6+4−	偏財	4丁	7庚	7+4−	食神
18	33丙	2乙	4−6+	正財	4丁	3丙	5+5−	劫財	33丙	4丁	6+4−	印綬	4丁	5戊	6+5−	傷官	34丁	6己	6+4−	正財	5戊	7庚	6+4−	劫財
19	34丁	2乙	4−5+	食神	5戊	3丙	5+5−	偏官	34丁	4丁	5+5−	偏印	5戊	5戊	5+5−	比肩	35戊	6己	6+5−	食神	6己	7庚	6+5−	比肩
20	35戊	2乙	5−5+	劫財	6己	3丙	5+5−	正官	35戊	4丁	5+5−	正官	6己	5戊	5+5−	劫財	36己	6己	5+5−	印綬	7庚	7庚	6+5−	印綬
21	36己	2乙	5−5+	比肩	7庚	3丙	4+6−	偏財	36己	4丁	5+5−	偏官	7庚	5戊	5+6−	偏印	37庚	6己	5+5−	偏官	8辛	7庚	5+5−	偏印
22	37庚	2乙	5−4+	印綬	8辛	3丙	4+6−	正財	37庚	4丁	4+6−	正財	8辛	5戊	4+6−	印綬	38辛	6己	5+6−	正官	9壬	7庚	5+6−	正官
23	38辛	2乙	6−4+	偏印	9壬	3丙	4+6−	食神	38辛	4丁	4+6−	偏財	9壬	5戊	4+6−	偏官	39壬	6己	4+6−	偏財	10癸	7庚	5+6−	偏官
24	39壬	2乙	6−4+	正官	10癸	3丙	3+7−	傷官	39壬	4丁	4+6−	傷官	10癸	5戊	4+7−	正官	40癸	6己	4+6−	正財	11甲	7庚	4+6−	正財
25	40癸	2乙	6−3+	偏官	11甲	3丙	3+7−	比肩	40癸	4丁	3+7−	食神	11甲	5戊	3+7−	偏財	41甲	6己	4+7−	食神	12乙	7庚	4+7−	食神
26	41甲	2乙	7−3+	正財	12乙	3丙	3+7−	劫財	41甲	4丁	3+7−	劫財	12乙	5戊	3+7−	正財	42乙	6己	3+7−	傷官	13丙	7庚	4+7−	劫財
27	42乙	2乙	7−3+	偏財	13丙	3丙	2+8−	偏印	42乙	4丁	3+7−	比肩	13丙	5戊	3+8−	食神	43丙	6己	3+7−	比肩	14丁	7庚	3+7−	比肩
28	43丙	2乙	7−2+	傷官	14丁	3丙	2+8−	印綬	43丙	4丁	2+8−	印綬	14丁	5戊	2+8−	傷官	44丁	6己	3+8−	劫財	15戊	7庚	3+8−	印綬
29	44丁	2乙	8−2+	食神	15戊	3丙	2+8−	偏官	44丁	4丁	2+8−	偏印	15戊	5戊	2+8−	比肩	45戊	6己	2+8−	偏印	16己	7庚	3+8−	偏印
30	45戊	2乙	8−2+	劫財					45戊	4丁	2+8−	正官	16己	5戊	2+9−	劫財	46己	6己	2+8−	印綬	17庚	7庚	2+8−	正官
31	46己	2乙	8−1+	比肩					46己	4丁	1+9−	偏官					47庚	6己	2+9−	偏官				

	7月				8月				9月				10月				11月				12月			
日	日干	月干	立年 ♂ ♀	中心星	日干	月干	立年 ♂ ♀	中心星	日干	月干	立年 ♂ ♀	中心星	日干	月干	立年 ♂ ♀	中心星	日干	月干	立年 ♂ ♀	中心星	日干	月干	立年 ♂ ♀	中心星
1	18辛	7庚	2+9−	偏官	49壬	8辛	2+8−	正官	20癸	9壬	2+8−	印綬	50癸	10癸	2+8−	偏印	21甲	11甲	2+8−	偏財	51甲	12乙	2+8−	偏印
2	19壬	7庚	2+9−	正財	50癸	8辛	2+9−	偏官	21甲	9壬	2+9−	偏官	51甲	10癸	2+8−	正官	22乙	11甲	2+8−	正財	52乙	12乙	2+8−	印綬
3	20癸	7庚	1+9−	偏財	51甲	8辛	1+9−	正財	22乙	9壬	1+9−	正官	52乙	10癸	2+9−	偏官	23丙	11甲	1+9−	食神	53丙	12乙	1+9−	偏官
4	21甲	7庚	1+0−	傷官	52乙	8辛	1+9−	偏財	23丙	9壬	1+9−	偏財	53丙	10癸	1+9−	正財	24丁	11甲	1+9−	傷官	54丁	12乙	1+9−	正官
5	22乙	7庚	1+0−	食神	53丙	8辛	1+0−	傷官	24丁	9壬	1+0−	正財	54丁	10癸	1+9−	偏財	25戊	11甲	1+9−	比肩	55戊	12乙	1+9−	偏財
6	23丙	7庚	1+0−	劫財	54丁	8辛	1+0−	食神	25戊	9壬	1+0−	食神	55戊	10癸	1+0−	傷官	26己	11甲	1+0−	劫財	56己	12乙	1+0−	正財
7	24丁	8辛	0+1−	比肩	55戊	9壬	0+1−	比肩	26己	10癸	0+1−	食神	56己	10癸	1+0−	食神	27庚	12乙	0+1−	偏財	57庚	13丙	0+1−	傷官
8	25戊	8辛	0+1−	印綬	56己	9壬	0+1−	劫財	27庚	10癸	0+1−	劫財	57庚	11甲	0+1−	劫財	28辛	12乙	0+1−	正財	58辛	13丙	9+1−	食神
9	26己	8辛	0+1−	偏印	57庚	9壬	0+1−	偏印	28辛	10癸	0+1−	比肩	58辛	11甲	0+1−	比肩	29壬	12乙	9+1−	食神	59壬	13丙	9+1−	劫財
10	27庚	8辛	9+1−	正官	58辛	9壬	9+1−	印綬	29壬	10癸	9+1−	印綬	59壬	11甲	9+1−	印綬	30癸	12乙	9+1−	傷官	60癸	13丙	9+1−	比肩
11	28辛	8辛	9+1−	偏官	59壬	9壬	9+1−	偏官	30癸	10癸	9+1−	偏印	60癸	11甲	9+1−	偏印	31甲	12乙	9+1−	比肩	1甲	13丙	8+1−	印綬
12	29壬	8辛	9+2−	正財	60癸	9壬	9+2−	正官	31甲	10癸	9+2−	正官	1甲	11甲	9+1−	正官	32乙	12乙	8+2−	劫財	2乙	13丙	8+2−	偏印
13	30癸	8辛	8+2−	偏財	1甲	9壬	8+2−	偏財	32乙	10癸	8+2−	偏官	2乙	11甲	8+2−	偏官	33丙	12乙	8+2−	偏印	3丙	13丙	8+2−	正官
14	31甲	8辛	8+2−	傷官	2乙	9壬	8+2−	正財	33丙	10癸	8+2−	正財	3丙	11甲	8+2−	正財	34丁	12乙	8+2−	印綬	4丁	13丙	7+2−	偏官
15	32乙	8辛	8+3−	食神	3丙	9壬	8+3−	食神	34丁	10癸	8+3−	偏財	4丁	11甲	8+2−	偏財	35戊	12乙	7+3−	偏官	5戊	13丙	7+3−	正財
16	33丙	8辛	7+3−	劫財	4丁	9壬	7+3−	傷官	35戊	10癸	7+3−	傷官	5戊	11甲	7+3−	傷官	36己	12乙	7+3−	正官	6己	13丙	7+3−	偏財
17	34丁	8辛	7+3−	偏印	5戊	9壬	7+3−	比肩	36己	10癸	7+3−	食神	6己	11甲	7+3−	食神	37庚	12乙	7+3−	偏財	7庚	13丙	6+3−	傷官
18	35戊	8辛	7+4−	正官	6己	9壬	7+4−	正財	37庚	10癸	7+4−	劫財	7庚	11甲	7+3−	正官	38辛	12乙	6+4−	正財	8辛	13丙	6+4−	食神
19	36己	8辛	6+4−	偏官	7庚	9壬	6+4−	食神	38辛	10癸	6+4−	比肩	8辛	11甲	6+4−	偏官	39壬	12乙	6+4−	食神	9壬	13丙	6+4−	劫財
20	37庚	8辛	6+4−	印綬	8辛	9壬	6+4−	傷官	39壬	10癸	6+4−	印綬	9壬	11甲	6+4−	正財	40癸	12乙	6+4−	劫財	10癸	13丙	5+4−	比肩
21	38辛	8辛	6+5−	偏印	9壬	9壬	6+5−	偏印	40癸	10癸	6+5−	偏印	10癸	11甲	6+4−	正官	41甲	12乙	5+5−	偏印	11甲	13丙	5+5−	印綬
22	39壬	8辛	5+5−	正官	10癸	9壬	5+5−	印綬	41甲	10癸	5+5−	正官	11甲	11甲	5+5−	偏財	42乙	12乙	5+5−	印綬	12乙	13丙	5+5−	偏印
23	40癸	8辛	5+5−	偏官	11甲	9壬	5+5−	偏官	42乙	10癸	5+5−	偏官	12乙	11甲	5+5−	正財	43丙	12乙	5+5−	偏官	13丙	13丙	4+5−	正官
24	41甲	8辛	5+6−	正財	12乙	9壬	5+6−	正官	43丙	10癸	5+6−	正財	13丙	11甲	5+5−	食神	44丁	12乙	4+6−	正官	14丁	13丙	4+6−	偏官
25	42乙	8辛	4+6−	偏財	13丙	9壬	4+6−	偏財	44丁	10癸	4+6−	偏財	14丁	11甲	4+6−	傷官	45戊	12乙	4+6−	偏財	15戊	13丙	4+6−	正財
26	43丙	8辛	4+6−	傷官	14丁	9壬	4+6−	正財	45戊	10癸	4+6−	傷官	15戊	11甲	4+6−	比肩	46己	12乙	4+6−	正財	16己	13丙	3+6−	偏財
27	44丁	8辛	4+7−	食神	15戊	9壬	4+7−	食神	46己	10癸	4+7−	食神	16己	11甲	4+6−	劫財	47庚	12乙	3+7−	食神	17庚	13丙	3+7−	傷官
28	45戊	8辛	3+7−	劫財	16己	9壬	3+7−	傷官	47庚	10癸	3+7−	劫財	17庚	11甲	3+7−	偏印	48辛	12乙	3+7−	傷官	18辛	13丙	3+7−	食神
29	46己	8辛	3+7−	比肩	17庚	9壬	3+7−	比肩	48辛	10癸	3+7−	比肩	18辛	11甲	3+7−	印綬	49壬	12乙	3+7−	比肩	19壬	13丙	2+7−	劫財
30	47庚	8辛	3+8−	印綬	18辛	9壬	3+8−	劫財	49壬	10癸	3+8−	印綬	19壬	11甲	3+7−	偏官	50癸	12乙	2+8−	劫財	20癸	13丙	2+8−	比肩
31	48辛	8辛	2+8−	偏印	19壬	9壬	2+8−	偏印					20癸	11甲	2+8−	正官					21甲	13丙	2+8−	印綬

2005年（平成17年）生まれ　22 乙（2/4〜翌 2/3）

日	1月	2月	3月	4月	5月	6月	7月	8月	9月	10月	11月	12月
日	日干 月干 立年♂♀ 中心星	日干 月干 立年♂♀ 中心星	日干 月干 立年♂♀ 中心星	日干 月干 立年♂♀ 中心星	日干 月干 立年♂♀ 中心星	日干 月干 立年♂♀ 中心星	日干 月干 立年♂♀ 中心星	日干 月干 立年♂♀ 中心星	日干 月干 立年♂♀ 中心星	日干 月干 立年♂♀ 中心星	日干 月干 立年♂♀ 中心星	日干 月干 立年♂♀ 中心星
1	22乙13丙1+8−偏印	53丙14丁1+9−傷官	21甲15戊8−1+比肩	52乙16己9−1+比肩	22乙17庚9−1+正財	53丙18辛9−1+比肩	23丙19壬9−2+劫財	54丁20癸8−2+食神	25戊21甲8−2+食神	55戊22乙8−2+傷官	26己23丙8−2+劫財	56己24丁8−2+正財
2	23丙13丙1+9−正官	54丁14丁1+9−食神	22乙15戊9−1+劫財	53丙16己9−1+印綬	23丙17庚9−1+食神	54丁18辛9−1+劫財	24丁19壬9−2+比肩	55戊20癸9−2+劫財	26己21甲9−2+傷官	56己22乙8−2+食神	27庚23丙8−2+偏印	57庚24丁8−2+食神
3	24丁13丙1+9−偏官	55戊14丁1+0−劫財	23丙15戊9−1+偏印	54丁16己0−1+偏印	24丁17庚9−1+傷官	55戊18辛0−1+偏印	25戊19壬9−1+印綬	56己20癸9−1+比肩	27庚21甲9−1+比肩	57庚22乙9−2+劫財	28辛23丙9−1+印綬	58辛24丁9−1+傷官
4	25戊13丙1+9−正財	56己15戊1−0+劫財	24丁15戊9−1+印綬	55戊16己0−1+正官	25戊17庚0−1+比肩	56己18辛0−1+印綬	26己19壬0−1+偏印	57庚20癸9−1+印綬	28辛21甲9−1+劫財	58辛22乙9−1+比肩	29壬23丙9−1+偏官	59壬24丁9−1+比肩
5	26己14丁0+1−偏財	57庚15戊1−9+偏印	25戊16己1−0+正官	56己17庚1−0+偏官	26己18辛1−0+劫財	57庚19壬1−0+印綬	27庚19壬0−1+正官	58辛20癸0−1+偏印	29壬21甲0−1+偏印	59壬22乙9−1+印綬	30癸23丙9−1+正官	60癸24丁9−1+劫財
6	27庚14丁0+1−傷官	58辛15戊1−9+印綬	26己16己1−0+偏官	57庚17庚1−0+正財	27庚18辛1−0+偏印	58辛19壬1−0+偏印	28辛19壬0−1+偏官	59壬20癸0−1+正官	30癸21甲0−1+印綬	60癸22乙0−1+偏印	31甲23丙0−1+偏財	1甲24丁0−1+偏印
7	28辛14丁9+1−食神	59壬15戊1−9+偏官	27庚16己1−0+正財	58辛17庚1−9+偏財	28辛18辛1−0+印綬	59壬19壬1−0+正官	29壬20癸1−0+正財	60癸21甲1−0+正官	31甲22乙1−0+正官	1甲22乙0−1+正官	32乙24丁1−0+劫財	2乙25戊1−0+偏印
8	29壬14丁9+1−劫財	60癸15戊1−8+正官	28辛16己1−9+偏財	59壬17庚1−9+傷官	29壬18辛1−9+偏官	60癸19壬1−0+偏官	30癸20癸1−0+偏財	1甲21甲1−0+偏財	32乙22乙1−0+偏官	2乙23丙1−0+偏官	33丙24丁1−0+偏印	3丙25戊1−9+正官
9	30癸14丁9+1−比肩	1甲15戊2−8+偏財	29壬16己1−9+傷官	60癸17庚1−9+食神	30癸18辛1−9+正官	1甲19壬1−9+正財	31甲20癸1−0+傷官	2乙21甲1−0+正財	33丙22乙1−0+正財	3丙23丙1−0+正財	34丁24丁1−9+印綬	4丁25戊1−9+偏官
10	31甲14丁8+2−印綬	2乙15戊2−8+正財	30癸16己2−9+食神	1甲17庚2−8+劫財	31甲18辛2−9+偏財	2乙19壬2−9+偏財	32乙20癸1−9+食神	3丙21甲1−9+食神	34丁22乙1−9+偏財	4丁23丙1−9+偏財	35戊24丁1−9+偏官	5戊25戊1−9+正財
11	32乙14丁8+2−偏印	3丙15戊2−7+食神	31甲16己2−8+劫財	2乙17庚2−8+比肩	32乙18辛2−8+正官	3丙19壬2−9+傷官	33丙20癸1−9+劫財	4丁21甲1−9+傷官	35戊22乙1−9+傷官	5戊23丙1−9+傷官	36己24丁1−9+正官	6己25戊1−8+偏財
12	33丙14丁8+2−正官	4丁15戊3−7+劫財	32乙16己2−8+比肩	3丙17庚2−8+印綬	33丙18辛2−8+偏財	4丁19壬2−8+食神	34丁20癸2−9+比肩	5戊21甲2−9+比肩	36己22乙2−9+食神	6己23丙1−9+食神	37庚24丁2−8+偏財	7庚25戊2−8+傷官
13	34丁14丁7+3−偏官	5戊15戊3−7+偏印	33丙16己3−8+印綬	4丁17庚3−7+偏印	34丁18辛3−8+正財	5戊19壬3−8+劫財	35戊20癸2−8+印綬	6己21甲2−8+劫財	37庚22乙2−8+劫財	7庚23丙2−8+劫財	38辛24丁2−8+正財	8辛25戊2−8+食神
14	35戊14丁7+3−正財	6己15戊3−6+印綬	34丁16己3−7+偏印	5戊17庚3−7+正官	35戊18辛3−7+食神	6己19壬3−8+比肩	36己20癸2−8+偏印	7庚21甲2−8+偏印	38辛22乙2−8+比肩	8辛23丙2−8+比肩	39壬24丁2−8+食神	9壬25戊2−7+劫財
15	36己14丁7+3−食神	7庚15戊4−6+偏官	35戊16己3−7+正官	6己17庚3−7+偏財	36己18辛3−7+傷官	7庚19壬3−7+印綬	37庚20癸3−8+正官	8辛21甲3−8+印綬	39壬22乙3−8+印綬	9壬23丙2−8+印綬	40癸24丁3−7+傷官	10癸25戊3−7+比肩
16	37庚14丁6+4−劫財	8辛15戊4−6+正官	36己16己4−7+偏官	7庚17庚4−6+傷官	37庚18辛4−7+比肩	8辛19壬4−7+偏印	38辛20癸3−7+偏官	9壬21甲3−7+偏官	40癸22乙3−7+偏印	10癸23丙3−7+偏印	41甲24丁3−7+比肩	11甲25戊3−7+印綬
17	38辛14丁6+4−比肩	9壬15戊4−5+偏財	37庚16己4−6+正財	8辛17庚4−6+食神	38辛18辛4−6+劫財	9壬19壬4−7+正官	39壬20癸3−7+傷官	10癸21甲3−7+正官	41甲22乙3−7+正官	11甲23丙3−7+正官	42乙24丁3−7+劫財	12乙25戊3−6+偏印
18	39壬14丁6+4−正官	10癸15戊5−5+正財	38辛16己4−6+偏財	9壬17庚4−6+偏官	39壬18辛4−6+偏印	10癸19壬4−6+偏官	40癸20癸4−7+食神	11甲21甲4−7+偏印	42乙22乙4−7+偏官	12乙23丙3−7+食神	43丙24丁4−6+偏印	13丙25戊4−6+正官
19	40癸14丁5+5−偏官	11甲15戊5−5+比肩	39壬16己5−6+傷官	10癸17庚5−5+正官	40癸18辛5−6+印綬	11甲19壬5−6+正財	41甲20癸4−6+劫財	12乙21甲4−6+印綬	43丙22乙4−6+正財	13丙23丙4−6+劫財	44丁24丁4−6+印綬	14丁25戊4−6+偏官
20	41甲14丁5+5−正財	12乙15戊5−4+劫財	40癸16己5−5+食神	11甲17庚5−5+偏財	41甲18辛5−5+食神	12乙19壬5−6+偏財	42乙20癸4−6+偏財	13丙21甲4−6+偏官	44丁22乙4−6+偏財	14丁23丙4−6+比肩	45戊24丁4−6+偏財	15戊25戊4−5+正財
21	42乙14丁5+5−偏財	13丙15戊6−4+偏印	41甲16己5−5+劫財	12乙17庚5−5+正財	42乙18辛5−5+傷官	13丙19壬5−5+傷官	43丙20癸5−6+傷官	14丁21甲5−6+正財	45戊22乙5−6+傷官	15戊23丙4−6+比肩	46己24丁5−5+正財	16己25戊5−5+偏財
22	43丙14丁4+6−傷官	14丁15戊6−4+印綬	42乙16己6−5+比肩	13丙17庚6−4+食神	43丙18辛6−5+比肩	14丁19壬6−5+食神	44丁20癸5−5+食神	15戊21甲5−5+食神	46己22乙5−5+食神	16己23丙5−5+劫財	47庚24丁5−5+食神	17庚25戊5−5+傷官
23	44丁14丁4+6−食神	15戊15戊6−3+偏官	43丙16己6−4+印綬	14丁17庚6−4+傷官	44丁18辛6−4+劫財	15戊19壬6−5+劫財	45戊20癸5−5+劫財	16己21甲5−5+傷官	47庚22乙5−5+劫財	17庚23丙5−5+偏印	48辛24丁5−5+傷官	18辛25戊5−4+食神
24	45戊14丁4+6−劫財	16己15戊7−3+正官	44丁16己6−4+偏印	15戊17庚6−4+比肩	45戊18辛6−4+偏印	16己19壬6−4+比肩	46己20癸6−5+比肩	17庚21甲6−5+比肩	48辛22乙6−5+比肩	18辛23丙5−5+印綬	49壬24丁6−4+比肩	19壬25戊6−4+劫財
25	46己14丁3+7−比肩	17庚15戊7−3+偏財	45戊16己7−4+正官	16己17庚7−3+劫財	46己18辛7−4+印綬	17庚19壬7−4+正官	47庚20癸6−4+印綬	18辛21甲6−4+劫財	49壬22乙6−4+印綬	19壬23丙6−4+偏官	50癸24丁6−4+劫財	20癸25戊6−4+比肩
26	47庚14丁3+7−印綬	18辛15戊7−2+正財	46己16己7−3+偏官	17庚17庚7−3+偏印	47庚18辛7−3+偏官	18辛19壬7−4+偏官	48辛20癸6−4+偏印	19壬21甲6−4+偏印	50癸22乙6−4+偏印	20癸23丙6−4+正官	51甲24丁6−4+偏印	21甲25戊6−3+印綬
27	48辛14丁3+7−偏印	19壬15戊8−2+食神	47庚16己7−3+正財	18辛17庚7−3+印綬	48辛18辛7−3+正官	19壬19壬7−3+正財	49壬20癸7−4+正官	20癸21甲7−4+印綬	51甲22乙7−4+正官	21甲23丙6−4+偏財	52乙24丁7−3+印綬	22乙25戊7−3+偏印
28	49壬14丁2+8−正官	20癸15戊8−2+傷官	48辛16己8−3+偏財	19壬17庚8−2+偏官	49壬18辛8−3+偏財	20癸19壬8−3+偏財	50癸20癸7−3+偏官	21甲21甲7−3+偏官	52乙22乙7−3+偏官	22乙23丙7−3+正財	53丙24丁7−3+偏官	23丙25戊7−3+正官
29	50癸14丁2+8−偏官		49壬16己8−2+傷官	20癸17庚8−2+正官	50癸18辛8−2+正財	21甲19壬8−3+傷官	51甲20癸7−3+正財	22乙21甲7−3+正官	53丙22乙7−3+正財	23丙23丙7−3+食神	54丁24丁7−3+正官	24丁25戊7−2+偏官
30	51甲14丁2+8−正財		50癸16己8−2+食神	21甲17庚8−2+偏財	51甲18辛8−2+食神	22乙19壬8−2+食神	52乙20癸8−3+偏財	23丙21甲8−3+偏財	54丁22乙8−3+偏財	24丁23丙7−3+傷官	55戊24丁8−2+偏財	25戊25戊8−2+正財
31	52乙14丁1+9−偏財		51甲16己9−2+劫財		52乙18辛9−2+傷官		53丙20癸8−2+傷官	24丁21甲8−2+正財		25戊23丙8−2+比肩		26己25戊8−2+偏財

2006年(平成18年)生まれ　23 丙(2/4～翌 2/3)

日	1月	2月	3月	4月	5月	6月	7月	8月	9月	10月	11月	12月
日	日干 月干 立年♂♀ 中心星	日干 月干 立年♂♀ 中心星	日干 月干 立年♂♀ 中心星	日干 月干 立年♂♀ 中心星	日干 月干 立年♂♀ 中心星	日干 月干 立年♂♀ 中心星	日干 月干 立年♂♀ 中心星	日干 月干 立年♂♀ 中心星	日干 月干 立年♂♀ 中心星	日干 月干 立年♂♀ 中心星	日干 月干 立年♂♀ 中心星	日干 月干 立年♂♀ 中心星
1	27庚25戊8−1+傷官	58辛26己9−1+偏印	26己27庚2+8−正官	57庚28辛1+9−正財	27庚29壬2+9−偏印	58辛30癸2+9−正官	28辛31甲2+8−偏官	59壬32乙2+8−正官	30癸33丙2+8−印綬	60癸34丁2+8−偏印	31甲35戊2+8−偏財	1甲36己2+8−偏印
2	28辛25戊9−1+食神	59壬26己9−1+正官	27庚27庚1+9−偏財	58辛28辛1+9−偏財	28辛29壬1+9−印綬	59壬30癸1+9−偏財	29壬31甲2+9−正財	60癸32乙2+9−偏官	31甲33丙2+8−偏官	1甲34丁2+8−正官	32乙35戊2+8−正財	2乙36己2+8−印綬
3	29壬25戊9−1+劫財	60癸26己0−1+偏官	28辛27庚1+9−正財	59壬28辛1+9−傷官	29壬29壬1+9−偏官	60癸30癸1+9−正財	30癸31甲1+9−偏財	1甲32乙2+9−正財	32乙33丙2+9−正官	2乙34丁2+8−偏官	33丙35戊1+9−食神	3丙36己1+9−偏官
4	30癸25戊9−1+比肩	1甲27庚0+1−偏財	29壬27庚1+9−食神	60癸28辛1+0−食神	31癸29壬1+0−正官	1甲30癸1+0−食神	31甲31甲1+9−傷官	2乙32乙1+9−偏財	33丙33丙1+9−偏財	3丙34丁1+9−正財	34丁35戊1+9−傷官	4丁36己1+9−正官
5	31甲26己1−0+印綬	2乙27庚0+1−正財	30癸27庚1+0−傷官	1甲29壬0+1−劫財	31甲29壬1+0−偏財	2乙30癸1+0−傷官	32乙31甲1+0−食神	3丙32乙1+0−傷官	34丁33丙1+9−正財	4丁34丁1+9−偏財	35戊35戊1+9−比肩	5戊36己1+9−偏財
6	32乙26己1−0+偏印	3丙27庚9+1−食神	31甲28辛0+1−劫財	2乙29壬0+1−比肩	32乙30癸0+1−正財	3丙31甲0+1−傷官	33丙31甲1+0−劫財	4丁32乙1+0−食神	35戊33丙1+0−食神	5戊34丁1+9−傷官	36己35戊1+0−劫財	6己36己1+0−正財
7	33丙26己1−9+正官	4丁27庚9+1−傷官	32乙28辛0+1−比肩	3丙29壬0+1−印綬	33丙30癸0+1−食神	4丁31甲0+1−食神	34丁32乙0+1−比肩	5戊32乙1+0−劫財	36己33丙1+0−傷官	6己34丁1+0−食神	37庚36己0+1−偏財	7庚37庚0+1−傷官
8	34丁26己1−9+偏官	5戊27庚9+1−比肩	33丙28辛9+1−印綬	4丁29壬9+1−偏印	34丁30癸0+1−傷官	5戊31甲0+1−劫財	35戊32乙0+1−印綬	6己33丙0+1−劫財	37庚34丁0+1−劫財	7庚35戊0+1−劫財	38辛36己0+1−正財	8辛37庚0+1−食神
9	35戊26己1−9+正財	6己27庚8+2−劫財	34丁28辛9+1−偏印	5戊29壬9+1−正官	35戊30癸9+1−比肩	6己31甲9+1−比肩	36己32乙0+1−偏印	7庚33丙0+1−偏印	38辛34丁0+1−比肩	8辛35戊0+1−比肩	39壬36己9+1−食神	9壬37庚9+1−劫財
10	36己26己2−8+偏財	7庚27庚8+2−偏印	35戊28辛9+1−正官	6己29壬9+2−偏官	36己30癸9+1−劫財	7庚31甲9+1−印綬	37庚32乙0+1−正官	8辛33丙0+1−印綬	39壬34丁9+1−印綬	9壬35戊9+1−印綬	40癸36己9+1−傷官	10癸37庚9+1−比肩
11	37庚26己2−8+傷官	8辛27庚8+2−印綬	36己28辛8+2−偏官	7庚29壬8+2−正財	37庚30癸9+2−偏印	8辛31甲9+2−偏印	38辛32乙9+1−偏官	9壬33丙9+1−偏官	40癸34丁9+1−偏印	10癸35戊9+1−偏印	41甲36己9+1−比肩	11甲37庚9+1−印綬
12	38辛26己2−8+食神	9壬27庚7+3−偏財	37庚28辛8+2−正財	8辛29壬8+2−偏財	38辛30癸8+2−劫財	9壬31甲8+2−正官	39壬32乙9+2−正財	10癸33丙9+1−正官	41甲34丁9+1−正官	11甲35戊9+1−正官	42乙36己8+2−劫財	12乙37庚8+2−偏印
13	39壬26己3−7+劫財	10癸27庚7+3−正財	38辛28辛8+2−偏財	9壬29壬8+3−傷官	39壬30癸8+2−偏印	10癸31甲8+2−偏官	40癸32乙9+2−偏財	11甲33丙9+2−偏財	42乙34丁8+2−偏官	12乙35戊8+2−偏官	43丙36己8+2−偏印	13丙37庚8+2−正官
14	40癸26己3−7+比肩	11甲27庚7+3−食神	39壬28辛7+3−傷官	10癸29壬7+3−食神	40癸30癸8+3−印綬	11甲31甲8+3−正財	41甲32乙8+2−傷官	12乙33丙8+2−正財	43丙34丁8+2−正財	13丙35戊8+2−正財	44丁36己8+2−印綬	14丁37庚8+2−偏官
15	41甲26己3−7+正官	12乙27庚6+4−傷官	40癸28辛7+3−食神	11甲29壬7+3−印綬	41甲30癸7+3−偏官	12乙31甲7+3−偏財	42乙32乙8+3−食神	13丙33丙8+2−食神	44丁34丁8+2−偏財	14丁35戊8+2−偏財	45戊36己7+3−偏官	15戊37庚7+3−正財
16	42乙26己4−6+偏官	13丙27庚6+4−比肩	41甲28辛7+3−劫財	12乙29壬7+4−偏印	42乙30癸7+3−正官	13丙31甲7+3−傷官	43丙32乙8+3−劫財	14丁33丙8+3−傷官	45戊34丁7+3−傷官	15戊35戊7+3−傷官	46己36己7+3−正官	16己37庚7+3−偏財
17	43丙26己4−6+正財	14丁27庚6+4−劫財	42乙28辛6+4−比肩	13丙29壬6+4−正官	43丙30癸7+4−偏財	14丁31甲7+4−食神	44丁32乙7+3−偏印	15戊33丙7+3−比肩	46己34丁7+3−食神	16己35戊7+3−食神	47庚36己7+3−偏財	17庚37庚7+3−傷官
18	44丁26己4−6+食神	15戊27庚5+5−偏印	43丙28辛6+4−印綬	14丁29壬6+4−傷官	44丁30癸6+4−正財	15戊31甲6+4−劫財	45戊32乙7+4−正官	16己33丙7+3−劫財	47庚34丁7+3−劫財	17庚35戊7+3−正官	48辛36己6+4−正財	18辛37庚6+4−食神
19	45戊26己5−5+劫財	16己27庚5+5−正官	44丁28辛6+4−偏印	15戊29壬6+5−比肩	45戊30癸6+4−食神	16己31甲6+4−比肩	46己32乙7+4−偏官	17庚33丙7+4−食神	48辛34丁6+4−比肩	18辛35戊6+4−偏官	49壬36己6+4−食神	19壬37庚6+4−劫財
20	46己26己5−5+比肩	17庚27庚5+5−偏財	45戊28辛5+5−正官	16己29壬5+5−劫財	46己30癸6+5−傷官	17庚31甲6+5−印綬	47庚32乙6+4−印綬	18辛33丙6+4−傷官	49壬34丁6+4−印綬	19壬35戊6+4−正財	50癸36己6+4−劫財	20癸37庚6+4−比肩
21	47庚26己5−5+印綬	18辛27庚4+6−正財	46己28辛5+5−偏官	17庚29壬5+5−偏印	47庚30癸5+5−偏官	18辛31甲5+5−偏印	48辛32乙6+5−偏印	19壬33丙6+4−比肩	50癸34丁6+4−偏印	20癸35戊6+4−正官	51甲36己5+5−偏印	21甲37庚5+5−印綬
22	48辛26己6−4+偏印	19壬27庚4+6−食神	47庚28辛5+5−正財	18辛29壬5+6−印綬	48辛30癸5+5−正官	19壬31甲5+5−正官	49壬32乙6+5−正官	20癸33丙6+5−印綬	51甲34丁5+5−正官	21甲35戊5+5−偏財	52乙36己5+5−印綬	22乙37庚5+5−偏印
23	49壬26己6−4+正官	20癸27庚4+6−傷官	48辛28辛4+6−偏財	19壬29壬4+6−偏官	49壬30癸5+6−偏財	20癸31甲5+6−偏官	50癸32乙5+5−偏官	21甲33丙5+5−偏財	52乙34丁5+5−偏官	22乙35戊5+5−正財	53丙36己5+5−偏官	23丙37庚5+5−正官
24	50癸26己6−4+偏官	21甲27庚3+7−比肩	49壬28辛4+6−傷官	20癸29壬4+6−正官	50癸30癸4+6−正財	21甲31甲4+6−正財	51甲32乙5+6−正財	22乙33丙5+5−正官	53丙34丁5+5−正財	23丙35戊5+5−食神	54丁36己4+6−正官	24丁37庚4+6−偏官
25	51甲26己7−3+正財	22乙27庚3+7−劫財	50癸28辛4+6−食神	21甲29壬4+7−偏財	51甲30癸4+6−食神	22乙31甲4+6−偏財	52乙32乙5+6−偏財	23丙33丙5+6−偏財	54丁34丁4+6−偏財	24丁35戊4+6−傷官	55戊36己4+6−偏財	25戊37庚4+6−正財
26	52乙26己7−3+偏財	23丙27庚3+7−偏印	51甲28辛3+7−劫財	22乙29壬3+7−正財	52乙30癸4+7−傷官	23丙31甲4+7−劫財	53丙32乙4+6−傷官	24丁33丙4+6−正財	55戊34丁4+6−傷官	25戊35戊4+6−比肩	56己36己4+6−正財	26己37庚4+6−偏財
27	53丙26己7−3+傷官	24丁27庚2+8−印綬	52乙28辛3+7−比肩	23丙29壬3+7−食神	53丙30癸3+7−比肩	24丁31甲3+7−比肩	54丁32乙4+7−食神	25戊33丙4+6−食神	56己34丁4+6−食神	26己35戊4+6−劫財	57庚36己3+7−食神	27庚37庚3+7−傷官
28	54丁26己8−2+食神	25戊27庚2+8−偏官	53丙28辛3+7−印綬	24丁29壬3+8−傷官	54丁30癸3+7−劫財	25戊31甲3+7−印綬	55戊32乙4+7−劫財	26己33丙4+7−傷官	57庚34丁3+7−印綬	27庚35戊3+7−偏印	58辛36己3+7−傷官	28辛37庚3+7−食神
29	55戊26己8−2+劫財		54丁28辛2+8−偏印	25戊29壬2+8−比肩	55戊30癸3+8−偏印	26己31甲3+8−偏印	56己32乙3+7−比肩	27庚33丙3+7−比肩	58辛34丁3+7−偏印	28辛35戊3+7−印綬	59壬36己3+7−比肩	29壬37庚3+7−劫財
30	56己26己8−2+比肩		55戊28辛2+8−正官	26己29壬2+8−劫財	56己30癸2+8−印綬	27庚31甲2+8−正官	57庚32乙3+8−印綬	28辛33丙3+7−劫財	59壬34丁3+7−印綬	29壬35戊3+7−偏官	60癸36己2+8−劫財	30癸37庚2+8−比肩
31	57庚26己9−1+印綬		56己28辛2+8−偏官		57庚30癸2+8−偏官		58辛32乙3+8−偏印	29壬33丙3+8−偏印		30癸35戊2+8−正官		31甲37庚2+8−印綬

2007年（平成19年）生まれ　24 丁（2/4〜翌 2/3）

日	1月	2月	3月	4月	5月	6月	7月	8月	9月	10月	11月	12月
	日干 月干 立年♂♀ 中心星	日干 月干 立年♂♀ 中心星	日干 月干 立年♂♀ 中心星	日干 月干 立年♂♀ 中心星	日干 月干 立年♂♀ 中心星	日干 月干 立年♂♀ 中心星	日干 月干 立年♂♀ 中心星	日干 月干 立年♂♀ 中心星	日干 月干 立年♂♀ 中心星	日干 月干 立年♂♀ 中心星	日干 月干 立年♂♀ 中心星	日干 月干 立年♂♀ 中心星
1	32乙37庚2+8−偏印	3丙38辛1+9−傷官	31甲39壬8−2+比肩	2乙40癸9−1+比肩	32乙41甲9−2+正財	3丙42乙9−2+比肩	33丙43丙8−2+劫財	4丁44丁8−2+食神	35戊45戊8−2+食神	5戊46己8−3+傷官	36己47庚8−2+劫財	6己48辛8−2+正財
2	33丙37庚1+9−正官	4丁38辛1+9−食神	32乙39壬9−1+劫財	3丙40癸9−1+印綬	33丙41甲9−1+食神	4丁42乙9−1+劫財	34丁43丙9−2+比肩	5戊44丁9−2+劫財	36己45戊8−2+傷官	6己46己8−2+食神	37庚47庚8−2+偏印	7庚48辛8−2+食神
3	34丁37庚1+9−偏官	5戊38辛1+9−劫財	33丙39壬9−1+偏印	4丁40癸9−1+偏印	34丁41甲9−1+傷官	5戊42乙9−1+偏印	35戊43丙9−1+印綬	6己44丁9−2+比肩	37庚45戊9−2+比肩	7庚46己8−2+劫財	38辛47庚8−2+印綬	8辛48辛8−1+傷官
4	35戊37庚1+9−正財	6己39壬1−0+劫財	34丁39壬9−1+印綬	5戊40癸0−1+正官	35戊41甲0−1+比肩	6己42乙0−1+印綬	36己43丙9−1+偏印	7庚44丁9−1+印綬	38辛45戊9−1+劫財	8辛46己9−2+比肩	39壬47庚9−1+偏官	9壬48辛9−1+比肩
5	36己37庚1+0−偏財	7庚39壬1−0+偏印	35戊39壬0−1+偏官	6己41甲1−0+偏官	36己41甲0−1+劫財	7庚42乙0−1+偏官	37庚43丙0−1+正官	8辛44丁0−1+偏印	39壬45戊9−1+偏印	9壬46己9−1+印綬	40癸47庚9−1+正官	10癸48辛9−1+劫財
6	37庚38辛0+1−傷官	8辛39壬1−9+印綬	36己40癸1−0+偏官	7庚41甲1−0+正財	37庚42乙1−0+偏印	8辛43丙1−0+偏印	38辛43丙0−1+偏官	9壬44丁0−1+正官	40癸45戊0−1+印綬	10癸46己9−1+偏印	41甲47庚9−1+偏財	11甲48辛9−1+偏印
7	38辛38辛9+1−食神	9壬39壬1−9+偏官	37庚40癸1−0+正財	8辛41甲1−0+偏財	38辛42乙1−0+印綬	9壬43丙1−0+正官	39壬44丁1−0+正財	10癸44丁0−1+偏官	41甲45戊0−1+偏官	11甲46己0−1+正官	42乙47庚0−1+正財	12乙49壬1−0+偏印
8	39壬38辛9+1−劫財	10癸39壬1−9+正官	38辛40癸1−9+偏財	9壬41甲1−9+傷官	39壬42乙1−0+偏官	10癸43丙1−0+偏官	40癸44丁1−0+偏財	11甲45戊1−0+偏財	42乙46己1−0+偏官	12乙46己0−1+偏官	43丙48辛1−0+偏印	13丙49壬1−0+正官
9	40癸38辛9+1−比肩	11甲39壬2−8+偏財	39壬40癸1−9+傷官	10癸41甲1−9+食神	40癸42乙1−9+正官	11甲43丙1−9+正財	41甲44丁1−0+傷官	12乙45戊1−0+正財	43丙46己1−0+正財	13丙47庚1−0+正財	44丁48辛1−9+印綬	14丁49壬1−9+偏官
10	41甲38辛8+1−印綬	12乙39壬2−8+正財	40癸40癸1−9+食神	11甲41甲2−9+劫財	41甲42乙1−9+偏財	12乙43丙1−9+偏財	42乙44丁1−0+食神	13丙45戊1−0+食神	44丁46己1−0+偏財	14丁47庚1−0+偏財	45戊48辛1−9+偏官	15戊49壬1−9+正財
11	42乙38辛8+2−偏印	13丙39壬2−8+食神	41甲40癸2−8+劫財	12乙41甲2−8+比肩	42乙42乙2−9+正財	13丙43丙2−9+傷官	43丙44丁1−9+劫財	14丁45戊1−9+傷官	45戊46己1−9+傷官	15戊47庚1−9+傷官	46己48辛1−9+正官	16己49壬1−9+偏財
12	43丙38辛8+2−正官	14丁39壬3−7+劫財	42乙40癸2−8+比肩	13丙41甲2−8+印綬	43丙42乙2−8+偏財	14丁43丙2−8+食神	44丁44丁2−9+比肩	15戊45戊1−9+比肩	46己46己1−9+食神	16己47庚1−9+食神	47庚48辛1−8+偏財	17庚49壬2−8+傷官
13	44丁38辛7+2−偏官	15戊39壬3−7+偏印	43丙40癸2−8+印綬	14丁41甲3−8+偏印	44丁42乙2−8+正財	15戊43丙2−8+劫財	45戊44丁2−9+印綬	16己45戊2−9+劫財	47庚46己2−9+劫財	17庚47庚1−9+劫財	48辛48辛2−8+正財	18辛49壬2−8+食神
14	45戊38辛7+3−正財	16己39壬3−7+印綬	44丁40癸3−7+偏印	15戊41甲3−7+正官	45戊42乙3−8+食神	16己43丙3−8+比肩	46己44丁2−8+偏印	17庚45戊2−8+偏印	48辛46己2−8+比肩	18辛47庚2−8+比肩	49壬48辛2−8+食神	19壬49壬2−8+劫財
15	46己38辛7+3−偏財	17庚39壬4−6+偏官	45戊40癸3−7+正官	16己41甲3−7+偏財	46己42乙3−7+傷官	17庚43丙3−7+印綬	47庚44丁3−8+正官	18辛45戊2−8+印綬	49壬46己2−8+印綬	19壬47庚2−8+印綬	50癸48辛2−7+傷官	20癸49壬3−7+比肩
16	47庚38辛6+3−劫財	18辛39壬4−6+正官	46己40癸3−7+偏官	17庚41甲4−7+傷官	47庚42乙3−7+比肩	18辛43丙3−7+偏印	48辛44丁3−8+偏官	19壬45戊3−8+偏官	50癸46己3−8+偏印	20癸47庚2−8+偏印	51甲48辛3−7+比肩	21甲49壬3−7+印綬
17	48辛38辛6+4−比肩	19壬39壬4−6+偏財	47庚40癸4−6+正財	18辛41甲4−6+食神	48辛42乙4−7+劫財	19壬43丙4−7+正官	49壬44丁3−7+傷官	20癸45戊3−7+正官	51甲46己3−7+正官	21甲47庚3−7+正官	52乙48辛3−7+劫財	22乙49壬3−7+偏印
18	49壬38辛6+4−印綬	20癸39壬5−5+正財	48辛40癸4−6+偏財	19壬41甲4−6+偏官	49壬42乙4−6+偏印	20癸43丙4−6+偏官	50癸44丁4−7+食神	21甲45戊3−7+偏財	52乙46己3−7+偏官	22乙47庚3−7+偏官	53丙48辛3−6+偏印	23丙49壬4−6+正官
19	50癸38辛5+4−偏官	21甲39壬5−5+比肩	49壬40癸4−6+傷官	20癸41甲5−6+正官	50癸42乙4−6+印綬	21甲43丙4−6+正財	51甲44丁4−7+劫財	22乙45戊4−7+印綬	53丙46己4−7+正財	23丙47庚3−7+劫財	54丁48辛4−6+印綬	24丁49壬4−6+偏官
20	51甲38辛5+5−正財	22乙39壬5−5+劫財	50癸40癸5−5+食神	21甲41甲5−5+偏財	51甲42乙5−6+偏官	22乙43丙5−6+偏財	52乙44丁4−6+偏財	23丙45戊4−6+偏官	54丁46己4−6+偏財	24丁47庚4−6+比肩	55戊48辛4−6+偏官	25戊49壬4−6+正財
21	52乙38辛5+5−偏財	23丙39壬6−4+偏印	51甲40癸5−5+劫財	22乙41甲5−5+正財	52乙42乙5−5+傷官	23丙43丙5−5+傷官	53丙44丁5−6+傷官	24丁45戊4−6+正官	55戊46己4−6+傷官	25戊47庚4−6+印綬	56己48辛4−5+正財	26己49壬5−5+偏財
22	53丙38辛4+5−傷官	24丁39壬6−4+印綬	52乙40癸5−5+比肩	23丙41甲6−5+食神	53丙42乙5−5+比肩	24丁43丙5−5+食神	54丁44丁5−6+食神	25戊45戊5−6+食神	56己46己5−6+食神	26己47庚4−6+劫財	57庚48辛5−5+食神	27庚49壬5−5+傷官
23	54丁38辛4+6−食神	25戊39壬6−4+偏官	53丙40癸6−4+印綬	24丁41甲6−4+傷官	54丁42乙6−5+劫財	25戊43丙6−5+劫財	55戊44丁5−5+劫財	26己45戊5−5+傷官	57庚46己5−5+劫財	27庚47庚5−5+偏印	58辛48辛5−5+傷官	28辛49壬5−5+食神
24	55戊38辛4+6−劫財	26己39壬7−3+正官	54丁40癸6−4+偏印	25戊41甲6−4+比肩	55戊42乙6−4+偏印	26己43丙6−4+比肩	56己44丁6−5+比肩	27庚45戊5−5+比肩	58辛46己5−5+比肩	28辛47庚5−5+印綬	59壬48辛5−4+比肩	29壬49壬6−4+劫財
25	56己38辛3+6−比肩	27庚39壬7−3+偏財	55戊40癸6−4+正官	26己41甲7−4+劫財	56己42乙6−4+印綬	27庚43丙6−4+印綬	57庚44丁6−5+印綬	28辛45戊6−5+劫財	59壬46己6−5+印綬	29壬47庚5−5+偏官	60癸48辛6−4+劫財	30癸49壬6−4+比肩
26	57庚38辛3+7−印綬	28辛39壬7−3+正財	56己40癸7−3+偏官	27庚41甲7−3+偏印	57庚42乙7−4+偏官	28辛43丙7−4+偏官	58辛44丁6−4+偏印	29壬45戊6−4+偏印	60癸46己6−4+偏印	30癸47庚6−4+正官	1甲48辛6−4+偏印	31甲49壬6−4+印綬
27	58辛38辛3+7−偏印	29壬39壬8−2+食神	57庚40癸7−3+正財	28辛41甲7−3+印綬	58辛42乙7−3+正官	29壬43丙7−3+正財	59壬44丁7−4+正官	30癸45戊6−4+印綬	1甲46己6−4+正官	31甲47庚6−4+偏財	2乙48辛6−3+印綬	32乙49壬7−3+偏印
28	59壬38辛2+7−正官	30癸39壬8−2+傷官	58辛40癸7−3+偏財	29壬41甲8−3+偏官	59壬42乙7−3+偏財	30癸43丙7−3+偏財	60癸44丁7−4+偏官	31甲45戊7−4+偏官	2乙46己7−4+偏官	32乙47庚6−4+正財	3丙48辛7−3+偏官	33丙49壬7−3+正官
29	60癸38辛2+8−偏官		59壬40癸8−2+傷官	30癸41甲8−2+正官	60癸42乙8−3+正財	31甲43丙8−3+傷官	1甲44丁7−3+正財	32乙45戊7−3+正官	3丙46己7−3+正財	33丙47庚7−3+食神	4丁48辛7−3+正官	34丁49壬7−3+偏官
30	1甲38辛2+8−正財		60癸40癸8−2+食神	31甲41甲8−2+偏財	1甲42乙8−2+食神	32乙43丙8−2+食神	2乙44丁8−3+偏財	33丙45戊7−3+偏財	4丁46己7−3+偏財	34丁47庚7−3+傷官	5戊48辛7−2+偏財	35戊49壬8−2+正財
31	2乙38辛1+8−偏財		1甲40癸8−2+劫財		2乙42乙8−2+傷官		3丙44丁8−3+傷官	34丁45戊8−3+正財		35戊47庚7−3+比肩		36己49壬8−2+偏財

2008年(平成20年)生まれ

25 戊(2/4〜翌 2/3)

日	1月	2月	3月	4月	5月	6月	7月	8月	9月	10月	11月	12月
	日干 月干 立年♂♀ 中心星	日干 月干 立年♂♀ 中心星	日干 月干 立年♂♀ 中心星	日干 月干 立年♂♀ 中心星	日干 月干 立年♂♀ 中心星	日干 月干 立年♂♀ 中心星	日干 月干 立年♂♀ 中心星	日干 月干 立年♂♀ 中心星	日干 月干 立年♂♀ 中心星	日干 月干 立年♂♀ 中心星	日干 月干 立年♂♀ 中心星	日干 月干 立年♂♀ 中心星
1	37庚49壬8−2+傷官	8辛50癸9−1+偏印	37庚51甲1+9−偏財	8辛 52乙1+9−偏財	38辛53丙1+9−印綬	9壬54丁1+9−偏財	39壬55戊2+9−正財	10癸56己2+8−偏官	41甲57庚2+8−偏官	11甲58辛2+8−正官	42乙59壬2+8−正財	12乙60癸2+8−印綬
2	38辛49壬9−1+食神	9壬50癸9−1+正官	38辛51甲1+9−正財	9壬 52乙1+9−傷官	39壬53丙1+9−偏官	10癸54丁1+9−正財	40癸55戊2+9−偏財	11甲56己2+9−正財	42乙57庚2+9−正官	12乙58辛2+8−偏官	43丙59壬2+8−食神	13丙60癸2+8−偏官
3	39壬49壬9−1+劫財	10癸50癸9−1+偏官	39壬51甲1+9−食神	10癸52乙1+0−食神	40癸53丙1+0−正官	11甲54丁1+0−食神	41甲55戊1+9−傷官	12乙56己1+9−偏財	43丙57庚1+9−偏財	13丙58辛2+9−正財	44丁59壬1+9−傷官	14丁60癸1+9−正官
4	40癸49壬9−1+比肩	11甲51甲0+1−偏財	40癸51甲1+0−傷官	11甲53丙0+1−劫財	41甲53丙1+0−偏財	12乙54丁1+0−傷官	42乙55戊1+0−食神	13丙56己1+9−傷官	44丁57庚1+9−正財	14丁58辛1+9−偏財	45戊59壬1+9−比肩	15戊60癸1+9−偏財
5	41甲49壬0−1+印綬	12乙51甲0+1−正財	41甲52乙0+1−劫財	12乙53丙0+1−比肩	42乙54丁0+1−正財	13丙55戊0+1−傷官	43丙55戊1+0−劫財	14丁56己1+0−食神	45戊57庚1+0−食神	15戊58辛1+9−傷官	46己59壬1+9−劫財	16己60癸1+9−正財
6	42乙50癸1−0+偏印	13丙51甲9+1−食神	42乙52乙0+1−比肩	13丙53丙0+1−印綬	43丙54丁0+1−食神	14丁55戊0+1−食神	44丁55戊1+0−比肩	15戊56己1+0−劫財	46己57庚1+0−傷官	16己58辛1+0−食神	47庚59壬1+0−偏印	17庚60癸1+0−食神
7	43丙50癸1−9+正官	14丁51甲9+1−傷官	43丙52乙9+1−印綬	14丁53丙9+1−偏印	44丁54丁0+1−傷官	15戊55戊0+1−劫財	45戊56己0+1−印綬	16己57庚0+1−劫財	47庚58辛0+1−劫財	17庚58辛1+0−劫財	48辛60癸0+1−正財	18辛 1甲0+1−食神
8	44丁50癸1−9+偏官	15戊51甲9+1−比肩	44丁52乙9+1−偏印	15戊53丙9+1−正官	45戊54丁9+1−比肩	16己55戊0+1−比肩	46己56己0+1−偏印	17庚57庚0+1−偏印	48辛58辛0+1−比肩	18辛59壬0+1−比肩	49壬60癸0+1−食神	19壬 1甲9+1−劫財
9	45戊50癸1−9+正財	16己51甲8+2−劫財	45戊52乙9+1−正官	16己53丙9+2−偏官	46己54丁9+1−劫財	17庚55戊9+1−印綬	47庚56己0+1−正官	18辛57庚0+1−印綬	49壬58辛0+1−印綬	19壬59壬0+1−印綬	50癸60癸9+1−傷官	20癸 1甲9+1−比肩
10	46己50癸1−8+偏財	17庚51甲8+2−偏印	46己52乙8+2−偏官	17庚53丙8+2−正財	47庚54丁9+2−偏印	18辛55戊9+2−偏印	48辛56己9+1−偏官	19壬57庚9+1−偏官	50癸58辛9+1−偏印	20癸59壬9+1−偏印	51甲60癸9+1−比肩	21甲 1甲9+1−印綬
11	47庚50癸2−8+傷官	18辛51甲8+2−印綬	47庚52乙8+2−正財	18辛53丙8+2−偏財	48辛54丁8+2−劫財	19壬55戊9+2−正官	49壬56己9+1−正財	20癸57庚9+1−正官	51甲58辛9+1−正官	21甲59壬9+1−正官	52乙60癸9+1−劫財	22乙 1甲8+1−偏印
12	48辛50癸2−8+食神	19壬51甲7+3−偏財	48辛52乙8+2−偏財	19壬53丙8+3−傷官	49壬54丁8+2−偏印	20癸55戊8+2−偏官	50癸56己9+2−偏財	21甲57庚9+2−偏財	52乙58辛9+2−偏官	22乙59壬9+1−偏官	53丙60癸8+2−偏印	23丙 1甲8+2−正官
13	49壬50癸2−7+劫財	20癸51甲7+3−正財	49壬52乙7+3−傷官	20癸53丙7+3−食神	50癸54丁8+3−印綬	21甲55戊8+3−正財	51甲56己8+2−傷官	22乙57庚8+2−正財	53丙58辛8+2−正財	23丙59壬8+2−正財	54丁60癸8+2−印綬	24丁 1甲8+2−偏官
14	50癸50癸3−7+比肩	21甲51甲7+3−食神	50癸52乙7+3−食神	21甲53丙7+3−印綬	51甲54丁7+3−偏官	22乙55戊8+3−偏財	52乙56己8+2−食神	23丙57庚8+2−食神	54丁58辛8+2−偏財	24丁59壬8+2−偏財	55戊60癸8+2−偏官	25戊 1甲7+2−正財
15	51甲50癸3−7+印綬	22乙51甲6+4−傷官	51甲52乙7+3−劫財	22乙53丙7+4−偏印	52乙54丁7+3−正官	23丙55戊7+3−傷官	53丙56己8+3−劫財	24丁57庚8+3−傷官	55戊58辛8+3−傷官	25戊59壬8+2−傷官	56己60癸7+3−正官	26己 1甲7+3−偏財
16	52乙50癸3−6+偏官	23丙51甲6+4−比肩	52乙52乙6+4−比肩	23丙53丙6+4−正官	53丙54丁7+4−偏財	24丁55戊7+4−食神	54丁56己7+3−比肩	25戊57庚7+3−比肩	56己58辛7+3−食神	26己59壬7+3−食神	57庚60癸7+3−偏財	27庚 1甲7+3−傷官
17	53丙50癸4−6+正財	24丁51甲6+4−劫財	53丙52乙6+4−印綬	24丁53丙6+4−傷官	54丁54丁6+4−正財	25戊55戊7+4−劫財	55戊56己7+3−正官	26己57庚7+3−劫財	57庚58辛7+3−劫財	27庚59壬7+3−劫財	58辛60癸7+3−正財	28辛 1甲6+3−食神
18	54丁50癸4−6+偏財	25戊51甲5+5−偏印	54丁52乙6+4−偏印	25戊53丙6+5−比肩	55戊54丁6+4−食神	26己55戊6+4−比肩	56己56己7+4−偏官	27庚57庚7+4−食神	58辛58辛7+4−比肩	28辛59壬7+3−偏官	59壬60癸6+4−食神	29壬 1甲6+4−劫財
19	55戊50癸4−5+劫財	26己51甲5+5−正官	55戊52乙5+5−正官	26己53丙5+5−劫財	56己54丁6+5−傷官	27庚55戊6+5−印綬	57庚56己6+4−正財	28辛57庚6+4−傷官	59壬58辛6+4−印綬	29壬59壬6+4−正財	60癸60癸6+4−傷官	30癸 1甲6+4−比肩
20	56己50癸5−5+比肩	27庚51甲5+5−偏財	56己52乙5+5−偏官	27庚53丙5+5−偏印	57庚54丁5+5−偏官	28辛55戊6+5−偏印	58辛56己6+4−偏印	29壬57庚6+4−比肩	60癸58辛6+4−偏印	30癸59壬6+4−偏財	1甲60癸6+4−偏印	31甲 1甲5+4−印綬
21	57庚50癸5−5+印綬	28辛51甲4+6−正財	57庚52乙5+5−正財	28辛53丙5+6−印綬	58辛54丁5+5−正官	29壬55戊5+5−正官	59壬56己6+5−正官	30癸57庚6+5−印綬	1甲58辛6+5−正官	31甲59壬6+4−偏財	2乙60癸5+5−印綬	32乙 1甲5+5−偏印
22	58辛50癸5−4+偏印	29壬51甲4+6−食神	58辛52乙4+6−偏財	29壬53丙4+6−偏官	59壬54丁5+6−偏財	30癸55戊5+6−偏官	60癸56己5+5−偏官	31甲57庚5+5−偏官	2乙58辛5+5−偏官	32乙59壬5+5−正財	3丙60癸5+5−偏官	33丙 1甲5+5−正官
23	59壬50癸6−4+正官	30癸51甲4+6−傷官	59壬52乙4+6−傷官	30癸53丙4+6−正官	60癸54丁4+6−正財	31甲55戊5+6−正財	1甲56己5+5−正財	32乙57庚5+5−正官	3丙58辛5+5−正財	33丙59壬5+5−食神	4丁60癸5+5−正官	34丁 1甲4+5−偏官
24	60癸50癸6−4+偏官	31甲51甲3+7−比肩	60癸52乙4+6−食神	31甲53丙4+7−偏財	1甲54丁4+6−食神	32乙55戊4+6−偏財	2乙56己5+6−偏財	33丙57庚5+6−偏財	4丁58辛5+6−偏財	34丁59壬5+5−傷官	5戊60癸4+6−偏財	35戊 1甲4+6−正財
25	1甲50癸6−3+正財	32乙51甲3+7−劫財	1甲52乙3+7−劫財	32乙53丙3+7−正財	2乙54丁4+7−傷官	33丙55戊4+7−劫財	3丙56己4+6−傷官	34丁57庚4+6−正財	5戊58辛4+6−傷官	35戊59壬4+6−比肩	6己60癸4+6−正財	36己 1甲4+6−偏財
26	2乙50癸7−3+偏財	33丙51甲3+7−偏印	2乙52乙3+7−比肩	33丙53丙3+7−食神	3丙54丁3+7−比肩	34丁55戊4+7−比肩	4丁56己4+6−食神	35戊57庚4+6−食神	6己58辛4+6−食神	36己59壬4+6−劫財	7庚60癸4+6−食神	37庚 1甲3+6−傷官
27	3丙50癸7−3+傷官	34丁51甲2+8−印綬	3丙52乙3+7−印綬	34丁53丙3+8−傷官	4丁54丁3+7−劫財	35戊55戊3+7−印綬	5戊56己4+7−劫財	36己57庚4+7−傷官	7庚58辛4+7−劫財	37庚59壬4+6−偏印	8辛60癸3+7−傷官	38辛 1甲3+7−食神
28	4丁50癸7−2+食神	35戊51甲2+8−偏官	4丁52乙2+8−偏印	35戊53丙2+8−比肩	5戊54丁3+8−偏印	36己55戊3+8−偏印	6己56己3+7−比肩	37庚57庚3+7−比肩	8辛58辛3+7−比肩	38辛59壬3+7−印綬	9壬60癸3+7−比肩	39壬 1甲3+7−劫財
29	5戊50癸8−2+劫財	36己51甲2+8−正官	5戊52乙2+8−正官	36己53丙2+8−劫財	6己54丁2+8−印綬	37庚55戊3+8−正官	7庚56己3+7−印綬	38辛57庚3+7−劫財	9壬58辛3+7−印綬	39壬59壬3+7−偏官	10癸60癸3+7−劫財	40癸 1甲2+7−比肩
30	6己50癸8−2+比肩		6己52乙2+8−偏官	37庚53丙2+9−偏印	7庚54丁2+8−偏官	38辛55戊2+8−偏官	8辛56己3+8−偏印	39壬57庚3+8−偏印	10癸58辛3+8−偏印	40癸59壬3+7−正官	11甲60癸2+8−偏印	41甲 1甲2+8−印綬
31	7庚50癸8−1+印綬		7庚52乙1+9−正財		8辛54丁2+9−正官		9壬56己2+8−正官	40癸57庚2+8−印綬		41甲59壬2+8−偏財		42乙 1甲2+8−偏印

2009年（平成21年）生まれ　26 己(2/4〜翌 2/3)

	1月	2月	3月	4月	5月	6月	7月	8月	9月	10月	11月	12月
日	日干 月干 立年♂♀ 中心星	日干 月干 立年♂♀ 中心星	日干 月干 立年♂♀ 中心星	日干 月干 立年♂♀ 中心星	日干 月干 立年♂♀ 中心星	日干 月干 立年♂♀ 中心星	日干 月干 立年♂♀ 中心星	日干 月干 立年♂♀ 中心星	日干 月干 立年♂♀ 中心星	日干 月干 立年♂♀ 中心星	日干 月干 立年♂♀ 中心星	日干 月干 立年♂♀ 中心星
1	43丙 1甲 1+8−正官	14丁 2乙 1+9−食神	42乙 3丙 8−1+劫財	13丙 4丁 9−1+印綬	43丙 5戊 9−1+食神	14丁 6己 9−1+劫財	44丁 7庚 9−2+比肩	15戊 8辛 8−2+劫財	46己 9壬 8−2+傷官	16己 10癸 8−2+食神	47庚 11甲 8−2+偏印	17庚 12乙 8−2+食神
2	44丁 1甲 1+9−傷官	15戊 2乙 1+9−劫財	43丙 3丙 9−1+偏印	14丁 4丁 9−1+偏印	44丁 5戊 9−1+傷官	15戊 6己 9−1+偏印	45戊 7庚 9−2+印綬	16己 8辛 9−2+比肩	47庚 9壬 9−2+比肩	17庚 10癸 8−2+劫財	48辛 11甲 8−2+印綬	18辛 12乙 8−2+傷官
3	45戊 1甲 1+9−正財	16己 2乙 1+0−比肩	44丁 3丙 9−1+印綬	15戊 4丁 0−1+正官	45戊 5戊 9−1+比肩	16己 6己 0−1+印綬	46己 7庚 9−1+偏印	17庚 8辛 9−1+印綬	48辛 9壬 9−1+劫財	18辛 10癸 9−2+比肩	49壬 11甲 9−1+傷官	19壬 12乙 9−1+比肩
4	46己 1甲 1+9−偏財	17庚 3丙 1−0+偏印	45戊 3丙 9−1+傷官	16己 4丁 0−1+傷官	46己 5戊 0−1+劫財	17庚 6己 0−1+傷官	47庚 7庚 0−1+正官	18辛 8辛 9−1+偏印	49壬 9壬 9−1+偏印	19壬 10癸 9−1+印綬	50癸 11甲 9−1+正官	20癸 12乙 9−1+劫財
5	47庚 2乙 0+1−傷官	18辛 3丙 1−9+印綬	46己 4丁 1−0+偏官	17庚 5戊 1−0+正財	47庚 6己 1−0+偏印	18辛 7庚 1−0+偏印	48辛 7庚 0−1+偏官	19壬 8辛 0−1+正官	50癸 9壬 0−1+印綬	20癸 10癸 9−1+偏印	51甲 11甲 9−1+偏財	21甲 12乙 9−1+偏印
6	48辛 2乙 0+1−食神	19壬 3丙 1−9+偏官	47庚 4丁 1−0+正財	18辛 5戊 1−0+偏財	48辛 6己 1−0+印綬	19壬 7庚 1−0+正官	49壬 7庚 0−1+正財	20癸 8辛 0−1+偏官	51甲 9壬 0−1+偏官	21甲 10癸 0−1+正官	52乙 11甲 0−1+正財	22乙 12乙 0−1+印綬
7	49壬 2乙 9+1−劫財	20癸 3丙 1−9+正官	48辛 4丁 1−0+偏財	19壬 5戊 1−9+傷官	49壬 6己 1−0+偏官	20癸 7庚 1−0+偏官	50癸 8辛 1−0+偏財	21甲 9壬 1−0+偏官	52乙 10癸 1−0+偏官	22乙 10癸 0−1+偏官	53丙 12乙 1−0+偏印	23丙 13丙 1−0+正官
8	50癸 2乙 9+1−比肩	21甲 3丙 1−8+偏財	49壬 4丁 1−9+傷官	20癸 5戊 1−9+食神	50癸 6己 1−9+正官	21甲 7庚 1−0+正財	51甲 8辛 1−0+傷官	22乙 9壬 1−0+正財	53丙 10癸 1−0+正財	23丙 11甲 1−0+正財	54丁 12乙 1−0+印綬	24丁 13丙 1−9+偏官
9	51甲 2乙 9+1−印綬	22乙 3丙 2−8+正財	50癸 4丁 1−9+食神	21甲 5戊 1−9+劫財	51甲 6己 1−9+偏財	22乙 7庚 1−9+偏財	52乙 8辛 1−0+食神	23丙 9壬 1−0+食神	54丁 10癸 1−0+偏財	24丁 11甲 1−0+偏財	55戊 12乙 1−9+偏官	25戊 13丙 1−9+正財
10	52乙 2乙 8+2−偏印	23丙 3丙 2−8+食神	51甲 4丁 2−9+劫財	22乙 5戊 2−8+比肩	52乙 6己 2−9+正財	23丙 7庚 2−9+傷官	53丙 8辛 1−9+劫財	24丁 9壬 1−9+傷官	55戊 10癸 1−9+傷官	25戊 11甲 1−9+傷官	56己 12乙 1−9+正官	26己 13丙 1−9+偏財
11	53丙 2乙 8+2−正官	24丁 3丙 2−7+傷官	52乙 4丁 2−8+比肩	23丙 5戊 2−8+印綬	53丙 6己 2−8+偏財	24丁 7庚 2−9+食神	54丁 8辛 1−9+比肩	25戊 9壬 1−9+比肩	56己 10癸 1−9+食神	26己 11甲 1−9+食神	57庚 12乙 1−9+偏財	27庚 13丙 1−8+食神
12	54丁 2乙 8+2−偏官	25戊 3丙 3−7+偏印	53丙 4丁 2−8+印綬	24丁 5戊 2−8+偏印	54丁 6己 2−8+正財	25戊 7庚 2−8+劫財	55戊 8辛 2−9+印綬	26己 9壬 2−9+劫財	57庚 10癸 2−9+劫財	27庚 11甲 1−9+劫財	58辛 12乙 2−8+正財	28辛 13丙 2−8+傷官
13	55戊 2乙 7+3−正財	26己 3丙 3−7+印綬	54丁 4丁 3−8+偏印	25戊 5戊 3−7+正官	55戊 6己 3−8+食神	26己 7庚 3−8+比肩	56己 8辛 2−8+偏印	27庚 9壬 2−8+偏印	58辛 10癸 2−8+比肩	28辛 11甲 2−8+比肩	59壬 12乙 2−8+食神	29壬 13丙 2−8+劫財
14	56己 2乙 7+3−偏財	27庚 3丙 3−6+偏官	55戊 4丁 3−7+正官	26己 5戊 3−7+偏官	56己 6己 3−7+傷官	27庚 7庚 3−8+印綬	57庚 8辛 2−8+正官	28辛 9壬 2−8+印綬	59壬 10癸 2−8+印綬	29壬 11甲 2−8+印綬	60癸 12乙 2−8+傷官	30癸 13丙 2−7+比肩
15	57庚 2乙 7+3−劫財	28辛 3丙 4−6+正官	56己 4丁 3−7+偏官	27庚 5戊 3−7+傷官	57庚 6己 3−7+比肩	28辛 7庚 3−7+偏印	58辛 8辛 3−8+偏官	29壬 9壬 3−8+偏官	60癸 10癸 3−8+偏印	30癸 11甲 2−8+偏印	1甲 12乙 3−7+比肩	31甲 13丙 3−7+印綬
16	58辛 2乙 6+4−比肩	29壬 3丙 4−6+偏財	57庚 4丁 4−7+正財	28辛 5戊 4−6+食神	58辛 6己 4−7+劫財	29壬 7庚 4−7+正官	59壬 8辛 3−7+正財	30癸 9壬 3−7+正官	1甲 10癸 3−7+正官	31甲 11甲 3−7+正官	2乙 12乙 3−7+劫財	32乙 13丙 3−7+偏印
17	59壬 2乙 6+4−印綬	30癸 3丙 4−5+正財	58辛 4丁 4−6+偏財	29壬 5戊 4−6+劫財	59壬 6己 4−6+偏印	30癸 7庚 4−7+偏官	60癸 8辛 3−7+食神	31甲 9壬 3−7+偏財	2乙 10癸 3−7+偏官	32乙 11甲 3−7+偏官	3丙 12乙 3−7+偏印	33丙 13丙 3−6+正官
18	60癸 2乙 6+4−偏官	31甲 3丙 5−5+食神	59壬 4丁 4−6+傷官	30癸 5戊 4−6+正官	60癸 6己 4−6+印綬	31甲 7庚 4−6+正財	1甲 8辛 4−7+劫財	32乙 9壬 4−7+印綬	3丙 10癸 4−7+正財	33丙 11甲 3−7+劫財	4丁 12乙 4−6+印綬	34丁 13丙 4−6+偏官
19	1甲 2乙 5+5−正財	32乙 3丙 5−5+劫財	60癸 4丁 5−6+食神	31甲 5戊 5−5+偏財	1甲 6己 5−6+偏官	32乙 7庚 5−6+偏財	2乙 8辛 4−6+比肩	33丙 9壬 4−6+偏官	4丁 10癸 4−6+偏財	34丁 11甲 4−6+比肩	5戊 12乙 4−6+偏官	35戊 13丙 4−6+正財
20	2乙 2乙 5+5−偏財	33丙 3丙 5−4+偏印	1甲 4丁 5−5+劫財	32乙 5戊 5−5+正財	2乙 6己 5−5+傷官	33丙 7庚 5−6+傷官	3丙 8辛 4−6+傷官	34丁 9壬 4−6+正官	5戊 10癸 4−6+傷官	35戊 11甲 4−6+印綬	6己 12乙 4−6+正財	36己 13丙 4−5+偏財
21	3丙 2乙 5+5−傷官	34丁 3丙 6−4+印綬	2乙 4丁 5−5+比肩	33丙 5戊 5−5+食神	3丙 6己 5−5+比肩	34丁 7庚 5−5+食神	4丁 8辛 5−6+食神	35戊 9壬 5−6+食神	6己 10癸 5−6+食神	36己 11甲 4−6+劫財	7庚 12乙 5−5+食神	37庚 13丙 5−5+傷官
22	4丁 2乙 4+6−食神	35戊 3丙 6−4+偏官	3丙 4丁 6−5+印綬	34丁 5戊 6−4+傷官	4丁 6己 6−5+劫財	35戊 7庚 6−5+劫財	5戊 8辛 5−5+劫財	36己 9壬 5−5+傷官	7庚 10癸 5−5+劫財	37庚 11甲 5−5+偏印	8辛 12乙 5−5+傷官	38辛 13丙 5−5+食神
23	5戊 2乙 4+6−劫財	36己 3丙 6−3+正官	4丁 4丁 6−4+偏印	35戊 5戊 6−4+比肩	5戊 6己 6−4+偏印	36己 7庚 6−5+比肩	6己 8辛 5−5+比肩	37庚 9壬 5−5+比肩	8辛 10癸 5−5+比肩	38辛 11甲 5−5+印綬	9壬 12乙 5−5+比肩	39壬 13丙 5−4+劫財
24	6己 2乙 4+6−比肩	37庚 3丙 7−3+偏財	5戊 4丁 6−4+正官	36己 5戊 6−4+劫財	6己 6己 6−4+印綬	37庚 7庚 6−4+印綬	7庚 8辛 6−5+印綬	38辛 9壬 6−5+劫財	9壬 10癸 6−5+印綬	39壬 11甲 5−5+偏官	10癸 12乙 6−4+劫財	40癸 13丙 6−4+比肩
25	7庚 2乙 3+7−印綬	38辛 3丙 7−3+正財	6己 4丁 7−4+偏官	37庚 5戊 7−3+偏印	7庚 6己 7−4+偏官	38辛 7庚 7−4+偏官	8辛 8辛 6−4+偏印	39壬 9壬 6−4+偏印	10癸 10癸 6−4+偏印	40癸 11甲 6−4+正官	11甲 12乙 6−4+偏印	41甲 13丙 6−4+印綬
26	8辛 2乙 3+7−偏印	39壬 3丙 7−2+食神	7庚 4丁 7−3+正財	38辛 5戊 7−3+印綬	8辛 6己 7−3+正官	39壬 7庚 7−4+正財	9壬 8辛 6−4+正官	40癸 9壬 6−4+印綬	11甲 10癸 6−4+正官	41甲 11甲 6−4+偏財	12乙 12乙 6−4+印綬	42乙 13丙 6−3+偏印
27	9壬 2乙 3+7−正官	40癸 3丙 8−2+傷官	8辛 4丁 7−3+偏財	39壬 5戊 7−3+偏財	9壬 6己 7−3+偏財	40癸 7庚 7−3+偏財	10癸 8辛 7−4+偏官	41甲 9壬 7−4+偏官	12乙 10癸 7−4+偏官	42乙 11甲 6−4+正財	13丙 12乙 7−3+偏官	43丙 13丙 7−3+正官
28	10癸 2乙 2+8−偏官	41甲 3丙 8−2+比肩	9壬 4丁 8−3+傷官	40癸 5戊 8−2+正官	10癸 6己 8−3+正財	41甲 7庚 8−3+傷官	11甲 8辛 7−3+正財	42乙 9壬 7−3+正官	13丙 10癸 7−3+正財	43丙 11甲 7−3+食神	14丁 12乙 7−3+正官	44丁 13丙 7−3+偏官
29	11甲 2乙 2+8−正財		10癸 4丁 8−2+食神	41甲 5戊 8−2+偏財	11甲 6己 8−2+食神	42乙 7庚 8−3+食神	12乙 8辛 7−3+偏財	43丙 9壬 7−3+偏財	14丁 10癸 7−3+偏財	44丁 11甲 7−3+傷官	15戊 12乙 7−3+偏財	45戊 13丙 7−2+正財
30	12乙 2乙 2+8−偏財		11甲 4丁 8−2+劫財	42乙 5戊 8−2+正財	12乙 6己 8−2+傷官	43丙 7庚 8−2+劫財	13丙 8辛 8−3+傷官	44丁 9壬 8−3+正財	15戊 10癸 8−3+傷官	45戊 11甲 7−3+比肩	16己 12乙 8−2+正財	46己 13丙 8−2+偏財
31	13丙 2乙 1+9−傷官		12乙 4丁 9−2+比肩		13丙 6己 9−2+比肩		14丁 8辛 8−2+食神	45戊 9壬 8−2+食神		46己 11甲 8−2+劫財		47庚 13丙 8−2+傷官

2010年（平成22年）生まれ

27 庚（2/4～翌 2/3）

日	1月	2月	3月	4月	5月	6月	7月	8月	9月	10月	11月	12月
	日干 月干 立年♂♀ 中心星	日干 月干 立年♂♀ 中心星	日干 月干 立年♂♀ 中心星	日干 月干 立年♂♀ 中心星	日干 月干 立年♂♀ 中心星	日干 月干 立年♂♀ 中心星	日干 月干 立年♂♀ 中心星	日干 月干 立年♂♀ 中心星	日干 月干 立年♂♀ 中心星	日干 月干 立年♂♀ 中心星	日干 月干 立年♂♀ 中心星	日干 月干 立年♂♀ 中心星
1	48辛13丙8−1+食神	19壬14丁9−1+正官	47庚15戊2+8−偏財	18辛16己1+9−偏財	48辛17辰1+9−印綬	19壬18辛2+9−偏財	49壬19壬2+8−正財	20癸20癸2+8−偏官	51甲21甲2+8−偏官	21甲22乙2+8−正官	52乙23丙2+8−正財	22乙24丁2+8−印綬
2	49壬13丙9−1+劫財	20癸14丁9−1+偏官	48辛15戊1+9−正財	19壬16己1+9−傷官	49壬17辰1+9−偏官	20癸18辛1+9−正財	50癸19壬2+9−偏財	21甲20癸2+9−正財	52乙21甲2+9−正官	22乙22乙2+8−偏官	53丙23丙2+8−食神	23丙24丁2+8−偏官
3	50癸13丙9−1+比肩	21甲14丁0−1+正財	49壬15戊1+9−食神	20癸16己1+9−食神	50癸17辰1+9−正官	21甲18辛1+0−食神	51甲19壬1+9−傷官	22乙20癸1+9−偏財	53丙21甲2+9−偏財	23丙22乙2+8−正財	54丁23丙1+9−傷官	24丁24丁1+9−正官
4	51甲13丙9−1+印綬	22乙15戊0+1−正財	50癸15戊1+9−傷官	21甲16己1+0−劫財	51甲17辰1+0−偏財	22乙18辛1+0−傷官	52乙19壬1+9−食神	23丙20癸1+9−傷官	54丁21甲1+9−正財	24丁22乙1+9−偏財	55戊23丙1+9−比肩	25戊24丁1+9−偏財
5	52乙14丁1−0+偏印	23丙15戊0+1−食神	51甲15戊1+0−比肩	22乙17庚0+1−比肩	52乙18辛0+1−正財	23丙18辛1+0−比肩	53丙19壬1+0−劫財	24丁20癸1+0−食神	55戊21甲1+0−食神	25戊22乙1+9−傷官	56己23丙1+9−劫財	26己24丁1+9−正財
6	53丙14丁1−0+正官	24丁15戊9+1−傷官	52乙16己0+1−比肩	23丙17庚0+1−印綬	53丙18辛0+1−食神	24丁19壬0+1−食神	54丁19壬1+0−比肩	25戊20癸1+0−劫財	56己21甲1+0−傷官	26己22乙1+9−食神	57庚23丙1+0−偏印	27庚24丁1+0−食神
7	54丁14丁1−9+偏官	25戊15戊9+1−比肩	53丙16己0+1−印綬	24丁17庚9+1−偏印	54丁18辛0+1−傷官	25戊19壬0+1−劫財	55戊20癸0+1−印綬	26己21甲0+1−劫財	57庚21甲1+0−比肩	27庚22乙1+0−劫財	58辛24丁0+1−正財	28辛25戊0+1−食神
8	55戊14丁1−9+正財	26己15戊9+1−劫財	54丁16己9+1−偏印	25戊17庚9+1−正官	55戊18辛0+1−比肩	26己19壬0+1−比肩	56己20癸0+1−偏印	27庚21甲0+1−偏印	58辛22乙0+1−比肩	28辛23丙0+1−比肩	59壬24丁0+1−食神	29壬25戊0+1−劫財
9	56己14丁1−9+偏財	27庚15戊8+2−偏印	55戊16己9+1−正官	26己17庚9+1−偏官	56己18辛9+1−劫財	27庚19壬9+1−印綬	57庚20癸0+1−正官	28辛21甲0+1−印綬	59壬22乙0+1−印綬	29壬23丙0+1−印綬	60癸24丁9+1−傷官	30癸25戊9+1−比肩
10	57庚14丁2−8+傷官	28辛15戊8+2−印綬	56己16己9+1−偏官	27庚17庚8+2−正財	57庚18辛9+2−偏印	28辛19壬9+1−偏印	58辛20癸9+1−偏官	29壬21甲0+1−偏官	60癸22乙9+1−偏印	30癸23丙9+1−偏印	1甲24丁9+1−比肩	31甲25戊9+1−印綬
11	58辛14丁2−8+食神	29壬15戊8+2−偏官	57庚16己8+2−正財	28辛17庚8+2−偏財	58辛18辛9+2−劫財	29壬19壬9+2−正官	59壬20癸9+1−正財	30癸21甲9+1−正官	1甲22乙9+1−正官	31甲23丙9+1−正官	2乙24丁9+1−劫財	32乙25戊9+1−偏印
12	59壬14丁2−8+劫財	30癸15戊7+3−正財	58辛16己8+2−偏財	29壬17庚8+2−傷官	59壬18辛8+2−偏印	30癸19壬8+2−偏官	60癸20癸9+2−偏財	31甲21甲9+2−偏財	2乙22乙9+1−偏官	32乙23丙9+1−偏官	3丙24丁8+2−偏印	33丙25戊8+2−正官
13	60癸14丁3−7+比肩	31甲15戊7+3−食神	59壬16己8+2−傷官	30癸17庚7+3−食神	60癸18辛8+3−印綬	31甲19壬8+2−正財	1甲20癸8+2−傷官	32乙21甲9+2−正財	3丙22乙8+2−正財	33丙23丙8+2−正財	4丁24丁8+2−印綬	34丁25戊8+2−偏官
14	1甲14丁3−7+印綬	32乙15戊7+3−傷官	60癸16己7+3−食神	31甲17庚7+3−劫財	1甲18辛8+3−偏官	32乙19壬8+3−偏財	2乙20癸8+2−食神	33丙21甲8+2−食神	4丁22乙8+2−偏財	34丁23丙8+2−偏財	5戊24丁8+2−偏官	35戊25戊8+2−正財
15	2乙14丁3−7+偏官	33丙15戊6+4−比肩	1甲16己7+3−劫財	32乙17庚7+3−偏印	2乙18辛7+3−正官	33丙19壬7+3−傷官	3丙20癸8+3−劫財	34丁21甲8+3−傷官	5戊22乙8+2−傷官	35戊23丙8+2−傷官	6己24丁7+3−正官	36己25戊7+3−偏財
16	3丙14丁4−6+正財	34丁15戊6+4−劫財	2乙16己7+3−比肩	33丙17庚6+4−正官	3丙18辛7+4−偏財	34丁19壬7+3−食神	4丁20癸7+3−比肩	35戊21甲8+3−比肩	6己22乙7+3−食神	36己23丙7+3−食神	7庚24丁7+3−偏財	37庚25戊7+3−傷官
17	4丁14丁4−6+偏財	35戊15戊6+4−偏印	3丙16己6+4−印綬	34丁17庚6+4−偏官	4丁18辛7+4−正財	35戊19壬7+4−劫財	5戊20癸7+3−正官	36己21甲7+3−劫財	7庚22乙7+3−劫財	37庚23丙7+3−劫財	8辛24丁7+3−正財	38辛25戊7+3−食神
18	5戊14丁4−6+劫財	36己15戊5+5−印綬	4丁16己6+4−偏印	35戊17庚6+4−比肩	5戊18辛6+4−食神	36己19壬6+4−比肩	6己20癸7+4−偏官	37庚21甲7+4−食神	8辛22乙7+3−比肩	38辛23丙7+3−偏官	9壬24丁6+4−食神	39壬25戊6+4−劫財
19	6己14丁5−5+比肩	37庚15戊5+5−偏財	5戊16己6+4−正官	36己17庚5+5−劫財	6己18辛6+5−傷官	37庚19壬6+4−印綬	7庚20癸6+4−正財	38辛21甲7+4−傷官	9壬22乙6+4−印綬	39壬23丙6+4−正財	10癸24丁6+4−傷官	40癸25戊6+4−比肩
20	7庚14丁5−5+印綬	38辛15戊5+5−正財	6己16己5+5−偏官	37庚17庚5+5−偏印	7庚18辛6+5−偏官	38辛19壬6+5−偏印	8辛20癸6+4−偏印	39壬21甲6+4−比肩	10癸22乙6+4−偏印	40癸23丙6+4−偏財	11甲24丁6+4−偏印	41甲25戊6+4−印綬
21	8辛14丁5−5+偏印	39壬15戊4+6−食神	7庚16己5+5−正財	38辛17庚5+5−印綬	8辛18辛5+5−正官	39壬19壬5+5−正官	9壬20癸6+5−正官	40癸21甲6+5−印綬	11甲22乙6+4−正官	41甲23丙6+4−偏財	12乙24丁5+5−印綬	42乙25戊5+5−偏印
22	9壬14丁6−4+正官	40癸15戊4+6−傷官	8辛16己5+5−偏財	39壬17庚4+6−偏官	9壬18辛5+6−偏財	40癸19壬5+5−偏官	10癸20癸5+5−偏官	41甲21甲6+5−偏官	12乙22乙5+5−偏官	42乙23丙5+5−正財	13丙24丁5+5−偏官	43丙25戊5+5−正官
23	10癸14丁6−4+偏官	41甲15戊4+6−比肩	9壬16己4+6−傷官	40癸17庚4+6−正官	10癸18辛5+6−正財	41甲19壬5+6−正財	11甲20癸5+5−正財	42乙21甲5+5−正官	13丙22乙5+5−正財	43丙23丙5+5−食神	14丁24丁5+5−正官	44丁25戊5+5−偏官
24	11甲14丁6−4+正財	42乙15戊3+7−劫財	10癸16己4+6−食神	41甲17庚4+6−偏財	11甲18辛4+6−食神	42乙19壬4+6−偏財	12乙20癸5+6−偏財	43丙21甲5+6−偏財	14丁22乙5+5−偏財	44丁23丙5+5−傷官	15戊24丁4+6−偏財	45戊25戊4+6−正財
25	12乙14丁7−3+偏財	43丙15戊3+7−偏印	11甲16己4+6−劫財	42乙17庚3+7−正財	12乙18辛4+7−傷官	43丙19壬4+6−傷官	13丙20癸4+6−傷官	44丁21甲5+6−正財	15戊22乙4+6−傷官	45戊23丙4+6−比肩	16己24丁4+6−正財	46己25戊4+6−偏財
26	13丙14丁7−3+傷官	44丁15戊3+7−印綬	12乙16己3+7−比肩	43丙17庚3+7−食神	13丙18辛4+7−比肩	44丁19壬4+7−比肩	14丁20癸4+6−食神	45戊21甲4+6−食神	16己22乙4+6−食神	46己23丙4+6−劫財	17庚24丁4+6−食神	47庚25戊4+6−傷官
27	14丁14丁7−3+食神	45戊15戊2+8−偏官	13丙16己3+7−印綬	44丁17庚3+7−傷官	14丁18辛3+7−劫財	45戊19壬3+7−印綬	15戊20癸4+7−劫財	46己21甲4+7−傷官	17庚22乙4+6−劫財	47庚23丙4+6−偏印	18辛24丁3+7−傷官	48辛25戊3+7−食神
28	15戊14丁8−2+劫財	46己15戊2+8−正官	14丁16己3+7−偏印	45戊17庚2+8−比肩	15戊18辛3+8−偏印	46己19壬3+7−偏印	16己20癸3+7−比肩	47庚21甲4+7−比肩	18辛22乙3+7−比肩	48辛23丙3+7−印綬	19壬24丁3+7−比肩	49壬25戊3+7−劫財
29	16己14丁8−2+比肩		15戊16己2+8−正官	46己17庚2+8−劫財	16己18辛3+8−印綬	47庚19壬3+8−正官	17庚20癸3+7−印綬	48辛21甲3+7−劫財	19壬22乙3+7−印綬	49壬23丙3+7−偏官	20癸24丁3+7−劫財	50癸25戊3+7−比肩
30	17庚14丁8−2+印綬		16己16己2+8−偏官	47庚17庚2+8−偏印	17庚18辛2+8−偏官	48辛19壬2+8−偏官	18辛20癸3+8−偏印	49壬21甲3+8−偏印	20癸22乙3+7−偏印	50癸23丙3+7−正官	21甲24丁2+8−偏印	51甲25戊2+8−印綬
31	18辛14丁9−1+偏印		17庚16己2+8−正財		18辛18辛2+9−正官		19壬20癸2+8−正官	50癸21甲3+8−印綬		51甲23丙2+8−偏財		52乙25戊2+8−偏印

2011年(平成23年)生まれ　28 辛(2/4〜翌 2/3)

日	1月	2月	3月	4月	5月	6月	7月	8月	9月	10月	11月	12月
	日干 月干 立年♂♀ 中心星	日干 月干 立年♂♀ 中心星	日干 月干 立年♂♀ 中心星	日干 月干 立年♂♀ 中心星	日干 月干 立年♂♀ 中心星	日干 月干 立年♂♀ 中心星	日干 月干 立年♂♀ 中心星	日干 月干 立年♂♀ 中心星	日干 月干 立年♂♀ 中心星	日干 月干 立年♂♀ 中心星	日干 月干 立年♂♀ 中心星	日干 月干 立年♂♀ 中心星
1	53丙25戊2+8−正官	24丁26己1+9−食神	52乙27庚8−2+劫財	23丙28辛9−1+印綬	53丙29壬9−2+食神	24丁30癸9−2+劫財	54丁31甲8−2+比肩	25戊32乙8−2+劫財	56己33丙8−2+傷官	26己34丁8−3+食神	57庚35戊8−2+偏印	27庚36己8−2+食神
2	54丁25戊1+9−偏官	25戊26己1+9−劫財	53丙27庚9−1+偏印	24丁28辛9−1+偏印	54丁29壬9−1+傷官	25戊30癸9−1+偏印	55戊31甲9−2+印綬	26己32乙9−2+比肩	57庚33丙8−2+比肩	27庚34丁8−2+劫財	58辛35戊8−2+印綬	28辛36己8−2+傷官
3	55戊25戊1+9−正財	26己26己1+9−比肩	54丁27庚9−1+印綬	25戊28辛9−1+正官	55戊29壬9−1+比肩	26己30癸9−1+印綬	56己31甲9−1+偏印	27庚32乙9−2+印綬	58辛33丙9−2+劫財	28辛34丁8−2+比肩	59壬35戊8−2+偏官	29壬36己8−1+比肩
4	56己25戊1+9−偏財	27庚27庚1−0+偏印	55戊27庚9−1+偏官	26己28辛0−1+偏官	56己29壬0−1+劫財	27庚30癸0−1+偏官	57庚31甲9−1+正官	28辛32乙9−1+偏印	59壬33丙9−1+偏印	29壬34丁9−2+印綬	60癸35戊9−1+正官	30癸36己9−1+劫財
5	57庚25戊1+0−傷官	28辛27庚1−0+印綬	56己27庚0−1+正官	27庚29壬1−0+正財	57庚29壬0−1+偏印	28辛30癸0−1+正官	58辛31甲0−1+偏官	29壬32乙0−1+正官	60癸33丙9−1+印綬	30癸34丁9−1+偏印	1甲35戊9−1+偏財	31甲36己9−1+偏印
6	58辛26己0+1−食神	29壬27庚1−9+偏官	57庚28辛1−0+正財	28辛29壬1−0+偏財	58辛30癸1−0+印綬	29壬31甲1−0+正官	59壬31甲0−1+正財	30癸32乙0−1+偏官	1甲33丙0−1+偏官	31甲34丁9−1+正官	2乙35戊9−1+正財	32乙36己9−1+印綬
7	59壬26己9+1−劫財	30癸27庚1−9+正官	58辛28辛1−0+偏財	29壬29壬1−0+傷官	59壬30癸1−0+偏官	30癸31甲1−0+偏官	60癸32乙1−0+偏財	31甲32乙0−1+正財	2乙33丙0−1+正官	32乙34丁0−1+偏官	3丙35戊0−1+食神	33丙37庚1−0+正官
8	60癸26己9+1−比肩	31甲27庚1−9+偏財	59壬28辛1−9+傷官	30癸29壬1−9+食神	60癸30癸1−0+正官	31甲31甲1−0+正財	1甲32乙1−0+傷官	32乙33丙1−0+正財	3丙34丁1−0+正財	33丙34丁0−1+正財	4丁36己1−0+印綬	34丁37庚1−0+偏官
9	1甲26己9+1−印綬	32乙27庚2−8+正財	60癸28辛1−9+食神	31甲29壬1−9+劫財	1甲30癸1−9+偏財	32乙31甲1−9+偏財	2乙32乙1−0+食神	33丙33丙1−0+食神	4丁34丁1−0+偏財	34丁35戊1−0+偏財	5戊36己1−9+偏官	35戊37庚1−9+正財
10	2乙26己8+1−偏印	33丙27庚2−8+食神	1甲28辛1−9+劫財	32乙29壬2−9+比肩	2乙30癸1−9+正財	33丙31甲1−9+傷官	3丙32乙1−0+劫財	34丁33丙1−0+傷官	5戊34丁1−0+傷官	35戊35戊1−0+傷官	6己36己1−9+正官	36己37庚1−9+偏財
11	3丙26己8+2−正官	34丁27庚2−8+傷官	2乙28辛2−8+比肩	33丙29壬2−8+印綬	3丙30癸2−9+食神	34丁31甲2−9+食神	4丁32乙1−9+比肩	35戊33丙1−9+比肩	6己34丁1−9+食神	36己35戊1−9+食神	7庚36己1−9+偏財	37庚37庚1−9+傷官
12	4丁26己8+2−偏官	35戊27庚3−7+偏印	3丙28辛2−8+印綬	34丁29壬2−8+偏印	4丁30癸2−8+正財	35戊31甲2−8+劫財	5戊32乙2−9+印綬	36己33丙1−9+劫財	7庚34丁1−9+劫財	37庚35戊1−9+劫財	8辛36己1−8+正財	38辛37庚2−8+食神
13	5戊26己7+2−正財	36己27庚3−7+印綬	4丁28辛2−8+偏印	35戊29壬3−8+正官	5戊30癸2−8+食神	36己31甲2−8+比肩	6己32乙2−9+偏印	37庚33丙2−9+偏印	8辛34丁2−9+比肩	38辛35戊1−9+比肩	9壬36己2−8+食神	39壬37庚2−8+劫財
14	6己26己7+3−偏財	37庚27庚3−7+偏官	5戊28辛3−7+正官	36己29壬3−7+偏官	6己30癸3−8+傷官	37庚31甲3−8+印綬	7庚32乙2−8+正官	38辛33丙2−8+印綬	9壬34丁2−8+印綬	39壬35戊2−8+印綬	10癸36己2−8+傷官	40癸37庚2−8+比肩
15	7庚26己7+3−傷官	38辛27庚4−6+正官	6己28辛3−7+偏官	37庚29壬3−7+傷官	7庚30癸3−7+比肩	38辛31甲3−7+偏印	8辛32乙3−8+偏官	39壬33丙2−8+偏官	10癸34丁2−8+偏印	40癸35戊2−8+偏印	11甲36己2−7+比肩	41甲37庚3−7+印綬
16	8辛26己6+3−比肩	39壬27庚4−6+偏財	7庚28辛3−7+正財	38辛29壬4−7+食神	8辛30癸3−7+劫財	39壬31甲3−7+正官	9壬32乙3−8+正財	40癸33丙3−8+正官	11甲34丁3−8+正官	41甲35戊2−8+正官	12乙36己3−7+劫財	42乙37庚3−7+偏印
17	9壬26己6+4−印綬	40癸27庚4−6+正財	8辛28辛4−6+偏財	39壬29壬4−6+劫財	9壬30癸4−7+偏印	40癸31甲4−7+偏官	10癸32乙3−7+食神	41甲33丙3−7+偏財	12乙34丁3−7+偏官	42乙35戊3−7+偏官	13丙36己3−7+偏印	43丙37庚3−7+正官
18	10癸26己6+4−偏印	41甲27庚5−5+食神	9壬28辛4−6+傷官	40癸29壬4−6+正官	10癸30癸4−6+印綬	41甲31甲4−6+正財	11甲32乙4−7+劫財	42乙33丙3−7+正財	13丙34丁3−7+正財	43丙35戊3−7+正財	14丁36己3−6+印綬	44丁37庚4−6+偏官
19	11甲26己5+4−正財	42乙27庚5−5+劫財	10癸28辛4−6+食神	41甲29壬5−6+偏財	11甲30癸4−6+偏官	42乙31甲4−6+偏財	12乙32乙4−7+比肩	43丙33丙4−7+偏官	14丁34丁4−7+偏財	44丁35戊3−7+比肩	15戊36己4−6+偏官	45戊37庚4−6+正財
20	12乙26己5+5−偏財	43丙27庚5−5+偏印	11甲28辛5−5+劫財	42乙29壬5−5+正財	12乙30癸5−6+正官	43丙31甲5−6+傷官	13丙32乙4−6+傷官	44丁33丙4−6+正官	15戊34丁4−6+傷官	45戊35戊4−6+印綬	16己36己4−6+正官	46己37庚4−6+偏財
21	13丙26己5+5−傷官	44丁27庚6−4+印綬	12乙28辛5−5+比肩	43丙29壬5−5+食神	13丙30癸5−5+比肩	44丁31甲5−5+食神	14丁32乙5−6+食神	45戊33丙4−6+偏財	16己34丁4−6+食神	46己35戊4−6+偏印	17庚36己4−5+食神	47庚37庚5−5+傷官
22	14丁26己4+5−食神	45戊27庚6−4+偏官	13丙28辛5−5+印綬	44丁29壬6−5+傷官	14丁30癸5−5+劫財	45戊31甲5−5+劫財	15戊32乙5−6+劫財	46己33丙5−6+傷官	17庚34丁5−6+劫財	47庚35戊4−6+偏印	18辛36己5−5+傷官	48辛37庚5−5+食神
23	15戊26己4+6−劫財	46己27庚6−4+正官	14丁28辛6−4+偏印	45戊29壬6−4+比肩	15戊30癸6−5+偏印	46己31甲6−5+比肩	16己32乙5−5+比肩	47庚33丙5−5+比肩	18辛34丁5−5+比肩	48辛35戊5−5+印綬	19壬36己5−5+比肩	49壬37庚5−5+劫財
24	16己26己4+6−比肩	47庚27庚7−3+偏財	15戊28辛6−4+正官	46己29壬6−4+劫財	16己30癸6−4+印綬	47庚31甲6−4+印綬	17庚32乙6−5+印綬	48辛33丙5−5+劫財	19壬34丁5−5+印綬	49壬35戊5−5+偏官	20癸36己5−4+劫財	50癸37庚6−4+比肩
25	17庚26己3+6−印綬	48辛27庚7−3+正財	16己28辛6−4+偏官	47庚29壬7−4+偏印	17庚30癸6−4+偏官	48辛31甲6−4+偏印	18辛32乙6−5+偏印	49壬33丙6−5+偏印	20癸34丁6−5+偏印	50癸35戊5−5+正官	21甲36己6−4+偏印	51甲37庚6−4+印綬
26	18辛26己3+7−偏印	49壬27庚7−3+食神	17庚28辛7−3+正財	48辛29壬7−3+印綬	18辛30癸7−4+正官	49壬31甲7−4+正財	19壬32乙6−4+正官	50癸33丙6−4+印綬	21甲34丁6−4+正官	51甲35戊6−4+偏財	22乙36己6−4+印綬	52乙37庚6−4+偏印
27	19壬26己3+7−正官	50癸27庚8−2+傷官	18辛28辛7−3+偏財	49壬29壬7−3+偏官	19壬30癸7−3+偏財	50癸31甲7−3+偏財	20癸32乙7−4+偏官	51甲33丙6−4+偏官	22乙34丁6−4+偏官	52乙35戊6−4+正財	23丙36己6−3+偏官	53丙37庚7−3+正官
28	20癸26己2+7−偏官	51甲27庚8−2+比肩	19壬28辛7−3+傷官	50癸29壬8−3+正官	20癸30癸7−3+正財	51甲31甲7−3+傷官	21甲32乙7−4+正財	52乙33丙7−4+正官	23丙34丁7−4+正財	53丙35戊6−4+食神	24丁36己7−3+正官	54丁37庚7−3+偏官
29	21甲26己2+8−正財		20癸28辛8−2+食神	51甲29壬8−2+偏財	21甲30癸8−3+食神	52乙31甲8−3+食神	22乙32乙7−3+偏財	53丙33丙7−3+偏財	24丁34丁7−3+偏財	54丁35戊7−3+傷官	25戊36己7−3+偏財	55戊37庚7−3+正財
30	22乙26己2+8−偏財		21甲28辛8−2+劫財	52乙29壬8−2+正財	22乙30癸8−2+傷官	53丙31甲8−2+劫財	23丙32乙8−3+傷官	54丁33丙7−3+正財	25戊34丁7−3+傷官	55戊35戊7−3+比肩	26己36己7−2+正財	56己37庚8−2+偏財
31	23丙26己1+8−傷官		22乙28辛8−2+比肩		23丙30癸8−2+比肩		24丁32乙8−3+食神	55戊33丙8−3+食神		56己35戊7−3+劫財		57庚37庚8−2+傷官

2012年（平成24年）生まれ　29 壬(2/4〜翌 2/3)

日	1月	2月	3月	4月	5月	6月	7月	8月	9月	10月	11月	12月
	日干 月干 立年♂♀ 中心星	日干 月干 立年♂♀ 中心星	日干 月干 立年♂♀ 中心星	日干 月干 立年♂♀ 中心星	日干 月干 立年♂♀ 中心星	日干 月干 立年♂♀ 中心星	日干 月干 立年♂♀ 中心星	日干 月干 立年♂♀ 中心星	日干 月干 立年♂♀ 中心星	日干 月干 立年♂♀ 中心星	日干 月干 立年♂♀ 中心星	日干 月干 立年♂♀ 中心星
1	58辛37庚8−2+食神	29壬38辛9−1+正官	58辛39壬1+9−正財	29壬40癸1+9−傷官	59壬41甲1+9−偏官	30癸42乙1+9−正財	60癸43丙2+9−偏財	31甲44丁2+8−正財	2乙45戊2+8−正官	32乙46己2+8−偏官	3丙47庚2+8−食神	33丙48辛2+8−偏官
2	59壬37庚9−1+劫財	30癸38辛9−1+偏官	59壬39壬1+9−食神	30癸40癸1+9−食神	60癸41甲1+9−正官	31甲42乙1+9−食神	1甲43丙2+9−傷官	32乙44丁2+9−偏財	3丙45戊2+9−偏財	33丙46己2+8−正財	4丁47庚2+8−傷官	34丁48辛2+8−正官
3	60癸37庚9−1+比肩	31甲38辛9−1+正財	60癸39壬1+9−傷官	31甲40癸1+0−劫財	1甲41甲1+0−偏財	32乙42乙1+0−傷官	2乙43丙1+9−食神	33丙44丁1+9−傷官	4丁45戊1+9−正財	34丁46己2+9−偏財	5戊47庚1+9−比肩	35戊48辛1+9−偏財
4	1甲37庚9−1+印綬	32乙39壬0+1−正財	1甲39壬1+0−比肩	32乙41甲0+1−比肩	2乙41甲1+0−正財	33丙42乙1+0−比肩	3丙43丙1+0−劫財	34丁44丁1+9−食神	5戊45戊1+9−食神	35戊46己1+9−傷官	6己47庚1+9−劫財	36己48辛1+9−正財
5	2乙37庚0−1+偏印	33丙39壬0+1−食神	2乙40癸0+1−比肩	33丙41甲0+1−印綬	3丙42乙0+1−食神	34丁43丙0+1−食神	4丁43丙1+0−比肩	35戊44丁1+0−劫財	6己45戊1+0−傷官	36己46己1+9−食神	7庚47庚1+9−偏印	37庚48辛1+9−食神
6	3丙38辛1−0+正官	34丁39壬9+1−傷官	3丙40癸0+1−印綬	34丁41甲0+1−偏印	4丁42乙0+1−傷官	35戊43丙0+1−劫財	5戊43丙1+0−印綬	36己44丁1+0−比肩	7庚45戊1+0−比肩	37庚46己1+0−劫財	8辛47庚1+0−印綬	38辛48辛1+0−傷官
7	4丁38辛1−9+偏官	35戊39壬9+1−比肩	4丁40癸9+1−偏印	35戊41甲9+1−正官	5戊42乙0+1−比肩	36己43丙0+1−比肩	6己44丁0+1−偏印	37庚45戊0+1−偏印	8辛46己0+1−比肩	38辛46己1+0−比肩	9壬48辛0+1−食神	39壬49壬0+1−劫財
8	5戊38辛1−9+正財	36己39壬9+1−劫財	5戊40癸9+1−正官	36己41甲9+1−偏官	6己42乙9+1−劫財	37庚43丙0+1−印綬	7庚44丁0+1−正官	38辛45戊0+1−印綬	9壬46己0+1−印綬	39壬47庚0+1−印綬	10癸48辛0+1−傷官	40癸49壬9+1−比肩
9	6己38辛1−9+偏財	37庚39壬8+2−偏印	6己40癸9+1−偏官	37庚41甲9+2−正財	7庚42乙9+1−偏印	38辛43丙9+1−偏印	8辛44丁0+1−偏官	39壬45戊0+1−偏官	10癸46己0+1−偏印	40癸47庚0+1−偏印	11甲48辛9+1−比肩	41甲49壬9+1−印綬
10	7庚38辛1−8+傷官	38辛39壬8+2−印綬	7庚40癸8+2−正財	38辛41甲8+2−偏財	8辛42乙9+2−印綬	39壬43丙9+2−正官	9壬44丁9+1−正財	40癸45戊9+1−正官	11甲46己9+1−正官	41甲47庚9+1−正官	12乙48辛9+1−劫財	42乙49壬9+1−偏印
11	8辛38辛2−8+食神	39壬39壬8+2−偏官	8辛40癸8+2−偏財	39壬41甲8+2−傷官	9壬42乙8+2−偏印	40癸43丙9+2−偏官	10癸44丁9+1−偏財	41甲45戊9+1−偏財	12乙46己9+1−偏官	42乙47庚9+1−偏官	13丙48辛9+1−偏印	43丙49壬8+1−正官
12	9壬38辛2−8+劫財	40癸39壬7+3−正財	9壬40癸8+2−傷官	40癸41甲8+3−食神	10癸42乙8+2−印綬	41甲43丙8+2−正財	11甲44丁9+2−傷官	42乙45戊9+2−正財	13丙46己9+2−正財	43丙47庚9+1−正財	14丁48辛8+2−印綬	44丁49壬8+2−偏官
13	10癸38辛2−7+比肩	41甲39壬7+3−食神	10癸40癸7+3−食神	41甲41甲7+3−劫財	11甲42乙8+3−偏官	42乙43丙8+3−偏財	12乙44丁8+2−食神	43丙45戊8+2−食神	14丁46己8+2−偏財	44丁47庚8+2−偏財	15戊48辛8+2−偏官	45戊49壬8+2−正財
14	11甲38辛3−7+印綬	42乙39壬7+3−傷官	11甲40癸7+3−劫財	42乙41甲7+3−偏印	12乙42乙7+3−正官	43丙43丙8+3−傷官	13丙44丁8+2−劫財	44丁45戊8+2−傷官	15戊46己8+2−傷官	45戊47庚8+2−傷官	16己48辛8+2−正官	46己49壬7+2−偏財
15	12乙38辛3−7+偏印	43丙39壬6+4−比肩	12乙40癸7+3−比肩	43丙41甲7+4−正官	13丙42乙7+3−偏財	44丁43丙7+3−食神	14丁44丁8+3−比肩	45戊45戊8+3−比肩	16己46己8+3−食神	46己47庚8+2−食神	17庚48辛7+3−偏財	47庚49壬7+3−傷官
16	13丙38辛3−6+正財	44丁39壬6+4−劫財	13丙40癸6+4−印綬	44丁41甲6+4−偏官	14丁42乙7+4−正財	45戊43丙7+4−劫財	15戊44丁7+3−印綬	46己45戊7+3−劫財	17庚46己7+3−劫財	47庚47庚7+3−劫財	18辛48辛7+3−正財	48辛49壬7+3−食神
17	14丁38辛4−6+偏財	45戊39壬6+4−偏印	14丁40癸6+4−偏印	45戊41甲6+4−比肩	15戊42乙6+4−食神	46己43丙7+4−比肩	16己44丁7+3−偏官	47庚45戊7+3−偏印	18辛46己7+3−比肩	48辛47庚7+3−比肩	19壬48辛7+3−食神	49壬49壬6+3−劫財
18	15戊38辛4−6+傷官	46己39壬5+5−印綬	15戊40癸6+4−正官	46己41甲6+5−劫財	16己42乙6+4−傷官	47庚43丙6+4−印綬	17庚44丁7+4−正財	48辛45戊7+4−傷官	19壬46己7+4−印綬	49壬47庚7+3−正財	20癸48辛6+4−傷官	50癸49壬6+4−比肩
19	16己38辛4−5+比肩	47庚39壬5+5−偏財	16己40癸5+5−偏官	47庚41甲5+5−偏印	17庚42乙6+5−比肩	48辛43丙6+5−偏印	18辛44丁6+4−偏財	49壬45戊6+4−比肩	20癸46己6+4−偏印	50癸47庚6+4−偏財	21甲48辛6+4−比肩	51甲49壬6+4−印綬
20	17庚38辛5−5+印綬	48辛39壬5+5−正財	17庚40癸5+5−正財	48辛41甲5+5−印綬	18辛42乙5+5−正官	49壬43丙6+5−正官	19壬44丁6+4−正官	50癸45戊6+4−劫財	21甲46己6+4−正官	51甲47庚6+4−傷官	22乙48辛6+4−印綬	52乙49壬5+4−偏印
21	18辛38辛5−5+偏印	49壬39壬4+6−食神	18辛40癸5+5−偏財	49壬41甲5+6−偏官	19壬42乙5+5−偏財	50癸43丙5+5−偏官	20癸44丁6+5−偏官	51甲45戊6+5−偏官	22乙46己6+5−偏官	52乙47庚6+4−正財	23丙48辛5+5−偏官	53丙49壬5+5−正官
22	19壬38辛5−4+正官	50癸39壬4+6−傷官	19壬40癸4+6−傷官	50癸41甲4+6−正官	20癸42乙5+6−正財	51甲43丙5+6−正財	21甲44丁5+5−正財	52乙45戊5+5−正官	23丙46己5+5−正財	53丙47庚5+5−食神	24丁48辛5+5−正官	54丁49壬5+5−偏官
23	20癸38辛6−4+偏官	51甲39壬4+6−比肩	20癸40癸4+6−食神	51甲41甲4+6−偏財	21甲42乙4+6−食神	52乙43丙5+6−偏財	22乙44丁5+5−偏財	53丙45戊5+5−偏印	24丁46己5+5−偏財	54丁47庚5+5−傷官	25戊48辛5+5−偏財	55戊49壬4+5−正財
24	21甲38辛6−4+正財	52乙39壬3+7−劫財	21甲40癸4+6−劫財	52乙41甲4+7−正財	22乙42乙4+6−傷官	53丙43丙4+6−傷官	23丙44丁5+6−傷官	54丁45戊5+6−正財	25戊46己5+6−傷官	55戊47庚5+5−比肩	26己48辛4+6−正財	56己49壬4+6−偏財
25	22乙38辛6−3+偏財	53丙39壬3+7−偏印	22乙40癸3+7−比肩	53丙41甲3+7−食神	23丙42乙4+7−比肩	54丁43丙4+7−比肩	24丁44丁4+6−食神	55戊45戊4+6−食神	26己46己4+6−食神	56己47庚4+6−劫財	27庚48辛4+6−食神	57庚49壬4+6−傷官
26	23丙38辛7−3+傷官	54丁39壬3+7−印綬	23丙40癸3+7−印綬	54丁41甲3+7−傷官	24丁42乙3+7−劫財	55戊43丙4+7−印綬	25戊44丁4+6−劫財	56己45戊4+6−傷官	27庚46己4+6−劫財	57庚47庚4+6−偏印	28辛48辛4+6−傷官	58辛49壬3+6−食神
27	24丁38辛7−3+食神	55戊39壬2+8−偏官	24丁40癸3+7−偏印	55戊41甲3+8−比肩	25戊42乙3+7−偏印	56己43丙3+7−偏印	26己44丁4+7−比肩	57庚45戊4+7−比肩	28辛46己4+7−比肩	58辛47庚4+6−印綬	29壬48辛3+7−比肩	59壬49壬3+7−劫財
28	25戊38辛7−2+劫財	56己39壬2+8−正官	25戊40癸2+8−正官	56己41甲2+8−劫財	26己42乙3+8−印綬	57庚43丙3+8−正官	27庚44丁3+7−印綬	58辛45戊3+7−劫財	29壬46己3+7−印綬	59壬47庚3+7−偏官	30癸48辛3+7−劫財	60癸49壬3+7−比肩
29	26己38辛8−2+比肩	57庚39壬2+8−偏財	26己40癸2+8−偏官	57庚41甲2+8−偏印	27庚42乙2+8−偏官	58辛43丙3+8−偏官	28辛44丁3+7−偏印	59壬45戊3+7−偏印	30癸46己3+7−偏印	60癸47庚3+7−正官	31甲48辛3+7−偏印	1甲49壬2+7−印綬
30	27庚38辛8−2+印綬		27庚40癸2+8−正財	58辛41甲2+9−印綬	28辛42乙2+8−正官	59壬43丙2+8−正財	29壬44丁3+8−正官	60癸45戊3+8−印綬	31甲46己3+8−正官	1甲47庚3+7−偏財	32乙48辛2+8−印綬	2乙49壬2+8−偏印
31	28辛38辛8−1+偏印		28辛40癸1+9−偏財		29壬42乙2+9−偏財		30癸44丁2+8−偏官	1甲45戊2+8−偏官		2乙47庚2+8−正財		3丙49壬2+8−正官

2013年（平成25年）生まれ　30 癸（2/4〜翌 2/3）

日	1月	2月	3月	4月	5月	6月	7月	8月	9月	10月	11月	12月
	日干 月干 立年♂♀ 中心星	日干 月干 立年♂♀ 中心星	日干 月干 立年♂♀ 中心星	日干 月干 立年♂♀ 中心星	日干 月干 立年♂♀ 中心星	日干 月干 立年♂♀ 中心星	日干 月干 立年♂♀ 中心星	日干 月干 立年♂♀ 中心星	日干 月干 立年♂♀ 中心星	日干 月干 立年♂♀ 中心星	日干 月干 立年♂♀ 中心星	日干 月干 立年♂♀ 中心星
1	4丁49壬1+8−偏官	35戊50癸1+9−劫財	3丙51甲8−1+偏印	34丁52乙9−1+偏印	4丁53丙9−1+傷官	35戊54丁9−1+偏印	5戊55戊9−2+印綬	36己56己8−2+比肩	7庚57庚8−2+比肩	37庚58辛8−2+劫財	8辛59壬8−2+印綬	38辛60癸8−2+傷官
2	5戊49壬1+9−正財	36己50癸1+9−比肩	4丁51甲9−1+印綬	35戊52乙9−1+正官	5戊53丙9−1+比肩	36己54丁9−1+印綬	6己55戊9−2+偏印	37庚56己9−2+印綬	8辛57庚9−2+劫財	38辛58辛8−2+比肩	9壬59壬8−2+偏官	39壬60癸8−2+比肩
3	6己49壬1+9−偏財	37庚50癸1+0−印綬	5戊51甲9−1+偏官	36己52乙0−1+偏官	6己53丙9−1+劫財	37庚54丁0−1+偏官	7庚55戊9−1+正官	38辛56己9−1+偏印	9壬57庚9−1+偏印	39壬58辛9−2+印綬	10癸59壬9−1+正官	40癸60癸9−1+劫財
4	7庚49壬1+9−傷官	38辛51甲1−0+印綬	6己51甲9−1+正官	37庚52乙0−1+正財	7庚53丙0−1+偏印	38辛54丁0−1+正官	8辛55戊0−1+偏官	39壬56己9−1+正官	10癸57庚9−1+印綬	40癸58辛9−1+偏印	11甲59壬9−1+偏財	41甲60癸9−1+偏印
5	8辛50癸0+1−食神	39壬51甲1−9+偏官	7庚52乙1−0+正財	38辛53丙1−0+偏財	8辛54丁1−0+印綬	39壬55戊1−0+正官	9壬55戊0−1+正財	40癸56己0−1+偏官	11甲57庚0−1+偏官	41甲58辛9−1+正官	12乙59壬9−1+正財	42乙60癸9−1+印綬
6	9壬50癸0+1−劫財	40癸51甲1−9+正官	8辛52乙1−0+偏財	39壬53丙1−0+傷官	9壬54丁1−0+偏官	40癸55戊1−0+偏官	10癸55戊0−1+偏財	41甲56己0−1+正財	12乙57庚0−1+正官	42乙58辛0−1+偏官	13丙59壬0−1+食神	43丙60癸0−1+偏官
7	10癸50癸9+1−比肩	41甲51甲1−9+偏財	9壬52乙1−0+傷官	40癸53丙1−9+食神	10癸54丁1−0+正官	41甲55戊1−0+正財	11甲56己1−0+傷官	42乙57庚1−0+正財	13丙58辛1−0+正財	43丙58辛0−1+正財	14丁60癸1−0+印綬	44丁 1甲1−0+偏官
8	11甲50癸9+1−印綬	42乙51甲1−8+正財	10癸52乙1−9+食神	41甲53丙1−9+劫財	11甲54丁1−9+偏財	42乙55戊1−0+偏財	12乙56己1−0+食神	43丙57庚1−0+食神	14丁58辛1−0+偏財	44丁59壬1−0+偏財	15戊60癸1−0+偏官	45戊 1甲1−9+正財
9	12乙50癸9+1−偏印	43丙51甲2−8+食神	11甲52乙1−9+劫財	42乙53丙1−9+比肩	12乙54丁1−9+正財	43丙55戊1−9+傷官	13丙56己1−0+劫財	44丁57庚1−0+傷官	15戊58辛1−0+傷官	45戊59壬1−0+傷官	16己60癸1−9+正官	46己 1甲1−9+偏財
10	13丙50癸8+2−正官	44丁51甲2−8+傷官	12乙52乙2−9+比肩	43丙53丙2−8+印綬	13丙54丁2−9+食神	44丁55戊2−9+食神	14丁56己1−9+比肩	45戊57庚1−9+比肩	16己58辛1−9+食神	46己59壬1−9+食神	17庚60癸1−9+偏財	47庚 1甲1−9+傷官
11	14丁50癸8+2−偏官	45戊51甲2−7+比肩	13丙52乙2−8+印綬	44丁53丙2−8+偏印	14丁54丁2−8+正財	45戊55戊2−9+劫財	15戊56己1−9+印綬	46己57庚1−9+劫財	17庚58辛1−9+劫財	47庚59壬1−9+劫財	18辛60癸1−9+正財	48辛 1甲1−8+食神
12	15戊50癸8+2−正財	46己51甲3−7+印綬	14丁52乙2−8+偏印	45戊53丙2−8+正官	15戊54丁2−8+食神	46己55戊2−8+比肩	16己56己2−9+偏印	47庚57庚2−9+偏印	18辛58辛2−9+比肩	48辛59壬1−9+比肩	19壬60癸2−8+食神	49壬 1甲2−8+劫財
13	16己50癸7+3−偏財	47庚51甲3−7+偏官	15戊52乙3−8+正官	46己53丙3−7+偏官	16己54丁3−8+傷官	47庚55戊3−8+印綬	17庚56己2−8+正官	48辛57庚2−8+印綬	19壬58辛2−8+印綬	49壬59壬2−8+印綬	20癸60癸2−8+傷官	50癸 1甲2−8+比肩
14	17庚50癸7+3−傷官	48辛51甲3−6+正官	16己52乙3−7+偏官	47庚53丙3−7+正財	17庚54丁3−7+比肩	48辛55戊3−8+偏印	18辛56己2−8+偏官	49壬57庚2−8+偏官	20癸58辛2−8+偏印	50癸59壬2−8+偏印	21甲60癸2−8+比肩	51甲 1甲2−7+印綬
15	18辛50癸7+3−比肩	49壬51甲4−6+偏財	17庚52乙3−7+正財	48辛53丙3−7+食神	18辛54丁3−7+劫財	49壬55戊3−7+正官	19壬56己3−8+正財	50癸57庚3−8+正官	21甲58辛3−8+正官	51甲59壬2−8+正官	22乙60癸3−7+劫財	52乙 1甲3−7+偏印
16	19壬50癸6+4−印綬	50癸51甲4−6+正財	18辛52乙4−7+偏財	49壬53丙4−6+劫財	19壬54丁4−7+偏印	50癸55戊4−7+偏官	20癸56己3−7+偏財	51甲57庚3−7+偏財	22乙58辛3−7+偏官	52乙59壬3−7+偏官	23丙60癸3−7+偏印	53丙 1甲3−7+正官
17	20癸50癸6+4−偏印	51甲51甲4−5+食神	19壬52乙4−6+傷官	50癸53丙4−6+比肩	20癸54丁4−6+印綬	51甲55戊4−7+正財	21甲56己3−7+劫財	52乙57庚3−7+正財	23丙58辛3−7+正財	53丙59壬3−7+正財	24丁60癸3−7+印綬	54丁 1甲3−6+偏官
18	21甲50癸6+4−正財	52乙51甲5−5+傷官	20癸52乙4−6+食神	51甲53丙4−6+偏財	21甲54丁4−6+偏官	52乙55戊4−6+偏財	22乙56己4−7+比肩	53丙57庚4−7+偏官	24丁58辛4−7+偏財	54丁59壬3−7+比肩	25戊60癸4−6+偏官	55戊 1甲4−6+正財
19	22乙50癸5+5−偏財	53丙51甲5−5+偏印	21甲52乙5−6+劫財	52乙53丙5−5+正財	22乙54丁5−6+正官	53丙55戊5−6+傷官	23丙56己4−6+印綬	54丁57庚4−6+正官	25戊58辛4−6+傷官	55戊59壬4−6+印綬	26己60癸4−6+正官	56己 1甲4−6+偏財
20	23丙50癸5+5−傷官	54丁51甲5−4+印綬	22乙52乙5−5+比肩	53丙53丙5−5+食神	23丙54丁5−5+比肩	54丁55戊5−6+食神	24丁56己4−6+食神	55戊57庚4−6+偏財	26己58辛4−6+食神	56己59壬4−6+偏印	27庚60癸4−6+食神	57庚 1甲4−5+傷官
21	24丁50癸5+5−食神	55戊51甲6−4+偏官	23丙52乙5−5+印綬	54丁53丙5−5+傷官	24丁54丁5−5+劫財	55戊55戊5−5+劫財	25戊56己5−6+劫財	56己57庚5−6+傷官	27庚58辛5−6+劫財	57庚59壬4−6+偏印	28辛60癸5−5+傷官	58辛 1甲5−5+食神
22	25戊50癸4+6−劫財	56己51甲6−4+正官	24丁52乙6−5+偏印	55戊53丙6−4+比肩	25戊54丁6−5+偏印	56己55戊6−5+比肩	26己56己5−5+比肩	57庚57庚5−5+比肩	28辛58辛5−5+比肩	58辛59壬5−5+印綬	29壬60癸5−5+比肩	59壬 1甲5−5+劫財
23	26己50癸4+6−比肩	57庚51甲6−3+偏財	25戊52乙6−4+正官	56己53丙6−4+劫財	26己54丁6−4+印綬	57庚55戊6−5+印綬	27庚56己5−5+印綬	58辛57庚5−5+劫財	29壬58辛5−5+印綬	59壬59壬5−5+偏官	30癸60癸5−5+劫財	60癸 1甲5−4+比肩
24	27庚50癸4+6−印綬	58辛51甲7−3+正財	26己52乙6−4+偏官	57庚53丙6−4+偏印	27庚54丁6−4+偏官	58辛55戊6−4+偏印	28辛56己6−5+偏印	59壬57庚6−5+偏印	30癸58辛6−5+偏印	60癸59壬5−5+正官	31甲60癸6−4+偏印	1甲 1甲6−4+印綬
25	28辛50癸3+7−偏印	59壬51甲7−3+食神	27庚52乙7−4+正財	58辛53丙7−3+印綬	28辛54丁7−4+正官	59壬55戊7−4+正財	29壬56己6−4+正官	60癸57庚6−4+印綬	31甲58辛6−4+正官	1甲59壬6−4+偏財	32乙60癸6−4+印綬	2乙 1甲6−4+偏印
26	29壬50癸3+7−正官	60癸51甲7−2+傷官	28辛52乙7−3+偏財	59壬53丙7−3+偏官	29壬54丁7−3+偏財	60癸55戊7−4+偏財	30癸56己6−4+偏官	1甲57庚6−4+偏官	32乙58辛6−4+偏官	2乙59壬6−4+正財	33丙60癸6−4+偏官	3丙 1甲6−3+正官
27	30癸50癸3+7−偏官	1甲51甲8−2+比肩	29壬52乙7−3+傷官	60癸53丙7−3+正官	30癸54丁7−3+正財	1甲55戊7−3+傷官	31甲56己7−4+正財	2乙57庚7−4+正官	33丙58辛7−4+正財	3丙59壬6−4+食神	34丁60癸7−3+正官	4丁 1甲7−3+偏官
28	31甲50癸2+8−正財	2乙51甲8−2+劫財	30癸52乙8−3+食神	1甲53丙8−2+偏財	31甲54丁8−3+食神	2乙55戊8−3+食神	32乙56己7−3+偏財	3丙57庚7−3+偏財	34丁58辛7−3+偏財	4丁59壬7−3+傷官	35戊60癸7−3+偏財	5戊 1甲7−3+正財
29	32乙50癸2+8−偏財		31甲52乙8−2+劫財	2乙53丙8−2+正財	32乙54丁8−2+傷官	3丙55戊8−3+劫財	33丙56己7−3+傷官	4丁57庚7−3+正財	35戊58辛7−3+傷官	5戊59壬7−3+比肩	36己60癸7−3+正財	6己 1甲7−2+偏財
30	33丙50癸2+8−傷官		32乙52乙8−2+比肩	3丙53丙8−2+食神	33丙54丁8−2+比肩	4丁55戊8−2+比肩	34丁56己8−3+食神	5戊57庚8−3+食神	36己58辛8−3+食神	6己59壬7−3+劫財	37庚60癸8−2+食神	7庚 1甲8−2+傷官
31	34丁50癸1+9−食神		33丙52乙9−2+印綬		34丁54丁9−2+劫財		35戊56己8−2+劫財	6己57庚8−2+傷官		7庚59壬8−2+偏印		8辛 1甲8−2+食神

2014年（平成26年）生まれ　31 甲（2/4～翌 2/3）

	1月					2月					3月				
日	日干	月干	立年♂	立年♀	中心星	日干	月干	立年♂	立年♀	中心星	日干	月干	立年♂	立年♀	中心星
1	9壬	1甲	8−	1+	劫財	40癸	2乙	9−	1+	偏官	8辛	3丙	2+	8−	正財
2	10癸	1甲	9−	1+	比肩	41甲	2乙	9−	1+	正財	9壬	3丙	1+	9−	食神
3	11甲	1甲	9−	1+	印綬	42乙	2乙	0−	1+	偏財	10癸	3丙	1+	9−	傷官
4	12乙	1甲	9−	1+	偏印	43丙	3丙	0+	1−	食神	11甲	3丙	1+	9−	比肩
5	13丙	2乙	1−	0+	正官	44丁	3丙	0+	1−	傷官	12乙	3丙	1+	0−	劫財
6	14丁	2乙	1−	0+	偏官	45戊	3丙	9+	1−	比肩	13丙	4丁	0+	1−	印綬
7	15戊	2乙	1−	9+	正財	46己	3丙	9+	1−	劫財	14丁	4丁	0+	1−	偏印
8	16己	2乙	1−	9+	偏財	47庚	3丙	9+	1−	偏印	15戊	4丁	9+	1−	正官
9	17庚	2乙	1−	9+	傷官	48辛	3丙	8+	2−	印綬	16己	4丁	9+	1−	偏官
10	18辛	2乙	2−	8+	食神	49壬	3丙	8+	2−	偏官	17庚	4丁	9+	1−	正財
11	19壬	2乙	2−	8+	劫財	50癸	3丙	8+	2−	正官	18辛	4丁	8+	2−	偏財
12	20癸	2乙	2−	8+	比肩	51甲	3丙	7+	3−	食神	19壬	4丁	8+	2−	傷官
13	21甲	2乙	3−	7+	印綬	52乙	3丙	7+	3−	傷官	20癸	4丁	8+	2−	食神
14	22乙	2乙	3−	7+	偏印	53丙	3丙	7+	3−	比肩	21甲	4丁	7+	3−	劫財
15	23丙	2乙	3−	7+	正財	54丁	3丙	6+	4−	劫財	22乙	4丁	7+	3−	比肩
16	24丁	2乙	4−	6+	偏財	55戊	3丙	6+	4−	偏印	23丙	4丁	7+	3−	印綬
17	25戊	2乙	4−	6+	傷官	56己	3丙	6+	4−	印綬	24丁	4丁	6+	4−	偏印
18	26己	2乙	4−	6+	比肩	57庚	3丙	5+	5−	偏官	25戊	4丁	6+	4−	正官
19	27庚	2乙	5−	5+	印綬	58辛	3丙	5+	5−	正財	26己	4丁	6+	4−	偏官
20	28辛	2乙	5−	5+	偏印	59壬	3丙	5+	5−	食神	27庚	4丁	5+	5−	正財
21	29壬	2乙	5−	5+	正官	60癸	3丙	4+	6−	傷官	28辛	4丁	5+	5−	偏財
22	30癸	2乙	6−	4+	偏官	1甲	3丙	4+	6−	比肩	29壬	4丁	5+	5−	傷官
23	31甲	2乙	6−	4+	正財	2乙	3丙	4+	6−	劫財	30癸	4丁	4+	6−	食神
24	32乙	2乙	6−	4+	偏財	3丙	3丙	3+	7−	偏印	31甲	4丁	4+	6−	劫財
25	33丙	2乙	7−	3+	傷官	4丁	3丙	3+	7−	印綬	32乙	4丁	4+	6−	比肩
26	34丁	2乙	7−	3+	食神	5戊	3丙	3+	7−	偏官	33丙	4丁	3+	7−	印綬
27	35戊	2乙	7−	3+	劫財	6己	3丙	2+	8−	正官	34丁	4丁	3+	7−	偏印
28	36己	2乙	8−	2+	比肩	7庚	3丙	2+	8−	偏財	35戊	4丁	3+	7−	正官
29	37庚	2乙	8−	2+	印綬						36己	4丁	2+	8−	偏官
30	38辛	2乙	8−	2+	偏印						37庚	4丁	2+	8−	正財
31	39壬	2乙	9−	1+	正官						38辛	4丁	2+	8−	偏財

	4月					5月					6月				
日	日干	月干	立年♂	立年♀	中心星	日干	月干	立年♂	立年♀	中心星	日干	月干	立年♂	立年♀	中心星
1	39壬	4丁	1+	9−	傷官	9壬	5戊	1+	9−	偏官	40癸	6己	2+	9−	正財
2	40癸	4丁	1+	9−	食神	10癸	5戊	1+	9−	正官	41甲	6己	1+	9−	食神
3	41甲	4丁	1+	9−	劫財	11甲	5戊	1+	9−	偏財	42乙	6己	1+	0−	傷官
4	42乙	4丁	1+	0−	比肩	12乙	5戊	1+	0−	正財	43丙	6己	1+	0−	比肩
5	43丙	5戊	0+	1−	印綬	13丙	6己	0+	1−	食神	44丁	6己	1+	0−	劫財
6	44丁	5戊	0+	1−	偏印	14丁	6己	0+	1−	傷官	45戊	7庚	0+	1−	劫財
7	45戊	5戊	9+	1−	正官	15戊	6己	0+	1−	比肩	46己	7庚	0+	1−	比肩
8	46己	5戊	9+	1−	偏官	16己	6己	0+	1−	劫財	47庚	7庚	0+	1−	印綬
9	47庚	5戊	9+	1−	正財	17庚	6己	9+	1−	偏印	48辛	7庚	9+	1−	偏印
10	48辛	5戊	8+	2−	偏財	18辛	6己	9+	2−	印綬	49壬	7庚	9+	1−	正官
11	49壬	5戊	8+	2−	傷官	19壬	6己	9+	2−	偏印	50癸	7庚	9+	2−	偏官
12	50癸	5戊	8+	2−	食神	20癸	6己	8+	2−	印綬	51甲	7庚	8+	2−	正財
13	51甲	5戊	7+	3−	劫財	21甲	6己	8+	3−	偏官	52乙	7庚	8+	2−	偏財
14	52乙	5戊	7+	3−	比肩	22乙	6己	8+	3−	正官	53丙	7庚	8+	3−	傷官
15	53丙	5戊	7+	3−	正官	23丙	6己	7+	3−	偏財	54丁	7庚	7+	3−	食神
16	54丁	5戊	6+	4−	偏官	24丁	6己	7+	4−	正財	55戊	7庚	7+	3−	劫財
17	55戊	5戊	6+	4−	正財	25戊	6己	7+	4−	食神	56己	7庚	7+	4−	比肩
18	56己	5戊	6+	4−	劫財	26己	6己	6+	4−	傷官	57庚	7庚	6+	4−	印綬
19	57庚	5戊	5+	5−	偏印	27庚	6己	6+	5−	比肩	58辛	7庚	6+	4−	偏印
20	58辛	5戊	5+	5−	印綬	28辛	6己	6+	5−	正官	59壬	7庚	6+	5−	正官
21	59壬	5戊	5+	5−	偏官	29壬	6己	5+	5−	偏財	60癸	7庚	5+	5−	偏官
22	60癸	5戊	4+	6−	正官	30癸	6己	5+	6−	正財	1甲	7庚	5+	5−	正財
23	1甲	5戊	4+	6−	偏財	31甲	6己	5+	6−	食神	2乙	7庚	5+	6−	偏財
24	2乙	5戊	4+	6−	正財	32乙	6己	4+	6−	傷官	3丙	7庚	4+	6−	傷官
25	3丙	5戊	3+	7−	食神	33丙	6己	4+	7−	比肩	4丁	7庚	4+	6−	食神
26	4丁	5戊	3+	7−	傷官	34丁	6己	4+	7−	劫財	5戊	7庚	4+	7−	印綬
27	5戊	5戊	3+	7−	比肩	35戊	6己	3+	7−	偏印	6己	7庚	3+	7−	偏印
28	6己	5戊	2+	8−	劫財	36己	6己	3+	8−	印綬	7庚	7庚	3+	7−	正官
29	7庚	5戊	2+	8−	偏印	37庚	6己	3+	8−	偏官	8辛	7庚	3+	8−	偏官
30	8辛	5戊	2+	8−	印綬	38辛	6己	2+	8−	正官	9壬	7庚	2+	8−	正財
31						39壬	6己	2+	9−	偏財					

	7月					8月					9月				
日	日干	月干	立年♂	立年♀	中心星	日干	月干	立年♂	立年♀	中心星	日干	月干	立年♂	立年♀	中心星
1	10癸	7庚	2+	8−	偏財	41甲	8辛	2+	8−	正財	12乙	9壬	2+	8−	正官
2	11甲	7庚	2+	9−	傷官	42乙	8辛	2+	9−	偏財	13丙	9壬	2+	9−	偏財
3	12乙	7庚	1+	9−	食神	43丙	8辛	1+	9−	傷官	14丁	9壬	2+	9−	正財
4	13丙	7庚	1+	9−	劫財	44丁	8辛	1+	9−	食神	15戊	9壬	1+	9−	食神
5	14丁	7庚	1+	0−	比肩	45戊	8辛	1+	0−	劫財	16己	9壬	1+	0−	傷官
6	15戊	7庚	1+	0−	印綬	46己	8辛	1+	0−	比肩	17庚	9壬	1+	0−	比肩
7	16己	8辛	0+	1−	偏印	47庚	9壬	0+	1−	偏印	18辛	9壬	1+	0−	劫財
8	17庚	8辛	0+	1−	正官	48辛	9壬	0+	1−	印綬	19壬	10癸	0+	1−	印綬
9	18辛	8辛	0+	1−	偏官	49壬	9壬	0+	1−	偏官	20癸	10癸	0+	1−	偏印
10	19壬	8辛	9+	1−	正財	50癸	9壬	0+	1−	正官	21甲	10癸	9+	1−	正官
11	20癸	8辛	9+	1−	偏財	51甲	9壬	9+	1−	偏財	22乙	10癸	9+	1−	偏官
12	21甲	8辛	9+	2−	傷官	52乙	9壬	9+	2−	正財	23丙	10癸	9+	1−	正財
13	22乙	8辛	8+	2−	食神	53丙	9壬	9+	2−	食神	24丁	10癸	8+	2−	偏財
14	23丙	8辛	8+	2−	劫財	54丁	9壬	8+	2−	傷官	25戊	10癸	8+	2−	傷官
15	24丁	8辛	8+	3−	比肩	55戊	9壬	8+	3−	比肩	26己	10癸	8+	2−	食神
16	25戊	8辛	7+	3−	印綬	56己	9壬	8+	3−	劫財	27庚	10癸	7+	3−	劫財
17	26己	8辛	7+	3−	偏官	57庚	9壬	7+	3−	偏印	28辛	10癸	7+	3−	比肩
18	27庚	8辛	7+	4−	正財	58辛	9壬	7+	4−	傷官	29壬	10癸	7+	3−	印綬
19	28辛	8辛	6+	4−	偏財	59壬	9壬	7+	4−	比肩	30癸	10癸	6+	4−	偏印
20	29壬	8辛	6+	4−	正官	60癸	9壬	6+	4−	劫財	31甲	10癸	6+	4−	正官
21	30癸	8辛	6+	5−	偏官	1甲	9壬	6+	5−	偏官	32乙	10癸	6+	4−	偏官
22	31甲	8辛	5+	5−	正財	2乙	9壬	6+	5−	正官	33丙	10癸	5+	5−	正財
23	32乙	8辛	5+	5−	偏財	3丙	9壬	5+	5−	偏財	34丁	10癸	5+	5−	偏財
24	33丙	8辛	5+	6−	傷官	4丁	9壬	5+	6−	正財	35戊	10癸	5+	5−	傷官
25	34丁	8辛	4+	6−	食神	5戊	9壬	5+	6−	食神	36己	10癸	4+	6−	食神
26	35戊	8辛	4+	6−	劫財	6己	9壬	4+	6−	傷官	37庚	10癸	4+	6−	劫財
27	36己	8辛	4+	7−	比肩	7庚	9壬	4+	7−	比肩	38辛	10癸	4+	6−	比肩
28	37庚	8辛	3+	7−	印綬	8辛	9壬	4+	7−	劫財	39壬	10癸	3+	7−	印綬
29	38辛	8辛	3+	7−	偏印	9壬	9壬	3+	7−	偏印	40癸	10癸	3+	7−	偏印
30	39壬	8辛	3+	8−	正官	10癸	9壬	3+	8−	印綬	41甲	10癸	3+	7−	正官
31	40癸	8辛	2+	8−	偏官	11甲	9壬	3+	8−	偏官					

	10月					11月					12月				
日	日干	月干	立年♂	立年♀	中心星	日干	月干	立年♂	立年♀	中心星	日干	月干	立年♂	立年♀	中心星
1	42乙	10癸	2+	8−	偏官	13丙	11甲	2+	8−	食神	43丙	12乙	2+	8−	偏官
2	43丙	10癸	2+	8−	正財	14丁	11甲	2+	8−	傷官	44丁	12乙	2+	8−	正官
3	44丁	10癸	2+	8−	偏財	15戊	11甲	1+	9−	比肩	45戊	12乙	1+	9−	偏財
4	45戊	10癸	1+	9−	傷官	16己	11甲	1+	9−	劫財	46己	12乙	1+	9−	正財
5	46己	10癸	1+	9−	食神	17庚	11甲	1+	9−	偏印	47庚	12乙	1+	9−	食神
6	47庚	10癸	1+	9−	劫財	18辛	11甲	1+	0−	印綬	48辛	12乙	1+	0−	傷官
7	48辛	10癸	1+	0−	比肩	19壬	12乙	0+	1−	食神	49壬	13丙	0+	1−	劫財
8	49壬	11甲	0+	1−	印綬	20癸	12乙	0+	1−	傷官	50癸	13丙	0+	1−	比肩
9	50癸	11甲	0+	1−	偏印	21甲	12乙	9+	1−	比肩	51甲	13丙	9+	1−	印綬
10	51甲	11甲	9+	1−	正官	22乙	12乙	9+	1−	劫財	52乙	13丙	9+	1−	偏印
11	52乙	11甲	9+	1−	偏官	23丙	12乙	9+	1−	偏印	53丙	13丙	9+	1−	正官
12	53丙	11甲	9+	1−	正財	24丁	12乙	8+	2−	印綬	54丁	13丙	8+	2−	偏官
13	54丁	11甲	8+	2−	偏財	25戊	12乙	8+	2−	偏官	55戊	13丙	8+	2−	正財
14	55戊	11甲	8+	2−	傷官	26己	12乙	8+	2−	正官	56己	13丙	8+	2−	偏財
15	56己	11甲	8+	2−	食神	27庚	12乙	7+	3−	偏財	57庚	13丙	7+	3−	傷官
16	57庚	11甲	7+	3−	劫財	28辛	12乙	7+	3−	正財	58辛	13丙	7+	3−	食神
17	58辛	11甲	7+	3−	比肩	29壬	12乙	7+	3−	食神	59壬	13丙	7+	3−	劫財
18	59壬	11甲	7+	3−	正財	30癸	12乙	6+	4−	傷官	60癸	13丙	6+	4−	比肩
19	60癸	11甲	6+	4−	偏財	31甲	12乙	6+	4−	比肩	1甲	13丙	6+	4−	印綬
20	1甲	11甲	6+	4−	傷官	32乙	12乙	6+	4−	印綬	2乙	13丙	6+	4−	偏印
21	2乙	11甲	6+	4−	正財	33丙	12乙	5+	5−	偏官	3丙	13丙	5+	5−	正官
22	3丙	11甲	5+	5−	食神	34丁	12乙	5+	5−	正官	4丁	13丙	5+	5−	偏官
23	4丁	11甲	5+	5−	傷官	35戊	12乙	5+	5−	偏財	5戊	13丙	5+	5−	正財
24	5戊	11甲	5+	5−	比肩	36己	12乙	4+	6−	正財	6己	13丙	4+	6−	偏財
25	6己	11甲	4+	6−	劫財	37庚	12乙	4+	6−	食神	7庚	13丙	4+	6−	傷官
26	7庚	11甲	4+	6−	偏印	38辛	12乙	4+	6−	傷官	8辛	13丙	4+	6−	食神
27	8辛	11甲	4+	6−	印綬	39壬	12乙	3+	7−	比肩	9壬	13丙	3+	7−	劫財
28	9壬	11甲	3+	7−	偏官	40癸	12乙	3+	7−	劫財	10癸	13丙	3+	7−	比肩
29	10癸	11甲	3+	7−	正官	41甲	12乙	3+	7−	偏印	11甲	13丙	3+	7−	印綬
30	11甲	11甲	3+	7−	偏財	42乙	12乙	2+	8−	印綬	12乙	13丙	2+	8−	偏印
31	12乙	11甲	2+	8−	正財						13丙	13丙	2+	8−	正官

2015年（平成27年）生まれ　32 乙（2/4〜翌 2/3）

日	1月	2月	3月	4月	5月	6月	7月	8月	9月	10月	11月	12月
	日干 月干 立年♂♀ 中心星	日干 月干 立年♂♀ 中心星	日干 月干 立年♂♀ 中心星	日干 月干 立年♂♀ 中心星	日干 月干 立年♂♀ 中心星	日干 月干 立年♂♀ 中心星	日干 月干 立年♂♀ 中心星	日干 月干 立年♂♀ 中心星	日干 月干 立年♂♀ 中心星	日干 月干 立年♂♀ 中心星	日干 月干 立年♂♀ 中心星	日干 月干 立年♂♀ 中心星
1	14丁13丙2+8−偏官	45戊14丁1+9−劫財	13丙15戊8−2+偏印	44丁16己9−1+偏印	14丁17庚9−2+傷官	45戊18辛9−2+偏印	15戊19壬8−2+印綬	46己20癸8−2+比肩	17庚21甲8−2+比肩	47庚22乙8−2+劫財	18辛23丙8−2+印綬	48辛24丁8−2+傷官
2	15戊13丙1+9−正財	46己14丁1+9−比肩	14丁15戊9−1+印綬	45戊16己9−1+正官	15戊17庚9−1+比肩	46己18辛9−1+印綬	16己19壬9−2+偏印	47庚20癸9−2+印綬	18辛21甲8−2+劫財	48辛22乙8−2+比肩	19壬23丙8−2+偏官	49壬24丁8−2+比肩
3	16己13丙1+9−偏財	47庚14丁1+9−印綬	15戊15戊9−1+偏官	46己16己9−1+偏官	16己17庚9−1+劫財	47庚18辛9−1+偏官	17庚19壬9−1+正官	48辛20癸9−2+偏印	19壬21甲9−2+偏印	49壬22乙8−2+印綬	20癸23丙9−2+正官	50癸24丁8−1+劫財
4	17庚13丙1+9−傷官	48辛15戊1−0+印綬	16己15戊9−1+正官	47庚16己0−1+正財	17庚17庚0−1+偏印	48辛18辛0−1+正官	18辛19壬9−1+偏官	49壬20癸9−1+正官	20癸21甲9−1+印綬	50癸22乙9−1+偏印	21甲23丙9−1+偏財	51甲24丁9−1+偏印
5	18辛13丙1+0−食神	49壬15戊1−0+偏官	17庚15戊0−1+偏財	48辛17庚1−0+偏財	18辛17庚0−1+印綬	49壬18辛0−1+偏財	19壬19壬0−1+正財	50癸20癸0−1+偏官	21甲21甲9−1+偏官	51甲22乙9−1+正官	22乙23丙9−1+正財	52乙24丁9−1+印綬
6	19壬14丁0+1−劫財	50癸15戊1−9+正官	18辛16己1−0+偏財	49壬17庚1−0+傷官	19壬18辛1−0+偏官	50癸19壬1−0+偏官	20癸19壬0−1+偏財	51甲20癸0−1+正財	22乙21甲0−1+正官	52乙22乙9−1+偏官	23丙23丙0−1+食神	53丙24丁9−1+偏官
7	20癸14丁9+1−比肩	51甲15戊1−9+偏財	19壬16己1−0+傷官	50癸17庚1−0+食神	20癸18辛1−0+正官	51甲19壬1−0+正財	21甲20癸1−0+傷官	52乙20癸0−1+偏財	23丙21甲0−1+偏財	53丙22乙0−1+正財	24丁23丙0−1+傷官	54丁25戊1−0+偏官
8	21甲14丁9+1−印綬	52乙15戊1−9+正財	20癸16己1−9+食神	51甲17庚1−9+劫財	21甲18辛1−0+偏財	52乙19壬1−0+偏財	22乙20癸1−0+食神	53丙21甲1−0+食神	24丁22乙1−0+偏財	54丁23丙1−0+偏財	25戊24丁1−0+偏官	55戊25戊1−0+正財
9	22乙14丁9+1−偏印	53丙15戊2−8+食神	21甲16己1−9+劫財	52乙17庚1−9+比肩	22乙18辛1−9+正財	53丙19壬1−9+傷官	23丙20癸1−0+劫財	54丁21甲1−0+傷官	25戊22乙1−0+偏官	55戊23丙1−0+偏官	26己24丁1−9+正官	56己25戊1−9+偏財
10	23丙14丁8+1−正官	54丁15戊2−8+傷官	22乙16己1−9+比肩	53丙17庚2−9+印綬	23丙18辛1−9+食神	54丁19壬1−9+食神	24丁20癸1−0+比肩	55戊21甲1−0+比肩	26己22乙1−9+食神	56己23丙1−0+食神	27庚24丁1−9+偏財	57庚25戊1−9+傷官
11	24丁14丁8+2−偏官	55戊15戊2−8+比肩	23丙16己2−8+印綬	54丁17庚2−8+偏印	24丁18辛2−9+傷官	55戊19壬2−9+劫財	25戊20癸1−9+印綬	56己21甲1−9+劫財	27庚22乙1−9+劫財	57庚23丙1−9+劫財	28辛24丁1−9+正財	58辛25戊1−9+食神
12	25戊14丁8+2−正財	56己15戊3−7+印綬	24丁16己2−8+偏印	55戊17庚2−8+正官	25戊18辛2−8+食神	56己19壬2−8+比肩	26己20癸2−9+偏印	57庚21甲1−9+偏印	28辛22乙1−9+比肩	58辛23丙1−9+比肩	29壬24丁1−8+食神	59壬25戊2−8+劫財
13	26己14丁7+2−偏財	57庚15戊3−7+偏官	25戊16己2−8+正官	56己17庚3−8+偏官	26己18辛2−8+傷官	57庚19壬2−8+印綬	27庚20癸2−9+正官	58辛21甲2−9+印綬	29壬22乙2−8+印綬	59壬23丙2−9+印綬	30癸24丁2−8+傷官	60癸25戊2−8+比肩
14	27庚14丁7+3−傷官	58辛15戊3−7+正官	26己16己3−7+偏官	57庚17庚3−7+正財	27庚18辛3−8+比肩	58辛19壬3−8+偏印	28辛20癸2−8+偏官	59壬21甲2−8+偏官	30癸22乙2−8+偏印	60癸23丙2−8+偏印	31甲24丁2−8+比肩	1甲 25戊2−8+印綬
15	28辛14丁7+3−食神	59壬15戊4−6+偏財	27庚16己3−7+正財	58辛17庚3−7+食神	28辛18辛3−7+劫財	59壬19壬3−7+正官	29壬20癸3−8+正財	60癸21甲2−8+正官	31甲22乙2−8+正官	1甲 23丙2−8+正官	32乙24丁2−7+劫財	2乙 25戊3−7+偏印
16	29壬14丁6+3−印綬	60癸15戊4−6+正財	28辛16己3−7+偏財	59壬17庚4−7+劫財	29壬18辛3−7+偏印	60癸19壬3−7+偏官	30癸20癸3−8+偏財	1甲 21甲3−8+偏財	32乙22乙3−7+偏官	2乙 23丙3−8+偏官	33丙24丁3−7+偏印	3丙 25戊3−7+正官
17	30癸14丁6+4−偏印	1甲 15戊4−6+食神	29壬16己4−6+傷官	60癸17庚4−6+比肩	30癸18辛4−7+印綬	1甲 19壬4−7+正財	31甲20癸3−7+劫財	2乙 21甲3−7+正財	33丙22乙3−7+正財	3丙 23丙3−7+正財	34丁24丁3−7+印綬	4丁 25戊3−7+偏官
18	31甲14丁6+4−正官	2乙 15戊5−5+傷官	30癸16己4−6+食神	1甲 17庚4−6+偏財	31甲18辛4−6+偏官	2乙 19壬4−6+偏財	32乙20癸4−7+比肩	3丙 21甲3−7+食神	34丁22乙3−7+偏財	4丁 23丙3−7+比肩	35戊24丁3−6+偏官	5戊 25戊4−6+正財
19	32乙14丁5+4−偏財	3丙 15戊5−5+偏印	31甲16己4−6+劫財	2乙 17庚5−6+正財	32乙18辛4−6+正官	3丙 19壬4−6+傷官	33丙20癸4−7+印綬	4丁 21甲4−7+正官	35戊22乙4−6+傷官	5戊 23丙4−7+印綬	36己24丁4−6+正官	6己 25戊4−6+偏財
20	33丙14丁5+5−傷官	4丁 15戊5−5+印綬	32乙16己5−5+比肩	3丙 17庚5−5+食神	33丙18辛5−6+偏財	4丁 19壬5−6+食神	34丁20癸4−6+食神	5戊 21甲4−6+偏財	36己22乙4−6+食神	6己 23丙4−6+偏印	37庚24丁4−6+偏財	7庚 25戊4−6+傷官
21	34丁14丁5+5−食神	5戊 15戊6−4+偏官	33丙16己5−5+印綬	4丁 17庚5−5+傷官	34丁18辛5−5+劫財	5戊 19壬5−5+劫財	35戊20癸5−6+劫財	6己 21甲4−6+正財	37庚22乙4−6+劫財	7庚 23丙4−6+偏印	38辛24丁4−5+傷官	8辛 25戊5−5+食神
22	35戊14丁4+5−劫財	6己 15戊6−4+正官	34丁16己5−5+偏印	5戊 17庚6−5+比肩	35戊18辛5−5+偏印	6己 19壬5−5+比肩	36己20癸5−6+比肩	7庚 21甲5−6+比肩	38辛22乙5−5+比肩	8辛 23丙5−6+印綬	39壬24丁5−5+比肩	9壬 25戊5−5+劫財
23	36己14丁4+6−比肩	7庚 15戊6−4+偏財	35戊16己6−4+正官	6己 17庚6−4+劫財	36己18辛6−5+印綬	7庚 19壬6−5+印綬	37庚20癸5−5+印綬	8辛 21甲5−5+劫財	39壬22乙5−5+印綬	9壬 23丙5−5+偏官	40癸24丁5−5+劫財	10癸25戊5−5+比肩
24	37庚14丁4+6−印綬	8辛 15戊7−3+正財	36己16己6−4+偏官	7庚 17庚6−4+偏印	37庚18辛6−4+偏官	8辛 19壬6−4+偏印	38辛20癸6−5+偏印	9壬 21甲5−5+偏印	40癸22乙5−5+偏印	10癸23丙5−5+正官	41甲24丁5−4+偏印	11甲25戊6−4+印綬
25	38辛14丁3+6−偏印	9壬 15戊7−3+食神	37庚16己6−4+正財	8辛 17庚7−4+印綬	38辛18辛6−4+正官	9壬 19壬6−4+正官	39壬20癸6−5+正官	10癸21甲6−5+印綬	41甲22乙6−4+正官	11甲23丙6−5+偏財	42乙24丁6−4+印綬	12乙25戊6−4+偏印
26	39壬14丁3+7−正官	10癸15戊7−3+傷官	38辛16己7−3+偏財	9壬 17庚7−3+偏官	39壬18辛7−4+偏財	10癸19壬7−4+偏財	40癸20癸6−4+偏官	11甲21甲6−4+偏官	42乙22乙6−4+偏官	12乙23丙6−4+正財	43丙24丁6−4+偏官	13丙25戊6−4+正官
27	40癸14丁3+7−偏官	11甲15戊8−2+比肩	39壬16己7−3+傷官	10癸17庚7−3+正官	40癸18辛7−3+正財	11甲19壬7−3+傷官	41甲20癸7−4+正財	12乙21甲6−4+正官	43丙22乙6−4+正財	13丙23丙6−4+食神	44丁24丁6−3+正官	14丁25戊7−3+偏官
28	41甲14丁2+7−正財	12乙15戊8−2+劫財	40癸16己7−3+食神	11甲17庚8−3+偏財	41甲18辛7−3+食神	12乙19壬7−3+食神	42乙20癸7−4+偏財	13丙21甲7−4+偏財	44丁22乙7−3+偏財	14丁23丙7−4+傷官	45戊24丁7−3+偏財	15戊25戊7−3+正財
29	42乙14丁2+8−偏財		41甲16己8−2+劫財	12乙17庚8−2+正財	42乙18辛8−3+傷官	13丙19壬8−3+劫財	43丙20癸7−3+傷官	14丁21甲7−3+正財	45戊22乙7−3+傷官	15戊23丙7−3+比肩	46己24丁7−3+正財	16己25戊7−3+偏財
30	43丙14丁2+8−傷官		42乙16己8−2+比肩	13丙17庚8−2+食神	43丙18辛8−2+比肩	14丁19壬8−2+比肩	44丁20癸8−3+食神	15戊21甲7−3+食神	46己22乙7−3+食神	16己23丙7−3+劫財	47庚24丁7−2+食神	17庚25戊8−2+傷官
31	44丁14丁1+8−食神		43丙16己8−2+印綬		44丁18辛8−2+劫財		45戊20癸8−3+劫財	16己21甲8−3+傷官		17庚23丙8−3+偏印		18辛25戊8−2+食神

2016年（平成28年）生まれ　33丙(2/4～翌2/3)

日	1月	2月	3月	4月	5月	6月	7月	8月	9月	10月	11月	12月
	日干 月干 立年♂♀ 中心星	日干 月干 立年♂♀ 中心星	日干 月干 立年♂♀ 中心星	日干 月干 立年♂♀ 中心星	日干 月干 立年♂♀ 中心星	日干 月干 立年♂♀ 中心星	日干 月干 立年♂♀ 中心星	日干 月干 立年♂♀ 中心星	日干 月干 立年♂♀ 中心星	日干 月干 立年♂♀ 中心星	日干 月干 立年♂♀ 中心星	日干 月干 立年♂♀ 中心星
1	19壬25戊8−2+劫財	50癸26己9−1+偏官	19壬27庚1+9−食神	50癸28辛1+9−食神	20癸29壬1+9−正官	51甲30癸1+9−食神	21甲31甲2+9−傷官	52乙32乙2+8−偏財	23丙33丙2+8−偏財	53丙34丁2+8−正財	24丁35戊2+8−傷官	54丁36己2+8−正官
2	20癸25戊9−1+比肩	51甲26己9−1+正財	20癸27庚1+9−傷官	51甲28辛1+9−劫財	21甲29壬1+9−偏財	52乙30癸1+9−傷官	22乙31甲2+9−食神	53丙32乙2+9−傷官	24丁33丙2+9−正財	54丁34丁2+8−偏財	25戊35戊2+8−比肩	55戊36己2+8−偏財
3	21甲25戊9−1+印綬	52乙26己9−1+偏財	21甲27庚1+9−比肩	52乙28辛1+0−比肩	22乙29壬1+0−正財	53丙30癸1+0−比肩	23丙31甲1+9−劫財	54丁32乙1+9−食神	25戊33丙1+9−食神	55戊34丁2+9−傷官	26己35戊1+9−劫財	56己36己1+9−正財
4	22乙25戊9−1+偏印	53丙27庚0+1−食神	22乙27庚1+0−劫財	53丙29壬0+1−印綬	23丙29壬1+0−食神	54丁30癸1+0−劫財	24丁31甲1+0−比肩	55戊32乙1+9−劫財	26己33丙1+9−傷官	56己34丁1+9−食神	27庚35戊1+9−偏印	57庚36己1+9−食神
5	23丙25戊0−1+正官	54丁27庚0+1−傷官	23丙28辛0+1−印綬	54丁29壬0+1−偏印	24丁30癸0+1−傷官	55戊31甲0+1−劫財	25戊31甲1+0−印綬	56己32乙1+0−比肩	27庚33丙1+0−比肩	57庚34丁1+9−劫財	28辛35戊1+9−印綬	58辛36己1+9−傷官
6	24丁26己1−0+偏官	55戊27庚9+1−比肩	24丁28辛0+1−偏印	55戊29壬0+1−正官	25戊30癸0+1−比肩	56己31甲0+1−比肩	26己31甲1+0−偏印	57庚32乙1+0−印綬	28辛33丙1+0−劫財	58辛34丁1+0−比肩	29壬35戊1+0−偏官	59壬36己1+0−比肩
7	25戊26己1−9+正財	56己27庚9+1−劫財	25戊28辛9+1−正官	56己29壬9+1−偏官	26己30癸0+1−劫財	57庚31甲0+1−印綬	27庚32乙0+1−正官	58辛33丙0+1−印綬	29壬34丁0+1−印綬	59壬34丁1+0−印綬	30癸36己0+1−傷官	60癸37庚0+1−比肩
8	26己26己1−9+偏財	57庚27庚9+1−偏印	26己28辛9+1−偏官	57庚29壬9+1−正財	27庚30癸9+1−偏印	58辛31甲0+1−偏印	28辛32乙0+1−偏官	59壬33丙0+1−偏官	30癸34丁0+1−偏印	60癸35戊0+1−偏印	31甲36己0+1−比肩	1甲37庚9+1−印綬
9	27庚26己1−9+傷官	58辛27庚8+2−印綬	27庚28辛9+1−正財	58辛29壬9+2−偏財	28辛30癸9+1−印綬	59壬31甲9+1−正官	29壬32乙0+1−正財	60癸33丙0+1−正官	31甲34丁0+1−正官	1甲35戊0+1−正官	32乙36己9+1−劫財	2乙37庚9+1−偏印
10	28辛26己1−8+食神	59壬27庚8+2−偏官	28辛28辛8+2−偏財	59壬29壬8+2−傷官	29壬30癸9+2−偏官	60癸31甲9+2−偏官	30癸32乙9+1−偏財	1甲33丙9+1−偏財	32乙34丁9+1−偏官	2乙35戊9+1−偏官	33丙36己9+1−偏印	3丙37庚9+1−正官
11	29壬26己2−8+劫財	60癸27庚8+2−正官	29壬28辛8+2−傷官	60癸29壬8+2−食神	30癸30癸8+2−印綬	1甲31甲9+2−正財	31甲32乙9+1−傷官	2乙33丙9+1−正財	33丙34丁9+1−正財	3丙35戊9+1−正財	34丁36己9+1−印綬	4丁37庚8+1−偏官
12	30癸26己2−8+比肩	1甲27庚7+3−食神	30癸28辛8+2−食神	1甲29壬8+3−劫財	31甲30癸8+2−偏官	2乙31甲8+2−偏財	32乙32乙9+2−食神	3丙33丙9+2−食神	34丁34丁9+2−偏財	4丁35戊9+1−偏財	35戊36己8+2−偏官	5戊37庚8+2−正財
13	31甲26己2−7+印綬	2乙27庚7+3−傷官	31甲28辛7+3−劫財	2乙29壬7+3−比肩	32乙30癸8+3−正官	3丙31甲8+3−傷官	33丙32乙8+2−劫財	4丁33丙8+2−傷官	35戊34丁8+2−傷官	5戊35戊8+2−傷官	36己36己8+2−正官	6己37庚8+2−偏財
14	32乙26己3−7+偏印	3丙27庚7+3−比肩	32乙28辛7+3−比肩	3丙29壬7+3−正官	33丙30癸7+3−偏財	4丁31甲8+3−食神	34丁32乙8+2−比肩	5戊33丙8+2−比肩	36己34丁8+2−食神	6己35戊8+2−食神	37庚36己8+2−偏財	7庚37庚7+2−傷官
15	33丙26己3−7+正官	4丁27庚6+4−劫財	33丙28辛7+3−印綬	4丁29壬7+4−偏官	34丁30癸7+3−正財	5戊31甲7+3−劫財	35戊32乙8+3−印綬	6己33丙8+3−劫財	37庚34丁8+3−劫財	7庚35戊8+2−劫財	38辛36己7+3−正財	8辛37庚7+3−食神
16	34丁26己3−6+偏財	5戊27庚6+4−偏印	34丁28辛6+4−偏印	5戊29壬6+4−正財	35戊30癸7+4−食神	6己31甲7+4−比肩	36己32乙7+3−偏印	7庚33丙7+3−偏印	38辛34丁7+3−比肩	8辛35戊7+3−比肩	39壬36己7+3−食神	9壬37庚7+3−劫財
17	35戊26己4−6+傷官	6己27庚6+4−印綬	35戊28辛6+4−正官	6己29壬6+4−劫財	36己30癸6+4−傷官	7庚31甲7+4−印綬	37庚32乙7+3−正財	8辛33丙7+3−印綬	39壬34丁7+3−印綬	9壬35戊7+3−印綬	40癸36己7+3−傷官	10癸37庚6+3−比肩
18	36己26己4−6+食神	7庚27庚5+5−偏官	36己28辛6+4−偏官	7庚29壬6+5−偏印	37庚30癸6+4−比肩	8辛31甲6+4−偏印	38辛32乙7+4−偏財	9壬33丙7+4−比肩	40癸34丁7+4−偏印	10癸35戊7+3−偏財	41甲36己6+4−比肩	11甲37庚6+4−印綬
19	37庚26己4−5+印綬	8辛27庚5+5−正財	37庚28辛5+5−正財	8辛29壬5+5−印綬	38辛30癸6+5−劫財	9壬31甲6+5−正官	39壬32乙6+4−傷官	10癸33丙6+4−劫財	41甲34丁6+4−正官	11甲35戊6+4−傷官	42乙36己6+4−劫財	12乙37庚6+4−偏印
20	38辛26己5−5+偏印	9壬27庚5+5−食神	38辛28辛5+5−偏財	9壬29壬5+5−偏官	39壬30癸5+5−偏財	10癸31甲6+5−偏官	40癸32乙6+4−偏官	11甲33丙6+4−偏印	42乙34丁6+4−偏官	12乙35戊6+4−食神	43丙36己6+4−偏官	13丙37庚5+4−正官
21	39壬26己5−5+正官	10癸27庚4+6−傷官	39壬28辛5+5−傷官	10癸29壬5+6−正官	40癸30癸5+5−正財	11甲31甲5+5−正財	41甲32乙6+5−正財	12乙33丙6+5−正官	43丙34丁6+5−正財	13丙35戊6+4−食神	44丁36己5+5−正官	14丁37庚5+5−偏官
22	40癸26己5−4+偏官	11甲27庚4+6−比肩	40癸28辛4+6−食神	11甲29壬4+6−偏財	41甲30癸5+6−食神	12乙31甲5+6−偏財	42乙32乙5+5−偏財	13丙33丙5+5−偏財	44丁34丁5+5−偏財	14丁35戊5+5−傷官	45戊36己5+5−偏財	15戊37庚5+5−正財
23	41甲26己6−4+正財	12乙27庚4+6−劫財	41甲28辛4+6−劫財	12乙29壬4+6−正財	42乙30癸4+6−傷官	13丙31甲5+6−傷官	43丙32乙5+5−傷官	14丁33丙5+5−正財	45戊34丁5+5−傷官	15戊35戊5+5−比肩	46己36己5+5−正財	16己37庚4+5−偏財
24	42乙26己6−4+偏財	13丙27庚3+7−偏印	42乙28辛4+6−比肩	13丙29壬4+7−食神	43丙30癸4+6−比肩	14丁31甲4+6−食神	44丁32乙5+6−食神	15戊33丙5+6−食神	46己34丁5+6−食神	16己35戊5+5−劫財	47庚36己4+6−食神	17庚37庚4+6−傷官
25	43丙26己6−3+傷官	14丁27庚3+7−印綬	43丙28辛3+7−印綬	14丁29壬3+7−傷官	44丁30癸4+7−劫財	15戊31甲4+7−印綬	45戊32乙4+6−劫財	16己33丙4+6−傷官	47庚34丁4+6−劫財	17庚35戊4+6−偏印	48辛36己4+6−傷官	18辛37庚4+6−食神
26	44丁26己7−3+食神	15戊27庚3+7−偏官	44丁28辛3+7−偏印	15戊29壬3+7−比肩	45戊30癸3+7−偏印	16己31甲4+7−偏印	46己32乙4+6−比肩	17庚33丙4+6−比肩	48辛34丁4+6−比肩	18辛35戊4+6−印綬	49壬36己4+6−比肩	19壬37庚3+6−劫財
27	45戊26己7−3+劫財	16己27庚2+8−正官	45戊28辛3+7−正官	16己29壬3+8−劫財	46己30癸3+7−印綬	17庚31甲3+7−正官	47庚32乙4+7−印綬	18辛33丙4+7−劫財	49壬34丁4+7−印綬	19壬35戊4+6−偏官	50癸36己3+7−劫財	20癸37庚3+7−比肩
28	46己26己7−2+比肩	17庚27庚2+8−偏財	46己28辛2+8−偏官	17庚29壬2+8−偏印	47庚30癸3+8−偏官	18辛31甲3+8−偏官	48辛32乙3+7−偏印	19壬33丙3+7−偏印	50癸34丁3+7−偏印	20癸35戊3+7−正官	51甲36己3+7−偏印	21甲37庚3+7−印綬
29	47庚26己8−2+印綬	18辛27庚2+8−正財	47庚28辛2+8−正財	18辛29壬2+8−印綬	48辛30癸2+8−正官	19壬31甲3+8−正財	49壬32乙3+7−正官	20癸33丙3+7−印綬	51甲34丁3+7−正官	21甲35戊3+7−偏財	52乙36己3+7−印綬	22乙37庚2+7−偏印
30	48辛26己8−2+偏印		48辛28辛2+8−偏財	19壬29壬2+9−偏官	49壬30癸2+8−偏財	20癸31甲2+8−偏財	50癸32乙3+8−偏官	21甲33丙3+8−偏官	52乙34丁3+8−偏官	22乙35戊3+7−正財	53丙36己2+8−偏官	23丙37庚2+8−正官
31	49壬26己8−1+正官		49壬28辛1+9−傷官		50癸30癸2+9−正財		51甲32乙2+8−正財	22乙33丙2+8−正官		23丙35戊2+8−食神		24丁37庚2+8−偏官

2017年（平成29年）生まれ　34丁（2/4〜翌2/3）

日	1月	2月	3月	4月	5月	6月	7月	8月	9月	10月	11月	12月
	日干 月干 立年♂♀ 中心星	日干 月干 立年♂♀ 中心星	日干 月干 立年♂♀ 中心星	日干 月干 立年♂♀ 中心星	日干 月干 立年♂♀ 中心星	日干 月干 立年♂♀ 中心星	日干 月干 立年♂♀ 中心星	日干 月干 立年♂♀ 中心星	日干 月干 立年♂♀ 中心星	日干 月干 立年♂♀ 中心星	日干 月干 立年♂♀ 中心星	日干 月干 立年♂♀ 中心星
1	25戊37庚1+8−正財	56己38辛1+9−比肩	24丁39壬8−1+印綬	55戊40癸9−1+正官	25戊41甲9−1+比肩	56己42乙9−1+印綬	26己43丙9−2+偏印	57庚44丁8−2+印綬	28辛45戊8−2+劫財	58辛46己8−2+比肩	29壬47庚8−2+偏官	59壬48辛8−2+比肩
2	26己37庚1+9−偏財	57庚38辛1+9−印綬	25戊39壬9−1+偏官	56己40癸9−1+偏官	26己41甲9−1+劫財	57庚42乙9−1+偏官	27庚43丙9−2+正官	58辛44丁9−2+偏印	29壬45戊9−2+偏印	59壬46己8−2+印綬	30癸47庚8−2+正官	60癸48辛8−2+劫財
3	27庚37庚1+9−傷官	58辛38辛1+0−偏印	26己39壬9−1+正官	57庚40癸0−1+正財	27庚41甲0−1+偏印	58辛42乙0−1+正官	28辛43丙9−1+偏官	59壬44丁9−1+正官	30癸45戊9−1+印綬	60癸46己9−2+偏印	31甲47庚9−1+偏財	1甲48辛9−1+偏印
4	28辛37庚1+9−食神	59壬39壬1−0+偏官	27庚39壬9−1+偏財	58辛41甲1−0+偏財	28辛41甲0−1+印綬	59壬42乙0−1+偏財	29壬43丙0−1+正財	60癸44丁9−1+偏官	31甲45戊9−1+偏官	1甲46己9−1+正官	32乙47庚9−1+正財	2乙48辛9−1+印綬
5	29壬38辛0+1−劫財	60癸39壬1−9+正官	28辛40癸1−0+偏財	59壬41甲1−0+傷官	29壬42乙1−0+偏官	60癸43丙1−0+偏官	30癸43丙0−1+偏財	1甲44丁0−1+正財	32乙45戊0−1+正官	2乙46己9−1+偏官	33丙47庚9−1+食神	3丙48辛9−1+偏官
6	30癸38辛0+1−比肩	1甲39壬1−9+偏財	29壬40癸1−0+傷官	60癸41甲1−0+食神	30癸42乙1−0+正官	1甲43丙1−0+正財	31甲43丙0−1+傷官	2乙44丁0−1+偏財	33丙45戊0−1+偏財	3丙46己0−1+正財	34丁47庚0−1+傷官	4丁48辛0−1+正官
7	31甲38辛9+1−印綬	2乙39壬1−9+正財	30癸40癸1−9+食神	1甲41甲1−9+劫財	31甲42乙1−0+偏財	2乙43丙1−0+偏財	32乙44丁1−0+食神	3丙45戊1−0+食神	34丁46己1−0+偏財	4丁46己0−1+偏財	35戊48辛1−0+偏官	5戊49壬1−0+正財
8	32乙38辛9+1−偏印	3丙39壬1−8+食神	31甲40癸1−9+劫財	2乙41甲1−9+比肩	32乙42乙1−9+正財	3丙43丙1−0+傷官	33丙44丁1−0+劫財	4丁45戊1−0+傷官	35戊46己1−0+傷官	5戊47庚1−0+傷官	36己48辛1−0+正官	6己49壬1−9+偏財
9	33丙38辛9+1−正官	4丁39壬2−8+傷官	32乙40癸1−9+比肩	3丙41甲2−9+印綬	33丙42乙1−9+食神	4丁43丙1−9+食神	34丁44丁1−0+比肩	5戊45戊1−0+比肩	36己46己1−0+食神	6己47庚1−0+食神	37庚48辛1−9+偏財	7庚49壬1−9+傷官
10	34丁38辛8+2−偏官	5戊39壬2−8+比肩	33丙40癸2−8+印綬	4丁41甲2−8+偏印	34丁42乙2−9+傷官	5戊43丙2−9+劫財	35戊44丁1−9+印綬	6己45戊1−9+劫財	37庚46己1−9+劫財	7庚47庚1−9+劫財	38辛48辛1−9+正財	8辛49壬1−9+食神
11	35戊38辛8+2−正財	6己39壬2−7+劫財	34丁40癸2−8+偏印	5戊41甲2−8+正官	35戊42乙2−8+食神	6己43丙2−9+比肩	36己44丁1−9+偏印	7庚45戊1−9+偏印	38辛46己1−9+比肩	8辛47庚1−9+比肩	39壬48辛1−9+食神	9壬49壬1−8+劫財
12	36己38辛8+2−偏財	7庚39壬3−7+偏官	35戊40癸2−8+正官	6己41甲3−8+偏官	36己42乙2−8+傷官	7庚43丙2−8+印綬	37庚44丁2−9+正官	8辛45戊2−9+印綬	39壬46己2−9+印綬	9壬47庚1−9+印綬	40癸48辛2−8+傷官	10癸49壬2−8+比肩
13	37庚38辛7+3−傷官	8辛39壬3−7+正官	36己40癸3−7+偏官	7庚41甲3−7+正財	37庚42乙3−8+比肩	8辛43丙3−8+偏印	38辛44丁2−8+偏官	9壬45戊2−8+偏官	40癸46己2−8+偏印	10癸47庚2−8+偏印	41甲48辛2−8+比肩	11甲49壬2−8+印綬
14	38辛38辛7+3−食神	9壬39壬3−6+偏財	37庚40癸3−7+正財	8辛41甲3−7+食神	38辛42乙3−7+劫財	9壬43丙3−8+正官	39壬44丁2−8+正財	10癸45戊2−8+正官	41甲46己2−8+正官	11甲47庚2−8+正官	42乙48辛2−8+劫財	12乙49壬2−7+偏印
15	39壬38辛7+3−印綬	10癸39壬4−6+正財	38辛40癸3−7+偏財	9壬41甲4−7+劫財	39壬42乙3−7+偏印	10癸43丙3−7+偏官	40癸44丁3−8+偏財	11甲45戊3−8+偏財	42乙46己3−8+偏官	12乙47庚2−8+偏官	43丙48辛3−7+偏印	13丙49壬3−7+正官
16	40癸38辛6+4−偏印	11甲39壬4−6+食神	39壬40癸4−6+傷官	10癸41甲4−6+比肩	40癸42乙4−7+印綬	11甲43丙4−7+正財	41甲44丁3−7+傷官	12乙45戊3−7+正財	43丙46己3−7+正財	13丙47庚3−7+正財	44丁48辛3−7+印綬	14丁49壬3−7+偏官
17	41甲38辛6+4−正官	12乙39壬4−5+傷官	40癸40癸4−6+食神	11甲41甲4−6+偏財	41甲42乙4−6+偏官	12乙43丙4−7+偏財	42乙44丁3−7+比肩	13丙45戊3−7+食神	44丁46己3−7+偏財	14丁47庚3−7+偏財	45戊48辛3−7+偏官	15戊49壬3−6+正財
18	42乙38辛6+4−偏財	13丙39壬5−5+比肩	41甲40癸4−6+劫財	12乙41甲5−6+正財	42乙42乙4−6+正官	13丙43丙4−6+傷官	43丙44丁4−7+印綬	14丁45戊4−7+正官	45戊46己4−7+傷官	15戊47庚3−7+印綬	46己48辛4−6+正官	16己49壬4−6+偏財
19	43丙38辛5+5−傷官	14丁39壬5−5+印綬	42乙40癸5−5+比肩	13丙41甲5−5+食神	43丙42乙5−6+偏財	14丁43丙5−6+食神	44丁44丁4−6+偏印	15戊45戊4−6+偏財	46己46己4−6+食神	16己47庚4−6+偏印	47庚48辛4−6+偏財	17庚49壬4−6+傷官
20	44丁38辛5+5−食神	15戊39壬5−4+偏官	43丙40癸5−5+印綬	14丁41甲5−5+傷官	44丁42乙5−5+劫財	15戊43丙5−6+劫財	45戊44丁4−6+劫財	16己45戊4−6+正財	47庚46己4−6+劫財	17庚47庚4−6+正官	48辛48辛4−6+傷官	18辛49壬4−5+食神
21	45戊38辛5+5−劫財	16己39壬6−4+正官	44丁40癸5−5+偏印	15戊41甲6−5+比肩	45戊42乙5−5+偏印	16己43丙5−5+比肩	46己44丁5−6+比肩	17庚45戊5−6+比肩	48辛46己5−6+比肩	18辛47庚4−6+印綬	49壬48辛5−5+比肩	19壬49壬5−5+劫財
22	46己38辛4+6−比肩	17庚39壬6−4+偏財	45戊40癸6−4+正官	16己41甲6−4+劫財	46己42乙6−5+印綬	17庚43丙6−5+印綬	47庚44丁5−5+印綬	18辛45戊5−5+劫財	49壬46己5−5+印綬	19壬47庚5−5+偏官	50癸48辛5−5+劫財	20癸49壬5−5+比肩
23	47庚38辛4+6−印綬	18辛39壬6−3+正財	46己40癸6−4+偏官	17庚41甲6−4+偏印	47庚42乙6−4+偏官	18辛43丙6−5+偏印	48辛44丁5−5+偏印	19壬45戊5−5+偏印	50癸46己5−5+偏印	20癸47庚5−5+正官	51甲48辛5−5+偏印	21甲49壬5−4+印綬
24	48辛38辛4+6−偏印	19壬39壬7−3+食神	47庚40癸6−4+正財	18辛41甲7−4+印綬	48辛42乙6−4+正官	19壬43丙6−4+正官	49壬44丁6−5+正官	20癸45戊6−5+印綬	51甲46己6−5+正官	21甲47庚5−5+偏財	52乙48辛6−4+印綬	22乙49壬6−4+偏印
25	49壬38辛3+7−正官	20癸39壬7−3+傷官	48辛40癸7−3+偏財	19壬41甲7−3+偏官	49壬42乙7−4+偏財	20癸43丙7−4+偏財	50癸44丁6−4+偏官	21甲45戊6−4+偏官	52乙46己6−4+偏官	22乙47庚6−4+正財	53丙48辛6−4+偏官	23丙49壬6−4+正官
26	50癸38辛3+7−偏官	21甲39壬7−2+比肩	49壬40癸7−3+傷官	20癸41甲7−3+正官	50癸42乙7−3+正財	21甲43丙7−4+傷官	51甲44丁6−4+正財	22乙45戊6−4+正官	53丙46己6−4+正財	23丙47庚6−4+食神	54丁48辛6−4+正官	24丁49壬6−3+偏官
27	51甲38辛3+7−正財	22乙39壬8−2+劫財	50癸40癸7−3+食神	21甲41甲8−3+偏財	51甲42乙7−3+食神	22乙43丙7−3+食神	52乙44丁7−4+偏財	23丙45戊7−4+偏財	54丁46己7−4+偏財	24丁47庚6−4+傷官	55戊48辛7−3+偏財	25戊49壬7−3+正財
28	52乙38辛2+8−偏財	23丙39壬8−2+偏印	51甲40癸8−2+劫財	22乙41甲8−2+正財	52乙42乙8−3+傷官	23丙43丙8−3+劫財	53丙44丁7−3+傷官	24丁45戊7−3+正財	55戊46己7−3+傷官	25戊47庚7−3+比肩	56己48辛7−3+正財	26己49壬7−3+偏財
29	53丙38辛2+8−傷官		52乙40癸8−2+比肩	23丙41甲8−2+食神	53丙42乙8−2+比肩	24丁43丙8−3+比肩	54丁44丁7−3+食神	25戊45戊7−3+食神	56己46己7−3+食神	26己47庚7−3+劫財	57庚48辛7−3+食神	27庚49壬7−2+傷官
30	54丁38辛2+8−食神		53丙40癸8−2+印綬	24丁41甲9−2+傷官	54丁42乙8−2+劫財	25戊43丙8−2+印綬	55戊44丁8−3+劫財	26己45戊8−3+傷官	57庚46己8−3+劫財	27庚47庚7−3+偏印	58辛48辛8−2+傷官	28辛49壬8−2+食神
31	55戊38辛1+9−劫財		54丁40癸9−1+偏印		55戊42乙9−2+偏印		56己44丁8−2+比肩	27庚45戊8−2+比肩		28辛47庚8−2+印綬		29壬49壬8−2+劫財

2018年（平成30年）生まれ　35 戊（2/4～翌 2/3）

	1月				2月				3月				4月			
日	日干	月干	立年 ♂♀	中心星	日干	月干	立年 ♂♀	中心星	日干	月干	立年 ♂♀	中心星	日干	月干	立年 ♂♀	中心星
1	30癸	49壬	8−1+	比肩	1甲	50癸	9−1+	正財	29壬	51甲	2+8−	食神	60癸	52乙	1+9−	食神
2	31甲	49壬	9−1+	印綬	2乙	50癸	9−1+	偏財	30癸	51甲	1+9−	傷官	1甲	52乙	1+9−	劫財
3	32乙	49壬	9−1+	偏印	3丙	50癸	0−1+	傷官	31甲	51甲	1+9−	比肩	2乙	52乙	1+9−	比肩
4	33丙	49壬	9−1+	正官	4丁	51甲	0+1−	傷官	32乙	51甲	1+9−	劫財	3丙	52乙	1+0−	印綬
5	34丁	50癸	1−0+	偏官	5戊	51甲	0+1−	比肩	33丙	51甲	1+0−	偏印	4丁	53丙	0+1−	偏印
6	35戊	50癸	1−0+	正財	6己	51甲	9+1−	劫財	34丁	52乙	0+1−	偏印	5戊	53丙	0+1−	正官
7	36己	50癸	1−9+	偏財	7庚	51甲	9+1−	偏印	35戊	52乙	0+1−	正官	6己	53丙	9+1−	偏官
8	37庚	50癸	1−9+	傷官	8辛	51甲	9+1−	印綬	36己	52乙	9+1−	偏官	7庚	53丙	9+1−	正財
9	38辛	50癸	1−9+	食神	9壬	51甲	8+2−	偏官	37庚	52乙	9+1−	正財	8辛	53丙	9+1−	偏財
10	39壬	50癸	2−8+	劫財	10癸	51甲	8+2−	正官	38辛	52乙	9+1−	偏財	9壬	53丙	8+2−	傷官
11	40癸	50癸	2−8+	比肩	11甲	51甲	8+2−	偏財	39壬	52乙	8+2−	傷官	10癸	53丙	8+2−	食神
12	41甲	50癸	2−8+	印綬	12乙	51甲	7+3−	傷官	40癸	52乙	8+2−	食神	11甲	53丙	8+2−	劫財
13	42乙	50癸	3−7+	偏印	13丙	51甲	7+3−	比肩	41甲	52乙	8+2−	劫財	12乙	53丙	7+3−	比肩
14	43丙	50癸	3−7+	正官	14丁	51甲	7+3−	劫財	42乙	52乙	7+3−	比肩	13丙	53丙	7+3−	印綬
15	44丁	50癸	3−7+	偏財	15戊	51甲	6+4−	偏印	43丙	52乙	7+3−	印綬	14丁	53丙	7+3−	偏官
16	45戊	50癸	4−6+	傷官	16己	51甲	6+4−	印綬	44丁	52乙	7+3−	偏印	15戊	53丙	6+4−	正財
17	46己	50癸	4−6+	食神	17庚	51甲	6+4−	偏官	45戊	52乙	6+4−	正官	16己	53丙	6+4−	偏財
18	47庚	50癸	4−6+	印綬	18辛	51甲	5+5−	正官	46己	52乙	6+4−	偏官	17庚	53丙	6+4−	偏印
19	48辛	50癸	5−5+	偏印	19壬	51甲	5+5−	食神	47庚	52乙	6+4−	正財	18辛	53丙	5+5−	印綬
20	49壬	50癸	5−5+	正官	20癸	51甲	5+5−	傷官	48辛	52乙	5+5−	偏財	19壬	53丙	5+5−	偏官
21	50癸	50癸	5−5+	偏官	21甲	51甲	4+6−	比肩	49壬	52乙	5+5−	傷官	20癸	53丙	5+5−	正官
22	51甲	50癸	6−4+	正財	22乙	51甲	4+6−	劫財	50癸	52乙	5+5−	食神	21甲	53丙	4+6−	偏財
23	52乙	50癸	6−4+	偏財	23丙	51甲	4+6−	偏印	51甲	52乙	4+6−	劫財	22乙	53丙	4+6−	正財
24	53丙	50癸	6−4+	傷官	24丁	51甲	3+7−	印綬	52乙	52乙	4+6−	比肩	23丙	53丙	4+6−	食神
25	54丁	50癸	7−3+	食神	25戊	51甲	3+7−	偏官	53丙	52乙	4+6−	印綬	24丁	53丙	3+7−	傷官
26	55戊	50癸	7−3+	劫財	26己	51甲	3+7−	正官	54丁	52乙	3+7−	偏印	25戊	53丙	3+7−	比肩
27	56己	50癸	7−3+	比肩	27庚	51甲	2+8−	偏財	55戊	52乙	3+7−	正官	26己	53丙	3+7−	劫財
28	57庚	50癸	8−2+	印綬	28辛	51甲	2+8−	正財	56己	52乙	3+7−	偏官	27庚	53丙	2+8−	偏印
29	58辛	50癸	8−2+	偏印					57庚	52乙	2+8−	正財	28辛	53丙	2+8−	印綬
30	59壬	50癸	8−2+	正官					58辛	52乙	2+8−	偏財	29壬	53丙	2+8−	偏官
31	60癸	50癸	9−1+	偏官					59壬	52乙	2+8−	傷官				

	5月				6月				7月				8月			
日	日干	月干	立年 ♂♀	中心星	日干	月干	立年 ♂♀	中心星	日干	月干	立年 ♂♀	中心星	日干	月干	立年 ♂♀	中心星
1	30癸	53丙	1+9−	正官	1甲	54丁	2+9−	食神	31甲	55戊	2+8−	傷官	2乙	56己	2+8−	偏財
2	31甲	53丙	1+9−	偏財	2乙	54丁	1+9−	傷官	32乙	55戊	2+9−	食神	3丙	56己	2+9−	傷官
3	32乙	53丙	1+9−	正財	3丙	54丁	1+0−	比肩	33丙	55戊	1+9−	劫財	4丁	56己	1+9−	食神
4	33丙	53丙	1+0−	食神	4丁	54丁	1+0−	劫財	34丁	55戊	1+9−	比肩	5戊	56己	1+9−	劫財
5	34丁	54丁	0+1−	傷官	5戊	54丁	1+0−	偏印	35戊	55戊	1+0−	印綬	6己	56己	1+0−	比肩
6	35戊	54丁	0+1−	比肩	6己	55戊	0+1−	比肩	36己	55戊	1+0−	偏印	7庚	56己	1+0−	印綬
7	36己	54丁	0+1−	劫財	7庚	55戊	0+1−	印綬	37庚	56己	0+1−	正官	8辛	57庚	0+1−	印綬
8	37庚	54丁	0+1−	偏印	8辛	55戊	0+1−	偏印	38辛	56己	0+1−	偏官	9壬	57庚	0+1−	偏官
9	38辛	54丁	9+1−	印綬	9壬	55戊	9+1−	正官	39壬	56己	0+1−	正財	10癸	57庚	0+1−	正官
10	39壬	54丁	9+2−	偏官	10癸	55戊	9+1−	偏官	40癸	56己	9+1−	偏財	11甲	57庚	0+1−	偏財
11	40癸	54丁	9+2−	印綬	11甲	55戊	9+2−	正財	41甲	56己	9+1−	傷官	12乙	57庚	9+1−	正財
12	41甲	54丁	8+2−	偏官	12乙	55戊	8+2−	偏財	42乙	56己	9+2−	食神	13丙	57庚	9+2−	食神
13	42乙	54丁	8+3−	正官	13丙	55戊	8+2−	傷官	43丙	56己	8+2−	劫財	14丁	57庚	9+2−	傷官
14	43丙	54丁	8+3−	偏財	14丁	55戊	8+3−	食神	44丁	56己	8+2−	比肩	15戊	57庚	8+2−	比肩
15	44丁	54丁	7+3−	正財	15戊	55戊	7+3−	劫財	45戊	56己	8+3−	印綬	16己	57庚	8+3−	劫財
16	45戊	54丁	7+4−	食神	16己	55戊	7+3−	比肩	46己	56己	7+3−	偏印	17庚	57庚	8+3−	偏印
17	46己	54丁	7+4−	傷官	17庚	55戊	7+4−	印綬	47庚	56己	7+3−	正財	18辛	57庚	7+3−	印綬
18	47庚	54丁	6+4−	比肩	18辛	55戊	6+4−	偏印	48辛	56己	7+4−	偏財	19壬	57庚	7+4−	比肩
19	48辛	54丁	6+5−	劫財	19壬	55戊	6+4−	正官	49壬	56己	6+4−	傷官	20癸	57庚	7+4−	劫財
20	49壬	54丁	6+5−	偏財	20癸	55戊	6+5−	偏官	50癸	56己	6+4−	偏官	21甲	57庚	6+4−	偏印
21	50癸	54丁	5+5−	正財	21甲	55戊	5+5−	正財	51甲	56己	6+5−	正財	22乙	57庚	6+5−	正官
22	51甲	54丁	5+6−	食神	22乙	55戊	5+5−	偏財	52乙	56己	5+5−	偏財	23丙	57庚	6+5−	偏財
23	52乙	54丁	5+6−	傷官	23丙	55戊	5+6−	傷官	53丙	56己	5+5−	傷官	24丁	57庚	5+5−	正財
24	53丙	54丁	4+6−	比肩	24丁	55戊	4+6−	食神	54丁	56己	5+6−	食神	25戊	57庚	5+6−	食神
25	54丁	54丁	4+7−	劫財	25戊	55戊	4+6−	劫財	55戊	56己	4+6−	劫財	26己	57庚	5+6−	傷官
26	55戊	54丁	4+7−	偏印	26己	55戊	4+7−	偏印	56己	56己	4+6−	比肩	27庚	57庚	4+6−	比肩
27	56己	54丁	3+7−	印綬	27庚	55戊	3+7−	正官	57庚	56己	4+7−	印綬	28辛	57庚	4+7−	劫財
28	57庚	54丁	3+8−	偏官	28辛	55戊	3+7−	偏官	58辛	56己	3+7−	偏印	29壬	57庚	4+7−	偏印
29	58辛	54丁	3+8−	正官	29壬	55戊	3+8−	正財	59壬	56己	3+7−	正官	30癸	57庚	3+7−	印綬
30	59壬	54丁	2+8−	偏財	30癸	55戊	2+8−	偏財	60癸	56己	3+8−	偏官	31甲	57庚	3+8−	偏官
31	60癸	54丁	2+9−	正財					1甲	56己	2+8−	正財	32乙	57庚	3+8−	正官

	9月				10月				11月				12月			
日	日干	月干	立年 ♂♀	中心星	日干	月干	立年 ♂♀	中心星	日干	月干	立年 ♂♀	中心星	日干	月干	立年 ♂♀	中心星
1	33丙	57庚	2+8−	偏財	3丙	58辛	2+8−	正財	34丁	59壬	2+8−	傷官	4丁	60癸	2+8−	正官
2	34丁	57庚	2+9−	正財	4丁	58辛	2+8−	偏財	35戊	59壬	2+8−	比肩	5戊	60癸	2+8−	偏財
3	35戊	57庚	2+9−	食神	5戊	58辛	2+8−	傷官	36己	59壬	1+9−	劫財	6己	60癸	1+9−	正財
4	36己	57庚	1+9−	傷官	6己	58辛	1+9−	食神	37庚	59壬	1+9−	偏印	7庚	60癸	1+9−	食神
5	37庚	57庚	1+0−	比肩	7庚	58辛	1+9−	劫財	38辛	59壬	1+9−	印綬	8辛	60癸	1+9−	傷官
6	38辛	57庚	1+0−	劫財	8辛	58辛	1+9−	比肩	39壬	59壬	1+0−	偏官	9壬	60癸	1+0−	比肩
7	39壬	57庚	1+0−	偏印	9壬	58辛	1+0−	印綬	40癸	60癸	0+1−	傷官	10癸	1甲	0+1−	比肩
8	40癸	58辛	0+1−	偏印	10癸	59壬	0+1−	偏印	41甲	60癸	0+1−	比肩	11甲	1甲	0+1−	印綬
9	41甲	58辛	0+1−	正官	11甲	59壬	0+1−	正官	42乙	60癸	9+1−	劫財	12乙	1甲	9+1−	偏印
10	42乙	58辛	9+1−	偏官	12乙	59壬	9+1−	偏官	43丙	60癸	9+1−	偏印	13丙	1甲	9+1−	正官
11	43丙	58辛	9+1−	正財	13丙	59壬	9+1−	正財	44丁	60癸	9+1−	印綬	14丁	1甲	9+1−	偏官
12	44丁	58辛	9+1−	偏財	14丁	59壬	9+1−	偏財	45戊	60癸	8+2−	偏官	15戊	1甲	8+2−	正財
13	45戊	58辛	8+2−	傷官	15戊	59壬	8+2−	傷官	46己	60癸	8+2−	正官	16己	1甲	8+2−	偏財
14	46己	58辛	8+2−	食神	16己	59壬	8+2−	食神	47庚	60癸	8+2−	偏財	17庚	1甲	8+2−	傷官
15	47庚	58辛	8+2−	劫財	17庚	59壬	8+2−	劫財	48辛	60癸	7+3−	正財	18辛	1甲	7+3−	食神
16	48辛	58辛	7+3−	比肩	18辛	59壬	7+3−	比肩	49壬	60癸	7+3−	食神	19壬	1甲	7+3−	劫財
17	49壬	58辛	7+3−	印綬	19壬	59壬	7+3−	印綬	50癸	60癸	7+3−	傷官	20癸	1甲	7+3−	比肩
18	50癸	58辛	7+3−	偏印	20癸	59壬	7+3−	偏財	51甲	60癸	6+4−	比肩	21甲	1甲	6+4−	印綬
19	51甲	58辛	6+4−	正官	21甲	59壬	6+4−	傷官	52乙	60癸	6+4−	劫財	22乙	1甲	6+4−	偏印
20	52乙	58辛	6+4−	偏官	22乙	59壬	6+4−	食神	53丙	60癸	6+4−	偏官	23丙	1甲	6+4−	正官
21	53丙	58辛	6+4−	正財	23丙	59壬	6+4−	食神	54丁	60癸	5+5−	正官	24丁	1甲	5+5−	偏官
22	54丁	58辛	5+5−	偏財	24丁	59壬	5+5−	傷官	55戊	60癸	5+5−	偏財	25戊	1甲	5+5−	正財
23	55戊	58辛	5+5−	傷官	25戊	59壬	5+5−	比肩	56己	60癸	5+5−	正財	26己	1甲	5+5−	偏財
24	56己	58辛	5+5−	食神	26己	59壬	5+5−	劫財	57庚	60癸	4+6−	食神	27庚	1甲	4+6−	傷官
25	57庚	58辛	4+6−	劫財	27庚	59壬	4+6−	偏印	58辛	60癸	4+6−	傷官	28辛	1甲	4+6−	食神
26	58辛	58辛	4+6−	比肩	28辛	59壬	4+6−	印綬	59壬	60癸	4+6−	比肩	29壬	1甲	4+6−	劫財
27	59壬	58辛	4+6−	印綬	29壬	59壬	4+6−	偏官	60癸	60癸	3+7−	劫財	30癸	1甲	3+7−	比肩
28	60癸	58辛	3+7−	偏印	30癸	59壬	3+7−	正官	1甲	60癸	3+7−	偏印	31甲	1甲	3+7−	印綬
29	1甲	58辛	3+7−	正官	31甲	59壬	3+7−	偏財	2乙	60癸	3+7−	印綬	32乙	1甲	3+7−	偏印
30	2乙	58辛	3+7−	偏官	32乙	59壬	3+7−	正財	3丙	60癸	2+8−	偏官	33丙	1甲	2+8−	正官
31					33丙	59壬	2+8−	食神					34丁	1甲	2+8−	偏官

2019年（平成31年）生まれ

36 己（2/4～翌 2/3）

日	1月					2月					3月				
	日干	月干	立年♂	立年♀	中心星	日干	月干	立年♂	立年♀	中心星	日干	月干	立年♂	立年♀	中心星
1	35戊	1甲	2+	8−	正財	6己	2乙	1+	9−	比肩	34丁	3丙	8−	2+	印綬
2	36己	1甲	1+	9−	偏財	7庚	2乙	1+	9−	印綬	35戊	3丙	9−	1+	偏官
3	37庚	1甲	1+	9−	傷官	8辛	2乙	1+	9−	偏印	36己	3丙	9−	1+	正官
4	38辛	1甲	1+	9−	食神	9壬	3丙	1−	0+	偏官	37庚	3丙	9−	1+	偏財
5	39壬	1甲	1+	0−	劫財	10癸	3丙	1−	0+	正官	38辛	3丙	0−	1+	正財
6	40癸	2乙	0+	1−	比肩	11甲	3丙	1−	9+	偏財	39壬	4丁	1−	0+	傷官
7	41甲	2乙	9+	1−	印綬	12乙	3丙	1−	9+	正財	40癸	4丁	1−	0+	食神
8	42乙	2乙	9+	1−	偏印	13丙	3丙	1−	9+	食神	41甲	4丁	1−	9+	劫財
9	43丙	2乙	9+	1−	正官	14丁	3丙	2−	8+	傷官	42乙	4丁	1−	9+	比肩
10	44丁	2乙	8+	1−	偏官	15戊	3丙	2−	8+	比肩	43丙	4丁	1−	9+	印綬
11	45戊	2乙	8+	2−	正財	16己	3丙	2−	8+	劫財	44丁	4丁	2−	8+	偏印
12	46己	2乙	8+	2−	偏財	17庚	3丙	3−	7+	偏官	45戊	4丁	2−	8+	正官
13	47庚	2乙	7+	2−	傷官	18辛	3丙	3−	7+	正官	46己	4丁	2−	8+	偏官
14	48辛	2乙	7+	3−	食神	19壬	3丙	3−	7+	偏財	47庚	4丁	3−	7+	正財
15	49壬	2乙	7+	3−	劫財	20癸	3丙	4−	6+	正財	48辛	4丁	3−	7+	偏財
16	50癸	2乙	6+	3−	偏印	21甲	3丙	4−	6+	食神	49壬	4丁	3−	7+	傷官
17	51甲	2乙	6+	4−	正官	22乙	3丙	4−	6+	傷官	50癸	4丁	4−	6+	食神
18	52乙	2乙	6+	4−	偏官	23丙	3丙	5−	5+	比肩	51甲	4丁	4−	6+	劫財
19	53丙	2乙	5+	4−	傷官	24丁	3丙	5−	5+	印綬	52乙	4丁	4−	6+	比肩
20	54丁	2乙	5+	5−	食神	25戊	3丙	5−	5+	偏官	53丙	4丁	5−	5+	印綬
21	55戊	2乙	5+	5−	劫財	26己	3丙	6−	4+	正官	54丁	4丁	5−	5+	偏印
22	56己	2乙	4+	5−	比肩	27庚	3丙	6−	4+	偏財	55戊	4丁	5−	5+	正官
23	57庚	2乙	4+	6−	印綬	28辛	3丙	6−	4+	正財	56己	4丁	6−	4+	偏官
24	58辛	2乙	4+	6−	偏印	29壬	3丙	7−	3+	食神	57庚	4丁	6−	4+	正財
25	59壬	2乙	3+	6−	正官	30癸	3丙	7−	3+	傷官	58辛	4丁	6−	4+	偏財
26	60癸	2乙	3+	7−	偏官	31甲	3丙	7−	3+	比肩	59壬	4丁	7−	3+	傷官
27	1甲	2乙	3+	7−	正財	32乙	3丙	8−	2+	劫財	60癸	4丁	7−	3+	食神
28	2乙	2乙	2+	7−	偏財	33丙	3丙	8−	2+	偏印	1甲	4丁	7−	3+	劫財
29	3丙	2乙	2+	8−	傷官						2乙	4丁	8−	2+	比肩
30	4丁	2乙	2+	8−	食神						3丙	4丁	8−	2+	印綬
31	5戊	2乙	1+	8−	劫財						4丁	4丁	8−	2+	偏印

日	4月					5月					6月				
	日干	月干	立年♂	立年♀	中心星	日干	月干	立年♂	立年♀	中心星	日干	月干	立年♂	立年♀	中心星
1	5戊	4丁	9−	1+	正官	35戊	5戊	9−	2+	比肩	6己	6己	9−	2+	印綬
2	6己	4丁	9−	1+	偏官	36己	5戊	9−	1+	劫財	7庚	6己	9−	1+	偏官
3	7庚	4丁	9−	1+	正財	37庚	5戊	9−	1+	偏印	8辛	6己	9−	1+	正官
4	8辛	4丁	0−	1+	偏財	38辛	5戊	0−	1+	印綬	9壬	6己	0−	1+	偏財
5	9壬	5戊	1−	0+	傷官	39壬	5戊	0−	1+	偏官	10癸	6己	0−	1+	正財
6	10癸	5戊	1−	0+	食神	40癸	6己	1−	0+	正官	11甲	7庚	1−	0+	正財
7	11甲	5戊	1−	0+	劫財	41甲	6己	1−	0+	偏財	12乙	7庚	1−	0+	偏財
8	12乙	5戊	1−	9+	比肩	42乙	6己	1−	0+	正財	13丙	7庚	1−	0+	傷官
9	13丙	5戊	1−	9+	印綬	43丙	6己	1−	9+	食神	14丁	7庚	1−	9+	食神
10	14丁	5戊	2−	9+	偏印	44丁	6己	1−	9+	傷官	15戊	7庚	1−	9+	劫財
11	15戊	5戊	2−	8+	正官	45戊	6己	2−	9+	比肩	16己	7庚	2−	9+	比肩
12	16己	5戊	2−	8+	偏官	46己	6己	2−	8+	傷官	17庚	7庚	2−	8+	印綬
13	17庚	5戊	3−	8+	正財	47庚	6己	2−	8+	比肩	18辛	7庚	2−	8+	偏印
14	18辛	5戊	3−	7+	偏財	48辛	6己	3−	8+	劫財	19壬	7庚	3−	8+	正官
15	19壬	5戊	3−	7+	劫財	49壬	6己	3−	7+	偏印	20癸	7庚	3−	7+	偏官
16	20癸	5戊	4−	7+	比肩	50癸	6己	3−	7+	印綬	21甲	7庚	3−	7+	正財
17	21甲	5戊	4−	6+	印綬	51甲	6己	4−	7+	偏官	22乙	7庚	4−	7+	偏財
18	22乙	5戊	4−	6+	正財	52乙	6己	4−	6+	正官	23丙	7庚	4−	6+	傷官
19	23丙	5戊	5−	6+	食神	53丙	6己	4−	6+	偏財	24丁	7庚	4−	6+	食神
20	24丁	5戊	5−	5+	傷官	54丁	6己	5−	6+	正財	25戊	7庚	5−	6+	劫財
21	25戊	5戊	5−	5+	比肩	55戊	6己	5−	5+	偏印	26己	7庚	5−	5+	比肩
22	26己	5戊	6−	5+	劫財	56己	6己	5−	5+	印綬	27庚	7庚	5−	5+	印綬
23	27庚	5戊	6−	4+	偏印	57庚	6己	6−	5+	偏官	28辛	7庚	6−	5+	偏印
24	28辛	5戊	6−	4+	印綬	58辛	6己	6−	4+	正官	29壬	7庚	6−	4+	正官
25	29壬	5戊	7−	4+	偏官	59壬	6己	6−	4+	偏財	30癸	7庚	6−	4+	偏官
26	30癸	5戊	7−	3+	正官	60癸	6己	7−	4+	正財	31甲	7庚	7−	4+	傷官
27	31甲	5戊	7−	3+	偏財	1甲	6己	7−	3+	食神	32乙	7庚	7−	3+	食神
28	32乙	5戊	8−	3+	正財	2乙	6己	7−	3+	傷官	33丙	7庚	7−	3+	劫財
29	33丙	5戊	8−	2+	食神	3丙	6己	8−	3+	比肩	34丁	7庚	8−	3+	比肩
30	34丁	5戊	8−	2+	傷官	4丁	6己	8−	2+	劫財	35戊	7庚	8−	2+	印綬
31						5戊	6己	8−	2+	偏印					

日	7月					8月					9月				
	日干	月干	立年♂	立年♀	中心星	日干	月干	立年♂	立年♀	中心星	日干	月干	立年♂	立年♀	中心星
1	36己	7庚	8−	2+	偏印	7庚	8辛	8−	2+	印綬	38辛	9壬	8−	2+	劫財
2	37庚	7庚	9−	2+	正官	8辛	8辛	9−	2+	偏印	39壬	9壬	8−	2+	偏印
3	38辛	7庚	9−	1+	偏官	9壬	8辛	9−	2+	正官	40癸	9壬	9−	2+	印綬
4	39壬	7庚	9−	1+	正財	10癸	8辛	9−	1+	偏官	41甲	9壬	9−	1+	偏官
5	40癸	7庚	0−	1+	偏財	11甲	8辛	0−	1+	正財	42乙	9壬	9−	1+	正官
6	41甲	7庚	0−	1+	傷官	12乙	8辛	0−	1+	偏財	43丙	9壬	0−	1+	偏財
7	42乙	8辛	1−	0+	食神	13丙	8辛	0−	1+	傷官	44丁	9壬	0−	1+	正財
8	43丙	8辛	1−	0+	劫財	14丁	9壬	1−	0+	傷官	45戊	10癸	1−	0+	傷官
9	44丁	8辛	1−	0+	比肩	15戊	9壬	1−	0+	比肩	46己	10癸	1−	0+	食神
10	45戊	8辛	1−	0+	印綬	16己	9壬	1−	0+	劫財	47庚	10癸	1−	9+	劫財
11	46己	8辛	1−	9+	偏印	17庚	9壬	1−	9+	偏印	48辛	10癸	1−	9+	比肩
12	47庚	8辛	2−	9+	正官	18辛	9壬	1−	9+	印綬	49壬	10癸	1−	9+	印綬
13	48辛	8辛	2−	9+	偏官	19壬	9壬	2−	9+	偏官	50癸	10癸	2−	8+	偏印
14	49壬	8辛	2−	8+	正財	20癸	9壬	2−	8+	正官	51甲	10癸	2−	8+	正官
15	50癸	8辛	3−	8+	偏財	21甲	9壬	2−	8+	偏財	52乙	10癸	2−	8+	偏官
16	51甲	8辛	3−	8+	傷官	22乙	9壬	3−	8+	正財	53丙	10癸	3−	7+	正財
17	52乙	8辛	3−	7+	比肩	23丙	9壬	3−	7+	食神	54丁	10癸	3−	7+	偏財
18	53丙	8辛	4−	7+	印綬	24丁	9壬	3−	7+	傷官	55戊	10癸	3−	7+	傷官
19	54丁	8辛	4−	7+	偏印	25戊	9壬	4−	7+	偏財	56己	10癸	4−	6+	食神
20	55戊	8辛	4−	6+	劫財	26己	9壬	4−	6+	正財	57庚	10癸	4−	6+	劫財
21	56己	8辛	5−	6+	比肩	27庚	9壬	4−	6+	食神	58辛	10癸	4−	6+	比肩
22	57庚	8辛	5−	6+	印綬	28辛	9壬	5−	6+	劫財	59壬	10癸	5−	5+	印綬
23	58辛	8辛	5−	5+	偏印	29壬	9壬	5−	5+	偏印	60癸	10癸	5−	5+	偏印
24	59壬	8辛	6−	5+	正官	30癸	9壬	5−	5+	印綬	1甲	10癸	5−	5+	正官
25	60癸	8辛	6−	5+	偏官	31甲	9壬	6−	5+	偏官	2乙	10癸	6−	4+	偏官
26	1甲	8辛	6−	4+	正財	32乙	9壬	6−	4+	正官	3丙	10癸	6−	4+	正財
27	2乙	8辛	7−	4+	偏財	33丙	9壬	6−	4+	偏財	4丁	10癸	6−	4+	偏財
28	3丙	8辛	7−	4+	傷官	34丁	9壬	7−	4+	正財	5戊	10癸	7−	3+	傷官
29	4丁	8辛	7−	3+	食神	35戊	9壬	7−	3+	食神	6己	10癸	7−	3+	食神
30	5戊	8辛	8−	3+	劫財	36己	9壬	7−	3+	傷官	7庚	10癸	7−	3+	劫財
31	6己	8辛	8−	3+	比肩	37庚	9壬	8−	3+	比肩					

日	10月					11月					12月				
	日干	月干	立年♂	立年♀	中心星	日干	月干	立年♂	立年♀	中心星	日干	月干	立年♂	立年♀	中心星
1	8辛	10癸	8−	2+	比肩	39壬	11甲	8−	2+	偏官	9壬	12乙	8−	2+	比肩
2	9壬	10癸	8−	2+	印綬	40癸	11甲	8−	2+	正官	10癸	12乙	8−	2+	劫財
3	10癸	10癸	8−	2+	偏印	41甲	11甲	9−	2+	偏財	11甲	12乙	8−	1+	偏印
4	11甲	10癸	9−	1+	正官	42乙	11甲	9−	1+	正財	12乙	12乙	9−	1+	印綬
5	12乙	10癸	9−	1+	偏官	43丙	11甲	9−	1+	食神	13丙	12乙	9−	1+	偏官
6	13丙	10癸	9−	1+	正財	44丁	11甲	0−	1+	傷官	14丁	12乙	9−	1+	正官
7	14丁	10癸	0−	1+	偏財	45戊	11甲	0−	1+	比肩	15戊	13丙	1−	0+	正財
8	15戊	11甲	1−	0+	偏官	46己	12乙	1−	0+	正官	16己	13丙	1−	0+	偏財
9	16己	11甲	1−	0+	食神	47庚	12乙	1−	9+	偏財	17庚	13丙	1−	9+	傷官
10	17庚	11甲	1−	0+	劫財	48辛	12乙	1−	9+	正財	18辛	13丙	1−	9+	食神
11	18辛	11甲	1−	9+	比肩	49壬	12乙	1−	9+	食神	19壬	13丙	1−	9+	劫財
12	19壬	11甲	1−	9+	印綬	50癸	12乙	1−	8+	傷官	20癸	13丙	2−	8+	比肩
13	20癸	11甲	2−	9+	偏印	51甲	12乙	2−	8+	比肩	21甲	13丙	2−	8+	印綬
14	21甲	11甲	2−	8+	正官	52乙	12乙	2−	8+	劫財	22乙	13丙	2−	8+	偏印
15	22乙	11甲	2−	8+	偏官	53丙	12乙	2−	7+	偏印	23丙	13丙	3−	7+	正官
16	23丙	11甲	3−	8+	正財	54丁	12乙	3−	7+	印綬	24丁	13丙	3−	7+	偏官
17	24丁	11甲	3−	7+	偏財	55戊	12乙	3−	7+	偏官	25戊	13丙	3−	7+	正財
18	25戊	11甲	3−	7+	印綬	56己	12乙	3−	6+	正官	26己	13丙	4−	6+	偏財
19	26己	11甲	4−	7+	偏印	57庚	12乙	4−	6+	偏財	27庚	13丙	4−	6+	傷官
20	27庚	11甲	4−	6+	正官	58辛	12乙	4−	6+	正財	28辛	13丙	4−	6+	食神
21	28辛	11甲	4−	6+	印綬	59壬	12乙	4−	5+	比肩	29壬	13丙	5−	5+	劫財
22	29壬	11甲	5−	6+	偏官	60癸	12乙	5−	5+	劫財	30癸	13丙	5−	5+	比肩
23	30癸	11甲	5−	5+	正官	1甲	12乙	5−	5+	偏印	31甲	13丙	5−	5+	印綬
24	31甲	11甲	5−	5+	偏財	2乙	12乙	5−	4+	印綬	32乙	13丙	6−	4+	偏印
25	32乙	11甲	6−	5+	正財	3丙	12乙	6−	4+	偏官	33丙	13丙	6−	4+	正官
26	33丙	11甲	6−	4+	食神	4丁	12乙	6−	4+	正官	34丁	13丙	6−	4+	偏官
27	34丁	11甲	6−	4+	傷官	5戊	12乙	6−	3+	偏財	35戊	13丙	7−	3+	正財
28	35戊	11甲	7−	4+	比肩	6己	12乙	7−	3+	正財	36己	13丙	7−	3+	偏財
29	36己	11甲	7−	3+	劫財	7庚	12乙	7−	3+	食神	37庚	13丙	7−	3+	傷官
30	37庚	11甲	7−	3+	偏印	8辛	12乙	7−	2+	傷官	38辛	13丙	8−	2+	食神
31	38辛	11甲	8−	3+	印綬						39壬	13丙	8−	2+	劫財

2020年（平成32年）生まれ　37 庚（2/4〜翌 2/2）

	1月	2月	3月	4月	5月	6月	7月	8月	9月	10月	11月	12月
日	日干 月干 立年♂♀ 中心星	日干 月干 立年♂♀ 中心星	日干 月干 立年♂♀ 中心星	日干 月干 立年♂♀ 中心星	日干 月干 立年♂♀ 中心星	日干 月干 立年♂♀ 中心星	日干 月干 立年♂♀ 中心星	日干 月干 立年♂♀ 中心星	日干 月干 立年♂♀ 中心星	日干 月干 立年♂♀ 中心星	日干 月干 立年♂♀ 中心星	日干 月干 立年♂♀ 中心星
1	40癸13丙8−2+比肩	11甲14丁9−1+正財	40癸15戊1+9−傷官	11甲16己1+9−劫財	41甲17庚1+9−偏財	12乙18辛1+9−傷官	42乙19壬2+9−食神	13丙20癸2+8−傷官	44丁21甲2+8−正財	14丁22乙2+8−偏財	45戊23丙2+8−比肩	15戊24丁2+8−偏財
2	41甲13丙9−1+印綬	12乙14丁9−1+偏財	41甲15戊1+9−比肩	12乙16己1+9−比肩	42乙17庚1+9−正財	13丙18辛1+9−比肩	43丙19壬2+9−劫財	14丁20癸2+9−食神	45戊21甲2+9−食神	15戊22乙2+8−傷官	46己23丙2+8−劫財	16己24丁2+8−正財
3	42乙13丙9−1+偏印	13丙14丁9−1+傷官	42乙15戊1+9−劫財	13丙16己1+0−印綬	43丙17庚1+0−食神	14丁18辛1+0−劫財	44丁19壬1+9−比肩	15戊20癸1+9−劫財	46己21甲1+9−傷官	16己22乙2+9−食神	47庚23丙1+9−偏印	17庚24丁1+9−食神
4	43丙13丙9−1+正官	14丁15戊0+1−傷官	43丙15戊1+0−偏印	14丁17庚0+1−偏印	44丁17庚1+0−傷官	15戊18辛1+0−偏印	45戊19壬1+0−印綬	16己20癸1+9−比肩	47庚21甲1+9−比肩	17庚22乙1+9−劫財	48辛23丙1+9−印綬	18辛24丁1+9−傷官
5	44丁13丙0−1+偏官	15戊15戊0+1−比肩	44丁16己0+1−偏印	15戊17庚0+1−正官	45戊18辛0+1−比肩	16己19壬0+1−比肩	46己19壬1+0−偏印	17庚20癸1+0−印綬	48辛21甲1+0−劫財	18辛22乙1+9−比肩	49壬23丙1+9−偏官	19壬24丁1+9−比肩
6	45戊14丁1−0+正財	16己15戊9+1−劫財	45戊16己0+1−正官	16己17庚0+1−偏官	46己18辛0+1−劫財	17庚19壬0+1−印綬	47庚19壬1+0−正官	18辛20癸1+0−偏印	49壬21甲1+0−偏印	19壬22乙1+0−印綬	50癸23丙1+0−正官	20癸24丁1+0−劫財
7	46己14丁1−9+偏財	17庚15戊9+1−偏印	46己16己9+1−偏官	17庚17庚9+1−正財	47庚18辛0+1−偏印	18辛19壬0+1−偏印	48辛20癸0+1−偏官	19壬21甲0+1−偏官	50癸22乙0+1−偏印	20癸22乙1+0−偏印	51甲24丁0+1−比肩	21甲25戊0+1−印綬
8	47庚14丁1−9+傷官	18辛15戊9+1−印綬	47庚16己9+1−正財	18辛17庚9+1−偏財	48辛18辛9+1−印綬	19壬19壬0+1−正官	49壬20癸0+1−正財	20癸21甲0+1−正官	51甲22乙0+1−正官	21甲23丙0+1−正官	52乙24丁0+1−劫財	22乙25戊9+1−偏印
9	48辛14丁1−9+食神	19壬15戊8+2−偏官	48辛16己9+1−偏財	19壬17庚9+2−傷官	49壬18辛9+1−偏官	20癸19壬9+1−偏官	50癸20癸0+1−偏財	21甲21甲0+1−偏財	52乙22乙0+1−偏官	22乙23丙0+1−偏官	53丙24丁9+1−偏印	23丙25戊9+1−正官
10	49壬14丁1−8+劫財	20癸15戊8+2−正官	49壬16己8+2−傷官	20癸17庚8+2−食神	50癸18辛9+2−正官	21甲19壬9+2−正財	51甲20癸9+1−傷官	22乙21甲9+1−正財	53丙22乙9+1−正財	23丙23丙9+1−正財	54丁24丁9+1−印綬	24丁25戊9+1−偏官
11	50癸14丁2−8+比肩	21甲15戊8+2−偏財	50癸16己8+2−食神	21甲17庚8+2−劫財	51甲18辛8+2−偏官	22乙19壬9+2−偏財	52乙20癸9+1−食神	23丙21甲9+1−食神	54丁22乙9+1−偏財	24丁23丙9+1−偏財	55戊24丁9+1−偏官	25戊25戊8+1−正財
12	51甲14丁2−8+印綬	22乙15戊7+3−傷官	51甲16己8+2−劫財	22乙17庚8+3−比肩	52乙18辛8+2−正官	23丙19壬8+2−傷官	53丙20癸9+2−劫財	24丁21甲9+2−傷官	55戊22乙9+2−傷官	25戊23丙9+1−傷官	56己24丁8+2−正官	26己25戊8+2−偏財
13	52乙14丁2−7+偏印	23丙15戊7+3−比肩	52乙16己7+3−比肩	23丙17庚7+3−印綬	53丙18辛8+3−偏財	24丁19壬8+3−食神	54丁20癸8+2−比肩	25戊21甲8+2−比肩	56己22乙8+2−食神	26己23丙8+2−食神	57庚24丁8+2−偏財	27庚25戊8+2−傷官
14	53丙14丁3−7+正官	24丁15戊7+3−劫財	53丙16己7+3−印綬	24丁17庚7+3−偏官	54丁18辛7+3−正財	25戊19壬8+3−劫財	55戊20癸8+2−印綬	26己21甲8+2−劫財	57庚22乙8+2−劫財	27庚23丙8+2−劫財	58辛24丁8+2−正財	28辛25戊7+2−食神
15	54丁14丁3−7+偏官	25戊15戊6+4−偏印	54丁16己7+3−偏印	25戊17庚7+4−正財	55戊18辛7+3−食神	26己19壬7+3−比肩	56己20癸8+3−偏印	27庚21甲8+3−偏印	58辛22乙8+3−比肩	28辛23丙8+2−比肩	59壬24丁7+3−食神	29壬25戊7+3−劫財
16	55戊14丁3−6+傷官	26己15戊6+4−印綬	55戊16己6+4−正官	26己17庚6+4−偏財	56己18辛7+4−傷官	27庚19壬7+4−印綬	57庚20癸7+3−正官	28辛21甲7+3−印綬	59壬22乙7+3−印綬	29壬23丙7+3−印綬	60癸24丁7+3−傷官	30癸25戊7+3−比肩
17	56己14丁4−6+食神	27庚15戊6+4−偏官	56己16己6+4−偏官	27庚17庚6+4−偏印	57庚18辛6+4−比肩	28辛19壬7+4−偏印	58辛20癸7+3−偏財	29壬21甲7+3−偏官	60癸22乙7+3−偏印	30癸23丙7+3−偏印	1甲24丁7+3−比肩	31甲25戊6+3−印綬
18	57庚14丁4−6+劫財	28辛15戊5+5−正官	57庚16己6+4−正財	28辛17庚6+5−印綬	58辛18辛6+4−劫財	29壬19壬6+4−正官	59壬20癸7+4−傷官	30癸21甲7+4−劫財	1甲22乙7+4−正官	31甲23丙7+3−傷官	2乙24丁6+4−劫財	32乙25戊6+4−偏印
19	58辛14丁4−5+偏印	29壬15戊5+5−食神	58辛16己5+5−偏財	29壬17庚5+5−偏官	59壬18辛6+5−偏印	30癸19壬6+5−偏官	60癸20癸6+4−食神	31甲21甲6+4−偏印	2乙22乙6+4−偏官	32乙23丙6+4−食神	3丙24丁6+4−偏印	33丙25戊6+4−正官
20	59壬14丁5−5+正官	30癸15戊5+5−傷官	59壬16己5+5−傷官	30癸17庚5+5−正官	60癸18辛5+5−正財	31甲19壬6+5−正財	1甲20癸6+4−正財	32乙21甲6+4−印綬	3丙22乙6+4−正財	33丙23丙6+4−劫財	4丁24丁6+4−正官	34丁25戊5+4−偏官
21	60癸14丁5−5+偏官	31甲15戊4+6−比肩	60癸16己5+5−食神	31甲17庚5+6−偏財	1甲18辛5+5−食神	32乙19壬5+5−偏財	2乙20癸6+5−偏財	33丙21甲6+5−偏財	4丁22乙6+5−偏財	34丁23丙6+4−傷官	5戊24丁5+5−偏財	35戊25戊5+5−正財
22	1甲14丁5−4+正財	32乙15戊4+6−劫財	1甲16己4+6−劫財	32乙17庚4+6−正財	2乙18辛5+6−傷官	33丙19壬5+6−傷官	3丙20癸5+5−傷官	34丁21甲5+5−正財	5戊22乙5+5−傷官	35戊23丙5+5−比肩	6己24丁5+5−正財	36己25戊5+5−偏財
23	2乙14丁6−4+偏財	33丙15戊4+6−偏印	2乙16己4+6−比肩	33丙17庚4+6−食神	3丙18辛4+6−比肩	34丁19壬5+6−食神	4丁20癸5+5−食神	35戊21甲5+5−食神	6己22乙5+5−食神	36己23丙5+5−劫財	7庚24丁5+5−食神	37庚25戊4+5−傷官
24	3丙14丁6−4+傷官	34丁15戊3+7−印綬	3丙16己4+6−印綬	34丁17庚4+7−傷官	4丁18辛4+6−劫財	35戊19壬4+6−劫財	5戊20癸5+6−劫財	36己21甲5+6−傷官	7庚22乙5+6−劫財	37庚23丙5+5−偏印	8辛24丁4+6−傷官	38辛25戊4+6−食神
25	4丁14丁6−3+食神	35戊15戊3+7−偏官	4丁16己3+7−偏印	35戊17庚3+7−比肩	5戊18辛4+7−偏印	36己19壬4+7−偏印	6己20癸4+6−比肩	37庚21甲4+6−比肩	8辛22乙4+6−比肩	38辛23丙4+6−印綬	9壬24丁4+6−比肩	39壬25戊4+6−劫財
26	5戊14丁7−3+劫財	36己15戊3+7−正官	5戊16己3+7−正官	36己17庚3+7−劫財	6己18辛3+7−印綬	37庚19壬4+7−正官	7庚20癸4+6−印綬	38辛21甲4+6−劫財	9壬22乙4+6−印綬	39壬23丙4+6−偏官	10癸24丁4+6−劫財	40癸25戊3+6−比肩
27	6己14丁7−3+比肩	37庚15戊2+8−偏財	6己16己3+7−偏官	37庚17庚3+8−偏印	7庚18辛3+7−偏官	38辛19壬3+7−偏官	8辛20癸4+7−偏印	39壬21甲4+7−偏印	10癸22乙4+7−偏印	40癸23丙4+6−正官	11甲24丁3+7−偏印	41甲25戊3+7−印綬
28	7庚14丁7−2+印綬	38辛15戊2+8−正財	7庚16己2+8−正財	38辛17庚2+8−印綬	8辛18辛3+8−正官	39壬19壬3+8−正財	9壬20癸3+7−正官	40癸21甲3+7−印綬	11甲22乙3+7−正官	41甲23丙3+7−偏財	12乙24丁3+7−印綬	42乙25戊3+7−偏印
29	8辛14丁8−2+偏印	39壬15戊2+8−食神	8辛16己2+8−偏財	39壬17庚2+8−偏官	9壬18辛2+8−偏財	40癸19壬3+8−偏財	10癸20癸3+7−偏官	41甲21甲3+7−偏官	12乙22乙3+7−偏官	42乙23丙3+7−正財	13丙24丁3+7−偏官	43丙25戊2+7−正官
30	9壬14丁8−2+正官		9壬16己2+8−傷官	40癸17庚2+9−正官	10癸18辛2+8−正財	41甲19壬2+8−傷官	11甲20癸3+8−正財	42乙21甲3+8−正官	13丙22乙3+8−正財	43丙23丙3+7−食神	14丁24丁2+8−正官	44丁25戊2+8−偏官
31	10癸14丁8−1+偏官		10癸16己1+9−食神		11甲18辛2+9−食神		12乙20癸2+8−偏財	43丙21甲2+8−偏財		44丁23丙2+8−傷官		45戊25戊2+8−正財

2021年（平成33年）生まれ　38 辛（2/4～翌 2/3）

	1月	2月	3月	4月	5月	6月	7月	8月	9月	10月	11月	12月
日	日干 月干 立年♂♀ 中心星	日干 月干 立年♂♀ 中心星	日干 月干 立年♂♀ 中心星	日干 月干 立年♂♀ 中心星	日干 月干 立年♂♀ 中心星	日干 月干 立年♂♀ 中心星	日干 月干 立年♂♀ 中心星	日干 月干 立年♂♀ 中心星	日干 月干 立年♂♀ 中心星	日干 月干 立年♂♀ 中心星	日干 月干 立年♂♀ 中心星	日干 月干 立年♂♀ 中心星
1	46己25戊1+8−偏財	17庚26己1+9−印綬	45戊27庚9−1+偏官	16己28辛9−1+偏官	46己29壬9−1+劫財	17庚30癸9−1+偏官	47庚31甲9−2+正官	18辛32乙8−2+偏印	49壬33丙8−2+偏印	19壬34丁8−2+印綬	50癸35戊8−2+正官	20癸36己8−2+劫財
2	47庚25戊1+9−傷官	18辛26己1+9−偏印	46己27庚9−1+正官	17庚28辛9−1+正財	47庚29壬9−1+偏印	18辛30癸9−1+正官	48辛31甲9−2+偏官	19壬32乙9−2+正官	50癸33丙9−2+印綬	20癸34丁8−2+偏印	51甲35戊8−2+偏財	21甲36己8−2+偏印
3	48辛25戊1+9−食神	19壬27庚1−0+偏官	47庚27庚9−1+偏財	18辛28辛0−1+偏財	48辛29壬0−1+印綬	19壬30癸0−1+偏財	49壬31甲9−1+正財	20癸32乙9−1+偏官	51甲33丙9−1+偏官	21甲34丁9−2+正官	52乙35戊9−1+正財	22乙36己9−1+印綬
4	49壬25戊1+9−劫財	20癸27庚1−0+正官	48辛27庚0−1+正財	19壬29壬1−0+傷官	49壬29壬0−1+偏官	20癸30癸0−1+正財	50癸31甲0−1+偏財	21甲32乙9−1+正財	52乙33丙9−1+正官	22乙34丁9−1+偏官	53丙35戊9−1+食神	23丙36己9−1+偏官
5	50癸26己0+1−比肩	21甲27庚1−9+偏財	49壬28辛1−0+傷官	20癸29壬1−0+食神	50癸30癸1−0+正官	21甲31甲1−0+正財	51甲31甲0−1+傷官	22乙32乙0−1+偏財	53丙33丙0−1+偏財	23丙34丁9−1+正財	54丁35戊9−1+傷官	24丁36己9−1+正官
6	51甲26己9+1−印綬	22乙27庚1−9+正財	50癸28辛1−0+食神	21甲29壬1−0+劫財	51甲30癸1−0+偏財	22乙31甲1−0+偏財	52乙31甲0−1+食神	23丙32乙0−1+傷官	54丁33丙0−1+正財	24丁34丁0−1+偏財	55戊35戊0−1+比肩	25戊36己0−1+偏財
7	52乙26己9+1−偏印	23丙27庚1−9+食神	51甲28辛1−9+劫財	22乙29壬1−9+比肩	52乙30癸1−0+正財	23丙31甲1−0+傷官	53丙32乙1−0+劫財	24丁33丙1−0+傷官	55戊34丁1−0+傷官	25戊34丁0−1+傷官	56己36己1−0+正官	26己37庚1−0+偏財
8	53丙26己9+1−正官	24丁27庚2−8+傷官	52乙28辛1−9+比肩	23丙29壬1−9+印綬	53丙30癸1−9+食神	24丁31甲1−0+食神	54丁32乙1−0+比肩	25戊33丙1−0+比肩	56己34丁1−0+食神	26己35戊1−0+食神	57庚36己1−0+偏財	27庚37庚1−9+傷官
9	54丁26己8+1−偏官	25戊27庚2−8+比肩	53丙28辛1−9+印綬	24丁29壬2−9+偏印	54丁30癸1−9+傷官	25戊31甲1−9+劫財	55戊32乙1−0+印綬	26己33丙1−0+劫財	57庚34丁1−0+劫財	27庚35戊1−0+劫財	58辛36己1−9+正財	28辛37庚1−9+食神
10	55戊26己8+2−正財	26己27庚2−8+劫財	54丁28辛2−8+偏印	25戊29壬2−8+正官	55戊30癸2−9+比肩	26己31甲2−9+比肩	56己32乙1−9+偏印	27庚33丙1−9+偏印	58辛34丁1−9+比肩	28辛35戊1−9+比肩	59壬36己1−9+食神	29壬37庚1−9+劫財
11	56己26己8+2−偏財	27庚27庚3−7+偏官	55戊28辛2−8+正官	26己29壬2−8+偏官	56己30癸2−8+傷官	27庚31甲2−9+印綬	57庚32乙1−9+正官	28辛33丙1−9+印綬	59壬34丁1−9+印綬	29壬35戊1−9+印綬	60癸36己1−9+傷官	30癸37庚1−8+比肩
12	57庚26己7+2−傷官	28辛27庚3−7+正官	56己28辛2−8+偏官	27庚29壬3−8+正財	57庚30癸2−8+比肩	28辛31甲2−8+偏印	58辛32乙2−9+偏官	29壬33丙2−9+偏官	60癸34丁2−9+偏印	30癸35戊1−9+偏印	1甲36己2−8+比肩	31甲37庚2−8+印綬
13	58辛26己7+3−食神	29壬27庚3−7+偏財	57庚28辛3−7+正財	28辛29壬3−7+偏財	58辛30癸3−8+劫財	29壬31甲3−8+正官	59壬32乙2−8+正財	30癸33丙2−8+正官	1甲34丁2−8+正官	31甲35戊2−8+正官	2乙36己2−8+劫財	32乙37庚2−8+偏印
14	59壬26己7+3−劫財	30癸27庚4−6+正財	58辛28辛3−7+偏財	29壬29壬3−7+劫財	59壬30癸3−7+偏印	30癸31甲3−8+偏官	60癸32乙2−8+偏財	31甲33丙2−8+偏財	2乙34丁2−8+偏官	32乙35戊2−8+偏官	3丙36己2−8+偏印	33丙37庚2−7+正官
15	60癸26己6+3−偏印	31甲27庚4−6+食神	59壬28辛3−7+傷官	30癸29壬4−7+比肩	60癸30癸3−7+印綬	31甲31甲3−7+正財	1甲32乙3−8+傷官	32乙33丙3−8+正財	3丙34丁3−8+正財	33丙35戊2−8+正財	4丁36己3−7+印綬	34丁37庚3−7+偏官
16	1甲26己6+4−正官	32乙27庚4−6+傷官	60癸28辛4−6+食神	31甲29壬4−6+印綬	1甲30癸4−7+偏官	32乙31甲4−7+偏財	2乙32乙3−7+食神	33丙33丙3−7+食神	4丁34丁3−7+偏財	34丁35戊3−7+偏財	5戊36己3−7+偏官	35戊37庚3−7+正財
17	2乙26己6+4−偏官	33丙27庚5−5+比肩	1甲28辛4−6+劫財	32乙29壬4−6+正財	2乙30癸4−6+正官	33丙31甲4−7+傷官	3丙32乙3−7+印綬	34丁33丙3−7+傷官	5戊34丁3−7+傷官	35戊35戊3−7+傷官	6己36己3−7+正官	36己37庚3−6+偏財
18	3丙26己5+4−傷官	34丁27庚5−5+印綬	2乙28辛4−6+比肩	33丙29壬5−6+食神	3丙30癸4−6+偏財	34丁31甲4−6+食神	4丁32乙4−7+偏印	35戊33丙4−7+偏財	6己34丁4−7+食神	36己35戊3−7+偏印	7庚36己4−6+偏財	37庚37庚4−6+傷官
19	4丁26己5+5−食神	35戊27庚5−5+偏官	3丙28辛5−5+印綬	34丁29壬5−5+傷官	4丁30癸5−6+正財	35戊31甲5−6+劫財	5戊32乙4−6+正官	36己33丙4−6+正財	7庚34丁4−6+劫財	37庚35戊4−6+正官	8辛36己4−6+正財	38辛37庚4−6+食神
20	5戊26己5+5−劫財	36己27庚6−4+正官	4丁28辛5−5+偏印	35戊29壬5−5+比肩	5戊30癸5−5+偏印	36己31甲5−6+比肩	6己32乙4−6+比肩	37庚33丙4−6+食神	8辛34丁4−6+比肩	38辛35戊4−6+偏官	9壬36己4−6+比肩	39壬37庚4−5+劫財
21	6己26己4+5−比肩	37庚27庚6−4+偏財	5戊28辛5−5+正官	36己29壬6−5+劫財	6己30癸5−5+印綬	37庚31甲5−5+印綬	7庚32乙5−6+印綬	38辛33丙5−6+劫財	9壬34丁5−6+印綬	39壬35戊4−6+偏官	10癸36己5−5+劫財	40癸37庚5−5+比肩
22	7庚26己4+6−印綬	38辛27庚6−4+正財	6己28辛6−4+偏官	37庚29壬6−4+偏印	7庚30癸6−5+偏官	38辛31甲6−5+偏印	8辛32乙5−5+偏印	39壬33丙5−5+偏印	10癸34丁5−5+偏印	40癸35戊5−5+正官	11甲36己5−5+偏印	41甲37庚5−5+印綬
23	8辛26己4+6−偏印	39壬27庚7−3+食神	7庚28辛6−4+正財	38辛29壬6−4+印綬	8辛30癸6−4+正官	39壬31甲6−5+正官	9壬32乙5−5+正官	40癸33丙5−5+印綬	11甲34丁5−5+正官	41甲35戊5−5+偏財	12乙36己5−5+印綬	42乙37庚5−4+偏印
24	9壬26己3+6−正官	40癸27庚7−3+傷官	8辛28辛6−4+偏財	39壬29壬7−4+偏官	9壬30癸6−4+偏財	40癸31甲6−4+偏官	10癸32乙6−5+偏官	41甲33丙6−5+偏官	12乙34丁6−5+偏官	42乙35戊5−5+正財	13丙36己6−4+偏官	43丙37庚6−4+正官
25	10癸26己3+7−偏官	41甲27庚7−3+比肩	9壬28辛7−3+傷官	40癸29壬7−3+正官	10癸30癸7−4+正財	41甲31甲7−4+傷官	11甲32乙6−4+正財	42乙33丙6−4+正官	13丙34丁6−4+正財	43丙35戊6−4+食神	14丁36己6−4+正官	44丁37庚6−4+偏官
26	11甲26己3+7−正財	42乙27庚8−2+劫財	10癸28辛7−3+食神	41甲29壬7−3+偏財	11甲30癸7−3+食神	42乙31甲7−4+食神	12乙32乙6−4+偏財	43丙33丙6−4+偏財	14丁34丁6−4+偏財	44丁35戊6−4+傷官	15戊36己6−4+偏財	45戊37庚6−3+正財
27	12乙26己2+7−偏財	43丙27庚8−2+偏印	11甲28辛7−3+劫財	42乙29壬8−3+正財	12乙30癸7−3+傷官	43丙31甲7−3+劫財	13丙32乙7−4+傷官	44丁33丙7−4+正財	15戊34丁7−4+傷官	45戊35戊6−4+比肩	16己36己7−3+正財	46己37庚7−3+偏財
28	13丙26己2+8−傷官	44丁27庚8−2+印綬	12乙28辛8−2+比肩	43丙29壬8−2+食神	13丙30癸8−3+比肩	44丁31甲8−3+比肩	14丁32乙7−3+食神	45戊33丙7−3+食神	16己34丁7−3+食神	46己35戊7−3+劫財	17庚36己7−3+食神	47庚37庚7−3+傷官
29	14丁26己2+8−食神		13丙28辛8−2+印綬	44丁29壬8−2+傷官	14丁30癸8−2+劫財	45戊31甲8−3+印綬	15戊32乙7−3+劫財	46己33丙7−3+傷官	17庚34丁7−3+劫財	47庚35戊7−3+偏印	18辛36己7−3+傷官	48辛37庚7−2+食神
30	15戊26己1+8−劫財		14丁28辛8−2+偏印	45戊29壬9−2+比肩	15戊30癸8−2+偏印	46己31甲8−2+偏印	16己32乙8−3+比肩	47庚33丙8−3+比肩	18辛34丁8−3+比肩	48辛35戊7−3+印綬	19壬36己8−2+比肩	49壬37庚8−2+劫財
31	16己26己1+9−比肩		15戊28辛9−1+正官		16己30癸9−2+印綬		17庚32乙8−2+印綬	48辛33丙8−2+劫財		49壬35戊8−2+偏官		50癸37庚8−2+比肩

2022年（平成34年）生まれ　39 壬（2/4〜翌 2/3）

日	1月	2月	3月	4月	5月	6月	7月	8月	9月	10月	11月	12月
	日干 月干 立年♂♀ 中心星	日干 月干 立年♂♀ 中心星	日干 月干 立年♂♀ 中心星	日干 月干 立年♂♀ 中心星	日干 月干 立年♂♀ 中心星	日干 月干 立年♂♀ 中心星	日干 月干 立年♂♀ 中心星	日干 月干 立年♂♀ 中心星	日干 月干 立年♂♀ 中心星	日干 月干 立年♂♀ 中心星	日干 月干 立年♂♀ 中心星	日干 月干 立年♂♀ 中心星
1	51甲37庚8−1+印綬	22乙38辛9−1+偏財	50癸39壬1+8−傷官	21甲40癸1+9−劫財	51甲41甲1+9−偏財	22乙42乙2+9−傷官	52乙43丙2+8−食神	23丙44丁2+8−傷官	54丁45戊2+8−正財	24丁46己2+8−偏財	55戊47庚2+8−比肩	25戊48辛2+8−偏財
2	52乙37庚9−1+偏印	23丙38辛9−1+傷官	51甲39壬1+9−比肩	22乙40癸1+9−比肩	52乙41甲1+9−正財	23丙42乙1+9−比肩	53丙43丙2+9−劫財	24丁44丁2+9−食神	55戊45戊2+9−食神	25戊46己2+8−傷官	56己47庚2+8−劫財	26己48辛2+8−正財
3	53丙37庚9−1+正官	24丁38辛0−1+食神	52乙39壬1+9−劫財	23丙40癸1+0−印綬	53丙41甲1+9−食神	24丁42乙1+0−劫財	54丁43丙1+9−比肩	25戊44丁1+9−劫財	56己45戊2+9−傷官	26己46己2+8−食神	57庚47庚1+9−偏印	27庚48辛1+9−食神
4	54丁37庚9−1+偏官	25戊39壬0+1−比肩	53丙39壬1+9−偏印	24丁40癸1+0−偏印	54丁41甲1+0−傷官	25戊42乙1+0−偏印	55戊43丙1+9−印綬	26己44丁1+9−比肩	57庚45戊1+9−比肩	27庚46己1+9−劫財	58辛47庚1+9−印綬	28辛48辛1+9−傷官
5	55戊38辛1−0+正財	26己39壬9+1−劫財	54丁40癸0+1−偏印	25戊41甲0+1−正官	55戊42乙0+1−比肩	26己42乙1+0−印綬	56己43丙1+0−偏印	27庚44丁1+0−印綬	58辛45戊1+0−劫財	28辛46己1+9−比肩	59壬47庚1+9−偏官	29壬48辛1+9−比肩
6	56己38辛1−0+偏財	27庚39壬9+1−偏印	55戊40癸0+1−正官	26己41甲0+1−偏官	56己42乙0+1−劫財	27庚43丙0+1−印綬	57庚43丙1+0−正官	28辛44丁1+0−偏印	59壬45戊1+0−偏印	29壬46己1+9−印綬	60癸47庚1+0−正官	30癸48辛1+0−劫財
7	57庚38辛1−9+傷官	28辛39壬9+1−印綬	56己40癸0+1−偏官	27庚41甲9+1−正財	57庚42乙0+1−偏印	28辛43丙0+1−偏印	58辛44丁0+1−偏官	29壬45戊0+1−偏官	60癸45戊1+0−印綬	30癸46己1+0−偏印	1甲48辛0+1−比肩	31甲49壬0+1−印綬
8	58辛38辛1−9+食神	29壬39壬8+1−偏官	57庚40癸9+1−正財	28辛41甲9+1−偏財	58辛42乙0+1−印綬	29壬43丙0+1−正官	59壬44丁0+1−正財	30癸45戊0+1−正官	1甲46己0+1−正官	31甲47庚0+1−正官	2乙48辛0+1−劫財	32乙49壬0+1−偏印
9	59壬38辛1−9+劫財	30癸39壬8+2−正官	58辛40癸9+1−偏財	29壬41甲9+1−傷官	59壬42乙9+1−偏官	30癸43丙9+1−偏官	60癸44丁0+1−偏財	31甲45戊0+1−偏財	2乙46己0+1−偏官	32乙47庚0+1−偏官	3丙48辛9+1−偏印	33丙49壬9+1−正官
10	60癸38辛2−8+比肩	31甲39壬8+2−偏財	59壬40癸9+2−傷官	30癸41甲8+2−食神	60癸42乙9+2−正官	31甲43丙9+1−正財	1甲44丁9+1−傷官	32乙45戊0+1−正財	3丙46己9+1−正財	33丙47庚9+1−正財	4丁48辛9+1−印綬	34丁49壬9+1−偏官
11	1甲38辛2−8+印綬	32乙39壬7+2−正財	60癸40癸8+2−食神	31甲41甲8+2−劫財	1甲42乙9+2−偏官	32乙43丙9+2−偏財	2乙44丁9+1−食神	33丙45戊9+1−食神	4丁46己9+1−偏財	34丁47庚9+1−偏財	5戊48辛9+1−偏官	35戊49壬9+1−正財
12	2乙38辛2−8+偏印	33丙39壬7+3−比肩	1甲40癸8+2−劫財	32乙41甲8+2−比肩	2乙42乙8+2−正官	33丙43丙8+2−傷官	3丙44丁9+2−劫財	34丁45戊9+2−傷官	5戊46己9+1−傷官	35戊47庚9+1−傷官	6己48辛8+2−正官	36己49壬8+2−偏財
13	3丙38辛3−7+正官	34丁39壬7+3−劫財	2乙40癸8+3−比肩	33丙41甲7+3−印綬	3丙42乙8+3−偏財	34丁43丙8+2−食神	4丁44丁8+2−比肩	35戊45戊9+2−比肩	6己46己8+2−食神	36己47庚8+2−食神	7庚48辛8+2−偏財	37庚49壬8+2−傷官
14	4丁38辛3−7+偏官	35戊39壬6+3−偏印	3丙40癸7+3−印綬	34丁41甲7+3−偏印	4丁42乙8+3−正財	35戊43丙8+3−劫財	5戊44丁8+2−印綬	36己45戊8+2−劫財	7庚46己8+2−劫財	37庚47庚8+2−劫財	8辛48辛8+2−正財	38辛49壬8+2−食神
15	5戊38辛3−7+傷官	36己39壬6+4−印綬	4丁40癸7+3−偏印	35戊41甲7+3−正財	5戊42乙7+3−食神	36己43丙7+3−比肩	6己44丁8+3−偏印	37庚45戊8+3−偏印	8辛46己8+2−比肩	38辛47庚8+2−比肩	9壬48辛7+3−食神	39壬49壬7+3−劫財
16	6己38辛4−6+食神	37庚39壬6+4−偏官	5戊40癸7+4−正官	36己41甲6+4−偏財	6己42乙7+4−傷官	37庚43丙7+3−印綬	7庚44丁7+3−正官	38辛45戊8+3−印綬	9壬46己7+3−印綬	39壬47庚7+3−印綬	10癸48辛7+3−傷官	40癸49壬7+3−比肩
17	7庚38辛4−6+劫財	38辛39壬5+4−正官	6己40癸6+4−偏官	37庚41甲6+4−傷官	7庚42乙7+4−比肩	38辛43丙7+4−偏印	8辛44丁7+3−偏財	39壬45戊7+3−偏官	10癸46己7+3−偏印	40癸47庚7+3−偏印	11甲48辛7+3−比肩	41甲49壬7+3−印綬
18	8辛38辛4−6+偏印	39壬39壬5+5−偏財	7庚40癸6+4−正財	38辛41甲6+4−印綬	8辛42乙6+4−劫財	39壬43丙6+4−正官	9壬44丁7+4−傷官	40癸45戊7+4−劫財	11甲46己7+3−正官	41甲47庚7+3−傷官	12乙48辛6+4−劫財	42乙49壬6+4−偏印
19	9壬38辛5−5+正官	40癸39壬5+5−傷官	8辛40癸6+5−偏財	39壬41甲5+5−偏官	9壬42乙6+5−偏印	40癸43丙6+4−偏官	10癸44丁6+4−食神	41甲45戊7+4−偏印	12乙46己6+4−偏官	42乙47庚6+4−食神	13丙48辛6+4−偏印	43丙49壬6+4−正官
20	10癸38辛5−5+偏官	41甲39壬4+5−比肩	9壬40癸5+5−傷官	40癸41甲5+5−正官	10癸42乙6+5−正財	41甲43丙6+5−正財	11甲44丁6+4−正財	42乙45戊6+4−印綬	13丙46己6+4−正財	43丙47庚6+4−劫財	14丁48辛6+4−正官	44丁49壬6+4−偏官
21	11甲38辛5−5+正財	42乙39壬4+6−劫財	10癸40癸5+5−食神	41甲41甲5+5−偏財	11甲42乙5+5−食神	42乙43丙5+5−偏財	12乙44丁6+5−偏財	43丙45戊6+5−偏財	14丁46己6+4−偏財	44丁47庚6+4−傷官	15戊48辛5+5−偏財	45戊49壬5+5−正財
22	12乙38辛6−4+偏財	43丙39壬4+6−偏印	11甲40癸5+6−劫財	42乙41甲4+6−正財	12乙42乙5+6−傷官	43丙43丙5+5−傷官	13丙44丁5+5−傷官	44丁45戊6+5−正財	15戊46己5+5−傷官	45戊47庚5+5−比肩	16己48辛5+5−正財	46己49壬5+5−偏財
23	13丙38辛6−4+傷官	44丁39壬3+6−印綬	12乙40癸4+6−比肩	43丙41甲4+6−食神	13丙42乙5+6−比肩	44丁43丙5+6−食神	14丁44丁5+5−食神	45戊45戊5+5−食神	16己46己5+5−食神	46己47庚5+5−劫財	17庚48辛5+5−食神	47庚49壬5+5−傷官
24	14丁38辛6−4+食神	45戊39壬3+7−偏官	13丙40癸4+6−印綬	44丁41甲4+6−傷官	14丁42乙4+6−劫財	45戊43丙4+6−劫財	15戊44丁5+6−劫財	46己45戊5+6−傷官	17庚46己5+5−劫財	47庚47庚5+5−偏印	18辛48辛4+6−傷官	48辛49壬4+6−食神
25	15戊38辛7−3+劫財	46己39壬3+7−正官	14丁40癸4+7−偏印	45戊41甲3+7−比肩	15戊42乙4+7−偏印	46己43丙4+6−比肩	16己44丁4+6−比肩	47庚45戊5+6−比肩	18辛46己4+6−比肩	48辛47庚4+6−印綬	19壬48辛4+6−比肩	49壬49壬4+6−劫財
26	16己38辛7−3+比肩	47庚39壬2+7−偏財	15戊40癸3+7−正官	46己41甲3+7−劫財	16己42乙4+7−印綬	47庚43丙4+7−正官	17庚44丁4+6−印綬	48辛45戊4+6−劫財	19壬46己4+6−印綬	49壬47庚4+6−偏官	20癸48辛4+6−劫財	50癸49壬4+6−比肩
27	17庚38辛7−3+印綬	48辛39壬2+8−正財	16己40癸3+7−偏官	47庚41甲3+7−偏印	17庚42乙3+7−偏官	48辛43丙3+7−偏官	18辛44丁4+7−偏印	49壬45戊4+7−偏印	20癸46己4+6−偏印	50癸47庚4+6−正官	21甲48辛3+7−偏印	51甲49壬3+7−印綬
28	18辛38辛8−2+偏印	49壬39壬2+8−食神	17庚40癸3+8−正財	48辛41甲2+8−印綬	18辛42乙3+8−正官	49壬43丙3+7−正財	19壬44丁3+7−正官	50癸45戊4+7−印綬	21甲46己3+7−正官	51甲47庚3+7−偏財	22乙48辛3+7−印綬	52乙49壬3+7−偏印
29	19壬38辛8−2+正官		18辛40癸2+8−偏財	49壬41甲2+8−偏官	19壬42乙3+8−偏財	50癸43丙3+8−偏財	20癸44丁3+7−偏官	51甲45戊3+7−偏官	22乙46己3+7−偏官	52乙47庚3+7−正財	23丙48辛3+7−偏官	53丙49壬3+7−正官
30	20癸38辛8−2+偏官		19壬40癸2+8−傷官	50癸41甲2+8−正官	20癸42乙2+8−正財	51甲43丙2+8−傷官	21甲44丁3+8−正財	52乙45戊3+8−正官	23丙46己3+7−正財	53丙47庚3+7−食神	24丁48辛2+8−正官	54丁49壬2+8−偏官
31	21甲38辛9−1+正財		20癸40癸2+9−食神		21甲42乙2+9−食神		22乙44丁2+8−偏財	53丙45戊3+8−偏財		54丁47庚2+8−傷官		55戊49壬2+8−正財

2023年（平成35年）生まれ　40 癸（2/4〜翌 2/3）

日	1月	2月	3月	4月	5月	6月	7月	8月	9月	10月	11月	12月
	日干 月干 立年♂♀ 中心星	日干 月干 立年♂♀ 中心星	日干 月干 立年♂♀ 中心星	日干 月干 立年♂♀ 中心星	日干 月干 立年♂♀ 中心星	日干 月干 立年♂♀ 中心星	日干 月干 立年♂♀ 中心星	日干 月干 立年♂♀ 中心星	日干 月干 立年♂♀ 中心星	日干 月干 立年♂♀ 中心星	日干 月干 立年♂♀ 中心星	日干 月干 立年♂♀ 中心星
1	56己49壬2+8−偏財	27庚50癸1+9−印綬	55戊51甲8−2+偏官	26己52乙9−1+偏官	56己53丙9−2+劫財	27庚54丁9−2+偏官	57庚55戊8−2+正官	28辛56己8−2+偏印	59壬57庚8−2+偏印	29壬58辛8−2+印綬	60癸59壬8−2+正官	30癸60癸8−2+劫財
2	57庚49壬1+9−傷官	28辛50癸1+9−偏印	56己51甲9−1+正官	27庚52乙9−1+正財	57庚53丙9−1+偏印	28辛54丁9−1+正官	58辛55戊9−2+偏官	29壬56己9−2+正官	60癸57庚8−2+印綬	30癸58辛8−2+偏印	1甲59壬8−2+偏財	31甲60癸8−2+偏印
3	58辛49壬1+9−食神	29壬50癸1+9−正官	57庚51甲9−1+偏財	28辛52乙9−1+偏財	58辛53丙9−1+印綬	29壬54丁9−1+偏財	59壬55戊9−1+正財	30癸56己9−2+偏官	1甲57庚9−2+偏官	31甲58辛8−2+正官	2乙59壬9−2+正財	32乙60癸8−1+印綬
4	59壬49壬1+9−劫財	30癸51甲1−0+正官	58辛51甲9−1+正財	29壬52乙0−1+傷官	59壬53丙0−1+偏官	30癸54丁0−1+正財	60癸55戊9−1+偏財	31甲56己9−1+正財	2乙57庚9−1+正官	32乙58辛9−1+偏官	3丙59壬9−1+食神	33丙60癸9−1+偏官
5	60癸49壬1+0−比肩	31甲51甲1−0+偏財	59壬51甲0−1+食神	30癸53丙1−0+食神	60癸53丙0−1+正官	31甲54丁0−1+食神	1甲55戊0−1+傷官	32乙56己0−1+偏財	3丙57庚9−1+偏財	33丙58辛9−1+正財	4丁59壬9−1+傷官	34丁60癸9−1+正官
6	1甲50癸0+1−印綬	32乙51甲1−9+正財	60癸52乙1−0+食神	31甲53丙1−0+劫財	1甲54丁1−0+偏財	32乙55戊1−0+偏財	2乙55戊0−1+食神	33丙56己0−1+傷官	4丁57庚0−1+正財	34丁58辛9−1+偏財	5戊59壬0−1+比肩	35戊60癸9−1+偏財
7	2乙50癸9+1−偏印	33丙51甲1−9+食神	1甲52乙1−0+劫財	32乙53丙1−0+比肩	2乙54丁1−0+正財	33丙55戊1−0+傷官	3丙56己1−0+劫財	34丁56己0−1+食神	5戊57庚0−1+食神	35戊58辛0−1+傷官	6己59壬0−1+劫財	36己 1甲1−0+偏財
8	3丙50癸9+1−正官	34丁51甲1−9+傷官	2乙52乙1−9+比肩	33丙53丙1−9+印綬	3丙54丁1−0+食神	34丁55戊1−0+食神	4丁56己1−0+比肩	35戊57庚1−0+比肩	6己58辛1−0+食神	36己59壬1−0+食神	7庚60癸1−0+偏財	37庚 1甲1−0+傷官
9	4丁50癸9+1−偏官	35戊51甲2−8+比肩	3丙52乙1−9+印綬	34丁53丙1−9+偏印	4丁54丁1−9+傷官	35戊55戊1−9+劫財	5戊56己1−0+印綬	36己57庚1−0+劫財	7庚58辛1−0+劫財	37庚59壬1−0+劫財	8辛60癸1−9+正財	38辛 1甲1−9+食神
10	5戊50癸8+1−正財	36己51甲2−8+劫財	4丁52乙1−9+偏印	35戊53丙2−9+正官	5戊54丁1−9+比肩	36己55戊1−9+比肩	6己56己1−0+偏印	37庚57庚1−0+偏印	8辛58辛1−9+比肩	38辛59壬1−0+比肩	9壬60癸1−9+食神	39壬 1甲1−9+劫財
11	6己50癸8+2−偏財	37庚51甲2−8+偏印	5戊52乙2−8+正官	36己53丙2−8+偏官	6己54丁2−9+劫財	37庚55戊2−9+印綬	7庚56己1−9+正官	38辛57庚1−9+印綬	9壬58辛1−9+印綬	39壬59壬1−9+印綬	10癸60癸1−9+傷官	40癸 1甲1−9+比肩
12	7庚50癸8+2−傷官	38辛51甲3−7+正官	6己52乙2−8+偏官	37庚53丙2−8+正財	7庚54丁2−8+比肩	38辛55戊2−8+偏印	8辛56己2−9+偏官	39壬57庚1−9+偏官	10癸58辛1−9+偏印	40癸59壬1−9+偏印	11甲60癸1−8+比肩	41甲 1甲2−8+印綬
13	8辛50癸7+2−食神	39壬51甲3−7+偏財	7庚52乙2−8+正財	38辛53丙3−8+偏財	8辛54丁2−8+劫財	39壬55戊2−8+正官	9壬56己2−9+正財	40癸57庚2−9+正官	11甲58辛2−8+正官	41甲59壬2−9+正官	12乙60癸2−8+劫財	42乙 1甲2−8+偏印
14	9壬50癸7+3−劫財	40癸51甲3−7+正財	8辛52乙3−7+偏財	39壬53丙3−7+傷官	9壬54丁3−8+偏印	40癸55戊3−8+偏官	10癸56己2−8+偏財	41甲57庚2−8+偏財	12乙58辛2−8+偏官	42乙59壬2−8+偏官	13丙60癸2−8+偏印	43丙 1甲2−8+正官
15	10癸50癸7+3−比肩	41甲51甲4−6+食神	9壬52乙3−7+傷官	40癸53丙3−7+比肩	10癸54丁3−7+印綬	41甲55戊3−7+正財	11甲56己3−8+傷官	42乙57庚2−8+正財	13丙58辛2−8+正財	43丙59壬2−8+正財	14丁60癸2−7+印綬	44丁 1甲3−7+偏官
16	11甲50癸6+3−正官	42乙51甲4−6+傷官	10癸52乙3−7+食神	41甲53丙4−7+印綬	11甲54丁3−7+偏官	42乙55戊3−7+偏財	12乙56己3−8+食神	43丙57庚3−8+食神	14丁58辛3−7+偏財	44丁59壬3−8+偏財	15戊60癸3−7+偏官	45戊 1甲3−7+正財
17	12乙50癸6+4−偏官	43丙51甲4−6+比肩	11甲52乙4−6+劫財	42乙53丙4−6+偏印	12乙54丁4−7+正官	43丙55戊4−7+傷官	13丙56己3−7+印綬	44丁57庚3−7+傷官	15戊58辛3−7+傷官	45戊59壬3−7+傷官	16己60癸3−7+正官	46己 1甲3−7+偏財
18	13丙50癸6+4−正財	44丁51甲5−5+劫財	12乙52乙4−6+比肩	43丙53丙4−6+食神	13丙54丁4−6+偏財	44丁55戊4−6+食神	14丁56己4−7+偏印	45戊57庚3−7+比肩	16己58辛3−7+食神	46己59壬3−7+偏印	17庚60癸3−6+偏財	47庚 1甲4−6+傷官
19	14丁50癸5+4−食神	45戊51甲5−5+偏官	13丙52乙4−6+印綬	44丁53丙5−6+傷官	14丁54丁4−6+正財	45戊55戊4−6+劫財	15戊56己4−7+正官	46己57庚4−7+正財	17庚58辛4−6+劫財	47庚59壬4−7+正官	18辛60癸4−6+正財	48辛 1甲4−6+食神
20	15戊50癸5+5−劫財	46己51甲5−5+正官	14丁52乙5−5+偏印	45戊53丙5−5+比肩	15戊54丁5−6+食神	46己55戊5−6+比肩	16己56己4−6+比肩	47庚57庚4−6+食神	18辛58辛4−6+比肩	48辛59壬4−6+偏官	19壬60癸4−6+食神	49壬 1甲4−6+劫財
21	16己50癸5+5−比肩	47庚51甲6−4+偏財	15戊52乙5−5+正官	46己53丙5−5+劫財	16己54丁5−5+印綬	47庚55戊5−5+印綬	17庚56己5−6+印綬	48辛57庚4−6+傷官	19壬58辛4−6+印綬	49壬59壬4−6+偏官	20癸60癸4−5+劫財	50癸 1甲5−5+比肩
22	17庚50癸4+5−印綬	48辛51甲6−4+正財	16己52乙5−5+偏官	47庚53丙6−5+偏印	17庚54丁5−5+偏官	48辛55戊5−5+偏印	18辛56己5−6+偏印	49壬57庚5−6+偏印	20癸58辛5−5+偏印	50癸59壬5−6+正官	21甲60癸5−5+偏印	51甲 1甲5−5+印綬
23	18辛50癸4+6−偏印	49壬51甲6−4+食神	17庚52乙6−4+正財	48辛53丙6−4+印綬	18辛54丁6−5+正官	49壬55戊6−5+正官	19壬56己5−5+正官	50癸57庚5−5+印綬	21甲58辛5−5+正官	51甲59壬5−5+偏財	22乙60癸5−5+印綬	52乙 1甲5−5+偏印
24	19壬50癸4+6−正官	50癸51甲7−3+傷官	18辛52乙6−4+偏財	49壬53丙6−4+偏官	19壬54丁6−4+偏財	50癸55戊6−4+偏官	20癸56己6−5+偏官	51甲57庚5−5+偏官	22乙58辛5−5+偏官	52乙59壬5−5+正財	23丙60癸5−4+偏官	53丙 1甲6−4+正官
25	20癸50癸3+6−偏官	51甲51甲7−3+比肩	19壬52乙6−4+傷官	50癸53丙7−4+正官	20癸54丁6−4+正財	51甲55戊6−4+正財	21甲56己6−5+正財	52乙57庚6−5+正官	23丙58辛6−4+正財	53丙59壬6−5+食神	24丁60癸6−4+正官	54丁 1甲6−4+偏官
26	21甲50癸3+7−正財	52乙51甲7−3+劫財	20癸52乙7−3+食神	51甲53丙7−3+偏財	21甲54丁7−4+食神	52乙55戊7−4+食神	22乙56己6−4+偏財	53丙57庚6−4+偏財	24丁58辛6−4+偏財	54丁59壬6−4+傷官	25戊60癸6−4+偏財	55戊 1甲6−4+正財
27	22乙50癸3+7−偏財	53丙51甲8−2+偏印	21甲52乙7−3+劫財	52乙53丙7−3+正財	22乙54丁7−3+傷官	53丙55戊7−3+劫財	23丙56己7−4+傷官	54丁57庚6−4+正財	25戊58辛6−4+傷官	55戊59壬6−4+比肩	26己60癸6−3+正財	56己 1甲7−3+偏財
28	23丙50癸2+7−傷官	54丁51甲8−2+印綬	22乙52乙7−3+比肩	53丙53丙8−3+食神	23丙54丁7−3+比肩	54丁55戊7−3+比肩	24丁56己7−4+食神	55戊57庚7−4+食神	26己58辛7−3+食神	56己59壬7−4+劫財	27庚60癸7−3+食神	57庚 1甲7−3+傷官
29	24丁50癸2+8−食神		23丙52乙8−2+印綬	54丁53丙8−2+傷官	24丁54丁8−3+劫財	55戊55戊8−3+印綬	25戊56己7−3+劫財	56己57庚7−3+傷官	27庚58辛7−3+劫財	57庚59壬7−3+偏印	28辛60癸7−3+傷官	58辛 1甲7−3+食神
30	25戊50癸2+8−劫財		24丁52乙8−2+偏印	55戊53丙8−2+比肩	25戊54丁8−2+偏印	56己55戊8−2+偏印	26己56己8−3+比肩	57庚57庚7−3+比肩	28辛58辛7−3+比肩	58辛59壬7−3+印綬	29壬60癸7−2+比肩	59壬 1甲8−2+劫財
31	26己50癸1+8−比肩		25戊52乙8−2+正官		26己54丁8−2+印綬		27庚56己8−3+印綬	58辛57庚8−3+劫財		59壬59壬8−3+偏官		60癸 1甲8−2+比肩

2024年（平成36年）生まれ　41 甲（2/4～翌 2/2）

	1月				2月				3月				4月				5月				6月			
日	日干	月干	立年♂♀	中心星	日干	月干	立年♂♀	中心星	日干	月干	立年♂♀	中心星	日干	月干	立年♂♀	中心星	日干	月干	立年♂♀	中心星	日干	月干	立年♂♀	中心星
1	1甲	1甲	8−2+	印綬	32乙	2乙	9−1+	偏財	1甲	3丙	1+9−	比肩	32乙	4丁	1+9−	比肩	2乙	5戊	1+9−	正財	33丙	6己	1+9−	比肩
2	2乙	1甲	9−1+	偏印	33丙	2乙	9−1+	傷官	2乙	3丙	1+9−	劫財	33丙	4丁	1+9−	印綬	3丙	5戊	1+9−	食神	34丁	6己	1+9−	劫財
3	3丙	1甲	9−1+	正官	34丁	2乙	9−1+	食神	3丙	3丙	1+9−	偏印	34丁	4丁	1+0−	偏印	4丁	5戊	1+0−	傷官	35戊	6己	1+0−	偏印
4	4丁	1甲	9−1+	偏官	35戊	3丙	0+1−	比肩	4丁	3丙	1+0−	印綬	35戊	5戊	0+1−	正官	5戊	5戊	1+0−	比肩	36己	6己	1+0−	印綬
5	5戊	1甲	0−1+	正財	36己	3丙	0+1−	劫財	5戊	4丁	0+1−	正官	36己	5戊	0+1−	偏官	6己	6己	0+1−	劫財	37庚	7庚	0+1−	印綬
6	6己	2乙	1−0+	偏財	37庚	3丙	9+1−	偏印	6己	4丁	0+1−	偏官	37庚	5戊	0+1−	正財	7庚	6己	0+1−	偏印	38辛	7庚	0+1−	偏印
7	7庚	2乙	1−9+	傷官	38辛	3丙	9+1−	印綬	7庚	4丁	9+1−	正財	38辛	5戊	9+1−	偏財	8辛	6己	0+1−	印綬	39壬	7庚	0+1−	正官
8	8辛	2乙	1−9+	食神	39壬	3丙	9+1−	偏官	8辛	4丁	9+1−	偏財	39壬	5戊	9+1−	傷官	9壬	6己	9+1−	偏官	40癸	7庚	9+1−	偏官
9	9壬	2乙	1−9+	劫財	40癸	3丙	8+2−	正官	9壬	4丁	9+1−	傷官	40癸	5戊	9+2−	食神	10癸	6己	9+1−	正官	41甲	7庚	9+1−	正財
10	10癸	2乙	1−8+	比肩	41甲	3丙	8+2−	偏財	10癸	4丁	8+2−	食神	41甲	5戊	8+2−	劫財	11甲	6己	9+2−	偏財	42乙	7庚	9+2−	偏財
11	11甲	2乙	2−8+	印綬	42乙	3丙	8+2−	正財	11甲	4丁	8+2−	劫財	42乙	5戊	8+2−	比肩	12乙	6己	8+2−	正官	43丙	7庚	8+2−	傷官
12	12乙	2乙	2−8+	偏印	43丙	3丙	7+3−	比肩	12乙	4丁	8+2−	比肩	43丙	5戊	8+3−	印綬	13丙	6己	8+2−	偏財	44丁	7庚	8+2−	食神
13	13丙	2乙	2−7+	正官	44丁	3丙	7+3−	劫財	13丙	4丁	7+3−	印綬	44丁	5戊	7+3−	偏印	14丁	6己	8+3−	正財	45戊	7庚	8+3−	劫財
14	14丁	2乙	3−7+	偏官	45戊	3丙	7+3−	偏印	14丁	4丁	7+3−	偏印	45戊	5戊	7+3−	正財	15戊	6己	7+3−	食神	46己	7庚	7+3−	比肩
15	15戊	2乙	3−7+	正財	46己	3丙	6+4−	印綬	15戊	4丁	7+3−	正官	46己	5戊	7+4−	偏財	16己	6己	7+3−	傷官	47庚	7庚	7+3−	印綬
16	16己	2乙	3−6+	食神	47庚	3丙	6+4−	偏官	16己	4丁	6+4−	偏官	47庚	5戊	6+4−	傷官	17庚	6己	7+4−	比肩	48辛	7庚	7+4−	偏印
17	17庚	2乙	4−6+	劫財	48辛	3丙	6+4−	正官	17庚	4丁	6+4−	正財	48辛	5戊	6+4−	印綬	18辛	6己	6+4−	劫財	49壬	7庚	6+4−	正官
18	18辛	2乙	4−6+	比肩	49壬	3丙	5+5−	偏財	18辛	4丁	6+4−	偏財	49壬	5戊	6+5−	偏官	19壬	6己	6+4−	偏印	50癸	7庚	6+4−	偏官
19	19壬	2乙	4−5+	正官	50癸	3丙	5+5−	傷官	19壬	4丁	5+5−	傷官	50癸	5戊	5+5−	正官	20癸	6己	6+5−	印綬	51甲	7庚	6+5−	正財
20	20癸	2乙	5−5+	偏官	51甲	3丙	5+5−	比肩	20癸	4丁	5+5−	食神	51甲	5戊	5+5−	偏財	21甲	6己	5+5−	食神	52乙	7庚	5+5−	偏財
21	21甲	2乙	5−5+	正財	52乙	3丙	4+6−	劫財	21甲	4丁	5+5−	劫財	52乙	5戊	5+6−	正財	22乙	6己	5+5−	傷官	53丙	7庚	5+5−	偏官
22	22乙	2乙	5−4+	偏財	53丙	3丙	4+6−	偏印	22乙	4丁	4+6−	比肩	53丙	5戊	4+6−	食神	23丙	6己	5+6−	比肩	54丁	7庚	5+6−	食神
23	23丙	2乙	6−4+	傷官	54丁	3丙	4+6−	印綬	23丙	4丁	4+6−	印綬	54丁	5戊	4+6−	傷官	24丁	6己	4+6−	劫財	55戊	7庚	4+6−	劫財
24	24丁	2乙	6−4+	食神	55戊	3丙	3+7−	偏官	24丁	4丁	4+6−	偏印	55戊	5戊	4+7−	比肩	25戊	6己	4+6−	偏印	56己	7庚	4+6−	比肩
25	25戊	2乙	6−3+	劫財	56己	3丙	3+7−	正官	25戊	4丁	3+7−	正官	56己	5戊	3+7−	劫財	26己	6己	4+7−	印綬	57庚	7庚	4+7−	正官
26	26己	2乙	7−3+	比肩	57庚	3丙	3+7−	偏財	26己	4丁	3+7−	偏官	57庚	5戊	3+7−	偏印	27庚	6己	3+7−	偏官	58辛	7庚	3+7−	偏官
27	27庚	2乙	7−3+	印綬	58辛	3丙	2+8−	正財	27庚	4丁	3+7−	正財	58辛	5戊	3+8−	印綬	28辛	6己	3+7−	正官	59壬	7庚	3+7−	正財
28	28辛	2乙	7−2+	偏印	59壬	3丙	2+8−	食神	28辛	4丁	2+8−	偏財	59壬	5戊	2+8−	偏官	29壬	6己	3+8−	偏財	60癸	7庚	3+8−	偏財
29	29壬	2乙	8−2+	正官	60癸	3丙	2+8−	傷官	29壬	4丁	2+8−	傷官	60癸	5戊	2+8−	正官	30癸	6己	2+8−	正財	1甲	7庚	2+8−	傷官
30	30癸	2乙	8−2+	偏官					30癸	4丁	2+8−	食神	1甲	5戊	2+9−	偏財	31甲	6己	2+8−	食神	2乙	7庚	2+8−	食神
31	31甲	2乙	8−1+	正財					31甲	4丁	1+9−	劫財					32乙	6己	2+9−	傷官				

	7月				8月				9月				10月				11月				12月			
日	日干	月干	立年♂♀	中心星	日干	月干	立年♂♀	中心星	日干	月干	立年♂♀	中心星	日干	月干	立年♂♀	中心星	日干	月干	立年♂♀	中心星	日干	月干	立年♂♀	中心星
1	3丙	7庚	2+9−	劫財	34丁	8辛	2+9−	食神	5戊	9壬	2+8−	食神	35戊	10癸	2+8−	傷官	6己	11甲	2+8−	劫財	36己	12乙	2+8−	正財
2	4丁	7庚	1+9−	比肩	35戊	8辛	2+9−	劫財	6己	9壬	2+9−	傷官	36己	10癸	2+8−	食神	7庚	11甲	2+8−	偏印	37庚	12乙	2+8−	食神
3	5戊	7庚	1+9−	印綬	36己	8辛	1+9−	比肩	7庚	9壬	1+9−	比肩	37庚	10癸	2+9−	劫財	8辛	11甲	1+9−	印綬	38辛	12乙	1+9−	傷官
4	6己	7庚	1+0−	偏印	37庚	8辛	1+0−	印綬	8辛	9壬	1+9−	劫財	38辛	10癸	1+9−	比肩	9壬	11甲	1+9−	偏官	39壬	12乙	1+9−	比肩
5	7庚	7庚	1+0−	正官	38辛	8辛	1+0−	偏印	9壬	9壬	1+0−	偏印	39壬	10癸	1+9−	印綬	10癸	11甲	1+9−	正官	40癸	12乙	1+9−	劫財
6	8辛	8辛	0+1−	偏官	39壬	8辛	1+0−	正官	10癸	9壬	1+0−	印綬	40癸	10癸	1+0−	偏印	11甲	11甲	1+0−	偏財	41甲	12乙	1+0−	偏印
7	9壬	8辛	0+1−	正財	40癸	9壬	0+1−	正官	11甲	10癸	0+1−	正官	41甲	10癸	1+0−	正官	12乙	12乙	0+1−	劫財	42乙	13丙	0+1−	偏印
8	10癸	8辛	0+1−	偏財	41甲	9壬	0+1−	偏財	12乙	10癸	0+1−	偏官	42乙	11甲	0+1−	偏官	13丙	12乙	0+1−	偏印	43丙	13丙	9+1−	正官
9	11甲	8辛	0+1−	傷官	42乙	9壬	0+1−	正財	13丙	10癸	0+1−	正財	43丙	11甲	0+1−	正財	14丁	12乙	9+1−	印綬	44丁	13丙	9+1−	偏官
10	12乙	8辛	9+1−	食神	43丙	9壬	9+1−	食神	14丁	10癸	9+1−	偏財	44丁	11甲	9+1−	偏財	15戊	12乙	9+1−	偏官	45戊	13丙	9+1−	正財
11	13丙	8辛	9+2−	劫財	44丁	9壬	9+1−	傷官	15戊	10癸	9+1−	傷官	45戊	11甲	9+1−	偏官	16己	12乙	9+1−	正官	46己	13丙	8+1−	偏財
12	14丁	8辛	9+2−	比肩	45戊	9壬	9+2−	比肩	16己	10癸	9+2−	食神	46己	11甲	9+1−	食神	17庚	12乙	8+2−	偏財	47庚	13丙	8+2−	傷官
13	15戊	8辛	9+2−	印綬	46己	9壬	8+2−	劫財	17庚	10癸	8+2−	劫財	47庚	11甲	8+2−	劫財	18辛	12乙	8+2−	正財	48辛	13丙	8+2−	食神
14	16己	8辛	8+3−	偏印	47庚	9壬	8+2−	偏印	18辛	10癸	8+2−	比肩	48辛	11甲	8+2−	比肩	19壬	12乙	8+2−	食神	49壬	13丙	7+2−	劫財
15	17庚	8辛	8+3−	正官	48辛	9壬	8+3−	印綬	19壬	10癸	8+3−	印綬	49壬	11甲	8+2−	印綬	20癸	12乙	7+3−	傷官	50癸	13丙	7+3−	比肩
16	18辛	8辛	7+3−	偏財	49壬	9壬	7+3−	偏官	20癸	10癸	7+3−	偏印	50癸	11甲	7+3−	偏印	21甲	12乙	7+3−	比肩	51甲	13丙	7+3−	印綬
17	19壬	8辛	7+4−	傷官	50癸	9壬	7+3−	正官	21甲	10癸	7+3−	正官	51甲	11甲	7+3−	正官	22乙	12乙	7+3−	劫財	52乙	13丙	6+3−	偏印
18	20癸	8辛	7+4−	食神	51甲	9壬	7+4−	偏印	22乙	10癸	7+4−	偏官	52乙	11甲	7+3−	食神	23丙	12乙	6+4−	偏印	53丙	13丙	6+4−	正官
19	21甲	8辛	6+4−	正財	52乙	9壬	6+4−	印綬	23丙	10癸	6+4−	正財	53丙	11甲	6+4−	劫財	24丁	12乙	6+4−	印綬	54丁	13丙	6+4−	偏官
20	22乙	8辛	6+5−	偏財	53丙	9壬	6+4−	偏官	24丁	10癸	6+4−	偏財	54丁	11甲	6+4−	比肩	25戊	12乙	6+4−	偏財	55戊	13丙	5+4−	正財
21	23丙	8辛	6+5−	傷官	54丁	9壬	6+5−	正財	25戊	10癸	6+5−	傷官	55戊	11甲	6+4−	比肩	26己	12乙	5+5−	正財	56己	13丙	5+5−	偏財
22	24丁	8辛	5+5−	食神	55戊	9壬	5+5−	食神	26己	10癸	5+5−	食神	56己	11甲	5+5−	劫財	27庚	12乙	5+5−	食神	57庚	13丙	5+5−	傷官
23	25戊	8辛	5+6−	劫財	56己	9壬	5+5−	傷官	27庚	10癸	5+5−	劫財	57庚	11甲	5+5−	偏印	28辛	12乙	5+5−	傷官	58辛	13丙	4+5−	食神
24	26己	8辛	5+6−	比肩	57庚	9壬	5+6−	比肩	28辛	10癸	5+6−	比肩	58辛	11甲	5+5−	印綬	29壬	12乙	4+6−	比肩	59壬	13丙	4+6−	劫財
25	27庚	8辛	4+6−	印綬	58辛	9壬	4+6−	劫財	29壬	10癸	4+6−	印綬	59壬	11甲	4+6−	偏官	30癸	12乙	4+6−	劫財	60癸	13丙	4+6−	比肩
26	28辛	8辛	4+7−	偏印	59壬	9壬	4+6−	偏印	30癸	10癸	4+6−	偏印	60癸	11甲	4+6−	正官	31甲	12乙	4+6−	偏印	1甲	13丙	3+6−	印綬
27	29壬	8辛	4+7−	正官	60癸	9壬	4+7−	印綬	31甲	10癸	4+7−	正官	1甲	11甲	4+6−	偏財	32乙	12乙	3+7−	印綬	2乙	13丙	3+7−	偏印
28	30癸	8辛	3+7−	偏官	1甲	9壬	3+7−	偏官	32乙	10癸	3+7−	偏官	2乙	11甲	3+7−	正財	33丙	12乙	3+7−	偏官	3丙	13丙	3+7−	正官
29	31甲	8辛	3+8−	正財	2乙	9壬	3+7−	正官	33丙	10癸	3+7−	正財	3丙	11甲	3+7−	食神	34丁	12乙	3+7−	正官	4丁	13丙	2+7−	偏官
30	32乙	8辛	3+8−	偏財	3丙	9壬	3+8−	偏財	34丁	10癸	3+8−	偏財	4丁	11甲	3+7−	傷官	35戊	12乙	2+8−	偏財	5戊	13丙	2+8−	正財
31	33丙	8辛	2+8−	傷官	4丁	9壬	2+8−	正財					5戊	11甲	2+8−	比肩					6己	13丙	2+8−	偏財

青春新書
PLAYBOOKS

人生を自由自在に活動(プレイ)する

人生の活動源として

いま要求される新しい気運は、最も現実的な生々しい時代に吐息する大衆の活力と活動源である。

文明はすべてを合理化し、自主的精神はますます衰退に瀕し、自由は奪われようとしている今日、プレイブックスに課せられた役割と必要は広く新鮮な願いとなろう。

いわゆる知識人にもとめる書物は数多く窺うまでもない。

本刊行は、在来の観念類型を打破し、謂わば現代生活の機能に即する潤滑油として、逞しい生命を吹込もうとするものである。

われわれの現状は、埃りと騒音に紛れ、雑踏に苛まれ、あくせく追われる仕事に、日々の不安は健全な精神生活を妨げる圧迫感となり、まさに現実はストレス症状を呈している。

プレイブックスは、それらすべてのうっ積を吹きとばし、自由闊達な活動力を培養し、勇気と自信を生みだす最も楽しいシリーズたらんことを、われわれは鋭意貫かんとするものである。

―創始者のことば―　小澤和一

著者紹介

水晶玉子〈すいしょう たまこ〉

占術家。幼少期から、人の運命というものの不思議さに興味を持ち、東洋・西洋のさまざまな占いを独自の視点で探求。なかでも「四柱推命」をはじめとする東洋占術と西洋占術に造詣が深く、多数の雑誌に連載を抱えている。その的中率の高さから、世代を問わず絶大な支持を得ている。『はじめてのオリエンタル占星術』(講談社)など著書多数。

怖(こわ)いほど運(うん)が向(む)いてくる！
四柱推命(しちゅうすいめい)

青春新書 PLAYBOOKS

2014年2月1日　第1刷
2017年3月10日　第9刷

著者　水晶玉子(すいしょうたまこ)

発行者　小澤源太郎

責任編集　株式会社プライム涌光
電話　編集部　03(3203)2850

発行所　東京都新宿区若松町12番1号 〒162-0056　株式会社青春出版社
電話　営業部　03(3207)1916　振替番号　00190-7-98602

印刷・図書印刷　製本・フォーネット社

ISBN978-4-413-21007-2